KB232409

교회교육학

정일웅 저

교회와 교회교육
일반교육과 교회교육의 기본이해
교회교육의 신학과 인간학
교회교육목적과 신앙교육의 기본과제
교회의 신앙교육방법론
교회 신앙교육의 실천적 영역
교회(기독교)의 신앙교육 역사

범지출판사

　　인간의 삶은 교육과 불가분의 관계에 있다. 인간은 교육을 통하여 사람을 배우며, 세상을 배우며, 삶을 배우며, 창조주 하나님에 대한 신앙을 배우게 된다. 이러한 교육은 원래 인간을 그의 형상으로 만드시고, 에덴에서 살게 한 때부터 하나님이 계획하시고 시행하셨던 일이었으며, 타락 후에도, 그의 형상회복인 구원(救援)을 계획하시면서 지속되게 했던 일이었다. 하나님의 구원의 역사는 이와 같이 인간을 교육하는 일과 직결된 것이라 할 수 있다. 그리고 이러한 인간구원의 교육은 구약시대에 이스라엘 백성들이 율법서(토라)의 배움을 통하여 이루어졌으며, 그 역사는 옛 언약의 배경에서 시행된 것으로 하나님의 구원교육의 경륜과 섭리의 역사였던 것이다.

　　이러한 인간을 구원하시는 하나님의 교육은 신약시대에 와서 새 언약의 배경에서 예수 그리스도를 통하여 전 인류에게로 확대되었다. 그것이 예수의 천국복음 전파와 3년간의 공생애를 통하여 실현된 복음으로에 교육이었다. 그리고 그 일은 예수님께서 십자가와 부활을 통한 인류구속의 사역을 끝내시고, 승천직전에 "땅 끝까지 이르러 내 증인이 되라"(행 1 : 8)고 분부하신 복음의 선교명령과 "너희는 가서 모든 족속으로 제자를 삼고 아버지와 아들과 성령의 이름으로 세례를 주고, 내가 너희에게 분부한 모든 것을 가르쳐 지키게 하라"(마 28 : 19)고 명하신 교육명령에서 확인되는 일이다. 또한 사도들에 의한 초대교회 복음선교의 역사는 역시 하나님의 인류를 위한 구원교육을 어떻게 실현해갔던 지를 잘 보여주고 있으며, 신약성경은 그 일의 계속을 보여주는 증거라 할 것이다.

　　이러한 인류를 구원하시는 하나님의 교육은 지상에 세운 그리스도의 교회를 통하여 실현되도록 교회의 선교사명과 교육사명의 과제로 부여되었음을 깨닫게 된다. 그리고 지난 2000년의 그리스도 교회의 역사는 인류를 구원하시는 '하나님의 구원교육'(Paedagogia dei)[1]의 섭리와 경륜의 역사로 이해된다. 이러한 하나님의 구원교육은 초대교회 교부(教父)로 알려진 '리욘의 이레네우스'(Irenaeus von Lyon)에게서도 확인되는데, 그는 하나님이 그의 아들을 통하여 인류를 구원하시려는 구원의 섭리와 경륜을 하나의 거대한 교육과정으로 이해하였고 그것이 인류구원의 역사이면서 동시에 인류구원의 교육과정으로 이해하였던 것이다.[2]

생각해보면 지금까지 인류를 구원하시는 '하나님의 교육'은 이제 교회 안에 세움 받은 목사와 교회교육교사를 통하여, 그리고 각 가정의 부모를 통하여, 여러 민족에게로 나아가는 선교사를 통하여, 또한 일반학교에서 '종교교육' 또는 '기독교교육'의 실천에 세움 받은 교사를 통하여 지금도 실현되는 과정에 있다. 그리고 그동안 '하나님의 구원교육'은 교회 안에서 주로 성장세대에게만 한정되어 적용하는 경향에 머물러 있었다. 하지만 현대로 오면서 '하나님의 구원교육'은 성장세대의 일일뿐 아니라, 성인세대와 전 인류에게도 절대적으로 요구되는 일임을 깨닫게 되었다.

이러한 전 인류의 모든 세대를 향한 하나님의 구원교육의 가장 모범적이며, 구체적인 이론적 체계(교육과정)를 제시한 역사적 인물이 바로 현대교육학의 아버지로 불리는 요한 아모스 코메니우스(J. A. Comenius)이다.[3]

---

1) 요한 칼빈(J. Calvin)은 제네바의 종교개혁자로 활동하면서 '하나님의 교육'(Paedagogik dei)의 관점으로 교회교육을 실천하였고, 가장 모범적인 교육목회를 보여주었다.
[참고] 이러한 칼빈의 '하나님의 교육'(Paedagogia Dei)은 독일의 신학자 Reinhold Hedtke가 'Erziehung durch die Kirche bei Calvin(Heidelberg 1969)'란 이름으로 깊이 있게 연구한 것을 발표하였다. 그 논문 제1장에 하나님의 교육론에 대하여 자세히 설명해 놓았다. 특히 이 책은 개혁주의적 관점에서 교회교육의 핵심적인 과제와 방법을 이해하는데 큰 도움을 주는 책이라 할 수 있다. 필자는 이 책의 내용을 일찍이 필자의 책, '교육목회학'(그리심, 2003) 제4부 2-3장에서 상세히 발췌하여 소개하였다.

2) [비교] Adv.haer .4.15,1 ; 4.20,5 ; Irenaeus verstand die Oekonomie Gottes als einen grossen Erziehungsprozeβ und diesen Erziehungsprozeβ als Heilsgeschichtesprozeβ. in : A. v. Harnack, Dogmengeschichte, 125쪽.

3) 요한 아모스 코메니우스(J.A.Comenius)는 벌써 17세기에 전 인류를 구원으로 인도

그는 '하나님의 인류구원교육'이 단순히 교회 안에만 한정된 일이 아니라 교회를 뛰어넘어 가정과 학교와 심지어 타문화의 영역까지 확대되어야 하는 인류 최대의 과제로 보았고, 또한 그리스도 안에서 모든 사람에게 모든 지혜(Pansophia)를 가르치고 배우게 하는 교육이어야 함을 강조하였다(골 1 : 28). 그리고 '모든 지혜'의 원천은 자연, 정신, 성경으로서 그것들의 배움은 전 생애동안에 반복해야 하는 전인교육과 평생교육의 과제임을 밝혀 주었던 것이다.4)

필자는 이러한 하나님의 인류구원의 교육은 그리스도의 교회에 위임된 지상최대의 사명과 과제임을 전제하면서, 그러한 교육이 어떻게 교회를 통하여 실현되도록 해야 할 것인지, 그 교육방법론을 설명해 보려고 한다. 특히 이러한 교육론은 교회내적이며 외적인 다양한 장(場)에서 어떻게 이루어지게 해야 할 것인지, 그 성취에 합당한 교육과 신학의 가장 표준적인 원리와 방법론을 제시해 보려는 것이다. 물론 이 책은 교회 외적인 환경에서의 교육실천보다, 교회내적인 환경에서의 실천방법론을 중심에 두고 설명하게 될 것이다. 그런 뜻에서 이 책은 먼저 '교회교육학'(敎會敎育學)'이나, '교육목회학'(敎育牧會學)으로 명명하기를 원한다. 필자의 이러한 생각은 다음의 몇 가지 이유에서라고 할 수 있다.

첫째, 이 책은 필자가 오랫동안 신학교에서 신학생들의 교육에 사용한

하는 하나님의 교육이 전인교육과 평생교육의 형태로 교회와 일반학교와 가정에서 전 생애를 통하여 이루어지도록 구체적인 전세대별 교육과정을 제시한 최초의 교육신학자였다.

4) 그는 전 인류가 배워야 할 세 가지 책을 제시하였는데, 그것은 자연, 정신, 성경책이었다. 이것은 하나님의 계시와 연관된 것으로, 인간은 모든 지혜를 배워 삶의 전 영역(문화)에서 하나님의 영광을 위한 경건의 삶을 제시했던 것이다. [참고] 범교육학(정일웅 역, 그리심 2003)은 인간의 전 삶의 생애를 7단계로 구분하여 8단계의 학교로 명명하였다(태아기, 유아기, 아동기, 청소년기, 청년기, 장년기, 노년기, 죽음의 학교). 그의 '대교수학'(창지사, 2002)은 학교교육의 개선을 위하여 제기한 교수방법론에 중점을 둔 책이다. 그리고 '어머니학교의 소식'(이레서원, 2001, 2002)은 공적인 학교에 보내기까지 출생에서 6세까지 가정에서 부모가 어떻게 아이를 교육해야 할지, 현대적으로도 그대로 적용되는 방법론이 소개되어 있다.

강의안에서 성장된 것이다. 초기의 강의에서 '기독교교육'이란 이름으로 신학생들에게 강의하였다. 하지만 실제로 강의되어야 하는 내용은 실천신학분야의 교회교육에 대한 것이어야 했다. 그러므로 교회가 무엇인지를 이해하고 교회의 교육적 과제가 무엇이며 그것의 실천을 위하여 필요한 정보를 다루어야 했다. 그러다가 최근에 구미지역에서 교회교육학의 개념 사용에 대한 논의가 활발하게 이루어졌고, 마침내 필자는 그 논의에 힘입어 '교회교육학'이란 명칭을 수용하기에 이르렀다. 이러한 과목은 구미지역 신학교에서 원래 '교회신앙교육론'(Katechetik)이란 이름으로 설교론(Homiletik)에 대칭하여 강의되었다.5) 그리고 역시 그것이 필자의 주 전공 과목이기도 하다.

둘째, '종교교육학'(Religionspaedagogik)개념의 한계성 때문이다. 원래 '구미지역'(歐美地域)에서 생겨난 '종교교육학'은 일반학교에서 기독교(종교)를 성장세대에게 가르치는 일을 돕기 위하여 시작된 것이다. 그러나 오늘날 '종교교육학'이 인간학과 사회학과 학교교육(교수)이론에 의존하여 독자적인 학문이론을 발전시키다보니, 교회와 성경과 신학의 고유한 영역에서 점점 멀어진 모습을 드러내고 있다.6) 가장 큰 문제는 종교교육이 교회의 신앙고백의 특성을 포기하고, 종교일반을 중심으로 한 인지적 차원의 윤

---

5) '카테케틱'(Katechetik)이란 말은 원래 구라파교회가 오랜 역사전통에 따라 그리스도의 세례를 중히 여겼고, 유아세례와 입교문답과 기존성인세례를 준비하는 과정으로 기독교신앙교리교육을 교회교육의 중심에 두었었다. 특히 유아세례를 받은 자들이 청소년기에 입교하면서 역사적인 신앙요리문답(Katechismus)서를 배우게 하였으며, 그것을 가르치는 방법을 '카테케제'(Katechese)라고 불렀다. 후에 신학교의 신학교육에서 이러한 교회신앙교육의 이론을 체계화하여 설교학(Homiletik)과 대칭하여 '카테케틱'(Katechetik)이란 이름으로 교회교육이론을 체계화 하였다. 그러나 카테케틱은 오늘날 새로운 시대의 신앙교육의 성격과 요구를 포괄하는 개념으로 더 이상 사용되지 않고, 그 대신 '교회교육학'(Gemeindepaedagogik)으로 새롭게 표현하기를 원한다.

6) [참고] Heinz Grosch. Religionspaedagogik am Scheideweg. Guetersloh. 1974. 이 책은 Grosch의 박사학위 논문이며, 70년대부터 급변하는 독일의 종교교육학의 정황을 정확히 비교·분석하여 설명하였다.

리교육방향을 지향하고 있다는 점이다.7) 그 때문에 종교교육학은 오늘날 교회신앙교육의 과제를 충실히 계승하지 못하는 한계를 보여준다. 이러한 현상은 현재 한국교회와 신학교육에도 그대로 적용되는 문제로 인지되기 때문에, 필자는 교회교육사역의 모든 이론적 체계를 포괄하는 개념은 '교회교육학'일 수밖에 없다고 본다.8)

셋째, 역시 기독교교육학 개념의 한계성 때문이기도 하다. 1940년대, 미국교회가 신학의 논쟁기를 거치면서 보수적인 교회들이 종교교육의 정체성에 대한 물음을 제기하였고, '종교교육학'의 명칭 대신 '기독교교육'이란 새로운 이름을 바꾸어 사용하게 되었다.9) 그러한 영향은 한국내의 신학교들에도 그대로 미쳐서 '기독교교육'이란 이름을 신학교육과목으로 반영하여 가르쳤다. 그러나 기독교교육은 역시 학교교육에 적용한 아이들의 종교교육의 이론화에 한정된 학문이지, 오늘날 교회의 교육적 행위를 포괄적으로 담아내는 학문개념으로는 부적합성이 지적되고 있다.10) 물론 오

---

7) 참고, 전게서, 15-43쪽.
8) 이러한 '교회교육학'의 이론제기는 독일어 권에서 다음의 책들을 참고할 필요가 있다.
   [참고] G. Adam / R.Lachmann(Hrg.), Gemeindepaedagogisches Kompendium, Goettingen,1987.Christian Grethlein,Gemeindepaedagogik, Berlin u. New York, 1994 S.15-16., Vgl.K.Foitzik, Gemeindepaedagogik, Guetersloh, 1992. ; Michahael Meyer-Blanck, Kleine Geschichte der ev.Religionspaedagogik, Guetersloh, 2003, 226-246.
9) 1940년대 미국교회에서 자유주의와 보수주의 신학논쟁이 일어났고, 자유주의 신학노선에 있는 교회들이 사용하는 종교교육개념을 대항하여, 폴 비에스(P. H. Vieth)가 기독교의 교육의 정체성을 분명히 할 수 있는 명칭으로 '기독교교육'이란 개념을 처음으로 사용하였다. [참고] P. Vieth, The Church and Christian Education 1947.; 웨스트홉 3세는 그의 책 'Will our children have faith?'의 제 1장 각주 5번에서 상세히 설명해 주었다. ; 정정숙 교수의 책 '기독교교육학' 62쪽에서도 자세히 언급되어 있다. 한국교회는 1960년대 후반부터 이 개념을 주로 보수적이며, 복음주의편에 있는 교육학자들에 의하여 주교교육이나, 교회학교교육을 표현하는 개념으로 사용하였다. 하지만 이 개념은 일반학교 또는 기독교학교에서의 종교교육을 대체하여 사용한 개념이기 때문에, 그것에 상응하게 적용되어야 한다고 본다. 오늘날 교회학교 교육의 영역은 모든 세대의 신앙교육으로 확대되었으며, 또한 목회사역 전체와 맞물려 있는 일이기 때문에 교회교육전체를 수용하는 개념사용으로 기독교교육은 적합하지 않다는 것을 알아야 한다.

늘날 '기독교교육'이란 이름은 학교교육에 한정되기보다 더 넓은 개념으로 해석될 여지는 있다고 본다. 그러나 '기독교교육'이란 개념은 교육의 정체성에 대한 물음에서 파생된 개념이지, 과연 '기독교교육학'으로서의 학문적 성격은 교육신학의 관점에서 많은 논의가 있어야 할 것으로 인지된다. 그러나 '교회교육학'은 교회의 목회사역 전체와 직결된 것이기에 정체성에 대한 질문이 불필요하며, 굳이 '기독교교육학'으로 표현해야 할 이유도 없는 것으로 판단된다.[11]

넷째, 역시 '교회교육학'의 개념은 최근 구미신학계에서 교회교육사역의 중요성을 새롭게 인지하고, 전통적 개념인 '신앙교육학'(Katechetik)을 대체하는 개념으로 사용해야 한다는 요구가 독일의 실천신학자들에게서 강력히 제기되었다.[12] 그 이유는 교회교육의 영역이 성장세대에서 기성(평신

---

10) '교회교육학'(Chruch Education, Gemeindepaedagogik)이란 이름은 기독교의 정체성에 대한 문제를 고민할 이유가 없다. 왜냐하면 인류구원의 교육은 역사적인 출발이 교회에서 시작된 것이며, 특히 하나님이 그리스도를 통한 인류구원의 복음전파의 사명과 과제를 교회에 위임시켜 준 것이며, 그 일은 하나님의 백성의 공동체요, 그리스도의 몸된 공동체이며, 성령의 함께 하심 가운데 교제하는 거룩한 하나님의 선민 공동체인 그리스도의 교회를 통하여 역사적으로 실천되어 왔던 것이며, 미래적으로도 그리스도의 재림의 때까지 계속되어야 할 원천적인 장이기 때문이다. 그러므로 가장 원천적인 인류구원교육의 장인 교회교육학은 교회의 복음선교적 맥락에서 사회적 영역으로 확대되어, 학교의 종교(기독교)교육으로 새롭게 적용하는 것으로 보아야 한다. 그리고 교회교육학으로 표현할 때, 그것이 교육과 신학의 관계를 이론적으로 책임지는 실천신학의 정체성을 분명히 할 수 있는 것이다. 물론 '기독교교육'이란 개념이 넓은 의미에서 '교회교육'을 포괄하는 개념으로 이해될 수도 있을 것이다. 하지만 그 실제적인 영역은 학교교육에 한정된 성장세대의 신앙교육론임을 기억할 필요가 있다.

11) 이러한 '교회교육학'의 이론제기는 독일에 권에서 다음의 책들을 참고할 필요가 있다.
G. Adam / R. Lachmann(Hrg.), Gemeindepaedagogisches Kompendium, Goettingen,1987 ; C. Grethlein, Gemeindepaedagogik, Berlin u. New York, 1994, 15-16쪽. ; K. Foitzik, Gemeindepaedagogik, Guetersloh, 1992. ; M. Meyer-Blanck, Kleine Geschichte der ev.Religionspaedagogik, Guetersloh, 2003, 226-246쪽.

12) [참고] Hrg. v. G. Adamu.R.Lachmann, Gemeindepaedagogisches Kompendium, Vandenhoeck

도)세대의 영역으로 확대되었으며, 전 세대를 향한 신앙교육의 과제가 목
회사역 실제와 맞물린 것을 교회사역공간에서 경험하기 때문이다. 그리고
교회개혁의 과제와도 맞물린 중요한 수단으로 교회교육의 역할이 새롭게
인식되고 있으며, 또한 교회교육을 담당할 교회교육전문가양성이 새롭게
강력히 요구되면서 교회교육학은 확고한 실천신학의 과목으로 자리를 잡
게 되었기 때문이다.13)

다섯째, '교회를 통한 하나님의 전 인류구원의 교육'이란 대전제에서 볼
때, 교회교육학은 교회의 내적인 교육과제뿐만 아니라, 가정의 자녀신앙교
육, 타 문화권에서의 선교교육과 학교의 종교(기독교)교육까지 다 포괄하는
교육개념으로 인지되기 때문이다. 그리고 '교회교육학'은 그리스도 복음의
책임 속에서 이루어져야 하는 전 인류를 위한 하나님의 구원교육의 실천
론인 셈이다. 그런 뜻에서 모든 세대를 향한 하나님의 구원교육의 다양한
적용의 이론적 근거는 '교회교육학'이어야 한다고 본다. 즉 교회교육학은
교회내적인 것에 한정된 것이 아니라, 교회 밖의 다양한 장(場)을 향한 선
교차원의 교육이론을 포괄하는 교육신학의 가장 근본적인 원리인 것이다.
그렇다고 '기독교(종교)교육'이란 명칭사용을 거절하는 것은 아니다. 본래대

---

u. Ruprecht, 1987 ; Hrg. v. K.Wegenast, Gemeindepaedagogik, Frankfurt 1994. 이 책들은
전부 오늘날 교회를 중심하여 이루어지고 있는 교회교육사역의 영역을 포괄적으
로 다루고 있으며, 교회교육의 중요성을 '교회교육학'으로 표현해야 한다는 것을
강조해 주고 있다. 또한 영어권에서도 'Church Education'의 명칭을 기존의 기독
교(종교)교육의 개념과 성격을 달리 사용하고 있다. 그것은 전통적으로 '신앙과
가르침'이란 이름에 집중하던 교회의 신앙교육적인 성격을 '총체적인 배움'의 의
미에서 신앙과 삶의 관계를 더 강조한데서 그 의의를 제시한다. ; Hrg. v. K. E.
Niplow u. F. Schweitzer, Religionspaedagogik, Bd.2 / 2,220. 이 글에서 독일교회는 1973
년 총회에서 공식적으로 교회교육학이란 개념을 채택하였다.

13) 1889년 조직신학자 Marx Reischle에 의하여 사용되었다. 그 이래로 학교에서 성장
세대의 기독교종교의 가르침을 시작한데서 생겨난 이름이다.

[참고] Gerd Bochwoldt, Religionspaedagogik, 9쪽, (Hrg.) N. Mette u. F. Rickers, Lexikon
der Religionpaedagogik, Bd.2. Neukirchener, 1716쪽. 1900년대부터 F.Niebergall,
O.Eberhard 등이 사용했고, 슐라이어막허도 그의 교육과 실천신학에서처럼, 실천의
학문적 이론으로 이 개념을 표현하였다.

로 일반학교에서의 기독교 종교교육에 충실할 때 가능하며, 교회교육과의 협력관계도 견지될 수 있을 것이다. 그리고 이 책 역시 넓은 의미에서 '기독교교육'에 속한 것으로 보아도 좋을 것이다. 그러나 기독교교육학이 아직 충분한 자기이론을 형성하고 있지 못하기 때문에, 필자는 '교회교육학'이 '기독교교육'을 대변하는 역할을 기대하는 것이다.

아무튼 이러한 교회교육적이며, 기독교 교육적인 중요한 신앙교육의 의도를 전제하여, 필자는 이 책을 '교회교육학'으로 명명하며, 교회의 목회사역과 관련하여 '하나님의 인류구원의 교육, 왜, 무엇을, 어떻게'라는 큰 물음에 대하여 총 8부에 걸쳐 그 적절한 원리와 방법을 제시하려고 한다.

제 1 부는 '교회와 교회교육'이란 주제하에 첫째, 교회는 어떤 곳인가? 둘째, 교회의 본질이 무엇인지? 셋째, 교회의 사명과 과제는 무엇인지? 넷째, 교회교육과 교육목회에 관한 소주제들이 다루어졌다. 여기서 우리는 하나님의 인류구원의 교육의 가장 역사적인 장이요, 교회교육의 가장 핵심적인 장이 바로 그리스도의 교회이기 때문에, 교회의 신학적이며, 기능적인 관계에서 이해되어야 할 중요한 의미를 밝혀 보았다. 그리고 교회교육의 기본적인 성격을 전제하여 교육적 과제의 중요성을 논의해 본 것이다. 특별히 교회성장을 염원하는 한국교회는 미래적으로 교회교육(목회)의 목표를 어디로 지향하게 해야 할 것인지? 실천신학의 관점에서 목회사역의 미래적 방향을 제시해 보기도 하였다.

제 2 부는 '일반교육과 교회교육의 기본이해'란 주제하에 첫째, 일반교육의 개념에 대하여 둘째, 현대교육학이 지향하는 교육목표와 과제에 대하여 셋째, 21세기의 인류교육의 방향과 새로운 과제에 대하여, 넷째, 교회교육의 개념이해 등에 관한 것들을 집중적으로 다루어 보았다. 여기서 우리는 일반교육과 교회교육의 구별된 성격과 특성을 확인할 수 있으며, 교회교육의 대상과 그 범위(영역)를 새롭게 이해할 수 있을 것이다. 그리고 교회교육이 기독교교육과 어떤 연관을 가진 것인지도 확인할 수 있을

것이다. 물론 이 부분의 내용은 역시 교회교육의 개론적 차원의 정보로 보아도 좋을 것이다.

　제3부는 '교회교육의 신학과 인간학'이라는 주제하에서, 5가지 소주제들을 다루었다. 첫째, '교육과 신학과의 대화' 둘째, '신앙과 교육의 관계' 셋째, '교회교육의 신학적 근거' 넷째, '교회교육의 신학적 구조와 기본내용' 다섯째, '교회교육과 인간학' 등이다.
　이 부분의 내용은 교회교육 또는 기독교교육의 신학적인 원리에 대한 것으로 교육적이며, 신학적인 양면의 관점에서 교육의 목적, 목표, 내용, 방법, 그리고 현대 발달심리학의 이론들이 제시하는 교육대상에 관한 기본정보를 다루어 보았다. 그리고 이 부분의 내용은 이 책에서 가장 중심적인 내용으로 교육과 신학의 관계에서 알아야 할 많은 정보들이 제시되어 있다고 할 수 있다.

　제4부는 '교회교육의 목적과 교회신앙교육의 근본과제'라는 주제하에, 4가지 소주제를 다루었다. 첫째, 성경적인 교육목적 둘째, 실천신학의 과제와 교육목적 셋째, 현대 기독교교육학에서의 다양한 목적론 넷째, 교회신앙교육의 근본적 과제 등이 소개되었다. 이 내용에서 다루어진 중요한 것들은 성경적인 관점과 실천신학의 관점 그리고 현대 기독교교육론과 관계에서 본 교회교육의 목적론을 밝혀 보았으며 동시에 인격적인 신앙양육의 관점에서 교회가 지향해야 할 신앙교육의 근본적 과제가 무엇인지를 밝혀보았다.

　제5부와 제6부는 교회의 신앙교육방법론(1)과 (2)로 구분하여, 교회교육이 활용해야 할 신앙교육의 방법론이 어떤 것이어야 하는지? 현재 사용하고 있는 방법들을 중심으로 설명하였다. '신앙교육방법론(1)'에서는 일반교육학에서 말하는 교수방법론(Didaktik)과 교육과정론(Curriculum)을 개념적 차원에서 소개하였고, 성경교육의 기본적인 교수방법론과 신앙학습을

위한 다양한 방법론을 다루어 보았다. 교회교육은 구체적으로 성경교육에 의존되어 있다. 그 때문에 성경을 어떻게 가르치고 배우게 해야 하는지에 대하여 다양한 성경공부방법론을 설명해 보았다. 그리고 '신앙교육방법론(2)'에서는 교회의 직분론과 관련된 교회교육의 책임자인 목사와 교사의 권위와 책임에 대하여, 교육행정과 교사의 자질교육 그리고 신학교육과정(MdIv)과 강도사 훈련(internship)과 부목사교육(resident), 그리고 목사계속교육 차원에서 그 방법론을 다루어 보았다.

제7부는 '교회신앙교육의 실천적 영역'에 대한 것으로, 교육대상을 중심으로 현재 실행되고 있는 교회교육의 실제적인 영역을 설명한 것이다. 특별히 평생교육차원에서 어린이 신앙교육, 청소년 신앙교육, 성인(평신도)의 신앙교육, 노인의 신앙지도와 목회적 차원의 돌봄의 관점을 전제하여 교육실제를 설명하였다. 이 부분에서 코메니우스가 그의 범교육론에서 제시한 전인교육과 평생교육이 교회교육의 각 부별 교육에 어떻게 연결되어 실천되는 것이 바람직할 것인지를 확인할 수 있는 것이다. 역시 코메니우스의 이론은 교회교육뿐만 아니라, 일반학교교육과 관련하여 교육선교차원의 과제(기독교대안학교)실현에 많은 도움을 받을 수 있을 것으로 본다.

제8부는 '교회(기독교)의 신앙교육 역사'란 주제하에 '교회교육의 역사' 편을 다루었다. 총 11단계의 시대와 지역을 구분하여 교회교육의 역사 또는 종교교육역사의 발전적 과정을 설명해 보았다. 여기서 우리는 초대교회의 교회교육에서 시작하여, 종교교육으로, 기독교교육으로 발전된 긴 역사적 과정을 유럽교회 중심으로 살펴보았으며, 전체적으로는 교회교육의 관점에서 하나님의 인류구원의 역사가 어떤 발전을 지속해 왔는지를 이해하게 될 것이다. 한국교회교육의 역사를 취급하지 못한 것은 필자에게도 유감스럽게 생각되며 다음 기회에 다루기로 한다.

이 책은 앞에서 언급한 것처럼, 수년간 신학교에서 강의교재로 사용하던 내용을 수정 보완하여 한권의 책으로 엮은 것이다. 그리고 구미지역(歐美地域) 교육학자들의 최신정보에 근거하여 필자의 연구서로 제시된 것이기에 필자의 교회(기독교)교육의 학문적인 이해가 총집결된 '교육신학의 전문서적'이라 할 수 있다. 그리고 여기에 제시된 교회교육학은 개혁신학의 기본적인 관점에서 서술된 것으로 개혁신학에 근거한 교회교육학으로 보아도 좋을 것이다. 또한 이 책은 먼저 신학생들과 목회자들을 돕기 위하여 만들어진 것이기에 그 분들이 읽을 때, 목회사역이 교육사역과 어떻게 연관되어 있는지를 쉽게 이해하고, 교회교육과 목회사역의 중요성과 방법론에 대한 넓은 시각을 얻을 수 있을 것으로 생각된다. 물론 '기독교교육' 전공자들이 읽어도 학문적인 이해에 큰 도움을 받을 수 있을 것이며 또한 교회(주일)학교 교사들과 평신도들이 읽어도 각 부별의 교육적인 섬김에 큰 도움을 받을 것으로 확신한다.

집필을 끝내면서 역시 필자의 좁은 학문성을 고백하지 않을 수 없다. 그러나 평가는 독자들의 몫이며, 부족한 부분에 대하여 다만 양해를 구할 뿐이다.

끝으로 이 책의 출판에 협력한 범지출판사 여러분들에게 감사하며, 또한 교정 작업에 참여해 준 최진경 교수와 김석주 목사에게도 심심한 감사의 인사를 드린다. 그리고 모든 독자들에게 지혜의 하나님의 도움이 함께 하기를 기원한다.

2008년 1월
양지(캠퍼스)교수 연구실에서
정일웅 씀

차　례

제7부 : 교회 신앙교육의 실제 영역

제 8 부 : 교회(기독교)의 신앙교육의 역사

부록 I

부록 II

제1부
교회와 교회교육

제1부 : 교회와 교회교육

‘교회와 교회교육’이라는 주제하에서 먼저 교회의 기능과 본질, 교회에 부여된 사명과 과제가 무엇인지를 밝혀보려고 한다. 그 이유는 교회교육은 교회를 올바르게 이해하는 일에서 시작되어야 하기 때문이며, 한국교회 목회자들의 주된 관심인 교회성장 또한 교육하는 일과 연결되어 있기 때문이다. 그리고 교회의 교육적 성격을 분명히 하고, 그러한 교회의 교육적 과제는 미래적으로 ‘교육목회’라는 개념으로 이해되었으면 하는 마음으로 이론을 제시해 보려는 것이다. 물론 필자는 교회교육과 교육목회는 거의 동의어로 이해하고 사용하기로 한다.

1. 교회란 어떤 곳인가?

‘교회’란 말은 어원적으로 구약의 카할(קהל)이란 말과 신약 성경에서의 에클레시아(ἐκκλεσία)란 말에서 그 역사적인 의미를 찾을 수 있다. ‘카할’은 하나님으로부터 불려진 그의 백성을 뜻하거나, 하나님에게서 부름받은 소집된 백성들의 모임을 의미하는 것으로 사용되었다. 그것은 곧 하나님이 아브라함을 택하여 그의 백성의 조상으로 삼고, 그 자손들을 하나님의 백성으로 부른데서부터 시작된 것으로 이해된다.

먼저 어원적으로 살펴보면 ‘에클레시아’는 예수 그리스도를 통해 세상 밖으로 불러냄(ἐκ-καλεω)으로써, 역시 하나님의 나라에 속한 백성으로 불러줌을 뜻한다. 이 개념은 구약의 카할의 개념과 동일한 것으로 70인경에서 에클레시아는 카할의 번역으로 이해된다.1) 그것은 세상 가운데서 그리스도를 통하여 하나님 나라의 백성으로, 그의 통치에로 불려진 그리스도인을 지칭하는 말이다. 그리고 그들은 구원의 백성들로서 그리스도에게 속한 자들인 셈이다. 그리스도에게 속한 자의 표는 역시 기독교의 세례이다.

---

1) [비교] O. Weber, *Grundlagen der Dogmatik*, Bd.II., Neukirchen 1977, 585-586.

그것은 옛 사람을 벗어버리고, 성령안에서 변화된 새사람으로 그리스도의 몸에 속한 지체의 의미가 부여된 일이다. 또한 '에클레시아'는 그리스도 안에 있는 자들의 모임과 공동체를 가리키는 말로 이해된다. 그리고 부름받아 모여온 회중을 가리키기도 한다.

'에클레시아'란 헬라 말은 신약 성경에 자주 표현되고 있는데, 복음서에서는 마태복음 16 : 18과 18 : 17절에 나타나며, 서신서에도 여러 곳에 표현되고 있다(딤전 3 : 5, 15 ; 5 : 16 ; 요3서 6 : 9 ; 벧전 2 : 9). 사도행전(행 5 : 11 ; 8 : 1, 3 ; 7 : 38)에는 교회를 '광야 교회'로 표현하고 있으며, 지역의 이름과 함께 언급되기도 하였다(행 9 : 31). 예를 들면 유대와 갈릴리, 사마리아의 교회 등이 그것이다. 지역이나 도시의 교회를 표현하면서 사용된 것은(행 15 : 41 ; 16 : 5) 수리아와 길리기아를 들 수 있다. 사도행전 20 : 28에도 '하나님의 교회'란 말이 나오며, 바울서신에서는 '자기 피로 사신 교회'로 표현되기도 한다(고전 11 : 16 ; 14 : 34 - 35 ; 고전 14 : 19 ; 고후 8 : 18, 11 ; 8 : 12, 13 ; 갈 1 : 2 - 22 ; 롬 16 : 4 - 16). 이러한 다양한 교회의 개념들은 구약에서 하나님의 백성으로 부름받은 자의 의미가 신약의 예수 그리스도를 통하여 나타난 구원의 속죄 행위인 십자가의 피 흘리심과 어떻게 연관되어서 이해된 것인지를 생각하게 하는 표현으로 보여진다.

1) 지역과 장소로서의 교회

도시에 있는 교회로서 데살로니가 교회(살전 1 : 1 ; 살후 2 : 1 ; 고전 1 : 2 ; 고후 1 : 1), 갠그레아 교회(롬 16 : 1)와 라오디게아 교회(골 4 : 16)는 대표적인 교회들이다. 지방에 있는 교회로서 아시아에 있는 교회(고전 16 : 19), 갈라디아 지방에 있는 교회(고전 16 ; 갈 1 : 2)와 마케도니아 교회(고후 8 : 1) 등도 있다. 그리고 유다 지방의 교회(갈 1 : 22 ; 살전 2 : 14)도 명명된다. 이와 같이 교회는 지역의 이름과 함께 그 지역에 있는 그리스도인들을 지칭하거나 그들의 모임을 통칭하여 사용된 것으로 이해된다.

2) 가족공동체로서의 교회

교회는 가정에서 모이는 작은 그리스도인들의 모임이었다. 바울의 선교 사역은 바로 유대인 그리스도인의 가정을 통하여 이루어졌고, 그러한 가정의 모임을 종종 교회로 불렀던 것이다(몬 2 ; 골 4 : 15 ; 고전 16 : 19). 이러한 가정공동체로서의 교회는 오늘날 거대한 집단이 모이는 큰 건물로서의 교회와 비교할 때 항상 교회의 본질적인 모습을 되돌아보게 하는 의미를 지닌다. 그래서 교회는 항상 가정으로 비교되므로 하나님의 가족, 하나님의 자녀의 모임으로 유비된다.

3) 언약과 신앙과 구원공동체로서의 교회

'교회'의 설립자는 삼위일체 하나님이시다. 예수 그리스도와 성령은 복음을 통하여 세상의 사람들이 하나님께로 돌아오도록 부르신다. 그의 부르심의 핵심적인 메시지는 '하나님의 통치를 선언하신 일'이다(막 1 : 15). 즉, 하나님의 다스림이 그를 통하여 실현되었다는 것이다. 옛 언약에 의한 이스라엘 백성들이 율법의 통치를 받던 시대가 종말을 고하게 되었고, 새로운 언약에 의한 새로운 구원의 백성의 공동체가 시작되었음을 보여준다. 그러한 부름에 응한 사람들은 예수가 하나님의 아들로서, 약속된 메시아이며, 세상을 구원할 주인이심을 믿고, 그에게로 돌아오는 자들이며, 예수에게서 나타난 새 언약을 신앙하는 공동체에 가입하여 그리스도와 하나가 된 신앙(언약)공동체에 가입한 자들인 것이다. 그러한 일은 그리스도를 통하여 베풀어지는 교회의 세례에서 확인된다. 그리고 그리스도의 머리요, 몸 된 교회에 한 지체가 된 자들인 것이다. 또한 그들은 심판의 주로서 다시 오실 그리스도를 기다리는 구원공동체의 언약백성들인 것이다.[2]

---

2) Vgl. Hans Küng, Kirche, Muenchen,1985(3.Aufl.) 99-118.

4) 예배와 섬김의 공동체로서의 교회

예수님은 그의 제자들에게 그들이 행해야 할 하나님의 요구로서 가장 큰 두 가지 계명을 말씀하셨다. 첫째, 하나님을 사랑하는 일이며 둘째, 이웃을 자신의 몸처럼 사랑하는 일이다. 여기 사랑이란 섬김을 뜻한다. 전자는 그리스도와 성령에 의하여 부름받은 하나님의 백성들이 교회공동체로 모여 삼위일체 되신 하나님을 섬기고 그에게 경배와 찬양의 영광을 드리는 예배를 뜻한다(행 2 : 46 - 47). 예배에 모인 회중은 역시 하나님을 찬미하며, 성찬에서 떡과 잔의 나눔을 통하여 성령으로 함께 하시는 그리스도와 교제하며, 그의 말씀을 믿고 따르는 그리스도의 제자들이었다. 교회는 실제로 예배에 모인 회중을 두고 사용한 말이다(고전 11 : 18 - 20, 33 ; 고전 14 : 23 - 24 ; 고전 14 : 26). 그리고 그 공동체의 특징은 성령의 은혜 가운데서 서로 교통하며, 섬기는 것이다. 그러한 섬김은 각자의 삶을 통하여 역시 이웃을 향하여야 하며, 형제의 고난과 어려움에의 참여를 뜻한다. 그런 뜻에서 교회는 타자(세상)를 위하여 존재해야 하는 의미를 가진다(막 10 : 45 ; 마 5 - 7).

5) 교육(학습)공동체로서의 교회

우리말에서 교회(敎會)란 가르칠 교(敎)자와 무리, 또는 모임 회(會)자로 표현되었다. 정확히 말하면 가르침받기 위하여 모인 무리라는 뜻을 의미한다. 이 말은 분명히 교육적 의도가 반영된 개념으로 이해된다. 아마도 한국의 초대교회는 유대교의 회당(Synagoge)에 상응한 모습을 생각하였고, 그리스도인들이 항상 모여 하나님의 말씀을 가르치고 배우는 교육의 장(場)으로서의 기능을 더 많이 반영한 것 같다. 동시에 그러한 배움을 전제하여 하나님께 예배하며, 성도간의 교제를 나누며, 사회와 이웃을 향하여 사랑으로 돕는 신앙적인 삶의 모습을 견지해 가는 공동체가 교회인 것이다. 이러한 공동체적 삶은 바로 신앙의 배움과 가르침에서 시작된다(행 2 : 42 ; 엡 4 : 11 - 12). 그리고 교육공동체로서 교회의 기능적 의미는 오늘날 '교회교육학’의 필요성을 강조하는 구라파학자들에게서 쉽게 확인된다. 즉, 교회의 교육적 과제는 근본적으로 신앙을 배우고, 삶을 배우는 일이 중심이어야 한다는 점을 강조한 것이다.[3] 교회는 분명히 예수님의 가르침을 받던 제자들의 모습처럼, 이제 사도들에 의하여 그리스도의 가르침을 받아야 하는 제자공동체이며, 구체적으로는 성경말씀을 통하여 믿음을 배우며, 삶을 배우고 깨우침을 받는 ‘교육공동체’임을 알아야 한다.[4]

2. 교회의 본질적 의미는 무엇인가?

교회는 근본적으로 하나님의 부르심과 그리스도의 머리와 몸, 지체, 그리고 성령과 말씀 안에서 살아 있는 공동체로서 이해되어야 하는 그리스도에게 속한 자들의 공동체이다. 여기서 우리는 공동체가 실제로 삼위일체 하나님과의 관계에서 어떤 의미를 가진 것인지 신학적인 의의를 설명해 보기로 한다.

1) 하나님의 백성으로 교회(공동체)

하나님은 세상의 여러 민족 가운데서 이스라엘 민족을 자기의 백성으로 택하시고 부르셨다. 이러한 부름은 아브라함에게서 시작되어(창 12 : 1 이하, 창 17장), 이삭과 야곱의 열두 아들로 이어졌으며, 후에 이스라엘 민족은 하나님의 택함을 받은 백성들이 되었다. 모세를 통한 출애굽의 역사는 새로운 하나님의 백성의 구원의 역사를 보여준다(출 6 : 6 이하). 그러나 역시 약속된 가나안 땅에 되돌아와 모세에게 부여했던 하나님의 계명을 따라 살아야 하는 언약백성들이었다. 하나님의 언약은 이제 바벨론 포로시대를 통한 고난의 역사를 거쳐, 다시 새 언약으로 제시된다(렘 31 : 31 - 34 ; 겔 36 : 22 - 31). 그

---

3) [참고] K. Foitzik, Gemeindepaedagogik, Guetersloh, 1992, 109-112.
4) [참고] H. Schroeer, Die Einfuehrung ins Studium der Evangelischen Theologie, Guetersloh, 1982, 정일웅 역, 독일개신교 신학연구개론서, 대한기독교서회, 1995, 18쪽 이하. ; (Hrg.) von EKD, Angenomen von der Generalsynode der Nieder-laendischen Rreformierte Kirche(Tagung am 18. Juni 1974),Vom Geheimnis der Gemeinde, Guetersloh, 1976. 44쪽 이하.

것이 하나님의 아들 예수 그리스도를 통하여 이루어져야 하는 새 언약백성
에 대한 부르심이다. 이러한 새 언약의 백성은 이제 그리스도 안에서 시작
된 하나님의 통치에로 나온 사람들이며, 새로운 시작의 표로써 세례를 받아
야 하며 그 징표는 그리스도에게 속한 자로써 믿음으로 구원받은 백성이며,
언약백성의 공동체에 영입됨을 뜻하는 것이었다. 그리고 말씀과 성례를 통
하여 하나님과 그리스도와 성령의 통치를 받으며 사는 여전히 하나님의 백
성의 공동체로 부르는 것이다.

한스 큉(H. Küng)은 그의 '교회론'(Die Kirche)에서 교회와 관련된 하나님
의 백성의 의미가 무엇인지를 깊이 있게 이해하도록 도움을 준다.5)

(1) 모든 믿는 자들은 하나님의 백성임을 전제한다. 그것은 한 직분으로서의
    교회의 성직화가 제외되었음을 의미한다.6)

큉(H. Küng)은 교회는 결코 한정된 어떤 계급이나, 배타적인 집단(Kaste)
이 아님을 강조한다. 오직 믿는 자들의 공동체로서의 모습이라는 것이다.
그 교회는 항상 전체로서 하나님의 백성이요 전체로서 교회를 뜻한다. 그
것은 하나님을 천지 만물의 창조주로, 예수 그리스도를 만물의 주인이요,
역사 속에 인간으로 오셨던 하나님으로 믿는 공동체인 것이다. 그런 뜻에
서 모든 믿는 자들은 선택된 하나님의 백성이요, 왕 같은 제사장이요, 거
룩한 백성들이다(벧전 2 : 9). 그리고 교회의 모든 구성원은 하나님의 백성
이라는 점에서 하나님으로부터 부름 받고, 그리스도 안에서 의롭게 되었
으며, 성령안에서 거룩한 자들인 것이다. 교회의 구성원은 예수 그리스도
의 복음을 통하여 믿음과 순종으로, 사랑의 완전한 헌신에로 부름받은 자
들이다.7)

그러므로 예수 그리스도 안에서 교회에 속한 모두는 동등하다고 할 수
있다. 동등한 '하나님의 백성'이란 관점에서 교회안에 실재하는 성직자와

---

5) H. Küng, Die Kirche, Tübingen 1970.
6) H. Küng, 전게서, 151쪽.
7) 전게서, 152쪽.

평신도로서의 구별은 근본적으로 불가능한 일이다. 그는 교회의 백성과 세상의 백성(이방인)과는 구별되지만, '하나님의 백성'이란 관점에서는 구별이 있을 수 없다는 것을 강조한다. 우리가 교회안에서 구별해야 한다면 그것은 직분의 관계에서이다. 즉, 성직자와 평신도는 교회직분의 관계에서 구별된다는 말이다.8) 그러므로 직분의 중요한 원리로 한 분 하나님을 섬기기 위해서 교회는 여러 직분을 두게 되지만, 그렇다고 여러 직분들은 결코 교회안에 있는 하나의 직분을 섬기기 위한 것이 아니라, 한 분 하나님을 섬기기 위하여 존재한다는 것을 기억해야 할 것을 강조한다.

⑵ 모든 믿는 사람들은 하나님의 부름을 통하여 온 백성들이다. 교회의 사유화는 제외되었다.9)

교회는 어떤 영리단체와 같은 주식회사나 인간의 친목단체가 아니라는 것을 강조한다. 교회는 언제 어디서나 모든 인간이 구원받기를 원하는 하나님의 부르심과 그의 자유로운 선택의 전제하에 이루어진 신앙공동체인 것이다. 그 때문에 어떤 교회도 이러한 하나님의 자유로운 은혜와 사랑 없이는 교회라 할 수 없음을 강조한다. 그는 또한 교회가 개개인의 부름에서 출발하지만, 개인 혼자를 가리켜서 교회라고 할 수 없음을 강조한다. 그것은 교회가 어디까지나 신자 개인으로서의 연합과 전체를 뜻한다는 사실을 말해주는 것이다. 그것은 교회는 공동체적인 성격을 지니고 있음을 말한 것이다. 교회가 어디에 존재하는가라는 질문에서도 그는 교회는 회중 가운데 있으며, 개체 교회는 역시 그 회중 속에 있다는 말로 대답한다.10)

---

8) 전게서.
9) 전게서, 153쪽.
10) 전게서, 154쪽.

⑶ 모든 신자는 개인의 결단을 통하여 온 백성들이다. 교회의 유전학적 발
   생론은 여기서 제외된다.[11]

그는 교회 구성원 모두는 개인의 결단을 통하여 온 하나님의 백성들이
다. 그리고 그러한 교회는 항상 하나님이 세우신다는 것을 강조한다. 왜냐
하면 언제나 개인은 은혜 가운데서 자유로이 스스로 결단함으로 이루어지
기 때문이다. 이것은 교회가 본질적으로 정치적인 힘이나 그 어떤 인간적
인 강압에 의하여 이루어질 수 없음을 말한 것이다. 그 때문에 하나님의
부르심은 개인에게는 언제나 아멘으로 반응하는 모습이어야 하는 것이다.
그것은 기쁨으로의 동의와 결단을 뜻하는 것이다.[12]

큉(H. Küng)의 이러한 생각은 로마 가톨릭교회를 복음의 관점에서 비판
적으로 거론한 것이며, 역시 오늘날 우리에게 한국교회의 모습을 되돌아
보게 하고 있다고 본다. 한국교회는 목회자 개인이 교회를 설립하고 운영
하는 개인사업장처럼 인식되어 공적이며, 공동체적인 모습을 드러내기 보
다는 개인적이며, 사적인 소유물로 인식하는 경우를 보이는 현상이 지배
적이다. 심지어 담임목사직 세습의 모습도 보이고 있다. 말로는 하나님의
주권을 강조하고 있는 것처럼 여겨지나, 실제적으로 보여지는 한국교회의
모습은 큉이 지적하는 로마 가톨릭교회의 모습과 너무 흡사하다. 한국교
회는 이러한 공적이며, 공동체적인 모습의 교회관을 유지하도록 힘써야
할 것이다.

⑷ '하나님의 백성'은 역사적인 백성들이다. 그것은 교회의 이상화를 반대한
   뜻이다.[13]

교회를 하나님의 백성으로 이해한다면, 그것은 현세적인 공간과 세계적
인 시대를 접하지 않은 채 존재하는 정체(停滯)된 초역사적인 실체가 결코

---

11) 전게서, 156쪽.
12) 전게서.
13) 전게서, 158쪽.

아니라는 것도 잊어서는 안 된다. 왜냐하면 부름받은 하나님의 백성은 역사 속에 실재하는 것들과의 접촉 가운데 존재하기 때문이다. 그리고 역사 속에 실재하는 한 하나님의 백성의 공동체인 교회는 불완전 한 것들과 함께 있는 것이다. 그런 면에서 완전한 교회란 있을 수 없으며, 교회는 항상 죄와 실수와 오류와 함께 있는 것이다. 성경의 증거에서도 분명히 드러난다. 그 때문에 교회는 하나님 앞에서 언제나 겸손함과 회개가 요구된다. 그리고 지상에 있는 교회는 투쟁하는 교회임을 말하게 된다. 여기 '투쟁한다'는 말은 세상에 실재하는 악과의 관계에 서로 대립적이라는 것을 말하는 것이며, 바울의 고백처럼 믿음의 선한 싸움을 뜻한다고 본다. 교회의 공동체로 모인 그리스도인들은 세상의 악과 투쟁해야 하며, 하나님의 선하시고 거룩한 것을 보존하고 유지하도록 힘써야 한다.14)

종교개혁자 루터(M. Luther)는 일찍이 그리스도인의 실재를 가리켜 '의인임과 동시에 죄인이다'(simul justus et peccator)라고 표현하였다. '그리스도인'이란 예수 그리스도를 믿음으로 구원받은 의로운 존재이지만, 동시에 하나님 앞에서는 언제나 죄인으로 실재하는 자라는 사실을 말해 준 것이다. 그 때문에 루터는 그리스도인은 하루에 세 번 이상 행하여진 죄와 실수에 대하여 참회의 필요성을 교훈한 것이다. 종교개혁의 의미는 바로 여기에 있다고 할 것이다. 우리는 교회의 거룩성과 순결성을 지나치게 강조하는 이상주의를 반대한다. 그러나 조직된 교회로서 지상의 교회는 항상 개혁되어야 하는 당위성과 필연성을 지닌다. 왜냐하면 지상의 교회는 악과 함께 거하기 때문이다.15)

2) 그리스도의 몸으로서 교회

바울은 자주 교회를 인간 몸체의 유기적인 관계로 비교하여 설명하였다. 그리스도는 교회의 머리요 몸이며, 그리스도인들은 그 몸의 지체관계로 설명되었다(고전 12 ; 롬 12 ; 엡 5). 이러한 머리와 몸, 지체는 어떻게 교

---

14) 전게서, 159쪽.
15) 전게서.

회와 관계되는 것인가? 이는 그리스도의 몸으로서의 교회를 이해할 때 가능하다. 그리고 그리스도의 몸으로서의 교회는 세례에서부터 시작된다. 세례 없이 교회는 존재할 수 없는 것이다. 그 때문에 그리스도의 교회는 세례를 중요하게 생각하고, 실천하고 있다. 그리고 세례와 성찬의 실천에서만 그리스도의 몸과 지체의 관계가 확연히 드러나게 되는 것이다. 그러면 세례와 성찬의 신학적인 의미는 과연 어떤 것들인가? 먼저 성경적이며 역사적인 세례의 의미를 설명해 보기로 한다.

세례는 그리스도가 행하라고 명하신 말씀에 근거한 일이다(마 28 : 19 ; 막 16 : 15 - 16). 예수님은 세례요한에게 세례를 받으심으로 요한의 선지자적인 사역을 인정하였고, 세례요한의 종말론적인 부르심을 예수 자신이 받아들였으며, 이제 시작되는 하나님의 통치와 하나님의 뜻에 따라 믿는 자들이 자기아래에 서 있어야 함을 설교를 통하여 요구하였던 것이다. 또한 예수님은 철저한 회개를 촉구했다. 그리고 죄인들의 용서와 관련하여 구체적인 회개의 세례를 말하기도 하였다(막 1 : 4 ; 막 11 : 27 - 33). 그것은 이러한 죄용서와 회개에 대한 세례의 표지를 통하여 기꺼이 동의하는 사람들을 하나님의 새로운 백성으로 표시하는 일로 이해된 것이다. 그리고 요한복음서는 예수가 직접 또는 적어도 그의 제자들에게 세례를 베풀었다는 것이 잘 설명되고 있기도 하다(요 3 : 22 이하, 4 : 2).[16]

그러므로 교회는 다만 요한의 세례를 기억하면서 세례를 베풀 뿐만 아니라, 요한의 세례를 인정하고, 예수가 자신에게 스스로 적용했던 그 세례를 베풀 수가 있는 것이다. 역시 이러한 세례는 그리스도의 부활을 통하여 새로운 의미는 얻게 되었다고 볼 수 있는데, 이제 예수는 부활하신 메시아요, 주님이 되신 것이다. 기독교의 종말론적인 구원은 예수의 죽음과 부활을 통하여 실체화된다. 세례가 죄인들의 용서에 대하여 회개의 세례라면, 그 세례는 하나님이 예수를 주님으로, 메시아로 만들어 주신 일을 통하여 새로운 의미를 얻게 되는 것이다(행 2 : 36).[17]

---

16) 전게서.
17) 전게서.

사도들의 역사와 더불어 바울은 초대교회가 예수의 이름으로 어떻게 세례를 베풀었던 지를 상세히 알려주고 있다. 예수의 이름으로 세례를 베풀었다는 것은 세례의 권위에 대한 법적인 의미를 지닌 말이었다고 볼 수 있다. 그것은 예수는 부활하신 주님으로 예수의 이름으로 세례를 받는 자는 예수의 통치와 그의 보호 아래에 세워졌음을 의미한 것이다. 이제 수세자는 부활하신 주님의 소유가 되었으며, 하나님에 대하여 아들의 관계로, 영과 생명에의 참여를 얻게 된다. 이런 의미에서 마 28 : 19에 증거된 삼위일체 형식의 세례는 기독론양식의 계속적인 발전으로 볼 수 있다.18)

세례는 그 자체에 유익한 것은 아무것도 없다고 보아도 좋을 것이다. 하지만 세례는 회개와 관계되고, 믿음과 관계될 때 그 중요한 의미를 가지게 된다. 믿음은 단순히 세례가 베풀어지게 하는 근거를 뜻하는 것은 아니다. 세례는 다만 믿음을 확인하는 신앙의 표시(Zeichen)나, 신앙고백의 표지보다 더한 것으로써 믿음을 확증하기 위해 제정된 것이라고 볼 수 있다. 그러나 반대로 세례가 간단히 믿음을 근거하게 하는 것은 아니다. 믿음(Glaube)은 세례의 당연한 결과이거나, 자동적인 결실이 또한 아니다. 믿음과 세례는 그리스도 안에서 이루어지는 하나님의 구원행위안에서 그 근거를 가질 수 있다. 종말론적인 구원사건은 그 양자를 포괄하며, 근거를 갖게 해 준다. 이러한 근거에서 나아가 양자는 서로 관계되어 있다. 세례는 믿음에서 나오며, 믿음은 세례에로 향한다. 더 정확히 말하면, 믿음은 인간의 철저한 헌신과 신뢰가 충만한 은혜의 감동의 행위로서 세례의 조건이 된다. 세례사건을 위해서 하나님에 대한 온전한 인격적인 헌신과 은혜에 감동되는 행위가 사람에게 요구되었고, 하나님의 은혜를 통하여 가능하게 되었다. 또한 세례는 하나님의 의롭게 하시는 은혜의 보증과 명백한 의식과 같이 믿음의 증언과 가시화하는 일로서 믿음의 결과인 것이다. 세례는 인간적으로 볼 때, 개인적이며, 정신적이며, 신체적인 회개와 신뢰, 헌신과 신앙고백의 가시적인 표현이다. 또한 교회의 입문을 위하여 교회(회중) 앞에서 행하는 신앙의 가시화와 그것에 대한 증언의

---

18) 전게서, 249쪽.

가운데 봉헌하였다. 이러한 독특한 제물은 구약적으로나 이방적인 것의 의미로 이해되어서는 안 된다. 즉, 이 제물은 진노하는 하나님께 속죄하는 그 어떤 영향의 미침을 뜻하는 것이 아니다. 그 모든 행위의 주도권은 오직 하나님께 놓여 있는 것이다. 하나님이 주도하는 화해를 통하여 하나님이 아니라, 인간이 속죄되어야 한다. 우리가 그리스도를 통하여 그와 화목케 되는 그 모든 것의 원천은 하나님에게 있다(고후 5 : 18). 인간은 이러한 화목을 자신의 것으로 만들도록 받아들일 수 있다(롬 5 : 11 ; 고후 5 : 20). 그리스도의 죽음은 인간이 하나님과 화목하기 위하여 찾는 모든 속죄제물의 마지막인 것이다.23)

히브리서는 예수의 희생제물이 완전한 제물로서 단 한 번의 희생으로 모두를 위한(ein fuer alle Male) 화목에 효력을 미치게 되었다는 것을 증거한다. 이제 예수의 단 한 번의 희생제물은 그의 교회공동체에 작용하게 된다. 그리스도는 그의 피로 세운 교회공동체의 만찬 가운데서 자신을 선물하신다. 떡과 잔의 구별된 은사들 가운데서 그는 그의 생명을 교회를 위하여 희생한 자로서 자신을 선물하신다. 그가 그렇게 단 한 번의 속죄제물에 참여를 그 식사에서 제시하기 때문에, 그는 공동체를 새 언약에로 받아들인다. 그리고 참여한 모든 자들에게 주님이 현재적으로 임하시어 영향을 미치게 되는 것이다. 그리고 그리스도의 희생제물로부터 역시 교회공동체는 제물로 요구되었다. 즉, 인간의 헌신 스스로를 기다리는 제물인 것이다. 그것은 물질적인 제물이 아니라, 하나님을 찬양하는 것과 감사와 믿음과 순종과 사랑의 영적인 제물이다. 헌신하는 찬양의 제물과 감사의 제물인 것이다. 그것은 예배의 모임에 한정된 것이 아니라, 일상의 이웃과의 삶에서 매일 제물로 존재하는 것을 우리 주님은 원하는 것이다.24)

그리스도의 부활은 예수의 제자들이 십자가에 달리신 자가 부활하시고, 살아계심을 확신하도록 해주었다. 그리고 부활은 주님과 나누었던 식

---

23) [비교] H. Küng, 전게서, 258쪽.
24) 전게서, 258쪽.

탁의 교제를 다시 수용하도록 하는 동기를 부여해 주었다. 그들은 부활한 자가 그의 임재의 약속을 그의 이름으로 모인 자들 가운데 인식되리라는 확신가운데서 이것을 행하게 된 것으로 이해된다(마 18 : 20). 이제 이러한 새로운 식탁의 교제는 신약의 증거에 따르면 특별히 종말론적인 기쁨을 통하여 특징지워지게 된다(행 2 : 46). 여기 기쁨은 적어도 세 가지의 깊은 의미를 가진 것으로 이해된다. 첫째, 새로운 공동체의 경험에 대한 기쁨이요 둘째, 공동체의 식탁에 임재하시는 그리스도에 대한 기쁨이요 셋째, 특별히 가까워오는 하나님의 나라의 긴장된 기다림 가운데서의 기쁨 등이다.25)

이러한 이해에 근거하여 초대교회는 그리스도의 몸 된 교회의 모습으로서 성찬(식탁의 교제)을 실천하였고, 그것을 통하여 그리스도의 임재와 연합과 미래적인 하나님 나라의 잔치참여의 선취적인 의미를 성령의 도움으로 체험하게 되었던 것이다.

오늘날 그리스도의 교회는 역시 초대교회가 수행하였던 주님의 만찬을 거행할 때, 주님은 그곳에 임재하시며 교제와 연합을 경험하게 되는 것이다. 바울의 권고대로 교회의 성찬 가운데서 떡과 잔을 통하여 주님을 기억하는 일이 중요하다. 주님은 그곳에 영으로 임재하신다. 그리고 그의 삶의 먹과 마심을 통하여 하나가 되는 신비로운 연합을 경험하게 하신다. 그리고 장차 하늘나라에서 영원히 그와 함께 먹고 마실 천국잔치의 선취 행위가 되는 것이다. 그러므로 교회의 성찬은 과거, 현재, 미래의 3차원적인 의미를 표현하도록 힘써야 하며, 주님과의 연합과 공동체의 일치를 경험하게 되는 은혜의 사건인 것이다.26)

그리스도의 몸인 교회는 지역에 공동체로 존재한다. 그러므로 여기서 교회는 개체로서의 의미와 전체로서의 의미를 가진다. 그리스도의 몸으로서의 교회는 민족과 문화와 지역에 따라 각각 다른 모습으로 지상에 나타

---

25) 비교, 전게서, 259쪽.
26) 비교, 전게서, 260-261쪽.

날 수 있다. 그러나 한 분 그리스도의 몸으로서의 교회는 유기적 관계에서 교회의 유일성과 사도성과 거룩성과 일치성(통일성)을 전제하게 된다.27) 그리고 실제로 우리는 한국교회의 지나친 개 교회 지향적인 현상을 보면서, 그리스도 교회의 본질이 어디에 있는지를 바르게 인식하고, 그 본래의 모습에 상응한 교회로 발전하도록 힘써야 할 것이다. 그리고 그리스도의 몸에 지체의 관계에 있는 교회와 그 지체들이 유기적 관계에 있어야 하는 원리에서 교회의 하나됨의 모습을 생각하게 되며, 또한 교회의 연합과 일치의 참다운 교회로서의 모습이 회복되도록 힘써야 하는 과제를 생각하게 된다.

3) 성령의 피조물로서의 교회

성령의 이해는 근본적으로 인간을 자유하게 하시는 주인에 대한 이해에서 시작될 수 있다. 인간은 죄와 강요에서 자유롭지 못하다. 그 때문에 인간은 그의 영혼에서 자유를 얻기 위하여 투쟁해야 한다. 그러나 로마서 7 : 21 이하에서 바울은 죄 가운데서 아무리 자유를 얻기 위하여 노력한다 할지라도 인간은 죽음을 느낄 뿐이라는 사실을 고백한다. "내 속 곧 육신에 선한 것이 거하지 아니하는 줄을 아노니 원함은 내게 있으나, 선을 행하는 것은 없노라, …… 만일 내가 원하지 아니하는 그것을 하면, 이를 행하는 자는 내가 아니요, 내 속에 거하는 죄니라 …… 오호라 나는 곤고한 사람이로다. 이 사망의 몸에서 누가 나를 건져 내랴." 그리고 곧 바울은 "우리 주 예수 그리스도로 말미암아 하나님 아버지께 감사하리로다."(롬 7 : 25)

역시 롬 8 : 1-2에서도 "그러므로 이제 그리스도 안에 있는 자에게는 결코 정죄함이 없나니 이는 그리스도 예수안에 있는 생명의 성령의 법이 죄와 사망의 법에서 너를 해방하였음이니라"고 선언하였다. 예수님은 벌써 요 8 : 36에서 "아들이 너희를 자유케 한다면, 너희는 실제로 자유한 자가 되리라"고 자신을 가리켜 말씀하였고, 갈 5 : 1에서 바울은 역시 "그리스도께서 우리를 자유케 하시려고, 자유를 주셨으니, 그러므로 굳건하게 서서

---

27) [비교] O.Weber, 전게서, 609쪽 이하.

다시 종의 멍에를 메지 말라"고 권고한다.

그리스도 안에서 자유케 된 자는 자신 스스로에게 속한 자가 아니며, 그리스도에게 속한 자이다(고전 6 : 19). 그러므로 그는 육체를 따라 사는 자가 아니라, 영을 따라 살면서, 가시적이며 사라져가는 것에 대하여는 절제하고, 보이지 않으면서도 불멸의 것은 붙들면서 하나님을 위하여 사는 존재인 것이다. 성경이 말하는 새로운 자유란 이제 새로운 의무를 가지게 된다. 그것이 세상을 향하는 것이 아니라, 하나님의 뜻을 향하여 사용하는 자유이어야 한다(롬 12 : 2). 즉, 그리스도인의 자유는 살아계신 하나님을 섬기는 것이다. 그리고 하나님과 다른 이를 위하여 자신을 개방하는 것을 뜻한다고 할 수 있다.28)

근본적으로 성경이 말하는 자유는 하나님이 주시는 은혜의 선물이다. 그러므로 인간이 누려야 하는 자유의 근거와 원천은 인간안에 스스로 놓여 있는 것이 아니라, 그리스도 안에서 우리에게 그의 자유하게 하시는 은혜의 자유, 즉 하나님의 자유안에 있는 것이다. 또한 그리스도께서 우리를 자유케 하시려고 자유를 주셨다고(갈 5 : 1) 말한다. 인간이 어떻게 이러한 자유에로 올 수 있는가? 그 대답은 복음의 부르심을 통하여 이루어진다. 이러한 일은 동시에 말씀과 성례 안에서 우리를 능력 있게 하고, 우리안에서 자유를 일깨우는 성령의 작용하에서 동시에 일어난다. 바울은 주는 영이시니, 주의 영이 계신 곳에 자유가 있느니라(고후 3 : 17)고 하였다. 영은 믿는 자에게 세 가지(죄, 율법, 죽음)의 자유를 선물로 주신다(롬 8 : 2).29)

성령은 그의 교회의 주인이시다. 그리고 그리스도의 영이 믿는 자들을 그리스도의 몸에 지체가 되게 하신다(고전 12 : 1). 교회(에클레시아)는 종말론적인 하나님의 백성이다. 여기서 우리는 교회의 본질적인 기능 중에 하나로서 역시 성령의 교제를 말하지 않을 수가 없다. 성령은 생명의 근원일 뿐 아니라 그리스도인의 신앙적인 삶의 능력이다. 성령은 확실히 마지

---

41) H.Küng, 전게서 195.
29) 전게서, 195.

막 때, 하나님께서 그의 교회에 주신 하나님의 선물이며 그것은 종말론적인 선물이다(겔 36 : 27 ; 요엘 2 : 28 이하 ; 막 1 : 8 ; 행 2 : 38 이하 ; 행 9 : 17 ; 행 10 : 44 ; 행 19 : 6). 그리고 교회는 성령에 의하여 지어진 건축물과 같으며, 하나님의 영이 활동하신 사역의 결과요, 도구요, 표시요, 증거가 되는 것이다. 성령은 그리스도의 몸 된 교회를 세우게 하신다(마 16 : 18 ; 요 2 : 9 ; 히 3 : 2 - 6 ; 계 21 : 22). 그리고 교회는 성령의 지배하에 있다. 그러나 성령 자체가 교회라고 할 수는 없는 것이다. 성령은 자유로이 교회 위에 역사하시는 분이시다. 또한 성령은 교회에 앞서 행동하신다. 그리고 그가 원하시는 곳에 그가 원하실 때, 역사하신다(고전 14 : 33 ; 요 3 : 8). 그러므로 교회는 성령에게 명령할 수 없으며, 오직 그분이 역사하여 도우시도록 기도하며 간구할 뿐이다(살전 5 : 24).[30] 교회는 역시 성령의 은사에 의하여 섬김의 사역을 성취시킨다. 교회의 직분들은 모두 이러한 믿음으로 경험하게 되는 은사에 따라 주어지는 성령의 선물로 이해하게 된다.

　교회는 사도들의 신앙고백을 따라 "성령을 믿으며, 거룩한 공회와 성도가 서로 교통하는 것을 믿는다"는 것을 고백해 왔었다. 여기 고백된 성령은 그리스도의 공동체인 교회와 결부된 것임을 알 수 있다. 그리고 '거룩한 공회'는 성도들의 모임인 교회공동체를 뜻하는 것으로 '거룩한 공회'를 믿는다는 것은 지상에 세워진 교회를 믿는 것으로 이해된다. 이러한 교회의 고백에 대하여 문제가 제기될 수 있을 것이다. 즉, 그토록 많은 문제를 안고 있는 '지상의 교회를 믿는다'는 것이 과연 믿음의 대상이며, 신앙고백의 대상일 수가 있는가 하는 점이다. 그런데 이러한 신앙고백의 중요한 점은 문제가 많은 지상의 인간적인 모임으로서의 교회를 믿는다는 것이 아니라, 그리스도인은 역사 속에서 교회의 잘못과 많은 문제를 경험하고 있음에도 불구하고, 그 교회는 하나님과 그리스도의 영이 역사하는 성령의 교통하심의 장이기 때문에 믿음의 대상으로서 고백된다고 본다. 즉, 교회는 그러한 그리스도의 교회를 신뢰하며, 성령이 함께 하셔서 그의 교회를 보존하시며, 거룩케 하심을 믿는다고 고백하는 것이다.[31]

---

30) 전게서, 198-214쪽.

3. 교회의 사명과 과제는 무엇인가?

교회에 부여된 사명과 과제는 무엇인가? 이러한 질문의 대답은 교회론과 관련하여 이해되어야 하는 전제들이다. 교회에 부여된 사명은 하나님이 그의 아들을 통하여 계시하신 그리스도의 복음을 증거하는 일이다. 그 때문에 교회는 종교개혁을 통하여 교회의 사명을 하나님의 말씀에 대한 섬김으로 보았다. 칼빈은 교회사역의 본질을 섬김으로 이해하였다.32) 그리고 그에게서는 4가지 교회의 섬김의 직분을 제시하게 된다. 이것들은 오늘날까지 칼빈주의 사상을 따르는 장로교회의 기본적인 직분이 되었으며,33) 또한 이러한 직분은 성령을 통한 하나님과의 동역으로 이해하였다.34) 그 때문에 역사적으로 개혁교회와 장로교회에서는 말씀의 봉사자인 목사의 직무를 가장 중요하게 생각하였고, 목사에게 부여된 과제는 말씀의 봉사자로서 설교와 성례의 거행을 책임지도록 하였다.

그러나 오늘날 현대교회에 이르러 실천신학에서는 교회의 본질적인 사명을 하나님의 말씀(복음)의 전파인 말씀의 봉사에 두면서도 그 과제를 다양하게 파생시켜주고 있다고 본다. 먼저 교회는 세상을 향하여 선교하는 교회(Missionierende Kirche)로 이해되었다.35) 그러한 이해를 전제하여 교회의 과제는

---

31) 참고, H. Schroeer, 전게서, 정일웅 역, 개신교신학연구개론, 대한기독교서회, 1995,21쪽.

32) [비교] OC(Ioannis Calvini opera quae supersunt omnia, hrsg. im Corpus Reformatorium von W. Baum, E. Cunizt und E. Reuss(Braunschweig-Berlin 1863-1890)55Bde. 53, 289.

33) 칼빈의 신학사상을 따르는 개혁교회와 장로교회는 칼빈이 제시한 4가지 직분을 교회의 기본적인 직으로 이해한다.

34) 칼빈은 고전 3 : 5-9과 고후 5 : 18-20의 주석을 통하여 성령의 은혜를 통하여 교회의 직분자들을 하나님의 동역자임을 밝혀주었다. 여기에 대하여 가톨릭의 신학자 Alexandre Ganoczy는 "Ecclesia Ministrans", Dienende Kirche und kirchlicher Dienst bei Calvin(Herder 1968)이란 연구서에서 잘 밝혀주고 있다.
   [참고] 그의 책 184-195 이하.

35) 이러한 관점은 1934년 독일교회(DEK)가 히틀러의 통치에 대항하여 신앙고백을 위한 총회가 바르멘 선언문을 발표하면서 탄생하였다. 교회는 형제들의 교회로서 그리스도의 복음을 세상을 향하여 증거해야 하는 사명을 제기했던 것이다.

말씀(복음) 증거(Zeugnis)와 봉사(Dienst)라는 두 가지 직무로 해석된다. 이 두 가지 과제와 관련하여 또 하나의 과제를 표현하는 개념이 탄생하게 되는데, 그것이 교제(fellowship)에 관한 것이었다. 사람들은 이 세 가지를 종합하여 교회의 과제를 세 가지로 표현하였다. 그것은 증거(Kerygma), 교제(Koinonia), 봉사(Diakonia)에 대한 것들이었다.36) 다시 70년대에 에른스트 랑에(E. Lange)에 의하여 예전(Liturgie)의 중요성이 강조되기 시작하였다. 이러한 영향과 함께 사람들은 교회를 그리스도 몸의 공동체로서 이해하고, 발생하는 '그리스도-섬김'의 공동체로 이해되었다면, 그것에 상응하는 기능들로서 예전(Leiturgia), 복음증거(Marturia), 봉사(Diakonia)로 이해하고, 이것들은 역시 예배와 증거와 이웃사랑의 의미를 더 강화하는 방향으로 설정되었다.37) 그리고 어쨌든 이러한 논의를 거쳐 현대 실천신학에서는 교회에 부여된 사명과 과제를 증거와 교제와 봉사로 이해하거나, 증거와 예전과 봉사의 관계로 이해하게 되었다. 역시 증거(Marturia)의 사역에서 설교(Homiletik)와 교육(Kaechetik)과 돌봄의 사역(Seelsorge)이 포함된 것으로 본다.38) 그리고 필자는 이러한 이해에 근거하여 교회의 과제를 크게 4가지로 구분하여 소개해 본다.

첫째, 복음을 증거하는 일이며(Martyria) 둘째, 예배하는 일이며(Leiturgia) 셋째, 교제하는 일(Koinonia) 넷째, 섬김의 사역(Diakonia) 등에 관한 것들이다. 물론 복음증거의 사역인 증거(Marturia)에는 역시 설교와 교육과 영적인 돌봄의 사역이 포함되는 것으로 판단한다.39)

1) 복음증거와 복음교육

예수 그리스도가 그의 사도들과 제자들, 즉 교회에 주신 최대의 사명은

---

36) 물론 이러한 과제들의 해석에는 화란의 선교신학자 크레머(H. Kraemer)와 호켄다잌 (J. C. Hoekendijk) 두 사람이었다. [참고] P. Bloth, Praktische Theologie, Kohl-hammer, 1994, 156쪽.

37) P. Bloth, 전게서 163-165쪽.

38) 전게서, 183-212쪽.

39) [참고] 미국의 종교교육자, Robert W. Pazmino는 그의 책 Principles & Practices of Christian Education에서 교회의 과제를 5가지로 소개하였다. 그의 책 45쪽: Leiturgia, Kerygma, Koinonia, Diakonia, Profetia로 이해하였다.

복음을 전파해야 하는 사명이었다(마 28 : 18 - 28 ; 막 1 : 35 - 38, 16 : 15 ; 행 1 : 8 ; 고전 1 : 17). 이것을 우리는 '복음전파', 또는 '복음증거'(marturia)의 사명으로 이해한다. 그리고 이러한 복음전파는 주님의 교회에 주신 사명이지만 구체적으로는 오늘날 모든 믿는 그리스도인들, 즉 하나님의 백성들에게 위임된 사명과 과제이기도 하다. 베드로전서 2 : 9는 이러한 사실을 잘 말해주고 있다 : "오직 너희는 택하신 족속이요, 왕 같은 제사장이요, 거룩한 나라요 그의 소유된 백성이니 이는 너희를 어두운데서 불러내어 그의 기이한 빛에 들어가게 하신 자의 아름다운 덕을 선전하게 하려 하심이라." 벧전 2 : 12과 3 : 15의 관계에서도 보면, 이러한 복음전파는 선한 행위의 변화뿐 아니라 자세한 말씀의 증거를 통하여 이루어지게 해야 한다는 것을 말해주고 있다. 그리고 하나님의 말씀은 어두움을 몰아내고 빛을 드러내는 일로 역사한다. 마태복음 5 : 14 - 16에는 "너희는 세상에 빛이라 너희 빛을 사람 앞에 비추게 하여 저희로 너희 착한 행실을 보고 하늘에 계신 너희 아버지께 영광을 돌리게 하라"고 하였고, 마태복음 10 : 17에도 "내가 너희에게 어두운데서 이르는 것을 광명한 데서 말하며 너희가 귓속으로 듣는 것을 집 위에서 전파하라"하였다.

이러한 복음증거의 사명과 과제는 초대교회에서부터 국경을 넘어서 기독교의 복음선교로 발전되었고, 국내적으로는 이웃을 향한 복음전도로 실천되었다. 그리고 매주일 교회의 예배와 함께 설교를 통하여 하나님의 말씀은 증거되며, 전파되고 있다고 하겠다. 지상의 교회는 이러한 복음증거의 사명을 주된 과제로 알고 실천해야 한다. 그리고 이러한 복음증거는 역시 가르치는 사역과 함께 병행되었다. 가르침은 오히려 증거의 또 다른 한 방식으로 이해할 수 있다. 오순절 성령강림을 통한 주님의 임재를 경험한 사도들은 가르치는 일에 충실한 사역자들이었다. 그들은 예수님이 분부하신대로 땅 끝까지 이르러 모든 족속들을 제자삼기 위하여 복음의 증인으로 일하였고, 동시에 주님이 분부한 모든 것을 가르치는 교사들이었다. 코메니우스는 사도들이야 말로 주님의 말씀을 가르치는 완벽한 최초의 교사라고 불렀다. 교회는 바로 이러한 복음증거와 복음의 가르침의 사역을 책임진 공동체이며, 가장 중요한 교회의 과제이기도 하다.

2) 예배와 예전을 통한 하나님 섬김

그리스도의 교회는 처음부터 예배와 예전을 거행하는 교회였다. 그것은 그리스도와 성령으로 함께 하시는 하나님을 경배하기 위해서였다. 그리고 예배란 근본적으로 하나님의 백성들이 살아 계신 하나님을 찬양하고 그에게 경배하며 그를 섬기는 일이었다(마 4 : 10). 초대교회는 하나님의 요구인 이러한 예배를 잘 실천하였고, 또한 예수님이 요구하셨던 성찬의 예전행위(leiturgia)를 잘 시행하였다. 초대교회의 예배는 하나님의 말씀을 경청하는 것과 예수님이 시행하도록 요구하신 세례와 성찬을 위하여 정한 시간에 교회공동체로 모였던 것이다[40]. 이러한 전통은 오늘날 교회가 말씀과 성찬을 중심한 예배생활을 신앙생활의 근본으로 삼게 하였다. 그리고 주일날 교회에서의 예배와 예전은 교회가 행하여야 하는 중요한 일 가운데 하나가 된 것이다. 또한 예배와 예전은 역시 그리스도인의 신앙생활의 가장 중심적인 행위가 되는 것이다.

예배와 예전은 또한 여러 가지 의미로 해석되기도 하는데, 그 중에 중요한 것은 하나님과의 만남과 교제의 의미이다. 예배의 행위를 통하여 그리스도인들은 하나님을 만나게 되며, 하나님께 예배의 의식적인 순서를 통하여 하나님이 인간을 사랑하며 또한 그의 백성들이 어떻게 하나님을 사랑하는지를 경험하게 되는 것이다. 이러한 경험을 통하여 인간은 하나님의 뜻을 헤아리고, 하나님은 또한 인간의 마음을 헤아리게 되는 것이다. 이런 관계에서 예배는 의사소통의 과정이며, 대화의 과정으로 이해하기도 한다. 그리고 하나님과의 관계 속에 있는 자신의 정체성을 확인하는 중요한 행위이기도 하다. 그러므로 예배란 성도들의 신앙생활의 중심적인 사건이요, 영적 생활의 중심적 사건이라 하겠다. 그리고 예전의 거행도 마찬가지다. 특별히 성찬은 하나님이 그의 아들을 통하여 우리의 구원을 위하

---

40) [참고] 정일웅, 기독교 예배학, 범지출판사, 2005.

여 행하신 일이 무엇인지를 우리의 오감을 동원하여 느끼고 경험하도록 하는 은혜의 잔치인 것이다. 물론 이 부분은 한국교회가 성찬을 자주 거행하지 않음으로 인해 이러한 은혜를 많이 경험하지 못하는 것은 매우 유감이다. 예전의 거행은 앞으로 더욱 강조되고 실천되도록 해야 할 목회사역의 중요한 과제라고 생각한다.

3) 성령의 은혜와 성도의 교제

기독교의 복음은 언제나 공동적인 삶을 원한다. 초대교회는 성령의 충만한 은혜가운데서 모이기를 힘쓰며, 사도들의 가르침을 받고, 기도하며, 서로 교제하기를 힘썼다고 알려져 있다(행 2 : 42). 뿐만 아니라 그리스도와 성령을 통하여 택함 받은 하나님의 백성으로서 하나된 언약공동체 또는 신앙공동체로서 성찬을 중심한 예배에서 하나님과 교제할 뿐 아니라, 삶을 위해서는 서로의 재산을 가난한 형제들에게 기꺼이 나누는 교제를 통하여 하나가 되었다(행 2 : 43 - 46 ; 4 : 32 - 35). 아마도 이러한 모습이 성령의 은혜 가운데 행하였던 성도의 교제의 모습이었을 것이다(koinonia).

여기서 중요한 것은 교회의 공동체성에 대한 것이다. 본 훼퍼(D. Bonhoeffen)는 그의 '공동생활'이란 책에서 성령의 은혜 가운데서 이루어져야 하는 성도의 교제를 교회의 본질적 기능으로 설명한다.41) 경건주의 운동의 지도자였던 친젠도르프(G. Zinzendorf)도 "나는 공동체 없는 기독교를 만들지 않는다"는 유명한 말을 남기기도 하였다. 이러한 말들은 본질적으로 교회의 본질과 그 사명이 어떤 것인가를 경험적 차원에서 잘 설명해 준 것으로 본다. 이러한 공동체 형성은 그 중심이 성도의 교제임을 뜻하는 것이다. 그리스도 안에 나타난 복음의 진리를 깨달은 자들은 그 어떤 힘으로도 억제할 수 없는 자발적인 모임으로 나타나게 되는데, 이것이 성도의 교제이며, 초대교회에서부터 시작된 그리스도인의 신앙 공동체를 이루었다. 12사도를 중심하여 시작된 공동체는 국경과 문화를 뛰어넘어 기

---

41) [참고] D. Bonhoeffer, Gemeinsames   Leben, Hrg. v. G. L. Mueller / Albrecht   Schoenherr, DBW, Bd.5, Muenchen 1987.

독교 진리의 선교를 불러일으켰고 선교사역은 언제나 성도의 교제를 통하여 결속되었으며, 다시금 새로운 공동체 형성을 위한 중심점이 되었던 것이다.

기독교는 오랜 로마의 박해시대를 거쳐 콘스탄티누스(Constantinus) 황제의 시대에 와서 종교의 자유를 얻게 된다. 그리고 황제의 배려는 구라파 전역에 그리스도의 복음이 확산되는 교회의 부흥과 발전을 가지고 왔지만, 기독교가 국가종교의 형태로 발전됨에 따라 교회의 사명과 본질에서는 점점 멀어지는 모습을 보이게 되었다. 그것은 사회와 문화 속에서 교회가 조직화되고, 제도화됨으로 인하여 교회의 본질적 속성인 성도의 자발적인 교제를 활성화 하지 못하는 문제를 초래하게 되었고, 또한 교회내에 지배계층과 피지배계층이 형성되는 문제를 안게 되었기 때문이다.

그리스도의 교회는 언제나 성령의 은혜 가운데서 이루어지는 자발적인 성도의 교제에 의하여 그 생명을 가진다. 왜냐하면 그 교제 가운데 주의 성령이 함께 하시기 때문이다(마 18 : 20, 28 : 19 - 20). 그것 때문에 그리스도의 교회는 카리스마(Charisma)에 의존된 공동체로 불려지기도 한다. 그리고 교회의 그 어떤 조직이나 제도도 이러한 성도의 교제에 우선시 될 수는 없는 것이다. 목사를 비롯하여 교회내의 그 어떤 직분도 성도의 교제 가운데 일원인 것이다. 성도의 교제에 근거하여 예전과 선교의 사역이 이루어지는 것이다. 더욱 중요한 것은 그리스도인은 혼자 신앙생활을 할 수 있는 것이 아니다. 성도의 만남인 교제를 통하여 신앙생활이 계속되는 것이다. 교회의 공예배모임과 기독교의 성찬은 바로 하나님과의 만남을 가능케 하며 동시에 성도간의 교제의 장을 제공하는 역할을 한다. 예배와 성찬은 초대교회에서부터 '하나님과의 교제'(vertikal)뿐 아니라 '성도간의 교제'(horizontal)가 이루어지는 거대한 장이요 근거가 되었다. 이러한 성례전은 그리스도께서 제정하신 것으로 하나님의 은총을 경험하는 수단으로 수용되었다. 중세교회로 오면서 로마 가톨릭교회는 일곱 가지 성례를 개발하여 다시금 조직화하고 제도화하는 우를 범하게 되는데, 종교개혁은 그러한 오류를 바로잡고 성경이 정한 원칙에 따라 다시 세례와 성찬으로

성례전을 축소하게 된다. 교회는 지금도 성례로 이해하며 그리스도는 성
례의 원형으로 간주된다. 이러한 성례전이 교회의 근원적인 특징인 성도
의 교제의 근거이며, 그러한 성도의 자발적인 교제에로 되돌리는 작업이
교회교육의 목표가 된다.

4) 세상의 섬김과 봉사의 일

교회는 본질적으로 세상을 위하여 존재하는 것이다. 예수님은 자신이
세상에 온 것은 대접을 받으려 함이 아니라, 섬기기 위해서이며, 많은 사
람의 대속물이 되기 위함이라고 하였다(막 10 : 45). 교회의 중요한 과제 중
의 하나는 그리스도의 말씀으로 세상을 섬기는 그리스도 사랑의 봉사단체
라고 할 수 있다. 이러한 교회의 봉사적 사명(diakonia)은 지금까지 그리스
도인 개개인이 조직된 교회를 위하여 교회의 과제실현에 봉사하는 일로
해석되고 이해되었다. 그러나 교회의 본질적인 사명과 과제로서의 봉사는
그리스도가 세상을 위하여 자기를 내어 주셨던 것처럼 역시 오늘의 세상
인 이웃을 섬기고 봉사하는 의미가 전제되어 있다.42) 물론 이러한 봉사는
봉사적 사명(diakonia)의 기본적인 방향을 뜻하는 것이므로 역사적으로 교
회가 세상을 그리스도와 하나님에게로 부르는 선교의 사명 또는 복음전파
의 사명에 그 초점을 두고 있었다고 할 것이다. 그러나 신학적으로 이 봉
사는 교회에 부여된 것으로서 하나님을 섬기고 이웃을 사랑하라 하신 예
수님의 구체적인 계명에 근거하여 수직적인 차원과 수평적 차원의 봉사와
연결하여 생각되어야 할 일이라고 본다.

수직적 차원의 봉사는 하나님을 위한 직접적인 섬김으로서 기독교적인
예배의 본질적인 의미를 뜻하며(leiturgia), 수평적 차원의 봉사는 이웃을 네
몸과 같이 사랑하라 하신 사랑의 실천적인 행위(diakonia)와 관련하여 이해
되어야 할 과제라 하겠다. 또한 교회의 봉사적 과제는 오늘날 하나님 나
라의 신학적인 이해와 관련하여 언제나 하나님의 나라를 세상 가운데 나

---

42) [비교] Ruddat, G. u. Gerhard K. Schaefer(Hrg.), Diakonisches Kompendium, Goettingen,
2005. 이 책은 교회의 디아코니아사역의 전반에 관하여 잘 소개해 주고 있다.

타내고 보여 주어야 하는 것을 뜻한다고 할 것이다. 그리고 교회의 봉사적 과제는 믿는 자만을 돕고 사랑하는 행위가 아니라 지교회가 처한 환경에서 그 지역의 모든 주민들을 선교의 대상으로 삼아 그들의 영혼을 사랑하고 돌보는 차원에서 필요한 모든 인간적인 도움을 제시하는 교회의 행위라 할 것이다. 그 때문에 교회의 교육은 곧 그리스도인들로 하여금 지역사회에서 이러한 봉사적 사명의 실천자들이 되도록 돕는 일을 자기과제로 삼아야 할 것이다.

4. 교회교육과 교육목회

1) 교회의 교육적 사명

교회에 부여된 가장 큰 사명은 그리스도를 통하여 계시된 구원의 복음을 전 세계의 모든 사람들에게 전파하여 그리스도의 교회에로 돌아오도록 부르는 일이다(벧전 2 : 9 - 10). 그래서 교회는 원래부터 복음전도와 복음선교의 사역을 가장 중히 여기고 실천하도록 힘쓰고 있다. 그리고 그러한 복음전파 때문에 교회는 복음을 설교하며, 그것을 가르치는 교육적 행위를 실천하는 것이다. 설교가 말씀의 직접적인 선포형태를 통하여 마음에 그리스도에 대한 믿음을 일으키는 역할을 한다면, 그리고 중생의 체험과 은혜를 깨달음을 경험하게 하는 일이라면, 교육(敎育)은 그리스도의 몸 된 교회에 속한 사람들로 하여금 신앙과 삶을 지속하기 위하여 구체적으로 기독교신앙의 진리를 가르치고, 깨우치며, 신앙적인 삶을 훈련받게 하는 행위에 중점을 둔다. 그리고 이러한 일은 하나님이 그의 아들을 통하여 행하신 구원의 역사를 깨닫게 하는 일에서 시작하여, 하나님의 구원의 역사와 섭리와 경륜을 이해하고, 그 섭리와 경륜을 따라 믿음으로 세상의 삶을 책임있게 살아가도록 돕는 일이다. 그것은 하나님의 백성이요, 그리스도인이 된 자들의 영성(영적 성품)의 성숙을 돕는 일이라 할 수 있다. 즉, 성령의 은혜안에서 변화된 하나님의 백성답게 세상을 힘 있게 살아가는 신앙의 사람이 되게 하는 일이다. 그것은 또한 하나님의 형상으로 지음받은 인격체로서 최고의 품위와 신분을 지닌 신앙인의 모습을 만드는 일이라고 할 수 있다. 그리고 회복된 하나님의 형상의 모습이 성숙함과 성화에 이르도록 돕는 사역이 교회의 교육적 사명과 과제라 할 것이다.

그 일은 교회 공동체적으로는 구원의 공동체인 그리스도의 교회에 일원이 되어, 성령의 은혜안에서 서로 교제하는 일이며, 그 공동체와 더불어 신앙의 삶을 세상 가운데서도 천국백성으로서의 긍지와 자부심을 가지고 당당하게 믿음안에서 살아가는 자가 되도록 돕는 일이다. 그리고 그것은 교회내적으로는 복음사역에 신실한 일꾼의 모습을 갖추어 하나님을 섬기고 봉사하는 일(예배)에 모범이 되게 할 뿐 아니라, 세상의 이웃을 향하여 여전히 섬김의 삶을 살게 되는 것을 말한다. 적극적으로는 그리스도의 복음을 이웃에게 증거하며, 이웃을 향한 그리스도의 사랑을 실천하는 일에 모범이 되도록 하는 일이다. 그것은 예수님께서 하나님의 절대적인 요구로 해명된 '하나님 사랑과 이웃 사랑'의 실현에 헌신하는 자들이 되도록 하는 작업이며, 빛과 소금의 역할을 감당하는 인물을 양성하는 작업인 것이다. 그리고 그 일은 그러한 헌신적인 사랑의 삶을 통하여 여전히 그리스도의 복음을 세상과 이웃에게 전하게 되는 결과를 초래하게 할 인물을 키우는 일이라고 할 수 있을 것이다.

이러한 일은 역사적으로 벌써 초대교회가 그리스도가 명하신 세례를 실천하면서 시작되었다. 이방인들이 복음의 소식(설교)을 듣고, 그리스도의 교회에 들어오려는 사람들에게 교회는 먼저 그리스도의 세례를 받도록 요구하였다. 그리고 세례를 베풀기 전에 그리스도의 교회가 신앙하는 신앙교리(가르침)를 가르치는 교육을 선행하였다. 교회는 세례받기를 원하는 사람들에게 신앙의 대상이신 삼위일체 하나님에 대하여, 무엇을 어떻게 믿고 행하여야 할 것인지를 가르치며, 그 하나님에 대한 믿음을 공동체 앞에서 고백하게 하였고, 그러한 사실을 확인한 후에 세례를 허락하며, 교회의 예배와 그리스도의 성찬에서 교제하는 일을 행하였던 것이다.

고대교회는 역사적으로 이러한 세례와 관계된 교회의 교육행위를 '카테케제'(Katechese)라고 불렀고, 오늘날까지 기독교의 신앙을 일깨우는 교회의 고유한 '신앙교육방식'을 표현하는 말로 사용하고 있다. 종교개혁 이전까지 이러한 교육은 구전(口傳)에 의하여 시행되어오다가, 종교개혁시대에 이르러 신앙을 가르치고, 배우게 하는 중요한 수단으로써 '신앙의 책'(Katechismus)이 만들어졌던 것이다(루터).[43]

그 때문에 기독교신앙의 내용을 체계화하여 더 깊이 있게 이해적 차원에서 가르치고 배우게 하는 교육방식을 '신앙교리교육'(Katechetik,敎理敎育)으로 불렀으며, 이러한 교회의 교육적 행위를 설교(Homiletik)와 구별하여 케리그마(Kerygma)와 디다케(Didache)의 관계로 이해하기도 하였다.[44] 그리고 제네바의 종교개혁자 요한 칼빈은 이러한 신앙교리를 가르치는 교육행위를 교회교육의 가장 중심적인 위치에다 갖다 놓았던 것이다.[45]

교회교육의 과제는 구체적으로 새신자(청소년, 성인)들에게 기독교신앙의 교리를 가르쳐, 세례를 받게 하는 성인대상의 새신자양육작업에서 시작되었지만, 역사적으로 그 과제는 점점 더 확대되어 교회의 성장세대에게도 적용되었고, 17~18세기로 오면서 경건주의의 영향으로 성경을 가르치고 깨우치는 교육행위로 발전하였다. 특히 성경읽기와 성경공부가 실제적인 교회교육사역의 중심적 행위로 발전하였다. 특별히 영국에서 일어난 주일학교 교육운동은 오늘날까지 중요한 교회교육실제의 부분이 되었다. 그리고 구미지역에서는 일반학교에다 성경교육을 병행하여 가르치는 종교교육 또는 기독교교육을 실천하였고, 오늘에 이르고 있다.

그러면 이러한 교회교육의 역사이해에 근거할 때, 교회교육의 실체는 과연 어떤 것으로 실천되었는가? 그것은 먼저 그리스도에게 속한 자를 찾고 확인하는 복음전도에서 시작되었다고 본다. 복음전도에 의하여 교회에 출석하기 시작한 자들을 새신자의 그룹으로 구분하고, 그들을 관리한 일에서 교회교육은 시작되었다. 그들이 믿음안에서 하나님의 사람으로 변화되도록 돌보며 돕는 일에서 이다. 그들에게 기독교신앙의 기본적인 가르

---

43) [참고] 정일웅, 종교개혁시대의 기독교신앙의 가르침, 로고스연구원, 1989. ; 정일웅, 교육목회학, 그리심, 2002, 제4부.
44) [비교] Ingo Baldmann, Einfuehrung in die biblische Didaktik, Darumstadt, 1996.
45) 정일웅, 전게서.

침인 '신앙의 교리교육'이 시행되었다. 그 일은 곧 '세례준비'와 '입교준비'를 위한 교육이다. '입교자 준비교육'이란 믿는 기존신자의 자녀들이 출생하면 유아세례를 받게 하고, 그들이 믿음안에 자라, 청소년 나이에 이를 때(만 13~14세), 이들에게 신앙의 교리를 깨우쳐 주고, 일생을 삼위일체 하나님을 믿으며 살겠다는 신앙고백의 확인과 그리스도에게 속한 구원의 백성으로서 교회공동체의 일원이 되게 하는 일이며, 교회공동체가 그를 영접하는 환영식(종교서약식)인 것이다. 이러한 성인 새신자들과 유아세례자들의 돌봄의 교육이 교회교육사역의 첫 번째에 해당하는 일이다. 한국교회는 얼마나 이러한 교육을 책임적으로 잘 시행하고 있는지 되돌아보아야 할 것이다.

두 번째로 중요한 교회교육의 실제는 성장세대의 신앙을 양육하고 돌보는 주일학교 교육사역에 대한 것이다. 한국교회는 주일학교 교육제도를 일찍이 받아들여 잘 발전시켜 왔다. 특히 유아부 / 유치부 / 유년부 / 초등부 / 중등부 / 고등부 등의 성장세대들이 매주일 교회공동체에 모여 하나님께 예배하며, 그 예배를 통하여 하나님의 말씀을 듣고 믿음의 양육을 받는 일과 또한 성경공과의 학습을 통하여 말씀을 배우는 일이다. 이러한 성경교육은 오늘날 성장세대에만 한정된 것이 아니라, 전 세대로 확장되어 왔다.

세 번째로 중요한 교육적 행위는 평신도들의 신앙교육과 훈련에 대한 일이다. 오늘날 '제자훈련'이란 이름으로 평신도 교육이 한국교회에 매우 활성화되고 있다. 하지만 그 교육은 교회 내적인 부흥과 수적 전도에 매우 한정되어 있는 모습이다. 이러한 평신도 교육은 교회 내적인 일들에 대한 봉사자의 양육과 훈련의 의미가 중요하지만, 역시 세상과 사회와의 관계에서 빛과 소금의 역할을 감당할 자들의 모습으로 양육하고 훈련하는 일이 더 요망된다.

네 번째로 중요한 것은 교회의 직분자들의 훈련이다. 장로, 집사, 권사, 교회학교 교사, 찬양대원 등 교회 내적으로 섬기는 직분자들의 훈련은 절대적으로 필요한 교육사역이다.

다섯 번째로 이러한 교육적 과제는 그리스도에게 속한 모든 하나님의 백성들로 하여금 불신자들에게 복음을 증거하며, 공동체로 모여, 하나님께 경배하는 예배에 동참하며, 성도들과의 사랑의 교제를 나누며, 세상을 향하여 다시 봉사의 책임을 다하는 성숙한 신앙(예수의 제자)인이 되도록 성경과 신앙의 가르침을 지속적으로 베풀며, 신앙양육과 신앙훈련을 받게 하는 일이다. 이러한 교육사역은 교회에 속한 모든 구성원(유아부에서 노년부에 이르기까지)들이 모두 하나님의 말씀으로 양육하고, 훈련받게 하는 일로서 목회사역과 맞물린 과제인 것이다. 특히 오늘날 한국교회는 평생교육의 차원에서 인격적인 신앙인의 양육과 훈련이란 주제가 교회교육의 중요한 과제로 수용되기 충분한 시대를 맞이하고 있다고 본다. 그 때문에 교회의 교육적 사명은 지금까지 복음전파와 증거의 유일한 수단으로 취급·사용되어 왔던 설교방식과는 구별하여 더 분명한 의도(목표)와 함께 계획적인 방법으로 접근하며, 하나님의 말씀을 이해적 차원에서 심도 있게 종합적이며, 체계적으로 교육과정(Curriculum)에 의하여 가르치는 교육적 행위가 요망된다. 여기서 우리는 일반적으로 이해하고 있는 교육의 3대 특성, 즉 의도성, 계획성, 지속성을 생각하게 된다.

원래 '교육'(敎育)은 인간의 인간됨을 목적으로 하는 인간의 성품의 변화를 꾀하는 일이다. 즉, 인격적인 존재로 성장하고, 성숙된 인간성의 모습으로 변화되도록 하는 일이다. 마찬가지로 교회의 신앙교육도 역시 인간을 하나님의 말씀으로 깨우치고, 마음과 인격에 변화를 갖게 하며, 하나님의 형상으로 회복되어 성숙한 인간의 삶을 살아가도록 돕는 사역이라 할 수 있다. 그리고 교육은 인간의 가치인식에 새로운 도전을 주며, 인식전환을 비롯하여, 의지의 변화와 행동실천의 변화를 꾀하는 인간의 노력이라고 본다. 그러한 교육의 반복행위를 통하여 '새로운 삶의 형태'(New Life Style)가 초래된다.

이런 관점에서 보면 목회사역은 바로 그 자체가 인간을 교육하는 일과 직결된 것이며, 또한 교회의 모든 사역은 교육사역 그 자체임을 인식하게 된다. 그리고 교회교육의 성격은 그 자체가 하나의 과정(過程)을 요구하는

것처럼 목회사역도 하나의 과정을 필요로 한다는 점이다. 또한 벌써 구미
교회들은 교회의 목양적인 사역과 교육적 사역을 특별히 교육의 관점에서
이해하여 교회자체를 '교육공동체', '학습공동체', '배움의 공동체'로 명명
하고 있음을 확인할 수 있다.46) 그리고 이러한 교회의 교육적 사명은 곧
전통적인 목회사역과 연관하여 '교회교육학, 교육목회'(Educational Ministry)
라는 이름으로 오늘날 실천신학에서 새롭게 명명하여 왔다.

2) 한국교회의 미래와 교육목회

한국교회는 70년대에 들어와서 전 국민에게 그리스도의 복음전하기를
힘쓴 결과 전도의 많은 결실을 얻게 되었다(빌리그래함 전도집회와 민족복음
화 운동 등). 그러한 복음전도운동은 한국교회 전체에 영향을 주었고, 한국
교회는 수적으로 크게 부흥하는 모습을 보였다. 또한 이러한 복음전도의
열풍은 개 교회적으로 이어져 80년대 중반까지 계속되었고, 한국교회는
마침내 급성장한 교회로 세계교회 앞에 부각되었다. 한국교회는 그러한
성장과 함께 긍지와 자부심을 가져도 좋을 것이다.

하지만 90년대 후반, 그리고 지금 21세기로 오면서 한국교회의 성장은
새로운 변화를 경험하게 된다. 그것은 한국사회의 변화와 함께 교회의 양
적인 수가 줄어들고, 복음전도가 이전같이 이루어지지 않음을 경험하게
된 일이다. 이미 90년대 중반에 이르면서 한국교회의 목회자들은 미국 등
지에서 유행하는 몇몇 교회들의 성장전략과 방법들을 도입하여 한국교회
의 수적인 성장이 지속되기를 노력하였다. 그러한 노력들은 전통적인 예
배형식을 거부하고, 소위 '경배와 찬양', '빈야드 예배', '열린 예배'(구도자
의 예배)등의 새로운 예배형태 도입운동으로 나타나게 되었는데, 오늘날
그러한 노력들이 얼마나 많은 기대를 성취시켜 주고 있는지는 여전히 의
문이라고 본다. 그리고 몇몇 교회들에서 경험되는 성장변화는 새로운 신
자의 교회출석이기보다는 오히려 기존성도들의 수평이동에 한정된 모습으

---

46) [비교] Geheimnis der Gmeinde 1978, 43-44쪽.

로 여겨질 뿐이다. 그리고 2006년 6월, 정부의 통계청이 발표한 지난 10년간의 한국교회성장의 통계는 예배변화가 수적 성장에 아무런 영향을 미치지 못한 증거로 이해된다.[47] 쉽게 믿기지 않는 내용이지만, 우리는 지금 이러한 현상에 대하여 심각한 질문을 던져야 할 것이며, 지금까지 적용해 온 한국교회의 복음전도와 목회사역의 방법을 새롭게 성찰하는 기회로 삼아야 할 것이다.

그러면 한국교회는 새로운 성장을 도모하려면 과연 무엇을 어떻게 해야 할 것인가? 그것은 단순히 예배형식을 바꾸는 차원에서보다, 그동안 시도된 목회전략과 목회방법을 새롭게 되돌아보는 차원에서 이루어져야 할 것으로 판단한다. 그것은 한국교회 전체의 맥락에서 변화를 꾀하는 일대 변혁이어야 할 것이다. 그리고 목회패러다임의 전환이 요구되는 문제로 인식해야 할 것이다. 그리고 '새로운 목회패러다임'은 '수적인 성장'에 목매이기보다는 오히려 반대로 '교회의 질적인 성숙'을 꿈꾸는 방향이어야 할 것으로 생각한다. 한국교회가 질적인 방향의 성숙을 추구할 때, 그것이 결과적으로 수의 성장을 초래하는 방법으로 볼 수 있다. 다시 말하면 수적인 성장 그 자체가 목표가 아니라, 교회가 행하여야 할 복음의 본질적인 과제를 실천할 때, 그 일을 위하여 지도자들의 의식개혁을 전제할 때, 그리고 교회의 목회구조와 체질을 변화시킬 때, 거기서 한국교회의 새로운 성장은 가능할 것으로 판단한다.

이러한 질적인 교회성숙을 향한 노력에는 무엇보다도 먼저 목회자의 의식전환이 있어야 한다. 의식전환의 가장 중요한 부분은 목회자들이 '교육'(Paedagogik)의 마인드를 많이 가지는 일이어야 한다. 교육학을 공부한다는 것은 기본적으로 인간에 대한 이해와 인간의 다양한 활동을 통하여 생산하는 사회적 환경의 변화에 대한 이해를 전제한다. 그것이 후에 목회사역의 현장에서 만나게 될 인간이해에 대한 기본양식이 될 것이며, 복음을 설교하고 가르치며 적용해야 할 방법의 찾음에 근본자질이 될 것이다. 그

---

47) [참고] 한국의 로마 가톨릭교회가 약 73%(213만명)의 수적 증가가 이루어진데 비하여, 한국개신교회는 1.6% 마이너스 성장이었다는 통계였다.

러한 이해에 근거하여 공부한 신학은 하나님이 계시한 인류구원의 진리에 대한 올바른 신학적인 이해와 통찰력을 얻게 될 것이며, 후에 목회실제에서 하나님의 말씀(복음)을 전파하고, 그 복음을 듣는 자가 회개하고 그리스도에게로 돌아오도록, 그리고 돌아온 자들을 돌보고, 믿음안에서 견고하게 세움 받도록 양육하고 훈련하는 교육방법론을 활용할 수 있는 시각의 지평을 열어주게 될 것이다. 목회방법론의 적용능력은 바로 교육과 신학의 만남에서 가능하며, 신학에 기초한 교육은 바로 목회실천의 지평을 확대하는 능력으로 작용하게 되리라고 본다. 그리고 하나님의 성숙한 형상으로 변화되도록 돕는 주체가 성령의 사역이라면, 그렇게 준비된 자의 통찰력에 함께 하시어 영적인 지평을 또한 활짝 열어주실 것을 기대하는 것이다. 그리고 생각하면, 목회사역의 전체가 교육과 연결되지 않는 것이 없음을 깨닫게 될 것이다. 그러므로 신학을 열심히 공부해야 하지만 역시 신학이 목표하는 것을 어떻게 실현되게 해야 할 것인지 그 방법을 배우려면 무엇보다도 그 모든 것이 교육과 관계된 일임을 알고 교육학에 관한 마인드를 많이 길러야 한다.

그리고 급변하는 한국사회의 시대적 상황을 올바르게 인지하는 노력이 있어야 할 것이다. 그 때문에 교회의 지도자는 사회학(Soziologie)의 통찰 또한 요구된다. 지금의 한국사회는 그야말로 급변하는 21세기, 산업후기사회, 또는 포스트모던의 소용돌이를 경험하는 사회임을 인지해야 한다. 그리고 그 안에서 인간들이 무엇을 원하며, 어떤 삶을 원하며, 어떻게 살기를 원하는지를 파악해야 할 것이다. 그래야 거기서 그리스도의 복음의 가치가 어떻게 현대인의 삶에 중요한 가치로 부각되게 하며, 수용되게 해야 할 것인지? 복음전파의 계획과 설교의 계획과 교육의 계획, 즉 목회계획이 거기서 수립될 수 있을 것이다.

아마도 오늘의 신학생들은 신대원 졸업 후, 목회현장으로 나갈 때, 아니 10년 후 교회의 담임목회자로 설 때, 우리사회가 얼마나 가치인식의 변화를 거듭하게 될 것인지를 어떤 가치가 인간을 지배하게 될 것인지 예견할 수 있어야 할 것이다. 주지하고 있는 바 한국사회가 지향하는 사회적 가치관은 역시 자유민주주의와 자본주의 시장경제원리의 가치지배이다. 이러한 사회는 '생산과 소비와 실적'이라는 삼각구도 속에서 순환하는 사회임이 분명하다.[48] 그리고 이러한 사회적 구조에 인간이 갇혀 있기 때문에, 인간의 문제, 사회문제는 바로 이러한 가치구조 속에서 이해될 수 있다. 그러한 문제파악과 함께 인간을 복음으로 치유하고, 돌보며, 그러한 사회변화 가운데서도 여전히 하나님의 형상의 성숙한 인간성을 견지해 가도록 돕는 일이 교육이요, 목회사역이 될 것이다. 그러한 맥락에서 하나님의 인류를 구원하는 교육이 어떠해야 할 것인지를 생각해야 한다. 타락된 인간의 모습을 개선하고, 인간의 온전한 구원은 그리스도의 복음뿐이라는 사실을 선포하며, 불신자들이 그리스도에게로 돌아오도록 유도하는 복음선교적인 노력을 계속해야 할 뿐 아니라, 우리의 아이들과 청소년들이 어떻게 복음 안에서 자라가며, 변화하는 사회적 환경에서 하나님의 사람들로 어떻게 존재하도록 해야 할 것인지 그 대답을 확인해야 할 것이다.

지금 한국사회는 이전 구미사회가 경험했던 것처럼 자본주의적 가치와 자유민주주의 가치가 인간의 삶을 온통 지배하고 있다. 그리고 능력별 경쟁은 불가피한 삶의 전제조건으로 등장하였다. 그러나 자유로운 경쟁은 역시 개인의 자유를 쟁취하기 위하여 노력해야 하지만, 역시 나와 함께하는 이웃의 자유를 보장하고, 배려해야 하는 윤리적 책임을 함께 짊어져야 하는 사회인 것이다. 그러므로 성숙한 교회성장을 도모하려면 이러한 시대적이며, 사회적인 삶의 가치변화의 정황을 정확히 인지해야 할 것이며, 그 안에 실재하는 인간에 대한 충분한 이해에 근거하여 복음의 교육적 과제실현을 도모하는 노력을 기울여야 할 것이다. 이러한 현대를 살아가는 인간의 의식과 사회의 변화를 목회자가 정확히 인지할 때, 거기서부터 그

---

48) 산업사회의 출현으로 인간의 모습은 '생산과 소비와 실적'이란 사회적인 삼각구도에 갇힌 모습이 되었다. 그리고 현대교육은 그러한 구도에서 요구하는 인간생산에 심혈을 기울이고 있다. 그러한 인간상은 역시 경쟁적인 능력을 갖추게 하는 교육이다. 가장 부정적으로는 이기적인 인간성 생산이 현대교육의 문제가 된다. 그러나 인간은 이러한 환경을 뛰어 넘어 올바른 인간성을 드러내는 인간으로 양육되어야 한다.

리스도의 복음이 어떻게 그들에게 구원의 진리로 다가가게 해야 할 것인가, 그리스도의 교회를 통한 목회사역이 어떻게 새로이 전개되도록 해야 할 것인지에 대한 복음선교와 목회사역의 새로운 안목을 얻게 될 것이다. 그러한 폭넓은 이해력에 의해서만 새로운 목회방법을 창의적으로 구상할 수 있게 될 것이다.

필자는 한국교회가 사회적 가치관의 영향으로 복음과 교회의 본질에서 왜곡되고 있는 두 가지 문제를 직시한다. 첫째, 교회(교파)의 분열과 지나친 개 교회주의의 모습이라 할 수 있다. 이 때문에 개 교회는 존립의 부담을 안게 되었고, 서로 경쟁하는 모습을 보이게 된다. 그리고 모든 목회자들은 수적 성장에 목숨을 건 목회를 시도하는 교회로 전락되었다. 그 때문에 신자다운 신자를 만드는 질적인 인간구원의 교육사역은 사람을 모으는 수단으로 전락된 것이다. 그래서 교육다운 교육을 시행하지 못하고, 비교육적인 교육과 목회를 실행하고 있을 뿐이다.

둘째는 지나친 이원론적인 시각에 사로잡힌 신앙적 태도에 대한 문제성이다. 인간이 악한 것이지, 세상이 악한 것은 아니다. 인간을 악하게 만드는 악의 세력에 대하여 우리는 강한 이원론적 사고를 가져야 한다. 하지만, 자연만물과 인간의 정신의 선한 것들은 활용을 위한 배움의 대상이 되어야 하며, 하나님의 말씀인 성경과 어떻게 연관성을 가지는지, 사물과 세상의 전체를 종합적으로 바라보고 판단하는 시각을 갖게 하는 교육에 실패하고 있다. 그래서 그리스도인은 두 가지 세상(하나님 나라의 시민과 세상의 시민)에 살면서 언제나 세상에 대하여 빛과 소금의 역할자로서 하나님백성의 모습을 보여야 하는데, 그 일에 실패하고 있다.

그러므로 이 두 가지 문제를 초월하여 사고하고 행동하는 성숙된 하나님의 형상으로 회복되도록 신앙인의 양육과 훈련의 교육을 힘써야 할 것이다. 그리고 교회는 하나님이 인간을 향하여 오셨던 것처럼, 더욱 세상의 인간문제를 향하여 나아가야 하며, 인간과 이웃을 돌보는 일에 힘을 쏟는 목회가 되도록 해야 할 것이다. 현재 한국교회는 그리스도인의 이러한 비행동적인 모습으로 인하여 사회로부터 많은 불신을 받고 있는 모습이다.

한국교회가 사회와 이웃의 고난과 시련의 문제에 더 다가가지 못하는 모습이 지금 우리사회로부터 교회가 불신 받게 된 원인이라고 본다. 그리스도복음의 핵심적인 진리는 하나님의 사랑에 있다. 죄 용서를 위한, 그리스도 십자가의 사랑이 그것이다. 그것이 인간을 향하신 하나님의 사랑이며, 예수 그리스도로 오신 하나님의 모습인 것이다. 그러한 모습으로 교회는 세상을 향하신 하나님의 모습을 보여주어야 한다. 용서, 화해, 희생, 봉사, 사랑 등이 기독교 복음의 핵심적인 개념들이다. 또한 전혀 불의한 존재임에도 불구하고, 의롭다하신 칭의(稱義)의 은혜가 그리스도인 됨의 출발이며, 유일한 근거라고 할 것이다. 그러한 하나님의 은혜와 사랑을 경험하고 체험한 자들의 모습이, 그러한 복음의 실제적인 모습을 전혀 우리의 이웃들이 느끼거나, 경험하게 하는 일에 아무런 영향력을 나타내지 못하고 있는 것은 우리 모두의 문제이다. 이것은 믿음대로 행하지 않는, 행동하는 삶의 실천의 결여 때문으로 보여진다.

어느 사이엔가, 한국교회와 신자의 삶 역시 불신앙자들의 삶의 모습과 구별되지 않는다는 점이 지적되고 있으며, 그것이 복음전도를 더 어렵게 만드는 원인이 되었다고 본다. 왜냐하면 그러한 모습에서 개인주의적이며, 지극히 이기적인 삶의 태도가 드러나고 있기 때문이다. 이러한 모습은 아마도 복음전도에 치명적인 장애가 되지 않았나 생각된다. 그리고 전도방식도 자기교회로만의 초대가 강요되는 것이 문제이다. 개 교회의 수적인 성장을 힘쓴 우리의 복음전도가 자기교회만을 선전함으로 우리의 이웃인 동료 목회자의 교회를 경쟁의 대상으로 만드는 우를 범하고 있으며, 전체로서의 한국교회, 즉 그리스도 안에 있는 전체로서의 한국교회를 잊어버리게 된 것이다. 다른 교회를 낮추고 자기(우리)교회를 높이는 비교는 정작 모든 사람의 구세주로서의 주님과 전체로서의 한국교회를 보여주지 못하는 한계를 가진다. 그리고 이러한 한국교회의 편협하고 구태의연한 교파적이거나, 개교회적인 신앙모습 때문에 가난하고, 낙오하며, 소외된 자들의 구원과 화해와 사랑의 복음이 되어야 하는 일에는 우리의 한계를 들어 낼 뿐이다. 그리고 사회적인 가치관에 매몰된 신자의 삶의 양태도 문

제지만, 역시 교회지도자들의 리더십은 더 많은 문제를 가진다고 본다. 그
것은 새로운 시대의 요구에 상응하는 성경적인 리더십을 보여주지 못하는
목회자들이 문제이다. 더욱이 우리사회의 보편적인 윤리(가치)관의 수준에
도 미흡한 종교지도자들의 윤리적 태도가 문제이며, 이웃과 사회에 아무
런 영향력을 발휘하지 못하는 것이 또한 문제이다.

그러므로 이러한 관점에서 한국교회는 분명히 자기교회만의 부흥을 꿈
꾸는 전도전략보다는, 한국교회 전체가 부흥하는 새로운 방법이나, 환경조
성을 만드는 일에 미래의 목회자는 더 큰 관심을 가져야 할 것이다. 목회
자들이 교파를 초월하여 그리스도의 복음을 위하여 서로 협력하며 협동함
으로써 한국교회를 새롭게 일으켜 나가야 할 것이다. 그리고 다시 사회로
부터 한국교회가 기대되고, 희망이 되도록 교회의 신뢰를 회복하도록 힘
써야 할 것이다. 그렇게 되려면, 교회의 분열과 교회끼리의 경쟁을 중단하
고, 서로 연대하고 연합하여 복음전도를 힘쓰는 일이 중요하며, 진리와 신
앙의 표준과 교회의 통일성을 보여주며, 세상의 가치관에 매몰되어 방황
하고 배회하는 인류의 구원교육을 힘써야 할 것이다. 그리스도 복음의 핵
심적 가치인 희생과 사랑과 섬김의 능력을 다시금 힘 있게 사회를 향하여
나타내 보여주기를 힘써야 할 것이다. 그리고 우리 모두 그리스도 안에서
하나인 한국교회의 모습을 보여주기 위하여 지역교회들이 서로 연대하며,
그리스도의 복음전도의 사역을 공동으로 연구하고, 협력하며, 복음의 가치
를 함께 이웃과 사회 속에 실천하도록 힘써야 할 것이다. 우리가 경쟁해
야 할 것은 더 이상 교파와 교회가 아니라, 세상의 악한 세력과 그리스도
의 복음을 대적하는 불신앙과 하나님을 대적하는 세상의 잘못된 가치관들
임을 기억하고 힘을 모아 투쟁해야 할 것이다. 그런 뜻에서 21세기의 한
국교회는 교회의 연합과 일치의 운동이 절대적으로 요구되는 시대라고 본
다.[49] 그리고 한국교회는 우리의 사회와 이웃을 향하여 참으로 그리스도
의 섬김의 정신을 발휘하는 모습으로 전환해 가야 한다. 언제나 가난한

---

[49] 정일웅, 독일교회를 통하여 배우는 한국교회의 통일노력, 도서왕성, 2000, 참고 서
문의 글.

자들과 소외된 자들의 대변인 역할을 하는 교회가 되도록 모든 목회자들은 '디아코니아 신학'(Diakonische Theologie)을 배워야 할 것이다.50) 그리고 교회는 복음전파(케리그마)와 섬김과 봉사(디아코니아)의 사역을 병행하도록 힘써야 하며, 모든 기독인들이 사회 속에서 빛과 소금의 역할자가 되도록 깨우치고, 훈련하는 교육사역에 힘써야 할 것이다. 그것이 한국교회의 성숙한 모습일 것이며, 이러한 모습과 함께 성령의 은혜 가운데서 한국교회는 교회의 수적 성장이 아니라, 질적인 성숙의 방향으로 나아가야 할 것이다. 그리고 그러한 질적인 성숙은 마침내 한국교회를 자연스럽게 수적인 성장을 경험하도록 선물할 것으로 확신한다.

그러면 질적으로 성숙한 한국교회를 만들어가려면 어떻게 해야 할 것인가? 먼저 신학교의 신학교육체계가 변화되어야 할 것이다. 지금까지의 신학교육은 혼탁한 사회적 가치관에 그리스도의 복음의 진리가 변질되거나 매몰되지 않도록 신학사상의 정체성을 확립하고 그것을 견지하는 일에 역점을 두는 교육이었다. 그리고 최근에 교회의 수적 성장을 위해서는 수단과 방법을 가리지 않고 방법론 습득에 온 힘을 기울이는 기술교육에 역점을 둔 신학교육을 염원하게 되었다.

물론 불신자들이 다수인 한국사회는 그리스도의 복음이 어떻게 사람들에게 더 경험적으로 다가가도록 해야 할 것인지에 대한 방법적인 것을 더 많이 연구해야 할 것이다. 따라서 실천신학의 요구가 강하게 대두되고 있다. 하지만 실천신학의 학문 이전에 신학교육의 방법론이 변화되어야 한다. 신학교육이 신대원과정 내내, 강의 듣는 규범적인 것들의 주입작업에만 의존할 것이 아니라, 그것들이 자기 것으로 충분히 소화되도록 신학의 심화교육이 더 요구된다고 본다. 그리고 복음의 진리는 인간의 변화하는 사회적 삶의 어떤 것들과 연관된 것이며, 어떻게 그것들이 올바르게 경험되도록 해야 할 것인지? 그 방법을 스스로 깨닫거나 경험하도록 실천지향

---

50) [참고] Guenter Ruddat, u.a.(Hrg.), Diakonisches Komependium, Goettingen 2005. Hrg. v. Volker Herrman u. Martin Horstmann, Diakonia, Sutudienbuch Bd.1-2, biblische, historische und theologische Zugaenge zur Diakonie, Neukirchen 2006.

적인 신학교육이 요구된다는 것을 알아야 할 것이다. 지금까지의 신학교육은 신학의 수많은 정보를 충분히 소화하도록 돕는 교육을 시행하지 못했으며, 나아가 충분한 소화과정을 통하여 스스로 적용능력을 갖도록 돕는 교육을 하지 못한 것이 문제라고 본다. 그저 신학지식의 이론 쌓기와 그 이론의 실천방법을 위한 기술습득을 역점에 둔 교육이었던 것이다.

그러나 새로운 신학교육은 더 철학적이며 신학적으로 사고하는 훈련을 통하여 분명한 진리의 의미와 가치에 대한 분별력과 인식의 통찰력을 길러주는 신학교육을 실천해야 할 것이다. 그렇게 되려면 어거스틴과 칼빈을 비롯한 모든 종교개혁자들이 전제했던 것처럼, 목사후보생들은 먼저 인문학(인간학·사회학)의 기초교육을 잘 받은 자들이어야 하며, 그 토대 위에서 성경중심의 신학교육이 이루어지게 해야 할 것이다. 왜냐하면 인문학은 성경의 진리를 적용하기 위한 방법을 찾는 일에 기본능력(수단)이 되기 때문이다. 그리고 인간적인 삶의 상황에 진리가 어떻게 접근되고, 적용되도록 해야 하는지, 그 적절한 방법론을 찾아내는 자생적인 능력이란 인문학을 누가 얼마나 자기학문의 토대로 쌓았는지에 달렸기 때문이다.

그러나 생각해보면 지금 한국교회의 목회자 양성에 대한 신학교육의 기대는 그러한 근본궤도를 벗어나 지나치게 실용주의적인 방법(기술)론 습득을 지향하고 있는 모습이다. 물론 신학교에서 배운 모든 신학적인 학문은, 이론적인 지식을 즐기기 위한 것이 아니라, 교회의 실천학문으로 그 목표를 지녀야 한다는 것은 분명하다. 그것은 결국 신학교에서 배운 모든 이론적인 것들은 목회와 선교현장의 실천사역인 복음전도, 설교, 예배(전), 영혼의 돌봄, 영적인 교제, 이웃 사랑의 실천, 신앙양육, 그리고 훈련에 쓰임 받는 기술로 나타나게 해야 한다. 그 때문에 오늘날의 신학교육에는 이론과목보다는 실천적인 성격을 띤 과목들이 더 중요하게 요구되는 이유가 거기에 있다고 본다. 하지만 우리는 모든 실천적인 목회방법적용의 능력은 인문학의 기초학문에 근거하여 역시 신학의 이론적인 원리를 얼마나 공부했는지가 관건임을 잊지 않아야 한다.

어쨌든 이러한 실천적인 방법론의 적용능력에 대한 요구는 신학교육이 이론중심에 한정된 모습이 아니라, 실천지향적인 신학교육의 패러다임으로 전환되어야 함을 뜻한다고 본다. 그리고 이러한 현상은 역시 그동안의 신학교육이 지나치게 이론신학교육에 매여, 실천적인 방법의 훈련에 비중을 두지 않았던 결과로 해석된다. 그러면 실천지향적인 신학교육을 실천하려면 어떻게 해야 할 것인가? 그것은 성경신학, 조직신학, 교회사를 중심으로 했던 신학을 선교와 목회현장에 그대로 옮기는 것이 아니라, 성경신학은 성경의 역사적 맥락을 전제하여 성경본문을 인간의 삶과 관련하여 실천지향적으로 해석하며, 조직신학은 삶에서 경험되는 문제들을 전제하여 표준적인 계시의 대답을 제시해야 함을 의미한다. 그리고 실천신학은 실천지향적인 신학에 근거하여 복음의 진리를 인간과 사회적 환경(문화)의 가치변화와 관련하여 어떻게 적용되도록 해야 할 것인지 행동실천적인 방법을 기르는 일에 집중해야 할 것이다. 역시 '실천지향적인 신학교육'이란 신학이론이 삶의 실제와 어떤 의미를 지닌 것인지를 밝힘을 말한다. 그러므로 신학생들은 이론적인 신학공부에도 관심을 가져야 할 뿐 아니라, 실천신학이 제시하는 실천과목들에 더 깊은 관심을 가져야 할 것이다. 물론 실천신학도 교육하는 과목이기에 이론적으로 표현할 수밖에 없지만, 목회 실제와 관련된 주제를 다루는 것이기에 실천적이면서도 이론적인 양면의 통합을 전제하여 강의되도록 해야 한다. 그리고 모든 신학적인 정보들이 어떻게 삶과 사회적 가치관의 관계에서 더 분명한 진리가 되게 해야 할 것인지를 주목하고, 실천지향적인 진리탐구에 몰두해야 할 뿐 아니라, 복음진리의 적용을 위한 방법론 강구에도 전력을 기울여야 할 것이다.

무엇보다도 실천신학에 해당하는 과목에서 '교회교육' 또는 '교육목회'와 관련하여 인간을 어떻게 신앙으로 양육하고 훈련해야 할 것인지에 대한 원리와 방법을 새롭게 익혀야 할 것이다. 그것은 무엇보다도 성경교육을 활성화하는 교회의 교육적인 모습을 견지함을 뜻한다. 그리고 목회자는 자신의 인간성을 지극히 인격적이며, 영적으로 성숙한 모습을 견지하도록 힘써야 할 것이다. 특히 목회자의 영성과 관련하여 인격적인 리더십을 견지하도록 힘써야 한다. 목사는 제왕적인 모습이 아니라 철저히 주님을 섬기는 종의 모습으로, 인간을 사랑하며, 섬김의 정신을 실천하는 지도자로 준비되어야 한다.

이러한 관점에서 필자는 신학생들이 바로 교육목회 또는 교회교육을 중히 여기고 신학공부에 힘쓰기를 기대한다. '교육목회'는 결코 수적인 성장에만 한정된 목회가 아니라, 그리스도의 복음을 가르치기를 더 힘쓸 뿐만 아니라, 한 영혼과 생명을 더 귀하게 여기고, 그 영혼과 생명의 성장을 돌보고, 배려하는 전인적인 목회를 가리킨다. 그리고 교육목회는 전 인류를 구원으로 인도하시려는 하나님의 구원교육을 힘쓰는 일임을 기억하고, 그 일에 합당한 능력자로 자신을 준비하는 신학생들이 되기를 바란다.

제 2 부
일반교육과 교회교육의 기본이해

제 2 부 : 일반교육과 교회교육의 기본이해

1. 교육의 개념이해

교육(敎育)이란 우리말에서 한자어로 가르칠 '교'(敎)자와 기를 '육'(育)자로 표현된 복합어이다. 그것은 인간을 가르치고, 배우고 깨달아 올바른 사람이 되도록 돕는 일(길러줌)을 뜻한다. 이것은 성장세대의 양육을 돕는 사역을 가리키는 말이다. 이러한 교육에 대한 이해는 동양이나 서양이나 별 차이 없는 것으로 보인다. 그럼에도 불구하고 대체로 구미(歐美)사회가 이해하는 '교육'이란 말은 언어적 표현에서 구체적이며, 더 근접한 이해를 가질 수 있을 것으로 여겨진다.

특히 라틴말 '에두케레'나 '에두카레'(educere, educare), '에두코'(educo)란 동사형과 명사형 '에두카티오'(educatio)에서 교육의 중요한 의미를 발견하게 되는데, 그것은 '끌어내다', '인도하다', '필요한 것을 채워 주다'는 등의 의미이다. 즉, 인간 안에 잠재된 능력과 자질을 이끌어 낸다는 의미와 함께 부족한 것을 채우며 또한 설정된 인간됨의 목표로 아이를 인도하며, 이끌어가는 교육의 기능적 성격에 대한 이해이다. 영어에서도 라틴어의 의미와 관련하여 교육을 '에듀케이션'(Education)으로 표현하고 있다. 이 말은 라틴어의 의미와 동일한 것으로 사용하고 있는 것으로 판단한다.

독일어에서 '교육'이란 말은 '에어찌홍'(Erziehung)과 '빌둥'(Bildung)이란 두 낱말로 구분하여 사용하고 있음을 본다. 독일어는 더 세분화하여 교육의 의미를 밝혀주고 있는 것으로 여겨지는데, 해석을 빌려보면 '에어찌홍'이란 사람들이 심리적 성향의 구조를 어떤 관점에서 지속적으로 개선하도록 노력하는 사회적 행위를 뜻하는 말로 본다.51) 여기서 '사회적인 행위'란 한 사람의 사회와의 관계에서 요구되는 내적인 인간성품의 변화를 시

---

51) W. Brezinka, Begriffsbestimmung von Erziehung, 1975.

도하는 의도적인 작용을 말한 것으로 이해된다. '심리적 성향의 구조'란 올바른 성품으로 인격과 동일한 의미로 이해된다. 그러므로 인간의 성향 구조를 개선하는 것이 에어찌홍의 교육개념이 지닌 의도인 셈이다. 그 때문에 에어찌홍은 간략하게 인간의 삶을 돕는 일을 표현하는 교육개념으로 이해한다.52)

특히 이 개념(Erziehung)은 성장세대의 학교교육을 표현하는 말 이기도하다. 성장세대를 설정한 목표에로 '이끌어 줌' 또는 '인도해 줌'을 뜻하는 말이며, 아이가 자립적인 상태에 이르기까지 사물의 올바른 파악과 사용, 올바른 표현과 행동의 능력을 갖도록 길러주는 기초교육을 가리키는 말로 사용된다. 또한 인간의 의지와 양심의 훈련 그리고 올바른 습관의 기초를 형성하는 교육행위를 가리키는 말로도 본다. 오늘날 성장세대의 학교교육을 학문이론으로 표현하여 '교육과학'(Erziehungswissenschaft)이라고 부르기도 한다. 그것은 인간을 교육하는 일이 아이의 성장과 그가 처한 사회적 환경(문화)과의 관계에서 포괄적으로 이해되어야 할 '행동과학'이란 전제에서 조직적이며 합리적인 그리고 체계적인 교육이론의 요구에 따라 표현된 말이다.53)

그리고 '교육'에 해당하는 또 다른 언어로 '빌둥'(Bildung)이란 말이 있다. 이 말은 성인세대의 교육을 표현하는 말이다. 우리말에서 '도야'(陶冶)로 번역되며, 갈고 닦아 그릇을 빚는다는 뜻이며, 훌륭한 마음과 성품의 인격을 갈고 닦는 일에 비유하여 한 말로 본다. 그것은 인간의 온전한 인격적 성품이 형성되도록 하는 노력을 가리키는 말이다. 특히 인간의 온전한 인격형성을 위한 교육과정으로써 이상적인 인간상(人間像)을 전제하여 문화적이며, 시민적인 삶에 상응하는 성숙된 인간성을 추구하는 교양쌓기를 표현하는 말로 이해된다. 그러므로 이것은 교사가 무엇인가 가르치고 깨우치는 영향을 주는 행위로서의 '교육'이기보다는 인간됨이나 인격형성

---

52) G. Schmidt, Religionspaedagogik, 42쪽.

53) Hrg. v. N. Mette u. F. Rickers, Lexikon der Religionspaedagogik, Bd.1, Neukirchener, 459쪽.

또는 그 어떤 모습으로의 형성에 대한 스스로 노력하는 행위를 표현하는 말로 이해된다.

'빌둥'(Bildung)이란 말은 원래 신학적인 성격을 가지고 사용된 언어로 알려져 있다. 그 뿌리는 인간의 '하나님의 형상'(Ebenbildlichkeit Gottes)에 관한 것이다. 하나님의 형상과 관련하여 깨어진 형상의 회복, 또는 타락한 인간의 영혼 속에 회복되어야 하는 하나님의 형상의 형상성을 전제하여 사용한 언어로 이해된다. 역시 그리스도의 형상을 본받는 의미에서 기독교적인 성격을 전제한 말로 이해된다.54) 빌둥의 개념을 하나님의 형상과 관련하여 처음으로 거론한 분은, 13세기경 독일의 신비주의 신학자로 알려진 에크하르트(M. Eckart)55)이다. 그에 따르면 그리스도의 형상안에서 변화된 '인간의 하나님의 형상성'이란 의미가 더 강하게 표현되었다.56) 그 이래로 교회(기독교)의 신앙교육의 과제와 관련하여 사용되었으며, 하나님의 형상회복과 관련하여 교회(기독교)교육은 신앙교육의 중요한 의의와 의미를 가지게 되었다. 왜냐하면 교회는 인격과 공동체의 책임적인 지체로서 인간형성(인간됨)을 위한 가능성과 필요성과 각 인격의 과제에 대하여 힘써야 하는 교육적 책임을 가지고 있기 때문이다.57)

빌둥(Bildung)이란 개념의 발전은 후에 코메니우스(J. A. Comenius)와 훔볼트(W. v. Humbolt), 그리고 현대에 이르러 아도르노(Theodor W. Adorno)에 의한 비판이론(Kritische Theorie) 등에서 언제나 인간교육의 중요한 개념으로 정의되었음을 확인할 수 있다.58) 그러나 오늘날에 이르러 빌둥(Bildung)의 교

---

54) Guenther Dohmen, Bildung und Schule, Die Entstehung des dt. B. Begriffs u. die Entwicklung seines Verhaeltnis zur Schule, Weinhein 1964 33쪽 이하.

55) Wolfgang Pannenberg, Grundfragen Systrmatischer Theologie, Bd.2, Goettingen, 1980, 210쪽 이하.

56) H.Schilling, Bildung der Gottesbenbildlichkeit, 1961 19쪽 이하.

57) [비교] Gottfried Adam, Glaube und Bildung, Wuerzburg, 1992, 20쪽. 여기서 독일교회(EKD)는 1978년 총회에서 교회교육의 빌둥(Bildung)의 교육적 과제와 책임에 대하여 천명하였다.

58) [비교] Lexikon der Religionspaedagogik, Bd.1, 194-198쪽, 빌둥은 17세기의 코메니우스에게서는 하나님의 계시인 범지혜(Pansophie)의 앎에 근거한 사물의 전문지식과

육개념에서, 원래 하나님의 형상과 관련된 기독교적 관점은 사라지고, 사회와의 관계에서 인간의 주체성과 자율성의 확대를 위한 인간적인 노력으로 이해되며, 인간형성의 교양교육 또는 인문주의적인 인간성형성의 개념표현으로만 사용하고 있는 것은 매우 유감스런 모습이다.

중요한 것은 '교육'이란 말이 빌둥(Bildung)의 개념으로 표현한다할지라도, 우리말에서 별다른 이의(異意)나 고민 없이 모든 교육적 행위를 표현하는 보편개념으로 사용하기 때문에 주의깊게 이러한 개념의 차이를 분별할 필요가 있다고 본다. 왜냐하면 교육행위는 그 자체가 인간의 노력으로 상징되는 일이며, 그 어떤 과정의 전개를 통하여 설정된 목표에 이르도록 인간적인 활동을 뜻하기 때문이다. 그 때문에 교회(기독교)교육의 개념사용은 교육신학적인 논의를 절대적으로 필요로 한다고 본다. 만일 빌둥(Bildugn)의 개념과 관련하여 일반교육은 인격적인 인간성이 형성되도록 하는 의도적인 인간의 노력이라면, 교회(기독교)교육은 원형상(原形像)과 모사(模寫)의 관계에서 원형상이신 하나님, 그리고 그의 아들로 오신 예수 그리스도를 본받고 따르는 신앙(믿음)이 중심이 되어야 하는 것이다. 그것은 그리스도를 통하여 그의 형상의 회복을 경험하는 일이며, 그를 닮아가는 일이 될 것이다. 그리고 빌둥은 기독교적인 인간성 형성 그 자체로 보아야 할 것이다. 그리고 그러한 일은 복음의 믿음안에서만 이루어지는 것으로, 근본적으로는 '하나님의 일'(인류구원의 교육)이며, 동시에 믿음안에서 행동하는 '인간의 교육적 행위'인 것이다. 아담(G. Adam)은 빌둥의 해석에서 '인간됨과 사람의 사람됨과 자유안에서 삶을 목표하며, 개인 각자가 스스로 자신을 형성하는 일이며, 또한 그러한 빌둥은 공동체와의 관계

비판력, 판단능력으로 이해되며, 성숙한 그리스도인의 복음 안에서의 자유하는 삶을 얻게 하는 일이며, 성경적으로는 잃어버린 하나님의 형상의 회복을 뜻한다고 본다. 그러나 훔볼트에게서 빌둥은 인간의 지적인 모습에서가 아니라, 고유하고, 항거하는 개체 인간의 삶의 모습을 전제하고 있다. 여기서 빌둥은 고유한 삶의 미학적인 모습을 만드는 작업으로 이해된다. 다시 아도르노를 중심한 비판이론은 산업사회에 처한 인간이 경험하는 요구된 자립성과 지배적인 강요로부터의 사회적 모순을 수용하고 짊어지도록 하는 것을 빌둥의 과제로 이해하였다. 그리고 그 모순들을 극복하는 힘을 기르는 것으로 보았다.

에서 이루어지는 일로 이해하였다.59)

그런 뜻에서 빌둥은 하나님의 형상회복인 인간구원의 교육을 가리키는 말로 이해하는 것은 적절하다고 본다. 그러므로 교회교육은 인간이 주체가 되어 인간이 되도록 하는 인간의 노력이 아니라, 하나님이 그의 말씀의 가르침을 통하여 행하시는 하나님의 교육이며, 인간은 믿음안에서 그 말씀의 들음과 배움을 통하여 자기의 인간됨을 형성해 가는 일인 것이다. 그러한 교육은 인간이 온전히 믿음안에서 성숙한 인간성을 형성한 모습으로 회복되도록 돕는 일인 셈이다. 그리고 기독교신앙과 그러한 신앙적인 삶을 배우는 일은 바로 이와 같은 빌둥에 속한 것이다.60)

그러므로 교사가 아이들을 인도하고 가르치며, 교육한다는 것은 교사가 의도한 그 어떤 결과에로 이끌고, 인도하기 위하여, 규범적이며 강압적으로 주입하여 이루어내는 일이 아니라, 아이의 성장과 이해와 정도에 따라 경험적이며 이해적인 차원에서 스스로 삶과 믿음을 배우게 하는 일로 이해되어야 한다.

현대교육학에서 가장 중요하게 거론되는 또 하나의 개념이 역시 가르침과 배움의 관계에 대한 것이다. 가르침은 교사가 의도한 그 무엇을 주입하려는 노력으로 이해된다면, 배움은 학생편에서 스스로 경험하며 이해하며 배워가는 정황을 표현하는 언어이다. 우리가 이해하는 교육이란 이런 개념적 이해에서 접근되어야 하며, 역시 아이들의 배움에 교사는 그들의 배움을 돕는 역할자로 있다는 것을 알아야 한다.

교육(敎育)의 가장 고전적인 개념으로는 역시 헬라어에서 파생된 '파이데이아'(παιδεια) 또는 '가르치다'라는 말 '파이도이오'(παιδεύω)에서 온 것으로 이해한다. 이 말은 어린이를[파이디온(παιδιον)] 양육하고 훈련하는 의미가 담긴 성장세대 교육에 사용된 전통적인 개념이었다. 현대적으로 영어표현 '페다고지'(Pedagogy) 또는 독일어 표현의 '패다고긱'(Pädagogik)은 모두 이 개념에서 파생된 말이다. 이러한 말은 어린아이들을 돌보는

---

59) [비교] G. Adam, Bildungverantwortung wahrnehmen,Wuezburg.1998 35쪽.
60) [비교] G. Adam, 전게서, 36-39쪽 이하.

교육의 실제적 행위를 표현했던 언어이다. 그리고 이것은 인간의 성장과 정을 돌보는 행위를 전제하여, 후에 그들을 돌보는 기술을 설명한 학술적인 전문언어가 된 것이다. 물론 이러한 개념의 출발은 아이가 출생하여 가정에서 부모에 의하여 돌봄을 받게 되는 가족적인 행위를 중심에 두었던 것으로 이해된다.

역사적으로 코메니우스(Comenius)에 의하여 태아교육과 유아기의 교육의 중요성이 강조되면서 '패다고긱'의 개념은 학술적인 전문언어로 사용되었고, 후에 프뢰벨(Froebel)에 의하여 유치원교육이 제창되면서 어린 아이들을 돌보고 이끌어주는 교육행위를 공공적으로 실천하면서 사용된 용어로 발전하였다.61) 오늘날 영어권에서 '패다고지'(Pedagogy)란 용어사용을 대신하여 현대적으로 '에듀케이션'(Education)의 개념으로 새롭게 표현하는 방향으로 전환하고 있는 모습이다. 그러한 경향이 독일에서도 나타나 '패다고긱'(Paedagogik)이란 용어 대신 '에어찌훙'(Erziehung)으로 통일하려는 노력이 있었지만, 완전히 그것을 대체했는지에 대해서는 확실하지 않다. 왜냐하면 인간교육의 실제적인 모습을 표현하는 일에 역시 그 개념이 더 분명한 이해를 보여주기 때문이다. 그리고 '파이데이아'의 개념은 하나님이 그의 백성을 양육하고 보호하며, 구원으로 인도하는 하나님의 파이데이아(교육)로 이해될 때, 그 개념은 더욱 분명하다 할 것이다.

이러한 교육개념의 다양한 이해를 전제할 때, '교육'(敎育)이란 말은 시대마다 여러 학자들에 의하여 보는 관점에 따라 새롭게, 약간은 다르게 특징적으로 정의되어 왔음을 알게 된다. 그럼에도 불구하고 공통적으로 인식되는 것은 '교육'이 인간을 다루며, 인간의 인간됨의 문제를 주된 과제로 삼아, 가르치고, 깨우치고, 양육하며, 보호하고 훈련하여 온전한 인격형성을 이루어 독립적인 인격체로서의 인간의 삶을 돕는 일로 이해되었다는 점이다. 그리고 기독교적으로 하나님의 온전한 형상으로 회복하는 일을 돕는 교회의 사역으로 이해되어야 할 것이다.

---

74) [비교] Mette, N. u. Richers,H.(Hrg.) Lexikon der Religionspaedagogik, Bd.2, 1469쪽 이하.

2. 현대교육학에서의 교육목표와 교육과제

독일의 교육학자 클라프키(W. Klafkie)는 "교육의 목표는 주어진 상황의 해석과 경제적이며 사회적인 그리고 정치적이며 문화적인 체계의 계속적인 발전의 역사적 상황을 전제하여 성장세대의 이해와 그들이 갖추어야 할 모습과 미래의 가능성과 과제들에 관한 전제를 포괄적으로 표현해야 한다"[62]고 하였다. 이 말은 교육의 목표가 결코 단순한 몇 마디로 결정될 수 있는 것이 아니라, 매우 복합적인 관계의 서술이어야 함을 시사해 준다. 즉, 그것은 인간과 그 인간을 둘러싼 환경과의 관계에서 교육적 가치와 의미를 전제하여 종합적이며 복합적인 것에서의 일치를 이루는 것이어야 한다는 뜻이다. 그리고 성장세대들이 미래적으로 어떤 인간으로 나타나야 할 것인지를 전제하여 선취적인 관계에서 결정하는 일이 결코 쉬운 것이 아님을 말해준다. 또한 한 사회 내에서 이루어야 하는 교육의 목표는 결코 교육학 자체가 결정할 수 있는 것이 아님을 말해준다. 물론 교육의 궁극적인 강조점은 역시 개인 자신에게 있다. 인격적인 주체로서의 인간 개체의 완성이다. 결코 타를 위한 인간으로의 교육은 아니다. 그러면 일반교육학에서 제시하는 교육의 현대적 과제와 목표는 어떠한가?

1) 교육의 과제와 목표

교육의 과제에 대한 이해는 먼저 독일의 종교교육학자 슈밀트(G. Schmidt)가 소개한 설명들에서 많은 도움을 받을 수 있을 것이다. 그는 '종교교육학'이란 책에서 교육의 일반적 과제와 목표를 여섯 가지로 구분하여 설명하였다.[63]

---

62) W. Klafkie, Der Beitrag der Erziehungswissenschaft zur Klärung aktueller pädagogischer Zielfragen, In: Beden Magdalena (Hrg.) Zur Zielproblematik in der Pädagogik, Bad Heilbrunn 1977, 55쪽.

63) G.Schmidt, Religionspaedagogik, Ethos, Religiositaet, Glaube in Sozialisation und Erziehung, Goettingen 1993.

　첫째로 교육이란 인간의 육체적이며 심리적인 기능들의 발달에 도움을 주는 행위로 본다. 즉, 성장세대는 그들의 육체적이며 정신적인 건강과 신체의 지배와 생각, 느낌, 그리고 원함의 기능들이 도움을 받아 성장과정에서 잘 발달되어야 하는 것이다. 특별히 아이는 자신과의 조화(일치) 속에서 자라야 한다. 그리고 어느 정도 자기를 신뢰하는 가운데 실제적인 목표를 설정하고, 그것들의 실현이 그에게 가능한 적중된 자기모습을 발전시켜 가도록 해야 할 것이다.64)

　둘째로 성장세대를 교육하는 것은 먼저 개인의 가치에 중점을 두어야 한다고 본다. 교육은 바로 아이 자신을 위하여 이루어져야 한다. 먼저 다른 이(교사)를 위하여 자신이 교육되는 것이 아니다. 물론 교육자는 다른 이에게서 아이에게로 미쳐 오는 영향에 대하여 책임을 짊어져야 한다. 아이와 환경 사이의 관계들은 양쪽 다 만족스러워야 한다.65)

　셋째로 성장세대는 끊임없는 사회적인 영향 가운데서 자란다는 사실을 전제한다. 이것은 역시 사회적 가치들이 아이에게 미치는 영향을 말하는 것이다. 여기서 교사는 그러한 영향들을 평가하고, 강화하며, 수정하거나 부정적인 영향을 걸러 내도록 노력해야 한다. 아이는 그러한 방식으로 배움을 통하여 사회에 적응하게 될 때에 그는 사회 속에 다만 존재할 수 있는 것이다. 그럼에도 불구하고 아이는 먼저 그 사회를 위하여 교육되는 것은 아니다. 자기 자신을 위하여 교육되는 것이다. 자신의 성장과 자신의 발달, 그리고 인격체로서 성장되어 감을 말한다.66)

　넷째로 문화는 인간이 만들어 낸 교육내용과 교육형식의 총체적 표현으로 이해한다. 교육이란 문화에 대한 수동적이며 활동적인 참여를 의미한다. 그 문화적 활동에 참여하여 자기의 모습으로 형성되어 가는 것이다. 그리고 교육은 이러한 참여를 돕는 것을 자기 과제로 삼는다. 성장세대의 능력들은 문화적인 형태들과 내용들에서 발전되는 것이다. 성장세대가 모

---

64) Schmidt, 전게서 79쪽.
65) 전게서.
66) 전게서 80쪽.

든 면에서 자신을 발전하게 할 수 있도록, 그는 여러 가지 문화영역과 접촉되어야 한다. 그리고 교육(Bildung)이란 이와 같이 아이와 문화적인 내용의 상호 교환의 추구로서 성취된다.67) 성장세대는 하나의 문화적인 영역을 추구하며, 동시에 이러한 영역을 위하여 자기 스스로를 추구한다. 그는 이러한 특별한 내용들과 교제할 수 있는 것들을 통하여 인식의 형태와 사고의 형태, 그리고 행위의 형태를 전문화해 가는 것으로 이해된다.

이런 전제에서 현대 교육학은 성장세대의 다양한 문화적인 활동에의 참여는 세 가지 목적을 가진다고 보고 있다.

① 문화활동에의 참여를 통하여 성장세대는 자신의 인격과 인간미를 풍성하게 경험하며, 그 영향을 자신의 것으로 만들 수 있다는 점이다. 여기서 자신의 가치인 개인의 능력이 개발되는 것과 문화적인 참여의 능동적인 발전에 이르게 하는 것이 중요하다.

② 그것은 성장세대가 자신의 방향을 정하고, 행동하도록 선택의 자질을 갖도록 하는데 도움을 준다. 성장세대는 사회의 총체적 삶을 함께 지탱하고, 공동의 책임을 짊어지는 상태로 옮겨져야 한다.

③ 문화적 참여는 성장세대가 행하여야 할 우선순위가 무엇인지를 발견하도록 도와야 한다. 현대 문화는 개인 각자가 모든 영역을 동시에 추구할 수 있도록 벌써 풍부한 것을 가지고 있다. 성장세대는 거기서 중요한 것들을 찾아내야 한다. 자기의 장래를 위한 직업의 발견이 거기서 이루어 질 수 있다.68)

다섯째로 자연과의 관계는 문화적으로는 조건적 관계에 있는 것으로 본다. 성장세대는 문화와 관련하여 그 어디에서도 접하지 않은 자연을 대하는 것은 아니다. 그러나 성장세대는 매일의 과학적이며 기술적인, 그리고 종교적인 해석들을 통하여 자연에 대한 인지적이며 감성적인 관계로

---

67) W. Klafkie, 전게서, 1963, 38쪽 이하.
68) Schimidt, 전게서, 80-81쪽.

접근해 가는 것이다.69)

　여섯째로 지금까지 관련된 그 어떤 것도 성장세대의 삶에 궁극적인 것을 부여해 줄 수는 없다. 교육은 이러한 관계된 것들의 의미에 관한 물음에 있어서 성장세대들이 모든 기존문화의 영역들과의 논쟁을 통하여 스스로 자신의 대답을 찾을 수 있도록 도와주는 역할을 하게 된다. 그러므로 어디까지나 교육과정은 개방적인 입장을 취해야 한다.70)

　일곱째로 교육은 미래의 가능성들을 바라보면서 현재적인 삶을 도우는 행위이다. 한편 교육은 미래의 가능성들을 열어 주어야 하며, 가능성을 인식하고, 붙들 수 있도록 준비하게 하는 일이다. 다른 한편으로 현재를 미래의 제물이 되도록 해서는 안 된다. 현재와 미래의 요구는 교육에서는 평준화를 유지해야 한다는 것이다.71)

　결과적으로 이러한 관점에서 이해되는 교육의 과제는 아직 미성숙의 현재적인 상태에 있는 자들의 삶을 돕는 일이며, 미래에 성인의 모습에 대하여 준비하는 양(兩) 차원적인 관계의 것이라 하겠다.

2) 교육의 궁극적인 목표는 무엇인가?

　오늘날 현대교육에서 '성숙'이란 말이 중요한 의미를 가진 것으로 보인다. 그것은 무엇보다도 인간의 인간됨을 표현하는 말로 사용되기 때문이다. 즉, 교육은 미성숙의 상태에 있는 인간을 성숙한 상태의 모습을 갖도록 그 성장을 돕는 일로 이해하기 때문이다. 우리는 여기서 성숙과 관련하여 표현되는 다양한 해석을 소개해 보기로 한다.

　'성숙'이란 먼저 사회법적으로 유효한 질서들의 범주에서 자신의 삶의 모습에 대한 완전한 책임을 다하는 것을 말한다. 그리고 교육적인 의미에서 '성숙'이란 사회적이고, 도덕적이며, 인격적인 본체로서 행동하는 자질과 그것에 대한 준비성을 의미한다'.72) 이러한 설명에서 성숙이란 역시

---

69) 전게서.

70) 전게서.

71) [비교] G.R. Schmidt, 79쪽 이하.

72) [참고] M.Langeveld, Einführung in die theoretische Pädagogik 1969, 79쪽.

교육의 포괄적인 목표로서, 그것은 개인적이며, 동시에 사회적인 삶에서 개체의 자질과 한 국가의 기본법이 보증하는 개인의 자유와 그 자유들을 실현할 수 있는 자질을 이해한 것이다.

슈밑트는 "'성숙'(成熟)이란 자유를 실현하고, 그 자유의 실현에 있어서 많은 자유로부터 다른 이들을 돕는 자질성과 준비성을 포함한다. 그리고 주어진 사회적 환경에서 그 사회의 더 나은 가능성을 보면서, 책임을 짊어지는 자질성과 준비성을 포함한다. 그것은 모든 삶의 영역에서 자신과 다른 이에 대한 자질과 준비성(친구관계, 사랑, 가족, 이웃과의 관계, 직업과 노동단체, 교회, 국가, 총체적인 사회 등)"73)이라고 하였다. 그리고 개인적으로 문화영역(종교, 정치, 경제, 문학, 과학, 기술 등)에의 참여에 대한 자질과 준비성이 거기에 또한 포함된다. 그는 계속해서 성숙의 요소에는 '인지적인 것'과 '감성적인 것', '할 수 있음'과 개인의 '입장들'이 포함된다는 것을 강조한다. 그리고 '자유'(Freiheit)란 타의에 의하여 제한받음 없이 자신이 생각한 가치적 입장에 따라 자신의 삶의 목표들을 선택하고, 자신의 판단에 근거하여 목표달성을 위한 수단을 스스로 설정하는 상태에 있음을 의미한다. '자유'란 부정적으로는 내적이며, 외적인 강요의 부재함을 뜻하며, 긍정적으로는 자기책임적인 통찰과 행동의 자질을 뜻하는 것으로 설명한다.74)

하인리히 롯(H. Roth)도 성숙에 대한 폭넓은 이해를 제시해 준다. "성숙(成熟)이란 하나의 사회적인 차원을 가진다. 자유란 오직 자신의 인격을 위하여 다른 이의 희생으로 요구되는 것이 아니라, 바로 다른 이를 위하여 요구되는 것이다. '성숙성'이란 여러 가지 자유의 요구들을 서로 정당하게 평준화하는 의지와 자질이기도 하다. 그 때문에 '성숙'이란 윤리적인 개념이다. 그것은 중심적으로는 도덕적인 행위의 자질이요, 인격에 대한 도덕적인 자기목적이다".75) 그리고 이러한 '성숙'은 다른 이에 대립하여

---

73) G. Schmidt, Autorität in der Erziehung, Freiburg 1975 142쪽.
74) [비교] G.Schmidt, Religionspädagogik,1993 82-83쪽.
75) H. Roth, Pädagogische Anthropologie, Bd.II. Entwicklung und Erziehung, Berlin-Darmstadt-Dortmund,1971.

요구되지 않고, 그들과 함께, 그들을 위하여 요구되는 성격을 가진다. 역시 그것은 연대성의 개념을 포함한 것으로 이해된다. 그리고 성숙성은 오늘날 개인의 자유를 보장하는 민주적인 사회에서 요구되는 중요한 개념이며, 일반교육은 그 가치를 최고의 목표로 삼게 되는 것이다.

역시 성숙은 성숙된 모델을 통하여 도움을 받아야 한다는 것이 전제된다. 그것이 바로 교사가 직시해야 할 과제이다. 여기서 요구되는 중요한 것은 인간의 성숙을 지향하는 교육은 바로 교사의 성숙성에 달려 있기 때문이다.

결과적으로 교육은 상호활동(interaction)의 가능성들을 같은 나이의 또래들과 함께 이루어지도록 해야 하는 과제를 가진다. 그 때문에 교사의 성숙한 인간성은 학생과 교사의 상호활동의 작용에서 요구되는 교사역할의 자질과 능력의 근거라고 말할 수 있는 것이다. 그리고 현대교육학은 교육의 궁극적인 목표가 성숙한 인간성의 형성을 전제하여, 인간의 자아목적(Selbstbestimmung), 자아실현(Selbstverwirklichung), 자아통합(Selbstintegration)이란 세 가지 중심점을 지향하게 되는 것이다.76)

여기서 첫째로 '자아목적'은 무엇을 의미하는 것인가?

그것은 인간이 존재하는 이유와 목적에 대한 깨달음이다. 이것은 교육적인 과제로서 아이에게서 자기목적이 추구되도록 해야 하며, 다른 사람의 의지(意志)에 종속되는 것을 막아 주어야 한다. 교육은 다른 힘이 자기 위에 지배하는 메카니즘(Mechanism)을 직시하고, 다른 이의 행동에서 기대되는 것들의 동기를 인식하고 평가하도록 성장세대를 도와야 한다. 더욱이 성장세대의 자유는 외부와 다른 이에게서 위협을 받을 수 있지만, 내면적으로 역시 자신에게 더 위협적이다. 자기의 습관적인 것에 비하여 순간적인 기분과 충동들을 다스리기가 더 어렵다. 교육자는 여기서 총체적인 삶(미래적인)의 대리적 역할자가 되어야 한다. 즉, 깊이 생각하지 않은

---

76) [참고] Broudy, 1954, Schmidt 1975, 143-191쪽.

계획들을 정지시키고 강제적으로 여유 있게 생각하는 시간을 갖도록 해주는 역할이다. '자기목적'이란 핵심에는 도덕적인 통찰의 의미가 있다. 그것은 다만 표면적인 것만 아니라, 내면적인 자기모순을 다스릴 수 있도록 하는 것을 뜻한다.

둘째로 자아실현의 과제가 중요하다.

성장세대는 교육을 통하여 자기 스스로의 결단으로 자라가야 한다. 그것은 진정한 자기모습에 도달함을 의미한다. 자아실현은 사회문화적인 환경의 도전들에 대하여 자기의 대답을 통하여 나타난다. 그리고 그의 대답은 도전들의 방식에 의존한다. 그 방식에 따라 인간은 거기서 자기를 경험한다(자아실현). 만일 성장세대가 도전들에 대한 자기와의 대질에 자기확인이 이루어지지 않으면(도전의 극복), 여기서 교육은 문화적인 다양성에 따라 자문이나 상담의 형태를 취하게 된다. 그리고 상담은 의사소통의 행위에로 나아간다. 그것은 역시 의미의 방향(문제의 인식)과 행동목표(자신감에 의한 극복)에 대한 알려줌에로 나아가는 것이다. 조언이나 상담은 결단의 도움을 목표한다. 자아실현의 규범하에서 성장세대에게 타의 결단이 작용되도록 하는 것이 아니라, 결단에 필요되는 전제들의 해명에 의한 결단의 도움이 제시되는 것이다.

셋째로 자아통합의 과제이다.

'자아통합'이란 자신의 고유한 가치소유를 목표할 뿐 아니라, 그것들의 통일을 목표로 한다. 이것은 다만, 개별적인 것이 아니라 전체적인 것을 뜻한다. 어떤 것을 중심으로 나의 삶이 질서를 갖는지, 무엇에서부터, 무엇을 향하여 살아가고 있는지, 삶의 궁극적인 목적에 대한 통찰이 요구된다는 것이다. 성숙은 자신의 고유한 삶의 중심에 대한 자아의 투명성과 명료성을 전제한다. 만일 교육이 인간을 성숙케 하는데 도움을 주는 역할로 이해된다면, 그 교육은 통합하는 중심과 의미에 대한 이러한 근본적인 물음에서 벗어날 수 없을 것이다. 자아통합에 대한 도움은 인간의 성숙을 지향했던 교육의 결정적인 과제이다. 그러나 교사는 이러한 물음에 대리적으로 학생을 위하여 대답할 수 있거나 대답해서도 안 된다는 것은 명백하다. 교사는 학생이 그 물음을 진지하게 수용하고, 그러한 물음이 위협받는 것을 방해하도록 의미의 물음을 언어적으로 의식시킬 수 있다. 그러므로 교사는 학생에게 삶의 의미의 물음에 낯선 대답들과 자기 스스로 논쟁할 기회를 줄 수 있다. 그리고 스스로의 대답에 이르도록 그를 자극할 수 있는 것이다. 교사는 역시 학생의 인격에서 의미 있는 삶이 가능하다는 것이 분명하게 되도록 할 수 있으며, 그리고 그에게 의미 있는 삶을 가능하게 하는 것이 무엇인지에 대하여 자신과 대화의 방식으로 고백하게 할 수 있을 것이다.

슈밑트(Schmidt)는 이런 자아목적과 자아실현, 그리고 자아통합을 이루기 위한 교육은 그 중심이 바로 '기독교(종교)교육'이라고 반증한다.77) 이것은 인간교육이 근본적으로 자아목적, 자아실현, 자아통합의 과제성취를 위한 근본적인 가치를 바로 종교가 제시하는 것에서 찾아야 한다는 것을 전제하여 내리는 결론이다. 여기서 우리는 인간교육과 기독교종교교육이 얼마나 깊은 관계에 있는지를 생각하게 하며, 교회(기독교)교육의 과제를 새롭게 인식하게 된다.

3. 21세기의 교육방향과 새로운 과제

현재 21세기로 진입한 지구공동체는 엄청난 새로운 시대의 변화를 경험하고 있다. 이미 현대를 형성하고 주도했던 산업사회의 가치관들은 더 이상 새로운 사회에 가치로 합리화 되지 않으며, 포스트모던이란 새로운 시대의 표현과 함께 다양성이 공존하는 새로운 사회를 경험한다.

그러면 포스트모던(Postmodern)이란 과연 어떤 것인가? '포스트모던'이 무엇인지에 대한 대답은 그렇게 분명하지 않지만, 대체로 시대를 구분하

---

77) [참고] 전게서 86쪽.

는 명칭으로 인식되면서, 실제적으로는 전통적 가치관을 거부하는 해체주의나 탈가치적인 모습으로 설명되기도 한다. 즉, 포스트모던이란 역사적 맥락에서 시대를 구분하는 특징을 가진 개념이면서, 다른 한편은 현대사회에서 유효했던 기존가치의 한계에 대한 인식과 함께 가치질서의 새로운 전환을 함의하고 있다고 할 것이다.

1) 세계역사의 방향에 대한 해석

지금 세계는 어디로 지향하고 있는가? 세계의 역사적인 방향에 대한 물음에서 구라파의 지성인들은 자유, 평등, 박애라는 세 가지 슬로건을 제시했던 불란서 혁명을 생각한다. 자유와 평등을 위한 혁명의 시대는 지나 갔으며, 이제 세 번째 혁명의 시대인 박애주의 사상의 보편화를 위한 시대를 맞이하고 있다는 견해가 피력된다.

첫 번째 혁명의 과제는 모든 자유를 억압하는 정치적인 절대권력에 대항하여 자유의 귀중함을 불란서 혁명이 선언하였고, 그 이래로 구라파는 자유를 보장하는 사회건설을 위해 정치권력구조에 대한 비판과 함께 엄청난 독재와의 투쟁을 거쳐서 오늘날은 '자유민주주의'라는 새로운 가치관을 확립하고 정치제도를 실현함으로써, 첫 번째 주제의 혁명과업은 거의 종결된 것으로 본다. 여기 종결이란 말은 이미 이러한 가치를 수용하는 구미사회는 상당한 정도의 사회체제와 가치기반을 정치적, 경제적으로 구축해 가고 있음을 뜻하는 것이며, 한국사회 역시 그러한 선진사회의 가치를 지향하고 있다고 할 수 있다.

불란서 혁명의 두 번째 슬로건은 역시 '평등'에 관한 것이었다. 이것은 칼 마르크스에 의한 공산주의 혁명의 문제제기로 경제(소유)의 평등과제도 거의 실현되었다고 할 것이다. 그러나 인류의 평등을 지향했던 마르크스주의 혁명은 더 이상 정치적이며 경제제도의 개혁을 통하여 성취되는 것이 아니라, 경제활동의 정당한 조건하에서 가능한 것임을 인류는 지난 1세기 동안 자본주의와의 투쟁관계에서 혹독하게 경험하였다고 할 수 있다. 혹자는 자본주의와의 이데올로기 대결에서 자본주의의 승리와 마르크스 공산주의의 패배를 말하고 있으나, 실제는 어느 쪽도 승자와 패자가 아니며, 오히려 자본주의는 공산주의가 요구한 평등의 가치를 수정자본주의 체제로 전환함으로서 경제적인 불평등을 극복해 갔다고 할 것이다. 실제로 사회적 보편질서로 수용·적용함으로써 인류의 평등을 갈구했던 불란서 혁명의 두 번째 과제는 거의 종결된 것으로 보는 것이다.

이제 불란서 혁명의 세 번째 명제인 '박애'는 인류의 새로운 미래를 향한 목표와 이상이라고 본다. 그것은 자유와 평등을 전제한 인류의 행복권에 관한 문제이기도 하다. 기독교적으로는 형제사랑의 실현과제와도 맞물린 것으로 이해된다. 이것은 하나님의 사랑을 나타낸 그리스도의 사건을 통하여 인류가 창조주와 인간, 인간과 이웃, 그리고 자연과의 화해를 경험하게 하는 일이라고 본다. 여기서 우리는 포스트모던시대에 요구되는 인간교육의 목표는 박애주의 사상과 관련하여 역시 그리스도를 통한 하나님의 형상으로의 회복에 달렸다고 할 것이다. 그 안에서 인간다운 인간성의 올바른 모습을 되찾고, 형제애의 실현이 가능하게 되도록 노력하는 일이다.

불란서 혁명이래로 구미사회는 자유민주주의 가치관의 실현을 위해 노력하고 있으며, 현대교육은 이러한 이념에 걸맞게 자유민주주의 가치실현을 향하고, 성숙한 인간상 또는 시민성을 지향하는 것을 인류교육의 목표로 삼고 있다고 본다. 그 안에서 자아목적, 자아실현, 자아성취를 경험하는 성숙된 인간을 생산하기 위하여 지금 교육은 노력하고 있는 셈이다. 그러나 그러한 사회적 가치관이 과연 기독교적인 복음의 가치와 일치하는지는 끊임없이 질문해야 할 것이다. 더욱이 기독교교육, 또는 교회교육의 자기과제를 분명히 하기 위하여 이러한 문제제기는 더욱 요구된다.

2) 인식방법론의 문제

우리는 인식방법과 관련하여 근세시대의 전환기였던 17세기에 새로운 사회적 변화와 전환을 이끄는데 절대적인 영향을 끼쳤던 근세 철학의 아버지 데카르트(Rene Descartes)를 기억한다. '나는 생각한다. 고로 존재 한다’(Cogito ergo sum)라는 인간(자아)중심적인 인식론의 명제는 오늘까지도 모든 가치판단에 작용하는 인식론의 원칙이 되었다. 이러한 사고방식은 모든 사물의 중심을 인간 자신에 두었고, 그 사물에 대한 가치판단의 척도를 이성사용에다 둠으로써 자연만물의 모든 것은 인간을 위한 것으로 해석되었고, 인간은 자기만을 위하여 모든 것을 이용하고 착취하는 획일적인 행동방식의 결과를 가져오게 했던 것이다. 여기서 철학적으로는 지나친 주관주의적인 판단의 합리성이 문제가 된다고 본다. 이러한 문제의 근원은 데카르트의 이성사용의 인식론의 절대화에 근거한다고 본다.

이러한 데카르트의 인식론은 만물의 주인인 창조주 하나님을 망각하는 결과를 초래하였고, 창조주와는 무관한 독립된 삶과 사회적 환경을 만들어 가는데 공헌하였던 것이다. 그러나 이러한 인식론과 가치관의 지배는 인간으로 하여금 창조된 자연세계를 파괴하며, 그것들을 약탈하는 삶의 방식과 환경을 만들게 되었다. 그리고 이러한 인식론에 의존된 삶의 결과는 오늘날 자연환경의 오염과 생태계의 파괴, 자원의 고갈로 인한 인류 전체의 생존적인 위기의 문제로 나타나게 되었다. 더욱이 창조주를 잊어버린 인간의 삶의 고독과 고난은 황폐하기 그지없게 되었다고 할 것이다.

현재 구미사회는 그 동안 데카르트적인 인식론에 의존하여 만들어 낸 인간중심사회와 가치인식의 주관성의 문제에 대한 근본적인 회의와 반성을 철저히 요구받고 있다고 본다. 이것을 우리는 소위 포스트모던의 시대적 현상이라고 본다. 그리고 이러한 현대사회의 위기를 극복하는 지혜는 더 이상 희랍철학과 기독교사상에서 어떤 한계를 인지하고, 동양문화의 고전적 가치의 근거인 유교(공자)와 불교 또는 힌두교 등에서 찾으려는 현대 지성인들의 몸부림을 발견하게 된다. 한국의 철학자들 사이에서도 그러한 움직임이 존재하고 있는 것으로 이해한다. 이러한 현상은 그동안 구미사회(歐美社會)를 지배했던 데카르트적 사고방식에 의한 인간의 이성사용만을 절대화한 구미합리주의 사상의 한계가 무엇인지를 알게 해주며, 창조주 하나님을 떠난 인류의 불신앙적인 인식론의 문제가 어떠한지를 확인하게 해 준다고 본다.

　　이러한 현상과 더불어 분명한 것은 현대 인류의 문제와 포스트모던 시대의 새로운 가치혼돈을 해결하는 길은 모든 인류가 다시금 창조주를 찾고, 그리스도가 제시한 삶의 방식을 새로운 인식의 가치척도로 삼고, 하나님의 창조질서하에서만 새로운 삶의 방향을 찾을 수 있으며, 거기서만 인류의 미래는 희망을 갖게 된다는 점이다. 특히 인간은 유아독존적인 존재가 아니라, 언제나 창조주와 이웃과의 관계에서 자기 존재를 확인할 수 있으며, 창조주와 인류와 자연과의 화해를 통한 창조질서의 관계에서만 인류생존의 미래가 가능하다는 것을 새롭게 인지하는 인식전환이 요구된다고 할 것이다. 기독교철학의 연구는 바로 이러한 인식론의 문제점에 대하여 경고하고, 그 해답을 주는 역할에 크게 기여하는 학문적 작업이 되도록 힘써야 할 것이다.

3) 기독교적 관점의 인식론

　　우리는 이점에 있어서 일찍이 창조주 하나님에 대한 신앙과 이성의 조화 가운데서 존재와 삶의 가치를 인식하는 방법을 제시하였던 기독교 교육신학자요 교육철학자였던 코메니우스(J. A. Comenius, 1592-1670)라는 인물을 만나게 된다. 특히 그에게서 우리는 이성의 절대적 사용으로 인한 합리주의의 한계를 극복하는 지혜를 새로이 발견하게 된다. 그는 17세기 근세철학의 아버지로 불리는 데카르트와도 교분을 나누었던 동시대의 인물이었으며, 그들은 30년 종교전쟁으로 인하여 무너진 구라파사회를 새롭게 건설해야 할 비전과 함께 새로운 인식의 척도를 찾고 있었던 것으로 역사에서 확인한다. 더욱이 코메니우스는 화란 라이덴(Leiden)에서 데카르트와의 만남을 통하여 이성의 절대적 사용의 한계를 극복하기 위하여 창조주의 계시에 의존하는 태도인 신앙의 필요성을 강조하였고, 그것이 타락한 인간이성의 약점(인식의 오류)을 극복하는 길을 창조주에 대한 신뢰 안에서 찾도록 권유했던 것이다(신앙과 이성의 조화). 물론 코메니우스의 제안은 중세기 기독교의 전통적인 인식방법론으로 신앙의 전제하에 이성사용의 조화를 통한 창조질서 전체를 파악하게 하려는 기독교적 인식론이었다.[78]

그러므로 우리는 여기서 코메니우스의 성경적 인식론 또는 기독교적인 인식론에 근거하여 인류가 모든 사물을 이해하도록 돕는 일을 교육적 과제로 삼아야 할 것이다. 그리고 나아가 데카르트적 인식론, 즉 이성중심의 사고로 인하여 창조주를 잊어버린 불신앙의 문제를 극복하도록 돕는 인류 구원의 노력이 기독교교육 또는 교회교육의 과제가 되어야 할 것이다.[79]

4) 21세기 인류의 교육방향과 과제

그러면 21세기의 인간교육의 방향은 어디로 향하고 있는가?

우리는 이러한 질문에 대한 대답의 근사치를 1996년 유네스코(UNESCO)의 '21세기 교육을 위한 국제위원회의 연구보고서'가 제시한 내용에서 발견할 수가 있다. 특히 이 보고서는 4가지 관점에서 교육적 과제와 방향을 직시하였다.[80] 그 기본적인 내용은 ① 확실히 알도록 배우게 하는 것(Learning to know), ② 행동하기를 배우는 것(Learning to do), ③ 함께 더불어 살기를 배우는 것(Learning to live together), ④ 존재하기를 배우는 것(Learning to be) 등에 대한 것이다.

첫 번째는 21세기에 전개될 고도의 지식사회와 정보사회를 전망하면서 지적인 이해의 습득과 그것을 어떻게 삶에 적용해야 할 것인지에 대한 지

---

78) 코메니우스와 데카르트의 만남은 1642년 화란 라이덴에서 코메니우스의 주변에 있는 여러 소장 학자들 권유와 전략적인 만남의 주선으로 이루어졌다. 서로는 평소에 존경감을 가지고 있었으며, 데카르트는 특히 코메니우스의 범지혜(Pansophia)의 철학에 대하여 관심을 가졌던 것으로 알려져 있다. 그러나 후에 1650년 데카르트는 죽었고, 그의 사상적인 후계자들(Cartesianer-Cartesianismus)이 모든 영역에 'gogito ergo sum'이란 데카르트의 철학을 적용할 때, 코메니우스는 이 사상은 철학의 암적 종양이라고 비판했던 것이다. 코메니우스와 데카르트 사이의 인식론에 대한 비판적인 입장을 상세히 연구한 박사논문이 독일 학자 Ulrich Kunna에 의하여 출판되었다. [참고] 'Krebsgewuer der Philosophie', Academia Verlag, 1991, 76-80, 140쪽.

79) [참고] 정일웅, 코메니우스의 교육신학사상 연구, 한국교회와 실천신학 1999.

80) Hrg. v. Eckert Schwerin, Hans-Hermann Wilke, Aufbrüche und Umbrüche, Zur pädaoischen Arbeit der evangelischen Kirchen seit der Wende, Evangelische Verlagsanstalt, 1998, 72-89쪽.

식의 도구들의 활용을 전제한 교육적인 과제로서 '확실히 아는 것'을 제시하게 되었던 것이다.[81]

두 번째는 인간의 삶을 이끌어 가는 기술의 자질을 습득하는 것으로, 즉, 이웃과의 관계에서 기본적으로 갖추어야 할 의사소통의 자질, 문제해결의 능력, 공동적 활동을 위한 자질, 충돌을 다스리는 자질을 목표한 것으로서 '행동하기를 배우는 것'을 제시하였다.[82]

세 번째는 '함께 더불어 살기를 배우는 것'으로서, 이 목표는 다른 이를 이해하는 자질의 습득과 다문화와 다원종교의 상황에서 공동적인 목표를 찾아내는 것을 지향하고 있다.[83]

네 번째는 '존재하기를 배우는 것'으로, 이것은 인간의 사회성과 관련하여 고유한 개성의 계발에 역점을 둔 것을 말한다. 고유한 비판적 사고와 고유한 판단능력을 발달시키는 것이 교육에 있어서 무엇보다 중요한 것으로 보았다.[84]

역시 이러한 교육적인 방향의 제시들에서 우리는 우리의 고유한 교육적 과제인 교회(기독교)교육을 위하여 공통점을 발견할 수 있어야 할 것이다. 그것은 교육의 기능적 가치를 더욱 확대해야 하며, 그 교육은 교육자체를 위한 것이 아니라, '인간의 공동적인 삶'을 위한 것이어야 하며, 포스트모던의 다원사회적 환경에서 여전히 기독교 종교의 가치가 무엇인지를 분명히 밝히며, 다른 문화와 종교와의 관계에서 서로를 비교하여 궁극적으로 창조주 하나님에게서 제시된 진리를 따르는 자들이 되도록 교회(기독교)는 무한한 인내로 대처해야 할 것이다, 그리고 교회(기독교)교육은 이 모든 일을 감당하는 도구가 되도록 노력해야 할 것이다.

결과적으로 21세기의 교육의 방향은 데카르트의 독자적인 이성사용을 절대화하는 방향에서, 자기만의 존재를 꾀하는 것이 아니라, 코메니우스에게서 제시된 창조주에 대한 확실한 신앙안에서 사용되는 이성활동을 통하

---

81) 전게서 73쪽.
82) 전게서.
83) 전게서 73쪽.
84) 전게서 74쪽.

여 존재의 목적과 의의를 배울 뿐 아니라, 창조주와 인간과 자연과의 화해 가운데서 인류는 함께 더불어 공동의 삶을 추구해야 하는 존재임을 알도록 하는 것에 교육적 과제가 달려 있다고 할 것이다.

4. 교회교육은 어떤 것인가?

우리는 먼저 개념적 차원의 이해를 시작하여 지금까지 다양하게 이해되고 표현되어 온 교회교육 또는 기독교교육에 대한 여러 학자들의 정의를 소개하고, 종합적으로 교회교육이 무엇인지를 이해해 보기를 원한다.

1) 개념적 차원의 이해

'교회(기독교)교육'이란 먼저 '교회(기독교)가 행하는 교육행위'를 총칭하는 말'로 이해할 수 있다. 그리고 교회가 행하는 교육행위는 그리스도의 복음의 책임으로 행하는 교회내에서의 교육행위를 가리키는 말로 이해할 수 있다.

교회가 행하는 교육행위는 크게 4가지 장(場)에서 이루어진다고 볼 수 있다.

첫째는 교회내에서의 교육이다.

교회내에서 이루어지는 교육행위를 총칭한 말로서, 이것은 인류를 구원하시는 하나님의 교육의 가장 역사적이며, 본질적인 모습을 함유한 영역의 것이라 할 수 있다. 구체적으로는 복음선교의 과제로서 교회내의 성장세대와 기성세대(평신도)들에게 하나님의 말씀을 가르치는 일과 복음을 설교하는 일에서 그 실제적인 것들을 찾을 수 있다. 그리고 주일학교에서 아이들과 청소년들에게 성경공과를 가르치고, 그들의 예배의 경험을 통하여 하나님 경외하기를 배우고 연습하는 일이 중요한 교육행위였다. 또한 교회의 교육적 행위는 벌써 교회에 새로이 출석한 자들에게 신앙의 기본교리와 성경을 가르치고, 세례를 받게 하며, 교회공동체에 입교하여 계속적인 신앙생활이 이루어지도록 돕는 일이 모두 교회의 교육적 과제에 속한 일이다. 또한 이러한 세례와 입교는 역시 청소년들에게도 그대로 적용되는 일이다. 그리고 청년과 평신도의 성경공부 등에서 교회교육의 실제를 확인할 수 있다. 물론 오늘날에 와서 교회교육은 역시 교회를 이끌어 갈 수 있는 지도자(교사포함)들의 생산에서부터 교회의 직분자들을 훈련하는 일까지 다 포함하여 시행되는 교회의 모든 교육적 행위를 총괄하여 포현된 개념으로 이해된다.

둘째는 일반학교에서의 기독교(종교)교육이다.

이것은 사회교육에 연결된 하나님의 인류구원의 교육으로 복음선교적인 과제와 맞물린 교회교육의 확대로 이해된다. 이러한 일반학교에서의 교육은 기독교적 관점에서 일반교육의 과제와 교회교육의 과제를 성취하려는 교육선교적인 의미를 가진 것이라 할 수 있다. 그리고 이러한 교육에서 중요한 것은 역시 교회와는 구별하여 '기독교적인 관점'(Christian View)에 있으며, '기독교적 관점'이란 기독교복음의 가치, 즉 기독교세계관을 기초하여 하나님과 우주 만물과 인간과 세계와 문화(삶)를 이해하게 하고 수용하며 따르게 하는 인류교육의 노력이라고 할 것이다.

이러한 교육행위는 선교사들이 설립한 역사적인 '미션스쿨'에서 부분적으로 시도되고 있으며, 오늘날 공교육의 불신과 함께 새로이 시도되는 기독교 대안학교들에서 기독교(종교)교육이 시도되고 있다고 본다. 이것은 미래적으로는 교회의 교육선교차원에서 지속되어야 할 과제로 이해된다.

셋째는 가정에서의 자녀들의 신앙교육이다.

그것은 그리스도인의 가정에서 이루어지는 자녀의 신앙교육행위에 관한 것이다. 가정은 하나님이 허락하신 최초의 인간교육을 위한 하나님의 학교라고 할 수 있다(코메니우스). 그리고 자녀의 신앙교육은 바로 가정에서 부모와 가족과의 관계에서 주어지는 신비로운 하나님의 일임을 생각하게 된다. 하나님은 모세를 통하여 일찍이 부모의 자녀에 대한 신앙교육의 역할과 책임을 계시하였다(신 6 : 4 - 9). 여기서 부모의 신앙생활과 신앙적인

본보기는 자녀들의 신앙 형성에 중요한 영향을 끼치는 신앙교육적인 의의
라 해야 할 것이다. 그리고 가정이야 말로 또 하나의 중요한 하나님의 인
류구원의 교육인 교회교육의 확대요 적용이라 할 것이다.

넷째는 세계 선교현장에서 이루어지는 선교교육이다.

이 부분은 선교사들이 예수님의 명령에 따라 전 세계의 인류에게 나아
가 그리스도의 복음을 전파하며 교육하는 행위를 가리킨다. 이 부분은 선
교학에서 다루기 때문에 여기서는 생략한다.

2) 교회교육 또는 기독교교육에 대한 다양한 정의

교회(기독교)교육에 대한 정의는 일찍이 구미의 학자들에 의하여 다양하
게 해명되어 왔었다. 물론 필자는 여기에 인용한 대부분의 견해들은 기독
교교육이란 개념으로 설명하고 있지만, 그것은 기본적으로 교회교육과 크
게 다르지 않다는 생각이며, 그런 관점에서의 이해를 돕기 위하여 인용해
본다.

근년에 미국의 기독교교육자 웨너 그랜도르프(W. Graendorf)는 "교회(기독
교)교육이란 성경에 근거하고, 성령이 부여한 그리스도 중심의 가르침과
배움의 과정이라고 하였고, 성장의 모든 수준에 따라 삶의 모든 관점에서
그리스도를 통한 하나님의 목적과 계획을 알고 경험하도록 하는 일"[85]이
라고 하였다. 그의 정의는 성경과 성령과 배움의 과정과 학습대상을 고려
하여 그리스도를 통한 하나님의 구원계획을 경험하도록 돕는 일로서 교회
(기독교)교육을 강조한 것이다.

70년대 미국의 복음주의 교육학자로 알려진 로이 죽크(Roy Zuck)는 "교
회(기독교)교육이란 사람들을 그리스도에게로 인도하고 그들이 그리스도
안에 변화되도록 할 목적으로 성령의 능력을 통하여 하나님의 기록된 말
씀으로 대화하는 그리스도 중심적인 학생과의 의사소통의 과정"[86]이라고

---

85) W. C. Graendorf, ed. Introduction to Biblical Christian Education, Chicago, Moody, 1981, 16쪽.

정의하였다. 역시 그의 생각은 교회(기독교)교육을 매우 성경적으로 이해하도록 해 주었다고 본다.

미국 개혁교회의 교육학자인 노만 데용(Norman Dejong)은 "교육은 하나님과 인간, 사람과 사람, 그리고 사람과 자연(물질)의 창조전체와의 관계에서 참된 관계를 이루기 위한 재창조와 발전을 꾀하는 노력"이라고 하였다. 그리고 교육이란 신적인 선동이며, 인간이 자라고 생명 안에서 발전하는 신과 인간의 협동적과정이라고 하였으며, 그것은 신적으로는 그리스도를 통하여 지식과 신앙과 희망과 사랑의 관계를 형성하게 하는 일"[87]로 보았다. 데용은 교회(기독교)교육의 특징을 하나님과 인간과 자연의 질서와의 관계에서 균형을 가져야 할 조화관계로 이해하였는데, 그러한 이해는 창조질서의 관점에서 교육적 과제를 인지하게 해 주는 특징을 가진다.

독일의 종교교육학자인 닢코(K. E. Nipkow)는 기독교교육이 무엇인지에 대한 질문에서, 두 가지 차원의 책임을 전제하여 설명하였는데, "하나는 사람들을 기독교의 하나님을 믿는 자들이 되도록 하는 것과, 다른 하나는 믿음으로 살아가도록 돕는 일"[88]이라고 하였으며, 이러한 양면의 책임은 교회와 사회 안에서 실천되어야 하는 과제로서 이해되었고, 또한 신앙의 근본바탕 위에서 행하는 믿음으로의 교육이며, 신앙과 삶을 향한 안내행위[89]로 이해되었다. 그리고 기독교교육을 세대 간에 이루어지는 '신앙의 배움의 행위'로 보았는데, 이것은 기성세대와 성장세대 사이에 이루어지는 만남, 교제, 대화를 통한 상호 주고받는 영향(Interaktion)의 관계로 이해했던 것이다.[90] 이러한 배움은 기독교신앙을 경험하는 일에 도움이며, 신앙을 삶으로 연결하도록 돕는 교사의 역할을 전제한 것으로 이해되는데, 이는 지난 80년대로 오면서 독일사회에 나타난 기성세대와 새로운 세대

---

86) Roy Zug, Spiritual Power in Your Teaching, rev. ed. Chicago, Moody, 1972, 9쪽.
87) Normann, E. Dejong, Education in the Truth, 118쪽.
88) K. E. Nipkow, Bildung als Lebensbegleitung und Erneuerung, 263쪽.
89) [참고] K. E. Nipkow, 전게서.
90) [참고] K. E. Nipkow, Grundfragen der Religionspaedagogik, Bd.3, GTB 33쪽.

간의 가치인식변화의 심각한 갈등을 인지하고, "신앙의 배움은 함께 살아
가는 삶을 배우는 것"91)이라는 새로운 이해를 제시하였던 것이다.

독일의 종교교육학자인 슈밑드(G. Schmidt)는 교회(기독교)교육의 정의를
다음의 여섯 가지 주제로 구분하여 설명해 주고 있다.

"첫째, 교회(기독교)교육이란 기독교와 교회에 적극적인 가치를 돕는 일
을 중심에 두고 노력하는 교육적 행위이다. 둘째, 교회(기독교)교육이란 교
사의 믿음으로 행하는 교육이다. 셋째, 교회(기독교)교육이란 기독교적인
인간상의 표준에 따라 행하는 교육이다. 넷째, 교회(기독교)교육이란 세례
받은 자들을 통하여 세례받은 자들과 받을 자들을 위한 교육이다. 다섯째,
교회(기독교)교육이란 교회안에서, 그리고 교회와 함께 살아가는 삶에 대
한 교회내에서의 교육이다. 여섯째, 교회(기독교)교육은 그 중심에 하나님
의 말씀에 대한 상기와 성례의 영접에 대한 교육이다".92)

슈밑드의 견해는 교회를 중심하여 이루어져야 하는 교회적인 근본과제
를 말해 준 것으로 이해된다.

헤닝 슈뢰어(H. Schroeer)교수는 그의 글 '복음주의 신학과 기독교교육'에
서 교회(기독교)교육에 대한 폭넓은 이해를 제시해 주고 있다. 그는 기독
교교육이야말로 기독교적 책임 속에서 이루어지는 교육행위임을 강조하면
서, "인간으로 하여금 하나님의 형상으로 회복되게 하는 것이며, 믿음, 사
랑, 소망의 삼중구도 속에서 인간의 삶이 성취되도록 하고, 토라의 제1계
명에 제시된 교육신학적인 공리를 따라 성경과 함께 성경 속에서 말씀을
배우고, 그 말씀에 응답하며, 말씀에 책임을 다하게 하는 것"93)이라고 정

---

91) 전게서.

92) [참고] Schmidt, Religionspaedagogik, Ethos, Religiositaet, Glaube in Sozialisazion und
    Erziehung, 1993 237-238쪽.

93) 슈뢰어 교수의 '복음주의 신학과 기독교교육'(Die evangelicale Theologie und
    christliche Erziehung)논문은 한국복음주의 신학회가 2001년 11월 한국 '성결대학교'
    에서 주최한 '세계복음주의 신학자 대회'에서 '복음주의 신학과 기독교교육'이란
    주제로 강연하도록 초청된 주 강사였으나, 병환으로 오지 못하고 강연원고만 보
    내와 영어로 번역하여 대신 낭독하였다. 그 사이에 독일에서 슈뢰어 교수의 강연
    원고는 작은 소책자로 출판되어 그 자료를 여기에 인용한다. [참고] Henning

의하였다. 그리고 그는 계속해서 "그것은 자기정당화와 자기만족에서 탈출하여, 하나님의 성숙한 자녀들이 누리는 복음의 자유에로 안내하는 일"94)임을 강조하였다. 그리고 이러한 그의 교회(기독교)교육에 대한 정의는 포괄적이고 종합적이면서도 핵심적인 기독교교육의 과제를 밝혀 준 것으로 판단된다. 즉, 이러한 관점은 역시 하나님의 인류구원의 교육이란 맥락에서 이해될 수 있는 교회교육에 대한 정의이며, 또한 기독교교육에 대한 이해라고 할 수 있다.

이상에 소개된 세분의 독일학자들의 견해는 '교회(기독교)교육'이란 무엇인지를 개념차원보다도 과제차원에서 더 쉽게 이해하도록 해 주고 있으며, 동시에 교회를 중심으로 이루어지는 교회의 교육적 과제가 무엇인지를 이해하는데 큰 도움을 주는 정의들이라 할 수 있다. 그리고 슈뢰어 교수의 정의는 더 포괄적이며, 종합적인 실천신학의 관점에서 본 교회(기독교)교육의 정의로 인식된다.

3) 교회교육의 다양한 언어이해

교회(기독교)교육에 대한 올바르게 이해를 위하여 우리는 역사적 과정에서 새롭게 표현되었던 다양한 개념적 이해를 소개해 보기로 한다.

(1) 기독교교육

앞에서 언급한 것처럼 '교회교육'이란 좁게는 교회내에서 이루어지는 교육행위 일체를 총칭하는 말로 생각할 수 있다. 그러나 교회의 교육행위의 근거는 신학적으로 이해할 때, 전 인류를 구원하시려는 하나님의 교육에 있다. 그리고 그 실체는 구체적으로 그리스도를 통하여 교회의 공동체로 부름받은 하나님의 백성, 또는 그리스도인의 신앙의 양육과 훈련을 목적한다고 본다. 그리고 그러한 신앙의 가르침과 배움의 과정을 뜻한다.

Schoeer, Vom Comenius zur Postmoderne im Horizont der Pansophie, Hrg.v.S.Bobert, u. a.Heft 42, waldorp, 2002 9-27쪽.
94) [참고] H.Schroeer, 전게서 23쪽.

교회교육은 세상 사람들에게 그리스도의 복음을 전하고, 그들을 그리스도의 몸 된 교회에로 인도하여 교회의 공동생활에 동참하게 하는 일로서 죄에서의 구원으로 인도하는 교육이며, 그들이 하나님을 믿고 섬기는 사람들이 되도록 그들의 신앙양육과 신앙훈련을 목표하기 때문에 매우 교회적인 일이라고 할 수 있다. 교회교육의 일차적인 목표는 그리스도와 성령으로 함께 하시는 창조주 하나님을 인생의 주인으로 믿고, 고백하게 하는 일이라고 본다. 그러므로 교회교육은 신앙고백을 가장 큰 교육의 목표로 삼는다. 그리고 교회교육은 이러한 방향으로의 인도를 위해 먼저 세례 준비교육을 중요하게 취급한다. 또한 믿는 자들 가정의 자녀들에게 유아세례를 베풀고 그들이 청소년기에 이를 때에 그리스도의 신앙공동체와 언약공동체에 입교하도록 준비교육을 중요한 교육적 내용과 과제로 삼는다. 물론 오늘날 주일학교를 통한 어린이 신앙교육을 힘쓰며, 청소년과 평신도들을 하나님의 말씀인 성경으로 교육하는 일을 힘쓰게 된다. 그렇지만 교회교육적으로 중요한 것은 교회는 공동체로서 하나됨을 유지하게 하며, 복음전도와 하나님께 경배하는 일에 참여와 성도의 교제와 이웃에 대한 봉사의 책임을 다하도록 양육하고 훈련하는 것을 중요한 교육적 과제로 삼는다.

여기서 한 가지 더 생각해야 할 일은 교회교육이 기독교교육과의 어떤 관계에 있는가 하는 점이다. 앞에서도 언급했던 것처럼 원래 구미지역에서 학교교육에다 기독교 종교의 가르침을 병행하려는 교육선교의 맥락에서 시작된 일이었다. 그 때문에 '종교교육학'으로 불렸고, 학교교육에서 성장세대의 성장과정의 이해수준에 맞게 종교를 배우게 했던 것이다. 오늘날 기독교교육은 대체로 교육의 정체성을 분명히 해주는 개념으로 수용되고 있으며, 그것은 기독교와 복음의 책임으로 이루어지는 교육을 뜻하는 것으로 본다. 그런 이해에서 보면 교회교육은 기독교교육의 영역 내에 포함된 개념으로 이해될 수도 있다. 그러나 교회교육은 '기독교교육'에서처럼 기독교정체성의 표현의 고민을 할 필요가 없는 독자적으로 신학적인 의미를 가진다. 교회교육은 교회라는 장에서 기독교신앙의 배움을 실천하며, 기독교교육은 학교라는 장에서 신앙의 배움을 실천한다.

(2) 종교교육

구미(歐美)지역의 교회는 오래 전부터 아이들의 신앙교육의 문제를 '종교교육'(宗教教育)이란 이름으로 더 많이 이해하였고, 현재까지도 여전히 이러한 개념으로 이론화하고 있다. 이러한 개념사용은 구미교회에서는 기독교를 뜻하는 것이지, 다른 일반 종교를 말한 것은 아니다. 그러나 우리 한국교회의 상황에서 '종교교육'이란 개념사용은 기독교의 정체성과 관련하여 혼란을 가질 수 있다. 이러한 개념적 혼란을 극복하기 위하여 미국교회에서는 1940년대에 논쟁되었고, 대체로 오늘날 보수적이며 복음적인 교회들은 '기독교교육'으로 표현하고 있다. 한국교회도 이러한 영향을 받아 종교교육이란 개념보다는 기독교교육으로 더 잘 이해하는 편이다.

구미(歐美)교회가 오늘날도 여전히 '종교교육'이라는 명칭을 사용하고 있는 이유는 그 나름대로의 이론적 배경을 가지고 있다. 이것은 먼저 기독교의 종교적 성격을 전제한데서 출발한다. 즉, 종교는 신을 경외하고 사랑하며 신뢰하는 인간의 활동적인 노력으로서 실제적인 삶의 태도를 표현하는 종교의 보편적인 이해를 전제하고 있다고 본다. 그 때문에 기독교신앙의 가르침을 교육적으로 접근하기에는 종교적 차원의 이해가 더 적절한 의미를 제시한다고 본 것이다. 특히 성장세대에게 하나님을 개념화하고 궁극적으로는 신앙의 경험과 더불어 종교적인 신앙생활로 이끌기 위해서는 '종교'라는 개념은 더 많은 교육적인 의의와 의미를 가능케 해 준다. 더욱이 기독교신앙이 인지적인 차원에서만이 아니라, 경험적이며, 정서적이며, 삶의 실천적인 의미를 가진 것이라고 할 때, 종교교육의 개념은 이론의 가능성을 더 많이 가진다고 본다. 그리고 일반적으로 종교의 보편적 이해는 종교가 지닌 본질적인 기능관계에서 더 깊은 교육적 의미를 생각하게 된다. 여기서 종교의 사회적 기능이 중요하게 거론된다.

첫째, 인간의 초월적 경험에 대한 것이다. 종교에서 인간은 실존적인 불안을 극복하는 방법을 얻게 된다. 종교에서 인간은 자기 존재의 가치를 인식하고, 자기초월에 대한 경험이 가능하게 된다. 둘째, 사회 속에 실재하는 여러 세계관과 가치관을 통합해 주는 기능을 가진다. 이것은 세계를 보전하는 하나의 통합된 사회적 질서(가치 체계)를 제시하게 된다.[95]

이러한 종교의 기능적 이해는 오늘날 모든 사회학자들이 밝혀주고 있는 것처럼, 하나의 공동체, 또는 한 사회를 유지하고 보존하는 근원적 힘으로 해석되며, 인간이 존재하는 공동체, 즉 사회는 반드시 종교를 필요로 한다는 점이다. 그리고 이러한 종교적인 이해와 관련하여 기독교는 성장세대들에게 종교적 경험과 가치들을 기독교의 실체들과 비교하여 그 가치를 경험하도록 교육적인 접근이 용이하게 되는 것이다. 실제로 유럽사회는 이러한 이유와 함께 오래전부터 일반학교교육에 '기독교종교'과목을 필수로 적용하였고, 학교교육에서 기독교신앙을 배우도록 '종교교육학'(Religionspaedagogik)으로 이해하여 이론화하고 있다고 본다.[96]

(3) 전인교육과 평생교육

현재 일반교육은 인간교육의 이상론을 '전인교육'에다 두고 있다. 전인(全人)이란 인격적인 존재, 또는 온전한 하나님의 형상을 뜻하는 말로서 전인교육은 성숙한 전인격 형성을 지향하는 교육적 행위, 즉 전인교육이라고 부른다. 17세기 교육신학자 코메니우스는 그의 범교육학(Pampaedia)에서 교육의 궁극적인 목표는 인간의 인간성형성을 돕는 사역으로 설명하였고, 그 인간성(人間性)이란 지성(知性)과 덕성(德性)과 경건성(敬虔性)의 세 가지 요소를 지닌 하나님의 형상의 모습을 전제하였다. 그리고 골로새서 1 : 28의 말씀에 근거하여 '모든 지혜'(Pasophia)의 배움을 실천하여 그리스도 안에서 완전한 자가 되도록 힘쓰는 것을 교육의 목표로 삼았다.[97] 그것은 그리스도의 형상을 본받는 자로서의 그리스도 안에서 성숙한 인간상으로 변화된 완전한 기독인의 인간상(人間像)을 목표한 것이다.

---

95) [참고] K. Dienst, Die Lehrbare Religion, 171쪽 이하.
96) [참고] TRE 28권 699쪽.
97) 코메니우스의 범교육학(Pampaedia), 정일웅역, 그리심, 2003(제2판 수정본)

이러한 관점에서 보면 지금 일반교육학에서의 '전인'이란 인간성의 중요한 요소인 하나님을 아는 경건성(신앙)이 결여되어 있는 모습인 셈이다. 그 때문에 일반교육의 전인교육은 창조주 하나님을 알지 못하는 인격교육으로 결코 온전한 인간성의 완성은 불가능하게 되는 것이다. 이점에 있어서 우리는 교회(기독교)교육이야말로 타락된 인간을 온전한 구원으로 인도하는 하나님의 형상으로의 회복인 전인교육인 것이다. 이것은 인간성의 문제를 중심에 두고 있다. 그런 뜻에서 교회교육은 평생교육과도 깊이 연관되어 있다. 평생교육의 개념과 성격은 오늘날 인간의 배움은 학교교육에 한정된 것이 아니라, 일생 동안 삶의 전 과정에서 끊임없이 계속되는 삶의 과제임이 강조되고 있다. 그리고 현대 교육학은 인간의 일생과 관련하여 교육의 장을 크게 '공식교육'(formal education)과 '비공식교육'(informal education)으로 구분하고 있다. '공식교육'이 학교교육을 뜻한다면, '비공식교육'은 삶의 현장에서 배움을 지속하는 교육영역을 통칭한다. 이것은 삶의 실제에 결부된 경험을 통한 교육과정인 셈이다. 오늘날 평생교육은 산업사회의 인간의 삶과 관련하여 직업 재교육, 기술 재교육이 시행되고 있으며, 또한 현재 한국대학에 속해 있는 사회교육원은 이전의 삶의 과정에서 성취하지 못한 교육과정을 보완하는 기회부여와 인간의 삶의 의미추구와 관련하여 다양한 배움의 과정을 제공하는 역할을 하고 있는 것으로 이해된다.

평생교육은 교회교육에서도 그대로 적용되는 교육적 과제이다. 역사적으로 그리스도의 교회는 전 인류를 향한 하나님의 구원교육을 지향하면서, 역시 인간의 인간성교육을 병행하였던 것이다. 그것이 교회의 목회사역인 셈이다. 그리고 코메니우스의 범교육학(Pampaedia)에서 확인되는 것처럼, 인간은 두 가지 삶의 주거지를 거처 세 번째 거주지를 향하여 가는 존재인데, 모태와 현세와 그리스도를 통하여 약속된 영원한 천국의 삶이다. 코메니우스는 모태(母胎)에서 약 10개월간의 준비가 현세에서의 70~80년간의 삶을 결정하는 과정이며, 현세에서의 삶은 영원한 세계에서의 삶을 준비하는 과정으로 이해하였다. 이런 맥락에서 볼 때, 교회교육학은 한 세대만의 교육이 아니며, 한 시대만의 교육도 아닌, 전 세대의 교육이며, 인간을 모태에서 천국에 부름 받을 때까지 하나님의 말씀으로 가르치고 배우게 해야 하는 신앙의 평생교육의 장이며, 전 생애동안 행하게 되는 신앙의 전인교육임을 인식하게 된다.98) 목회사역이야말로 전인교육과 평생교육의 장(場)이라 할 것이다.

⑷ 복음선교

교회(기독교)교육은 분명히 복음전파의 한 도구적 역할에서 시작된다. 그것은 복음을 다른 이들에게 전달하고 알리며, 가르치는 일에서이다. 이러한 교육적 방법은 날로 더 요구되는 중요한 도구가 되고 있다. 왜냐하면 그것은 더 많은 의미와 가치에 대한 이해를 요구하는 현대의 복음전달의 과제를 그대로 대변해 주기 때문이다. 그리고 이러한 가르침의 행위로서의 복음전달의 방법은 예수님이 즐겨 사용하셨으며, 초대교회의 모든 사도들이 사용했던 가장 성경적인 방법이라고 할 수 있을 것이다. 그리고 이러한 행위는 곧 그리스도의 복음선교적 과제로서 기독교의 최대의 방법적인 도구가 되는 것이다.

그러므로 기독교는 처음부터 이러한 그리스도의 복음을 전하는 사역을 기독교의 선교적 과제로 이해하였고, 그 실제적인 방법적인 도구 또한 가르치는 교육적인 행위였다. 여기서 우리는 기독교 복음선교와 기독교교육은 방법적인 면에서 동전의 양면과 같은 성격을 지니고 있었고 할 것이다. 그리고 이러한 기본적인 방법적인 이해를 전제하지 않는 기독교의 선교관(宣敎觀)은 교회(기독교)교육에 대한 성격을 분명히 하지 못하는 약점을 가지고 있다고 본다.

한국교회는 복음선교에 대하여 말하면, 그것은 해외에 나가 다른 민족에게 복음을 전하는 일로만 이해하는 경향을 가진다. 그러한 생각은 '너희는 가서 모든 족속으로 제자를 삼으라'는 말씀과 '땅 끝까지 이르러 내 증인이 되라'는 말씀에 근거하여 '제자삼는 일'과 '땅 끝까지 가는 일'을

---

98) [참고] J.A.Comenius, Pampaedia, 정일웅 역, 전게서.

선교의 대과제로 인식한다. 그런데 이러한 성경의 문자적 이해에 우리는 주해적인 성격의 질문을 던져 볼 수 있을 것이다. 즉, '땅 끝까지 이르러 내 증인이 되라'는 말씀에서 도대체 지구는 둥근데 땅 끝이 어딘가? 그것은 아프리카인가? 남미, 남극, 북극인가? 결국 땅 끝을 향하여 가지만 지구가 둥글기 때문에 떠났던 자리로 되돌아오는 것이 아닌가? 여기서 우리는 '땅 끝'을 문자대로 지리적으로만 이해한다면 이러한 모순에 도달할 수밖에 없는 것이다. 그러면 어떻게 해야 할까? 이 말씀은 달리 이해하는 통찰이 필요하다. 그것은 땅 끝을 지정학적으로 이해하기보다, 바로 인간의 오고 오는 새로운 세대로 보아야 한다. 오고 오는 다음의 인간세대란 말이다. 이런 이해를 전제하면 기독교 복음선교는 매 주일 교회의 어린이 주일학교에서, 청소년들의 모임에서 시작되고 있음을 인지하게 될 것이다. 더욱이 아직도 불신자들이 다수(80% 이상)인 한국사회에서는 새신자를 전도하는 것이 땅 끝까지 가는 선교사역임을 생각하게 되는 것이다. 그러므로 이러한 복음선교(복음전도)는 역시 교회(기독교)교육의 과제와 서로 맞물려 있는 일임을 알아야 할 것이다. 생각해보면 다음 세대에게 복음을 전하는 일이 바로 선교이며, 교육이라는 말이다. 그리고 우리가 해외의 다른 민족에게로 간다 해도 거기서 만나는 사람들에게 또한 그리스도의 복음을 가르쳐야 하며, 그들의 아이들에게 역시 복음을 전해야 할 것이다. 그런 뜻에서 교회(기독교)교육은 선교사역과 동일한 목표를 가진 것으로 이해되어야 한다.

(5) 의사소통의 과정

의사소통(communication)은 교회교육의 현대적인 의미를 표현하는 핵심개념이라고 본다.[99] 우리말에서 의사소통으로 이해되는 커뮤니케이션은 기독교육과의 관계에서 무엇보다도 복음의 전파를 생각하게 된다. '복음전파'란 복음적인 가르침의 중심적인 언어이며 또한 전달방식을 의미한다. 그리고 의사소통의 교육적인 의미로는 기능적 관계에서 '해석'을 전제한

---

99) [참고] Gottfried Adam, Bildungsverantwortung wahrnemen, Wuerzburg 1999, 32쪽.

다. 이것은 오늘날 종교교육학에서 새롭게 거론되고 있는 '해석학적인 종교학습' 또는 '기독교신앙의 가르침'에 상응할 만한 양식으로서 의사소통과 관계된 일로 본다.100)

그 동안 종교교육학에서는 그 어떤 상응할 만한 포괄적인 의미를 통합하는 형식이 없었다. 여기에 커뮤니케이션은 의사소통의 방식으로서 다루어져야 하는 하나의 개념이 된다. 해석학적인 종교교육학의 이론에서는 성경본문(Text)과 해석(Interpretation)사이에 의사소통의 역할이 포함된 것으로 이해되었다.101) 여기서 중요한 것은 언어의 능력에 대한 것이다. 언어는 의사소통을 목적으로 삼고 있으며, 또한 의사소통을 근거하고 있다. 그것은 대립적 차원을 뛰어넘어 알려줌과 전달수행이 가능한 기능적인 관계로 보았다. 종교교육학자 한스 바스티안(H. D. Bastian)은 경험적인 전환과 관련하여 의사소통의 이론을 종교교육학 안으로 끌어들이는데 공헌하였던 분이다. 그는 벌써 교육분야는 해석학을 통하여 역사적인 본문(Text)에 이러한 커뮤니케이션으로서의 해석적인 관점의 보완의 필요를 요구하였다. 물론 그의 주장이 어떻게 성취되었는지에 대하여는 아직도 미해결 상태에 머물러있다고 본다. 그러나 스투트(D. Stoot)에 의하면, 의사소통은 완전히 다른 모습으로 그려지고 있다. 그는 상징적인 관계에서 의사소통을 중간매개활동의 역할로 이해하였다. 의사소통의 행위와 중간매개활동의 과정은 상징적인 중간활동으로 하나의 통일성을 형성하게 된다고 본다. 그리고 그것들은 의사소통의 행위에 한정되었다는 것이다.

닢코(K. E. Nipkow)에 의하면 의사소통은 하나의 중요한 관점의 가치를 만들어 주는 도구로 보았다. 즉, 의사소통은 신앙학습의 목표가 되는 것처럼 학교교육의 일반적인 목표와 동일한 것으로 이해되었다. 먼저 교육은 인간을 이해시키는 작업이 과제라면, 수업의 공동적이며 상호협력적인 학습방식들은 모두 커뮤니케이션을 도우는 방법으로 추천되었다. 신앙의 학습은 닢코에 의하면 종교적이며 세계관적인 관점에 대하여 특별한 커뮤니

---

100) [참고] 전게서, 33쪽.
101) I. Baldermann, Der biblische Unterricht, 1969.

케이션을 수행하는 행위로 설명된다.

　① 의사소통의 개념이해

　'의사소통'(커뮤니케이션)이란 근년에 이르러 학술적인 전문언어로 대두된 새로운 말이다. 오늘날에는 거의 일상의 대중적인 전문언어가 되고 있다. 철학자 야스퍼스(Karl Jaspers)는 의사소통을 인간 실존의 우주적인 조건으로 보고, 그 개념에 본질적인 의미를 던져 주었다. 이러한 개념은 이미 고전적으로 라틴말 '코무니카티오'(communicatio)에서 파생된 것으로 본다. 그 뜻은 전달, 승낙, 연결, 교환, 교통, 교제 등으로 이해하였다. 한편으로는 정보나 소식을 의미하며, 다른 한편으로는 몫을 나누어줌의 과정으로 이해하기도 한다. 영어에서는 의사소통과 나눔의 관계를 엄격히 구분하고 있다(comunicate / share). 그러므로 의사소통(커뮤니케이션)은 인간의 상호관계처럼 전달의 과정에 관계되어 있다는 것이 분명하게 된다. 그리고 커뮤니케이션(의사소통)에 관한 말은 동시에 하나의 사회적인 구성성분을 가진 것으로 본다. 왜냐하면 '의사소통'이란 말은 공동체를 포함하며, 공동체를 의도하는 개념으로 증명되었기 때문이다. 의사소통의 과정은 이해와 알려줌의 두 가지를 목표하여 이루어지는 사건으로 본다. 그리고 이해의 행위가 중요한 만큼 그 전승을 해석적으로 지향한 이해의 과정에 적용하는 것과, 그 전승과 결합하고 논쟁하는 행위로 지향하기 위하여 전승이 존재하는 것으로 보았다. 한편 알려줌의 과정은 현대적인 동시대인들과의 의사소통에 의존하고 있으며, 그 목표는 의사소통을 원하는 교제의 의미에서 공동체를 구성하거나, 또는 계속적으로 진행되는 행동하는 공동체를 표현하는 것으로 이해된다.

　여기서 '역사적인 전승'과 '현재의 이해'와 '미래의 알려줌의 관계'가 의사소통의 과정을 구성하게 되는 것이다. 그 때문에 실천신학 또는 종교교육학에서 지난 20년 동안 커뮤니케이션에 대한 연구가 집중되었는데, 그 연구업무에는 그룹의 과정과 의사소통구조의 작용에 따라 계속 진행되는 물음들이 반영되었다. 이러한 노력들은 바로 의사소통과정의 다양성을 보여주는 것이었다. 동시에 그러한 다양성은 알려줌의 언어적 과정 외에

다른 수단들이 생겨나게 되었는데, 예를 들면 몸짓, 눈짓, 표시를 통한 의사소통의 방식이며, 정보, 행동을 통한 의사소통 등에 대한 것이다. 그리고 우리는 먼저 의사소통을 통하여 어떤 진리의 내용이 전달되었으며, 그 기준이 무엇인지가 질문된다. 그리고 '코무니카티오'(communicatio)란 라틴어 개념은 기독교 전통에서는 예수 그리스도를 생각하여 신성과 인성으로부터의 결합을 '의사소통의 관용구'(communicatio idiomatum)로 표시하였던 것이다. 이러한 생각은 원래 케제만(E. Käsemann)이 그의 스승 불트만의 사상을 끌어들여 바울의 몸(Soma)이란 개념을 해석했던 것에 연유된 것으로 보는데, 즉 '소마'(몸)란 의사소통에 대한 자질과 그것을 질적으로 승화하는 세계에 속한 실체로 표시하였던 것이다. 여기서 '몸'이란 의사소통의 인간적인 가능성을 열어 준다고 보았다. 그러므로 인간은 다른 이에 대한 교통(의사소통)의 준비 가운데 있는 존재라고 보는 것이다. 세상과 창조주의 요구를 통한 결합 가운데 있는 존재인 셈이다. 여기서 몸은 그의 세계, 즉 그의 의사소통의 자질을 가진 존재로서 벌써 인간을 가리키는 것이다.

② 복음의 의사소통

복음의 의사소통에 관하여 말하면, 그것은 우리로 하여금 교회의 근본적인 과제를 생각하게 한다. 먼저 랑에(E. Lange)의 말에서 우리는 쉽게 도움을 얻을 수 있다. "우리는 복음의 의사소통에 관하여 말하는 것이지, 전파나 설교에 관하여 말하는 것이 아니다. 왜냐하면 그 개념은 원칙적으로 생각된 과정의 원리적인 대화를 강조하기 때문이며, 그리고 그밖에도 교회의 모든 기능들－즉, 그 안에서 성경적인 증거의 해석은 중요한데, 설교에서부터 그러한 과정의 단계와 전망으로서 목회상담과 신앙의 가르침인 입교자들의 신앙학습에 이르기까지 복음의 의사소통이 거기에 나타나기 때문이다".102)

아담(G. Adam)과 락흐만(R. Lachmann)은 "교회교육이란 무엇인가?"란 글에서,103) 랑에가 말한 복음의 의사소통에 대하여 네 가지 본질적인 관점을

---

102) [참고] E. Lange, 'aus der Bilanz 65', in ders. : Kirche für die Welt, München 1981 101쪽.

해명해 준 것을 본다.

첫째, 대화는 본질적이며, 원리적으로 복음의 무조건적인 의사소통의 과정으로 본다. 랑에는 의사소통의 임무에 관하여, 다만 교회안에서 해석에 의존된 것을 말할 뿐 아니라, 세상에 대한 해석을 목표하여 포괄적으로 의사소통의 의미를 말해 주고 있는 것이다. 복음의 의사소통의 과제에 대한 진술은 도전을 의식하게 하며, 그것은 사회적인 것들과의 관계를 의식하면서 이러한 근본적인 과제와 현재의 인간에 대한 물음을 인식하도록 해 준다는 것이다.

둘째, 복음의 의사소통양식에는 인문과학과 신학의 관심이 결부되어 있다는 것이다. 의사소통의 개념은 신학적이며, 인문과학적인 관점들 사이에 다리와 중재역할을 가능하게 한다고 보았다. 그 개념은 서로 통합하는 계기를 묘사한다는 것이다. 그 때문에 지난 세기에 의사소통에 대한 이해는 여러 구별된 학문영역에서 이미 관심을 불러일으켰으며, 교회교육적인 행위는 순전히 신학적인 관측과 그 밀착성에 귀속되지 않도록 하는 뜻과 의미를 밝히는 장점을 제시해 준다는 것이다.

셋째, 복음의 의사소통의 양식은 교회교육적인 차원이 실천신학이 중재하는 노력의 총체적인 것에 포함하고 있으며, 그렇다고 그 자체에 대하여 특수한 입지를 이끄는 것은 아니지만, 모든 고유한 것에 의하여 동시에 여러 가지 실천신학적인 행동차원을 포함하여, 랑에에게서 '복음의 의사소통'은 적절하게 언어로 표시되었던 총체적인 커뮤니케이션의 지평에 포함하고 있다는 것을 확실하게 제시해 준다는 것이다.

넷째, 성경증거의 해석은 본질적으로, 그리고 근본적인 것으로 확실하게 의사소통이 다루어졌다는 것이다. 의사소통의 과정에서 이해와 알려줌의 전달이 형식적으로 서술된 의사소통은 성경본문과 연계해 볼 때, 성경에 보존된 복음에서 끌어내어 졌음이 분명하다는 것이다.

성경본문은 대화의 상대로서 의사소통의 과정에서 완전히 인정된 것이

---

103) [참고] Gottfried Adam u. Rainer Lachmann, Was ist Gemeindepaedagogik?, Göttingen 1987, 27-29쪽.

다. 그것을 통하여, 한편으로는 그 본문이 성경내용에 대한 순수한 정보로 객관화되었으며, 다른 한편 그것들은 전적으로 사회적인 힘의 관심처럼 인격적인 능력의 목적에 수단으로 이용하기 위하여 기능화 되고 수단화되도록 하는 것이 배제되었던 것이다. 그리고 이러한 방식에서 더 많이 그들에게로 다가오는 비중과 주체적인 고유성의 한 부분이 그들에게 보존되도록 하는 역할을 해 주었다. 이 때문에 성경은 단순히 기록문서를 통하여 만들어진 문서적인 책이 아니라, 그 질(質)에 있어서, 즉 복음의 중재자로서, 의미를 가진 하나님의 말씀으로서 커뮤니케이션의 중요한 특성을 지닌 것이다.

이런 뜻에서 우리는 복음을 하나님의 인간의 친절성에 관한 소식으로서 이해한다. 고대 교회적이며, 희랍적인 신학은 하나님은 우리 인간들이 신적인 존재가 되도록 하기 위하여 그리스도 안에서 인간이 되신 것을 계속적으로 그들의 구원의 희망으로 형성하였다면, 루터는 인간이 하나님의 실제적인 인간이 되기 위하여 그리스도는 인간이 되었다는 것을 내세웠다. 이러한 하나님의 인간되심(요 1 : 14)은 인간의 신격화를 목표하는 것이 아니라, 인간의 인간됨을 목표하는 의사소통인 것이다. 그리고 여기서 분명해 지는 것은 인간의 인간됨은 자연에 적합하게 성장의 내재적인 과정에 의하여 인간이 되는 것이 아니라, 여기에 바로 복음의 의사소통이 요구되고 있다는 것이다. 성경에 따르면 인간의 인간됨은 인간 자신의 자유에 관하여 말해 준 것이 나타난다. 즉, 인간의 인간됨인 복음의 자유는 애굽에서 인도되어 바벨론포로생활을 거쳐 예수님의 설교와 바울의 서신들에 이르기까지 나타나고 있는 것들이다. 하나님의 자녀들의 영광스러운 자유에 관한 소식은 복음의 가장 중심적인 것이다(롬 8 : 21). 그 소식은 예수님의 설교에서 그 근원을 가지게 된다. 내용적으로 그 자유는 그리스도가 자유를 주시는 분으로 다른 주인들과 분명히 구분된다. 그는 다만 자유가 율법이 되는 그런 자유에로 부르는 것이 아니라, 예수는 율법에서 해방되는 자유를 주신다. 그것은 결코 세상의 그 어떤 것과도 바꿀 수 없는 것이다. 여기서 사람들은 역시 실천신학이야말로 신학가운데서 '의롭다하신 칭의의 은혜'에 근거한 신앙의 의사소통의 이론(방법론)으로 이해할 수 있게 되는 것이다. 여기서 중요한 것은 칭의은혜에 근거한 신앙을 보면서 자유와 사랑의 변증관계를 관찰하는 것이다.

⑹ 제자훈련 프로그램

교회교육을 제자훈련으로 이해하는 경향은 지난 80년대 미국의 복음주의적인 교회교육자들에 의하여 나타났다. 대표적인 것이 로렌스 리차드(L.Richards)[104]와 노만 이 하퍼(Norman E. Harper)[105]등에서라고 할 수 있다. 그들은 교회교육의 과제를 마태복음 28 : 19의 예수의 명령의 말씀에서 찾았다. "너희는 가서 모든 족속으로 제자를 삼고 아버지와 아들과 성령의 이름으로 세례를 주고 내가 너희에게 분부한 모든 것을 가르쳐 지키게 하라". 이 말씀의 핵심적인 주제를 제자삼기로 보았고, 그것을 그대로 교육적 과제로 삼았던 것이다. 이러한 교육적 착상은 성경적으로 명백한 명제이며, 예수의 제자삼기 운동을 재현한다는 뜻에서 제자훈련은 중요한 교회교육적인 과제와 의미로 제시되었다.

이러한 교육적 주제를 한국교회의 목회현장에다 잘 적용하여 평신도교육에 큰 영향을 미친 것이 옥한흠 목사이다. 그는 제자훈련을 교회의 평신도 교육프로그램으로 적극 활용하게 되었는데, 실제는 교회교육의 핵심사역방법론으로 제시하였고, 많은 사람들을 복음으로 변화시키고, 개(사랑의)교회 수적 성장에 큰 영향을 초래하게 하였다.[106] 다만, 이러한 제자훈련이 문제가 되는 것은 성인 평신도들에게 가능하지만, 성장세대의 교육프로그램의 적용에는 무리가 되었던 것으로 판단된다. 왜냐하면 제자훈련의 교육적 의도는 아직도 성장의 변화를 심각하게 겪어야 하는 성장세대에 적용에는 한계가 있기 때문이다. 그리고 역사적인 예수의 제자들은 사도직을 거쳐 오늘의 성직자의 신분으로 발전된 반면, 오늘의 예수의 제

---

104) L. Richards, A Theology of Christian Education, 1984년 문창수 목사 역.
105) N. E. Harper, A Making Diciples, 이성구 역.
106) 옥한흠, 평신도를 깨운다, 국제제자훈련원, 2005.

자로서 평신도들의 삶은 아무래도 그 기준을 성직자들의 전문직 수행에다 그대로 연관지울 수 없다는 점이다. 그리고 또 하나의 약점은 그리스도의 제자양육보다 교회의 제자훈련에 더 역점을 두었던 부분이라고 본다. 그 때문에 변화하는 사회에서의 빛과 소금으로서의 역할자로서의 양육은 그렇게 바람직했다고 여겨지지 않는다.

⑺ 영성훈련

기독교의 영성은 '하나님과의 관계를 통하여 경험한 신앙적 태도와 이에 따른 경건한 영적 상태'를 의미한다. 믿음의 강인한 모습이나 태도로 이해된다.

영성은 삶에서 유혹하며 시험하는 여러 시련 가운데서도 자신의 감정과 욕망을 절제하며 다스리고, 인내로 응답하며, 하나님의 뜻에 순종하는 신앙적 태도를 가리킨다. 역사적으로 기독교영성은 고대의 수도원 운동에서 그 뿌리를 두고 있다. 이것은 예수님의 삶과 인격을 본받고 따르려는 수도원 생활에서의 주님을 향한 경건의 열정적인 노력이었다. 욕망의 절제와 신앙의 극기 훈련이 병행된 금욕적인 삶을 투쟁으로 이해된다.

이것은 가장 고전적인 교회의 또 다른 신앙교육의 방식이라고 본다. 영성훈련의 방식으로는 말씀의 묵상과 기도생활, 금욕생활 등에 한정되었다. 영성을 견지하기 위한 훈련의 방식으로 루터는 '성경읽기'(lectio divina)를 전제한 말씀의 명상(meditaio)과 기도(oratio)와 시험(tentatio) 등의 세 가지로 제시하였다. 슈뢰어 교수는 루터의 이러한 영성훈련방법을 교회교육의 과제로 해석하면서, '명상'은 하나님의 말씀의 묵상으로, '기도'는 그 말씀에서 발견된 가치에 대한 감사와 찬양이며, '시험'은 하나님 앞에서 자기를 검토하는 일이라고 하였다.107) 결국 영성훈련은 신자가 성령의 은혜아래 살아가는 법을 배우고 익히며, 자신의 삶이 언제나 믿음(확실성)으로 그리스도를 따르는 일이라고 할 수 있다.

---

107) [비교] H. Schoeer, 전게서 23쪽.

4) 교회(기독교)교육학의 대상과 범위

교회(기독교)교육학의 대상과 범위는 어디까지인가?

앞에서 필자는 크게 세 가지 장(교회, 가정, 학교)에서 이루어지는 것으로 설명하였다. 그러나 오늘날에 와서 교회(기독교)교육의 대상과 범위는 삶의 전 영역으로 확대되고 있다. 독일의 종교교육학자 닢코(K. E. Nipkow)는 "종교교육학의 대상영역은 삶의 총체적인 것에서부터 주어지는 영향들의 특별한 것들에 대한 관찰을 중심으로 문화와 사회 내에서 계획되지는 않았지만, 종교적으로 중요한 사회화의 다양성과 계획된 종교적인 지도와 교육의 과제와 전제와 과정과 작용들을 포함한다"108)는 사실을 역설하고 있다. 그 내용들을 더 구체적으로 열거해 보면 다음과 같은 것들로 그 대상과 범위를 생각하게 한다.

⑴ 가정에서의 교회(기독교)교육

가정의 공간에서 이루어지는 기독교교육은 먼저 그리스도인의 가정이 전제될 수 있다. 그리스도인 부모들은 가정에서 자녀의 경건교육을 위하여 그 기초적인 것을 실천해야 한다. 어린자녀들의 기독교신앙에 대한 기초교육이 가정에서 부모의 신앙적 삶의 영향하에서 가장 근원적인 모습으로 이루어지게 해야 한다. 이 부분에 대해서 코메니우스의 '범교육학'의 제8~9장을 참고하기 바라며, 그의 책 '어머니학교의 소식'은 중요한 방법을 제시해주고 있다.

전자에서 코메니우스는 '태아기학교'라는 이름으로 아이가 모태에서 생명으로 잉태되기를 위한 준비에서부터 태중에서 생명으로 형성되는 과정에 부모가 지녀야 할 신앙적 태도를 교육하고 있으며, '유아기학교'에서는 출생부터 6세까지 공교육에 보내지기까지의 아이는 가정에서 부모로부터 받아야 할 신앙교육에 대한 모든 것을 다루었다. 역시 후자의 '어머니학교의 소식'은 더 상세한 것을 취급하고 있다.109)

---

108) [비교] TRE 28권 700쪽.

(2) 유아원 / 유치원에서의 신앙교육

가정과 마찬가지로 유아원과 유치원에서 신앙의 기초교육은 큰 영향을 끼칠 수 있는 기독교교육의 장이다. 물론 우리 한국사회는 모든 유아원과 유치원의 운영주최가 그리스도인이며, 아이들을 대하는 교사들이 모두 그리스도인은 아니다. 그럼에도 불구하고 많은 수의 유아원과 유치원의 운영에 그리스도인들이 참여하고 있으며, 교사로 활동하고 있는 현실을 전제한다면 이 교육의 장은 중요한 기독교교육의 장인 셈이다.

(3) 학교교육에서의 신앙교육

한국사회에 초대한국교회의 선교사역과 함께 선교사들에 의하여 세워진 여러 기독교학교들이 있다. 이 학교들은 주로 중·고등학교와 대학들로 구성되어 있으며, 그 학교들에서 행하는 예배와 성경학습, 그리고 상담들은 모두 기독교교육의 행위인 것이다. 물론 오늘날 기독교학교들에서 성경교육이 필수과목에서 선택과목으로 전환되었고, 다수의 학생들에게 영향을 끼치기에는 환경적으로나 시간적으로도 매우 미약한 모습이다.

오늘날 새롭게 논의되어 시도되고 있는 학교형태의 기독교교육의 모습으로는 기독교대안학교가 있다. 이것은 일반학교교육이 지나치게 입시경쟁중심의 교육으로 치닫고 있으며, 청소년들에게 간과되고 있는 전인교육과 기독교신앙교육의 결핍을 극복해 보려는 교육 선교적인 맥락에서 이루어지는 기독교교육의 형태라고 할 것이다. 특별히 지나친 경쟁위주의 공교육에서 낙오되는 청소년들을 새롭게 일어서도록 돕는 기독교교육의 실천이 앞으로 지역교회를 통하여 이루어져야 할 중요한 이 시대의 선교적인 관계로 이해된다.

---

109) [참고] J. A. Comenius, *Informatorium der Mutterschul*, 정일웅 역, 코메니우스의 어머니학교의 소식, 이레서원 2001. ; 이러한 내용은 코메니우스의 범교육학, 제8-9장에도 실려 있다. 그리심 2003.

(4) 교회에서의 신앙교육

이것은 가장 전통적인 것이며, 가장 역사적인 기독교교육의 영역이라고 할 것이다. 그리고 교회에 속한 모든 대상인 유아에서부터 시작하여 노년에 이르기까지 전 영역이 해당된다. 구체적으로는 교회학교, 또는 주일학교라는 이름으로 행하는 어린이 예배와 성경공과공부가 기독교교육학의 대상이며, 청소년 예배와 상담과 신앙지도, 그리고 청년부 예배와 성경공부, 평신도 예배와 성경공부의 형태가 모두 기독교교육의 대상이다. 교회의 평신도 지도자로서 훈련하는 프로그램인 재직훈련도 넓은 의미에서의 기독교교육에 속한 일들이다. 그리고 교회학교에서 봉사하는 교사들 대상의 교육과 훈련도 기독교교육의 대상과 교육영역이다.

(5) 신학교육

목사를 양성하기 위한 신학교육은 신학교에서 행한다. 바로 총신신학대학원과 총회신학원의 신학생들이 이에 해당된다. 신학교육과정을 끝낸 후에 강도사로 세움 받음과 목사로서의 안수받게 되는데, 역시 강도사 교육과정과 목사재교육과정도 모두 수준과 정도를 달리하는 신앙교육의 대상과 영역이라 할 수 있다. 이러한 교육과 관련하여 해외의 다른 문화권에 파송하는 선교사들의 교육과 군 선교에 파송하는 군목의 신학교육과 훈련도 역시 신앙교육에 속한 것이다.

(6) 교회 밖에서의 신앙교육

오늘날 한국교회에 속하여 있지 않지만 개별적으로 단체의 이름으로 시도되고 있는 각종 선교·전도단체들의 활동 또한 기독교교육에 속한 것이다. 그리스도인이 운영하는 거대한 회사에서 행하는 직장선교회, 병원선교회, 사회봉사단체 등등 모두 기독교의 이름으로 행하는 행위들이 역시 교회(기독교)교육과 연관되어 있다. 그리고 각종 기독교의 이름으로 행하는 연구소들의 활동 또한 포함된다고 할 수 있다. 이처럼 오늘날 기독교

교육은 사회 전 삶의 영역에서 다양한 모습으로 전개·확대되고 있다고 할 것이다. 그리고 더욱 확대·발전될 필요를 가진다. 오늘날에는 인터넷을 이용한 성경통신교육과정도 시행중에 있으며, 오래 전부터 실시되어온 성경통신학교와 기독교 방송과 기독교 TV 등은 중요한 선교적 맥락에서 이루어지는 기독교교육의 영역이며, 동시에 도구라고 할 수 있다. 그리고 앞으로 기독교 사이버대학과 기독교사이버 교사대학 등도 탄생을 예고하고 있다. 이러한 모든 프로그램들은 기독교육을 실천하는 실제적인 교육의 영역과 대상이라고 할 수 있다. 이외에도 그 어디에서 기독교신앙과 기독교 종교에 관한 물음이 제기되고, 하나님과 그리스도와 성령에 관련된 종교적인 물음과 인간과 삶의 의미와 가치와 관련하여 던져지는 모든 물음에 대한 신앙적인 대답이 주어지는 곳에서 우리는 교육이 이루어지고 있다는 것을 경험하게 될 것이다.

제 3 부
교회교육의 신학과 인간학

제 3 부 : 교회교육의 신학과 인간학

교회교육학은 자기 이론을 확립하기 위하여 근본적으로 교육(Paedagogik)과 신학(Theologie)과의 대화를 필요로 한다. 신학과 교육과의 대화를 통하여 교회교육의 목적과 목표, 그리고 교육내용과 교육방법의 근본원리가 거기서 찾아져야 하기 때문이다. 신학은 근본적으로 하나님에 관해 말해주는 학문이며, 하나님의 계시인 성경을 다루는 학문이다. 또한 성경은 인간창조에서부터 시작하여 인간의 존재목적과 삶의 방식과 창조역사의 처음과 끝을 말하고 있는 것이다. 이러한 성경계시에 근거하여 신학은 계시본래의 의미와 의도와 목적이 인간의 삶과 어떻게 연관되는지를 밝히는 작업을 수행한다. 그리고 이러한 신학에 근거하여 교육은 자기 이론을 확립해야 한다. 교육의 목적, 교육의 내용, 교육의 방법 등의 이론을 가져야 한다. 이러한 맥락에서 보면, 교회(기독교)교육학도 같은 방식으로 자기 이론을 확립해야 할 필요성을 가진다. 그러므로 교육과 신학과의 대화는 필수적인 일이라 할 수 있다. 그리고 교회교육이 하나님의 구원교육의 과제를 다룬다면 더욱 그러하다.

1. 교육과 신학의 대화

교육과 신학의 관계는 역사적으로 유럽, 특히 독일의 교육학에서는 필연적으로 많은 대화들이 교환되었던 것으로 알려져 있다. 왜냐하면 기독교역사와 전통을 전제한 사회이기 때문이다. 그리고 그러한 대화는 인간교육의 목적과 목표와 교육내용과 방법의 이론적 근거를 신학적이며, 교육적인 관점에서 찾아내야 하는 과제의 필요성 때문이었다. 교육과 신학의 학문적 관계가 가장 긴밀한 모습으로 그 절정을 이루었던 때는 역시 17세기 코메니우스(J. A. Comenius)에게 서라고 할 수 있다. 그는 이성(理性)

과 신앙(信仰)의 조화관계를 가장 합당하게 밝혀 주었을 뿐 아니라, 철저히 성경에 근거하여 인간교육의 이론적 근거를 밝혀주었기 때문이다. 그 이래로 교육과 신학의 밀월관계는 경건주의시대까지 지속되었던 것으로 판단된다. 특히 경건주의 시대에 교육학자였던 헤르만 프랑케(H. Francke)에 의하여 교육과 신학의 관계는 적절한 조화를 이루면서 해석되었던 것으로 이해된다.110)

하지만 이성중심의 계몽주의 사상이 유럽을 지배하게 되면서부터 ‘교육과 신학’의 관계는 점점 서로 분리되는 경향을 보이게 되었다. 그래도 18세기로 오면서 루소(J. J. Rousseau)와 페스탈로찌(J. H. Pestalozzi)에게서는 아직도 기독교적 배경에서 인간교육의 문제가 논의되었고, 신학의 관계에서 그런대로 해석되는 관점이 유지되기는 했지만, 교회의 신앙과 교육의 관계는 서로 단절되는 모습을 드러내기 시작하였던 것으로 역사는 알려주고 있다.111) 그리고 19세기에 이르러 자유주의 신학의 등장은 교육과의 관계에서 오히려 교육의 자율적 성격과 특성을 우선하여 신학적인 전제들을 교육에다 매몰시키는 결과를 초래한 것으로 보여 지며, 20세기 초엽에 이르러 자유주의 신학을 비판하고 나타났던 바르트의 신학(신정통주의 신학)은 신학과 교육의 관계를 하나님의 말씀의 신학(계시)의 관점에서 교육의 본질과 기능을 지나치게 무가치한 것으로 해석하는 경향을 보여주기도 하였다. 특별히 자유주의 신학이 인간의 이성활동을 극대화하며, 인간의 자율성의 확대를 위한 인간의 노력과 책임으로 인식하는 방향으로 교육의 가치를 절대화 할 때, ‘신정통주의 신학’(Die Theologie der Neo-Orthodox)은 그 모든 교육적 행위를 신적인 계시본질에 반하는 행위로 강력히 평가절하 시키게 되었던 것이다. 그리고 ‘신정통주의’는 역사적으로 오직 하나님의 계시에 근거한 복음전파로서의 교육적 기능만을 인정하고, 복음 안에서 인간의 자율성을 확대할 수 있는 교육의 공간을 열어주지 못함으로써 교육적 기능을 설교에 한정시키는 문제를 일으키게 된다.

---

110) [참고] TRE 25, 585쪽 이하.
111) 참고 상계서.

그 이후로 현대는 포스트모던의 현상과 함께, 교육과 신학의 관계는 유럽의 교육적 상황에서는 완전히 단절된 상태에 처하게 된 것으로 판단하며, 인간교육은 점점 더 기독교와 또는 신학과는 무관한 관계로 전락되고 있다고 할 수 있다. 그리고 교육학은 도리어 인간에 대한 이해의 중요성 때문에, 심리학과 사회학에 의지하여 자기이론을 확립하는 일에 더 많은 심혈을 기울이고 있는 모습이다. 여기서 우리는 교육과 신학의 새로운 관계 확립을 위하여 적어도 4가지 관점에서 서로 진지한 대화가 지속되어야 할 것이 요구되고 있으며, 교육은 신학의 도움을 절대적으로 필요로 한다는 사실을 강조해 볼 수 있을 것이다.112)

첫째로, 교육학은 적어도 교육자체의 이론적인 근거를 분명히 이해하기 위하여 역사적으로 신학의 도움을 필요로 한다는 점이다. 이것은 인간을 교육하는 목적은 신학이 제시하는 성경적인 인간론에 근거하여 그 가치를 설정해야 한다는 전제에서 판단된 것이다. 특히 창조사상에서만이 인간존재의 근거와 성격과 그 목적이 올바르게 해명될 수 있기 때문이다. 그 외의 어떠한 인간론(Anthropologie)에서도 인간의 존재목적과 가치와 성격을 올바르게 제시하지 못하는 것이 현대교육의 문제점인 것이다.

둘째로, 교육학이 지향해야 하는 윤리적 가치에 관한 것 때문이다. 교육학이 지향하고 제시해야 하는 교육의 목표는 인간존재의 윤리성에 대한 것이다. 윤리적 존재로의 인간교육이 교육학이 지향하는 실제적인 교육의 목표가 되는 셈이다. 그런데 윤리적 가치와 규범의 출처와 근거에 대한 물음에 있어서 그 기본적인 대답은 신학이 제시하는 것에 의존하여 찾아 내도록 해야 한다. 그러나 현대교육학이 신학의 소리에 귀를 기울이지 않음으로써 교육의 윤리성의 근거를 어디에 두고 있는지에 대한 것이 문제가 되고 있는 것이다. 특별히 십계명의 가치가 사회 윤리적 가치의 근본이 되어야 한다고 본다.

셋째로, 교육과 신학은 인간론을 동일한 관심의 주제로 삼을 수 있다. 인간에 대한 이해는 교육학에서 뿐 아니라, 신학에서도 중요한 주제이기

---

112) [참고] TRE 25, 586쪽.

때문이다. 질문은 교육이 어떤 인간학적인 전제에서 출발해야 하는가, 신학적 인간학은 교육이해에 대하여 어떤 의미를 제공하게 되며, 어떤 결과들을 지니게 되는지 등에 대한 질문들을 주제로 삼을 수 있을 것이다. 이러한 관심에 대한 대화가 양자 사이에 진지하게 이루어져야 할 것이라고 생각한다.

넷째로, 교육실제로부터 교육을 위한 신학적인 질문들과 함께 여러 일들이 발생하게 되는데, 그것은 교육이 학문으로서 신학과 전혀 관계를 갖지 않는 곳에서 생겨나며, 그러한 상황에서 종교는 역시 교육적인 주제로 등장하기 때문이다. 그것은 인간의 종교성과 관계된 것으로 종교성의 문제를 교육학은 근본적으로 해결해 주지 못하기 때문이다. 그 때문에 교육학은 신학과의 대화를 통하여 영적인 인간성의 문제를 해결해야 하는 과제를 안고 있는 것이다.

이러한 네 가지 이유에 근거할 때, 교육과 신학은 서로 깊은 대화를 가져야 하며, 그러한 관계를 통하여 인간교육의 자기 이론의 정당성이 인정받게 될 수 있는 것이다. 물론 교육과 신학의 관계에 대한 대화는 이미 일반학교교육의 영역에 함께 있는 종교(기독교)교육의 여러 교수이론과 관련하여 계속되었던 것으로 생각한다. 그리고 이러한 교육과 신학의 관계를 전제하면서, 역시 기독교교육이 신학과의 관계에서 추구해야 할 자기 이론의 근거를 위해서 어떤 것들에서 실제로 관계를 가져야 하며, 그 관계에서 정리되는 구체적인 내용들이 무엇이어야 하는지를 소개하려고 한다. 물론 교회(기독교)교육은 적어도 학문적인 자기이론의 근거를 위해서 신학이외에도 인간학(심리학)과 사회학, 교수학 등의 일반학문적인 이해와의 지속적인 대화를 통하여 또한 자기이론을 발전시켜야 할 것이다.

필자는 이 장에서 교회(기독교)교육학이 자기 이론적 근거를 위하여 무엇보다 먼저 신학과 인간학과의 대화를 중심으로 교육과 신학의 대화를 시작해 보려고 한다. 이러한 맥락에서 먼저 기독교 교육과 신학의 가장 근원적인 질문인 ‘신앙과 교육’, 또는 ‘신앙과 학습’(배움)이란 주제의 관계를 설명해보려고 한다. 즉, “기독교신앙은 가르칠 수 있는 것인가” 라는 물음이 여기에 해당한다. 그리고 계속되는 주제를 통하여 우리는 교육과 신학의 서로 다른 학문적 성격의 관계설정이 교회(기독교)교육에 있어서 왜, 무엇이 어떻게 중요한지를 이해하게 될 것이다. 그리고 교육의 신학적인 기초에 관한 것으로 교육신학의 역사적 근거, 교육신학의 전제, 교육신학의 기본구조와 내용 등을 계속적으로 다루게 될 것이다. 이것은 기본적으로 오늘날 거론되는 기독교세계관의 기본내용과 동일한 것으로, 이러한 내용을 통하여 기독교 교육의 목적과 목표, 교육의 내용, 그리고 방법론의 신학적 근거를 확인할 수 있을 것이다.

다음으로 우리는 교육의 대상으로서 교육적 인간에 대한 다양한 내용을 다루게 될 것이다. 특히 코메니우스의 교육신학적인 인간론과 현대 교육학에 깊은 영향을 끼치며, 기독교 교육의 방법론을 추구하는 일에도 도움을 주는 정보로서 인간의 성장발달에 대한 제 이론들이 또한 다루어지게 될 것이다. 여기서 우리는 교회(기독교)교육이 지향해야 할 인간학적인 입장이 무엇이어야 하며, 일반적인 발달심리학에서 제시하는 인간이해가 기독교신앙교육에 어떤 관계로 적용되어야 할 것인지를 인지하게 될 것이다. 그리고 기독교 교육과정에 대한 신학적 근거로서 칭의론의 교육적 의미를 다루게 될 것이다.

2. 신앙과 교육의 관계

성경은 신앙과 교육의 관계를 가르침과 배움의 관계로 더 잘 이해하도록 해 준다. 바울은 하나님의 아들을 믿는 것과 아는 것에 하나가 되라고 권고한다(엡 4 : 13). 그리하여 신앙의 올바른 성장이 이루어지기를 바라며, 동시에 봉사의 일을 하게하며, 그리스도의 몸 된 교회를 세우는 일에 쓰임 받는 일꾼이 되기를 바라고 있다. 여기서 우리는 신앙과 교육의 관계를 생각하게 된다. 이것은 오늘날 교회교육적으로, 또는 기독교 교육적으로 교육과 신학의 관계를 밝혀주는 기본적인 물음으로 발전한다.

역사적으로 교육(敎育)과 신학(神學)의 관계에서 가장 잘 질문되었던 것은 '신앙은 가르칠 수 있는 것인가?', '믿음은 배울 수 있는 것인가?'하는 근본적인 질문에서 시작되었다. 왜냐하면 그 배후에는 이성과 신앙의 본질에 대한 질문이 전제되어 있었기 때문이다. 타락한 인간의 이성은 하나님에 대한 근본적인 인식능력을 상실한 것으로 보기 때문에, 그의 이성적 활동이나, 독자적인 노력으로 하나님을 만나게 되거나, 믿는 신앙에 이르게 된다는 것은 기독교적으로 수용될 수 있는 것이 아니었다.

일찍이 알렉산드리아의 교부였던 터툴리안(Tertullian)은 기독교 구원에 대하여 말하면서 '크레도 우트 인텔리감'(credo ut intelligam)이란 유명한 말을 남기게 된다. 그 뜻은 '나는 알기위하여 믿는다'는 말이었다. 기독교신앙은 근본적으로 '믿음으로 알아가야 하는 일'로 이해한 것이다. 즉, 기독교신앙을 배우는 일에는 믿음으로 시작해야 하며, 이성활동이 우선하여 배우는 것이 아님을 말해 준 것이다. 역시 에베소서 2 : 8(너희가 믿음으로 말미암아 구원을 얻었나니 이것이 너희에게서 나온 것이 아니요 하나님의 선물이라……)에 비추어 볼 때, 이성과 신앙, 즉 믿음의 관계는 더욱 분명하게 드러난다. 믿음의 출처는 이성활동의 극치로 이해된 교육적인 행위에서가 아니라, 신의 은총에 의한 것이며, 인간의 노력이나, 교육적 행위로는 아니라는 것을 알 수 있다.

그럼에도 불구하고 교회는 오랜 역사 속에서 신앙과 성경을 가르쳐 왔으며, 지금도 수많은 사람들은 성경의 배움을 통하여 구원의 은혜를 경험하며 믿음안에서 자라고 있다. 여기서 교육과 신학은 서로 깊은 관계를 가지며, 이러한 기본적인 관계의 해명에 근거하여 기독교교육학, 또는 교회교육학은 자기 이론을 가지게 되는 것이다. 우리는 여기서 먼저 신앙에 대한 개념적인 이해를 소개해 보기로 한다.

1) 신앙이란 어떤 것인가?

'신앙'이란 구약성경에서는 헤민(הֵמִין)이란 말로 표현되며, 신약성경에는 피스토스(πιστος), 라틴어로 피에타스(Pietas), 영어로 신앙(Faith), 믿음(Belief)로 표현한다. 독일어는 믿음(Glauben), 신뢰(Vertrauen)등으로 불려진다. '신앙'(信仰)이란 우리말에서도 종교적인 개념으로서 종교의 대상을 경외하고 의지하며, 그를 믿고 섬기는 종교적인 행위를 뜻한다.

종교개혁자 루터는 신앙이란 '참된 것이라고 여기는 것', '진실한 것이라고 믿는 것'을 의미한다고 하였다. 즉, 하나님의 말씀은 진실하고 참된 것이라고 믿고, 그것을 신뢰하는 인격적인 행위의 개념으로 본 것이다. 원래 히브리말 '헤민'이란 바로 하나님과 그의 말씀은 참 되며, 거짓이 없는 진실 된 진리라는 사실을 받아들이는 인격적인 신뢰 관계를 뜻하는 것이었다.

우리는 구약 성경에서 아브라함의 신앙 이야기를 예로 들어 설명해 볼 수 있을 것이다. 아브라함의 믿음은 하나님의 말씀과 그 약속을 받아들이는 인격적인 신뢰 그것이었다(창 15 : 1 - 6). 여기서 특이한 것은 이러한 아브라함의 신앙(믿음)은 하나님 앞에 의(義)가 되었다는 사실이다. 아브라함의 믿음이란 하나님에 대한 근본적인 태도를 말해준다. 즉, 하나님의 약속(언약)으로 나타난 말씀을 신뢰하고 순종하는 삶의 태도로서 믿음이요, 신뢰인 것이다. 신뢰의 본질은 하나님은 참일 수밖에 없는 그의 인격에 근거를 둔 것이다. 여기 의(義)란 절대적인 표준(標準 : Norm)이라기보다는 서로의 관계를 질적화 한 것으로, 개인과 공동체와의 관계에서 공동체의 기대와 요구에 상응할 수 있는 질적인 관계를 입증하는 것을 뜻한다고 본다(공동체의 규약에 대한 신뢰와 충성을 뜻함). 그리고 구약 성경 전체가 보여주는 신앙의 의미는 역시 신뢰 관계의 유지라는 점에서 신앙은 불신앙과 대조를 이룬다. 이스라엘이 아브라함과 이삭과 야곱의 하나님을 더 이상 신뢰하지 못하고 불신앙의 태도로 변질될 때, 이스라엘의 역사 속에 선지자들의 역할이 여호와(야훼) 하나님을 신앙하는 신앙 회복운동으로 나타난 것을 본다.

그러면 기독교신앙은 어떤 것인가?

종교 철학자 부버(M. Buber)의 이해를 잠시 예로 들어보기로 한다. 그는 '두 가지 신앙하는 방식'이란 글에서 구약의 유대 종교적인 신앙의 방식과 신약의 기독교적인 신앙의 방식을 서로 비교하여 소개한다.113) 부버의 이해에 따르면 유대 종교적인 신앙방식은 신뢰를 갖는 것으로 하나님과 인간의 '인격적인 신뢰관계'라는 것을 강조하였다. 그러나 기독교의 신앙방식은 '인정(認定)의 관계'라고 설명한다. 전 인격을 통하여 자신이 참이라고 인정하고 수용하는 그 행위에 근거하고 있는 것이 기독교의 신앙양태라고 보았다. 특별히 성경에서 예수 그리스도가 요구하는 신앙의 의미가 바로 그러하다는 사실을 부버는 강조하고 있다.

이러한 부버의 설명에 따라 생각해보면 기독교신앙이란 그리스도 안에 나타난 하나님의 구원의 은혜적 사건, 즉 예수의 십자가에 죽으심과 그의 부활의 사건이 자신을 위한 것으로 인정하고, 그 예수의 행위를 받아들이는 조건 하에서의 믿음을 뜻하는 것이었다고 할 수 있다. 중요한 것은 바로 믿음의 내용에 대한 것이다. 믿음의 내용은 곧 예수의 십자가에 죽으심과 부활에 관한 것이다(살전 4 : 14). 그리고 바로 이 예수 그리스도가 하나님의 아들이라는 것이다. 신약에 나타난 초대교회의 신앙도 이러한 결정적인 사건의 내용에 기초된 것임을 우리는 알 수 있다. 그러므로 모든 그리스도인들은 그리스도에게서 이루어진 사건에 대한 지적인 이해를 전제해야 하며, 그 지적인 이해를 전제하여 자신의 것으로 인정하고 수용해야 한다. 이러한 지적인 이해가 없이는 기독교의 신앙이 아니라고 할 것이다. 이러한 믿음의 내용이 연결되지 아니한 신앙은 기독교적인 것이라 할 수도 없는 것이다.

여기서 생각해야 할 한 가지는, 신앙내용의 지식소유, 그 자체가 믿음인지에 대하여 질문해 보아야 한다. 기독교신앙은 이러한 사건 안에서 하나님이 행하셨으며, 하나님이 행하신 그것은 곧 우리 자신들에게 관계된 일임을 우리가 인정하고 받아들여야 한다는 말이다. 그런데 생각해 보면 이러한 예수 그리스도의 사건에 관계된 진리는 인간의 연구를 통해서나 인간적 관심을 통한 노력에 의하여 신앙의 근거로 받아들여지는 것은 아니라는 것이다. 왜냐하면 그것은 오직 믿음안에서만 이해되고 수용되는 것이기 때문이다. 바로 그것이 기독교의 신앙의 본질인 것이다.

---

113) M.Buber, Zwei Glaubensweisen, 1950.

믿음은 곧 하나님 자신이 십자가에 못 박히시고, 죽음에서 부활하신 나사렛 예수를 통하여 우리에게 말씀하신다는 사실에 신뢰를 둘 때에 이해되고 수용되는 것이다. 이러한 이해에 이르게 되는 것을 기독교는 성령의 사역으로 이해한다. "성령이 아니고서는 그리스도를 주라 시인할 수 없느니라"고 말한 바울의 설명은 정당성을 가지게 된다(고전 12 : 3). 하지만 구약에서 이미 제시되고 있는 헤민으로서의 신앙의 의미가 예수님의 가르침에서도 또한 요구되고 있음을 볼 수 있다. 예를 들면 제자들의 불신앙을 꾸짖는 예수님의 지적(마 14 : 22 - 33)과 자식의 병 고침에 대한 아버지의 간청에서 "할 수 있거든 이 무슨 말이냐 믿기만 하라 믿는 자에게는 능치 못함이 없다"(막 9 : 23 - 24)는 말씀의 표현에서 우리는 참이라는 사실을 전인격적인 신뢰로서 응답해야 하는 신앙의 의미를 발견하게 된다.

이러한 '헤민'의 의미는 바울의 증거에서도 다시 한 번 "믿음으로 믿음에 이르게 되나니, 오직 의인은 믿음으로 말미암아 살리라"(롬 1 : 17) 오직 믿음만이 하나님 앞에서 의롭게 되는 사건으로 이해되며, 야고보의 증거에서 믿음으로 의롭게 된 인간의 의로운 자의 삶은 역시 행동하는 신앙이어야 한다는 사실을 알게 되는 것이다.

우리는 역시 이러한 기독교신앙의 본질적 이해에 있어서 토마스 그룸(T. Groome)이 설명하고 있는 기독교신앙의 3차원적 의미에 대한 해석에서 부버의 입장과 비슷한 이해를 확인할 수 있을 것이다.114) 그의 책 제 3장에서 기독교신앙의 일차원적 의미는 '지적인 동의로서의 신앙'(Faith as believing)이며, 이차원적 의미는 '인격적인 신뢰로서의 신앙'(Faith as trusting)이며, 그리고 삼차원적인 의미는 '행동으로서의 신앙'(Faith as doing)을 들고 있다. 그룸은 이러한 3차원적 관계의 신앙은 역시 성장 관계에 있다는 사실을 상기시키면서(Faith as growing), 기독교종교교육의 과제가 무엇인지를 부연하고 있는 것이다. 그리고 그는 이러한 믿음에 접근하고 믿음의 길로 인도하며, 믿음으로 나아가는 것이 기독교 구원의 길이며, 구원의 의미라

---

114) [참고] Thomas Groom, The Christian Religious Education, 이기문 역, 기독교적 종교교육, 장신총회출판부, 1984.

는 사실을 밝히고, 또한 가르치며 배우는 신앙교육의 의미를 확인시켜 주고 있다고 할 것이다.

2) 신앙교육의 의미

앞에서 우리는 이미 기독교 교육의 구체적이며, 실제적인 사건은 역시 신앙의 가르침과 배움의 관계라는 사실을 전제하였다. 신앙과 학습(배움)의 관계를 구미 교회의 전통과 신학은 서로 대립적인 관계로 보았다. 배움이란 인간적 행위, 즉 인간의 노력에 가까운 개념으로 이해되었고, 인간의 능동적이며, 자율적인 행위로 이해하였다. 그런 반면에 신앙(믿음)이란 예수 그리스도 안에 계시된 사건으로서 인간의 자율적인 행위로는 결코 마음대로 할 수 없는 불가항력적인 사건으로서, 오직 하나님만이 하실 수 있는 은혜의 사건이며, 그런 뜻에서 하나님의 역사 또는 하나님의 일(opus dei)로 이해하였던 것이다. 이러한 대립적인 관계는 또다시 신앙과 이성의 대립관계로 인식되었고, 이것은 학문적으로 다시금 교육(敎育)과 신학(神學)의 관계에 대한 근본적인 물음으로 발전하게 되었다. 그런데 이런 두 개념의 대립적 이해의 전제 속에서 신앙을 가르치고 배우게 하려는 기독교 교육의 실천적 가치는 불확실하게 되는 것이다. 그리고 믿음과 배움(신앙과 교육)의 관계를 이러한 대립적 관계로 인식하는 상황에서는 결코 기독교 교육에 대한 학문적 성격과 과제에 대한 만족스런 이론적 대답은 얻을 수 없는 것이다.

그러나 기독교 교육의 중요성을 강조하는 사람들은 신앙고백으로 표현되는 신앙의 내용(內容)을 가르침으로써 인간을 기독교의 신앙에로 접근시킬 수 있다는 가능성을 주장하게 된다. 그런데 "신앙이란 참으로 가르침의 행위로서 인간적인 노력의 실체로 이해되는 교육을 통하여 그 목표에 도달하게 할 수 있는가"란 물음에 있어서는 결코 간단히 대답할 수 없는 어려움을 갖는다. 즉, 신학적으로 보면 믿음(신앙)을 가르치고 배우게 한다는 것은 결코 가능한 것이 아니기 때문이다. 왜냐하면 믿음(신앙)이란 하나님의 기쁘신 뜻대로 언제 어디서나 역사 하시는 성령의 독자적인 사역으로만 이해되기 때문이다.

우리는 여기서 한 가지 질문을 가지게 된다. 즉, 믿음(신앙)이 인간적 행동으로 성취하게 되는 목표가 아니라, 성령의 직접적인 사건으로서 은혜의 선물로만 이해해야 한다면, 왜 지금까지 수세기 동안 교회는 신앙의 가르침이라는 이름 하에서 기독교적인 신앙을 가르치려 했으며, 성경학습의 행위인 공부하는 일을 통하여 기독교의 믿음(신앙)을 중재(仲裁)하고 전달하려고 했는지가 질문된다. 그것은 아마도 근본적으로 앎(지식)의 전달, 또는 중재 행위인 가르침을 통하여서 "성령은 그의 기쁘신 뜻대로 이곳저곳에 역사 한 것이 아닌지?" 반문된다. 그러므로 우리는 먼저 믿음(신앙)과 배움(학습, 교육)의 개념에 대한 올바른 이해를 필요로 한다. 이러한 이해에 기초할 때, 교회(기독교)교육의 근거와 신앙교육의 의의와 믿음(신앙)과 배움(교육)의 가치는 더욱 확실해 지게 될 것이다.

(1) 믿음에 관하여

칸트는 한때 '순수이성 비판'이란 글에서 믿음(신앙)의 의미를 이렇게 밝혀 주었다. '믿음'(신앙)이란 믿는 것을 확증하는 일로서 주관적으로 만족하는 것이며, 진리의 객관성에 있어서는 전적으로 오류가 게재될 수 있는 것이지만, 그것은 '참된 것'이라고 믿는 하나의 결정적인 태도라고 하였다. 이런 명제 때문에 칸트에게 있어서 '믿음'(신앙)이란 주관적이면서도 객관적인 것으로 수용할 수밖에 없는 진리라고 생각하는 하나의 방식인 것이다. 이러한 칸트적인 이해에 따라서 구라파 사람들은 현재까지도 믿음으로 확신하는 것과 과학적인 방식으로 증명된 진리에 대하여 믿는 것이 항상 논쟁적이었다. 18세기까지 합리주의를 따르는 사람들과 초자연주의적인 입장을 따르는 신학자들은 이러한 칸트적 입장에 별다른 큰 반응을 보이지 않았다. 왜냐하면 칸트는 이 양자의 방식을 다 수용하여 진리로 전제하고 있었기 때문이다.

그런데 초자연주의자들은 성경에 기록된 모든 것들은 역사적인 실재(實在)를 스스로 말해 주는 것이라고 강력히 주장하였고, 그것을 증명하려고 노력하였다. 그리고 그러한 증명의 전제는 "하나님에게서는 모든 일이 가능하다"(신에게는 불가능이 없음)라는 명제에 있었던 것이다. 이러한 전제에서 그들은 성경말씀을 이해하기 시작하였고, 그 때문에 성경말씀과 그 내용을 역사적이며, 객관적인 사실로 받아들이지 못하고, 부인하는 자는 불신앙과 같은 것으로 규정하는 상태에 이르게 되었던 것이다. 만일 이러한 논리적 주장이 성립되면   결과적으로 '아는 것' 과 '믿는 것'은 더 정확히 말해 서로 자리바꿈이 가능하게 되는 것이다. 즉 '믿는 것이' 곧 '아는 것'이며, 반대로 '아는 것이' 곧 '믿는 것이'되는 것이다.

합리주의자들도 다시금 계몽된 사람들을 위하여 성경이야기 가운데 믿을 수 없는 것들을 합리적으로 보이도록 해명을 통하여 진리임을 밝혀 주거나, 또는 합리적으로 증명할 수 있는 방법보다도 더 의미 있게 기독교의 전승을 해석하게 되었다. 여기서 신앙(信仰)이란 뜻밖에도 더 높은 질적인 앎(지식)이 되거나, 또는 신화적인 언어 속에 현존하는 진리로서 본문 속에서 가정된 일반적인 진리에 대한 추측을 가정(전제)과 동일시 여기는 결과를 초래하게 되었다. 우리는 이러한 신앙을 이론적으로 '참'(진리)이라고 생각된 것, 그리고 '이해된 신앙'이라 할 것이며, 칸트는 역시 참이라고 믿는 것의 여러 가지 실제적인 방식이 있음을 말하게 된다. 그것은 세상의 한 분 지혜 있는 창조자에 대한 교리적인 신앙을 의미한다. 이러한 사실은 결코 증명할 수 없는 것이지만, 그럼에도 불구하고 그분(창조주)은 자연법칙에 하나의 근거 점을 제시한 주체로 받아들이게 되었다. 소위 말하는 한 분 하나님, 신적인 심판자에 대한 도덕적인 신앙이 이런 전제에서 출발하게 되는 것이다. 그러한 하나님은 인간의 행동을 측량하며, 역시 증명할 수 없는 미래적인 삶에 대하여도 항상 인간의 도덕적인 이성의 한 조건을 나타내시는 분으로 이해하였다.

우리가 시대에 국한하여 기독교신앙이 바울과 어거스틴, 루터와 파스칼에게서 표현되는 것처럼, 대체로 '참이라고 여기는 것'의 일반적인 개념과 '동일시 할 수 있는 것인지', 또는 '달리 생각되어야 하는 것이 아닌지' 질문을 던지게 된다. 철학자 칼 뢰비트(K. Loewith)는 신앙에 대해 언급하면서 '신앙이란 참이라고 여기는 것의 피상적인 개념으로 이해되지 않아야 함을 강조하였다. 왜냐하면 "신앙이란 근원적으로 하나의 정황(사건)이 참이라고 여겨지게 하는 그 사건에 관련된 것이 아니라, 그 사건을 주도한 인물에 관계된 인격적인 믿음(신앙)이어야 하기" 때문이다.

우리는 이 말에서 뢰비트가 신앙의 본질적 의미가 무엇인지를 확실히 밝혀 주고 있다고 말할 수 있다. 즉, 기독교의 신앙(믿음)이란 신앙의 대상에 대한 인격과 관련된 것이라는 점이다. 어거스틴도 일찍이 이러한 뢰비트의 이해와 관련하여 "한 인물에 대한 신앙은 이러한 인물의 결정적인 진술을 믿는 것과 동일한 것이 아님"을 말해 주었다. 그것은 신앙이란 인격을 신뢰하는 것이어야 함을 말해 준 것이다. 그러므로 '믿음'(신앙)이란 '참이라고 여기는 것보다는 역시 더 다른 의미를 가진 것'이라고 할 수 있다. 즉, 믿음이란, 말하자면 무조건적인 허락, 신뢰가 충만한 사랑, 불굴의 희망 등 지극히 인격적인 것임을 뜻한다고 할 것이다. 말씀의 가장 참다운 뜻에서 하나님을 의지하는 믿음(신앙)은 성경이 증거한 것처럼, 그리스도인에게는 하나님의 은혜의 선물임이 분명한 것이다.

앞에서 우리가 전제했던 문제는 믿음(신앙)과 배움(교육)의 대립적 이해(하나님의 일로서의 믿음과 인간의 일로서 배움)인데, 그것은 자신을 죄인으로, 은혜를 입은 자로, 하나님의 자녀로 이해하는 하나님에 대한 이러한 신뢰가 결코 인간의 자의적인 행위일 수는 없다는 점이다. 그리고 여기서 중요한 것은 이러한 '숙고와 이해'는 무엇인가 배워야 하는 것과 관련을 가지고 있다는 점이다. 그러므로 믿음(신앙)이란 배움(교육)의 개념과 밀접한 관련 속에 있음이 분명해 진다. 왜냐하면 믿음은 배움의 과정과 관련 없이는 아무도 믿음의 더 깊은 본질의 의미를 스스로 접근해 갈 수는 없기 때문이다.

여기서 영국의 켄터베리 대주교였던 안셀름(Anselm)의 유명한 명제를 기억한다.115) '피데스 쿠베렌스 인텔렉툼'(fides querens intellectum)이란 라틴어

---

115) [참고] K. Barth, Fides quaerens intellectum, Zuerich, 1981 14쪽. 바르트는 이 책에서 안셀름의 명제를 전제하여 신학의 필요성을 설명하였다.

표현이다. 그 뜻은 "신앙이란 지적인 이해를 요구한다"는 말이다. 바울이 "예수 그리스도를 믿는 것과 아는 것에 하나가 되어 믿음의 장성한 분량에까지 이르리니……자라가라"(엡 4 : 13 - 16)고 한 말씀은 믿음안에서 신앙의 배움을 시작하되, 그 신앙은 그리스도를 통하여 계시하신 하나님의 신비로운 뜻을 그의 말씀인 성경의 배움을 따라 지적인 이해를 추구하는 일임을 쉽게 확인하게 해 준다. 생각하면 신학을 공부하는 일이야 말로 바로 믿음안에서 기독교신앙을 배우는 지적인 활동이며, 믿음안에서 성령의 도움으로 하나님의 세계를 이해하도록 노력하는 이성적 활동의 작업이 포함하고 있음을 알아야 할 것이다. 그러므로 신학과 교육의 관계는 이러한 전제에서 연결되어야 하며, 풀어갈 수 있는 해답이라고 본다.

(2) 교육(배움)에 관하여

우리가 배움과 믿음(신앙)의 관계가 서로 대립적인 것으로 방관한다면, 즉 배움이란 다만 기억의 적합한 형태로, 그리고 아마도 앎의 더 이해적인 적용으로 이해하게 될 것이며, 믿음(신앙)과 배움(교육)사이에는 서로 분리되는 결과를 초래하게 될 것이다. 그러므로 신앙은 지나친 주관주의에 빠져 전혀 올바른 이해도 얻을 수 없는 교리주장의 상태에서 진실된 믿음(신앙)과 교리는 서로 뒤바뀌는 결과를 또한 초래하게 될 것이다. 그 때문에 이러한 교육(배움)의 개념이 신앙과의 관계에서 어떻게 적절하게 수용될 수 있는지는 깊은 생각을 요한다고 본다.

그런데 전통적인 신학과 신학자들이 교육(배움)이란 인지적 활동(지적인 추구)이라고 생각하는 반면, 일반교육학자들과 인문과학자들은 교육(배움)이란 인지적 차원만의 활동이 전부가 아니라, 새로운 차원의 의미가 있음을 알려주고 있다. 또한 그런 이해 속에서 배움의 의미를 확대시키고 있음을 볼 수 있다. 즉, 배움(교육)이란 인지적인 차원에서 이루어지는 정보수용 이외에도 경험을 통하여 얻어진 결정적인 가치나 표준들의 획득, 또는 한 그룹의 범주에서 보여 진 본보기적인 태도를 통하여 영향을 받는 변화, 새로운 관점들의 획득, 새로운 삶의 스타일을 추구하는 시도로써 정서적이며, 의지 실천적인 것들과의 결합을 의미하는 것으로 생각한다. 그리고 '배움'이란 다만 지식의 전달이나 의도적인 적용의 도구로만 존재하는 것이 아니라, 그러한 범주를 뛰어넘어 삶의 모든 영역에서 의도했거나, 또는 의도하지 않았던 가치나, 감정이나, 태도와 바라는 것의 변화들을 모두 포함하는 포괄적인 것임을 깨닫게 된다. 그 때문에 '배움'이란 어제와 오늘 사이의 긴장 속에서 개인과 그룹의 삶의 역동성(Dynamik)에 대한 표시라고 말할 수 있다. 배움의 대립적인 관계는 침묵 상태를 의미하며, 새로운 경험에 대한 거부이며, 이미 수용된 기존의 가치관에 대한 완고한 집착이요, 그것을 고수(固守)함에 대한 고집이며, 동시에 자기 폐쇄를 뜻하는 것으로 해석된다.116)

'배움'이란 이러한 상태와 비교해 볼 때, 자신과 다른 이와 세계와 하나님과의 새로운 경험들에 대한 자질과 능력의 획득인 것이다. 거기서 배움이란 나의 인지적인 영역 이 외에, 역시 나의 감정들(정적인 것), 나의 자의식, 나의 신뢰와 나의 행동에 관계되어 있음을 인지한다. 이러한 확대된 배움의 개념에 대립하여 인간은 자신이 마음대로 할 수 없는 불가항력적인 힘에 근거여 존재하게 되는데, 그것이 바로 기독교의 믿음(신앙)인 것이다. 그리고 그것은 믿음, 소망, 사랑의 관계로 이해되며, 그러한 기독교적인 성향의 신앙은 배워야 하는 것임을 거부한다면, 그것은 참으로 무의미한 일이 되는 것이다.

결론적으로 신앙과 교육, 또는 믿음과 배움은 서로 깊은 연관 속에 있는 기독교신앙교육의 본질이며, 의미와 가치인 것이다. 기독교의 믿음(신앙)은 배워지지 않으면 전달될 수도 없으며, 살아 움직이는 삶의 모습을 가질 수도 없는 것이다. 그리고 배움은 그 자체가 믿음(신앙)과 무관하다면, 배움 그 자체의 의미와 가치를 객관화 할 수 없게 될 뿐 아니라, 배움의 가치는 믿음(신앙)과 무관한 데서 방향을 잃어버리는 맹목적인 신앙이 될 것이요, 인간을 파멸로 이끄는 비극이 초래될 것이다.117)

---

116) [참고] S. Vierzig, Glauben u. Lernen, in : R. Koester u. a. (Hrg.), Lernende Kirche, München 1975, 18쪽.

3. 교회(기독교)교육의 신학적 근거

교회(기독교)교육은 언제나 다음의 세 가지 신학적 주제를 전제하여 이론의 근거로 삼아야 한다. 그것은 기본적으로 하나님의 계시와 하나님의 계시의 기록인 성경의 말씀과 진리의 교사되신 성령에 대한 이해이다. 하나님의 계시는 교회(기독교)교육의 근원적인 내용과 배경이라는 점에서 중요하며, 성경은 하나님의 뜻을 기록한 특별계시의 책으로서 교육의 구체적인 원리와 내용의 근거로서 중요하며, 성령은 하나님의 계시전달과 가르침의 주체적 역할자로서 교회(기독교)교육에 요구되는 중요한 교사적인 역할자로서의 신학적 전제에 해당하는 것이라 할 수 있다. 이것은 동시에 교육의 방법적인 근거로서도 중요한 의미를 가진 것이다. 그러면 그 구체적인 내용이 어떤 것인지를 설명해 보기로 한다.

1) 계시사상

교회(기독교)교육은 하나님의 계시와 성경에 그 바탕을 두어야 한다. 그 이유는 역사 속에 나타난 하나님의 계시, 즉 하나님의 뜻을 인간으로 하여금 이해하도록 해 주어야 하는 과제가 교회(기독교)교육의 사명이기 때문이다. 하나님의 계시는 원래 그 자체가 인간을 깨우치고 교육하는 원천적인 힘이요, 근거요, 내용이며, 교육의 주체이기도 한 것이다.118)

전통적인 개혁신학은 하나님의 계시를 두 가지로 구분하여 생각해 왔다. 그것은 자연계시(自然啓示)와 초자연계시(超自然啓示), 또는 일반계시(一般啓示)와 특별계시(特別啓示)에 대한 것이다119). 자연계시는 하나님이 만드신 창조세계인 자연을 통하여 나타내 보이신 하나님의 뜻으로서 창조세계

---

117) [참고] Klaus Wegenast, Noch einmal : Glauben und Lernen in : Der evangelische Erzieher, Jahrg. 42 1990, 5-6 (Hg.)H. Schröer u. a., Diesterweg 514-519쪽. 필자는 신앙과 배움에 관한 Wegenast의 글에 의존하여 인용하였다.

118) 아폴칼립쉬스: 감추인 하나님의 비밀을 드러내어 보이신다. 알게 한다는 뜻이다. 여기서 이 낱말은 이미 교육적 성격을 보여주고 있다.

119) 박형룡, 교의신학, 서론(제1권), 백합 출판사, 1964, 196-234쪽.

에 펼쳐진 우주만물로 이해한다. 그러므로 교육과의 관계에서 보면, 자연계시적 차원에서 자연 종교가 있으며, 인간의 인간됨을 위한 교육적 행위가 그 나름대로 일반학교교육의 영역에서 실현되고 있다고 할 것이다. 그러한 교육은 지금 우리의 성장세대들이 학교에서 자연만물과 사람의 정신을 배우는 일에 집중되어 있는 것이다. 그러나 일반 계시적 차원에서 이루어지는 인간교육은 그 한계와 문제를 가진다고 할 것인데, 그것은 역시 하나님의 계시 본래의 목적인 창조주 하나님을 아는 것과 그를 섬기는 올바른 지혜와 신앙을 일깨우지 못한다는 점이다. 그리고 예수 그리스도를 통한 온전한 인간구원의 계시를 알려주지 못하며, 그리스도를 섬기는 신앙적 삶에서 인간의 자유가 획득되며, 존재의 목적이 성취됨을 알게 해주지 못한다는 것이다.

자연계시적 차원에서 이루어지는 교육이 이러한 한계를 가지는 반면, 초자연적 계시로 나타난 그리스도를 통한 인간구원의 특별계시는 하나님의 말씀으로 성경에 기록된 것이다.[120] 그리고 이러한 하나님의 구원의 계시는 벌써 창조역사에서 인류의 대표인 아담에게 행위언약의 관계로 제시되었고, 족장시대를 거처 마침내 아브라함을 통하여 이스라엘 민족의 역사에로 이어졌던 것이다. 그리고 구속의 섭리에 따라 하나님의 택하신 백성들의 구원역사는 옛 언약의 말씀으로 구약성경에 기록되었다. 그리고 때가 이르러 하나님의 인류를 위한 구원은 이제 그의 독생자 예수 그리스도를 보내어 그를 통하여 그의 택한 백성을 만민 가운데서 다시 구원하는 계시로 나타나게 된 것이다. 이것은 특별히 하나님의 옛 언약과 새 언약에 따른 구원계시의 역사적 관계로 전개되었고, 예수 그리스도를 통하여 완성하신 완전한 구원의 계시로 나타난 것이다.

이러한 그리스도를 통한 구원의 계시는 성경으로 기록된 하나님의 말씀이다. 그리고 이러한 특별계시 또는 초자연계시에 의한 인간교육이 바로 교회(기독교)교육의 과제요, 교회를 통하여 신앙교육 또는 성경교육의 이름으로 실천되고 있다.

---

120) 박형룡, 전게서 235-240쪽.

2) 하나님의 말씀인 성경

성경은 기록된 하나님의 말씀이다.121) 그리고 성경은 그리스도를 통하여 나타내신 하나님의 뜻을 기록한 책이다. 성경의 중심은 역시 메시아이신 예수 그리스도에 대한 것이다. 성경에서 중요한 것은 하나님의 말씀이다. 하나님은 원래 말씀이었으며, 이제 그 말씀은 인간의 역사 속에 예수 그리스도로 오셨으며, 그분은 인간의 몸을 입고 역사 속에 오신 하나님 자신이시다(요1:14). 그리고 하나님은 예수 그리스도를 통하여 그의 뜻을 드러내신다. 또한 이제 하나님은 기록된 성경말씀을 통하여, 우리에게 말씀하신다.

웨스트민스터 대요리문답 제3문의 대답은 하나님의 말씀은 신구약 성경으로서 그의 택한 백성들의 삶의 규범으로 주신 말씀이라고 하였다.122) 더욱이 소요리문답서 제2문의 대답은 우리 인간이 하나님을 영화롭게 하며, 그를 영원토록 즐거워할 수 있도록 주신 법칙이 역시 하나님의 말씀인 성경임을 강조한다. 그리고 신구약 성경말씀은 정확무오한 하나님의 말씀으로서, 사람이 하나님에 대하여 어떻게 믿어야 할 것과 하나님이 사람에게 요구하는 것이 무엇인지를 깨우쳐 준다.123)

성경은 이와 같이 신적인 권위를 가진 하나님의 말씀인 것이다. 그 이유는 성경의 기록 자체가 인간의 말과 인간의 생각을 기록한 것이 아니라, 하나님의 생각과 하나님의 뜻을 기록했기 때문이다. 이러한 기록에는 하나님 자신의 개입과 역사가 있었음을 전제한다. 그것은 영으로 함께 하

---

121) [참고] 박형룡, 전게서, 240-253쪽.

122) Ed. William Blackwood, The Confession of Faith, The larger catechism, the shorter catechism, the directory for publick worship, the form of presbyterial church government with references to the proofs from the scriptuer, Edinburgh and London, 1959, Chapter 1. Of the Holy Scripture, 3-6쪽., 웨스트민스터 대요리문답서 제 3문: "하나님의 말씀은 무엇입니까?" 하고 물었으며, 그 대답으로 "신구약 성경은 하나님의 말씀으로 믿음과 순종에 대한 유일한 법칙이라"고 설명하였다.51,115쪽.

123) 참고, 전게서, 웨스트민스터 대요리문답서, 제5문, 소요리문답서 제3문에 나타나 있다.

시는 하나님의 성령(聖靈)의 작용을 말하는 것이다. 바울은 성경이야말로 하나님의 감동으로 된 것이라고 증거 하였고, 역시 인간을 예수 그리스도를 통하여 나타난 하나님의 구원으로 인도하는 책일 뿐 아니라, 인간을 깨우치며, 책망하며, 바르게 하며, 의(義)의 사람이 되도록 교육할 수 있는 책이라는 사실을 또한 증거해 준다(딤후 3 : 15 - 17). 하나님의 계시는 이와 같이 하나님의 뜻을 기록한 성경을 통하여 인간을 깨우치며, 변화하게 하며, 가르치는 교육적 기능을 가지게 되며, 또한 교육의 수단으로 사용하게 되는 하나님의 교육을 위한 하나님의 책임을 믿어야 한다.

그러므로 교회(기독교)교육은 언제나 하나님의 말씀인 성경을 가르치는 것을 중심적인 과제로 삼는다. 그리고 교회(기독교)교육은 성경의 올바른 이해를 위하여 성경신학의 학문적 도움을 입어야 한다. 그것은 구약과 신약의 성경신학적인 정보를 근거하여 성경본문이 어떻게 해석되어야 할 것이며, 또한 그 성경이 어떻게 가르치고 배워지도록 해야 할 것인지, 성경 공부를 위한 적절한 교수방법이 개발되도록 힘써야 한다. 기본적으로는 성경본문을 어떻게 해석해야 할 것인지 해석학의 원리에 관심을 두어야 하며, 성경말씀을 어떻게 삶의 상황에 적용되게 해야 할 것인지에 대한 적용법의 연구가 교회(기독교)교육학의 책임이 되는 것이다.

3) 복음의 교사인 성령

이러한 하나님의 계시와 말씀의 기록인 성경은 역시 하나님의 영(靈)의 역사와 그 영의 충만한 개입에 의하여 이루어졌다는 신학적 특징을 갖는다. 이러한 관점을 강조하는 것이 성경의 영감설(Inspirationslehre)이다. 성경의 기록에 하나님의 영이 함께 하셨다는 것은 성경자체의 증거뿐 아니라, 지금까지 성경을 대한 모두가 경험한 사실이며, 교회의 역사는 또한 그것을 잘 입증해 준다.

본래 하나님의 영은 창조주와 함께 계신 분으로 하나님의 창조사역(創造使役)에 동행하시고, 계시의 주체(主體)로 활동하심을 본다. 하나님은 그의 영을 보내시고, 영의 도움으로 모든 만물이 창조되었다는 사실이다. 특히 인간을 흙으로 지으시고, 코에 생기를 불어넣으시니 생령(生靈)이 되었다는 것(창 2 : 7)은 창조의 역사가 하나님의 영의 활동의 역사임을 알게 해 준다. 하나님은 자연 속에서 그 영의 활동을 거두실 때 모든 피조물은 영과 물질로 나누어지며 흙으로 돌아가게 되는 것이다(시 104 : 29).

이러한 생명의 근원인 성령의 활동은 역사적으로는 이스라엘의 지도적인 인물들 가운데 함께 하심을 보게 되는데, 즉 선택된 백성들을 구원으로 인도하던 출애굽의 사건과 사사들과 선지자들에게서 이다. 특히 바벨론 포로 전후로 나타난 이스라엘의 민족적인 수난사에서 메시아적인 왕(사 11 : 2)과 하나님의 종(사 42 : 1)은 하나님의 영에 사로잡힌 자들이었음을 보게 된다. 그리고 이미 메시아의 시대에 이스라엘 백성들은 하나님의 영의 부으심을 통하여 새롭게 되는 것을 경험하였다(사 44 : 3 ; 겔 36 : 26).

이제 신약시대에 와서 하나님의 영(靈)은 역시 그리스도 탄생의 역사와 함께 그의 인류구원을 위한 구속사역에 활동하셨다. 신약성경전체는 그러한 성령(聖靈)의 활동의 일관된 모습을 보여 주고 있다. 그리고 사복음서 저자들의 증거에 따르면 성령은 예수님이 공생애를 시작하기 위한 준비과정에 함께 하신다(마 4 : 1 - 10). 그리고 공생애의 시작에 대한 소명의 표시로서 세례요한에 의하여 세례를 받으실 때도, 성령은 함께 하셨다. 성령은 요한의 증거에 따르면 인류구원을 위한 십자가와 부활의 구속사역 이후에 활동하게 될 대리적 역할자로 소개 된다[124]. 특히 하나님의 성령은 그리스도의 부활 승천 이후에 그의 약속대로 오순절에 사도들과 함께 기도하던 예루살렘 교회의 무리 위에 임하셔서, 그들로 하여금 그리스도의 영으로 하나님의 함께 하심을 경험하게 하시고, 예수 그리스도를 믿음으로 구원받은 하나님의 택한 백성들의 신앙공동체를 이루게 한 것을 보게 된다(행 2 : 1 - 12, 42 - 48). 그리고 성령은 땅위에 그리스도의 교회가 세워지도록 역사 하는 하나님의 은혜의 주인이시다.

이러한 하나님의 능력인 성령에 의지하는 자의 삶은 하나님의 일에 봉

---

124) 보혜사 성령(요 14 : 26 ; 15 : 26 - 27), 죄와 의와 심판에 대하여 책망하심, 진리 가운데로 인도하시며, 장래 일을 나타내 보이시는 분으로 소개되었다(요 16 : 7-13).

사자로 일하게 되는 것이다. 특히 성령의 다양한 은사와 더불어 그리스도의 복음증거와 이웃을 향한 하나님의 사랑을 나타내 보이는 헌신적인 삶을 살아가게 된다. 그리고 그러한 섬김 가운데서 하나님의 영의 함께 하심을 경험하게 되는 것이다(갈 2 : 20 ; 갈 6 : 1 - 2). 그리고 하나님의 계시사상에 있어서 주된 역할자이신 하나님의 성령은 마지막 시대에 구원의 완성을 초래하는 힘으로 이해되었다. 성령은 죽은 자들의 부활의 영이 되신다(고전 15 : 44). 그는 세상 가운데서도 믿는 자들의 보증이 되시며, 신앙인들의 희망찬 인생설계에 항상 위로와 격려자로 계시며, 구원받은 개인과 공동체가 온전함에로 나아가도록 결단하는 힘이 되신 것이다. 그러므로 그리스도인들의 삶이란 궁극적으로 하나님의 성령의 도움에 의존된 삶이며, 그리스도를 통하여 나타난 구원을 전하는 복음전도의 사명수행도 성령의 도우심 가운데서 이루어지는 하나님의 일인 것이다(마 28 : 19 - 20 ; 행 1 : 8).

교회(기독교)교육에 있어서 성령(聖靈)은 특별히 그리스도를 통하여 나타난 구원의 계시를 인간들에게 전달하며, 깨닫게 하는 교사라는 점이다. "진리의 영이 오시면 그가 너희를 모든 진리 가운데로 인도하시리라"(요 16 : 13)하신 말씀대로 성령은 사람들을 진리이신 그리스도에게로 인도하시며, 진리를 깨닫게 하시며, 하나님의 사람들로 변화되게 하시는 교육의 주인이 되신 것이다. 그러므로 기독교 복음의 교사들은 성령의 능력을 힘입도록 기도해야 할 뿐 아니라, 새롭게 함과 변화의 공간에서 성령의 활동하심에 민감해야 하는 것이다. "나는 심었고, 아볼로는 물을 주었으되 오직 자라게 하시는 이는 하나님이시라"(고전 3 : 6)고 바울이 증거한대로 성령 하나님의 활동에 도구로서 쓰임 받음을 기대하고 기뻐하며, 감사해야 할 것이다.

4. 교회(기독교)교육의 신학적 구조와 기본내용

교회(기독교)교육의 신학적인 기본구조와 내용은 역사적인 신앙교리와의 관계에서 '하나님의 창조'와 '인간의 타락', '그리스도의 구원'과 '하나님의 나라와 교회', 그리고 '종말사상' 등으로 요약된다. 이것은 교회(기독교) 교육이 의존해야 할 교육신학의 기본적인 근거와 구조라고 할 것이다. 그리고 개혁신학의 특징으로 불리는 하나님의 언약(Covenant)의 관점에서 볼 때, 교육의 신학적 기본구조는 역시 하나님의 창조의 언약과 인간의 타락, 그리고 그리스도를 통한 구속의 언약, 창조세계완성의 언약 등으로 체계화 할 수 있다.125) 이것은 그리스도를 통한 인간 구원의 핵심적인 진리체계를 말하는 것이며, 하나님의 창조세계의 완성을 의미하는 것이다. 이러한 기본적인 4가지 관점의 교육 신학적 구조를 전제하면서 다시금 다섯 가지 신학적 주제를 따라 자세히 소개해 본다.

1) 창조와 언약사상

성경은 하나님이 말씀으로 천지를 지으셨음을 증거 한다(창 1 : 1). 그것은 엿새 동안에 이루어진 전능하신 하나님의 창조사역이었다. 이러한 하나님의 창조사역은 무(無)에서 유(有)로의 이끌어 내심을 말하며, 하나님의 말씀의 권능을 나타내신 것이며, 그 말씀은 하나님 자신으로서 창조의 능력이 되신 것이다. 그리고 이러한 창조는 완전하고 아름다워, 하나님이 보시고 기뻐했던 것이다(창 1 : 4, 10, 12, 18, 21, 25, 31).

하나님의 창조 가운데 가장 중요한 일은 역시 인간을 만드신 것이다. 하나님은 그의 형상대로 사람을 창조하였다(창 1 : 27).126) 그 목적은 하나

---

125) [참고] R. W. Pazmino는 그의 책 "Foundational Issues in Christian Education"의 70쪽에서 언약신학의 관점에서 보는 교육의 신학적인 구조를 창조의 언약, 타락, 구속의 언약의 3가지 교의적 관계로 설명하였다. 이것은 그리스도를 통한 구속의 관점에서만 본 것으로 이해되며, 하나님의 창조계획과 구원의 섭리적 관점에서 볼 때, 그리고 예수 그리스도를 통하여 계시된 "하나님의 나라"와 관련하여 볼 때, 그리스도의 재림과 더불어 이루어질 완성된 왕국, 즉 새 하늘과 새 땅의 종말론적 비전은 창조세계의 완성으로 이해되며, 역시 개혁신학에 의존된 교육신학적 구조는 언약의 관점에서 '창조세계의 완성의 언약'으로 보는 것이 좋을 것으로 여긴다.

126) 웨스트민스터 신조, 2조: "하나님은 모든 피조물들을 지으신 후에 합리적이고 영원불멸의 영혼을 가질 수 있도록 남녀로 사람을 창조하시고 자신의 형상을 따라서 지식, 의와 참된 거룩함을 갖도록 하시었으며, 그들의 마음에 새겨진 하나님

님이 만드신 모든 피조물을 다스리게 하기 위함이었다(창 1 : 26). 그리고 인간에게는 땅에 생육하고 번성하며, 충만하게 되는 것과 땅의 정복과 모든 생물을 다스리도록 문화적 명령이 주어졌다(창 1 : 28). 이러한 문화명령은 곧 인간이 행하고 이루어야 할 삶으로서 사명과 책임으로 이해된다. 그리고 이러한 문화적 사명은 하나님의 형상과의 관계에서 새롭게 이해되어야 할 창조적 과제이기도 한 것이다.

인간이 하나님의 형상으로 지어졌다는 것은 하나님의 참된 지식, 의와 거룩의 성품을 드러내는 인격적인 존재를 뜻한다.[127] 중요한 것은 인격적인 모습의 실재(實在)와 자유의지(自由意志)의 능력에 대한 것이다. 칼빈은 역시 하나님의 형상을 거울과 같은 존재로서의 역할에다 비교하여 설명해 준다. 스콜라 신학은 하나님의 형상을 대우주(大宇宙 : Makrokosmos)와 소우주(小宇宙 : Mikrokosmos)의 모습으로 비교하여 설명하기도 하였다.[128] 하나님의 뜻이 자연세계 만물의 모습으로 펼친 것이 하나님의 창조요, 대우주라고 한다면, 인간은 그것을 축소하여 놓은 모습으로 본 것이다. 거기서 하나님의 형상으로 지음받은 인간의 역할은 하나님의 대우주적인 모습을 반사하고 반영하는 거울과 같은 존재로 설명된다. 그러나 그것은 로봇과 같은 존재로서의 거울이 아니라, 자유의지를 가진 존재로서의 거울의 역할이었다. 그리고 자유의지는 모든 것을 인간이 자기 생각과 욕망을 따라 마음대로 행동하는 것을 뜻하는 것이 아니라, 하나님이 원하시는 뜻에 따

의 율법과 그것을 성취할 수 있는 능력을 갖게 하시었다. 그러나 하나님은 저들이 범죄의 가능성 밑에서 그들 자신의 의지의 자유에 따라서 행하시도록 하시었고 이러한 의지의 자유성은 변할 수가 있는 것이다....”

127) [비교] 하이델베르거 캐터키즘, 벨직 신조 14항 : We blieve that God created man out of the dust of the earth and made and formed him after his own image and likeness, good, righteous, and holy, capable in all things to will agreeably to the will of God.

128) [비교] K. Schaller, Die Pädagogik des Johann Amos Comenius, Heidelberg 1962, 135-138 쪽 : Hrg. v. K. Gossman u. H. Schröer, Auf den Spuren des Comenius, Göttingen 1992, 204-207쪽, 샬러 교수는 코메니우스 역시 하나님의 형상을 대우주와 소우주의 관계로 이해하였던 것을 잘 밝혀 주고 있다.

라 행동하는 자유의지의 올바른 선용을 의미한다. 그 반대는 자유의지의 남용이며 하나님 앞에 불순종으로서 죄가 된다.

이러한 하나님의 창조는 창세전에 이미 영원하신 하나님의 작정과 계획하심 속에서 이루어진 것으로 이해된다.[129] 특히 하나님은 인류의 첫 조상인 아담과 언약의 관계를 가지게 된다. 그것은 아담에게 모든 피조물을 다스리도록 사명을 부여하실 때, 하나님의 창조언약은 하나의 조건으로 제시되었다(창 2 : 15 - 17).[130] 이것을 전통적인 개혁신학자들에게서는 행위언약으로 부른다.[131]

창조언약과의 관계에서 중요한 것은 하나님이 인간에게 맡기신 자연 피조물의 다스림에 대한 문화적 사명과 책임에 관한 것이다. 문화적 사명은 창조의 법칙과 질서와의 관계에서 이해되어야 하는 일이다. 원래 하나님의 창조는 우주 만물 속에 법칙과 질서의 부여로 이해되며[132], 특별히 인간이 사회적 공동체를 형성하여 살아가도록 세 가지 사회적인 기본 질서를 부여해 주신 것으로 이해한다. 기본질서의 첫 번째는 남성과 여성의 창조이며, 이 둘이 서로 결합하여 인간의 새로운 생명을 탄생하게 하는 성(性)의 질서에 대한 것이다. 두 번째 것은 자연 가꿈과 만물의 보존과

---

129) 웨스트민스터 신조 제 3장은 이러한 하나님의 영원하신 작정과 계획에 대하여 자세히 밝히고 있다. "영원 전부터 하나님은 가장 지혜로우시며, 거룩하신 자신의 뜻의 계획으로 무엇이든지 되어질 것을 자유롭게 변치 않도록 작정하시었다. 그러나 하나님이 그 일로 인하여 죄의 주관자가 되시거나 피조물의 의지를 부정하시지는 않으시며 자유나 제 2 원인의 우연성이 배제되지 않을뿐더러 오히려 확립이 되어진다".

130) 전게서, The Cofession of Faith, Chap.7. Of God's Covenant with Man, 웨스트민스터 신조 제7항은 하나님의 창조에 대하여 다음과 같이 말한다. "아버지 하나님, 아들 하나님, 성령 하나님은 태초에 자신의 영원하신 권세와 지혜와 선하신 영광을 들어내기 위하여 가시적이든 불가시적이든 간에 엿새 동안에 세상과 그 안에 있는 모든 것들을 무에서부터 매우 선하시게 창조하시거나 지으시는 것을 기뻐하셨다.

131) [비교] 웨스트민스터 신조, 제7항에서 이미 사람과 체결한 첫 번째 언약을 행위언약으로 명명하였다. H. Hoeksema, Refomed Dogmatics, Grand rapid 1985, 4. printed, 214-226쪽.

132) [참고] W. Lohff, Glaubenslehre und Erziehung, Göttingen 1970, 38쪽.

관리의 노동활동을 통하여 생존이 가능하도록 소유의 질서를 주신 일이다. 그리고 세 번째 질서는 만물을 다스리는 통치의 질서를 뜻하는 것으로 본다. 이것이 사회적으로는 부부결합의 결혼제도와 가정의 질서와 제도로 나타나며, 노동과 경제활동을 통한 소유관계를 형성하는 분배의 제도가 생겨나고, 크고 작은 국가나 사회적 공동체의 다스림의 형태로서 통치제도가 탄생하게 되는 것이다.133)

교육적으로 중요한 것은 이러한 세 가지 기본질서에 따라 생산되는 사회적 가치관으로서의 제도들이 인간의 삶의 경험을 통하여 가변성을 가진다는 점이다. 그리고 사회적 환경의 변화에 따라 창조시에 부여한 사회적 삶의 질서와 제도들은 더 나은 제도를 향하여 변화·발전하면서 주님의 재림의 때(심판)까지 창조세계의 기존질서로서 보존되어야 한다는 것이다. 이점은 실제로 오늘날 기독교 복음이 이웃과 공동체에 대한 사회윤리적 책임을 인지하게 하는 근거가 되기도 한다.134) 그리고 문화적 사명과 관련하여 인간은 하나님이 지으신 창조세계 가운데서 모든 피조물을 관리하고 다스리는 하나님의 일꾼이며, 동시에 자연 피조물과 더불어 그 모든 인간의 책임적인 활동을 통하여 창조주 하나님을 경외하고 그를 기쁘시게 하며, 그 안에서 즐거워하는 복된 삶을 살아가게 되는 일이다. 이와 같이 하나님의 창조는 한마디로 하나님 중심의 세계를 보여 준 것이라 할 것이다.

교회(기독교)교육의 교사는 하나님의 창조세계가 하나님의 작정과 계획 가운데서 이루어진 것이며, 또한 인간에게는 언약관계에서 제시된 하나님 중심의 세계라는 사실을 알도록 해주어야 한다. 그 안에서 특히 인간은 하나님의 형상으로 지어진 존재로서, 창조주 하나님의 뜻에 순종하는 삶을 통하여 하나님께 영광 돌리는 삶을 사는 것이 인간존재의 최대 목적임을 알게 해야 한다. 그리고 창조주 하나님이 만물의 주인이시며, 창조세계와 인류의 역사를 주관하시며, 섭리하시며, 다스리시며, 인도, 보존하시는 분이심을 믿도록 해야 한다. 또한 인간은 하나님이 창조를 통하여 부여한

---

133) [참고] Lohff, 전게서, 44-49쪽.
134) Grand Rapid Reporting, Evangelism and Social Responsbility, 1982.

하나님과 사람과 자연 피조물과의 관계질서가 조화를 이루도록 종교적이며, 문화적인 사명을 가진자로 인식하게 해야 하며, 그 일에 사명과 책임을 부여받은 존재임을 알고 실천하도록 해야 한다. 이러한 올바른 질서의 관계를 이루는 삶이 하나님의 뜻에 순종이며, 하나님을 영화롭게 하는 것이며, 영원토록 그 하나님과 더불어 즐거워하는 삶을 사는 것임을 가르치고 깨우쳐야 한다.

2) 인간의 죄와 타락

성경은 인간이 타락(墮落)된 존재임을 증거 한다. 타락이란 창조주 하나님과의 관계에서 단절된 상태를 말하며, 하나님을 떠나 인간이 홀로 존재하게 된 것을 말한다. 그리고 그것은 창조질서의 관계에서 볼 때 하나님을 떠난 이탈이며, 하나님의 형상을 잃어버림, 또는 깨어짐으로 이해하기도 한다.

이것은 역사적으로는 첫 인류의 대표인 아담이 하나님께 불순종한 결과이며, 죄를 범하게 된 것을 말한다. 여기서 죄(罪)란 하나님의 법을 순종함에 부족한 것이나, 그 법을 어기는 것을 말한다.[135] 이러한 인간의 타락과 죄는 유전관계로 보며, 아담 이후에 출생하는 모든 인간은 출생에서부터 죄와 실수의 운명을 지니고 탄생된 것으로 보았다.[136] 이러한 이해는 인류의 대표자인 아담과 맺은 하나님의 언약관계(言約關係)에서 하나님이 설정해 놓은 인간이 넘어서는 안 되는 한계점이었다. 그 한계의 설정 관계가 하나님의 언약인 것이다.

그런데 아담의 불순종은 모든 인간이 하나님 앞에 죄인이 된 결과를 초래하였다. 여기 죄인이 되었다는 것은 하나님과의 약속의 위반이며, 관계의 단절이며, 스스로는 어떻게 할 수 없는 무능력의 존재가 된 것을 뜻한다. 이것은 하나님 앞에서는 그 어떤 의(義)와 공로(功勞)를 내세울 수

---

135) 웨스트민스터 신조, 소요리문답서, 제14문의 대답.

136) [참고] 웨스트민스터 신조, 제6장 3항: 저들이 인류의 시조이기에 이러한 죄의 허물은 전가되어졌고, 죄에서 동일한 죽음과 부패한 본성이 정상적인 출생에 따라서 저들로부터 모든 후손에게 유전되었다.

없는 무능한 존재를 가리키는 것이다.

인간의 전적타락과 유전죄의 이해는 창조신앙의 관점에서 볼 때, 근본적으로 멸망되어야 할 운명적 존재가 아니라, 원래 인간은 하나님의 창조목적의 성취를 위해 불려진 존재이기 때문에, 다만 자기목적 성취에 근본적인 과오를 가지게 되었음을 뜻하며, 동시에 인간이 스스로의 힘으로는 아무것도 이룰 수 없는 존재임을 뜻한다. 그리고 하나님의 창조목적의 성취에 다시 쓰임 받기 위해서는 전능하신 하나님의 구원의 은총을 입어야 하는 존재임을 말하는 것이다.

여기서 인간은 전적으로 예수 그리스도를 통한 하나님의 구원의 은혜에 종속해야 한다. 그리고 복음전파는 모든 사람을 하나님 나라의 백성으로 부르시는 일이며, 인간의 전적 타락의 문제가 새로이 회복되는 가능성을 찾는 일임을 알아야 한다. 그리고 예수 그리스도를 통하여 나타내신 죄용서의 은혜를 믿음으로 수납함으로 인간은 그리스도 안에서 새로운 피조물로 지음 받는 재창조의 역사가 가능하게 되는 것이다. 그리고 그리스도의 복음은 믿음으로 거듭난 자들에게 다시금 그리스도를 통한 하나님의 은혜에 감사하는 삶으로서, 하나님 사랑과 이웃사랑의 책임적인 행위를 요구받게 되는 것이다(마 22 : 37 - 40). 그리고 예수 그리스도를 통한 인류구원의 사역은 예수의 십자가와 부활의 관계로 열매 맺게 되는데, 그의 십자가는 하나님의 부르심에 대한 인간의 불순종을 심판하는 일이며, 인간의 원죄에 대한 대속(代贖)을 의미하게 된다. 예수의 십자가는 인간의 죄에 대한 하나님의 구원의 계시를 나타내신 일로 이해한다. 이러한 죄인으로서의 타락을 극복하는 길은 그리스도를 통한 구원의 교리, 즉 속죄, 화목, 용서, 칭의 등의 신앙교리에서 그 대답을 발견하게 된다. 물론 그리스도를 주님으로 인정하고 영접하는 과정은 성령의 도우심에 의한 개인적인 변화로서, 회심 / 회개와 중생의 체험들이 강조될 수 있을 것이다.

코메니우스는 인간의 타락은 하나님이 창조시에 세워주신 본래의 자리를 떠남, 또는 이탈로 이해하며, 그리스도를 통한 구원은 원래의 자리에로 다시 되돌리는 회복으로 이해하였다. 그는 그리스도를 통하여 회복된 구

원의 존재인 인간은 계속적으로 하나님의 창조사역의 일꾼으로서 하나님
의 일에 부름 받음을 뜻하며, 하나님의 영광을 위한 책임감당을 강조하려
는데 있었다. 그 때문에 그의 인간교육은 인간을 하나님께로 되돌리는
'회개의 사역'이라고 말하게 되는 것이다.137) 이러한 회개의 주인은 오직
그리스도이시며, 성령 하나님의 은혜인 것이다. 그리고 성령을 통하여 부
름받은 그리스도인들은 그 일에 동역자들이며, 여기서 복음의 교사는 인
간이 죄인임을 일깨우고, 스스로 하나님 앞에서 의로워질 수 있는 능력이
전혀 없음을 알도록 일깨워야 한다. 그리고 오직 예수 그리스도만을 의지
하도록 돕는 것이다.

3) 그리스도와 구원의 새 언약

하나님은 타락한 인간을 외면하거나 영원히 버리신 것이 아니라, 여전
히 사랑하시기 때문에, 하나님의 사랑은 인간을 다시금 구원하시는 은혜
로 부르게 되는 것이다. 이러한 구원의 은혜는 하나님의 영원한 창조의
언약 가운데서 이루어진 것인데, 이제 예수 그리스도를 통하여 새 언약으
로 나타내신 것이다. 이러한 구원의 은혜는 벌써 타락 이후에 인류의 조
상 아담과 하와가 에덴에서의 추방과 함께, 하나님이 그들에게 가죽옷을
지어 입히신 사건에서 시작되었다고 본다(창 3 : 21). 그리고 노아 홍수의
심판을 끝내고 하나님은 다시금 구원의 언약을 무지개를 통하여 나타내신
다(창 9 : 9 - 17).

하나님의 이러한 구원의 언약은 이제 아브라함에게 새로이 제시되었다.
그리고 그를 통하여 하나님의 택한 백성으로서 이스라엘 민족이 형성되게
하였으며, 이스라엘 민족의 역사는 바로 이러한 하나님의 영원한 언약 가
운데서 하나님의 선택된 백성의 구원의 역사를 보여준 것이다.

이제 하나님의 택한 백성들의 구원은 이러한 하나님의 구원섭리를 따
라 다윗의 가문에서 동정녀 마리아를 통하여 예수 그리스도의 탄생으로

---

137) [참고] K. Schaller, 전게서, 163쪽. 샬러 교수는 코메니우스의 범 교육학의 핵심을
"회개의 교육"(Paideia als Metanoia)이라고 불렀다.

시작되게 하셨다. 그는 새 언약의 주인으로서 택함 받은 하나님의 백성들에게 미치는 구원의 주(主)가 되게 하신 것이다.138) 개혁신학에서는 이러한 하나님의 그리스도를 통한 구원의 언약을 은혜언약(Covenant of Grace)이라고 부른다.139) 예수 그리스도가 이루신 십자가와 부활의 사건은 택하신 하나님의 백성들을 구원하기 위한 하나님의 유일한 은혜의 방편이었다. "나는 길이요, 진리요 생명이니 나로 말미암지 않고는 아버지께로 올 자가 없다"(요 14 : 6)는 예수님의 말씀은 자신이 유일한 구원의 중보자이심을 나타낸 것이다.140) 그는 인간으로 하여금 하나님과 화목(和睦)을 이루도록 하기 위하여 대속(代贖)의 제물이 되었으며, 십자가에 자기의 생명을 내어주고, 자신을 희생함으로 많은 사람이 죄용서의 은혜를 입고 영원한 생명을 얻게 하신 것이다(막 10 : 45). 그리고 그는 죽음에서 부활하심으로 영생의 확실성을 보여주셨다.

그러므로 중보자 예수 그리스도를 믿음으로 얻게 되는 구원(救援)이란 하나님과 단절된 관계의 회복을 의미하며, 그리스도 안에서 새로운 피조물로 지음 받게 되는 재창조(再創造)를 의미한다(고후 5 : 17). 이것은 또한 중생의 은혜를 뜻한다(요 3 : 3). 사람들이 예수 그리스도를 통하여 이루어진 죄용서의 은혜와 칭의(稱義)의 은혜를 경험하게 되는 과정은 개별적으로 성령을 통하여 하나님의 택한 백성을 부르시며, 중생의 체험과 함께 회개와 믿음으로 나타나게 되는데, 이 모든 사역의 주체는 역시 성령의 역사인 것이다.141) 그리고 구원의 개별적인 적용은 성령의 깨닫게 하는 은혜의 역사와 함께 자신은 하나님 앞에 죄인임을 인정하고, 회개하는 일에서 시작된다. 그리고 예수 그리스도가 자기의 죄를 용서해 주신 은혜의

---

138) [참고] 웨스트민스터 대요리문답서 제32문(하나님의 은혜가 둘째 안약 속에 어떻게 나타났습니까?)의 대답.

139) 전게서, The Confession of Faith, Chapt.7., ".....the Lorad was pleased to make a second, commonly called the Covenant of Grace...." 13-14쪽.

140) [참고] The Cofession of Faith, Chapt.8. Of Christ the Mediator, 14-17쪽.

141) 전게서, The Confession of Faith, Chapt.10, Of Effectual Calling, 18-19쪽. 웨스트민스터 신조 제 10장은 효과적인 소명에 대하여 말하고 있으며, 제11장은 칭의에 관하여 다루었다.

중보자이심을 믿고, 거룩한 하나님의 자녀가 되는 약속을 따라 양자됨과 하나님의 거룩한 약속의 백성의 존재로서 성장되어 가는 성화의 과정에 이르게 된다.142)

여기서 교리적으로 중요한 것은 예수 그리스도는 하나님과의 관계에서 타락한 그의 택한 백성들의 구원을 위하여 인간의 몸을 입고 오신 예수 그리스도로서 제 2의 인격체로서 하나님과 동등한 분이심을 알게 해 주어야 하며, 그는 하나님의 택한 백성들을 구원하기 위하여 오신 구세주이시며, 하나님의 아들이시며, 하나님의 나라를 다스리시는 만유의 주인으로서 통치자이심을 알게 하는 것이다. 사도신경의 기독론 부분에서 표현된 대로, 그는 십자가에 우리를 위하여 죽으시고, 삼일 만에 부활하셨으며, 승천하시고, 하나님 우편에 계시면서, 거기서 마지막 때에 심판의 주로 오실 것과 몸이 부활하게 될 것과 우리를 영생으로 인도하실 것을 믿도록 가르쳐야 한다.

4) 하나님의 나라와 교회

예수 그리스도의 이 땅에서의 사역은 하나님의 나라의 시작과 하나님의 그리스도를 통한 통치를 알리는 것이며, 이제 인류의 구원은 그를 통하여 이루어진다는 것이었다(막 1 : 15). 그리고 그리스도를 통하여 모든 만물이 하나로 통일되어 있다는 것(골 1 : 15 이하)과 그를 통하여 하나님의 나라의 미래는 새 하늘과 새 땅으로 나타나리라는 것들의 약속이다(벧후 3 : 13 ; 계 21 : 1 - 5).

그런데 이 나라는 구약에서 이미 여러 선지자들을 통하여 예언되었던 것이며(단 7 : 13 ; 사 53 : 1 - 12), 예수 그리스도를 통하여 하나님의 나라가 선포됨으로서 벌써 하나님의 통치가 그로 인하여 땅에서 시작된 것이다(눅 4 : 16 - 21). 그리고 예수님이 여러 가지 비유로 천국을 가르쳤던 것처럼(마

---

142) [참고] 전게서, The Confession of Faith, Of Adoption, 20-21쪽, 역시 웨스트민스터 신조 제12장에는 양자에 관하여 다루었으며, 제13장은 성화에 관하여 다루었다. 21쪽.

13) 하나님의 나라는 이 땅위에서 겨자씨와 누룩, 옥토에 떨어진 씨처럼 확대되어 큰 것으로 자라고 발전하게 되는 것이다. 그러나 하나님의 나라는 다시금 약속의 나라로서 그리스도의 재림의 때에, 완성된 모습으로 도래하게 된다(요 14 : 1 - 3).

그러므로 그리스도인들은 역사와 시간 속에서 현재적으로 그 나라의 시민으로 속하여 일하게 되는 것이며, 동시에 미래적으로는 완성된 하나님의 나라가 도래하고 있음을 기다리는 그 나라의 백성들인 것이다. 그리고 그리스도인이 된다는 것은 하나님 나라의 백성으로 불려짐을 의미하며, 하나님의 말씀을 따르며, 하나님의 나라를 위하여 봉사하며, 일하고 그 나라의 주인을 섬기는 일꾼을 의미한다. 그리고 동시에 그리스도가 역사의 마지막 날에 완성된 새 하늘과 새 땅으로 임하실 그 날을 바라보며(벧후 3 : 13 ; 계 21 : 1), 역사 안에 실재하는 하나님의 나라에서 살아야 하는 것이다.

하나님의 나라와 관련하여 중요한 또 하나의 신학적인 주제는 그리스도의 교회에 관한 것이다. 그리스도를 통하여 부름받은 하나님의 백성들은 지상에 세워진 그리스도의 교회를 이루게 된다. 그리고 이 교회는 그리스도의 머리요, 몸으로서 하나님의 나라에 불려진 택한 백성들과 함께 공동체를 이루게 된다. 이와 같은 관계를 바울은 그리스도의 몸에 속한 지체들의 관계로 설명하였다(엡 5 : 22 - 30). 그리고 그리스도의 교회는 이러한 지체들의 믿음의 분량에 따라 섬김과 봉사를 통하여 그리스도의 생명체로서 살아 움직이는 유기체적 활동을 나타낸다(고전 12 : 12 - 27 ; 롬 12 : 3 - 5).

그런데 그리스도의 몸 된 교회를 통하여 이루어지는 일 가운데 중요한 것은 기독교의 종교적인 의식들이다. 그리스도를 통하여 부름받은 하나님의 역사적인 새 언약의 백성들은 그리스도의 교회에 결합됨을 통하여 하나님과의 교제를 나누게 된다. 이러한 의식으로 중요한 것들은 세례, 성찬, 예배 등이다. 여기 결합은 구원의 공동체에 새로운 하나님의 자녀로, 하나님의 택함 받은 백성으로의 영접을 뜻하는 것으로, 그리스도의 몸 된 교회에 속하여 그리스도와 성령을 통한 삼위일체 되신 하나님과의 교제를 나누며, 성도간의 교제와 죄를 용서하시는 은혜를 통하여 하나님에 대한 믿음을 강화하며, 하나님과의 인격적인 교제를 통하여 하나님의 뜻을 헤아리는 성령의 은혜를 입게 된다. 그러므로 교회는 하나님의 나라를 세상 가운데서 선전하고, 가르치며, 보여주며, 다시금 하나님의 백성들을 소집하는 장(場)으로서 하나님의 나라의 전초기지와 같은 곳이다(벧전 2:9-10). 그리고 교회는 그리스도가 교회의 예전적인 모습 가운데서 말씀과 성례로 우리를 다스리시는 하나님의 나라의 모습을 보여주며, 경험하게 하는 장이라 할 것이다. 또한 교회는 그의 나라에 불려진 자들을 양육하고 훈련하여 다시금 세상에 내보내는 교육의 장(場)으로서의 역할을 하게 되는 것이다. 그런 관계에서 볼 때, 교회는 성령에 의하여 세워지는 하나님의 언약백성들의 공동체이며, 그리스도를 통하여 오신 성령 하나님을 섬기는 신앙공동체이며, 그들을 가르치고 양육하며, 훈련하는 교육공동체라고 할 수 있다.

교회(기독교)교육의 교사는 이러한 현재적이면서 미래적인, 양 차원적 성격을 가진 하나님의 나라를 잘 이해하여 가르쳐야 할 것이다. 특별히 여기서 중요한 것은 하나님이 원래 창조하신 이 세계와 예수 그리스도를 통하여 전파된 하나님의 나라와의 관계에 대한 것이다. 하나님의 나라는 창조하신 보이는 세계와 보이지 않는 세계를 다 포함하는 것이다. 그리고 하나님의 나라의 통치는 범세계적이며, 초우주적인 것으로 이루어지기 때문이다. 그러므로 우리 그리스도인들은 이제 그리스도를 통하여 전파된 하나님의 나라의 백성을 부르는 일에 책임을 다해야 할 천국의 일꾼일 뿐 아니라, 여전히 하나님이 창조시에 명하신 문화적 사명도 책임져야 하는 일꾼인 것이다. 특히 개혁주의의 문화관은 타락한 인간들의 세속문화와의 관계에서 먼저 인간을 변화시키고, 그리고 그 변화된 사람들을 통하여 사회적 환경을 새롭게 해야 하는 책임을 가진다. 여기 사회적 환경을 새롭게 하는 문화적 사명은 문화란 인간의 타락한 상태의 반영이며, 그리스도 안에서 사람들이 구원받으며, 그들에 의하여 문화도 하나님께 영광을 돌리며, 하나님의 목적하신 것들을 증진시킴과 같은 것들로 새로워지게 하

는 것을 뜻 한다.143)

5) 종말과 완성

기독교 종말론은 그리스도를 통하여 이루어진 세상의 마지막에 있을 일들에 대하여 말해 주고 있다. 특히 종말에 이루어질 중대한 영적인 사건으로서 그리스도의 재림과 죽은 자들의 부활과 최후의 심판과 영원한 생명으로 옮기는 일들에 대한 것들이다. 이러한 일들은 참으로 신비로운 것이라 할 것이다. 물론 성경은 이러한 종말이 이루지기 전에 그리스도의 재림과 함께 그가 다스리실 천년동안의 왕국이 있을 것을 기대한다(계 20 : 1 - 7). 이러한 입장은 종말론의 천년왕국설에 있어서 거론되는 '역사적 전 천년설'에 해당하는 것이다144). 그리고 전 천년설은 요한계시록 내용의 전체 맥락에서 볼 때, 훨씬 성경적인 설득력을 가진다. 그러나 개혁신학은 대체로 '무 천년'의 입장을 견지하는 것이 전통으로 되어 있다145) 무 천년이란 천년을 시간적인 것으로 이해하기보다는 그리스도가 역사 속에 오셔서 하나님의 나라를 선포하실 때부터 천년왕국의 시작으로 이해한다. 여기서 필자는 대체로 개혁신학의 역사적이며, 전통적인 입장을 따르기로 한다. 결과적으로 기독교의 종말론은 인간의 역사세계의 종결을 의미하며, 동시에 하나님의 창조세계의 완성을 의미한다고 할 것이다.

---

143) [참고] David J. Hesselgrave, Communicating Christ Cross-Culturally(Grand Rapid: Zondervan, 1979), 79-80쪽. 기독교 문화적 책임에 대하여, 우리 기독교와 그리스도인들은 타락한 세속문화에 대하여 적극적으로 대처하며, 문화변혁을 위하여 책임을 다해야 한다.

144) [참고] 개혁신학의 전통적 입장은 역사적 전 천년설을 따르기보다는 무 천년적인 입장을 견지하고 있다. 한국장로교회의 천년 왕국론에 대해서는 대체로 박형룡박사가 역사적 전 천년적인 입장을 수용하고 있었기 때문에 그 설을 지지하는 견해가 우세하다.

145) 천년 왕국론에 대한 개혁신학의 전통적인 입장은 대체적으로 무 천년설을 지지하고 있다. 이러한 입장은 근본적으로 칼빈과 웨스트민스터 신앙고백서에서 그대로 반영되고 있으며, 오늘날도 시구의 개혁신학은 대체로 무 천년적 입장이 고수되고 있는 것으로 이해한다. [참고] Anthony A. Hoekema, The Bible and Future, translated by Ho-Joon Ryou, 기독교 문서선교회, 1986, 239-264쪽.

교회(기독교)교육적으로 중요한 것은 종말론에 대한 교리는 아직 이루어지지 않은 미래적인 사건으로서 신앙적 확실성을 견지하도록 해 주는 어려움이다. 물론 종말적인 사건들의 약속에 대하여도 기독교신앙은 언제나 믿음으로 응답하도록 해야 한다. 그리고 이러한 종말론에 대한 믿음을 어떻게 견지하는 지에 따라 세상을 살아가는 삶의 태도가 다르게 결정된다고 할 것이다. 그 때문에 구약의 선지자들은 위협적인 멸망의 위기에서 하나님의 권세가 이스라엘에게 멸망의 저편에 하나의 새로운 존재를 허락하게 되리라는 희망을 제시한다(겔 37 : 1 - 14). 그리고 신실한 믿음을 가진 자가 자신의 죽음에서 어떻게 구원의 완성에 이르게 될 것인지를 물을 때, 성경은 죽은 자들의 부활에 대한 믿음을 촉구한다. 그리고 부활의 신앙은 예수 그리스도의 인격과 결부된 것이며, 예수는 죽은 자들 가운데서 부활한 자요, 동시에 모든 죽은 자의 부활에 첫 열매이심을 증거한다(고전 15 : 20). 이러한 생각들의 전제는 성경적인 하나님의 언약에 대한 신뢰에 놓여있다. 성경의 약속에 대한 인격적인 신뢰이다. 하나님은 기존 제도들을 보증해 주시는 이는 아니다. 그러나 그는 언약의 하나님으로서, 구원하는 미래의 권세의 주인으로서 믿어진 것이다.

이와 같이 종말론에 있어서 부활과 영생에 대한 교리는 극단적인 좌절의 경험에서도 그리스도의 약속에 대한 확실한 믿음을 견지해야 한다는 것을 교훈한다(고전 15 : 58). 이러한 신앙에 대한 확실성을 증명해 줄 수 있는 방법은 성경의 증거 외는 없다. 그리고 성경적인 신앙은 바로 여기서 그의 궁극적이며, 실재적인 신앙의 모습을 확인할 수 있게 됨을 보여주고 있다. 아브라함의 신앙은 언제나 하나의 모범이 된다. 아브라함의 하나님의 약속에 대한 신뢰는 "아무 것도 바랄 것이 없는 가운데서도 바라고 믿었던 신앙적 태도"(롬 4 : 18) 그것이다. 이런 관점에서 보면 기독교신앙의 본질은 역설적인 모습을 가진다는 것을 깨닫게 된다. 그리고 그 역설이 하나님의 초월적인 역사를 가능케 하는 것이다. 그러한 역설적인 신앙은 순전히 희망의 창조적인 능력을 초래하게 한다. 그러므로 믿음은 모든 가시적인 것에 대한 이루어짐의 선취 행위라 할 것이다.

예수님의 가르침에서도 종말의 일들에 대한 부분은 분명히 믿음으로 준비되어야 함을 교훈 해 주고 있다. "천지는 없어지겠으나 내 말은 없어지지 아니하리라"(마 24 : 35)는 예수님의 말씀은 그리스도를 통한 구원의 약속이 타락으로 인한 모든 인간적 모순을 극복하고 최후의 말씀을 소유하게 될 희망을 표현한 것으로 이해한다. 심판에 대한 고백은 그리스도의 교회에 속한 것과 그 공동체 안에서 신앙생활을 끊임없는 힘쓰는 존재로 머물러야 하며, 그러한 미래에 대한 준비가 인간의 최후의 목적을 결정한다는 희망을 표현한 것으로 이해된다. 특별히 그리스도를 통한 구원의 은혜를 입은 선택된 약속의 백성들은 하나님의 약속에 대한 신뢰를 끝까지 믿음으로 견지함으로써 구원의 약속이 성취에 대한 확실성을 믿음으로 응답하는 것이다. 이러한 교리는 개혁신학에서 '성도의 견인'(堅忍)으로 이해한다.146)(롬 8 : 35 - 39 ; 계 2 : 10)

교회(기독교)교육의 교사는 여기서 그리스도는 약속대로 재림의 주로 오신다는 것과 모든 죽은 자들의 몸으로의 부활이 이루어질 것이며, 그리스도가 오셔서 심판의 주로 서게 될 것과 불신자들에 대한 지옥의 형벌에로의 인도와 영생의 축복이 이루어지게 될 것을 믿음으로 견지하도록 깨우쳐야 한다. 이러한 종말론적 이해는 하나님의 창조의 언약의 완성과 종결로서의 의미를 갖는 것이다. 특히 그리스도의 재림과 부활과 심판과 영생에 대한 비전은 역사세계의 종말을 의미하며 동시에 그리스도 중심의 영원한 새 하늘과 새 땅의 창조세계의 언약의 완성을 의미하는 것으로 이러한 약속을 믿음으로 응답하는 것은 현실의 그 어떤 실존적 상황의 시련과 고난을 극복할 수 있는 힘이란 사실을 일깨우고 확신하게 해야 할 것이다.

지금까지 필자는 교회(기독교)교육이 전제하고, 기초해야 할 신학적인 근거와 기본적인 구조, 그리고 내용들이 무엇인지를 개혁신학의 관점에서

---

146) [참고] 전게서, The Confession of faith, Chapt.17. Of the Perseverance of the Saints, 26쪽. 웨스트민스터 신조 제17장에서 성도의 견인은 하나님의 선택의 예정가운데서 확실히 보증된 것임을 밝히고 있다.

개략적으로 살펴보았다. 이제 교회의 신앙교육에 참여한 교사들은 하나님의 창조의 언약과 인간의 타락, 그리스도를 통한 구속의 언약, 그리고 창조세계의 완성의 언약의 기본적인 교육 신학적 구조와 내용을 이해하고, 기독교 세계와 신앙을 배우는 자들에게 책임있게 가르쳐 깨닫도록 도와야 할 것이다. 그리고 이러한 네 가지 교육신학의 구조와 내용을 전제하여 교사는 교회교육의 사명과 과제가 구체적으로 어떤 것인지를 다음과 같이 정리해 볼 수 있을 것이다.

첫째, 창조의 언약과 관련하여 교사들은 모든 사람들이 하나님의 형상으로 지음받은 자들이라는 것을 전제하여, 그들로 하여금 하나님의 영광을 나타내 보이는 자들이 되도록 해야 할 것이다. 이점에 있어서 개혁신학의 전통은 하나님의 택한 백성들의 교육을 강조하지만, 그 택한 백성들이란 누구인지는 우리가 한정할 수 있는 것이 아니기 때문에 선교적 관점으로 진행해야 하며, 바로 그 때문에 기독교 교육은 다만 하나님의 형상이란 관점에서 접근하는 것이 중요하다고 본다. 물론 하나님의 예정의 선택교리와 관련하여 그 결과는 예수 그리스도를 수용하는 여부에 따라 나타나게 될 것이다. 그리고 하나님의 형상을 가진 자들은 그리스도를 통하여 제시된 하나님의 나라 건설에 책임을 가진 일꾼임을 전제하여, 그 나라의 완성을 위한 준비에 쓰임 받는 일꾼들로 자라게 해 주어야 한다. 그것은 창조세계와 관련하여 하나님을 경외하는 신앙적 책임과 자연피조물에 대한 환경의 책임과 이웃과 자신에 대한 화해(和解)와 의(義)와 평화(平和)를 이루는 정치적이며, 윤리적 책임을 일깨워야 한다. 우리는 이러한 책임을 창조사역과 관련하여 전통적으로 문화적 책임으로 이해하였다.147)

이러한 일들을 위하여 교사는 창조주 하나님을 경외하는 믿음안에서 궁극적으로 그들의 하나님의 나라를 위한 책임이 성취되도록 사람들에게 신뢰와 용기를 갖도록 도와야 한다. 그리고 창조주를 섬기며, 경배하는 일을 통하여 사회와 세계를 포함하는 문화와 인류의 통일을 인식하고, 이러

---

147) [참고] R. Pazmino, Foundations issues in Christian Education, grand rapid, 1997, 70쪽.

한 전망 가운데서 하나님의 나라는 하나님의 전 통치영역으로 정의될 수 있으며, 창조세계와 인류사회를 포함하여 영적이며, 다른 세계적인 영역을 뛰어 넘어 확장하게 할 수 있다는 것을 알게 해야 한다. 그리고 교사는 삶의 모든 것을 이러한 기독교 관점과 관련된 것으로 인식하고, 이러한 연관 속에서 일할 것을 힘쓰는 신실한 젊은 일꾼들을 찾는 것이 중요하다.148)

둘째, '인간의 타락'에 대한 교리적 주제에서 인간은 하나님을 떠났으며, 창조주를 잊어버렸기 때문에 그들의 삶은 언제나 하나님을 대항하는 모습이며, 자신이 만든 삶의 경험적 규범에 갇혀 진실로 하나님의 법에 순종하며, 하나님에 대한 신실한 믿음으로 살아야 함을 본능적으로 거절하고 있는 것이다. 그 때문에 그들은 자신에게 주어진 삶의 책임은 부정하고 회피하며, 근본적으로 혼돈하고 있는 것이기도 하다. 그 결과로 타락한 인간들은 땅과 삶의 방식을 다양하게 만들었으며, 다른 사람들을 괴롭게 하고, 자신이 가진 능력들을 또한 낭비하고 있는 것이다. 더욱이 하나님을 대신하여 다른 신들을 만들어 내고 , 그것들에게 경배하며, 우상을 섬기고 있는 것이다. 인간은 자유의지의 남용과 자율성의 확대를 통하여 자연과 이웃과 하나님과의 올바른 관계를 이루는 삶의 책임에서 더욱 멀어지고 있다는 것이다. 그리고 여기서 교사들은 인간의 자율성을 최고의 발전적 단계, 또는 목표로 보는 국가나 사회의 그 어떤 교육적인 전략에 대하여 문제를 제기하고, 또한 개인과 사회적인 죄의 실재와 확대에 대한 문제를 심각하게 인식하고, 신적인 표준의 요구를 더욱 강조하며, 하나님을 대적하는 행동들에 대하여 경종 울리기를 사명으로 삼아야 한다.149)

셋째, '그리스도를 통한 구속의 언약'은 하나님의 구원 계획 가운데서 인류와 창조세계를 예수 그리스도 안에서 새롭게 창조하려는 희망을 제시한 것이다. 그리고 위대한 사랑에 근거하여 하나님은 사람들이 자신과 이웃과 자연과 하나님과 더불어 기쁨이 충만한 가운데 다시 살아갈 수 있도

---

148) 참고 전게서.
149) [비교] R. Pazmino 전게서 71쪽.

록 역사(役事)하신 것이다. 그러므로 사람들은 성령의 중생의 능력을 통한 그리스도 안에서 그들의 문화적인 사명과 기회를 새로이 수용해야하며, 그리스도인들은 그리스도를 통한 죄 용서의 은혜로 말미암아 죄에 대하여 뉘우치게 되었으며, 이제 그들의 문화적인 노력을 통하여 하나님의 왕국의 도래에 적극적으로 공헌하도록 불려진 존재들이라는 것을 상기 시킨다.[150]

교회(기독교)교육의 과제는 그리스도라는 선물과 격려를 통하여 이러한 생생한 변화의 영역에서 사람들이 모든 것의 주인(主人)이요, 구세주이신 그리스도에게 믿음으로 응답하도록 가르쳐야 하는 것임을 강조한다. 실제로 삶의 모든 것은 가르침의 주제가 되며, 기독교 교육의 일들은 하나님의 창조와 관련하여 문화적인 사명의 다양화된 차원들로 제시되어야 함을 말 한다.[151]

넷째, 종말론과 관계된 창조세계의 완성의 언약에 대한 것이다. 이것은 그리스도를 통하여 미래적으로 그리스도의 재림을 통하여 이루어질 것들에 대한 하나님의 약속이다. 핵심적으로는 새 하늘과 새 땅으로 약속된 하나님의 나라의 완성이며, 창조세계의 언약의 완성에 대한 것이다. 이러한 약속은 모든 사람들이 하나님의 형상으로서 하나님의 영광을 들어내는 일을 감당할 수 있는 원천적인 근거요 그 능력의 바탕인 것이다. 그것은 모든 인간적인 실존적 시련과 고통가운데서도 끈기 있게 하나님의 일을 수행할 수 있는 바탕인 것이다. 그리고 종말에 대한 약속은 모든 하나님의 백성들의 기대되는 소망이요, 희망이다. 그 종말의 핵심적인 내용은 바로 예수 그리스도이시다. 그는 현재적인 삶의 주인일 뿐 아니라 미래세계의 주인으로서, 우리는 창조세계의 완성과 함께 기다려할 주님이시다.

교회(기독교)교육은 이러한 희망 가운데서 하나님의 나라의 책임을 감당하도록 격려해야 하며, 믿음의 용기를 갖도록 하는 일이다. 그리고 이러한 믿음과 용기와 희망 속에 주의 일들을 감당해 갈 때, 주의 성령은 언제나

---

150) 참고, 전게서.
151) 비교, 전게서.

우리와 함께 하셔서, 지치지 않는 용기와 좌절하지 않는 끈기와 인내의 힘으로써 우리를 깨우치시며, 믿음을 더하도록 돕게 될 것이다.

결론적으로 교회(기독교)교육은 사람들로 하여금 하나님의 창조세계와 구세주 예수 그리스도를 통한 하나님의 나라와 그의 언약백성에 대한 구원의 계획을 성령의 알게 하시며, 인도하시며, 도우시는 은혜를 따라 세상 사람들에게 전하고 가르쳐야 한다. 이러한 하나님의 뜻을 기록한 것이 성경이기 때문에 교회(기독교)교육은 성경을 가르치는 것을 교육의 실제적인 목적으로 삼는다. 그리고 성경을 통하여 배운 모든 것은 믿음과 사랑과 소망에 관련되도록 해야 한다.152) 이것은 삼위일체 되신 하나님을 경외하

---

152) [참고] J. A. Comenius, Didactica magna, Comenius, Grosse Didaktik überstzt und hrg. von A. Flitner, 4. Aufl. Düsseldorf und München, 1970 : 코메니우스는 이 책, 제24장(pp.163-164)에서 아이들을 신앙(경건)으로 인도하는 방법을 제시하였는데, 그 내용에 보면 성경공부의 실제적 목표를 기독교신앙의 본질이라고 말할 수 있는 믿음, 사랑, 소망에 있음을 밝혀 주고 있다. 코메니우스는 그의 책 163쪽에 다음과 같이 적고 있다 : "21. 성경에서 배워진 모든 것은 믿음, 사랑, 소망에 관계되어져야 한다. 이 세 가지가 말하자면 하나님이 그의 말씀 가운데 우리에게 나타내기를 좋게 여기신 모든 것으로 달려가게 하는 목표인 것이다. 그는 우리가 그것을 알도록 몇 가지를 밝히시며, 우리가 행하도록 그는 그것을 우리에게 위임하신다. 그리고 우리가 이생(以生)과 내세(來世)에서 그의 자비에 관하여 기대할 다른 것을 그는 우리에게 약속하신다. 이 세 가지와 관련이 없는 어떠한 것도 성경에는 나오지 않는다. 모든 사람은 이성과 하나님의 말씀으로서 자신을 바르게 살피도록 이것을 통찰하는 법을 배워야 한다. 22. (XIII) 믿음과 사랑과 소망은 실제적 적용을 위해 가르쳐져야 한다. 왜냐하면 우리가 참 신자가 되려고 하면 첫 순간부터 이론적인 신자가 아니라 실제적 신자가 되어야 하기 때문이다. 종교는 그림자의 모습이 아니라 무엇인가 살아있는 실체이다. 그 생명력은 살아있는 씨앗이 마치 좋은 땅에 뿌려져 곧 발아하는 것처럼 영향력을 미치도록 나타나야 하는 것이다. 그래서 성경은 역사하는 믿음(갈5 : 6)을 요구하고 행함이 없는 믿음은 죽은 믿음(약 2 : 20)이라고 말하며, 산 소망(벧전 1 : 3)을 요구하는 것이다. 우리가 그것에 따라 행동하도록 율법 가운데서 자주 반복되는 경고는 하나님의 계시가 이루어지도록 한다. 그리스도께는 너희가 행할 때, 이것을 알고 행하면, 복이 있으리라(요 13 : 17)고 말씀하신 것이다. 23. (XIV) 하나님이 계시한 모든 것을 확고하게 믿고, 위임하신 모든 것을 실행하고, 약속하신 모든 것을 바라는 것을 아이들(다른 모든 사람들)이 꽉 붙잡게 되었다면, 믿음

는 기독교신앙의 본질적인 모습이기 때문이다. 그리고 성경말씀은 이 세 가지와 관련 없이 말해진 것은 아무것도 없기 때문이다. 그러므로 성경공부는 모든 사람이 하나님의 말씀에서 그리스도를 통하여 은혜를 베푼 것이 무엇이며(믿음), 요구하는 것이 무엇이며(사랑), 여전히 현세와 미래에 약속하신 것이 무엇인지(소망)를 기대하며 살아가는 신앙의 법을 배우고 깨달아야 하는 것이다.153) 성경교사는 이일에 부름받은 우리 주님 예수 그리스도의 나라에 일꾼들인 것이다.

5. 교회교육과 인간학

교육학은 교육의 대상으로서 인간에 대한 이해를 절대적으로 요구한다. 그리고 교육학은 인간의 자율성과 주체성을 확대하는 것을 교육의 목적으로 삼는다. 더욱이 시대마다 새롭게 제기된 인간에 대한 철학적 해석들은 인간교육의 방향과 과제를 설정하는데 영향을 끼친다. 현대 교육학에 가장 크게 영향을 미치고 있는 인간관은 역시 자연주의 철학과 유물론적 철학, 그리고 관념주의 철학과 이상주의, 그리고 실존주의가 해석하는 인간

사랑 소망은 실천적인 적용을 위하여 적합한 방식으로 가르쳐지게 된 것이다. 사람들은 그것을 감지하고, 어린이들에게 조심스럽게 각인시켜야 한다. 왜냐하면 하나님의 말씀이 그들을 위해 복되게 만드는 힘이어야 하면, 그들은 도처에 모든 것에 있어 하나님께 순종하고 겸손한 마음을 함께 가져와야 한다. 태양은 이른바 빛으로 눈을 뜨기를 원하지 않는 사람에게 아무 것도 밝혀주지 않는 것처럼, 또 먹기를 거부하는 사람에게 음식으로 배부르게 할 수 없는 것처럼, 우리가 그것들을 기꺼이 한 믿음과 불타는 사랑, 그리고 확실한 소망으로 파악하지 않는다면 정신에 비추는 하나님의 빛과 우리의 행함에 관하여 말씀하신 성경, 그리고 하나님의 경외로 약속된 축복이 허사(虛事)가 되는 것이다. 이처럼 믿음의 조상인 아브라함은 하나님의 약속을 믿고 이성적으로 이해할 수 없는 것을 믿었으며, 육신적으로 가장 어려운 것이라고 할지라도 하나님의 명령에 순종하였다(본토를 떠나고 아들을 제물로 바치라는 명령). 그리고 바랄 수 없는 것을 하나님의 약속을 신뢰하며 바랐다. 이러한 살아있고 능동적인 믿음이 그를 의롭게 만들었다. 하나님께 헌신된 모든 사람에게 이러한 것을 경험하고 지속적으로 이에 주의하는 것이 교육되어야 한다".
153) [참고] 정일웅, 21세기를 향한 한국교회와 실천신학, 여수룬, 1999, 177쪽 이하.

관이다.

이러한 생각에 반하여 신학적 인간학은 성경에 근거하여 인간존재는 하나님의 형상으로 지음 받았으며, 그러나 타락된 존재임을 강조한다. 그리고 전적으로 하나님의 은혜를 의존해야 할 존재임을 말한다. 그것은 바로 예수 그리스도를 통하여 재창조되어야 할 인간을 말하는 것이다. 이러한 상반된 이해에서 기독교교육학은 신학적 인간관에 근거하여 철학적 인간관에서 긍정적인 것과 부정적인 것을 분별하고, 여러 인간론에 대한 가치혼돈에서 올바른 인간관을 형성하도록 힘써야 한다. 근본적으로 잘못된 인간관을 배격해야 하며, 그리스도 안에서 회복된 존재로서의 인간의 가치가 얼마나 중요한 것인지를 찾도록 도와야 한다. 여기서 먼저 우리는 인간이해에 대한 신학과 철학과의 대화를 시작해보기로 한다.

1) 철학적이며, 신학적인 인간학

자연주의적 인간학은 인간을 다음과 같이 정의한다: "인간은 자연의 본체이다. 그러므로 인간은 육체적인 것뿐이다." 이러한 표현은 물질주의 사상에 영향을 준다(Materialismus) ─ 이 사상은 에피큐로스에서 시작된 것이다. "인간은 먹는 존재이다."라는 표현은 자연주의에서 이해된 인간 이해로서 이런 인간관은 결과적으로 마르크스(Karl Marx)의 공산주의 사상이 생겨지게 되는 근거이며 그 사상에 영향을 주었다고 본다. 마르크스는 이러한 인간 이해와 함께 헤겔(Hegel)의 역사 변증법을 끌어와서 변증적이며 역사적인 물질주의를 경제 원리와 정치적 이념(Ideologie)으로 제시하게 된다.154)

마르크스의 인간론은 "인간의 존재는 인간의 의식이 아니라 반대로 그의 의식을 결정하는 사회적 존재 그 자체이다"라고 정의함으로서 인간은 '사회적 존재'로서 그것은 곧 경제에 의존된 존재를 뜻하게 된다. 즉, 인간 생존의 수단을 생산하는 사회에 의존된 존재라는 것이다(개체는 전체를

---

154) [비교] A.Burkert, Erziehung, Theorie und Praxis in evangelischer Sicht, Claudius 1963
61쪽.

위한 생산을 위한 수단 관계로 봄). 자연주의적 인간학은 인간 본질의 생물학적인 면을 자연주의적 인간학의 낭만적이며 직관적인 변이(변형)임을 강조한다. 인간은 육체와 영혼의 통일체로서의 온전한 인간임을 소개한다. 몸이란 영혼의 전체적인 표현이다(몸의 통일로서의 영혼), 그런데 몸은 영혼의 반대 개념으로서 정신을 위협하는데 영적인 것이 육체적인 것에 들어가 통일을 이룰 때 삶의 성취가 이루어지는 것으로 본다. 그에 반하여 관념주의 적이며 이상주의적인 인간학은 인간을 정신적인 본체로 본다. 인간은 그의 속성에 따르면 정신이란 것이다. 자의식이요 자신 스스로 결정하며 투쟁하는 정신이다. 다만 자연과의 투쟁에서 인간은 정신적인 인격성을 형성하게 된다고 본다.[155]

실존주의는 인간을 역사적인 본체로 이해하도록 가르친다. 시간 안에 태어나서 죽음을 향하여 사는 존재 그밖에 아무 것도 아니다. 인간 존재의 성취에 대해서는 아무 것도 할 말을 갖지 못한다. 그러나 어떤 상태에서 개인적이며 주권적으로 결단하고 개인적인 실존이 도전을 받는다면 인간 존재의 성취가 가능해진다고 설명한다. 신학적인 인간학은 이런 모든 인간상들에 대하여 변증하고 반박해야 할 것이다. 즉, 인간은 하나님과 동반자적인 관계에 놓여 있는 존재라는 사실, 그리고 인간의 이웃에서 실제적인 하나님으로 만난다는 것, 그리고 하나님의 본질이 사랑인 것처럼 인간의 삶은 사랑 안에서 그의 존재를 발견할 수 있다는 것, 그리고 하나님의 사랑인 예수 그리스도의 사랑 안에 살고, 자신을 그리스도 안에 있는 하나님으로부터 사랑하게 한다면(요 15:9), 인간은 그의 현 존재를 그 사랑 안에서 성취시킬 수 있다는 것이다.[156]

인간은 실존주의가 말하는 고독한 자아(Ich)가 아니며, 이웃과의 만남이 자연과의 만남처럼 다만 자기완성을 위한 수단으로서 이용되는 그러한 인간 정신의 존재가 아니다. 또한 인간은 마르크스의 인간관에서처럼 다만 경제적 사회의 생산만을 위한 수단으로서의 육체적 노동의 존재만은 아니

---

155) 비교, 전게서.
156) 비교, 전게서 62쪽.

다. 그렇다고 해서 인간은 자신 스스로의 조화 속에서 삶을 향유하는 다만 영적으로 승화되는 충동적 본체도 아니다. 그리고 신학적 인간학은 오직 인간은 하나님의 피조물이요, 인격체로서 하나님의 사랑 속에 있는 존재라는 것을 증거한다. 계속해서 신학적 인간학은 철학적 인간학에 의존하여 낙관주의로만 향하는 것에 대하여 경고를 주어야 한다. 어디까지나 타락된 존재인 인간은 스스로 자연적인 능력으로서는 자신의 목적을 성취시킬 수 없다는 것, 그리고 위에서부터 오는 새로운 창조적 능력의 개입이 필요 된다는 것, 자신과의 조화 대신 먼저 하나님과의 평화가 필요하다는 것을 신학적 인간학은 증거 해야 할 것이다. 그리고 신학적 인간학은 역으로 자연주의에서 교훈을 얻게 된다. 즉, 기독교 내에서 영적인 중요성만 강조할 때에, 상대적으로 육체적인 자연적 조건을 망각할 때가 있다. 여기에 자연주의적 인간관은 우리로 하여금 인간 존재는 육체적인 요소를 가지고 있다는 것, 희미한 몸이 아니라 확실한 육체라는 것, 그리고 육체 그 자체가 아무런 쓸모없는 타락물이 아니란 것 등이다. 뿐만 아니라, 우리는 인간이야말로 사회적 존재라는 사실을 외면해서도 안 된다. 그리고 신학적 인간학이 낭만주의적이며, 직관주의적인 감성적 존재라는 것을 무시해서는 안 된다. 이는 인간의 경험이라는 것이 희미한 의식적인 생각과 소망이 아니라 오히려 무의식적이며 감정적인 이해와 영혼의 깊은 곳에서의 직시(바라봄)를 뜻한다는 사실이기 때문이다. 그 때문에 우리는 종교적 경험이 얼마나 중요하다는 사실을 인정해야 한다(특히 어린이의 종교적 경험).157)

신학적 인간학은 관념주의적인 인간학에서 배울 것이 있다. 인간은 노력하고, 정신적으로 투쟁하는 존재라는 것이다. 항상 이상을 향하여 소망하는 존재라는 것이다. 여기서 기독교 교육은 하나님의 은혜에서 결정적인 것을 기대하며 살아야 하는 존재임을 가르쳤다면, 여전히 그리스도 안에서만 실재(實在)하는 구원이 완전한 실체(實體)가 되도록 믿음안에서 힘쓰고 애쓰는 모습이 되도록 말해 주어야 한다. 실존주의에서도 역시 신학

---

157) 비교, 전게서 63쪽.

적 인간학은 배울 것을 갖는다. 즉, 신앙의 행위를 실존적 행동으로서 이해하도록 하는 점이다. 인간이 새로운 존재라는 것 사랑의 사람이요 하나님의 형상으로 지음 받았으며 그리고 그리스도를 통하여 다시 지음 받았다는 것(새로운 피조물), 그것은 다만 하나님이 하신 일이요 하나님의 은혜의 선물이다. 인간이 그리스도와의 만남에서 새롭게 되지 않았다면, 그리고 선한 인간이 되지 않았다면, 그것은 자신의 책임이요 자신의 실수인 것이다.158)

모든 복음의 교육자들은 이러한 교육 신학적이며 철학적인 인간학과의 대화 속에서 얻어진 통찰을 통해서 기독교 교육의 목적과 그 사역의 의의와 중요성과 그 한계가 무엇인지를 발견할 수 있을 것이다.

2) 하나님 형상과 자유의지(코메니우스)

성경적인 인간론은 하나님의 창조사상에 근거하여 피조물로서의 인간을 말하게 된다. 인간은 하나님의 형상(Imago Dei)으로 지음받은 존재이다. 특히 그의 형상으로 지음받은 것은 인간이 다른 피조물과 구별되는 특성이라 할 것이다. 하나님의 형상이란 하나님의 인격과 성품이 그대로 모사(模寫)되었다는 것이다. 그 때문에 인간은 인격과 성품이 바로 하나님의 것을 그대로 닮은 '대우주'(macrocosmos)와 '소우주'(microcosmos)와 같은 존재로 설명된다. 그리고 하나님의 것을 반사하는 거울과 같은 존재로 이해되기도 한다.

코메니우스에 따르면 먼저 인간은 하나님의 형상으로 창조된 존재요, 창조주에게 불순종함으로 타락된 존재요, 예수 그리스도를 통하여 새롭게 회복되어야 하는 구원의 존재라는 것을 전제한다.159) 그리고 인간은 물질적인 창조세계 위에서 그 모든 것들을 사용하고 향유할 수 있는 존재로 이해하며, 영적인 세계에 대하여는 타락된 존재이며, 하나님에게서 다시

---

158) 비교, 전게서.

159) [비교] G. R. Schmidt : Zur Frage, nach den christlichen Grundlagen der comenianischen Paedagogik, in : Comenius-Jahrbuch, Hrg. v. im Auftrag der Deutschen Comenius-Geselschaft, Bd.7/1999 49쪽.

재창조되어야 하는 존재인 것이다. 특별히 '하나님의 형상'(Imago Dei)이란 인격적인 존재를 의미하며, 또한 자유의지(自由意志)의 활용을 의미한다고 보았다. 인간은 물질세계의 가장 상위에 있는 존재이며, 그 중심에서 더 높은 정신적 세계를 대표하는 존재로 지음받은 것이다.[160]

그런데 인간에게 부여된 가장 독특한 성품인 자유의지는 마침내 남용 되는 과정을 거치게 된다. 그것이 창조주께서 먹지 말라고 한 금지의 명 령에 불순종함으로 나타난 결과이다. 그 일 때문에 인간은 그의 하나님에 대한 특별한 관계를 포기하게 되었다(타락, 죄, 관계의 깨어짐). 그리고 인간 은 하나님의 형상으로 표현된 그의 탁월한 특이점들이 상처를 입게 되었 으며, 파멸되었던 것이다. 그럼에도 불구하고 하나님은 그의 탁월한 피조 물인 인간을 포기하지 않았다는 사실이다. 오히려 하나님은 그의 아들 예 수 그리스도의 보내심을 통하여 타락한 인간의 존재가 본질적으로 회복되 도록 하는 일에 영향을 끼치게 된다.

코메니우스에 의하면 하나님이 인간에 대한 진술에서 근원적인 인간에 관하여, 즉 타락이전에 인간의 창조(costitutio)와 타락한 인간(destitutio), 또는 재창조된 인간(restitutio)에 관하여 무엇을 말하고 있는 지를 주목하기를 원 한다.[161] 그것은 인간의 타락이 다만 훼손(손상)이며, 인간적인 본성의 제 거나 멸망에 영향을 준 것은 아니라는 점이며, 이러한 타락의 상태가 삶 에서 회복(restitutio)되기를 바라고 있으며, 다만 그러한 일이 그리스도를 통하여 새로이 시작된다는 점을 강조하였다. 그러나 그 회복의 완성은 실 제로는 미래적으로 성취되는 것이 때문에, 각자의 모습은 이전의 단계로 부터 무엇인가 그대로 유지되어 머물러 있다는 생각이다.

여기서 우리는 코메니우스에게서 단계를 뛰어넘어 계속적으로 의미를 제시하는 인간의 특이점들에 대한 그의 진술을 주목할 필요가 있다고 본 다. 즉, 코메니우스에 따르면 인간의 가장 중요한 특징은 자유의지(自由意 志)와 조화로운 전체성(창조주, 인간, 자연)에 대한 관계의 모습인데, 그는

---

160) 참고, 전게서.
161) 참고, 전게서, 49쪽.

인간이야말로 자유로이 행동하는 생명체이며, 피조물들에 대한 다스림과 창조주와의 영원한 교통을 갖도록 결정된 존재로 설명된다.[162] 그리고 인간은 최고로 조화롭게 구성된 본체이며, 또한 모든 부분들이 그들의 결정적이며, 확고한, 그리고 아름다운 목적에 배열된 존재라는 사실을 말한다.[163]

코메니우스는 계속적으로 인간이야말로 창조주 하나님의 권능에 대하여 최고의 피조물로서의 영광을 찬양하는 것과, 그의 권능의 가능성들을 들어내는 존재라는 것을 줄기차게 강조해 주고 있다. 그리고 인간의 자유의지는 원래 방해되지 않은 내적인 선택의 자질로 설명된다. 그는 자유의지에 대한 전통적인 이해를 따르면서 인간의 능력이 작용하는 세 부분을 교육의 과제와 관련하여 이렇게 설명한다. 즉, 인간의 능력은 다음의 세 가지로 구분하여 이해할 수 있다는 것이다. 첫째, 인식의 능력 - 아는 것 - 이해(오성)이며 둘째, 원함의 능력 - 원하는 것 - 의지이며 셋째, 행동의 능력 - 할 수 있는 것 - 자질 등에 관한 것이라고 한다.[164]

이러한 정신적인 능력은 다만 그들에게 올바른 대상이 주어진다면, 발전될 수 있는 것으로 보았다. 그렇게 되지 않으면, 그것은 쇠퇴하고 마는 것으로 이해하였다. 인식의 능력은 참된 것을 지향하며, 의지는 참된 것과 선한 것을, 그리고 행동은 의무에 적합한 것, 그리고 당연한 것을 지향한다고 보았다. 이와 같이 장애를 받지 아니한 선택의 자질로 이해된 의지의 자유는 인간의 본질적인 특징으로 설명된다. 강요(타의 판단)에 굴복하는 것은 의지의 관점에서 볼 때, 그것은 비의지적인 것이 될 것이며, 인간에게서 나온 비인간적인 것이라고 보았다.[165]

그리고 자유의지(自由意志)의 전제는 코메니우스에 의하면 올바른 통찰이었다. 또한 올바른 통찰이 이루어질 때, 자유의지가 올바르게 행사 될 수 있다는 것을 강조한다. 그 통찰은 희미한 집단 본능으로부터 해방되는

---

162) Comenius, Consultaio Catholica I, PS 353쪽.
163) 전게서, PS 354쪽.
164) [참고] G. Schimidt, 전게서, 50쪽 이하.
165) [참고] G. Schimidt, 전게서.

것을 뜻한다(개체의 자유로운 가치판단). 올바른 통찰은 먼저 사물을 통한 인지형성과 그 규범에 대한 가치판단을 의미한다. 다음으로 올바른 통찰은 자신의 고유한 이해력을 뜻한다. 타의 권위에 전적으로 의존하고 있는 자는 인간을 특징짓는 자유의지의 자질의 행위를 포기하는 것으로 보았다. 즉, 자신의 판단능력을 포기하는 셈인 것이다. 자유의지는 한 피조물에 부여할 수 있었던 품위의 최고의 것으로 이해한다. 말하자면 인간에게 부여된 신의 최고의 선물인 자유의지를 말하는 것이다(liberum arbitrium).[166]

자유의지란 내적으로 이것을 또는 저것을 선택할 수 있는 것을 뜻한다. 세상의 그 어떤 권세도 이러한 자유의지를 강요할 수 없으며, 다른 사람도, 천사도, 악마도, 궁극적으로 하나님까지도 하지 않는 일로 이해하였다. 그러나 하나님이 인간에게서 자유의지를 거두신다면, 그는 더 이상 인간이라는 동일한 피조물일 수 없다는 것이다. 왜냐하면 인간은 자유의지를 통하여 정의되는 존재이기 때문이다. 의지의 자유의 제거는 그의 인간의 본질을 제거하는 것과 같은 것이다.[167]

자유의지(自由意志)는 역시 죄로 인한 타락에 대하여도 책임을 지는 것이다. 코메니우스는 이러한 입장을 창세기 1장의 해석에서 분명히 보여주고 있다. 이러한 잘못된 결단의 결과가 몸과 영혼에 미치는 타락이 된 것이다. 그러나 그럼에도 불구하고 자유의지는 인간의 타락 가운데서도 보존되어 머물러 있는 것으로 보았다. 문제는 타락한 이후의 인간은 다만 잘못된 대상을 지향할 뿐이며, 인간 안에 악한 경향(소질)이 항상 존재해 있으며, 그러나 그것은 악에 대한 강요를 뜻하지 않는다고 보았다(자유의지의 행사). 원칙적으로 인간은 악한 경향을 억제하도록 결단할 수 있는 존재라고 보았다.[168]

인간은 그의 자유로운 의지를 통하여 기독교복음의 사명과도 관계를 가질 자질을 가지고 있는 것으로 보았다. 이것이 영적인 중생(regeneratio)으

---

166) [비교] Comenius, CC I, PS 355쪽.
167) [참고] G. Schmidt, 전게서.
168) 참고 전게서.

로 이끌게 되는 것이라고 하였다. 중생에 의한 새 생명의 얻음인 그리스
도인 됨은 다음의 7가지 특이점을 통하여 이루어지는 것으로 보았다.

첫 째, 자아에 대한 인식이다.

둘 째, 새로운 생각을 통하여 하나님에게로 돌아오는 태도이다.

셋 째, 믿음을 통하여 그리스도에게 붙들리게 된다.

넷 째, 사랑을 통하여 그리스도 안에서 열중하게 된다.

다섯째, 그리스도를 통한 약속의 구원에 대한 희망을 통하여 그에 대하
여 기뻐하고 감사하는 일이며,

여섯째, 다시 구원을 잃어버림에 대한 염려와 죄에 대하여 투쟁하는 일
이다(믿음의 선한 싸움).

일곱째, 하나님의 손에 완전히 맡기는 헌신 등이라고 하였다.169)

코메니우스에 의하면 중생은 하나님과 함께 인간의 자유의지의 작용이
동반되는 사건으로 이해하였다. 즉, 중생은 분명히 하나님께서 행하시는
성령의 독자적인 사역이지만, 그것은 인간 자신이 잉태되고, 출생된 그의
본질의 뒤틀림을 인정하고, 고백하며, 그 일이야 말로 참으로 유감스런 일
로 여겨야 하는 인간적인 생각과 태도를 전제하여 한 말로 이해된다. 그
런 후에 그는 이러한 천성적인 부정과 죄에 대한 기울어짐에서 자신을 돌
이켜야 한다고 보았다(회개). 이와 같이 코메니우스는 인간이 복음의 은혜
안에서 자유의지적인 관계에서 책임을 반응과 행동으로 보여야 하는 존재
임을 전제한 것이다.170)

인간의지의 가능성들에 대한 이러한 낙관적인 코메니우스의 관점은 전
통적인 프로테스탄트 구원론의 입장에서 한 걸음 더 발전해 나아간 모습
으로 평가되기도 한다. 그리고 가톨릭의 트리엔트 종교회의 입장보다 더
진보적인 인간이해로 평가되기도 하였으며, 극단적인 평가로는 5세기경
이단자로 심판된 펠라기안의 인간관과도 유사하다는 비난을 받기도 하였

---

169) [참고] 전게서, Consultatio Catholica Bd.1, PS 663쪽.
170) 전게서, CC 1. PS. 658쪽.

다.171) 그러나 코메니우스는 이러한 비판들에 대하여 하나님 없이 인간은 존재할 수 없으며, 하나님 역시 인간 없이 있기를 원치 않는다는 말로 자신을 반박하였고, 또한 요한복음 6:44에 기록된 말씀을 인용하여 "내 아버지가 그를 이끌지 않는다면, 아무도 내게로 올 수 없다"라는 말씀으로 반박하였다. 코메니우스는 계속적으로 강조하기를 분명히 하나님이 우리를 이끄신다는 것은 확실하다. 그러나 이러한 이끌음은 강요된 것이 아니다. 원치 않는 자에게 유효한 것이 아니라 기꺼이 원하는 자에게 효력을 갖는 것이다. "그가 비록 우리를 그에게로 이끌어 가는 것처럼 할지라도, 하나님은 우리를 강제적으로 이끌어 가는 것은 아니다"172)라고 답변하였다.

코메니우스는 여기서 자유의지를 선물로 주신 하나님의 은혜가 인간이해에 있어서 얼마나 중요한 것인지를 상기시켜주고 있다. 그리고 인간의 자유의지는 죄와 악한 것, 하나님을 대적하는 것에 대항하는 현저한 자기 책임과 투쟁으로 이해되어야 함을 깨우쳐 준다. 그 이유는 중생 이후에 그리스도인들에게도 자유의지가 주장하게 되는 악한 경향(소질)들이 죽을 때까지 유지되고 있기 때문이라는 것이다.173)

여기서 우리는 역시 오늘날까지 기독교 내에서 논쟁적으로 토론되었던 질문, 즉 우리가 믿음을 통하여 의롭게 된 것인지 또는 행함을 통하여 의롭게 되는 것인지에 대한 질문의 대답이 자유의지의 관계에서 원함과 행함의 인간적인 가능성들을 강조하는 코메니우스의 해석에 상응하는 것이었다고 할 수 있다. 왜냐하면 그는 역시 이러한 물음에 대하여 양자모두(utroque)를 통하여서라는 입장을 견지하고 있기 때문이다. 그리고 양자 모두는 성경이 상세히 확증해 주고 있기 때문이다. 그는 역시 믿음은 행동의 결과일 뿐 아니라, 행동을 믿음의 통합적 계기로 보고 있는 것이다. 우리는 믿음을 통하

---

171) [비교] G. Schmidt, 전게서 51쪽 이하.

172) Ebenda, Consultatio Catholica Bd.I, PS 661쪽.

173) [비교] G.Schmidt, 전게서 52쪽 이하.

여 하나님께서 새롭게 생각하고 그를 믿는 자들에게 제시하는 은총(자비)을 전적으로 붙드는 것이다. 이것이 믿음이다. 그리고 이제 행동을 통하여 우리가 진실로 새로이 생각한 자들이며, 믿는다는 사실을 증명하게 되는 것이다. 그러한 믿음은 다만 아첨하는 것이 아니고, 가시적인 것이 아니며, 부분적인 것도 아님을 증거한다. 그리고 코메니우스가 회개에 대하여 일상적으로 죄를 고백하는 것을 말하기보다, 인간이 뉘우치고 진리의 통찰로 돌아오는 행동의 의미를 더 잘 사용하고 있는 것에서 그의 믿음과 행함의 일치적인 이해의 특징을 보이고 있다고 할 수 있다. 그것은 역시 코메니우스가 회개를 단지 행한 일을 되돌아보고, 유감스러운 감정에 붙잡혀 있는 태도보다는 미래를 위하여 새로운 행동을 유도하는 통찰들의 가치획득을 더 중요하게 생각하기 때문인 것으로 판단된다.[174]

그러므로 교육신학적인 관점에서 볼 때, 코메니우스는 신학이 먼저이며, 교육은 그 다음으로 생각하는 모습이다. 그럼에도 불구하고 높은 성찰적 수준에 이르고 있는 그의 교육에 대한 관심은 그의 신학적인 사고에 다시 작용한다고 볼 수 있다. 교육(敎育)은 그에 의하면 인간이 하나님의 형상으로 회복(구원)하는 일에 함께 작용하는 사역인 것이다. 그리고 그것은 인간을 회개하게 하는 일에 함께 작용하는 인간적인 노력이 분명하다. 그러나 그 배후에는 깨닫게 하시며, 행동함에 동기와 희망을 유발하고, 용기를 부여하는 성령의 함께 하심으로 이해되어야 한다고 보았다. 그 때문에 교회(기독교)교육은 역시 하나님의 회복하시는 활동이 인간에게 이르며, 가능한대로 그 일에 깊이 개입하여 포괄적인 하나님의 형상이 형성되게 하는 일에 기여하는 하나님의 일인 것이다. ‘인간을 교육한다는 것’은 죄로 인하여 장해를 받은, 그러나 좌절되지 않은, 전체의 포괄적인 목적에로 한 인간을 되돌리는 것을 뜻하며, 하나님이 그리스도와 성령을 통하여 인류를 구원하시는 하나님의 교육에 동참하는 일인 것이다. 그러므로 오늘도 우리 모두는 그 일에 부름받은 하나님의 일꾼임을 확신해야 하며, 인간교육은 자유의지의 작용과 관련하여 인간의 책임을 일깨우는 코메니

---

174) 비교, 전게서.

우스의 소리에 더 접근해 보기를 바란다.

3) 교회교육과정과 칭의 / 성화론의 의미

교육은 언제나 인간의 자율성과 주체성을 전제하여 지극히 스스로 인간됨을 추구하는 인간적인 노력으로 이해되고 있으며, 이러한 교육의 자만에 대하여 신학은 신적인 행위의 우위성을 전제하여 교육적 가치와 기능을 폄하하는 경향을 보이기도 한다. 그러나 오늘날에 와서 역시 교육과 신학의 대화는 교회(기독교)교육의 학문적 근거와 그 사역과 기능의 중요성을 확대하기 위하여 교육과 신학 사이에서 끊임없이 지속되어야 할 것으로 본다.

이런 전제에서 보면 우리는 교회(기독교)교육의 실천을 위하여 교육의 구체적인 과정에 대한 계획인 '교육과정'(Curriculum)을 필요로 한다. 여기서 중요한 것은 이러한 교육과정은 신학적으로 그 근거를 어디에 두어야 할 것인가 하는 점이다. 교회(기독교)교육과정의 신학적인 근거로서 우리는 신학이 제시하는 칭의론과 성화론을 주목할 필요가 있다. 왜냐하면 칭의론은 그리스도인의 존재근거를 보여주는 관점이며, 동시에 교육과정의 근거를 보여주기 때문이다. 독일의 종교교육학자 램머만(G. Laemmermann)은 그의 책175)에서 이러한 관계에 대한 이해를 잘 설명해 주고 있다. 필자는 그의 입장을 전제하여 여기서 교회(기독교)의 신앙교육과정의 신학적인 근거로서 칭의론과 성화론의 교육적 의미를 설명해 보려고 한다.

신학에서의 칭의론은 그리스도인의 존재됨의 출발을 보여주는 복음의 가장 중심적인 개념이다. 그리고 '교육'(Bildung)이란 칭의(稱義)의 관점에서 볼 때, 구조적으로 '전제'해야 할 내용이며, 실현되어야 하는 과제로서 교육을 '설정'의 관계로 해석되었다.176) '전제'(칭의)와 '설정'(교육)으로 표현한 이 양자의 관계에서 인간은 그의 전 생애를 통하여 실현되어야 하는 '방법'으로서의 교육이 있으며, 또한 그에게 부여된 '과제'로서 그 어떤

---

175) Godwin Lammermann, Grundriss der Religionsdidaktik, Kohhammer, 2판 1998, 87-90쪽.
176) Lammermann, 전게서.

'무엇의 전제'로서 칭의가 신학적으로 성립되는 것이다. 그리고 이 양자 (칭의와 교육)의 주체는 추상화된 스스로의 관계성을 통하여 실현되는 것이 아니라, 오직 중간에서 상호 활동적이며, 상호관계를 통하여 실현된다는 것을 암시해 주고 있다. 더욱이 신학적으로는 종교개혁자들이 보여준 칭의론이 교육의 구조에서 교육대상에 대한 주체성을 말해 주는 중요한 신학적인 진술로 보았다.177) 이러한 램머만의 설명은 교회의 신앙교육과정의 신학적 의미를 발견하는 일에 큰 도움을 준 적절한 해명으로 판단된다. 우리의 그의 설명을 계속 더 따라가 보기로 한다.

성경이 말하는 칭의(의롭다함)는 인간 각자가 이루어낸 자신의 업적이나, 실적, 노력의 성과를 통하여 자신 스스로를 정당한 존재로 인정하는 것이 아니라, 도무지 인정될 수 없는 상태에 있음에도 불구하고, 오직 하나님에게서 하나님의 사람으로 인간이 인정되었음을 말하는 것이다. 다만 그리스도를 통하여 모든 사람에게로 향하는 복음의 은혜인 이신칭의(以信稱義)는 타락을 통하여 잃어버린 하나님의 형상을 다시 가능한대로 회복하게 하는 출발점으로 제시되었다. 그리고 원래 하나님께 상응해야 했던 인간(하나님의 형상)이 상응하지 못한 인간이 되었으며(타락), 다시금 하나님께 상응한 인간존재가 되도록 해 준 일이 바로 기독교복음의 칭의(의롭다함)론인 것이다. 이와 같이 의롭다함인 그 칭의는 바로 그리스도인의 존재요, 인간존재의 근거요, 인간으로서의 출발이 되는 것이다. 이러한 하나님으로부터 인정된 칭의의 은혜는 환경과 인간이나, 또는 구조를 통하여 자연발생적으로 성립되고 적용되는 것이 아니라, 인간을 그의 들어낸 고유한 권리와 특성과 함께 하나님의 사람으로 당당한 자격과 행동의 자질을 가진 주체로 성립되게 해 주는 하나님의 은혜인 것이다. 그것이 그리스도의 복음이다. 그리고 이것은 인간의 그 어떤 노력에 의하여 성립된 것이 아니기에 하나님의 은혜라고 부르는 것이다.178)

이러한 은혜의 선물로 주어진, 그리고 부여된 칭의(稱義)는 인간이 전

---

177) Lammermann, 전게서.
178) 전게서.

생애동안에 반복해서 찾고 확인하는 관계를 가지게 된다. 즉, 인간은 하나님에게 인정된 존재로서 자신을 그와 같은 인정된 존재의 모습에 상응하게 이제는 실현되도록 힘써야 하는 관계에 있는 것이다. 이것을 신학에서는 '성화의 과정'이라고 부른다. 말하자면 가치 있고, 확고한 주체로서 실현되게 하려면 의롭다해 주신 칭의의 은혜안에서 인간은 항상 새롭게 출발하는 인간적인 노력(자기책임)과 관계를 가진 것으로 이해된다. 하나님은 이와 같이 칭의를 통하여 인간적인 자기목적의 근원적인 파트너로 존재하도록 인간과 관계하게 되는 것이다. 이것이 하나님과 인간이 서로 관계를 갖도록 하는 가장 핵심적인 신학적인 근거인 것이다[179].

램머만은 인간존재는 원칙적으로 포기할 수 없는 집합적인 구조를 가진 존재라는 것을 강조한다. 그리고 루터의 하나님의 형상에 대한 이해가 우선적으로 이러한 관계로 성립되었음을 보여준 것으로 보았다.[180] 그리고 루터는 인간의 창조주와의 관계를 직시하고 통찰하는 것을 믿음이라고 명명하였다. 여기서 믿음은 하나님의 선물로 이해된 믿음과는 구별하여 인간적인 행위로 이해하였고, 칭의의 은혜안에서 인간이 창조주와의 관련성과 한계성을 초월하여 이해하는 자기시도로 이해된다. 그리고 칭의적 사건과 인간존재의 관련성에 대한 해석과 함께 루터는 이제 칭의의 실현을 위한 관계성을 말하고 있는 것이다. 그것은 한편으로는 사회윤리적인 결과로 보는 것과 다른 한편으로는 교회의 생활을 통하여 적용되는 과정으로 설명된다. 사회윤리적인 것은 "그리스도인의 자유에 관하여"란 루터의 글에 나타나며, 교회의 적용은 만인제사장적인 입장에 근거하여 섬김의 삶으로 해석한 것이다. 만인제사장적인 입장은 그리스도인이 지역교회의 활동과정에 참여하여 자기의 책임적이며, 비판적인 일들에 관여하는 활동으로 이해된다.[181] 여기서 그리스도인의 자유에 대한 것이 논쟁되는 점이라고 볼 수 있는데, 그것은 오늘날 프로테스탄트 신학의 중심적인 주

---

179) 전게서 87-88쪽.
180) 전게서. 88쪽.
181) 참고, 전게서.

제가 되는 것이다. 종교교육학자 닢코는 그리스도인의 자유에 대한 것은 개신교의 종교교육학이 인간을 활동적이며, 자립적인 모습을 갖도록 속 이러한 자유와 관련하여 '교육'(Bildung)이란 자유에 대한 자질과 그 자질 을 가진 자아형성의 사건으로 이해하게 된다. 물론 개신교가 이해하는 복음적인 자유의 본질은 개인주의적인 자의성과 자력으로 무엇을 관철하려 는 자율적인 노력의 방향으로 스스로 기울어지지 않는 바로 거기에 존재 하는 것으로 본다. 그 때문에 루터는 자유에 대한 자기제한성의 원칙을 말해 주고 있는 것이다. 루터는 역사적으로 에라스무스와의 자유의지에 대한 논쟁에서 그리스도인의 자유의지는 전적으로 그리스도의 은혜에 의 존된 것이며, 인간스스로의 것으로 자유의지는 없음을 강조하게 된다. 그 리스도인의 자유란 전적으로 그리스도와 성령에 의존된 은혜안에서의 자 유를 말한 것이다.182) 그렇다고 자유의지는 칭의의 은혜안에서 책임있게 사용되어야 하며, 구원과 관련하여 하나님이 원치 않는 일들에 대해서, 강 한 의지로 막아내고, 투쟁해야 하는 자기책임을 외면하는 것은 아니다. 특 별히 성화와 관련하여 교육은 더욱 인간을 믿음안에서 변화에로 나아가도 록 성숙을 목표하게 해 준다. 여기에 칭의와 성화는 교육과정을 성립시키 는 신학적인 내용인 것이다.

　이러한 시각에서 보면, 믿음은 또한 사랑을 실천하기를 원하기 때문에 항상 이웃을 찾는다는 것이다. 여기서 칭의론은 그 자체가 인간으로 하여 금 실천적인 자질을 가진 주체로 세워주는 역할을 한다고 보았다.183) 그 것은, 기꺼이 사회적이며, 이웃과 자연적인 환경에 대한 책임을 짊어지기 를 원하며, 사랑의 윤리적인 원리를 따라 이러한 모습을 이루기를 원하고 행동하게 되는 것을 뜻하는 것이다. 인간적인 세계를 만들어 가는 일에 대한 책임의 인지는 창세기 1 : 27 이하에 언급된 대로 다시 획득된 하나 님의 형상의 순간으로 이해하는 것이다. 즉, 의롭게 된 인간은 수동적 상 태에 머물러 있을 수 없으며, 그의 세계를 새롭게 만들며 변화시키는 일

---

182) [참고] Nipkow, 전게서.
183) [참고] Graeb / Korsch, 1985, 39쪽.

에 자신을 더 많이 활동적인 모습으로 관여되어야 하는 것이다.[184]

루터가 이해했던 '의롭게 된 자이며, 동시에 죄인'(simul justus et pec-cator)이란 그리스도인의 존재에 대한 이중성은 이러한 관계에서 볼 때, 다시 획득된 하나님의 형상이 그 본체의 확정된 상태로 머무는 것이 아니라, 항상 위협받는 존재임을 말해 준 것이며, 그 때문에 획득된 하나님의 형상은 항상 새롭게 그 형상의 온전한 모습의 실현을 위하여 꾸준히 노력되어야 함을 말해 준 것이라고 할 것이다. 물론 이러한 루터의 인간이해는 칼빈의 인간론과는 차이가 있다고 할 수 있는데, 칼빈은 칭의와 성화를 구분해 보지 않고, 동일하게 이루어지는 성령의 사역으로 본 것이다. 또한 칼빈은 예정과 선택의 관점에서 하나님이 주권적으로 역사하는 은혜를 더 중히 여기고, 그것을 강조하여 중생한 자는 결코 유기나, 타락으로 떨어질 수 없다는 '성도의 견인'을 말하기 때문에 루터의 인간론과는 그 강조점에서 차이가 있는 것으로 느껴진다. 그러나 역시 칼빈도 하나님의 주권적인 일로서 구원의 확실성을 강조하기 위하여 택한 자의 '비 유기'(非 遺棄)나, '성도의 견인'(聖徒의 堅忍)을 말하지만, 루터처럼 하나님을 향한 '믿음의 노력'(믿음의 선한 싸움)이 있어야 함을 역시 강조하고 있기 때문에 성화론에서 서로 만나게 되며, 근본적으로 루터의 인간론과 칼빈의 인간론은 큰 차이가 없는 것으로 판단된다. 그러나 이런 이해에서 볼 때, 루터의 인간론은 교육과의 연결점을 찾기에는 칼빈의 것보다는 더 이해적으로 제시되었다고 할 수 있을 것이다.[185]

오직 그리스도 안에서만 역사적으로 이루어진 참된 하나님의 형상의 실제화는 인간적으로 볼 때, 아직 이루어가야 하는 미래를 향한 것이기에 역시 개방적인 과제라고 할 것이다. 이제 교육이 전제하는 인간의 주체성에 관한 교육적 개념의 구조는 신학적으로 충분히 설명되었다고 할 수 있으며, 이러한 구조를 생각할 때, 교육과 신학의 관계성의 과제는 비판적인 교육개념 하에서 교육적인 이해에 상응한 것으로 여겨진다. 그리고 교육

---

184) [참고] Laemmermann, 1987, 102쪽.
185) 참고, 전게서 89쪽.

개념은 주체성의 구조를 고려하여 동일하게 주체성의 활동과 가능성 사이를 구분하게 되며, 교육개념 안에서 실현과 과제의 변증관계가 작용하게 된다. 왜냐하면 인간은 교육을 통하여 스스로 자신의 목표를 설정하면서 '전제된 자'(의롭게 된 자)로 실현되게 해야 하기 때문이다. 거기서 칭의론과 교육을 위하여 '과정'과 '결과'의 동등한 구분이 의미를 가지게 되는 것이다. 그리고 과정으로서의 교육은 행동자유의 과정으로서, 의롭게 된 인간의 윤리적인 확실성의 결과로서 스스로 의롭다함의 칭의은혜의 사건에 상응하게 되는 것이다.186) 그리고 칭의의 목표는 성령이 이끌게 될 성화라고 말할 수 있다. 그런 뜻에서 칭의와 성화는 동일한 성령의 사역이면서, 그 과정에 교육과정이 존재하는 것이다.

4) 성장발달과 종교(신앙)발달의 의미

인간의 성장과 발달은 종교적인 삶의 과정과 깊이 연관되어 있다. 종교적인 신앙의 발달은 에릭슨(E. H. Erikson)을 통하여 시도된 8단계 이론에서 볼 때, 그의 이론은 기본적으로 프로이드(Freud)의 인간 세대의 구분에 의존하여 시도된 것이다.187) 그리고 그의 이론에 의하면 인간의 종교성(宗敎性)이란 이러한 단계의 생물학적이며, 사회적인 구조를 통하여 형성되었다고 본다(M. Klessmann). 그리고 종교성은 초기 유아시절에 부모의 경험이 하나의 본질적인 역할을 하게 되는데, 그것은 기본적으로 보호받으려는 욕구와 자유하려는 인간의 양면적인 근본 욕구의 긴장 관계에서 발전된 것으로 보았다(A. Vergote, H. Faber). 종교는 여기서 온전한 인격의 한 요소로서 인간의 성숙과정에 요구되는 기본적인 요소로 보았다.

우리가 주목할 만한 것은 인간이 성장하는 과정에서 인격과 신앙이 종교적인 신앙고백에 전적으로 양립하여 성장하는 의미가 나타나게 된다는

---

186) 참고, 전게서,

187) [참고] 에릭슨, 파울러 등은 모두 프로이드가 인간세대를 8단계로 분류했던 틀을 이용한다. 즉 영아기, 유아기, 유치부, 소년기, 청소년기, 성년초기, 성년기, 성숙한 성인기, 노년기에 대한 것이다.

점이다. 그 때문에 종교는 아버지에게서 하나님에 관한 말들이 상징적으로 표현될 수 있으며, 인격은 신뢰가 가득한 창조적인 삶의 모습일 뿐 아니라, 역시 그 반대의 행동을 들어내는 경향에 대한 동기가 될 수 있다고 본다.

⑴ 발달이론의 신학적인 문제점

우리가 인간의 종교적인 발전에 관하여 말할 때, '발전'이란 개념이 생물학적으로 오해되어, 마치 종교성이나, 믿음, 그리고 인간의 신앙(경건성)이 자연법칙에서처럼 적절하게 생겨나고 발전되는 것으로 이해한다면, 그것은 신학적으로 문제가 될 것이다.[188] 기독교신앙은 근본적으로 칭의(稱義)적 은혜 대한 믿음으로서, 어디까지나 성령의 역사에 근거한 것이기 때문에, 루터가 강조한 말대로 '믿는다'는 말은 자신의 이성과 능력으로 예수 그리스도를 주님으로 믿거나 그에게로 올 수 있음을 뜻하는 것이 아니며, 오직 성령의 활동으로써 이러한 신앙고백의 배후에 하나님의 주권적인 역사가 뒷받침되고 있음을 전제한다. 즉, 하나님은 그의 창조사역을 자유로이 이루신다는 것을 전제한 것이다.[189] 그러므로 성경이 말하고 있는 '믿음'은 근본적으로 인간의 노력으로 만들어 수 있는 것이 아니며, 그렇다고 어떤 훈련이나 좋은 권고를 통하여 도달할 수 있는 목표도 아니라는 점이다. 더욱이 계획된 학습과정에 의존하여 이루어 낼 수 있는 목표도 아니며, 성장과정에서처럼 그 자체로부터 진화적으로 성장하고, 발전하는 것도 아니라는 점이다. 그런 의미에서 믿음이란 발전의 결과도 아니며, 환경의 생산도 아니며, 의미를 만들어 낸 자질의 표현도 아닌 것이다. 더욱이 주체의 자립성의 표현으로 말할 수 있는 것도 아니다. 그것은 오직 하나님의 독자적인 활동이요, 성령의 역사에 의해서만 일어나는 일이라는 사실을 우리는 전제해야 한다(신의 초월적 사건).[190]

---

188) [참고] G. Adam u. R. Lachmann, Gemeindepaedagogisches Komependium, 138쪽.
189) 참고, 전게서.
190) 참고, 전게서, 139쪽.

그렇지만 이러한 구원행위는 하나님이 자신을 나타내신 성육신의 사건과 관계된 것으로 이해한다면, 그것은 자연과 역사의 현장인 세상 가운데 나타내 보임으로 이루어지게 된다. 여기서 하나님의 행위는 사회 문화적인 실체 안에 들어와서 발생됨을 생각하게 된다(신의 내재적 관계). 그것은 믿음이 아래나, 위로 향하여 일어나는 것이 아니라, 인간적이며, 역사적이며, 사회적인 구조 안에서 발생됨을 의미한다. 그리고 '믿음'이란 인간적인 삶의 환경에 그 자체를 들어내 보이는 영적인 사건인 셈이다. 그 때문에 믿음은 인간이 생애를 통하여 발달심리적인 조건 아래서처럼, 사회적인 조건에서 자신의 믿음이 어떤 상태에 있는지가 해석될 수 있는 것이다.191) 즉, 나타난 신앙의 결과와 신앙양태의 모습이나, 표현에 대한 것으로서 우리는 기독교신앙의 종교적 발전에 관해 말할 수 있는 여지를 가지게 된다. 그것은 하나님의 주권적 행위가 전적으로 제한 받지 않는 범위에서 가능한 것으로 본다.

⑵ 신앙(믿음)의 성장인가, 또는 신앙(믿음)안에서의 성장인가?

우리는 보통 교회에서, 또는 기독교적으로 신앙(믿음)이 자란다는 말을 하게 된다. 교육신학적인 중요한 질문은 믿음(신앙)이 자라는 것인가, 인간이 믿음(신앙) 안에서 자라가는 것인가 하는 점이다. 그리고 믿음의 성장은 실제로 교리적인 문제에 속한 것으로 이해해야 한다. 그러나 믿음의 성장은 한편으로는 믿음의 행위에서 의롭게 된 죄인인 자신에 대한 경험이며, 또한 믿는 자로서 죄인 된 존재의 변화에 대한 경험을 말한 것으로 보아야 한다. 다른 한편 계속적으로 매일 매일 일상에서의 회개와, 매일 그리스도가 인간에게로 향하여 오심인 믿음으로의 변화와 발전 사이에 나타나는 긴장관계를 의미할 수도 있다. 또한 '믿음'이란 전 인격이 관여되는 하나님과의 만남의 사건으로서 하나님이 온전히 나를 인격적인 새 존재로 대하시는 은혜의 경험을 의미한다고 할 수 있다. 거기서부터 귀결되는 신앙적 삶의 형태는 성화와 관련하여 발전적인 과정과 형태로 언급되

---

191) 참고, 전게서.

어 질 수 있을 것이다.[192]

신학적으로 칭의적 은혜의 수용은 믿음의 시작이며, 그리스도와의 만남을 통하여 날로 새로워지는 변화의 과정을 거치면서 거룩한 성화의 단계로 그 모습을 다양하게 드러내는 것이다. 그러한 변화의 과정에서 믿음은 자란다고 말할 수 있을 것이다. 그렇게 될 때, 믿음의 성장은 믿음의 종교적인 삶의 형태로서 보이는 성장보다 더 정확히 표시되는 것이라 할 수 있다(히 6 : 1 이하).

하지만 실제로 믿음(신앙)의 성장이란 믿음의 규모와 크기가 성장하고 발달하는 것이 아니라, 믿는 인간이 그의 신앙적 삶의 형태와 표현방식과 상상의 능력이 변화를 들어내며, 발전되는 것을 뜻한다. 그리고 하나님의 역사와 세계에 대한 이해력과 진리에 대한 통찰력과 분별력이 발전적으로 변화되는 것을 말한다고 할 수 있다. 더욱이 섬김의 성숙된 태도나 인격적인 변화의 모습에서 그러한 성장을 느껴볼 수도 있다. 하나님과의 관계로 표현되는 어린아이의 믿음은 성인이나 노인의 믿음과 비교할 때, 그것은 벌써 온전한 믿음(신앙)의 가치를 가진 것으로 평가되어야 한다. 즉, 종교적인 삶의 형태인 믿음의 표현들은 인격의 발전과 삶의 경험과 생애의 과정과 함께 계속하여 발전적으로 형성되어 가는 것이다.

(3) 신앙(믿음)과 인격의 관계

신앙과 인격은 서로 하나의 직접적인 상호관계 속에 놓여 있는 일이다. 창조주 하나님에 대한 신앙은 하나님이 모든 존재를 실재하게 하는 근거로서, 그리고 인격적인 존재의 실존적인 근거로서 하나님과의 관계를 주장하는 것이다. 인간은 스스로 생겨나거나, 땅에 현존하는 것이 아니라, 자신 밖으로부터 와서 형성되는 존재로서 자신을 경험한다. 그리고 믿는 자는 이러한 경험을 인간의 정체성이 궁극적으로 하나님 안에 근거하고 있음을 해석한다. 믿음안에서 이렇게 기초된 존재가 의식되는 것이며, 스스로 자신을 형상화하는 것이라고 본다. 만일 하나님 안에 기초한 존재의

---

192) 참고, 전게서.

경험이 형태를 취하게 된다면, 그것은 오직 신앙고백을 통하여 이루어질 수 있다. 한편 그것들은 주어진 실체에 속한 것이며, 동시에 달리 고백적인 것으로 묘사될 수 없는, 역시 주어진 관계에서 지시된 것이라 본다. 그리고 인격의 형성과 자아 정체성의 발견은 역시 그것들의 조건에 대한 물음에 이르기까지 믿음과 직결되어 있음을 말할 수 있을 것이다(인격 형성의 종교적 차원).193) 믿음은 지켜 주시는 하나님을 생각할 때, 인격의 연약성을 보상해 줄 수 있는 분으로 인지된다. 그리고 그것은 자신의 강함을 중재하거나 확인시켜 줄 수 있는 것이다. 믿음은 인간이 행동함에서 능력 있는 존재가 되도록 해 줄 수 있다. 다른 한편 믿음은 실체 앞에서 도피의 경향을 강화시켜 줄 수 있으며, 가상 현실적으로 합리화시킬 수도 있을 것이다. 십자가에 대한 신앙고백은 구체적인 행동에서의 고난을 자신의 것으로 취하는 힘이 되게 할 수 있다. 파괴적인 행동에 대항하여 자신을 공격하는 힘으로 작용할 수도 있을 것이다. 개별적인 신앙고백의 올바른 사용은 다른 고백에 대한 믿음의 상호관계적인 것에서 자신의 믿음이 어떠한 지가 드러나게 된다.194)

그러므로 개인적인 신앙(믿음)은 공동체 안의 신앙고백과의 산 대화에 의존되어 있다. 이러한 대화는 성경적이며, 체계적인 신학의 사상적인 작업을 배경으로 삼는다. 지금 개인은 그의 인격적 구조에 따라 신앙고백의 결정적인 내용과 이에 상응하는 공동체의 형태들을 수용하고 따르게 될 것이다. 이러한 개별적인 경건의 모습은 도식적으로나 심층 심리적인 모범으로 표현되는 경건의 형태들로 나타나기도 한다.

5) 인간의 성장발달에 관한 심리학자들의 견해

현대 심리학자들의 성장발달이론에서 교육대상에 대한 기본적인 이해를 가질 수 있으며, 교육학은 새로운 성장변화에 따른 교육방법론의 근거로 삼게 된다. 이러한 정보는 역시 교회(기독교)교육의 방법적용에도 도움

---

193) 참고, 전게서, 141쪽.
194) 전게서, 142쪽.

을 받을 수 있다고 본다. 그런 맥락에서 성장발달에 관한 여러 이론을 소
개하고, 교회교육의 과제수행에 어떤 의미를 가진 것인지를 밝혀 보려는
것이다.

(1) 삐아제의 인지구조의 발달이론

삐아제(J. Piaget)는 스위스의 생물학자요, 인식이론가요, 발달 심리학자이
다.195) 그는 인간은 원칙적으로 그가 처한 환경과의 관계에서 활동적이며,
창조적으로 논쟁하는 유기체라는 전제에서 관찰하였다. 그리고 인간의 행
동은 다만 자극과 반응의 연결로 결정되며, 신경 심리적인 성숙의 상태와
그러한 환경에서 제기된 임무에 상응하게 행동하는 형태로 발전하게 된다
는 것이다. 이러한 행동은 순전히 자극적이며, 반사적인 것인데, 그런 후
에 점점 더 개념에 적합한 사고를 하게 되는 것으로 이해하였다(인지적 관
계). 물론 정신적인 성장은 신체적인 성장과 불가분의 관계에 있으며, 특
별히 16세까지 지속되는 신경계와 호르몬 체계의 성장은 예외로 보았다.
환경의 영향들은 물론 정신적인 것에서처럼 유기적인 관계에서 관찰하게
되었으며, 그것은 출생에서부터 항상 더 의미 있는 모습으로 보여 졌다.

삐아제는 아이가 성장과정에서 4단계 인지구조발달 과정을 거치는 것
으로 보았다.

첫째, '감각운동의 지능단계'(Die sensomotorische Intelligenz)이다.

이 단계는 출생의 기간에서 시작하여 아이가 보통 말하기를 배우는 기
간으로 보는 18개월, 또는 24개월 사이에 나타내는 모습으로 이해하였다.
그리고 출생한 아이는 그의 욕구를 만족시키기 위해 환경에 부여된 자극
을 통하여 본능적으로 흡입과 붙드는 형태의 반사적 행위로 반응한다고
보았다. 이러한 감각운동의 구도는 새로운 상황에 적응하려고 하는 노력
인 셈이다. 즉, 아이가 감각운동적인 구도들의 도움으로 환경에 안주하고,

---

195) J. Piajet, 인지발달론(Die Ewtwicklung do Erkennes), Frankfurt, 1972.

동화하려고 힘쓰는 한에 있어서 그러한 형태를 보이게 되는 것이다. 이것은 상황에 동화(assimilatio)하는 모습으로 이해된다.

출생 후 3-6개월 사이에 있는 아이는 이제 어머니의 젖꼭지나 우유병을 붙잡고 빨 뿐만 아니라, 그의 눈에 보이는 모든 물건들에서 그러한 양태를 나타내보이게 된다. 거기서 아이는 더 효율적인 붙듦과 흡입 방식을 배우게 된다고 보았다. 즉, 아이는 그러한 경험으로 배우고, 그의 반사적인 행위를 정교하게 만들며, 여러 가지 상황에서 그것들을 조절반응(accomodatio)을 보이게 되는 것이다. 만일 아이가 흡입, 붙듦, 청취함, 바라봄 등의 구도를 서로 동일화 하고, 이와 같이 여러 가지 감관의 인지를 관계적으로 반응하기를 배운다면 벌써 이 아이에게 있어서 조절력은 벌써 한 단계 진보하게 된 것으로 이해된다.

바라봄과 흡입은 조직적으로 엄지손가락의 흡입에 의하여 서로 병행관계에 있으며, 보는 것과 붙잡는 것은 아이의 장난감 방울종에 의하여 병행된다고 했다. 이러한 병행행위와 탐색을 통하여(동화와 조절의 관계) 아이는 네 번째의 근본 구도를 획득하게 된다고 보았다. 즉, 이것은 자신의 행동(자아중심적)에 관련된 외부 세계인데, 그러나 자신의 행동에서 독립적이며, 객관적인 세계로 이해되는, 말하자면 물건의 지속성과 공간과 원인과 시간의 근본 구도를 가진 외부 세계를 파악하게 된다고 보았다.

여기 물건의 '지속성'이란 아이가 장난감 방울종을 알아보는 것처럼 곧 대상을 다시 인식할 수 있게 되는 것을 뜻한다. 출생 후 6개월이 지난 아이는 자기에게 친숙해진 물건이 그의 인식 영역에서 사라지면, 그것을 찾게 된다. 즉, 아이는 시각의 사용과 손으로 찾음을 시도한다는 것이다. 수건으로 덮여 가려져 있는 물건의 한 부분을 발견하고 그것을 다시 인식한다고 본다. 아이는 이러한 반복적인 행동을 통하여 물건을 익히고, 공간에서 지속되고 보존되는 대상을 파악하기를 배우게 되는 것이다. 이러한 바탕에서 계속적인 근본 구도와 대체로 주체적인 것과 객체적인 것, 그리고 나와 다른 것과의 구별이 가능하게 되는 것이다.

공간이란, 출생한 아이는 처음에 하나의 흡입, 바라봄 그리고 붙듦의 공간에서 환경을 나누어 어서 파악하고, 2년이 경과하면 다른 공간들을 포함하고, 아이와 대상들 사이에서 관련들을 연관 지우는 일반적인 공간을 만들게 된다.

둘째, '상징적이며 표출적인 전 조작적 지능단계'이다.

이 단계는 2-7세 사이에 나타나는 현상을 말해준다. 만일 아이가 자그마한 통나무 조각을 움직이고 게다가 자동차 놀이를 위하여 모터의 소음을 일으키는 흉내를 낸다면, 직접적인 인지와 행동의 그 어떤 구도는 더 이상 병행되는 것은 아니며, 움직이는 놀이나 연습의 놀이가 더 이상 이루어지는 것은 아니다. 그것은 더 많이 상징적인 구도가 이러한 상징적인 놀이에 발전적으로 이용되는 것이다. 즉, 여기 상징적인 구도란 무엇인가를 통하여 다른 것을 묘사하며(표현적 관계), 그것들이 실제에 유사한 것들임을 아는 관계를 뜻한다. 사용된 상징은 하나의 비슷한 대상이며, 하나의 태도나 말이며, 후에 은유적으로 사고하는 생각이나 하나의 인지적인 구도일 수가 있는 것이다.

특징지어진 것을 통하여 특징 지워짐을 표현하는 자질인 이러한 상징적이며, 의미론적인 기능은 유사한 움직임을 통하여 흉내 내기에 더 이상 한정되는 것이 아니라, 내면화되고 더 나은 추종의 조절된 형태를 발전시키게 되는 것이다. 즉, 그것은 상상과 생각을 통한 표출을 뜻하는 것이다. 이러한 것이 상징적인 놀이와 언어적인 의사소통과 사고를 가능하게 한다고 본다. 그것은 먼저 선 개념적 단계를 거친 후 그 다음 직관적 단계로 나아가는 행위라고 설명한다.

[선 개념적 사고]

2~4세 사이에 있는 이이는 '선 개념'의 구도를 형성한다. 즉, 그 구도는 아이가 표현하는 개념의 일반성과 요소의 개별성 사이에 머물러 있는 것이다. 우리는 아이가 경험한 여러 종류의 달팽이에서 예를 들 수 있다. 아이가 산책길에서 달팽이를 발견하였다. 그러나 그는 후에 다른 곳에서

도 또 다른 달팽이를 경험하게 된다. 하지만 이미 그가 이전의 한 장소에서 보았던 여러 달팽이와 동일한 것인지를 아직은 분명히 구분하지 못하는 상태에 머물러 있게 된다.

[직관적 사고]

4~6/7세 사이에 있는 아이는 그의 경험을 통한 선 개념과 말들을 일반적으로 유효한 개념으로 그리고 직접적인 인식과 행동에서 더 강한 추상적인 개념으로 형성한다고 보았다. 즉, 간단한 것에서 구성된 직관들로 만들 수 있음을 뜻하는 것이다. 이러한 것은 분류하는 것처럼 정신적이며, 개념적인 행동들에 자질이 되는 것이다('멍멍' 소리 내는 모든 것은 개이다. 개와 고양이는 네 개의 다리를 가지고 있다. 네 개의 다리를 가진 것과 새와 물고기는 동물들이다). 즉, 이것들은 규모와 공간과 시간 관계, 순서의 형성, 수의 헤아림을 비교하는 자질들이다(여러 가지 길이로 만들어진 젓가락을 크기의 순서대로 정돈하는 것). 그럼에도 불구하고 이러한 인지적인 행위는 세 가지 방식으로 자신의 직관과 행위에 결합되어 있다.

첫째는 집중화를 통한 것이며, 둘째는 자아 중심을 통하여, 그리고 세 번째는 종합하는 귀결점과 이해를 통한 것이다.

[집중화]

'집중화'란 아이가 그의 사고 활동에 의하여 하나의 관점에 집중하는 것과 그러나 아직은 두 가지 관련 점을 동시에 관찰하지 못하는 것을 말한 것이다. 예를 들어 이러한 전 조작적인 단계에 있는 아이에게 여덟 개의 갈색 진주 구슬과 두개의 흰색 통나무 구슬을 보여주면서 어느 쪽이 더 많은가를 물으면 8개의 갈색 구슬이 많다고 대답한다. 이것은 갈색과 흰색을 구별할 수 있기 때문이다. 그러나 동시에 아이는 이 양자를 질적으로 구별하지는 못한다.

[자아중심성]

'자아중심성'이란 사고하는 전 조작적 행위가 단면적으로 이루어진다는 것과 아이는 역시 한 과정의 출발에로 되돌아오지 못한다는 것을 뜻한다. 그것은 집중화나 또는 자아 중심적인 것의 결과인 것이다. 왜냐하면 사고의 과정이 자신의 행동과 목표에 더 집중되어 있으며, 병렬된 구도를 통하여 덜 상대적이기 때문에, 그것들은 양 방향에서 더 어려워 질 수 있을 것이다.196)

[사고와 문자적 이해의 혼합성]

아이는 전체적으로 전 조작적 단계에서 귀납적이며, 연역적인 귀결점과 연결점들을 만들어 낸다. 그럼에도 불구하고 이것들은 포괄적이며, 개략적인 개념들에 기인되고 있으며, 일반적인 사고의 혼합주의를 통하여 특징 지워졌다. 그것은 삐아제에 따르면 첫째로 생각하는 것이 논증적인 것이 아니라 하나의 유일한 행위를 통하여 전제에서 결과에로 비약하는 것이다. 두 번째로 상징적인 구도와 세 번째로 유추적인 구도가 사용되었다.197)

두 가지 현상이나 표현들은 하나의 인과적이거나 논리적인 관계를 확실히 해주는 분석에 근거한 것이 아니라 그 어떤 하나의 유사적 관계에 기인된 전체성의 구도에 근거하여 결합되어 있다는 것이다. 예를 들어 다섯 살 난 아이는 이렇게 말한다: "달은 떨어지지 않는다. 왜냐하면 달은 높이 떠 있기 때문이다. 그리고 거기에 태양이 없기 때문이다". 이와 같이 달은 떨어지지 않으며, 그것은 높이 떠 있으며, 태양이 비취지 않을 때에 빛을 비춘다는 이러한 세 가지 사실은 아이에게서 항상 인식되었고, 그러므로 하나의 전체를 형성해 준다. 즉, 하나는 다른 하나를 밝혀 준다는 점이다. 통전적인 파악은 문자적인 혼합주의를 밝혀 준다. 이러한 혼합성은

___

196) [비교] 삐아제, 인지발달론, 1972, 90쪽 이하.
197) [비교] 삐아제, 인지발달론, 1972, 160쪽.

5세에서 6세까지 그리고 11세에까지도 나타나는 사회적이거나 문자적인 자아 중심주의적 성향이라고 하였다.

삐아제는 6~11세까지의 아이들에 의하여 더 정확한 언어 이해를 진단 하였다. 거기서 그는 9~11세 어린이들에게 10가지의 속담들을 제출하였고, 게다가 속담들에 포함된 하나의 생각을 10가지로 비 은유적으로 표현 했던 것들에서 색채의 순서에 따라 12개의 문장을 제시하였다. 여기서 아이들은 상응하는 문장들을 찾아내는 것이었다. 대부분 그들은 속담들을 이해하지 못했는데, 그러나 아이들은 속담을 다 이해한 것처럼 생각하고 있었다. 그러고 아이들은 그 어떤 낱말에 대한 해명과 전래되는 의미를 묻지 않았다는 것이다(문자 주의). 그리고 삐아제는 이러한 단계에서 가능한 사고하는 행위를 '전 조작적'이라고 부른다. 왜냐하면 그에게 있어서 조작한다는 것은 완전한 의미로는 개입하는 체계의 내면에서 더 이상 집 착하는 것이 아닌, 동격화 하는 것이기 때문이다.

세 번째는 '구체적인 조작적 지능단계'이다.

이 단계는 7~8세 사이에서 11~12세까지 나타나는 현상으로 보았다. 아이는 대략 7세에서부터 개념을 파악하고 형성한다. 즉, 사물의 인식이나 그의 행동에서 독립된 개념들, 그리고 분석이나 논리적인 조작을 통하여 일반적인 개념들과 연결점들을 만드는 자질을 가진다. 그리고 아이는 앞에서 언급했던 갈색의 진주 구슬과 나무로 된 구슬의 구별은 어려움 없이 쉽게 해결한다. 왜냐하면 아이는 벌써 논리적인 조작의 가능성에서 해답을 찾을 수 있기 때문이다. 그리고 이러한 연령에서 벌써 아이는 기하학적인 조작에 대한 자질도 갖게 된다.

사회인식의 관점에서 아이는 다른 이의 입장을 볼 수 있는 능력을 가지게 된다. 삐아제에 따르면 이때에 대립성과 협동성의 정신을 통하여 순종과 신율의 초기의 정신을 해결하는 것이 가능하다고 본다. 7-8세의 아이에게는 동시에 여러 관점을 관찰하고 다른 사람의 입장을 관련지을 수 있도록 그의 사고의 구도를 병행시키는 자질이 가능해 진다. 즉, 사고하는 행위를 전환하는 것이 가능하며, 사고의 행위를 수정하는 조정과 구성된 직관의 도움으로 처리하도록 더 이상 개별화하는 것이 아니라, 동일한 방식의 조작을 서로 연결하고, 균형을 잡는 압도하는 구조의 내면에서 개별화하는 것이다. 그럼에도 불구하고 11~12세까지 이러한 모든 행위는 역시 구체적이며, 조작적인 지능을 보여준다.

네 번째 '형식적 조작적(전제적, 연역적)지능단계'이다.

이 단계는 11/12~15세 사이에 주로 나타나는 현상에 대한 것이다. 삐아제에 따르면 '에디트는 릴리보다 더 어두운 머리카락을 가지고 있다. 에디트는 수지보다 더 금발이다. 이 셋 중에 누가 가장 어두운 머리카락을 가지고 있는 가'란 물음에 아이들은 대부분(구체적 조작적 지능단계에서) 바른 대답을 못한다는 것이다. 이 단계에서 그 물음의 해답은 구체적인 인지나 행동과 관련하여 대략 인형이나 그림들을 통하여 해결할 수 있을 것이다. 이러한 과제 해결의 능력은 대체로 한 단계 이전의 11-12세 사이에서 이루어 질 수 있다. 삐아제는 이 마지막 형식적 조작적 지능 단계를 엄격히 통일되게 서술하지는 않았다. 그럼에도 불구하고 다음의 관점들은 삐아제에게 있어서 본질적인 의미를 가진다.

첫째 청소년은 전제에 근거하여 실제적인 인지에서 독립적으로, 그리고 이러한 표현의 구체적인 내용에 독립적으로 그들의 형식적인 관련에 근거하여 간단히 열쇠를 끌어낼 수 있다. 둘째 청소년은 그의 경험과 일치되는 것인지에 대한 검토 없이 이러한 해답을 찾는 열쇠에 대한 사고의 필요성을 쉽게 믿어 버린다. 이 양자는 삐아제에 의하면 전제적이며 연역적이거나, 형식적이며 수학적인 생각일 수 있는 것이다.

(2) 삐아제의 도덕적 사고의 발달이론

삐아제(1932~1973)는 먼저 아이의 도덕적 판단에 관하여 연구하였다. 이것은 6~12세 사이의 아이들이 어떻게 도덕적인 규정을 근거로 삼으며 (거짓말을 하지 말라, 도둑질하지 말라), 그것들을 여러 상황에 적용하며, 그들이 정의(正義)를 어떻게 이해하는지에 대한 방식을 뜻하는 것이다. 거기서 삐아제와 그의 동역자들은 아이들에게 하나의 객관적인 도덕규범을 침해한 주된 사람들에 관하여 그리고 그들이 이러한 행위를 여러 가지 의도로 행하는 것에 대한 이야기를 해 주었다. 그리고 삐아제는 누가 더 나쁜 짓을 하게 되었는가, 그리고 왜 그렇게 해서는 안 되는지 등에 대하여 아이들에게 질문을 던졌다.

여기서 아이들은 여러 가지 대답을 할 수 있으며, 구별된 사고와 근거의 전형을 보여줄 수 있음에도 불구하고 삐아제는 중간 단계로 수용하는 판단의 두 가지 전형에서 하나의 경향을 가진 평균적으로 우위성을 보이는 쪽으로 결정을 한다. 거기서 다음과 같은 가정이 나타난다. 아이의 도덕적인 판단은 세 가지 유동적이면서도 내면적으로 개입하여 발달한다.

첫째 단계 : 신율적인 의무감(평균적으로 7세까지)
둘째 단계 : 협동적인 정의감
셋째 단계 : 자율적인 정의감(대략 9세부터) 등이다.

첫 단계의 신율적인 의무감은 세 가지 관계를 적용하는 도덕적인 사실주의를 통하여 특징 지워졌다.

① 규칙이란 신율적인 의무적 행위이며, 자신의 판단에서 독립적인 것이다.

도적질 하고 거짓말하는 것은 다른 사람을 해치기 때문에 나쁜 것이 아니라 금지 사항을 위반하기 때문에 나쁘다는 것이다. 금지 사항이 없다면 사람들은 생각 없이 행할 수 있을 것이다. 금방 거짓말을 했으며, ‘내 어머니가 보지 않기 때문에 괜찮다’라는 말이 옳은 것인지 물었던 여섯 살짜리 아이에 대하여: 무엇이 좋고 나쁜지는 순종에서 정의가 내려졌다.

② 주어진 규칙은 문자적으로 실행되어야지 정신적으로는 아니라는 것이다.

아이는 그것을 대략 신율적이며, 사물적인 것으로 주목한다.

③ 규칙이란 하나의 객관적인 것에 대한 의무이며, 하나의 주관적인 책임에 의무적인 것은 아니라는 것이다.

아이는 행동을 그들의 선하고 악한 의도에 따라 판단하는 것이 아니라,

규칙과의 일치되는 정도에 따라 판단한다. 특히 기대하는 벌칙에 따라 판단 한다

이러한 신율적인 의무의 도덕은 삐아제에 의하면 두 가지 동인에 근거하고 있음이 밝혀졌다. 첫째는 전 조작적인 사고의 제한성에서이며, 둘째는 강요에 근거한 것이다.

둘째 단계에서 아이는 동등성의 필요를 주시하고, 상호간의 경외에 기인하는 하나의 자유적인 것을, 그러나 더 이상은 권위적인 것에 근거를 둔 것이 아닌, 정의감에 대한 발단의 형성을 같은 또래들과의 협동 가운데서 배운다. 그런 후에 셋째 단계에서 이러한 자율적인 하나의 정의감을 발전시킬 수 있을 것이다. 이러한 셋째 단계의 순서는 삐아제에 따르면 어디서나 동일하며, 나이와 환경의 영향에 따라 차이가 있음을 전제한다.

(3) 콜베르그의 도덕적 사고의 발달

로렌스 콜베르그(L. Kohlberg)는 인지적인 중간 활동적인 방법을 잔 삐아제로부터 배웠고, 동기유발의 관점에서 개량하였고 확대시켰다. 콜베르그는 1958년 그의 학위논문[198]에서, 10세, 13세, 16세 등의 청소년들 72명에게서 9가지 충돌의 경험이나 도덕적인 문제의 딜레마에 대한 경험을 조사하였다. 이 조사에서 순종이란 법과 권위에서의 질서에 비하여 다른 사람들의 필요와 복지에 대립적인 관계에 있었으며, 일반적으로 인정된 올바른 대답을 그들은 제시하지 못했던 것이다.

콜베르그는 하인츠의 이야기를 하나의 예로 제시하고 있다.

구라파에서 한 부인이 암으로 고통을 받고 있었다. 그녀는 거의 죽음에 임박해 있었다. 의사의 견해에 의하면 라디움이란 약이 그녀를 구할 수 있을 것이라고 했다. 그 약은 그 도시의 한 약사가 발견한 것이었다. 이 약을 제조하는데 많은 비용이 들었다. 약사는 무려 열 배가 넘는 돈을 약값으로 요구했다(200~2,000달러 정도). 암 환자의 남편인 하이츠는

---

198) L. Kohlberg, 이기문 역, 콜버그의 도덕교육철학, 통합측 총회출판부 1985.

돈을 빌리기 위해 그가 아는 모든 사람들을 찾아갔다. 그러나 그는 약값의 절반밖에는 구할 수가 없었다. 그는 약사에게 자기 아내가 죽어 가고 있다는 사실을 말하고, 약을 싸게 팔거나 후에 약값을 갚도록 허락해 달라고 간청하였다. 그 약사는 안 된다고 거절하였으며, 나는 이 약을 발견했기 때문에 돈을 벌어야 한다고 대답했다. 이제 하인츠는 희망을 포기하고, 마침내 약국에 들어가서 그의 아내를 위하여 그 약을 훔쳐야 될 것인지를 생각한다.

수준 1 : 도덕 이전의 수준

보상과 벌을 통한 외부적 검사에 관한 상황 파악

1단계 : 처벌과 순종에 대한 상황 파악

하나의 행동이 선한지 악한지는 그들의 물리적 귀결의 사회적 의미나 가치에 의존하고 있는 것이 아니라 물리적 귀결에 의존하고 있다. 징계를 피하고 힘에 굴복하는 것은 자신에 있어서 가치를 가진다. 즉, 아이는 다만 객관적인 책임을 알고 있다.

2단계 : 순수하고 쾌락적인 상황 파악과 나의 욕망을 만족케 하는 행동은 옳은 것이다.

아이에게는 여기서 벌써 가치의 상대성과 행동하는 자들의 욕망에 관한 그들의 의존성이 의식되었다. 예의바름, 구체적인 상호성, 정의로운 분배를 위한 의미에 관한 특징들이 현존하고 있으며, 물리적이거나 실용적으로 이해되었다.

수준 2 : 관습적인 역할 일치의 토대에 대한 도덕

다른 이들의 기대에 대한 상황 파악(가족, 그룹, 국가).

3단계 : 사람에 결부된 동의에 대한 상황 파악

훌륭한 아이의 도덕 : 즉 관련된 사람들에 의하여 찬양과 지지와 선한 접촉을 확실하게 하는 행동은 선한 것이다. 아이는 자신과 관련된 사람들을 기쁘게 하고, 그들을 도우며, 사랑스런 아이로 있기를 원한다. 다른 이들의 판단에 의하여 지금 그들의 의도는 주목된다(이것은 삐아제에 따르면 주관적인 책임이다).

4단계 : 법과 질서에 대한 상황 파악

권위를 존중하고, 사회적인 질서를 위하여 그들의 권위 때문에 나아가며, 의무를 다하는 행위는 옳은 것이다. 아이는 다른 이의 통찰을 받아들이고, 그들의 합리적인 권리를 인정할 수 있다. 그의 선한 태도는 보답된 것으로 기대한다.

이와 같이 두 번째 평면은 그것은 관련된 사람들의 역할에서 생각하고, 그들의 평가들을 존중하며, 다른 이의 권리들을 이해할 수 있는 것을 통하여 첫 번째 평면에서 구별한다. 그러므로 비록 이것이 항상 자신의 행동이나 의도의 정당성이나 오류에 대한 암시로서 필요함에도 불구하고 그들의 보상이나 처벌은 더 이상 지향하지 않는다.

수준 3 : 스스로 수용된 공동적인 규범의 도덕

내면화된 원리와 하나의 자율적인 가치의식에 대한 상황파악

5단계 : 하나의 사회 계약의 도덕에 대한 상황 파악

충돌의 경우에 개별적인 욕구 이전에 합리적인 근거를 가진 법칙에 우선권이 주어졌다. 이러한 합리적인 경향은 4단계의 정신인 엄격한 법과 질서에 대립하여 부당하고 자의적인 것으로서 가능성과 개별적인 법칙을 인식하는 것을 배제하지 못한다.

그 경향은 모든 것에 대한 일반적이며, 사회적인 일치의 보존에 근거하여 사회의 기능화를 제기한다. 법적으로 설정된 영역 외에 의무들이란 자유로운 합의와 계약에 기인한다.

6단계 : 스스로 수용된 일반적인 윤리적 원리에 대한 상황 파악

사람들은 더 이상 특별히 실존하는 사회적인 규범과 법칙에 따르지 않으며, 작은 양심의 판단인 스스로 선택한 윤리적인 원리로부터 점점 끌게

한다. 사람들은 법과 계약의 의미에 점점 더 의식적이다. 그럼에도 불구하고 도덕적인 충돌의 해결을 위해서는 환경의 기대와 법칙으로부터 단호하며, 독립으로 범세계적이며, 추상적으로 유효한 원리를 다시 붙들게 된다. 즉, 그것은 정의와 상호성과 개체의 품위 이전의 존경과 인권의 동등성과, 최대의 다수를 위한 최대 유익의 원칙에 대한 것이다.

대답들의 범주화를 통하여 중재된 이러한 단계들은 콜베르그에 의하면 다음과 같은 뜻에서 발전의 단계들이다.

① 발전 단계는 구조화된 전체성과 모든 딜렘마에 적용된 사고 체계를 형성한다.

개별적인 대답의 50% 이상이 하나의 결정적인 단계에 종속되어 질 수 있다. 즉, 다른 것들은 바로 현 단계를 떠났거나 다음 단계로 뛰어 넘으려 하는 그 단계를 움직인다. 모든 대답들은 한 평면 내면에 밀접한 관계를 가진다.

② 발전 단계는 서로 서로 불변적인 순서를 따른다.

각 개체는 한 단계를 뛰어넘거나 또는 반대로 거슬러 올라감 없이 전 단계를 일맥관통 하고 있다. 문화적인 요소들은 발전을 가속화하거나 저속화하며, 발전을 멈추게도 한다. 그러나 그 순서를 바꿀 수는 없다.

③ 발전 단계는 계급적으로 통합되었다.

높은 단계에서의 도덕적인 사고는 낮은 다단계의 요소를 포함한다. 모든 여섯 단계의 청소년들의 진술을 살펴보면, 그것들은 자기 단계의 것들이나 그 아래에 있는 단계를 이해하고, 부가할 수 있을 것이다. 콜베르그는 후에 5~6단계는 청소년들에게서가 아니라 먼저 성인의 연령에서 도달되는 것으로(대략 23세에서 30세 사이), 그의 초기의 설명은 새롭게 발전한다. 그리고 이러한 도덕발달의 과정에서 작용하는 발달적인 기본적인 요소들이 무엇인지를 묻는 물음에 콜베르그는 해가 경과하면서 그 입장들이 바뀌어졌다. 그는 처음에 도덕적 판단 능력은 다만 인지적인 발달과 병행된다는 것으로 보았던 반면, 후기의 발표문에서 그는 도덕적인 감수성과 행동의 관계를 주목하였고, 감성적인 요소들의 의존성을 따로 언급하였던 것이다.

전체적으로 콜베르그는 성장세대의 도덕적인 사고는 자연적인 방식으로 감정이입, 역할모방 그리고 정의(상호 연관성과 동등성)에로 범세계적이며, 인간적인 경향에서 서로 서로 발전한다고 보았다. 그리고 실제적인 도덕교육은 성장세대의 발전 단계를 도우는 것이어야 했다. 즉, 도덕 교사는 아이에게서 도달된 발전의 단계를 알아야만 하는 것이다. 콜베르그는 아이의 발달 단계는 상대적으로 나이에 의존적이라고 생각하기 때문에 미국의 대도시 아이들을 염두에 두고 두 가지 특별히 유익한 단계를 교사에게 암시해 준다. 그것은 말하자면 하나는 10~13세 사이에 있는 아이들의 관습적인 수준 2로 넘어가는 과정이요, 다른 하나는 15~19세 사이에 있는 아이들로서 원리를 이끌었던 수준 3으로 가는 과정을 뜻한다.

교사의 노력은 성장세대의 도덕적인 사고가 도덕 상충의 이전 상태를 통하여 그것에 관련된 견해의 구별을 통하여 그들 자신의 생각 속에 도덕 상충이 고무되며, 그들이 현재적인 논증의 불충분 성을 알도록 아이들을 자극하는 것이다. 도덕 학습 시간은 아이가 만족스럽게 인식하도록 학생에게 도달된 것보다 한 단계 더 높이 위치한 사고의 모델을 제시하는 것이다.

(4) 삐아제와 콜베르그의 도덕 발달 단계이론의 기여와 한계성

독일의 종교교육 심리학자 베른하르드 그롬(B. Grom)은 그의 책에서 다음과 같이 평가하고 있다.199) 그는 도덕 발달에 대한 양자의 이론은 다음의 몇 가지 관점에서 하나의 학문적인 수확으로 평가되었다. 첫째는 도덕 발달의 서술이 이전의 신율적(heteronom)인 관점에서 가능한 더 많은 인간의 자율적(autonom)인 사고와 행동에 대하여 서술하고 있다는 점이다. 둘

---

199) [참고] Bernhard Grom, Religionspädagogische Psychologie, des Kleinkind, Schul und Jugendalters, Düsseldorf und Göttingen, 1981 340-341쪽 이하.

째는 이러한 발달의 의존성은 자신의 깊은 생각과 총체적인 인지 발달로부터 주제화 되었다는 점이다. 셋째로 하나의 인격체는 자율적이며, 원리로 이끌어진 정의의 도덕을 세우지만, 그것은 환경에 한정된 정의의 도덕은 아닌, 가능성을 인정하는 것과 이러한 가능성 현상을 밝히는 정도의 과제로 보는 것이다. 그럼에도 불구하고 양자의 이론은 역시 그 한계를 가진다는 것이다.

그러면 삐아제와 콜베르그의 도덕발달의 이론의 한계점은 무엇인가? '그룹'은 세 가지 관점에서 그 한계를 지적하였다. 첫째, 삐아제와 콜베르그의 진단에 있어서 그들이 사용하고 있는 심리적 테스트는 매우 논쟁적이라는 것이다.[200] 그리고 그들은 아이의 도덕적 사고의 발달을 연구하여, 제시한 단계이론은 도덕적 성숙과 도덕 발달의 이론으로 설명된다. 여기서 그들은 도덕 이론적인 근거와 나타난 도덕적인 상태를 동등하게 취급하고 있는 것이 문제라는 것이다. 바로 그 때문에 그들은 조작적인 사고 이전의 자율적인 상태를 충분이 해명하지 못하고 있다는 것이다. 이 부분은 매우 감정에 적합한 것이기에 성찰적이거나, 진술 적이지 않은 사회적 존재의 가능한 근거들을 간과하는 쪽으로 기울어 있다는 것이다. 그러므로 도덕적인 사고에서 도덕적인 태도가 형성되는 형식적인 사고단계에 도달하는 과정에는 어떤 요소들이 작용하는 지를 분명히 밝히지 못한다는 점이다. 둘째는 양자의 도덕 발달 이론이 지나치게 인지발달적인 차원에만 의존되어 있다는 점이다. 인간의 도덕성의 가치 판단력은 오직 사고력에만 의존하는 것이 아니라, 적잖이 감수성, 즉 사회적 감수성에 관계되어 있다는 것이다. 그러므로 인지적이며, 감성적인 그리고 태도에 적합한 사회적이며, 개인적인 요소들의 공동작용에 의하여 도덕적인 가치 판단력이 설명되어야 하는데, 충족하지 못하다는 것이다. 셋째는 모든 충돌에 적용되고 다음 단계에서 분리하는 도덕적 사고의 포괄적인 전형에 대하여 과도하게 대답하는 결론이 의문이라는 것이다. 왜냐하면 삐아제에 의하면

---

200) [참고] 그룹은 그의 책, 각주 133번에서 삐아제와 콜베르그의 연구에 있어서 '심리적 테스트'에 대한 학자들 간의 논쟁을 자세히 소개하고 있다.

아이의 개개인은 종종 이야기에서 다르게 대답하기 때문이다. 그러므로 삐아제의 이론에 연결하여 행한 조사들은 거의 그의 단계이론의 확인으로 보기가 어렵다는 것이다.

(5) 에릭슨(E. Erikson)의 자아 발달론

에릭슨의 자아 발달론은 원래 '건강한 인격성의 성장과 위기'[201]란 주제로 한 심포지엄(1950)에서 발표한 것이었다. 그는 이 글에서 한 인간이 건강한 인격체로 성장하는 과정에는 대체로 자신이 처한 환경과의 관계에서 그 환경이 미치는 영향 하에 대체로 8단계의 위기적인 과정의 변화를 거치면서 성장 변화한다는 견해를 밝힌 것이다. 이러한 인간에 대한 이해는 기본적으로 청소년기에 나타나는 인간의 변화에 대한 이해에 도움을 주기도 한다.

제1단계 : 근원적인 신뢰와 불신감

이 기간은 갓 출생한 젖 먹이 아이에게 해당하는 시기이다. 에릭슨은 건강한 사람의 인격의 가장 기본적인 요소를 신뢰감으로 보았다. 아이는 성장과정에서 자기와 관련을 맺는 사람의 영향을 절대적으로 받으며 자란다. 여기에 아이의 어머니나 어머니를 대신하는 사람은 아이에게 있어서 가장 중요한 사람이 되는 것이다. 아이가 궁극적으로 갖게 되는 신뢰감과 불신감은 어머니－아이의 관계의 질에 의해 결정된다. 어머니로부터 따뜻하고 애정적인 보살핌을 받게 되면 아이는 이 사회에 대한 신뢰감을 거기서 발달시킬 수 있다. 신뢰감이 형성되면 때때로 어머니가 없다 하더라도 누군가가 자신을 돌보아 주리라는 믿음을 갖게 된다. 그러나 춥고, 배고플 때, 욕구 충족이 되지 않고, 기저귀가 젖었을 때에도 갈아주지 않는다면 유아는 불신의 감정을 가지고 인생을 시작할 것이다. 이러한 신뢰감 대 불신감의 비율은 앞으로의 인생을 살아가면서 맺게 되는 모든 사회적 관계에서 어떻게 성공적으로 적응하는가에 밀접한 관련이 있다.

---

201) 이 글은 원래 1950년에 Symposium of the Healthy Personality에서 발표 된 것이었다.

제 2 단계 : 자율성과 수치심 및 의심

아이가 2세 정도가 되면 자신의 행동의 주체가 자기 자신이라는 것을 서서히 깨닫게 된다. 그리고 지금까지의 반사적 행동에서 반응적인 행동을 보이게 된다. 예를 들어 젖을 빨 때도 적당한 자극이 주어졌을 때의 수동적 흡입 반사로부터 자신의 의도에 의한 흡입으로 전환된다. 아이는 이러한 의도적 행동을 통해 자율성을 획득하게 된다. 또한 대·소변 가리기 훈련은 아동으로 하여금 자신의 행동에 대한 독립심을 키워 줌으로서 자율성 발달의 기초를 마련해 준다. 즉, 부모가 사회적으로 적합한 행동을 요구하므로 그러한 훈련을 통해 결국은 스스로 환경을 조절할 수 있다는 것을 알게 된다. 아이 자신이 무엇을 할 수 있다는 생각과 동시에 자신의 지나친 시도에 대한 주위의 비난도 인식할 수 있게 되어, 이 둘 간의 평형을 유지하려고 노력한다. 만약 아이가 덜 성숙된 상태에서 외부통제가 너무 빨리 또는 너무 엄격하게 주어진다면 아이는 자신의 통제 능력의 미약함과 더불어 외부압력자를 조절할 수 없는 무능력에 대해 심한 수치심과 회의감을 갖게 된다. 이러한 아동은 자신의 행동에 대해 책임감을 회피하려는 경향을 보이거나 구강으로 퇴행함으로써 만족을 추구하려 한다. 또한 이들은 적대적이고, 고집이 세어지며, 타인의 도움을 거부함으로 진보를 가장하려고도 한다.

에릭슨은 엄격한 배변 훈련은 아이를 강박적으로 만들어 사랑, 노력, 시간, 돈에 있어 인색하고 소심해지게 하고, 강박적 행위는 아이에게 회의심과 수치심이 생기도록 하는 원인이 된다고 하였다. 반면 확고하고 친절하며 점진적인 배변 훈련을 받은 아동은 자아의 감정을 잃지 않으며 자기 통제 감각을 발달시켜 강하면서도 사회적으로 인정받는 자율적인 감각을 획득한다고 보았다.

제 3 단계 : 주도성과 죄책감

4~5세가 되면 아이는 언어를 사용하고 신체적 능력이 개발되며 주변의 여러 가지 물건을 마음대로 다룰 수 있게 된다. 뿐만 아니라 많은 호

기심으로 질문에 대한 해답을 스스로 찾음으로써 상상력 개발을 기도한다. 충분한 어휘를 획득한 아이는 그 개념들을 이해하게 되면서 주변 환경을 이해하게 된다. 그리하여 자신의 행동에 목표와 계획을 세우는 주도성을 지니게 된다. 그들은 행동을 주도하는데 있어 자율적일 뿐 아니라 책임감을 갖는다. 아이가 주도하는 행동은 때로는 사회에 바람직하지 않는 행동이어서 부모로부터 제재를 받을 수 있다. 부모의 제재가 일관성은 있으나 부드럽지 않다면 아이는 자신의 주도적인 행동에 자신감을 잃을 뿐만 아니라 나쁜 짓을 한다는 죄책감도 갖게 된다. 즉, 자신의 행동을 주도하지 못하고 그 행동을 책임질 수 없을 때 죄책감을 경험하게 된다. 그러므로 부모의 역할이 아이의 주도성 발달에 중요하다.

제 4 단계 : 근면성과 열등감

이 시기는 가정이라는 울타리를 벗어나 작은 사회를 경험함과 동시에 학교에 다니는 시기이다. 학교생활을 통해 많은 지적 능력을 개발할 뿐 아니라 친구와의 접촉은 사회적 가치관이나 규범을 획득하는 좋은 기회이다. 친구를 통해 아이 자신의 정체가 무엇인가를 발견하고 자기의 존재의미를 찾고 확립한다. 친구와의 관계에서 아이들이 무엇인가를 주도적으로 할 수 있고, 자신감을 얻게 되면 근면성이 개발된다. 그들은 가치 있는 일을 하길 원하고, 무엇인가 인정받고자 할 뿐만 아니라 일을 완성하는데 인내력을 발휘함으로서 만족을 얻는다. 이때 부모와 주변의 성인이 아이에게 적당한 과업을 주어서 그 과업을 수행하면서 그들이 가치 있는 일이라 느낀다면 아이는 건전한 근면성을 개발하는데 도움이 될 것이다. 반면 친구와 비교하여 아이가 스스로 자신감이 없다고 느끼거나 학교생활에 적응할 준비가 되지 않은 상태에서 입학하여 계속적인 실수를 하여 자신감과 근면성이 개발되지 않으면 열등감을 느끼게 될 것이다. 에릭슨은 이 시기에 아이의 잠재적 능력이 개발되어 키워지지 않으면 영원히 잠재해 버릴 수 있다고 하였다.

제 5 단계 : 정체감 형성과 역할 혼돈

이 시기는 신체가 급격히 성장하고, 그들에게 요구되는 사회적 역할도 지금까지와는 달리 새롭다. 유아기에 가졌던 자신의 관점이나 가치관이 이 시기에 와서는 부적합성을 느끼게 되어 이 부조화를 어떻게 대처해야 하는지 당황하게 된다. 따라서 자기 존재에 대한 새로운 인식 '나는 누구인가'라는 의문과 함께 자신의 능력, 존재 의미를 탐색하면서 많은 고민과 갈등을 겪는다. 이러한 의문의 해답을 얻지 못하면 정체감의 불안정성과 역할혼돈이 일어난다. 사회에서 자신의 역할을 정확히 인식하고 목적 의식이 뚜렷한 청년은 자아 정체감을 확립하여 이러한 위기에 대처할 수 있다. 정체감의 확립을 위해 그들의 경험과 개인적 욕구를 성공적으로 통합하고, 초기 12년간의 발달이 자아 정체감과 자기 정의로 잘 합성되어야 한다.

자기의 개성에 대한 강한 인식을 갖고 사회로부터 인정을 획득한 청년들은 자신에 대한 확고한 정체감을 형성하여 건전한 성인으로 성장하게 된다. 반면 정체감 혼돈의 위기를 성공적으로 극복하지 못한 청년들은 인생의 후기에 부정적이며 타인을 잔인하게 취급하고 영웅에 대해 무조건적으로 동일시하거나 충성을 다하는 미성숙한 인성적인 특징을 가지게 된다.

제 6 단계 : 친밀감과 고립감

이 시기는 청년기에서 성인기로 전이되는 시기로 친밀감을 발달시키지 못하면 고립감의 위기를 갖는다. 이 시기에는 특정 이성과의 친밀한 관계를 유지시키려는 욕구가 생겨나서 배우자를 선택하게 된다. 이러한 과정에서 획득되는 친밀감은 결혼 생활을 성공적으로 수행하는데 결정적인 역할을 한다. 친밀감이란 비 이기적인 방법으로 다른 사람과 감정이나 가치관을 교류하는 성숙된 인간관계로 자아 정체감이 잘 확립된 사람이라면 원만하게 얻을 수 있다. 그러나 청년기에 자기 자신에게만 몰두하여 자아 정체감을 확립하지 못한다면 타인과의 관계에서도 친밀감을 형성하지 못한다. 이들은 친구나 부모, 심지어는 결혼한 배우자에게도 사회적인 위축을 느끼게 되어 결국은 고립감을 느끼게 된다.

제 7 단계 : 생산성과 침체감

결혼한 부부는 자녀를 낳고 그들이 사회의 한 구성원으로 올바로 성장하는 것을 도와주는 것이 보편적이다. 다음 세대를 교육시켜 사회적 전통을 전수시키고 가치관을 전달하는 부모로서의 역할이 생산성을 획득하는 것으로 에릭슨은 보았다. 자녀가 없는 부부는 입양을 할 수도 있고, 가까운 친척이나 친구의 자녀들과 접촉하여 생산성을 얻게 될 수도 있다. 생산성은 사회적인 활동을 통해서도 획득될 수 있다. 직장에서 젊은 세대를 지도하고 교육시키기도 하며, 창의적인 학문의 성취와 예술적인 업적을 통해서도 사회적인 생산성을 발휘한다. 이 시기에 다음 세대에 대한 관심이나 사회에 관심을 두지 않고 자기 자신의 물질적인 또는 신체적인 안녕에만 치중하게 되면 타인에 대한 관대함이 결여되며 침체성이 형성된다.

제 8 단계 : 자아 통합감과 절망감

마지막 단계인 노년기에는 지금까지 지내 온 삶을 돌아보게 된다. 자신의 생애를 돌아보면서 보람이 있었고 가치가 있었다는 것을 인식하고 오랜 삶을 통해 노련한 지혜를 획득하게 되면 자아 통합의 감정을 얻게 된다. 반면에 젊음을 잃고 직업에서 은퇴한 후 신체적, 경제적 무력감을 느끼며, 지나온 자신의 삶이 무의미했다고 느끼면 절망감을 느끼게 된다. 절망감과 죽음에 대한 공포를 느끼는 노인들은 성취감을 이루지 못한 지금까지의 인생을 다른 방향으로 바꾸기에는 너무 시간이 짧게 남았다는 것을 인식하여 초조해지기 시작한다. 희망이 없고 고독감에 찬 이들은 비참한 절망감에서 인생을 끝내게 되는 것이다. 에릭슨(Erikson)의 이러한 이해는 교육의 대상인 인간의 기본적 이해에 도움을 주는 것으로서 교육의 과제를 밝히는데 도움일 뿐 아니라 교사의 인간 이해에 기본적인 이해를 제공한다고 할 것이다.

에릭슨의 삶의 순환관계에 대한 도표202)

노 년(VIII)	55이상		통합감 대, 절망감(지혜)
성 인(VII)	35-55		생산성 대, 침체감(돌봄)
성 년(VI)	21-35		친밀감 대, 고립감(사랑)
청소년(V)	15-21		정체감 대, 정체감혼동
소 년(IV)	6-15		근면성 대, 열등감(경쟁)
유 년(III)	3-5		주도성 대, 죄책감(목적)
유 치(II)	2-3	자율성 대, 수치(의지)	
유 아(I)	1	신뢰 대, 불신(희망)	

I II III IV V VI VII VIII
구강기 항문기 생식기 잠복기 사춘기 청년기 성인기 성숙기

⑹ 파울러의 신앙 발달론

파울러(J. Fowler)의 이론은 프로이드의 심리적인 구조들에로 되돌아가는 삶의 순환이론을 제시한 에릭슨(Erikson)과 레빈슨(D. Levinson)에 연결하며, 역시 융(C. G. Jung)이 제시하는 개인화의 과정에 대한 착상들과 연결한다. 그리고 그는 인지발달 이론을 제시한 삐아제(J. Piajet)와 삐아제에 의존하여 도덕발달이론을 제시하는 콜베르그(L. Kohlberg)에도 연결하여 신앙은 인간의 성장의 단계적인 발달에 적합하게 변화되는 것을 표현하고 있다. 파울러의 신앙발달 이론은 결과적으로 삐아제의 인지발달 이론에 근거하여 인간의 성장 변화에는 신앙도 발전한다는 전제하에 종교적인 신앙 양태의 변화를 통계적으로 제시하고 있다. 그는 인간에게서 나타나는 신앙의 발달을 6단계로 구분하여 설명하였다.203)

첫 단계는 미분화된 신앙으로, 3세 미만의 어린이에게 나타나는 신앙의

---

202) [비교] Friedrich Schweitzer,u.a., Religionsunterricht und Entwicklungspsychologie, 212 쪽에서 발췌.

203) [비교] James W. Fowler, Stufen des Glaubens, Kaisers und Guetesloh, 2000, 136-231 쪽 이하.

상태를 말한다.

파울러는 물론 이 단계의 신앙 형태를 신앙이라고 말하기보다는 '근원적 신뢰'(Urvertrauen)를 뜻한다고 하였다. 그러나 이때부터 신앙의 여정은 시작된다고 보았다. 이것은 특별히 출생한 아이를 어머니가 어떻게 사랑으로 돌보는 관계를 통하여 아이가 반응하는 행동과 태도를 해석한 것이다. 이 단계는 실제로는 신앙의 '선 단계'(Prestage)로서 신뢰, 용기, 희망, 사랑 등의 씨앗들이 미분화된 방식으로 혼합되어 있는 상태를 표시한 것으로 보았다. 그 씨앗들은 영아의 환경에서 버림받게 됨과 부족한 신뢰감과 결핍을 통한 위협의 감정들과 겨루게 된다. 비록 이것들은 전 단계에 속하여 있고 파울러가 추구하는 종류의 실험적 연구 조사로는 대부분 접근될 수 없는 것이기는 하지만, 후에 신앙 발달에서 발생하는 모든 것의 기초가 되는 상호작용의 질과 신뢰와 자율성, 희망과 용기(혹은 그 반대 요소)의 강점들이 생겨있는 것으로 보았다. 그리고 이 단계에 나타나는 신앙의 힘은 원초적인 사랑과 돌봄을 베푸는 사람들과의 관계를 통하여 상호성의 경험과 근원적인 신뢰의 축적이라는 것이다. 파울러는 이러한 가치들의 불충분한 경험으로 나타나게 되는 위험은 상호작용의 좌절에 대한 감정이라는 것을 지적한다. 자아 중심적 경험이 계속 지배하여, 상호성을 왜곡하는 과도한 자아도취가 나타날 수 있다는 것이다. 그리고 나태함과 부족한 신뢰감의 경험들은 아이를 고립감이나, 좌절된 상호성의 표본으로 고착되게 할 수 있다는 것이다.

파울러는 역시 미분화된 신앙에서 다음 단계(제1단계)로의 전이(轉移)는 사고와 언어가 유아에게 수렴되어 말과 의식적 놀이에서 상징물들을 사용하기 시작할 때부터 시작된다고 보았다.204)

제1단계 : 직관적-투사적 신앙

유아기를 벗어난 1단계의 아이는 감각적 경험들이 의미를 가진 것으로 표현하고 다른 것들과의 관계를 중재하기 위한 언어가 발달하며, 상징적

---

204) Fowler, 전게서, 138쪽 이하.

표현을 사용하여 스스로 걸을 수 있게 되고 모든 것에 대해 끊임없이 질문하게 된다. 직관적·투사적 신앙은 아이가 일차적으로 관련된 성인들의 가시적 신앙의 실례들, 분위기, 행동, 이야기에 의하여 강력하고 항구적으로 영향 받을 수 있는 환상으로 가득한 모방적인 단계로 설명된다.

3~7세의 어린이에게 가장 전형적인 모습으로 경험되는 이 단계는 사고 유형들의 상대적 유동성이 특징을 이룬다. 그리고 새로운 것들에 대해서는 어떤 종류의 안정된 앎의 조작들도 형성되어 있지 않은 채, 아이는 계속적으로 새로운 것들을 직면하게 된다. 환상의 기초를 이루는 상상의 과정은 논리적 사고에 의하여 억제되고 금지되지 않는다는 것이다. 지각에 의하여 지배되는 앎의 형태들과 연결된 이 단계에서의 상상력은 극단적으로는 지속적인 이미지와 감정(긍정적·부정적)의 산물이라고 보았다. 이것은 후에 보다 안정되고 자기 성찰적인 가치평가 및 사고작용의 질서를 부여하고 보류하는 역할을 할 것이라고 하였다.

이 단계는 최초로 자아인식이 일어나는 단계로서 다른 사람의 관점에 관해서는 지극히 자아 중심적이다. 여기서는 죽음과 성 그리고 강력한 금기에 대한 최초의 인식을 경험하게 되는데, 문화와 가정은 이들 강력한 금기 영역을 아이에게서 단절시키는 역할을 한다고 하였다. 이 단계에서 부상되는 힘은 상상력의 태동이다. 즉, 경험의 세계를 강력한 이미지로, 그리고 아이의 직관적 이해와 감정을 실존의 궁극적 조건들과 연결시켜 주는 이야기를 통하여 파악하는 능력이 탄생되는 것이다. 그러나 이 단계의 위험은 아동의 상상이 억제될 수 없는 공포와 파괴적인 이미지들에 사로잡히는 것과 더 나아가 금기와 도덕적이고 교리적인 기대의 강요로 인하여 아이의 상상력을 고의적으로, 부지중에 악용될 수 있다는 점을 강조하였다. 다음 단계의 이동을 촉진하는 주된 요소는 구체적 조작기의 사고에서 나타나는 것 외에도 오이디프스 콤플렉스가 해결되거나, 또는 잠복기로 들어가는 요인이 있다고 보았다.205)

---

205) [비교] 전게서, 150-151쪽 이하.

제2단계 : 신화적·문자적 신앙[7, 8~12세]

제2단계의 신앙은 인간이 공동체에 그가 속한 것을 상징하는 이야기들, 즉 신앙의 내용들과 규범들을 취하기 시작하는 단계이다. 도덕적 규범과 행동방식과 마찬가지로 신앙의 내용들은 문자적인 해석에 의하여 자신의 것으로 삼게 된다. 상징적인 것들은 일차원적이고 문자적인 의미로서 이해되었다.

이 단계에서 구체적인 조작들의 발생은 이전의 단계에서도 이루어진 것처럼, 세계에 대한 상상할만한 조작의 길들이기와 질서에로 인도한다. 즉, 직관적이며 투사적인 신앙을 그리는 질적인 능력이 응집력과 의미로부터 더 많이 일관성 있게 연결되는 이야기로 발전된다. 이야기는 경험에 통일성과 가치를 부여하는데 가장 중요한 수단이 될 것이다. 그것은 학교에 다니는 아이의 신앙의 단계이다(우리가 이러한 구조를 종종 청소년이나, 성인들에게 앞서 나타나는 것을 경험에도 불구하고).

두 번째 단계의 사람들은 다른 사람들의 전망을 취할 때 더 높은 정확성으로부터 영향을 받아, 상호적인 공평성과 상호관계에 근거하고 있는 내재적인 정의에 의존하는 하나의 세계를 만든다. 그러한 우주적인 사건의 이야기에 나타나는 인물들은 '신인동형'(anthromorphisch)적인 모습으로 인지된다. 아이들은 깊고 강하게 상징적이며, 극적인 이야기에서 놀람을 가질 수 있으며, 경험된 이야기를 끝없이 서술할 수도 있다. 그들은 반영되고 파악된 의미들을 서술하기 위하여 이야기의 흐름에서 어떤 거리감도 취하지 않는다. 즉, 이 단계에서는 의미가 이야기 가운데 전달될 뿐 아니라, 자신들이 이야기 속에 갇히게 된다고 보았다.

이 단계에서 주어지는 새로운 능력이나 힘은 경험에서 일관성을 발견하고 부여하는 방법으로 설화가 발생하고 이야기, 연극, 신화가 출연한다. 문자주의의 제약, 궁극적 환경을 구성하는 원리로서 상호성에 대한 지나친 의존은 과장된 완전주의 즉, '행동을 통한 정의'를 초래하거나, 아니면 그 반대로 다른 사람들에 대한 학대, 무시, 명백한 불친절로 인하여 비열함을 초래할 수도 있다. 2단계에서 3단계로의 전이는 이야기 가운데서 모

순과의 충돌을 인식함으로써 그 사건을 재음미하는 작용을 통해서 이루어
진다고 보았다.206)

　제 3 단계 : 종합적-인습적 신앙[11~12세 이후]

　3단계의 종합적이며 인습적인 신앙에서, 인간의 세계에 대한 경험은 가
족관계를 뛰어넘어 확대된다. 여기서 다양한 영역들, 즉 가족, 학교, 직장,
또래, 사회의 현실, 대중매체뿐만 아니라 종교에까지 관심의 대상이 된다.
신앙의 보다 복잡하고 다양한 참여 안에서 일관된 방향을 제공하고 가치
와 정보를 종합하고 정체성과 전망에 대한 근거를 제공한다.

　3단계는 전형적으로 사춘기에 발생되나, 그것은 여러 성인들에게도 같
은 비중의 영속적인 장(場)으로 전개된다고 본다. 이 단계에서는 개인 상
호간의 관계성 속에서 궁극적 환경을 형성하게 된다는 것이다. 통일성을
부여해 주는 가치와 힘에 대한 이미지는 개인적으로 경험된 특성을 확대
할 때 발생한다. 그들이 자신을 위탁하고 있는 이미지와 가치를 제공하는
체계는 주로 무언적인 체계로 존속한다. 즉, 가치와 규범적 이미지는 소유
하게 되나, 그들의 정서에 깊이 관여되어 있는 무언적인 앎의 체계를 성
찰의 대상으로서의 가치체계로는 만들지 못한다. 이 단계는 한마디로 '순
응'관계라고 할 수 있는데, 그것은 이 단계에 있는 사람들이 의미 있는
다른 사람들과의 기대와 판단에 민감하게 좌우되는 반면에, 독자적인 관
점을 구성하고 유지할 만큼 자신의 주체성과 자율적 판단이 충분히 성숙
되지 않았다는 점에서 '순응주의'적인 단계로 보았다. 3단계에서 인간은
다소 일관성 있는 가치와 신념의 집합체인 '이념'을 소유하지만, 그것을
검토하기 위해 객관화시키지는 못하며 어떤 의미에선 소유자체도 의식하
지 못한다고 본다.

　이 단계에서 부상하는 능력은 개인적으로 신화를 형성한 모습인데, 환
경에 대한 이미지 속에서 자신의 과거와 기대하는 미래를 개성적으로 종
합시켜 형성한 신앙과 같은 것이다. 이 단계에서 나타나는 위험이나 결함

---

206) [비교] 전게서, 166-167쪽 이하.

은 두 단계인데, ① 다른 사람의 기대와 평가가 지나치게 강제적으로 내면화되어(신성시) 앞으로의 판단과 활동의 자율성이 위태로워 질 수 있다는 점이며, ②상호 인격적 배신을 경험함으로 궁극적 존재의 인격성에 대한 '허무주의적 절망'을 느끼거나, 아니면 그에 대한 보상으로서 세속적 관계들과는 무관하게 하나님과의 보상적 관계의 친밀성에만 몰두하게 된다는 것이다.

3단계에서 4단계로 전이되는 계기의 요인은 이제껏 가치 있는 것으로 믿어 온 권위의 원천들에서 심각한 충돌, 모순, 갈등을 발견하거나, 신성시 했던 지도자의 행동에서 모순을 경험할 때, 또는 우연한 경험에 의해 자신의 신조나 가치의 형성과정을 비판적으로 성찰하게 될 때인 것이다.207)

제 4 단계 : 개별적－반성적 신앙[17세 이후에 가능]

4단계는 청년기에 형성되는 것이 가장 적합하다. 그러나 상당한 수의 사람이 30, 40대가 되어서야 비로소 나타나게 되며, 대부분의 성인은 이 단계에도 이르지 못하는 것으로 보았다. 4단계로의 변천이 중요한 이유는 자신의 헌신, 생활양식, 신념과 태도에 대한 책임부담 등과 심각하게 갈등하기 때문이다.

4단계로의 진정한 이동이 일어날 때 다음과 같은 피치 못할 특정한 긴장을 경험하게 된다. 첫째, 개체나 집단 또는 집단의 구성원에 의해 규정된 것 사이에 나타나는 긴장, 둘째, 감정들의 주체성과 능력에 대한 비판적 성찰과 객관성의 요구 사이의 긴장, 셋째, 근원적인 관심사로서 자아실현과 타자를 위한 존재와 그에 대한 봉사 사이의 긴장, 넷째, 상대적인 것의 존재에 대한 질문과 절대적인 것에 대한 가능성과의 투쟁관계 등에서이다.

'신앙활동'이란 이러한 긴장을 만드는 시도이며, 평형을 유지하려는 시도이기도하다. 4단계로의 진정한 전이를 위해서는 외적인 권위의 근원적

---

207) 비교, 전게서 191-192쪽 이하.

인 것을 지나치게 의존하는 일이 중단되어야만 한다. 즉, '압제하는 것들'이 제거되어야 자전적 또는 무언적인 가치체계들에 대한 비평적 성찰이 더하여 저서, 자아의 내면에서 권위를 재정립하는 일이 이루어지기 시작하는 것이다.

여전히 타인의 판단이 개별적·반성적 신앙의 단계에 이른 사람에게 중요한 의미를 가질 수 있으나, 그들의 기대, 충고, 권면은 내적인 자기성찰에 도움을 줄 수 있게 된다. 내적인 전문가(자아)는 선택의 권리를 가지며, 선택에 대한 책임을 감당하려 한다(여기서 나타나는 4단계의 본질적 특징은 자신이 갖고 있던 이전의 가정적 가치체계로부터 결별과 그것을 수행하려는 자아에 대한 것이다).

이 단계의 특징은 이중적 발달로서의 자아는 이제까지 중요한 타인과의 인간관계를 통해서 자기정체성을 유지해 왔지만, 이제는 더 이상 타인에 대한 자신의 역할이나 의미에 의해 정의되지 않는 자아정체성을 주장하게 된다. 이 새로운 정체성을 유지하기 위해서는 그 자신의 한계와 내적인 관련성을 알고 있을 뿐 아니라 하나의 세계관으로 인식하고 있는 형태를 가지게 된다. 자아(정체성)와 이념(세계관)을 타인들의 것으로부터 구분하게 되며, 자신 및 타인들의 행동에 대한 판단, 해석, 반응하는 일들에 있어서 자아와 세계관을 깊이 생각하게 된다.

4단계는 정체성과 세계관이 궁극적 환경과 일치하는 가의 문제를 명시적인 의미체계로 표현하게 된다. 3단계의 상징체로서의 거룩성은 비판적인 질문에 의해서 새롭게 다루어지고, 그것의 의미들은 명제, 정의 등의 개념형성의 근거로 바꾸어진다. 따라서 이 단계는 상징을 개념적인 의미로 해석해 내는 '비신화'(Entmythologisieung)단계라고 할 수 있다. 그러나 4단계는 형식적, 조작적 논리의 형태로서 '이것이 아니면 저것이다'라는 이분화적(Dichotomizing)특성이 있다. 4단계의 상승적 힘은 정체성과 자신의 관점(Ideologie)에 대한 비판적 성찰을 할 수 있는 능력이다. 이것이 내포하는 위험은 자신의 의식적 정신과 비판적 사고에 지나치게 자신감을 갖는 것과 일종의 제 2의 자아도취에 빠져 반성적 자아가 실재와 타자의 관점을 자신의 세계관으로 지나치게 동화시킬 수 있다는 점이다.

다음 단계로의 전이는 4단계에 의해 유지되는 자기 이미지들과 관점에 불만을 느끼는 자신이 무질서하고 혼란한 내적인 음성에 귀 기울일 때인데, 그것은 신앙적 타협에 대하여 환멸을 느끼게 되고, 인생의 진리에 대해 보다 변증적이고 다양한 차원의 접근방식을 추구하면서 이루어지는 것으로 보았다.208)

제5 단계 : 결합적 신앙[중년 이후]

이 단계는 중년 이후에 나타나는 모습으로 이해되었다. 이때는 전 단계에서 이것이냐 저것이냐의 이분법적인 논리를 극복하고 변증법적인 관점에서 사물을 보거나 이해하려는 태도를 갖게 되지만, 사물 사이의 상호관련성에 관심을 더 많이 기울이게 된다. 5단계의 결합적 신앙은 4단계에서 자명한 것이었으며, 인식되지 않는 상당수의 견해들이 자아와 전체를 조망하는 관계에로 통합된다. 이 단계에서는 상징적 힘이 개념적 의미들과 재결합되는 '제2의 순진성'이 발달하게 된다고 보았다. 또 이 단계는 자신의 과거를 새로이 인식하고 재조명하는 시간이 있게 되며, 자신의 '심층적 자아'에서 울려오는 음성에 귀를 기울이기 시작한다.

무엇보다 중요한 것은 이 단계는 사회적 무의식세계에 대한 비판적 인식이 결부된다는 점이다. 즉, 특정한 사회계층, 종교적 전통, 인종 집단 등에서 양육을 받음으로써 자아의 체제 안에 깊이 자리 잡은 신화들, 관념적 이미지와 편견에 대한 비판적 인식을 갖게 된다. 자신의 견해와 자아의 한계점이라는 측면에서 이전 단계에서 개념을 명확히 하려고 노력했던 것이 이 단계에서는 모두 수용하는 여지를 갖는다. 즉, 패배의 신성함, 철회할 수 없는 책임과 행동의 실재에 대하여 그 의미를 알게 된다. 이 단계는 정의를 다룰 때 종족, 계층, 종교적 공동체, 민족의 한계를 벗어날 수 있는 여지를 가지며, 승화된 모습을 보인다. 권위에 대해서는 비판적이며 인생이 절반 이상 지났을 때 일어날 수 있는 진지함과 더불어 이 단계

---

208) 비교, 전게서 200- 201 쪽 이하.

는 다른 사람들의 생산적인 정체성과 의미의 가능성을 보존하고 함양시키는 일을 위하여 헌신할 준비가 갖추어진다.

이 단계의 새로운 힘은 역설적인 상상이 일어나면서 생긴다. '역설적인 상상'이란 자신이나, 혹은 자신이 속한 집단이 소유한 가장 강렬한 의미를 직시할 수 있고, 그 의미에 머물 수 있는 능력과 동시에 이런 의미는 상대적이고 편파적이며 초월적 실재에 대한 자각을 불가피하게 왜곡할 수 있다는 사실을 인식하게 된다는 것이다. 이 단계의 위험은 마비된 수용성과 무위에 빠지는 태도인데, 이것은 진리에 대한 역설적 이해를 인하여 자기만족, 또는 냉소적 후회를 할 수 있기 때문에 생기는 모습이다. 이 단계는 변형되지 않은 세계와 변형하는 비전 충성 사이에서 살고 행동한다. 몇몇 드문 경우에 있어서는 이러한 괴리 상태에서 벗어나 그것을 철저히 실현시키는 단계로 나아가는데 이것이 바로 6단계이다.[209]

제 6 단계 : 보편화 된 신앙

이 단계는 절대적 사랑과 정의의 명령이 성육신화 되는 단계로 이해된다. 인간은 자신에 대한 위협뿐만이 아니라 속한 집단의 기존 질서에 있어서도 제도적 장치들이 가해질 위협에 개의치 않고, 절대적 사랑과 정의에 대한 자신의 행동을 통하여 그것들을 구현시키는 단계에 있는 모습이다. 파울러는 '그러한 상태에 이른 자들이 누구인가'란 물음에서 그들은 소수의 사람들인데, 간디, 마틴 루터 킹, 테레사 수녀, 본회퍼, 머튼, 함마슐드 훼셀 등이라고 하였다. 그 외에도 사람들에게 알려지지 않은 많은 인물들이 있을 수 있음을 전제하였다. 물론 이 단계에 이르렀다고 해서 그들이 완전하다고 본 것은 아니다.

파울러는 이와 같이 '보편화된 신앙'(초월적 신앙)을 유대교와 기독교적인 유일신에 대한 신앙적 관계에서 세 가지 상황으로 설명한다. 첫째, 유일신 신앙에서 하나님 나라의 도래에 대한 개척자로 살도록 부름받은바 되고, 둘째, 타인에게 기독교인이 되라고 요구하기 전에 초월적(보편적)으

---

209) 비교, 전게서 216-217쪽 이하.

로 모든 존재가 미래를 공유할 하나님 나라의 도래를 제시하며, 셋째, 하나님 나라의 도래에 응답하는 특수한 의무와 책임을 감당하도록 부름받은 사람들이라는 것이다.

6단계 신앙의 논리적 형태는 형식적·추상적 사고의 시기에 이른 상태이며, 문제는 하나님 나라에 대한 유대교적이며, 기독교인의 이미지 문제이고 또 특수한 것에 대한 절대성의 문제 및 하나님 나라에 대한 종말론적 성격에 따르는 논제들이다. 신학적 표현으로 말해 보면 6단계는 영원한 하나님과 연합할 수 있는 가능성을 지닌 완전한 상태이다. 파울러는 이것이 하나님의 특별한 섭리와 위급한 역사에 의해서 그러한 결단과 지도력을 얻게 되는 것이라고 말하고 있다.[210]

우리는 파울러의 신앙발달을 통해 종교적 신앙의 양태에 대하여 넓은 이해를 얻을 수 있다. 그러나 그가 사용하는 신앙의 개념은 기독교적인 것이기보다는 일반 보편적인 개념을 뜻하며, 세상을 이해하고 해석하는 통찰적인 관(觀)으로서의 의미를 지닌 것이다. 그리고 신앙이란 하나의 씨앗처럼 인간의 내면에서 성장한다는 전제에서 본 것이며, 그러한 신앙의 씨앗은 보편성을 인간 모두가 지니고 있다는 것이 전제된다. 그리고 파울러의 이론에서 우리는 종교교육의 가능성을 새롭게 이해할 수도 있다. 그러나 파울러의 생각에 대한 비판이 없는 것은 아니다. 만일 파울러가 자기의 이론이 경험에서 얻어진 것이며, 총체적인 발전의 목표 지향으로써 믿음의 참된 모습을 생각할 때 그의 규범적인 혼합을 간과한다면, 그는 실망하게 될 것이다. 그리고 그는 종교적인 기독교를 인지적이며, 이념적 차원에만 한정하는 모습이 되는 것이다. 특히 믿음의 은사적인 움직임(하나님의 역사)에 대하여는 파울러에게 있어서 온전히 하급 단계에로 취급될 것이다. 물론 나이드하르트(W. Neidhardt)에 의하면 인간의 내면적인 변화의 해석에 있어서 '성장'이란 개념을 근본적으로 반박한다. 삶의 단계에서 다음 단계로 넘어가는 것은 인간의 삶의 순환적인 전개에 있어서 결정적인

---

210) 비교, 전게서, 217-229쪽 이하.

역할을 하는 것은 사실이지만, 그것은 언제나 좋은 것을 획득하는 것으로만 볼 수 있는 것이 아니라, 손실될 수 있는 것으로 해석될 수 있다는 점이다.211)

6) 신앙발달에 따른 정체성과 사회화과정

앞에서 필자는 신앙과 인격은 서로 밀접한 관계에 있다는 것을 밝혀보았다. 인간은 성장과 변화의 발달과정을 통하여 살아간다. 인간에게 있어서 신앙과 인격성은 서로 밀접한 관련 속에 있다. 더 정확히 말하면, 인간의 자아정체성(Identity)은 신앙의 통찰에 따라 하나님과의 관계에서 그 근거를 가지며, 이러한 근거는 또한 종교적인 삶의 전 생애와 관련되어 있음을 '정체성 위기에 대한 에릭슨의 연구'가 잘 제시해 주고 있다. 이것은 인격성의 이론에 가장 근사치를 이루는 것이며, 인지발달과 도덕적인 판단 능력의 발달, 그리고 신앙의 발달에 이르기까지 그 중심적인 의미체로 연결되어 있으며, 심지어 신앙발달과 관련하여 정체성은 사회적인 요소들처럼 부분적인 관점을 통합하는 가능성을 제시해 준다.

(1) 신앙발달에 미치는 요소들

'신앙발달'이란 인간에게 주어진 조건, 즉 자신에게 밀접하게 의존된 것들에 의하여 나타나는 일반적인 변화와 같은 것을 의미한다. 인간의 신앙적인 발달을 초래하는 첫 번째 요소는 '사회적인 구조'라고 본다.

에릭슨에 따르면 인간은 현저하게 다른 사람과의 관계 속에서 자신이 누구인지를 경험하고 확인하게 된다. 예를 들면 새로이 탄생한 아이는 어머니와 관련 속에 있으며, 후에 여러 가지 복잡한 역할에서 동반자로서의 관계를 갖는다. 심리 역동적인 발달[이것은 '충동적 삶'과 '관계하는 것' 그리고 '환경 구조'와 초자아(超自我)의 긴장 가운데 있는 자아발달을 뜻한다]과 인간

---

211) [비교] W. Neidhardt, Die Glaubensstufen Fowlers und die Religionspädagogen, in : H. J.
Fraas / H. G. Heimbrock(Hrg.), Religiöse Erziehung und Glaubensentwicklung, Göttingen
1986, 131쪽 이하.

의 인지적인 발달은 관련을 가진 사람들과 관련된 그룹에 대한 서로 얽혀진 관계 안에서, 그리고 사회적 환경과의 대화 가운데서 이루어진다고 본다.212)

어머니와 아버지와의 관계는 아이가 다른 이와의 만남을 위하여 현저하게 반복되는 하나의 모델이 된다. 그것은 다른 이들에 대한 무의식적인 기대와 다른 이들의 기대에 대한 반응을 위한 모델로 작용하기 때문이다. 그러므로 부모는 아이에게 하나님의 대리적 관계에서 하나님의 만남과 하나님의 형상에 대한 삶의 역사적인 의미를 제공하게 된다고 본다. 그리고 역시 후에 아이에게 의미를 부여해 줄 다른 이들, 즉 교사, 목사, 친척이나 다른 모범적인 인물들이 아이의 삶의 과정에서 집중적인 영향을 줄 수 있게 되는 것이다. 213)

두 번째 요소는 관련을 맺고 있는 그룹의 영향이다. 그것은 그룹이 지향하는 가치체계(Wertsystem)가 중요하게 작용하게 된다. 아이는 먼저 강제적으로 일상에서의 대화, 스타일, 언어사용 그리고 그 안에서 자기를 표현하는 가치체계를 포함하여 삶의 과정을 함유하고 있는 모범적인 관점들을 모두 넘겨받게 된다. 심지어 주거 지역이나 주택의 시설과 놀이의 자료, 자유시간, 놀이를 형성하는 방식, 교회와 하나님, 그리고 목사에게서 이야기된 것들이 모두 아이의 가치체계의 형성에 영향을 끼친다. 그러기 때문에 종교적이거나 비종교적인, 그리고 반종교적인 또는 가족 분위기의 세계관의 모습은 유아들에게 뿐 아니라 성장세대의 발달에 결정적인 영향을 끼쳐주는 요인이 되는 것이다.214)

세 번째 요소는 지속되는 삶의 상황이다. 여기 '지속적'이란 한 인간이 살아가는 전 생애 동안을 의미하며, 신체적인 적합성과 개인적인 운명, 연령에 대한 물음처럼 경제적이며 환경적인 조건들이 모두 여기에 속한다고 본다. 구스타프 융(C. G. Jung)에 의하면 인간은 생의 절반을(약35세까지)자신

---

212) [비교] Gottfried, Adam, G. Lachmann, 전게서, 150쪽.
213) 비교, 전게서.
214) 비교, 전게서.

의 표면적인 삶의 조건의 확장과 건설을 위하여 더 강하게 일하며(직업교육과 가족계획), 두 번째 단계에서 인간은 획득한 것의 의미에 대한 물음과 놓쳐 버린 것이나 성취하지 못한 것의 의미에 대하여 묻는 것이 더 강하게 반영된다고 보았다.215)

순전히 경제심리학적으로 볼 때, 노동생활의 스트레스 상황에 처한 사람들은 신앙(종교)의 물음에 대하여는 시간을 많이 가질 수가 없게 되는 것이다. 대략 생의 마지막 단계에 가서 죽음의 가까움에 대한 느낌과 휴식이 신앙(종교)의 물음에 대하여 더 관심을 가질 수 있는 동기가 된다고 하였다. 이런 점은 교회의 평신도(성인)교육이 어떻게 이루어져야 할 것인가에 대한 착상이 될 수 있을 것이다. 특히 성인교육에서는 종교적인 주제와 죽음의 극복에 대한 물음에 영향을 줄 수 있는 주제들의 선택이 중요한 의미를 가진다고 본다.

네 번째 요소는 학교나 교회와 같은 기관의 영향이다. 학교생활에서의 교사의 영향과 교회생활을 통한 목사나, 교육전도사, 또는 주일학교 교사와 여러 사회적인 지도자들의 신앙적인 영향 등이 여기에 속한다.216)

다섯 번째 요소로 중요한 것은 일반적인 '사회화의 조건들'이다. 이것들은 대중매체와 사회의 일반적인 경향들, 즉 소비태도와 경쟁적인 삶의 태도와 실적을 요구하는 환경적인 실체들은 모두 성장세대들에게 깊이 영향을 주는 요소들이라고 할 것이다.217)

(2) 아이의 정체성과 삶

아이가 세상에 태어나면, 생의 시작에서부터 의사소통과 자신의 성장발달에 적극적으로 관여하게 된다. 인간의 근본적인 욕구는 안정감과 자유하려는 감정에 대한 것이다. 그러나 이러한 욕구의 성취는 필연적으로 변증적인 관계로 얽혀져 있음을 경험하게 된다. 아이의 존재와 자아에 대한

---

215) 비교, 전게서.
216) 비교, 전게서 151.
217) 비교, 전게서 151.

정체성의 확인은 무엇보다도 어머니에게 달려있다. 어머니는 아이가 세계를 이해하려는 노력에 하나의 열쇠로서 기능적인 역할을 가진다. 그리고 아이는 어머니와의 관계에서 '근원적 신뢰'(Urvertrauen)와 '대화의 태도', '자신의 가치를 느끼는 감정' 그리고 '사랑의 자질' 등을 획득하게 되는 것이다. 아이에게 생겨나는 신뢰는 실제적인 경험에서 정당화되어질 수 있어야만 한다. 즉, 아직 습관화되지 않은 단계에서 아이에게는 가치(價値)에 대한 새로운 물음을 제기하게 되며, 또한 감정을 소유한 대상들에 따라 아이는 자신에게 안정감을 보장하는 구체적인 상황을 포기하면서, 역시 신뢰(信賴)에 올바른 태도를 취할 수 있기를 배운다. 바로 이러한 관계에서 상징성(象徵性)의 이해에 대한 자질이 생겨난다.218)

아이의 자아는 그에게서 시작되는 비실제적인 힘이 작용하는 감정의 이면과 한계(限界)내에서 성장을 지속하게 된다. 즉, 아이의 정체감(正體感)은 포괄성과 계속 진행되는 상호관계 밖에서 점진적으로 자아의 외부 한계 안에서 발생하게 된다. 물론 정체성의 종교적인 관점은 아직 관심의 주제가 되는 것은 아니다. 그러나 구조적으로는 종교적인 성격이 명백하게 들러 난다고 하겠다. 아이를 돌보는 자(어머니, 보모)와 교육자의 태도들이 넓은 의미 안에서 아이에게 경험되며, 실제화 된 믿음(신앙)이라 할 수 있다. 즉, 관계된 사람들과의 관계에서 생겨난 의존관계의 모습은 실제화 된 근원적인 신뢰가 되기 때문이다. 아이의 태도에 대한 해석은 후에 첨부된다. 어머니가 아이에 대하여, 그리고 아이와 함께 기도하는 곳에서 더 큰 관계에 대한 의미를 어머니 자신이 관계하고 있는 존재를 처음부터 전달하게 된다(하나님에 관하여). 어머니는 실제화 된, 그리고 아이에게서 경험된 관계의 해석을 제시하게 되는 것이다.219)

근원적 신뢰는 많은 성경적인 신앙고백들 가운데 반영되어 있다. 즉, 하나님 안에 있는 피난처에 대한 신앙에서, 하나님의 모성적인 신앙, 하나님의 인도하시는 손길 등의 표현에서이다. 모성적인 것은 신학적으로 이

---

218) 비교, 전게서 152.
219) 비교, 전게서.

해할 때, 모든 인간적인 행위에로 미리 다가오는 하나님의 은혜안에서 나타나게 되는 것이다. 그러한 종교적인 실재 안에서 부모는 기독교적으로 이해된 정체성과 기독교적으로 이해된 근원적 신뢰의 조건성과 조건의 성격에 대한 근거로부터 직접 아이에게 전달해 줄 수 있게 되는 것이다. 그러나 역시 종교를 경험하지 못했거나, 하나님에 대한 신앙을 실제화 하지 못한 부모는, 후에 아이의 신앙형성에 유입될 수 있는, 즉 그 안에서 자신을 다시 발견할 수 있는 경험의 근거를 열어 주지 못하는 문제가 될 수 있다. 부모의 신앙은 아이의 신앙을 결정하는 주된 영향체가 된다. 그러므로 여기서 우리는 가정의 종교적인 사회화의 결핍을 문제로 지적할 수 있다. 초기 아이들이 부모와의 관계에서 상응하는 종교적인 경험 없이는 후에 하나님의 개념을 그들에게 일깨우기에는 많은 어려움이 될 것이다. 또한 이것이 아이의 부모를 통한 조기 종교교육의 가능성과 중요성을 생각하게 되는 중요한 관점인 것이다.220)

두 번째 행동의 전환에서 아이는 자신을 확대하고 뒤얽혀지는 역할 관계 안에서 자신에게서 스스로를 자아로서 말할 수 있는 자아의 정체감의 근본 바탕을 획득한다. 에릭슨이 제시하는 두 번째 정체성의 위기는 청결함에 대한 교육과 관련되어 있으며, 자율성에 관한 경험의 범주를 맴돌게 된다. 이때에 아이의 행위가 과도히 평가된다면, 아이는 신앙의 자기 이해에 역행하는 방향에서 실적 이데올로기에 대한 조기 고착화에 이르게 된다. 이것은 법적인 사고의 잘못된 방향에서 인간이 위협받게 되는 것을 의미한다. 인정된 존재와 실적, 근원적 신뢰 안에 뿌리를 가진 자율성과 그 자율성의 실제화의 순서는 칭의적인 신앙의 의미에서 하나님과 관계를 갖는 실현성 대하여 심리 구조적인 전제가 된다.221)

유치원생의 나이에 이르면 아이는 자신의 길을 걸어가기 시작하며, 점차적으로 어머니와 가족에게서 나누어진다. 다른 것들에 대하여 자신을 개방하는 것은 자신의 몸에 맞추는 참을성과 사회적인 태도의 발전, 그리

---

220) 비교, 전게서 153.
221) 비교, 전게서 154.

고 자신의 유연한 자아 구조와 상응하는 삶의 모습의 발전을 위하여 중요
하다. 혈통적으로는 아이는 어머니에게서보다는 달리 아버지에게서 처음
으로 계속하여 자율성, 힘 그리고 깊은 생각과 함께 논쟁을 경험하게 된
다. 괴물과의 투쟁은 여러 동화 속에서 기억하게 된다. 인격적이면서 비인
격화된 부정적 판단의 권위는 인간의 삶에서 다시 만난다(조직체와 관청
등).222)

성장세대에 있는 자는 어떤 힘을 의지해도 좋은지에 대한 물음을 밝혀
내야 한다. 다윗과 골리앗 사이의 투쟁은 여기서 입문의 상징일 수 있다.
괴물의 무능한 힘은 하나님에게서 나오는 힘의 반대편에 위치한 것으로
이해한다. 성경의 하나님은 인간적인 소원의 의미에서 권세를 구체화하지
않는다. 즉, 말구유와 십자가는 그들의 경험적인 파멸에서 신적인 권능의
상징들이다. 그 안에서 하나님은 인간에게 전능하신 통치자로서가 아니라
나사렛 예수안에서 형제로서 파트너로서 등장한다.223)

동일시하는 확인을 통하여 아이는 그에게 주어지는 규범들을 세계화한
다. 그리고 여기서 초자아(超自我)가 생겨난다. 종교교육의 영향 하에서 쉽
게 '초자아'와 '종교적인 규범'의 문제적인 연결이 이루어진다. 이러한 연
결은 믿음의 개념들로부터 의도된 것이나 비의도된 윤리화를 통하여 지탱
되었다.224)

성장과정에서 깊이 연관된 사람들의 지배적인 영향은 하나님의 형상을
형성하는 데 중요한 역할을 한다. 주기도문에서처럼 아버지로서의 하나님
은 구체적인 아버지의 경험을 일반적인 것에로 이끌거나 수정하거나 보상
하게 할 수 있다. 동일시를 위한 제시로서, 종교적인 의식과 상징체로서의
훈련과 대화 그리고 종교 실습에 대한 관여로써 태도방식과 상징적인 문
제극복의 훈련으로써 성경의 역사는 그 역사의 투명에서 적어도 전기적으
로 조건화된 인간의 충돌들을 궁극적인 구원의 약속을 보면서 통합하는

---

222) 비교, 전게서.
223) 비교, 전게서.
224) 비교, 전게서.

기회를 갖게 된다.225)

인지적인 관계에서 아이는 확실성 획득의 경향으로써 의미에 대한 물음에서 활동성을 보여준다. 아이의 상상력은 자신의 논리에 뒤따르는 해석의 시도에로 이끈다. 그리고 더욱이 파울러에 따르면 신비적이며 문자적인 삶의 신앙의 의미에서 그렇다는 것이다. 사물의 파악은 삐아제의 제안에 따르면 전 조작적인 사고 또는 구체적이며, 조작적인 사고 행위에 결부되어 있는 것이다. 그리고 그것은 고유한 '자아' 안에 중심을 이룬다. 신비적이며, 문자적인 신앙은 유년기의 기간 후반에 시작된다고 본다. 그리고 그것은 사춘기의 시작에까지 이르는 것으로 설명된다. 이 기간에 학습의 전형적인 형태는 이야기(설화식)방식이라고 하겠다.226)

(3) 청소년의 정체성과 삶

청소년기간은 학자에 따라 기간이 조금씩은 다르게 설정되지만, 여기서는 대체로 만 11세-19세까지로 전제하며, 이 기간에 나타나는 종교적 발달의 관계를 설명해 보기로 한다.

청소년 나이에는 새로운 삶의 방향설정이 이루어진다. 그것은 먼저 어린 시절에 정돈되었던 모범적인 것들에 대하여 다시 물음을 던지면서 새로운 방향으로의 진입이 시작된다. 그리고 청소년의 나이는 불확실성, 의심, 문제제기의 단계이다. 가정에서의 강요된 모습의 경향들은 이따금씩 청소년들에게 종교성에 대하여 반발하는 태도를 갖게 한다. 얼마간 아버지를 거부하는 자녀의 태도는 하나님에게로 옮겨질 수 있으며, 자신을 무신론자로 표현하게 되기도 한다. 청소년들은 새로운 삶의 오리엔테이션을 통하여 의미를 주는 관련된 사람에 의존되어 있다. 하나님과의 관계를 가지고 있는 동안, 청소년은 더 인격적이며 내면적인 사람이 되어 간다. 그것은 파울러에 의하면 신앙발달의 세 번째 단계로써 종합적이며 관습적인 삶의 신앙단계에 이르렀음을 뜻한다.227)

---

225) 비교, 전게서.
226) 비교, 전게서.

형식적이며 조작적인 사고는 하나의 우주적인 하나님의 개념에로 향하게 됨을 가능케 한다. 먼저 아직 자립되지 아니한 방향 설정에 대한 동료 그룹이 있다. 그들에게는 환상과 이상이 자립적인 자신을 새로이 조직화하기 위하여 필요한 가치로 다가온다. 초기 아이 때의 거대한 환상들의 재생은, 한편으로 자신의 과대평가와 또한 상응하는 그룹에서 안정감을 찾으려는 방향으로 이끌게 된다. 다른 한편, 철저한 자기를 의심해 보는 상태에로 나아가기도 한다. 거기서 삶의 역사의 사회적인 조건들이 주목되기 시작한다. 여기서 아버지와 아이의 관계가 사회적인 변화를 통하여 대략 어떻게 조건적인지를 주시하는 일이 중요하다. 특히 자기도취와의 논쟁이 상응하는 사회분석과 결부되어 있을 수 있다. 닢코(Nipkow)는 동시에 중요하게 머물러 있는 초기 어린아이 때의 근본적인 경험에서 신앙의 구조의 변화가 일어나게 된다는 것을 말한다. 그것은 초기 유아기에 경험된 것들이 기본적으로 간직되어 있음을 뜻한다. 즉, 그것은 해석의 전례가 변화하는 것이며, 거기서 청소년은 역시 새로운 도전들에 대하여 개방적인 태도를 보인다는 것이다. 교회 청소년 지도의 개방적인 형태들은 여기서 도움이 될 것이다.228)

청소년들은 종합적이며 관습적인 그러면서도 개인적이며 성찰적인 신앙의 길로 향하게 된다. 교회의 신앙(종교)교육의 과제는 준비와 해석을 제시하는 것들에 대하여 비판적인 성찰을 시도하는 관계에서 성립된다. '종교의 배움'은 신앙의 초기 유아적인 형태와 그 발생의 역사를 스스로 그 실례들을 주제화할 때 가능하다고 본다. 그 학습은 철저히 청소년들의 비판의식과 사회적인 문제들에 개방된 자세를 가능하다.

(4) 성인의 정체성과 삶

소위 '성숙'이란 인간 발달의 종국을 의미하는 것은 아니다. 역시 교육의 실제적인 목표인 사회화의 과정은 어린이와 청소년에게만 국한된 것도

---

227) 비교, 전게서 155.
228) 비교, 전게서 156.

아니다. 성인의 나이는 일반적으로 기대되고 실제화 된 것보다 더 많은 학습의 자질을 가지고 있다고 할 수 있다. 여기서 성인들은 새로운 사회적 역할의 요구를 인식하게 될 것인데, 그것은 현저히 자아정체감의 균형에 대한 새로운 과제를 의미한다고 본다. 즉, 여러 구별된 삶의 과정을 가진 사람들과의 만남으로서 파트너로서의 관계를 맺는 것은 역할의 불확실성과 함께 기대되는 태도를 조건으로 한다. 부모로서의 역할기대는 아버지와 어머니에 대한 역할의 분명한 모범적인 모습에 대한 경험이 결핍될 때, 그 역할 수행은 어렵게 되며, 작은 가족과 공동체와의 관계에서도 남성과 여성의 변화하는 역할을 통하여 부모의 역할은 조건관계에 있다고 할 수 있다.229)

그러므로 성인의 '사회화'(Sozialisation)가 역시 교육적인 주제가 되는 것이다. 현대 산업사회에서 살아가는 성인들은 사회적 변화와 관련하여 요구되는 역할에 따라 계속 교육(배움)의 의미를 더욱 확대시켜야 할 것이다. 오늘날 나타나고 있는 성인들을 위한 다양한 교육 프로그램들은 바로 이러한 과제에 도움을 주기 위한 것들이다. 성인들의 나이에 나타나는 종교적인 발달은 '안정감'(Sicherheit)이다. 인생의 후기에 경험하는 의미심장한 영향들을 이전의 어린 시절에 획득했던 입장들과 적어도 원리적으로 일치함을 발견할 때, 거기서 더욱 안정감을 얻게 된다. 즉, 성인은 지금 더 많은 밝힘과 구별된 그리고 비판적으로 이해했던 그의 어린 시절의 믿음에로 되돌아온다. 지금까지 살아오면서 경험한 삶의 가치들과 비교하면서 새롭게 깨닫게 된 종교적인 가치들에서 특히 하나님에 대한 물음과 관련하여 급진적인 변화가 일어나게 된다.230)

성인 초기의 나이에서 직업과 사회화의 경향들이 인간의 의미에 관한 물음 이전에 중요시 될 수도 있다. 다른 한편 성인 초기의 사람들은 실제적이며 구체적인 것들의 삶의 전 과정으로서 만족하는 것은 아니다. 그들의 관심은 오히려 가치 개념들의 동반된 의미 상승을 가진 삶의 도움을

---

229) 비교, 전게서 157.
230) 비교, 전게서, 158.

맴돈다. 아이들과의 공동생활에서 그리고 그들의 가치와 동기에 대한 우선적인 관심에서 젊은 부모들은 그들의 자신의 유아기의 모습과 소원들과 상상들이 새로이 일깨워 지는 것을 다시 한 번 경험한다. 그것은 부모에게 동시에 자신의 사회화를 시작함에 자극을 제시하며, 전제되었으며, 이러한 자극들은 계속적인 자의식에 기대되도록 교육과정을 통하여 제시되었다. 바로 성인교육, 가족교육, 부모교육 등은 이러한 의미를 표해 주는 것들이다.231)

성인의 중간기에 넓은 의미에서 종교적인 물음의 복합성은 새롭게 시작된다. 사춘기의 청소년 때보다도 달리 성인에게 있어서 사회로부터 자기 발견의 그 어떤 자유로운 공간을 정리하지 못했다. 인간은 전통적인 방식으로 이러한 삶의 단계에서 위기를 성공적으로 극복할 수 있었던 노인의 지혜를 지향하게 된다. 닢코는 30-60대 사이에 있는 세대를 '침묵의 여행기'라고 표현했다. 점점 늙어 가며, 죽어야 한다는 것은 계속해서 위협적으로 다가온다. 성경은 이러한 위기 가운데서 유도적이며 상징적인 의미를 얻을 수 있는 새로운 재료와 주제를 제시한다. 그 때문에 성인들의 성경공부가 중요한 의미를 갖게 되는 것이다.

---

231) 비교, 전게서 159쪽.

제 4 부
교회교육의 목적과 신앙교육의 근본과제

제 4 부 : 교회교육의 목적과 신앙교육의 근본과제

교회(기독교)교육학이 지향하는 교육목적은 무엇보다도 성경이 제시하는 계시의 목적에 의존되어 있으며, 동시에 신학적인 인간론에 근거하여 설정되는 것이다. 성경이 보여주는 기본적인 인간론은 하나님의 형상으로 창조된 인간, 죄로 말미암아 타락된 인간, 그리고 예수 그리스도를 통하여 다시 구원되어야 할 인간의 이해와 그러한 인간을 구원하기 위하여 행하신 하나님의 구속사역을 이해할 때, 거기서 쉽게 확인할 수 있다.

이러한 전제에서 볼 때, 먼저 교회(기독교)교육은 인간으로 하여금 그리스도 안에 나타난 하나님의 구원의 계시를 올바르게 인식하고, 그 계시를 따라 언제나 믿음으로 응답하며, 하나님을 섬기는 성숙한 신앙적인 삶이 이루어지도록 도우는 일이 될 것이다. 특히 교회공동체를 통하여 실현되어야 하는 목회사역의 과제와 맞물린 일이다.

필자는 이러한 이해와 함께 여기서 최근에 새로이 제시된 여러 교회(기독교)교육론이 의도했던 목적들을 소개하고, 교회(기독교)교육의 목적과 과제들이 어떤 관점에서 어떻게 변화를 거치면서 발전하고 있으며, 또한 실제적으로 교회교육의 근본적인 과제들이 무엇인지를 소개해 보기로 한다.

1. 성경적인 교육목적

교회(기독교)교육은 성경에서 제시된 하나님의 말씀에 근거하여 교육의 목적을 끌어내고, 교육의 과제를 밝혀왔다. 그런 뜻에서 가장 많이 인용되고, 이론화 하는 성경본문을 소개하기로 한다.

1) 제자훈련

오늘날 복음주의적인 교회(기독교)교육학자들에게서 마 28 : 19-20의 본문은 중요한 교회교육의 목적론을 밝히는 근거가 된다. '너희는 가서 모든 족속으로 제자를 삼으라'는 주님의 명령에서이다. 주님의 명령이기 때문에 그 어떤 이론에서보다도 더 권위를 갖게 되는 목적론이기도 하다. 특히 교육적으로 중요한 것은 '아버지와 아들과 성령의 이름으로 세례를 주는 일'과 '내가 너희에게 분부한 모든 것을 가르쳐 지키게 하라'고 한 말씀에서이다. 첫째는 복음선교(전도)에 대한 명령이요, 다른 하나는 예수님이 가르치셨던 말씀의 가르침을 행할 것과 그 말씀대로 살아가는 신앙의 순종을 요구하신 일이다.

이러한 그리스도의 명령에 근거한 제자훈련 프로그램들이 현재 한국교회에 평신도훈련 프로그램으로[232] 적극 활용되고 있다. 물론 모든 족속에게로 가서 제자를 삼도록 한 말씀은 선교사역의 대 명령으로 이해한다. 그러나 교회적으로는 목회사역의 근거이며, 동시에 교회교육의 과제와 목적의 근거라고 할 수 있다.

2) 평신도와 직분자의 교육

엡 4 : 11-12의 말씀도 교회교육의 목적론을 설명하는 중요한 근거라고 할 수 있다. 그리스도의 교회에 목사와 교사를 세워 주신 것은 그 목적이 '성도를 온전케 하며', '봉사의 일을 하게하며', '그리스도의 몸을 세우려 함'에 있다는 말씀에서이다. 그러나 본문을 정확히 주해하면, 12절에 제시된 "성도를 온전케 한다"는 말이 문장의 원목적이며, 다음에 제시된 "봉사의 일을 하는 것"과 "그리스도의 몸을 세우며"라는 것은 앞의 원목적에 종속된 것으로 이해되어야 한다. 성도를 온전케 하는 일이 목적인데, 그 이유는 온전케 된 그들로 하여금 섬김의 일을 담당하게 하며, 그러한 섬김을 통하여 그리스도의 몸된 교회공동체를 세우는 역할을 감당하는 것으

---

232) [참고] 옥한흠, 평신도를 깨운다, 두란노, 1999.

로 이해한다면 본문의 더 바른 이해일 것이다.

여기서 먼저 "성도를 온전케 한다"는 말은 원어상으로 볼 때 성도를 잘 가르치고 깨우치며 훈련하여 하나님의 나라와 교회를 세우는 일에 봉사하는 일꾼의 역할을 잘 감당하도록 정신적으로 무장시키며 영적인 능력과 자질을 준비시키는 것을 의미한다. 그리고 그러한 대의는 본문 13-16절 사이에 다시 반복하여 구체적으로 설명되었다고 할 수 있는데, 즉 "믿는 것과 아는 것에 하나가 되어 믿음의 장성한 분량이 충만한 데까지 이르게 되고....," 영적인 무장과 준비, 그리고 그 일의 온전함을 향하여 개인적인 영적성장·성숙되는 하나의 신앙교육과정의 목적(목표)로 설명된다. 현재 이 본문은 한국교회에서 유행하고 있는 제자훈련 또는 평신도훈련의 중요한 교육철학, 또는 목회철학의 근거로 삼고 있기도 하다.[233]

3) 성경교육의 중요성

딤후 3:14-17의 말씀에서 우리는 자주 어린 아이들의 성경교육에 대한 근거와 성장세대의 신앙양육 목표개념의 성경적인 근거로 삼기도 한다. 역사적으로는 제네바의 종교 개혁자 칼빈은 이 본문(딤후 3 : 15-17)에 근거하여 그 당시 교회의 신앙교육의 목적론으로 삼았던 것이 확인된다. 이러한 이해를 근거하여 칼빈은 3가지 교회의 신앙교리교육의 목표를 제시하게 되는데, 그것들은 첫째는 15절 말씀에 기초하여 '신앙의 교리를 올바르게 이해하는 인식작업에 대한 것'(scientia)이며, 둘째는 17절 말씀에 근거하여 '삶의 올바른 형성을 위한 가르침'(institutio formande vitae)으로, 셋째는 16절 말씀에 근거하여 '경종과 책망과 올바른 삶에 대한 자극을 주는 일'(stimuli exortationum et reprehensionum) 등 이었다.[234] 물론 이러한 칼빈의 통찰에서 우리는 성경교육의 중요성이 무엇인지를 교훈 받게 된다.

우리가 앞에서 교육의 본질과 그 성격과 의미들을 살펴본 대로 '교육'

---

233) 옥한흠, 평신도를 깨운다, 140-146쪽. 그는 여기서 엡 4 : 12의 본문을 제자훈련의
     목적으로 이해하고 있다.
234) 정일웅, 교육목회학, 그리심 2003, 299쪽 이하.

이란 근본적으로 인간의 인간됨을 그 본질적 과제로 삼고 있으며 온전한 인간으로서의 인격형성이 주된 관심이 되는 것이다. 그리고 기독교교육은 역시 성경이 제시하는 신학적인 인간이해로서 창조주 하나님이 인간을 통하여 계획하고 목적하는 것이 무엇인지를 전제하여 교회(기독교)교육의 목적을 밝혀야 할 것이다. 이러한 물음을 전제할 때, 우리는 흔히 성경에 나타나는 신앙의 인물들을 목표의 의미로 쉽게 끌어 올 수도 있다. 즉, 구약 성경에서 아브라함, 모세, 다윗, 솔로몬 그리고 신약 성경에서 예수님의 제자들은 항상 이상적인 인물로 제시된다. 바울은 그 대표적인 예라고 할 것이다. 특히 오늘날 한국교회에 유행하고 있는 제자훈련은 교회(기독교)교육과 그리스도인의 양육과 훈련의 이상과 목표가 되며 쉽게 도달해야 할 목적으로 설정하기도 한다. 또한 극단적으로는 '예수를 본받자'란 주제가 목표로 제기되기도 한다. 그러나 과연 이러한 인물상이 우리가 지금 논하려는 실제로 도달 가능한 교회(기독교)교육의 목적 또는 목표가 될 수 있는 지에 대해서는 깊은 생각을 필요로 한다. 그러나 앞에서 살펴본 성경 말씀들은 오늘날 기독교교육의 목적론을 결정하는 일에 성경적인 근거가 되어야 하며, 그러한 말씀에 기초하여 이 시대적인 교회의 교육적 과제, 기독교육의 목적이 무엇이어야 할 것인지의 큰 그림들이 그려져야 할 것이다.

2. 실천신학의 과제와 교육목적

실천신학의 관점에서 보는 교회의 사명과 과제가 무엇인지에 대하여 필자는 이 책의 앞부분에서 상세히 살펴보았다. 이러한 교회의 사명과 과제는 역시 교회교육론의 목적을 결정하는 일에 중요한 근거와 내용이 될 수 있다. 여기서 우리는 교회에 부여된 사명과 과제와 관련하여 교육목적론이 어떠해야 할 것인지를 생각해보기로 한다.

필자가 앞의 교회론 부분에서 소개한 교회에 부여된 4가지 사명과 과제는 첫째, 복음을 증거 하는 일(malturia), 둘째, 하나님께 예배와 예전을 수행하는 일(leiturgia), 셋째, 성령 안에서 성도의 교제(koinonia)요, 넷째, 하

나님과 세상을 위한 섬기는 봉사(diakonia)의 일들이라는 것을 밝힌바 있
다.235)

　이러한 4가지 목회적 사명과 과제는 서로 유기적 관계에 있는 것으로
그리스도 안에서 부름받은 하나님의 백성들을 이러한 교회의 사명과 과제
수행을 실천하는 일꾼으로 만들어 주는 일이 교회(기독교)교육의 목적이라
고 할 수 있다. 생각하면 교회는 언제나 그리스도의 교회공동체에 속한
사람들을 하나님의 말씀으로 가르치고, 양육하며, 그 말씀에 믿음으로 응
답하며 살아가는 믿음의 사람들로 만드는 일을 가장 중요한 사명과 과제
로 생각해야 할 것이다. 그것은 하나님이 요구하고 있는 계명대로 '마음
과 성품과 뜻을 다하여 위로 하나님을 사랑하고, 아래로 이웃을 내 몸처
럼 사랑해야 하는 일'이다(출 20 : 3-17; 마 22 : 37-39). 이것은 하나님과 이웃
을 사랑하는 계명의 실천적 삶을 통하여 이웃과 더불어 하나님을 섬기는
삶을 요구한 것이다. 여기 사랑이란 섬기는 일, 즉 봉사를 가리키는 말로
이해되어야 한다.

　그리스도의 교회는 궁극적으로 기독교의 최대의 사명과 과제인 복음전
파의 사명인 말투리아(marturia)를 위해서, 그리스도와 성령 안에서 성도들
의 코이노니아(koinonia)를 돕고, 그들이 다시금 하나님을 섬기며(leiturgia),
이웃과 세상을 섬기는(diakonia) 하나님의 나라의 일꾼들이 되도록 진리(복
음)의 깨우침과 신앙의 양육과 훈련을 거듭하는 장(場)이 되어야 할 것이
다. 이러한 사역이 교회교육이며, 교회교육의 목적과 목표가 되어야 할 것
으로 생각한다. 이러한 섬김의 일꾼으로의 양육이 곧 궁극적으로는 새로
운 복음전도, 즉 복음의 증거(marturia)를 재생산하는 결과에 이르게 될 것
이다.

　그리고 실제로 실천신학의 관점에서 이해되는 교회내의 모든 사역은
교육과 연관되지 않는 일이 없다고 할 수 있다. 먼저 복음전도부터 생각

---

235) Dietrich Roessler, Grundriss der Praktischen Theologie, Berlin New York, 1986, 그의
　　실천신학 개론서는 개인과 교회와 사회라는 관계의 맥락에서 교회가 짊어져야 할
　　과제를 설교, 예배, 교제, 봉사로 목회실천적인 4가지로 보았다.

해보자. 선교적 사명이 교회에 부여된 최대의 사명이라면, 그 일이 과연 교육하는 일과 직결된 것인가? 선교사를 외지에 파송하지만 그들이 나가서 맨 먼저 해야 할 일이 여전이 복음을 전하고 설교하고 가르치는 일이 그 중심이 아닌가? 그리고 설교를 생각해 보면, 설교는 도대체 무엇을 의미하는가? 성도에게 진리를 깨우치고 인식시키며, 인식의 변화와 행동의 변화를 요구하는, 그래서 삶의 태도변화에까지 영향을 미치는 일이 설교가 아닌가? 그러므로 설교가 교육적 의미의 차원을 가진 것이 아니라고 볼 수 있는가? 영혼의 돌봄인 상담의 역할은 어떠한가? 그것이 교육적 차원의 의미를 가진 것이 아니라고 말할 수 있는가? 예전의 수행과정은 교육적인 의미가 없다고 말할 수 있을까? 예전의 전체 과정이 신앙교수학적인 학습의 전개과정으로 해석될 수 있지 않은가? 세례와 성찬이 다 신앙의 경험과 일깨움에 도움을 주는 교육과 직결된 일이 아닌가? 교회지도부의 회의와 공동의회와 제직회들은 교육적인 의미의 차원을 가지지 않았다고 말할 수 있을까? 성도의 교제는 어떠하며 세상을 향하여 그리스도의 사랑을 나타내 보여야 하는 봉사는 어떠한가? 실제로 교회사역의 모든 일들은 전부 교육과 직결되지 않은 것이 없다는 것을 알아야 한다. 그러므로 교회의 목회사역과 교육은 동일한 행위로 이해되어야 하며, 교회교육의 목적은 하나님의 백성들을 통한 구원사역의 성취요, 구원교육의 과정으로 이해되어야 한다.

3. 현대 기독교교육과 교육목적

오늘날 미국에 있는 몇몇 학자들에 의하여 제기된 기독교교육의 목적론은 무엇보다도 인간이해와 삶의 인간적 상황에 나타나는 여러 문제들과 관련하여 항상 새롭게 제시되고 강조되는 것을 볼 수 있다. 그 몇 가지를 소개하면 다음과 같다.

1) 인간화를 지향한 교육목적

이러한 이론은 레티 럿셀(Letty Russel)과 파울로 프레이리(P. Freire)에

의하여 제기된 이론이다. 1967년에 레티 럿셀은 그의 책 '선교에 있어서
의 기독교 교육'236)에서 기독교 교육을 기독교 복음선교의 과제수행과 관
련하여 해석하였고, 지금까지 시도되지 않았던 새로운 기독교 교육의 방
향성을 제시한 것으로 관심을 끌게 한다. 러셀에게서 강조된 교육목적의
신학적인 근거는 그 당시 세계교회협의회(WCC)가 제시한 선교신학으로
알려진 혹켄다이크의 '하나님의 선교'(missio dei)신학에 근거하여 제시되었
던 기독교교육론이라 할 것이다. 이러한 기독교교육이론이 탄생하게 된
동기부여는 그 자신이 여성이면서, 교육목사로 사역했던 뉴욕시의 할렘
가에 살고 있는 가난한 자들에 대한 경험과 환경을 토대로 하고 있는 것
이 그 특징이다. 그녀는 거기서 백인들의 사회로부터 철저히 소외당하고
방치된 비인간화된 흑인들의 삶의 정황에 자극을 받아 복음의 가치와 복
음으로의 인간성회복을 기독교교육의 주제로 삼았고, 그들의 비인간적인
상태에서 다신 인간성을 회복시키는 작업을 복음전도의 과제와 교육의 목
적으로 삼았던 것이다.

그녀는 그 동안 미국교회들에서 진행된 전통적인 교회들의 복음선교가
인간(죄인)들이 스스로 교회로 찾아오기를 기다리는 안일하고 소극적인 전
도 상태에서 오히려 인간성을 상실하고 비참한 사회적 환경에서 고통을
당하고 있는 인간적인 상황으로 교회가 찾아가야 한다는 적극적인 복음선
교의 행동을 제시하였던 것이다. 결과적으로 러셀은 이러한 복음선교의
과제를 교육의 과제로 해석하였고, 현대 사회적 상황 속에서 소외되고 상
실된 인간들을 복음으로 치유하고, 인격적인 존재로서 그 인간성이 회복
되도록 힘쓰는 것을 그의 교육론의 목적으로 삼았던 것이다. 이러한 제시
는 지금까지 시도되지 않았던 새로운 기독교교육 목적론이었음이 분명하
다. 그 당시 사회적 상황과의 관계에서 볼 때, 러셀의 교육론은 파울로 프
레이레(P. Freire)의 '압박자를 위한 교육론'237)에서 제시된 의식화 교육론(意

---

236) Letty Russel, Christian Education in Mission, 정웅섭역, 기독교 교육의 새로운 전망,
대한기독교서회, 1972
237) P. Freire, The pedagogy of the oppressed,1970.

識化敎育論)과 함께 현대 미국의 기독교교육사상의 새로운 방향을 설정하게 해 주었던 것으로 이해된다.

2) 신앙공동체 지향의 교육목적

70년대를 지나 80년대로 진입하면서 미국에서는 기독교교육의 목적론이 또 하나의 새로운 방향을 설정하고 있는 것을 보게 되는데, 이것은 ‘제자훈련’과 ‘신앙공동체’(信仰共同體) 형성을 지향하는 목적을 가진 교육이론이었다. 이러한 교육론의 대표적인 인물들은 로렌스 리차드(L. O. Richards), 웨스트홉 3세(Westerhoff III.) 그리고 토마스 그룹(Thomas Groome) 등이라 할 것이다. 그들의 교육론을 요약해 보면 다음과 같다.

(1) 로렌스 리차드(L. Richards)

로렌스의 대표적인 책 ‘기독교교육의 하나의 신학’(A Theology of Christian Education)238)은 ‘기독교교육신학의 이론과 실제’란 이름으로 한국교회에 번역 소개되었다. 로렌스는 미국의 복음주의 계통에 속한 대표적인 기독교 교육학자로서 알려져 있으며, 대학에서 가르쳤을 뿐 아니라 목회자로 직접 목회활동에 참여했던 것으로 전한다. 그의 주된 관심은 전통적인 교회론의 의미를 성경적으로 새롭게 확인하고 교회야말로 기독교교육의 최대의 장소임을 깨닫고, 그는 특별히 그리스도의 교회를 머리이시며, 몸이시며, 생명의 주인이신 그리스도자신임을 인정하고, 성도들은 그 몸에 지체의 관계에 있는 것으로 생명의 유기적 공동체로 이해하였던 것이다. 그러므로 그러한 그리스도 안에 있는 영원한 생명을 일깨워 유기적인 신앙공동체로 만드는 일을 기독교교육의 사명과 과제로 해석하였던 것이다.239) 그리고 그의 교육이론의 중심은 생명에 있으며, 교회의 머리요, 몸인 그리스도가 생명으로서 그 몸에 지체의 관계에 있는 성도들의 신앙 양

---

238) [참고] L. Richards, A Theology of Christian Education, 문창수 역, 기독교교육신학의 이론과 실제, 1984.
239) L. Richards, 전게서 11-16쪽.

육의 문제를 교육의 과제로 새롭게 해석한다. 그리고 생명에 기초한 몸과 지체의 유기적 특성을 중심으로 온전한 인격적 변화를 개체 성도들의 교육의 목표로 제시하며, 이러한 변화된 그리스도인들의 모임을 신앙 공동체로 해석하면서 교육의 방법을 그리스도의 제자훈련의 방식에서 찾는 것이 특징이라고 하겠다.240) 물론 그의 교육론의 목적은 오직 성경에 의존되어 꽤 복음적인 모습을 보여 주고 있는데, 역시 개인의 인격적인 변화에 교육의 역점을 두고 있는 것이 또한 장점이라고 하겠다. 그러나 지나친 개인구원적인 차원에 의존된 그의 기독교교육의 유형은 복음적인 강점을 보이면서도, 사회와의 관계에서 인간의 삶 전체를 이해하게 하는 인격적인 신앙교육의 과제를 간과하고 있는 것이 약점이 된다. 그리고 그의 교육론은 인간의 성장발달론의 관점에서 성장세대의 교육을 취급하지 못하고 오히려 성인교육에만 전적으로 의존되어 있는 모습을 보이고 있는 것이 약점이라 할 것이다.

(2) 존 웨스트홉 3세(J. Westerhoff III.)

웨스트홉 3세는 미국의 듀크 대학의 실천신학분야에서 기독교교육학을 가르치는 교수로 알려져 있다. 그의 교육론은 '우리의 아이들이 어떻게 신앙인들이 될 수 있는가'(Will our Children have faith?)란 책에 제시되었다.241) 그는 이 책에서 분명히 신앙공동체형성을 목적으로 하는 기독교교육론을 제시하고 있다. 그는 기독교교육이란 "개인이나 그룹들을 기독교적인 삶의 스타일을 형성하도록 신앙공동체의 계획적이고, 조직적이며, 지속적인 노력"으로 정의하면서 교육의 과정을 종교사회화의 과정으로 해석하였다. 그리고 그는 교회의 성격을 신앙 공동체로 전제하고 있으며, 공동체 내에서 이루어지는 세대간의 만남과 인격적인 교제와 경험은 신앙교육의 중요한 목표요 동시에 교육방법으로 해석한다. 특별히 그는 이 책에서

---

240) 전게서 22쪽.
241) 이 책은 1984년 한신대학교, 정웅섭교수에 의하여 '교회의 신앙교육'이란 주제로 번역되었다.

전통적인 미국교회내의 주일학교에서 이루어지고 있는 어린이 신앙교육의 형태가 학교교육의 구조를 그대로 본받아 형성되어 있기 때문에 지식전달형 구조를 벗어나지 못하고 있음을 지적하고, 공동체가 소유하고 있는 신앙의 공동적 유산을 경험하게 하거나 이어주지 못하고 있음을 비판적으로 지적하였다.242)

이러한 웨스트홉의 교육론은 미국 상황의 교회들에 나타나고 있는 일반적인 현상으로서 교회교육이 지나치게 학교교육의 구조에 의존되어 인지적 차원에 목표를 둔 지식 전달교육의 형태를 넘어서지 못하는 교회교육의 문제를 신앙공동체라는 교회의 본질적 요소를 새롭게 전제하여 인지적 차원에서 정서적 차원으로의 전환을 꾀하도록 방향전환을 강조한다. 그리고 교육의 중심적 목표를 온전한 신앙의 삶을 형성하도록 돕기 위한 교육의 새로운 방향을 제시한다는 면에서 관심을 갖게 하는 이론이라고 할 것이다. 또한 신앙의 출처를 말씀과 성령에 의존하면서도 기독교신앙이란 교회공동체 내에서 적어도 3세대간의 만남을 통하여 서로 주고받는 영향 가운데서 발생하는 것으로 해석한 그의 제안은 깊을 공감을 갖게 한다.

(3) 토마스 그룸(T. Groome)

그룸은 미국 보스톤 대학교, 가톨릭 대학의 실천신학 교수이다. 그에게서 제시된 새로운 교육론은 그의 책 '기독교적 종교교육'(Christian Religious Education)에서이다.243) 그는 이 책에서 기독교교육의 목적을 세 가지로 제시하였다. 첫째는 '하나님의 나라를 위한 교육'에 두었으며, 둘째는 '기독교신앙을 위한 교육'으로, 셋째는 '인간 자유를 위한 교육'에다 두었다244). 이러한 그의 목적론은 매우 성경적이며, 신학적으로 그리고 교육적으로도 타당성을 가진다고 할 수 있다. 왜냐하면 하나님의 나라의 주제는 현대신학이 규명해 낸 성경계시의 핵심적인 주제이며, 신학의 총 주제라고 할

---

242) [참고] 웨스트홉 3세, Our childern have faith?

243) Thomas, Groome, Christian Religious Education, 이 책은 '기독교적 종교교육' 이기
       문의 번역으로 1984년에 대한예수교장로회 통합측 총회교육부에서 출판하였다.

244) 그룸, 전게서, 67-161쪽.

것이다. 역사 속에 실현된 하나님의 나라(과거)와 그리스도의 복음전파를 통하여 성장 확대되고 있는 나라요(현재), 그리스도의 재림과 더불어 완성된 모습으로 도래할 약속된 나라(미래)인 것이다.[245] 이러한 나라는 은총으로 부여된 하나님의 선물로서의 신앙으로 인지하고, 신뢰하며, 행동으로 응답되어야 하는 관계에 있는 것이다. 더욱이 그 신앙은 인간의 성장과 함께 경험되며, 발달하고 변화하는 관계에 있다. 그룸은 신앙의 삼차원적인 의미란 주제로 '지적인 믿음으로서의 신앙', '신뢰로서의 신앙', '행동으로서의 신앙'을 구분하고 역시 그러한 신앙은 성장과계에 있다는 것을 강조한다.[246] 여기에 교육의 과제가 주어지게 되는 것이다. 그리고 그 신앙은 그리스도를 통한 죄에서 자유하게 되는 은혜를 경험하게 할 뿐 아니라, 자유하게 하신 자와 그가 사랑하고 기대하는 이웃을 위하여 자유한 자로 섬기며 살게 될 것을 강조한다.[247]

그룸(Groome)이 강조하는 교육의 특징은 하나님의 나라와 인간의 사회적 삶에 자신의 삶을 실제화 할 수 있는 신앙인의 양육으로서 삶의 실천적인 임무를 일깨우기 위한 교육의 방법론을 제시하고 있는 것이다. 그는 이론과 실천의 변증법적 관계를 상세히 밝히면서 '몫을 나누어 참여하는 실천'을 강조하고 있다. 그의 이러한 몫을 나누어 참여하는 실천이란 개념은 그가 제시한 교육의 목적인 실천지향적인 신앙공동체가 되도록 하려는 것임을 생각하게 해 주고 있다.[248] 물론 그가 제시한 다섯 가지 행동, 즉, 현재의 행동에 대한 명령, 참가자들의 이야기들과 비전, 기독교공동체의 이야기와 비전, 기독교 이야기와 참가자들의 이야기들 사이의 변증법적 해석, 기독교의 비전과 참가자들의 비전 사이의 변증법적 해석학 등[249]이 어떻게 방법적인 도구로 사용될 것인지는 분명하지 않다. 그러나 1991년에 출판된 그의 책 '신앙의 나눔'(Sharing Faith)에서도 앞에서 제기한

---

245) 그룸, 전게서 90-93쪽.
246) 참고, 그룸, 전게서, 96-124.
247) 참고, 그룸, 전게서, 133-158.
248) 참고, 그룸, 전게서, 298-340.
249) 참고, 그룸, 전게서, 298-326.

5가지 방법론이 새롭게 보완 설명되었다[250].

종합해서 볼 때, 이러한 그룹의 생각은 80년대 미국에서 새롭게 제기된 로렌스, 웨스트홉 3세 등과 함께 교회공동체를 신앙공동체로 이해하고, 전통과 역사에 결속된 공동체로서 얼마나 실천 지향적이며, 공동체 지향적이라는 점을 잘 보여주고 있다고 생각된다. 그리고 이러한 그룹의 제안들은 로마가톨릭적인 정신에서 제시된 것이기는 하지만, 그의 기독교 교육의 과제와 목적에 대한 설명이 매우 복음적인 시각에서 서술되었다는 면에서 친근감을 준다고 할 것이다. 결론적으로 이러한 신앙 공동체를 지향하는 기독교교육의 새로운 방향은 개인의 능력별 경쟁과 개인의 자유가 전제되고 있는 자유민주주의적 이념이 지배하는 사회적 상황에서 제기되었다는 것이 주목된다. 이러한 사실은 인간적 삶의 공동성의 의미를 상실하는 미국사회의 사회적 위기와 맥을 같이 하고 있다고 할 것이며, 지나친 개인주의적인 문제의 극복에 대한 대답이라는 공통성을 지니고 있는 것이다. 본래 기독교의 구원의 진리는 개인적인 구원을 전제하면서도 공동성의 추구에 있으며, 그리스도의 교회는 공동적 구원의 본보기적인 실체라고 할 것이다. 그러므로 이러한 신앙공동체의 목표지향은 중요한 시대적 의미를 지닌 것이라 할 것이다.

3) 성숙한 삶을 지향한 교육목적

앞에서 언급한 것처럼 토마스 그룹은 그의 기독교교육의 목적을 인간의 자유의 실현과 하나님 나라의 실현에 둔 것은 지금까지 여러 학자들의 교육목적론에서 발견하기 힘든 큰 그림으로서의 기독교교육 목적론을 다루어준 것으로 이해한다. 필자는 이러한 그룹의 시각과 관련하여 기독교교육의 목적론을 하나님 나라의 실현과 확장의 관계에서 더 심도 있게 인간학적인 관점으로 이해하기를 원한다. '하나님 나라'는 현대신학이 밝혀준 성경계시의 가장 큰 그림이요, 또한 신학의 총체적인 주제로 이해한다.

---

250) Thomas Groome, Scharing Faith, A Comprehensive Approach to Religious Education & Pastoral Ministry, San Francisco, 1991, 175-279쪽.

그리고 하나님 나라는 그리스도의 통치를 말한다. 역사적으로 하나님 나라는 미래적인 약속의 나라로만 이해하는 종말론적인 이해가 그 중심이었다. 그러나 오늘날에 와서 하나님 나라는 미래적으로는 도래하는 그리스도의 약속의 나라이면서도, 더 근원적으로는 인류의 역사와 문화와 연결된 이 땅의 삶을 여전히 다스리는 현재적인 것으로 이해한다. 그리고 기독교교육의 목적은 그리스도와 약속된 복음의 신뢰 안에서 성숙한 그리스도인의 삶을 살아가도록 돕는데 있다. 성숙한 그리스도인의 삶은 복음의 자유를 누리는 삶이며, 자기욕망을 뛰어 넘어, 하나님의 통치에 순종하는 삶을 뜻한다. 구체적으로는 그리스도의 복음을 이웃에게 증거하며, 하나님 사랑과 이웃사랑에 헌신적인 삶을 사는 것을 뜻한다. 이러한 일이 그리스도인의 가정에서, 교회공동체에서, 기독교학교들에서, 사회활동의 현장에서 이루어지도록 돕는 일인 것이다.

4. 교회신앙교육의 근본적인 과제

우리는 여기서 교회의 신앙교육의 근본적인 과제에 대하여 생각해 보려고 한다. 이점에 대하여 복음의 신학적이며, 인간학적인 관점을 전제하여 기독교신앙의 근본적이며 실제적인 교육적 과제를 종합적으로 생각해 보려는 것이다. 이러한 교육적 과제의 이해는 독일의 종교교육학자 닢코(K. E. Nipkow)가 제시한 내용251)에 근거하여 한국교회의 상황에의 적용을 전제하여 밝혀 본 것이다.

1) 인격적인 신앙양육의 중요성

닢코는 먼저 교회교육의 가장 중심적 사건을 인간의 삶을 동반하는 행위로 보았다. 그리고 교회교육은 인격적인 신앙양육의 중요성을 중심에 두고 강조하였다. 이러한 그의 해석은 인격의 3요소라 불리는 지(知)·정(情)·의(意)의 자질과 능력을 길러주는 행위로 교육으로 이해한데서 출발

---

251) K. E. Nipkow, Grundfragen der Religionspädagogik, Bd.2, GTB, 1978.

한다.252)

그는 첫 번째의 과제로 인간의 삶을 동반하는 경험적 차원에서 인간의 자아정체감의 확실성과 의사소통의 욕구와 관계를 돕는 일이 중요하다고 보았다.253) 이것은 먼저 성장세대에게 필수적인 일이지만, 산업사회를 살아가는 성인 평신도들에게도 해당하는 것으로 인지하였다. 그 때문에 교회교육이야말로 이러한 자아정체성형성과 사회적 가치관의 영향으로 흔들린 정체감을 회복하는 일에 중점을 두어야 한다는 것을 강조한다. 이러한 과제는 인격과의 관계에서 볼 때, 정서적 영역에 해당하는 교육적 과제로 이해된다.

두 번째 과제로는 사회 봉사적이며, 정치적인 책임수행능력을 길러주어야 하는 일로 보았다. 이것은 세상을 위한 교회의 과제로서 그리스도인들이 세상과 이웃을 섬기는 신앙적인 삶의 실천과제를 강조한 것이다. 물론 이 부분은 인격과의 관계에서 의지실천적인 행동영역의 자질을 길러주는 것으로 이해된다.254)

세 번째 과제는 종교성과 사회적 이데올로기에 대한 비판정신을 길러주는 과제를 생각하였다. 이것은 신학적으로는 교회와 그리스도인 자신의 신앙적 모습을 객관화하기 위한 노력으로 이해된다.255) 그것은 여러 이데올로기가 초래하는 가치혼돈 가운데서 진리의 분별력과 통찰력을 갖도록 도우려는 교육적 노력을 말한다. 이 부분은 인격의 3요소인 지(知) · 정(情) · 의(意)의 관계에서 볼 때, 인지적 기능의 자질을 길러주는 것이다.

네 번째로 그는 교회가 하나님의 전 백성이라는 전제에서 교회의 연합적 과제를 중요한 신앙교육의 과제로 보았던 것이다. 이러한 착상은 만인제사장의 원리와 교회의 다원적 상황과 현대적으로 요구되는 대화적인 교회연합의 시대정신을 반영하여 생각한 것이다.256) 이것은 오늘날 특히 프

---

252) 인격의 3요소로 불리는 지(知), 정(情) 의(意)는 교육적으로는 인지적인 능력(영역)과 정서적인 능력(영역), 그리고 의지실천적인 능력(영역)을 말한다.

253) [비교] K. Ernst Nipkow, Grundfragen der Religionspaedagogik, Bd.2,101-129.

254) [비교] 전게서, 130-159.

255) [비교] 전게서, 160-197.

로테스탄트 교회가 수많은 교파로 분열된 상황에 요구되는 교회의 일치와 통일성을 위한 노력으로서 길러져야 할 신앙적 자질로 본 것이다[257].

이러한 4가지 과제의 제안들은 그의 교육신학적인 통찰력에 근거한 것으로 오늘날 한국교회의 신앙교육에 있어서 근본적이며, 실제적인 과제로 해석 수용될 수 있는 것으로 판단한다. 그리고 미래적으로 교회가 수적 성장을 성취시키기 위한 수단으로 이해하는 것을 극복하고, 질적인 성숙을 지향하려 한다면, 미래적으로 반드시 주목해야 할 목표와 과제라고 보는 것이다. 그러므로 한국교회는 성숙한 신앙인의 양육과 훈련이란 주제를 심각하게 수용해야 할 것이며, 미래적으로 닢코가 제안하는 방향으로 나아가야 할 것을 필자는 긍정적으로 전제하여 제시해 보는 것이다.

역시 그의 4가지 교육적 과제제시에서 주목되는 것은 인격의 3요소로 불리는 지(知)·정(情)·의(意)의 순서를 바꾸어 정·의·지의 순서로 설명하고 있는 것이 특이점이다. 즉, 정(情)은 정서적 영역에 해당하는 것이며, 의(意)는 의지 실천에 관한 것으로 행동 실천적 영역으로 보았으며, 그리고 지(知)는 인지적 영역에 해당하는 것으로 본 것이다. 그가 그렇게 한 이유가 무엇인지는 저자 자신이 분명한 해명을 주지 않았지만, 필자의 판단으로는 인간의 인격성을 가장 상징적으로 대변해 주는 중심적 요소는 역시 정서(情緒)에 달렸다는 사실을 오늘날 교육심리학은 확인해 주고 있다. 즉, 학습상황에서 보면 정서의 안정감은 인지적인 사고활동에 영향을 끼치며, 의지실천의 행동적인 상황에도 영향을 미친다는 점이다. 물론 인지적인 활동과 의지실천적인 활동이 이번엔 반대로 정서에 영향을 미치는 것도 인정되어야 할 것이다. 그러나 인간의 성품(인간성), 또는 인성과 관련하여 자신의 인격성을 들어냄에 있어서 가장 중심적 역할을 하는 요소는 역시 정서에 달렸다고 보는 것이다(에릭슨의 견해).

우리는 닢코의 인격적인 신앙과 관련하여 제안된 4가지 과제는 그가 전제한 독일사회의 교회적 상황과의 관련 속에서 해석되고 이해된 과제로

---

256) [비교] 전게서, 197-228.
257) 같은 책 102쪽 이하.

2본적이며 실제적인 교육적 과제가 바로 정서불안을 축소하고, 최소
는 일이라 할 것이다. 반대로 정서불안을 많이 경험하면서 자란 아이
장 후에도 인격형성에 장애가 초래되는데, 그것은 여러 변수의 성격
러내고, 행동을 취하게 되는 성격장애를 갖는 일이다. 왜냐하면 성장
에서 충족되지 못한 정서의 결핍을 충족하려는 본능적인 움직임이 의
자제력을 뛰어 넘어 작용하기 때문이다. 이러한 자아 정체감의 기본
형성은 성장세대에게 요구되는 근본적인 교육적 과제가 된다. 그리
러한 정체감 형성의 교육적 과제는 이제 성장세대 뿐 아니라, 기성
에 있어서도 역시 요구된다는 것이다. 자아 정체감(Identity) 또는 정체
인간 누구에게나 사회적인 삶의 조건과의 관계에서 자아를 확인하는
적인 감정으로 작용하며, 공동체와의 관계에서 자아에 대한 정체감이
되지 않을 때, 그 감정(정서)은 심리적인 흔들림으로 작용하게 되는
다. 이제 사춘기에 이르게 된 청소년에게 자아정체감은 인격의 중심
서 중요한 역할을 하게 된다. 그 때문에 흔들린 정체성의 회복하고
체로서의 건강한 모습을 견지하게 하는 것은 먼저 교육적 과제임을
하게 된다. 흔들린 정체감을 기본적으로 형성하게 하고 흔들린 정체
회복하도록 돕는 것을 뜻한다. 그러므로 정체감 형성과 그 정체감의
림의 회복을 돕는 행위로서의 교육적 과제는 근본적으로 인간의 기본
인 인정받고자 하는 욕구와 관련을 가진다. 사춘기에 이른 청소년들
는 많은 위로와 격려와 용기가 필요하다.
변하는 현대를 살아가는 현대인들은 사회적 환경의 변화와 함께 그
삶 속에서 경험되는 많은 문제들로 자아 정체감(성)의 위기를 직면하
다. 이러한 위기는 인간이 일상에서 경험하는 삶의 한계의 지평에서
의 정체성(감)의 보전과 의사소통의 욕구와 관련된 일임을 뜻한다.258)
고 이러한 현상을 경험하는 일에는 그리스도인도 예외가 아니라는 점
. 여기서 우리는 기독인으로서의 정체감(성), 또는 신앙인으로서의 정
의 위기란 말로 바꾸어 이해할 수 있을 것이다.

Nipkow, Bd. 2, 101쪽.

서 한국교회의 상황에 그대로 수용될 수 있는 지는
그러나 교회(기독교)의 신앙교육이 자기목표와 과제
격적인 신앙인의 양육을 그 목표로 한다면, 그의
이해되며, 특히 오늘날 한국사회가 산업후기사회로
트모던의 현상을 경험하고 있다면, 한국사회 변화
것과 다르지 않다는 것을 전제할 수 있으며, 닢코으
교육방향의 표준적인 의미를 가진 것으로 볼 수 있
늘날 인간의 인간됨과 인격성(인간성)과 신앙의 인격
목되고 있는 한국사회의 상황에서 교회교육의 근본
인 신앙인의 양육에 대한 과제는 가장 성경적이며,
요구되는 인간구원의 교육적 과제임이 분명하다고

2) 정체감의 형성과 회복을 돕는 과제(정서적 능력)

이것은 인격의 중심적 요소인 정서(情緒)와의 관계
을 길러주는 과제를 말한다. 인간이 인격적인 주체로
려면 감정(마음)을 잘 다스려 정서적 상태가 언제나
것은 현대교육심리학에서 쉽게 확인된다(E. Erikson).
리학이 전제하는 중요한 인격의 3요소는 지(知)·정
이다. 이 세 가지 요소 가운데 인간의 인격적인 모습
징적이며, 대표적인 중심요소가 정서적인 소양상태리
안정감은 인지적 활동과 의지 실천적인 활동에 절
것으로 이해한다. 건강한 정서는 사고하는 일과 실천
한 인격적 모습을 보여주는데 지배적이다.

대체로 인간이 태어나서 유아기와 소년기를 거쳐
교육적인 배려를 통하여 가장 안정적으로 돌봐져야
적 소양(素養)과 자질(資質)에 관한 것이다. 이러한 정
사춘기에 자아(自我)에 대한 정체감(성)를 형성하는
한다. 그 때문에 아이의 성장기에 심리적으로 가장

　그러면 현대인들은 왜 자아 정체감의 흔들림을 경험한다는 말인가? 그리고 그리스도인도 역시 그와 동일한 정체감의 위기를 보인다는 것은 무엇을 뜻하는 것인가? 그것은 우리의 사회적 환경이 경쟁적인 삶의 환경으로 바뀌어 졌기 때문이다. 이러한 환경에 살아가는 현대인들은 엄청난 노동을 통한 실적 또는 생산의 능력을 요구받고 있기 때문이다. 그 때문에 경쟁하는 사회를 살아가는 인간들은 더 많은 긴장과 불안과 심리적 문제들을 경험하는 삶을 살게 되는데, 그것을 우리는 '정체감의 위기'(Crisis of Identity)라고 부른다. 특히 산업화된 노동세계의 인간은 일의 가치와 생존의 의미와 보람을 느끼지 못하고 노동과 경쟁의 긴장관계에서 심각한 스트레스 현상을 느끼며 존재의 위기를 맞게 되기도 한다. 이러한 존재의 위기는 역시 확인되지 않는 '자아 정체감'의 불안정의 상태로서 '감정의 다스림의 위기'라고 볼 수 있다. 그리고 인격적인 존재로서의 자아는 인간의 만남과 의사소통을 경험하지 못하는 상황에서 정체감의 위기는 더욱 심각해지는 사건이 된다. 왜냐하면 대화와 의사소통은 정체감을 확인하는 중요한 수단들이 때문이다. 대화 속에서 하나의 의미가 전달되고 의미가 발견될 때 문제는 거기서 해결될 수 있는 것이다.

　여기서 우리가 분명히 인지해야 할 것은 오늘날 현대인들이 인격적인 자아의 정체감을 형성하고, 그 정체감을 확인하는 일이 얼마나 나 자신이 아닌 나와 함께 하는 이웃과 사회의 공동체와 관련 속에 있는가를 이해하는 일이다. 인간의 사회적 활동의 심리적인 안점감은 공동체와의 관계 안에서만 획득되는 것이다. 인간은 그의 생각과 느낌과 행동이 내면적인 조화 속에서 안정적인 삶이 유지되기를 원한다. 그러므로 공동체와의 관계들, 공동적인 의미들 그리고 자신의 정체감의 안전성은 이러한 공동적인 것들과의 상호의존적 상태에 있는 것이다. 사회학자 베르거(P. L. Berger)는 이미 존재의 의미와 가치를 인식하는 것으로 의미(Sinn)를 구성하는 과정은 하나의 공동적인 과정이라고 말했다.259) 그것은 얼마나 인간이 사회적인 것과의 관련 속에 있는지를 입증해 주는 말이다. 그리고 정체감의 위

---

259) 전게서, 106쪽.

기에 대한 문제들은 의미를 확실하게 획득하지 못한데서 발생하는 문제이며, 그것은 곧 관계의 불확실성에서 파생된 문제들인 것이다.

이러한 정체감의 형성과 회복을 돕는 구체적인 방법은 역시 '상담과 돌봄의 역할'에 대한 것이다. 교회교육의 관점에서는 교육상담이 필요하며, 목회적 관점에서는 영혼의 돌봄이 필요한 것이다. 실천신학에서 다루어지는 목회상담과 돌봄의 역할은 바로 이러한 문제해결의 방법론이라고 본다. 닢코 역시 이러한 방법의 중요성을 강조하고 있다. 현대인이 사회적 삶에서 위기를 직면하게 될 때에 동반되어야 할 공동체의 기능관계에서 이해된 역할에 대한 것이다. 이것은 삶의 위기의 극복을 위한 도움의 제공이라는 점에서 중요하다. 그리고 교회는 그리스도인으로 하여금 자기 존재의 목적과 의의 그리고 삶의 중요한 의미와 가치를 언제나 하나님의 말씀에서 찾게 해야 하며, 그리스도의 복음에서 그러한 가치를 발견하고 획득하도록 도와야 한다.

정체감의 위기의 극복의 방편으로서 적용되어야 하는 상담의 기능은 대체로 3가지 작용을 통해서 이루어진다고 본다. 첫째는 상담자가 내담자에게 무엇인가를 말해 주는 역할의 관계에서이며, 둘째는 동시에 대화에 임하여 내담자에게 관심을 기울이는 인격적인 태도의 관계에서이며, 셋째는 상담자로부터 앞서 나타나는 인격적인 신뢰와 인정의 정체감 확인을 통하여 내담자는 도움을 얻게 된다는 것이다. 또한 이 세 가지 관점에서 관계의 관점이 기본적으로 중요하게 작용하게 되는데, 의사소통적 관계의 수용, 인내하면서 내담자의 소리를 청취할 수 있는 힘, 그 안에서 실현되는 상담자의 내담자에 대한 관심을 기울임 등은 내담자의 정체감 확인과 정체감 회복을 위한 결정적인 도움이 되는 일이다.[260]

이러한 상담적인 기능과 도움은 실제로 우리의 목회적인 상황과 신앙교육적인 상황에서 자신의 힘으로는 더 이상 올바르게 감정의 인격적 상태를 재구성하지 못하는 정체감 위기를 맞이한 사람들에게 그대로 적용될 수 있는 것이다. 그러나 교육적인 관점에서 보는 상담의 도움은 약간 다

---

260) 전게서, 107쪽.

르게 시작된다고 하겠다. 그것은 성장세대에게 예비적 차원에서 제시되는 도움이라고 할 것이다. 즉, 성장세대가 용기를 가지며 삶을 배워 나가는데, 그리고 자신의 정체성을 형성하는데 필요한 자질을 갖도록 하는 도움인 것이다. 일상과 삶의 과정과 삶의 한계에서 나타나는 불만들 가운데서 비록 자신이 실제로는 이러한 한계에 항상 다시 직면하게 됨에도 불구하고 자신을 올바르게 찾을 수 있도록 용기와 자질을 갖게 해 주어야 한다. 물론 청소년들에 대한 교육적 도움은 역시 목회 상담적인 도움(영혼을 돌봄)과 심리치료적인 도움과 함께 자신을 재구성하며, 다시 일으켜 세우는 일에 도움으로 바뀌어 질 수 있는 것이다.

그러나 성장세대에게 요구되는 것은 어디까지나 교육적인 관계에서 제시되는 교육적인 도움이어야 한다는 점이 유의해야 할 점이다. 그 이유는 앞서 언급한 것처럼 성장과정에 필요되는 예비적인 관점에서의 도움이어야 하기 때문이다. 이러한 상담적 기능은 교회의 신앙교육적 상황에서 어린이들에게도 요구되며, 특별히 청소년들에게 절대적으로 요구된다고 할 것이다.

그러면 청소년들에게서 나타나는 정체감 위기의 문제와 사회적 관련의 문제성에 대하여 잠시 살펴보기로 하자. 그들은 아직도 성장되어야 할 과정에 있기 때문에 그 어떤 세대보다 많은 변화를 경험하는 세대라고 할 것이다. 그러한 변화 단계에서 기독교신앙교육의 상황과 교사는 정체감 형성과 그 위기에 어떤 역할이 이루어 질 수 있는가를 생각해야 한다. 그리고 정체성의 문제와 관련의 문제성은 사회적인 조건의 결과로 해석되는 물음이 나타난다.

청소년의 정체감 위기는 특별히 이데올로기와의 관계에서 서로 밀접한 연관성을 가진다. 청소년의 정체감 문제에 대하여 관심을 가진 자는 에릭슨(Erikson)의 자아정체성에 대한 연구를 참고해야 할 것이다. 거기서 정체감(Identität)이란 관계하는 인물과의 관련성으로 정의되고 있는 것을 볼 수 있다.261) 에릭슨의 이론은 두 가지 극단과의 관계에서 출발한다. 하나는

---

261) [비교] E. Erikson, Identität und Lebenszyklus, Frankfurt / M.1973.124쪽..

법칙에 의하여 발전하는 인간 개체의 정신적 발전이고, 다른 하나는 사회적인 제도들이다. 사회는 개체들의 힘을 필요로 하며, 개체는 사회가 제시하는 정체성의 제시들을 필요로 한다. 인간의 건전한 인격성은 이러한 변화관계에서 정체감의 위기를 경험하며 자라게 된다(사회가 개체에게 미치는 영향이 더 크다고 본다). 사회적 가치관의 변화에서 그 안에 실재하는 존재로서의 자아에 대한 가치 확인이 이루어지지 않을 때, 청소년의 경우는 자아정체감의 혼돈과 위기를 경험하게 되는 것이다.

여기서 하나님의 말씀과 진리인 그리스도의 복음은 그리스도인들에게 하나님의 자녀로서 구원의 은혜를 입은 택함 받은 천국시민으로서의 신앙적 정체감을 형성하며, 또한 신앙적으로 흔들린 자아정체감을 회복하도록 해 준다. 그리스도인으로서의 정체감 형성은 성장세대를 전제한 것이며, 아직도 신앙의 초보자에게 해당하는 것이다. 그리고 정체감의 회복은 기존신자들에게서 나타나는 현상이다. 물론 초보자들에게도 전제될 수 있다.

그리스도인으로서의 정체감은 신학적으로는 그리스도를 통하여 부여된 칭의적 은혜에 달려 있다(죄용서와 의롭다함의 은혜). 모든 그리스도인의 신앙적 정체성은 바로 이러한 칭의은혜의 상기와 그 은혜안에서 믿음으로 응답하며 살아가는 그리스도인으로서의 신앙적 정체감이 형성되게 해야 하는 것이며, 자아정체감의 흔들림과 위기에서도 바로 이러한 칭의은혜에서 새롭게 회복되도록 도와야 한다. 칭의적 은혜는 그리스도인의 출발이요, 기준점이다. 그리고 이러한 신앙적 정체감을 형성하게 하는 방법으로는 교회의 예배와 성경공부, 신앙상담, 성도의 만남과 교제 등이 될 것이다. 이 모든 것들은 그리스도인으로서의 신앙적 정체성(감)을 확립해줄 수 있는 도구들이다. 물론 신앙의 정체감을 확립하고 회복하는 일에 주체적 역할은 역시 신학적으로는 하나님의 말씀과 성령의 도우심임을 잊지 않아야 할 것이다.

오늘날 현대 목회는 상담적 기능이 얼마나 요구되고 있는지는 모든 목회자들이 경험하고 있는 일이다. 그리고 교회학교 또는 주일학교의 교사들에게도 마찬가지다. 물론 상담적 기능의 도움은 먼저는 성인들을 위한 것이다. 그러나 이러한 도움은 성장세대들, 즉 청소년들에게도 동일하게 요구되는 것으로서 성장세대와 인간으로 하여금 삶의 위기에 처한 인간을 위로하고 일상의 문제들을 극복할 수 있는 지혜와 도움을 제공하는 일로서 상담적인 기능은 이제 신앙교육의 자기과제로 나타나야 하는 것이다. 상담과 교육의 관계는 그 성질의 구조적인 관계에서는 서로 구분되는 것이지만, 그러나 실제적인 인간의 교육적 상황에서는 서로 깊은 관련 속에서 상호작용 되어야 하는 중요한 교육적 기능인 것이다.

3) 섬김과 봉사의 정신력 훈련의 과제(의지실천적인 능력)

이것은 하나님을 섬기고 세상을 섬기는 교회 또는 다른 사람들을 위하여 돌보아 주어야 하는 교회의 역할에서 요구되는 중요한 과제인 것이다. 그리고 인간의 행동적이며 삶의 실천적 영역의 소양과 자질을 형성하도록 함을 목표하는 것이다. 이러한 과제는 예수님의 대 명령인 세계선교의 사명과 이웃사랑의 계명과의 관계에서 요구되는 것으로 그리스도인의 신앙적 삶의 실천의 부분이요 행동적 부분이라 할 것이다(마 7 : 20-23 ; 눅 10 : 25-37 ; 약 2 : 14-26).

이러한 과제를 닢코는 '사회봉사와 정치적 책임'이란 말로 새롭게 표현한다. 여기서 중요한 것은 기독교의 사회적 책임 또는 복음의 사회적 책임에 대한 분명한 인식이 요구된다.

그리스도인의 사회적 책임에 대하여는 일찍이 WCC운동이 산업사회의 도래와 함께 변화하는 사회환경 속에서 강력히 추구해 왔던 일이다. 그리고 복음적인 입장을 취한 보수적인 교회들에서도 복음의 사회적 책임에 대한 문제를 그동안 외면하고 있다가, 지난 74년 로잔대회를 통하여 '복음의 사회적 책임'에 대한 인식을 새롭게 보완하였다. 그러나 생각하면 복음주의적인 입장에 서 있던 교회들은 그동안 기독교의 복음화 운동과 사회적 문제들의 책임과 관련하여 그 양자를 서로 분리시켜 생각하였다. 다시 말하면 교회에 주어진 사명은 복음전도를 통하여 인간의 영혼을 구원하는 일이 주된 책임이며, 굶주리며 고난 받는 이웃을 도우며 돌보는

봉사적인 일은 기독교복음의 책임이 아니며, 동시에 교회의 책임 아니라고 생각해 왔던 것이다.262)

그러나 지난 1974년 스위스 로잔에서 개최된 세계복음주의자 대회는 헐벗고 굶주리는 이웃과 사회에 대한 책임이 바로 그리스도복음의 책임과 동일한 것임을 처음으로 인정하게 되었다. 특히 로잔 협약 제 5항에서 처음으로 사회에 대한 책임이 기독교 복음 사역에 포함된 하나의 복음적인 과제로 인정하였던 것이다.263) 그리고 기독교 윤리학은 전통적으로는 하나님과의 관계에서 요구되는 개인과 경건의 윤리 또는 교회를 통한 신앙생활의 윤리에 한정되어 있음을 강조해 왔으나 현대신학은 오래전부터 기독교사회윤리(christliche soziale Ethik)에 대한 인식을 새롭게 제기했을 뿐 아니라 소위 이웃과 사회에 대한 책임윤리(Verantwortungsethik)의 관심을 신학적인 주제로 삼아 집중적으로 다루게 되었다.264)

우리는 여기서 복음의 사회 윤리적 책임에 대한 과제를 올바르게 인지하고 이해하며 실천하도록 힘써야 할 것이다. 그리고 우리는 교회 복음선교의 사명과 이웃사랑에 대한 책임의 중요성에 대하여 벌써 1974년 독일의 복음주의 교회가 발표했던 신앙백서에서 새로운 인식의 도전을 얻을 수 있을 것으로 판단하여 여기 인용해 본다.

"그리스도인들은 하나님으로부터 세상에 대한 선교적 사명의 성취를 위해 부름을 받았다. 이러한 부름에의 순종은 세상의 삶에 온전한 참여를 뜻한다. 그리스도인들은 세상의 시민으로서 책임을 짊어지고 있는 것이다. 그리고 인간의 영원한 목적에 대한 그 어떠한 강한 생각도 그 시대적 번영을 위한 책임을 회피하는 수단으로 사용될 수 없다는 것이다. 선한 사람이 선한 정치의 정부를 이룰 수 있을 것이라는 생각에서 영혼을 구원하고 개인의 성격을 개선하도록 노력하는 것만이 그리스도인의 일이라고 생각하는 것은 충분하지 못하다. 그리스도인들은 개인의 도덕적인 질을 위

---

262) [비교] Nipkow, 전게서, 131쪽 이하.
263) 로잔 언약, 제 5항, '그리스도의 복음은 사회에 대한 책임을 가진다.'
264) 전게서. [참고] 정일웅, 교육목회학, 제1부 제1장.

하여 관심을 쓰는 것처럼 동시에 사회구조에 대한 관심을 가져야 한다. 그리스도인이란 벌써 의식적이든 무의식적이든 그리고 의도적이든 우연적이든 간에 사회의 정치적인 삶에 관여되어 있는 것이다. 우리는 평화를 염원하는 자들의 소리를 듣는다. 굶주리는 자들과 약탈당한 자들이 의(義)를 향하여 부르짖는다. 멸시받은 자들과 침해를 당한 자들이 그들의 인간의 품성을 요구한다. 수백만의 사람들은 그들의 삶의 의미를 찾고 있다. 하나님은 이러한 소리를 들으신다. 그리고 우리에게로 향하신다. 그는 역시 자유하게 하시는 말씀을 들려주신다. 우리는 하나님이 우리에게 말씀하시는 것을 새롭게 듣게 된다 : 나는 너희들을 앞서 가노라. 그리스도가 너희들의 죄지은 과거를 그 자신이 짊어지시기 때문에 성령은 너희로 하여금 다른 이를 위한 존재에로 자유하게 한다. 지금 너희는 기쁨의 경배와 용기 있게 실천하는 행동 가운데서 나의 나라에서 살아라! 우리 주님이 말씀하신다. 보라, 내가 너희를 새롭게 하리라! 하나님의 새롭게 하는 능력에 대한 믿음안에서 우리는 너희를 부른다. 너희가 하나님 나라의 이러한 선취적 행동에 참여하라. 그리스도가 그의 날에 완성하게 될 새 창조에 관하여 그 무엇이 벌써 지금 가시화 되도록 하자".265)

우리는 이 백서가 밝혀주는 '그리스도인의 사회 봉사적이며, 정치적인 책임'을 다시 정리해 보면 다음의 다섯 가지로 요약할 수 있다.

첫째, 인간의 영원한 목적인 기독교구원과 인간의 염원인 시대적인 번영(복지)은 서로 결부되어 있다는 점이다.

둘째, 우리는 인간의 영혼구원에 대한 관심과 삶을 살아가는 사회적 구조에 대한 관심이 동시에 중요하다는 것이다.

셋째, 그리스도인의 책임은 세상의 안정을 위하여 일하는 과제뿐 아니라 세상을 변화시키는 개혁의 과제를 동시에 인식해야 한다는 점이다.

넷째, 여기 책임수행은 원리적으로 볼 때, 기독교신앙의 자아 정체성의 확실성에서 출발한다는 것이다. 그 이유는 그리스도 안에서 이루어진 속

---

265) G. Backhaus, Im Prozess der Gesellschaft, Analyse der Denkschriften, in : Ev. Komm.7(1974) 28쪽 이하.

죄와 칭의적 은혜에 근거할 때 그리스도인의 신앙적 정체성은 더 이상 염려를 필요로 하는 것이 아니기 때문이다. 그리고 그리스도인의 실존이란 타와 이웃을 위한 존재로 그리스도 안에서 자유(自由)한 자(者)라는 점이다.

다섯째, 이 백서가 제시하는 책임은 현재를 미래로 희생시키려는 것이 아니라 새 창조에 관하여 무엇인가를 벌써 지금 여기에 가시화되도록 해야 한다는 점이다.266)

이러한 관점에 대한 이해들은 실로 그동안 한국교회가 복음의 깊은 이해를 올바르게 인식하고 가르치지 못한 부분으로 새로운 도전이라고 할 수 있다. 생각하면 오늘날 한국교회가 한국사회, 특히 이웃과의 관계에서 짊어져야 할 사회 윤리적인 복음의 책임은 참으로 막중하다. 특히 그리스도인들의 기업윤리가 기독교적인 복음의 책임 속에서 새롭게 인식되고, 실천되어야 할 뿐 아니라, 정치·경제·사회·문화 모든 영역에 그리스도인들이 세상의 봉사자가 되며, 정치적으로 대두되는 책임들을 짊어지고 실천하는 자로 나타나도록 교회의 신앙교육은 성장세대들이 인식하도록 교육시켜야 할 뿐 아니라, 바로 이점들을 실제적인 자기과제로 삼아 모든 평신도들이 책임지도록 훈련시켜야 할 것이다. 그리고 복음전파는 케리그마(Kerygma)와 디아코니아(Diakonia)의 상관관계에서 성립되는 하나님의 일임을 인식하도록 교회교육의 근본적인 과제로 삼아야 할 것이다.

이러한 교회의 신앙교육의 근본적이며, 실제적인 두 번째 과제는 물론 오랜 기간의 학습과정을 요하는 중요한 과제이기도 하다. 또한 이러한 과제 성취를 위해서는 교육 신학적인 깊은 이해가 필요되며, 동시에 그것은 언제나 사회적 분석과 결부된 것임을 알아야 할 것이다. 사회적 분석을 통한 상황에 대한 확실한 근거 없이는 기독교적 책임은 역시 올바르게 인식될 수 없기 때문이다.

그동안 우리의 교회는 이웃사랑에 대한 복음적 사명을 개인적 차원에

---

266) [참고] Nipkow, 전게서, Bd.2, 133-134쪽.

서 구제하고, 어려움에 처한 자들을 돕는 행위로만 이해하는 경향을 가지고 있었다. 그리고 그러한 사랑의 구제행위(Diakonia)는 믿는 그리스도인들에게만 한정하여 실행하였던 것이다. 그러나 이러한 이웃사랑의 과제는 오늘날에 와서 개인적인 차원과 그것도 믿는 그리스도인에게만 한정된 것이 아니라, 우리의 이웃인 세상의 모든 사람들에게로 향하여야 함을 새삼 깨닫게 된다. 더욱이 선교적 차원에서 이웃을 돕는 봉사적 행위는 개인적 차원에 한정되는 것이 아니라, 전 세계적이며, 이웃을 향한 사회적 차원의 것임을 깨닫게 된다. 특히 현대 산업사회에 와서 인간의 삶의 구조는 개인적 차원보다, 사회전체와의 관련 속에 있는 존재임을 확연히 깨닫게 된다. 한 사람의 행동이 모든 사람에게 영향을 끼치는 관계 속에 있는 삶에 대한 경험이다.

그러므로 결과적으로 사회봉사적이며, 정치적인 책임수행능력이 오늘날 개인의 공동적 삶을 위하여 길러져야 할 중요한 과제라는 사실을 확인하게 된다. 이러한 교육적 과제의 성취는 사회적인 계몽과 개인적인 자각의 바탕 위에서 복음전파와, 교육의 도움과 사회적인 일, 그리고 사회정치의 결합이 연결되게 해야 하는 것이다. 그리고 이러한 교육은 단기간에 완성되는 것이 아니라 평생교육적 차원에서 오랜 기간의 교육과정을 통하여 실현되게 해야 하는 일이다. 그리고 모든 그리스도인들을 사회봉사와 정치적 책임을 수행하는 자질과 능력을 가진 자들로 길러 줄 때 복음의 빛이 사회 속에 더욱 빛나게 될 것이며, 의와 평화를 이 땅에 이루는 삶이 거기서 가능해 질 것으로 보며, 이러한 그리스도인들의 모습은 불신앙자들이 많은 한국사회에 오히려 그리스도의 복음의 향기를 드러내고, 복음을 증거 하는 일에 도구가 될 것으로 확신한다.

4) 진리분별의 통찰력 획득과제(인지적 능력)

이것은 먼저 자기 비판적인 통찰력을 지닌 교회를 뜻한다. 그리고 이것은 첫 번째의 과제가 인간의 정서적 영역의 자기정체성 확립을 목표한 것이라면 역시 세 번째 것은 자아 정체성 확립을 위한 인지적 영역의 과제로 이해된 것이다.

　교회의 신앙교육은 교육내용과의 관련 속에서 언제나 규범적인 성격을 지닌다. 그리고 이것은 신앙의 정체성 위기를 극복할 수 있는 신앙의 경험과 평가와 판단 능력으로 작용하게 된다. 기독교신앙의 정체성 확립을 위하여 요구되는 능력들은 결코 인지적인 능력들만은 아니다. 정서적이며 감성적인 것이 더 중요하게 요구된다. 그럼에도 불구하고 여기서 생각된 그리스도인의 자아 정체성 확립과 보존의 첫 번째 전제로서 중요한 것은 개인이 규범적인 것을 반영하고 해석하면서 자신의 것으로 소화하도록 해주는 일을 의도한다. 여기서 중요한 것은 역할의 요청들에 대한 자신의 대처 능력이다. 이러한 대처 능력에는 인간 개개인에게 있어서 상대를 올바르게 이해하고 사회적 봉사자로서 책임을 다해야 할 능력이 요구되는 반면 동시에 불분명한 상황을 인내로 대처할 뿐 아니라 바르게 판단하고 구별하는 인지적 능력이 또한 요구된다고 할 것이다.

　여기서 교사에게 요구되는 중요한 개념 한 가지는 '감정이입'(Empathie)에 대한 것이다. '감정이입'이란 상대의 마음에 자신의 감정을 집어넣고 상대의 상태를 바르게 이해하고 파악하려는 노력을 말한다. 예를 들면 학생과의 관계에서 학생의 행동에 대한 성급한 선입관에 좌우되는 판단과 평가가 아니라, 한 행동이 귀결될 때까지의 동기와 상태와 과정과 그 결과를 깊이 있게 인식하고 파악하는 방식이며, 오늘날 일반교육에서 뿐만 아니라, 신앙교육적 상황에서도 절대적으로 요구되는 교사의 학생에 대한 근본적인 태도라 할 것이다. 그리고 이러한 방식으로 접근할 때, 교사는 훨씬 더 좋은 지도와 교육의 결과를 기대할 수 있게 되는 것이다.[267]

　그리고 우리는 인지적 능력을 신앙교육의 근본적이며 실제적인 과제로 수용하면서, 그 과제의 구체성은 진리에 대한 분별과 통찰력을 기르는 일이 되어야 한다. 이러한 과제의 필요성은 먼저 이데올로기와의 관계에 놓여 있다. 역시 인지적 영역의 소양과 자질을 길러주는 교육적 과제는 바로 사회적인 이데올로기(가치관)에 대한 비판적인 능력의 길러줌이다. 교회

---

267) [비교] Nipkow, 전게서, 166쪽 이하.

의 신앙교육은 언제나 그리스도의 복음의 관점에서 세상의 모든 사회적 가치관(이데올로기)을 분별할 수 있도록 해 주어야 한다.

여기서 우리는 '이데올로기'(Ideologie)란 언어에 대한 개념을 분명히 할 필요가 있다. 이데올로기는 오늘날 사상적인 이념 또는 가치관 등으로 이해된다. 그리고 가장 표준적인 설명으로 '이데올로기'란 원래 '경험을 통하여 획득한 가치를 객관화하고 합리화하여 진리인 것처럼 주장하는 소리'로 본다. 인간은 삶과 이웃과의 만남에서 수많은 이데올로기를 대하며, 그 영향을 받으며 살아가고 있다. 이러한 이데올로기는 우리 자신들의 경험을 통하여 만들어 내기도 한다. 그리고 이데올로기는 인간으로 하여금 자신의 삶의 근본적인 윤리적 태도와 방식을 결정하는 가치관으로 작용하게 된다. 실례로 어떤 이들은 이데올로기들에 대한 올바른 가치판단 또는 분별없이 그 이데올로기를 자신의 삶의 가치관으로 그대로 수용하여 이데올로기의 노예로 살아가기도 한다. 그리고 이러한 이데올로기적 성격은 여러 종교성의 형태와 모습에도 그대로 나타나게 된다. 예를 들면 주관적으로 경험된 신(神)에 대한 종교적 체험들이 여기에 속한다. 이러한 체험들은 액면 그대로 수용될 수 있는 것이 아니다. 반드시 그리스도의 복음(진리)의 관점에서 그 경험들을 올바르게 분별되어야 하며 그 가치들이 진리에 대한 올바른 통찰력으로 승화되어 행동양식이 되게 해야 한다.268)

이러한 세 번째 과제는 결과적으로 성경적인 관점에서 사회적이며 종교적인 가치들에 대한 비판능력과 신학적인 소양을 길러주어 진리에 대한 분별력과 통찰력을 길러주는 일로 이해된다. 이것은 또한 그리스도인들이 기독교적인 세계관과 세상의 시민적인 세계관과의 관계에서 그것들을 비교하며, 구별하고, 올바르게 판단하는 인지적인 비판능력을 뜻한다. 특히 이러한 교육적 과제는 자본주의 이데올로기가 지배하는 사회 환경에서 인간적이며 사회적인 요구들로 인하여 기독교의 복음을 도구화하려는 문제성을 막아 내도록 힘써야 하며, 인간의 진정한 자유와 인격적 품위의 가

---

268) 비교, 전게서.

치가 주객전도되지 않도록 도우는 역할이 되게 해야 할 것이다.[269]

이러한 진리의 분별과 통찰력 제공을 위해서 교회는 성경을 가르치며, 특별히 기독교신앙의 교리를 가르쳤다고 할 것이다. 원래 제네바의 종교 개혁자 존 칼빈의 교회교육의 과제와 그 목적은 성숙한 신앙을 가진 그리스도인들이 되도록 하는데 있었다. 그래서 그는 교리교육의 중요성을 강조하였고, 바로 이 교육은 성숙된 신앙의 그리스도인들은 기독교의 가르침과 잘못된 가르침을 스스로 구별하는 능력과 자신의 신앙에 대하여 변호하는 능력 그리고 신앙을 올바르게 고백하는 능력을 가진 자들로 그 기준을 설정했던 것이다.[270] 또한 오늘날 우리가 성경공부를 강조하게 되는 이유도 바로 이러한 사회적이며 신학적인 이데올로기에 대한 올바른 분별력을 길러주기 위한 것임을 깊이 명심해야 할 것이다.

5) 교회의 일치와 연합정신의 강화

지상에 세워진 그리스도의 교회는 한 분 하나님, 한 분 그리스도, 한 성령을 믿음의 대상으로 고백한다. 바울은 "성령의 하나 되게 하신 것을 힘서 지키라"(엡 4 : 3)고 에베소 교인들에게 훈계하였다. 벌써 예수님은 대제사장으로서의 기도에서 "아버지께서 내 안에 내가 아버지 안에 있는 것 같이 저희도 다 하나가 되어 우리 안에 있게 하사 세상으로 아버지께서 나를 보내신 것을 믿게 하옵소서 내게 주신 영광을 내가 저희에게 주었사오니 이는 우리가 하나가 된 것같이 저희도 하나가 되게 하려 함이니라"(요 17 : 21 - 22)고 모든 그리스도인들이 그리스도 안에서 하나 되기를 기도하신 것을 본다.

이러한 하나님의 말씀에 따르면 지상에 그리스도의 교회는 하나이어야 하는 결론을 갖게 된다. 그것은 마치나 사도신경에서 '성도의 교제'를 고백하는 것처럼 우리는 전 세계에 있는 그리스도인들이 모두 성령의 은혜 아래서 하나님을 인정하고 교제해야 할 것이다. 그러나 지상에 있는 교회

---

269) 비교, 전게서, 161쪽 이하.
270) [비교] Hedtke, Erziehung durch die Kirch bei Calvin, Heidelberg 1969 51쪽, 46쪽 이하.

의 모습은 다르다. 그 이유는 무엇일까? 교회의 역사는 그 이유를 잘 말해주고 있다. 여기서 우리는 신앙교육의 근본적인 과제로서 교회의 일치와 연합의 정신을 생각하게 된다.[271]

교회의 일치와 연합에 대한 주제는 현재 삼삼사오로 분파되어 있는 프로테스탄트 교회가 추구해야 할 가장 이상적인 과제이다. 하나의 조직된 통일된 기구로 운영되고 존재하고 있는 로마 가톨릭교회에 비하여 종교개혁의 전통을 따르는 교회들은 여러 가지 교회의 모습으로 존재하고 있는 것은 아무래도 문제로 보여진다. 한국의 프로테스탄트 교회들도 같은 상황에 놓여 있다. 교회의 이러한 상황을 전제할 때, 교회의 일치와 연합은 중요한 주제가 아닐 수 없다. 우리는 하나님의 백성 전체로서의 전 세계적인 하나의 교회에 대한 올바른 이해를 갖도록 힘써야 한다. 하나의 교회로 연대하고 연합하는 교회의 일치를 이룰 때, 기독교의 복음선교와 복음의 사회적인 봉사와 그리고 성도의 교제는 전 세계적인 교회의 모습으로 이루어지게 될 것이며, 현재 나누어서 행하는 모습보다 더 큰 힘을 발휘하는 근거가 될 것이다.

여기서 신앙교육은 교회의 하나됨을 올바르게 인식하게 하고, 그 정신에 근거하여 복음사역에 봉사할 수 있는 교회의 모습과 그리스도인들이 되도록 해 주어야 한다. 특히 만인 제사장의 신학과 민주주의의 개념 그리고 공동의 발전 등에 대한 생각들은 현재 미래지향적인 인류의 관심이 되고 있으며, 동시에 그 모든 가치들은 하나의 통일된 교회를 이루어갈 수 있는 표준적 가치들로서 분열되어 있는 프로테스탄트 교회에 도전이 되고 있다. 그리고 기독교의 다양한 교파로 인한 분리와 다원주의적 현상의 통합은 이 시대에 그리스도의 교회가 추구해야 할 중대한 과제요, 사명이라고 생각한다. 물론 이러한 교회의 일치와 연합에 대한 착상은 분열된 구라파교회의 상황에서 더욱 요구되는 것이지만, 역시 기독교 내의 교파 분열이 현지하고 개 교회 지향적인 성격이 강한 한국교회의 상황에 이러한 과제는 현실적으로 더 요구되는 일이라 할 것이다. 그리고 21세기로

---

271) 비교, 전게서, 203쪽 이하.

향한 한국교회는 지금 교회의 연합과 일치에 대한 많은 교파들의 대화가 존재하는 것으로 생각한다. 기본적으로 하나님의 구원 계시의 성숙한 이해가 이러한 결과에 이르도록 할 것으로 필자는 확신한다.

현실적으로 교회의 연합과 일치는 교파의 통합을 의미하는 것은 아니다. 나누어 있는 다양한 교파들이 서로 공통성과 차이점을 인지하고, 이해하며, 서로 연합하고 연대하는 것을 생각한 것이다. 그것은 보다 더 큰 교회의 사명과 과제를 성취해야 하는 일 때문이다. 교회가 서로 연대하고 연합할 때, 기독교의 복음선교와 사회봉사 그리고 이단적인 종교 집단을 방어하는 일은 큰 힘을 발휘하게 될 것이다. 또한 현재 한국교회는 하나의 협의체나 공동체로서 연합의 힘으로 대처하지 않으면 안 되는 지나친 다원적인 상황에 이르렀다고 생각된다. 더욱이 남북통일의 과제 실현에 한국교회는 사회봉사적인 과제를 안고 있다. 북한의 동족에 대한 기독교 복음선교의 과제도 같은 맥락에 있다. 그것은 그 어떤 방법으로라도 하나의 한국교회로서 대처해야 할 과제가 아닐 수 없다. 그리고 기독교 교육적 과제의 성취를 위해서도 교회의 연합 정신은 절대적으로 요구되는 것이다. 연합하지 않음으로서 잃어버리는 복음의 가치는 너무도 크다 할 것이다.[272] 이점에 대하여 필자의 글은 도움이 될 것이다.

---

272) 정일웅, "독일교회를 통하여 배우는 한국교회의 통일노력", 연구저서, 도서왕성 2000.

제 5 부
교회의 신앙교육방법론(Ⅰ)

제 5 부 : 교회의 신앙교육방법론(1)

교회교육의 실천을 위한 방법은 '신앙교육방법론'이란 이름으로 새롭게 이해되어야 한다. 그것은 지금까지 설명된 교육의 대의, 즉 교육의 목적론을 비롯하여 교육의 과제 또는 목표를 성취하고, 실제화하기 위한 방법론에 대한 것이다. 역사적으로 볼 때 교회교육은 '신앙의 가르침' 또는 '신앙의 배움'이란 말로 더 실제화 하였다. 그리고 이러한 신앙교육은 방법적으로 '무엇을'(What), '어떻게'(How)해야 할 것인가에 대한 물음을 전제하였다. '무엇을 어떻게' 란 이 두 가지 교육내용과 교수방법에 관한 물음은 일반교육학에서 벌써 '교육과정론'(Curriculum) 또는 '교수학'(Didaktik)이란 이름으로 이론화해 주고 있다. 우리는 교회의 신앙교육방법론을 설명하기 위하여 일반교수학에서 제시한 두 개념을 활용하여 설명하게 될 것이다.

원래 일반교육학에서 교육의 목적과 목표가 구체화 되도록 영어권에서는 '교육과정론'(Curriculum)이 있으며, 독일어권에서는 가르침과 배움의 방법론으로 불리는 '교수학이론'(Didaktik)이 있다. 이러한 이론은 역시 '무엇을', '어떻게' 해야 할 것인지에 대한 근본적이며, 실제적인 물음에 대답을 보여준다. 물론 이 두 이론은 서로 상이한 것처럼 보이지만, 기본적으로 공통성을 가진 것이며, 여기서는 선별적으로 사용하게 될 것이다.

교회교육에서 가장 중요한 것은 역시 하나님의 말씀인 성경을 가르치는 일이다. 그러므로 우리는 성경을 어떻게 가르쳐야 할 것인지 그 방법의 다양성을 소개할 것이다. 물론 교수학의 기본원리인 '무엇을 어떻게'라는 근본 물음에 따라 설명하게 될 것이며, 더 넓게는 '신앙교육'이란 이름으로, 교육내용과 교수방법의 다양한 것들을 소개하게 될 것이다.

1. 교수학과 교육과정론의 일반적인 이해

1) 교수학 개념이해

현재 독일교육학은 교육과정(敎育課程, Curriculum)의 이론보다는 '교수학'(敎授學, Didaktik)이론을 교육의 실제적이며 교수방법론으로 더 잘 대변하고 있다. '교수학'이란 원래 '가르침의 기술'을 뜻하는 말로서 역사적으로는 17세기 독일의 라트케(W. Ratdke) 교수에게서 사용되기 시작하였고, 코메니우스(J. A. Comenius)에 의하여 교사가 학생에게 더 잘 가르치고 배우게 하기 위한 방법인 '가르침과 배움의 기술론'(Technik des Unterrichts)으로 발전되었다. 이런 배경에서 보면 코메니우스는 학교교육을 위한 실제적인 교수방법론을 제창한 교수학의 대가인 셈이다. 이러한 교수방법론은 그의 유명한 책 '대교수학'(Didactica magna)에 상세히 설명되어 있다.[273]

독일의 현대 교육학에서 오늘날 교수학이론은 가르침과 배움의 기술을 다루는 학문으로 이해되어 새로운 이해를 더해주고 있다.[274] 그리고 현대 교육학자들 가운데 대표적인 교수학 이론은 크게 2가지로 구별, 대립되고 있다고 본다.

첫째는 '교육이론적인 교수학'(Bildungstheoretische Didatik)이다. 그것은 독일에서 가장 오래된 정신 학문적인 교육학(W. Dilthey)의 유산에 근거를 두고 있으며, 그 대표적인 학자들로는 놀(H. Nohl), 플리트너(W. Flitner), 베니거(E. Weniger) 등을 들 수 있고, 특히 프랑크푸르트학파(Frankfurter Schule)에 속한 독일의 교수학 이론의 대표적인 학자는 역시 클라프키(W. Klafkie)라고 할 것이다.

클라프키에 따르면 교육의 실제적 행위에서 가장 중요한 것은 '무엇을', '어떻게' 라는 관계에서 '무엇을' 이란 교육내용을 뜻하는 것으로 교육의

---

273) [참고] 정일웅 역, 코메니우스의 대교수학, 창지사 2002.
274) [참고] E. Geißler, Allgemeine Didaktik, Stuttgart 1981, Godwin Laemmermann, Religionsdidaktik, Kohlhammer 1998.

목표설정에는 무엇보다 먼저 가르쳐야 할 교육의 내용, 즉 교육의 범위 설정의 선택(Was)이 중요하다고 본 것이다. 그는 교육이란 인간으로 하여금 세상과 우주의 실체(Wirklichkeit)가 무엇인지를 밝히려는 해명관계의 추구과정으로 전제한다. 즉, 진리를 추구하고 규명하는 과정으로서 그것은 가르침과 배움의 관계인 '해석학적인 교육'(Hermeneutische Erziehung)을 의미한다. 그러므로 클라프키의 교수학 이론의 실제적인 것은 먼저 가르쳐야 할 교육내용이 선택되어야 하며, 그 교과내용의 선택에 따라서 교수의 목표와 교수해야 할 방법이 유추, 적용될 수 있다고 본다. 즉 '어떻게 가르쳐야 할 것인가'에 대한 방법론의 문제는 교수해야 할 교과내용 선택에 좌우된다는 것이다. 그 때문에 클라프키는 무엇을(Was) 어떻게(Wie)란 교육의 실제적인 방법에 대한 물음에 있어서 무엇을(Was)이란 교육내용의 선택에 강조점을 두고 그 교육내용의 선택을 위한 기준 또는 기본 원리로서 소위 '기초교육'(Elementarerziehung)을 제기한다.

기초교육론에 따르면 교과내용 선택에는 3가지 기준에 의하여 선택되어야 한다는 원칙을 제시한다. 첫째는 기초적인 것(Elementare)이요, 둘째는 근본적인 것(Fundamentare), 셋째는 본보기적인 것(Exemplare)이다. 그는 이러한 세 가지 기준을 중심하여 교육내용이 선정되어야 한다는 것이다.

여기 '기초'란 집짓는 건축에서 '초석을 놓는 일과 건물의 기본 골격을 세우는 일에 해당하는 것이라' 할 것이다. 그리고 집 구조전체를 형성하는 작업에 속한다. 특히 '엘레멘타레'는 가장 기초적인 것, 핵심적인 것, 요소적인 것으로 집짓기를 생각할 때 그 집의 기초를 놓는 일에 해당한다. '푼다멘타레'는 집 전체의 기본적인 윤곽, 즉 집 전체의 틀인 골격과 같은 것을 의미한다. 그리고 '엑셈풀라레'는 본보기적인 것으로 집의 출입문이나 창문, 방안의 구조적인 나눔 등의 집 장식에 해당한다고 본다.

우리는 다시 클라프키의 기초화 이론을 역시 교회의 신앙교육 방법론에 그대로 적용시킬 수 있을 것이다. '신앙교육 무엇을 어떻게' 란 물음에 있어서, 기독교신앙의 기초적이며, 근본적인 그리고 본보기적인 것을 중심하여 먼저 배우게 함으로써 신앙의 기초를 세우는 의미를 얻게 되는 것이다. 신앙은 반석 위에 세워진 튼튼한 기초에 근거하여 성장과 발전이 있게 되며, 성장과 성숙은 그 다음에 뒤따르게 될 결과라고 본다.

역시 교회(기독교)교육에 있어서 성경교육 무엇을 어떻게 해야 할 것인지를 묻게 될 때에 우리는 교육적으로 신앙에 기초를 세울 수 있는 것에서부터 시작할 수 있을 것이다. 물론 클라프키의 기초교육론이 근본적으로 전통과 현재 사이에서 새로운 이해의 추구로서 해석학적인 교육의 의도에서 출발하기 때문에 그 이론에 대한 비판이 없지 않다. 그리고 불트만의 성경에 대한 역사비판적인 해석방법과 실존론적인 해석에 의존하여 시도된 기독교교육에서의 적용은 해석학적인 성경공부에서 그렇게 성공적인 방법론으로 평가되지는 않고 있다.[275] 그럼에도 불구하고 클라프키(Klafkie)의 이러한 기초화이론은 전통적으로 유럽의 교회가 발전시켜 온 기독교신앙의 가르침인 요리문답서(Katechismus)를 통한 교육을 뒷받침하는 하나의 중요한 교수학적 원리가 된다고 본다. 특히 종교개혁 시대의 교회의 신앙교육을 위한 주된 교과서였던 루터, 칼빈의 요리문답서와 하이델베르그 신앙문답서 그리고 웨스트민스터 요리문답서들은 이러한 클라프키의 기초교수학의 원리에서 볼 때, 그대로 적중된 가장 모범적인 '신앙의 책'(신앙학습서)들인 것이다.

둘째, 학습이론적인 교수학(Lerntheoretische Didatik)이다. 역시 이 이론의 대표적인 학자로는 베르린학파(Berliner Schule) 또는 함부르그의 이론으로 명명되고 있는 것으로 슐츠(P. Schulz)와 하이만(P. Heimann)을 들 수 있다. 이들의 이론은 교육내용의 선택에 강조를 두고 있는 클라프키의 교수학 이론보다(교육의 내용에 강조점을 둔 이론) 어떻게 가르치고 배우게 해야 할 것 인지의 '학습방법론'에 강조점을 두고 있는 것이 그 특징이라고 할 것이다. 그리고 이 교수학의 이론은 학습의 실제인 수업을 어떻게 진행시킬 것이며, 학습 상황에 교사로 하여금 준비되어야 할 수업 계획 또는 교안 작성의 기준을 제시하고 있는 것이 그 깊은 관심이라 하겠다.

슐츠(P. Schulz)에 따르면 수업 계획의 근본 3가지 원칙을 들고 있는데

---

275) [참고] H. Schmidt, Leitfaden Religionspaedagogik, 1991 108-109쪽.

상호 의존성과 상호 모순 없는 작용을(교사와 학습자 사이) 근본 원칙의 첫째로 들고 있으며, 두 번째는 교환성의 원칙을 들고 있다. 즉, 학생들을 통한 학습 방법 선택의 가능성에 대한 내용이다. 세 번째는 조정성의 원칙이다. 이것은 앞에서 설정한 목표에 도달되었는지 그렇지 못한지에 대한 평가를 통한 재조정을 뜻하다.

그리고 이 교수학 이론은 먼저 학습 상황이 준비되거나 진행되게 하기 위해서는 두 가지 전제를 내세우는데 첫째는 사회 문화적인 것이며, 두 번째는 인간학적인 전제이다: 여기 사회 문화적 전제란 지금 계획하는 교육과정이 실천되어야 할 사회적이며 문화적인 공간에 대한 측정을 의미한다. 어떤 사회적 공간에서 교육의 의도하는 바가 실천되어야 할 것인가? 그리고 기본 사회문화적 특성들은 어떤 것이 있는가? 에 대한 정확한 진단이 요구된다는 것을 말한다. 즉, 사회적 환경과 문화적인 영향들, 그룹으로서의 계층을 의미하며, 동시에 학습 태도와 학습의 사회적이며, 환경적인 어려움을 먼저 고려해야 하는 조건으로 제시된 것이다. 또한 인간학적인 전제는 학습 대상들인 인간 자체에 대한 것으로서 교육대상에 대한 성별의 구분, 정보의 상태의 정도, 견해의 정도, 나이 관계, 천부적 재능의 정도, 학습자의 관심도와 교사의 입장 등을 뜻하는 것으로 이해된다.

이러한 두 가지 전제조건하에서 그의 교수학의 기본도식이 전개된다.

첫째는 사회 문화적인 전제(Soziokulturelle Voraussetzung)이며 다른 하나는 인간학적인 전제(Anthropologische Voraussetzung)이다. 그리고 학습 상황에 전개될 수업 계획, 즉 교안의 구조는 다음과 같이 소개되고 있다.

(1) 목표와 의도(Intentionen)

(2) 주제의 선택(Themenwahl)

(3) 학습방법의 적용(Verfahrensweise)

    (학습심리와 관련된 학습단계론)

⑷ 학습보조 수단의 선택(Medien Auswahl)

(시청각 자료의 적용 : Audio / Video-System)

여기서 중요한 것은 학습방법의 단계이론이다. 학습과정을 몇 단계로 응용할 때 학습자들이 설정된 목표에 이를 수 있는지 학습 심리적인 것을 전제하여 생각해야 할 학습방법에 대한 것이다. 그리고 현대 학습 심리적인 연구는 2단계에서 6단계까지 전개되는 학습방법의 단계이론을 제시하기도 한다.276) 그리고 교수학(Didaktik)의 현대 교수학적인 이론 가운데는 이러한 두 이론 외에도 학습응용의 교수학과, 본보기적인 가르침과 배움의 교수학 이론, 의사소통의 교수학 등의 새로운 이론들이 있다. 이러한 다양한 방법들에 관심에는 프뢰어(Kurt Frör)책 '종교교육학 개론'277)이 도움을 줄 수 있을 것이다.

2) 교육과정론에 대한 기본이해

⑴ 개념이해

'교육과정'(curriculum)이란 말은 라틴어에서 유래한다. 원래 '쿠로'(curro)에서 파생된 것으로 독일어에서 라우프(Lauf), 라우프반(Laufbahn)이란 뜻으로 사용된다. 우리말에서 '경과'(巡過), '경주'(競走)는 궤도를 도는 코스를 의미한다. 사람의 생애(生涯)나 인생의 삶의 과정(過程)을 의미하기도 한다. 16-17세기경에 유럽에서 교육계획과 학습계획을 설명하는 교육학적 용어로 사용되면서, 하나의 목표에로 향하는 방법 또는 나아가는 길에 대한 진행을 뜻하는 말로 개념화되었다(J. A. Comenius). 18세기 바로크 시대에 와서 독일어 과정(Ablauf), 순서(Abfolge), 여정(Fahrplan) 등을 표현하는 말로 사용되었다.

20세기에 와서 미국교육학계에서 커리큘럼(Curriculum)은 본격적으로 교

---

276) H. Roth, Pädagogische Psychologie des Lehrens und Lernens, Hannover, 13.Aufl.1991.
277) Kurt Froeer, Grundriß der Religionspädagogik, 74-75쪽.

육의 전문용어로 등장하게 된다. 먼저 넓은 의미로는 공교육의 총체적인 책임영역에서 교육적으로 계획된 경험을 표현하는 언어로 사용된다. 좁은 의미로는 개별적인 과목이나 전공과목에서 결정적인 목표를 보면서 내용적으로 결정적인 학습과정의 조직된 배열을 뜻하는 것으로 사용된다. 커리큘럼(Curriculum)의 이론적인 모델은 교육과정을 위한 외부조건들에 대한 것(Außenbeziehungen)으로 학습목표, 학습대상, 학습조직 등의 내면적인 구조(Binnenstruktur)와 영향들의 평가(Evaluation)를 의미하는 것으로 본다. 커리큘름이란 말은 일반적으로 우리말에서 교과과정(敎課過程), 또는 교육과정(敎育過程)을 뜻하는 말로 번역·사용되었고, 원래 학습계획에 대립하여 학습목표와 학습조직의 근거와 방식을 밝혀 주는 것을 의미하는 말로 이해되었다. 교육과정(Curriculum)이란 말은 오늘날 세 가지 영역에서 기본적으로 사용되는 학술용어라고 할 것이다.

첫째는 학습계획에 관한 의미로서 교사의 대화에 사용되는 언어이다.

둘째는 교육과정의 전개를 전제하여 학습 기술론의 의미로 사용된다.

셋째는 넓은 의미에서 교육이론을 지향한 학문적 언어로 사용되고 있다.

프라이(K. Frey)에 의하면 "커리큘럼이란 수업에 관한 긍정적인 준비와 실현과 평가의 목적에 있어서 더 많은 영역을 가진 지속적인 체계로서 하나의 한정된 시공간 위에서 의도된 수업의 조직적인 서술이라"[278]고 하였다. 이 말은 가르침과 배움의 학습과정이 학문적 이론에 기초하여 비판적으로 평가되고 조정되어질 수 있도록 하기 위하여 포괄적으로 다루는 교수학습의 계획과 교수(학습)과정에 대한 이론을 총괄하여 표현한 것이다. 그리고 커리큘럼은 학습자가 배움의 결과에 이르는데 요구되는 모든 것, 즉 그것은 크게 여섯 가지로 구분하는데, 학습조건 학습목표, 학습내용, 학습방법, 학습결과의 평가 및 조정 등의 기본구조로 형성되는 것을 말한다.

---

278) [비교] K. Frey, Theorie des Curriculum, Weinheim 1971, 50쪽.

⑵ 교육과정의 목표설정

① 교육과정의 전제

목표 설정은 다음의 3가지를 토대로 하여 세워져야 한다.

㉠ 사회 문화적 배경

교육 작업에 있어서 사회가 요구하고 기대하는 것들이 전제되
어야 한다.

㉡ 전문 지식에 대한 것이다.

전문 지식에 대한 물음들, 방법들, 그 지식의 이론 형성에 대
한 관계 등이다.

㉢ 배움에 임한 학습자에 대한 고려이다.

학습자의 발전 상황, 환경을 통하여 받은 영향, 지금까지의 학
습경험, 그의 자질과 관심도 등이다.

교육과정의 목표는 이러한 3가지에 기초하여 학습자가 후에 사회 속에
서 직면하게 될 실제적인 삶의 상황이 극복되도록 해야 한다. 교육의 사
명 또는 임무는 바로 이것에 대한 준비작업이다(자질과 능력을 길러 줌). 물
론 목표설정에는 이러한 단계적 형태로 기초적인데서 전문적인 데로 발전
적으로 이끌어 저야 한다. 구체적 학습상황에는 학습 심리적 상태가 목표
설정에 고려되어야 한다. 그리고 커리큘럼 이론은 구체적인 학습 상황의
방법론을 다시 구분하여 교수·학습 방법론을 다루게 된다.279)

* '교수학'(Didaktik)이나 커리큘럼(Curriculum)의 이론에서 모두 교육과정
의 목표설정에는 다음의 3가지 영역, 즉 인격의 심리적 3요소로 불

---

279) [비교] Curriculum-Handbuch, Bd. 2, 408-409쪽, K. Frey, Lernzielformulierung in
Curriculum- konstruktionen und Unterrichtsvorbereitung, Kiel 1974.

리는 인지적 영역, 정서적 영역, 그리고 의지 실천적 영역의 범주들이 고려되어야 한다.

② 인격의 심리적 3요소

　㉠ 인지적 학습 목표의 영역(인식과 지식의 연관)

　사물에 대한 지식, 개념 형성, 정돈된 사상들, 관련에 대한 이해들, 자립적이고 비판적인 사고, 문제 해결, 발견, 적용(다른 상황에 운반)

　㉡ 정서적 학습 목표의 영역, 또는 정적인 영역(감정적 부분, 가치 부여 영역)

　이 영역에는 획득한 가치, 행복감, 행운, 사랑의 가치 등을 경험하는 자질을 뜻 한다 : 의향, 마음씨의 인격 형성, 신념이나 확신을 확립 하는 것 등

　㉢ 의지 실천적 목표 영역(행위의 관련 영역)

　숙달된 솜씨, 습관들, 행위에 대한 준비, 독립적이며 책임적인 행위에 대한 자질 등이다.

③ 인지적이며, 정서적인 학습 영역의 연관성

다음은 인지적 학습과 정서적 학습(감성적 학습)의 결과에 대한 서술이다. 인지적 학습과 정서적 학습에서 학습자에게 나타나는 결과들은 어떤 것인가를 살펴보자.

　㉠ 인지적 학습

　첫째로 학습자의 인지적 학습결과는 지식에 관하여 자신이 기억하는 것과 다시 인식하는 것이 시작된다.
　둘째로 그 학습결과는 지식의 이해에로 발전하게 된다.
　셋째로 학습자가 이해하는 지식의 응용을 위한 자질이 형성된다.
　넷째로 예속되는 지식에 근거하여 상황 분석에 대한 자질이

형성된다. 그리고 새로운 체계 안에서 그러한 지식을 종합하는 능력이 생겨난다.

다섯째로 모든 분야를 평가하는 자질이 생겨난다. 즉, 결정된 계획을 위하여 자료와 방법론에서 얻게 된 가치를 판단하는 능력이다.

ⓛ 정서적인 학습(감성적인 학습)

첫째로 학습자의 감성적인 학습의 결과는 매력적인 것과 그것들에 대하여 수동적인 입장을 취하면서 수용하는 관계에서 시작된다. 그것은 능동적인 관심에로 발전한다.

둘째, 먼저 매력적인 것을 찾고, 동의하고, 결과적으로 그런 대답에서 만족을 발견했을 때, 그 매력적인 것에 대한 능동적인 대답이 나타나게 되는 것이다.

셋째, 학습자가 자의로 대답하고, 대답에 대한 길을 선택하도록 현상이나 행위의 가치 평가가 이루어진다.

넷째, 대답된 모든 가치의 파악이 이루어진다.

다섯째, 체계에 대한 이러한 가치의 질서 확립에로 나아간다. 결과적으로 하나의 전체에 대한 가치 법칙의 질서에로 나아간다. 말하자면 개인인격의 개성 형성의 실제에로 나아가는 것이다[280].

이 책에서 슈타켈(Stachel)은 인지적인 학습과 감성적인 학습의 연관성을 강조하면서 '감성적인 학습의 동반 없이는 인지적인 학습은 가능하지 않다'고 하였다. 그리고 인지적인 학습과정이 신성한 것과 정확한 것을 조정하지 못하는 그곳에서 바로 감성적인 것이 학습되는 것이라고 한다. 그런 한 인지적인 학습과 감성적인 학습의 구별은 실제적인 것이기보다는

---

280) [참고] D. R. Krathwohl u. a., Taxonomy of Educational Objectives. Handbook II: Affective Domain, New York 1964 49-50쪽; uebersetzt von G. Stachel in Stachel, Curriculum und Religionsunterricht, Zuerich / Koeln 1971 48-49쪽.

더 형식적인 것이라 할 것이다. 그러므로 감성적이란 말이 사용되는 곳에서는 언제나 다만 혹은 주로 '감정'이 문제가 되지 않는다는 것을 기억해야 한다. 즉, 윤리적 태도가 지배적이라는 것을 뜻한다. 역시 감성적인 것이란 말의 신학적인 동의어로는 '양심'이라든가 또는 구약의 언어로서 '마음'에 해당되는 말인 셈이다.281) 그리고 프라이(K. Frey)는 교수학적인 학습목표들에서 다루어져야 하는 세 가지 관련점을 커리큘럼(Curriculum)과 관련하여 다음과 같이 설명해 주고 있다. 교수학적인 목표에는 학습상황에서 이루어질 기본적인 것을 서술하는 것인데,282)

첫째는 학습이 이루어지는 상황에 관하여 즉, 공간적이며 시간적인 것 사회적이며, 수단과 도구들에 대한 조건을 들고 있다.

둘째는 학습되어질 대상에 대한 것으로, 말하자면 중요한 주제, 학습 내용, 학습 범위에 대한 것이다.

셋째는 학습 방법에 관한 것으로 중간 역할의 형태에 관한 것을 뜻한다.

(3) 하이만과 슐츠에 의한 커리큘럼의 이론 모델

① 이론 모델

ㄱ 전제 부분 : 조건 부분 : 학생, 학교, 사회, 학문
ㄴ 결정 부분 : 학습목표, 학습내용, 학습방법, 학습보조수단
ㄷ 결과 부분 : 영향을 미친 것, 학습 조정(평가)

② 판단 기준

ㄱ 심리학적이며 사회 문화적인 전제와 기대하는 것
ㄴ 구체적인 것
학생 : 주체와 객체의 요구
학교의 목표 : 교육학, 공적인 학교 조직

---

281) [참고] RU-kogniotiv und/oder affektiv? In: KatBl 96(1971), 352쪽, Stachel, Curriculum und RU, 46-47쪽.
282) [비교] Curriculum-Handbuch, Bd.2, 408-409쪽, K. Frey, Lernzielformulierung in Curri-culumkonstruktionen und Unterrichtsvorbereitung, Kiel, 1974.

사회 : 부모, 단체, 정당, 그룹
학문 : 전체 분야, 다른 관련된 학문

(4) 교육과정 기획의 원리들

① 투명성

가능한 목표도달의 큰 개연성으로서 교육행위 전체의 조직을 명확히 알아 볼 수 있게 하는 것

② 조작화

과제의 해결을 통하여 미리 주어진 내용으로서 주어진 목표에 이르게 하기 위하여 학습자에게서 요구된 과제생산에 대한 직접적인 지시

③ 중간의존성

교수학적인 결정부분의 전체의 상호 의존성(학습목표, 학습내용, 학습방법, 학습 조정)

④ 변화성

상황에 적합하게 행동하며, 학습자들이 창조적이며, 활동적이 되도록 하기 위하여 교사에서 변화가 가능하게 되어야 한다.

⑤ 효력성의 검토

두 가지 관점에서 결과와 작용된 것들에 관하여 조정되어야 한다. 첫째는 학생의 실적이 원래 계획한 실적 기대치에 관련하여 측정되어야 한다.
둘째는 의도(즉, 수업의 '무엇 때문에'와 '어떤 방향으로'에 대한 생각과 노력되어진 결과의 방식에 대한 생각)와 계획의 조직이 실제적인 결과와 관련하여 측정되어야 한다.

⑥ 평가

핵심적인 물음은 교육과정의 유익성에 대한 것으로서 학생에게 끼친 영향의 평가, 교육과정의 재료의 내적인 일조화성, 노력한 목표와의 일치성 교사와 학생을 위하여 이해성과 관리성, 그들 가운데 숨겨진 교수학적인 환상 등에 대하여 진단한다.

G. 학습 영역과 학습 평면의 분류

단　계	인지적·활동적 영역	정서적·감성적 영역	실천 역동적 영역
발　단	지식(아는 것)	마음을 움직임	자질
전　개	인식(이해하는 것)	경험(가치 인정)	숙달
형　성	확증(문제 해결)	마음(태도 확립)	습관
H. Roth의	현 존재의 밝힘	현 존재의 성취	현 존재의 다스림

이러한 분류의 도표는 학습 상황과 영역에서 귀결되는 단계적인 변화를 강조하기 위하여 설명한 것이다. 역시 원칙적으로 분리는 불가능한 것이다.

3) 종결성과 개방성을 가진 교육과정

⑴ 종결된 교육과정

여기서 중요한 것은 정리된 학습과정이다. 그러므로 학습 계획은 규정을 따라야 한다.

① 목적이 강하게 합리화되었다.

방법과 수단과 재료의 배열에 상응하는 조작화

② 소외의 문제

이러한 교육과정에 해당되는 자로서는 다만 일반적인 학생을 생각할 수 있다. 장애 요소로서 창의성은 대부분 언급되지 않았다. 역시 부분 목표들은 분명히 기록되었으며, 확고히 설정되었다. 교사는 직접적인 역할을 넘겨받게 되며, 여기서는 교사의 구분으로서 학습 계획의 상대적인 일치가 기대되었다.

③ 획득되는 자격의 밀착성

인지적인 학습의 우선권(결과는 예측되었다)
학생 사이에서처럼 교사와 학생 사이에 중간 활동의 어려움

④ 일방적인 선포적 프로그램화는 깨뜨리기가 힘들다.

시도에 따라 개선이 예견된다. 그러나 학습과정 내에 우선적으로 학생의 관심과 동기에서 비롯되는 것으로서 다른 목표와 내용을 연결하는 일이 용이하지 않다.

(2) 개방 커리큘럼

예상하지 못하는 관심과 요구와 상황을 위하여 커리를 개방해 둠을 의미한다. 그럼에도 불구하고 목표를 향한 본궤도를 놓쳐서는 안 된다. 그 때문에 계획의 구조와 행위의 구조에 대하여는 의도적인 서술이 요구된다.

① 한 주제의 문제 수정에 대하여 분명히 중지됨

학습은 하나의 과정으로 이해되었다. 목표도달에 있어서 여러 가지 가능성들이 예측되었다(택일의 제안).
학생과 교사는 항상 다시 실제화에 대한 결단이 요구되었다.

② 동시에 이 교육과정은 분명히 학생 중심으로 지향된 것이다.

상충 분야에 대한 선택, 문제 방향의 확고한 설정, 특히 학습의 시도를 위한 형태에 있어서 더욱 그러하다. 학습경험이 의사소통적으로 획득되어야 한다.

(3) 결과에 대한 평가와 조정

① 테스트를 위한 과제는 일차원적인 자질에 관련되지 않아야 한다.

배워 진 자들의 독립적인 재조직이나 새로운 상황에로의 전이가 요구되었다.

② 수업은 결과 조정의 방향에서 계획될 수 없고 되어서도 안 된다.

어떤 부분은 자유로워야 하고 학생들이 그것을 알아야 한다.

4) 그룹을 통한 학습

(1) 그룹의 역동성(Grupdynamik)은 여러 가지를 의미할 수 있다.

첫째는 한 그룹의 역동성은 그 그룹 안에 작용하는 힘을 뜻한다.
둘째는 이러한 힘들의 학문적인 연구를 의미한다.
셋째는 개인이나 그룹의 영향을 미침에 대한 하나의 방법론을 뜻한다.
넷째는 훈련의 방법론을 의미한다. 즉, 그룹 안에 작용하는 힘을 위하여 지각화의 훈련에 방법론으로 사용된다. 그것은 개인이나 그룹에 영향을 줄 목적으로 또는 그들을 보호할 목적을 가진 치료법자, 사회노동자, 사업 상담자, 교사 등등의 전문교육에 훈련의 방법론으로 적용되는 것이다.

첫 번째에 해당되는 그룹 다이나믹(역동성)은 학급에서 이루어진다. 그 학급이 그것을 원하던 원치 아니하던 간에 이루어진다. 여기서 원칙적으로 두 가지 질문의 영역이 중요하게 대두되는 데, 그것의 해명은 '그룹의 과정을' 해결해 주는 것이다.

① 첫째 물음은 '우리는 누구인가' 에 대한 것이다.

힘 : 여기서 누가 말하게 되는가? 그 역할이 어떻게 나누어지는 가?

동질성 : 우리는 서로 서로를 어떻게 인식하게 되었는가? 어떤 공

통적인 희망을, 두려움들을 의도한 것들을 연결하는가?

친근감 : 우리는 개인적으로 어떻게 서로서로 교제할 수 있는가?
얼마만큼 우리는 서로 신뢰할 수 있는가? 우리는 어떻게
서로를 보호하게 할 수 있는가?

규범 : 그룹은 개인에게 얼마만큼의 자유를 허용하는가? 사람들은
공격이나 충돌들을 어떻게 해결하는가?

② 두 번째 물음은 '우리는 무엇을 원하는가?'에 대한 것이다.

관심 : 개인의 참여자는 어떤 바램과 필요와 학습관심들을 가지고
있는가?

목표 : 프로젝트의 마지막에, 오늘 우리가 이루려 하는 것은 무엇
인가?

규범 : 어떻게 우리는 약속대로 함께 일해야 하는가? 얼마만큼의
시간적인 비용이 요구되는가? 그룹이 작업태도에 있어서
얼마만큼의 유연성을 가지는가?

대체로 역동성(Dynamik)이란 다음의 세 가지 평면에서 이루어진다.
첫째는 그룹 구성원들의 행동이 서로 서로에게 주목할 만한 것으
로 나타나는 역동성이다.

둘째로 개인 그룹 구성원들의 행동을 무의식적으로 결정하는, 말
하지 아니한 기대들과 두려움들이다.

셋째로 교환되고 비판적으로 판단된, 그리고 이와 같이 새로운 경
험과 통찰을 가능케 하는 소재를 가진 경험들이다.

(2) 그룹의 중간활동(Interaktion)

[목표와 방향]

그룹은 여러 가지로 넓게 확대될 수 있다. 즉, 개인 구성원의 구별된
실존적인 전제들을 통하여 그리고 선택한 의사소통의 형태를 통하여 조건
적이지만, 첫째로 현저하게 앎을 지향하며, 문제를 인식시키는 의사소통을

조력하는 일, 즉 그룹은 주로 지적이며, 실존적인 물음에 한정된 이해를
위하여 노력할 수 있다. 그리고 대략 개인적이며, 실존적인 그리고 감성적
인 문제들과 의식적으로 당황하는 것을 해결할 수 있거나, 또는 무의식적
으로 억압할 수 있거나 또는 질적화 할 수 있는 것이다. 둘째로 주로 경
험 지향적이며, 태도 지향적인 의사소통에 도움이다. 즉, 그룹은 감성적이
며, 지적인 것과 함께 역시 정신적인 중간 작용을 집중시키고 그리고 이
와 같이 여러 가지 강한 영향을 줄 수 있으며, 또한 감성적인 입장과 실
존적인 상기와 결정 직전과 개인 구성원이 대상을 대하는 일의 선 이해에
영향을 줄 수 있다283).

(3) 그룹 학습(Gruppenarbeit)

① 목표

그룹 학습은 학급 전체의 학습에 비하여 책임의 대표성이 전제
된다.
첫째로 그것은 개인의 더 큰 활동성을 불러일으킨다. 개개인의 경
쟁 관계의 개인화 대신에 공동 작업에서의 개인화에 영향을 준다.
둘째로 그것은 힘과 재능, 자질 등의 평준화에 영향을 준다.
셋째로 그것은 근거를 가진 판단 형성에 강화된 도전과 역시 문
제의식의 강도[強度(실적 상승)]에 영향을 준다.
넷째로 학생들 사이에 사회적 관계 형성에 도움을 준다.

② 교육적인 전제들

첫째로 수업에서의 대화를 통한 좋은 경험, 비형식적인 관계로서
의 대화
둘째로 시간적으로 한정된 공동 작업으로서 동반학습(소수에 의한),
이것은 서로 서로의 도움과 수정을 통한 훈련
셋째로 모든 학생들에 의하여 작업 기술의 습득, 특히 의식적인

---

283) [비교] B. Grom, Methodisch - didaktische Impulse, Freiburg 1972, 23-26쪽.

독서, 스스로 결정한 관점 하에서 생각을 정리하는 것, 여러 가지 작업 수단으로서 대화함

넷째로 모든 참여자들의 언어적인 능력, 특히 그룹의 인도자에게 있어서 필수적이다.

다섯째는 과제들의 공동 결정에 계속적인 자질

③ 짧은 시간의 그룹 학습

첫째는 기획이다.

어떤 자료가 교사의 준비나 공동 학습에 계획되어 있는가?

어떤 부분 영역이 그룹으로부터 짧은 시간에 학습되어 질 수 있는지?

그룹 학습은 어떻게 준비되어질 수 있는지? 각자의 그룹은 어떤 작업 수단을 기지고 있는지?

둘째는 작업 형태에 대한 것이다.

작업의 동등한 방식(경쟁적인 방식, 또는 비교하는 방식)?

각 그룹은 동일한 과제를 가지고 일을 시작한다.

작업 분배 방식(협의 방식으로, 또는 보완적으로), 교사와 마찬가지로 학급은 계획을 세우고 그 계획을 주제적으로 구성한다. 각 그룹은 부분적인 과제를 관철시킨다.

④ 긴 시간을 요하는 그룹 학습

2. 교회의 신앙교육, 무엇을 어떻게?

우리는 지금까지 앞서 소개한 일반교육학에서 방법론으로 다루어지는 교수학(Didaktik)이론과 교육과정(Curriculum)론을 중심으로 교육의 방법론에 대한 현대적 이론들을 살펴보았다.

이 장에서는 현대 교수학이론과 커리큘럼 이론에 근거하여, 교회의 신앙교육방법론을 설명해 보기로 한다. 무엇보다도 먼저 클라프키(W. Klafkie)

의 교수학이론에서 우리는 큰 도움을 받을 수 있을 것이다. 즉, 그것은 교수학의 근본물음인 '무엇을 어떻게'란 전제하에서 교육내용선택의 원리와 교수방법의 원리이해에 도움을 의미한다. 그러면 우리는 교회의 신앙교육 '무엇을 어떻게'란 물음으로 신앙교육의 실제적이고 구체적인 내용을 크게 여섯 가지 관점으로 구분하여 설명하기로 한다.

1) 교회의 신앙교육목표

교회의 신앙교육은 앞에서 언급했던 교회교육의 목적론과 신앙교육의 근본적 과제에 근거하여 신앙교육의 목표를 설정할 수 있을 것이다. 우리는 다시 하퍼와 슈밀트의 의론에 근거하여 설명해 보기로 한다.

첫째, 하퍼(Normann E. Harper)는 신앙교육의 목표를 7가지 관점에서 제시해 주었는데, 그의 제안은 매우 성경적인 이해에 적합하며, 한국교회의 신앙교육목표로서의 적용에 적합한 것으로 판단된다. 둘째 슈밀트의 제안은 독일의 종교교육학자답게 매우 종합적이며 포괄적인 의미의 목표를 제시하였다.

(1) 하퍼의 제안

첫째, 그는 그리스도인 개개인이 하나님의 뜻과 경륜을 이해하고 그 뜻에 헌신하는 그리스도인이 되게 하는 것을 들고 있다.

둘째, 그리스도인 개개인이 하나님의 말씀과 성례 그리고 기도의 올바른 사용법을 이해하게 하고 실천하게 해 주도록 하는 것을 말한다.

셋째, 그리스도인 개개인이 예수그리스도를 자신의 주와 구주로 알고 헌신하도록 해 주어야 한다는 것이다.

넷째, 그리스도인 개개인이 성경에서 가르치고 있는 교훈의 체계를 이해하고 실천하게 한다는 것이다.

다섯 째, 그리스도인 개개인이 교회를 이해하고 교회 생활에 바르게 참여하게 하는 것을 제시한다.

여섯 째, 그리스도인 개개인이 세상의 모든 족속으로 예수의 제자로 삼

아야 하는 복음전도의 과제를 이해하고 실천하도록 해주어야 하는 것을
제시한다.

일곱 째, 그리스도인 개개인이 자신의 삶의 영역에서 그리스도의 주권
아래 살아야 함을 이해하고 실천하게 하도록 하는 것을 제시하였다.284)

(2) 슈밑드의 제안

슈밑드는 교회교육의 실제적인 과제와 목표를 다음의 6가지 차원으로
제시하고 있는데, 실험적인 차원(경험), 의식적인 차원(예전), 말씀과의 대화
적 차원(성경), 교리적인 차원(교리), 사회적 차원(교회) 그리고 윤리적인 차
원 등으로 구분된다. 그의 제안은 무엇보다도 먼저 교회교육은 사람들을
그리스도인이 되도록 하는 일에 도움을 제시하는 행위임을 전제하여 그리
스도인 됨을 위한 교육행위로서 그 구체적인 목표와 과제를 설명해 준 것
이다.285) 그리고 그는 그리스도인 됨의 통일성을 다음의 세 가지 특이점
으로 특징 지워 놓고 있다.

첫째는 인간존재의 하나님에 대한 본질적인 관계는 예수 그리스도를
통하여 주어진 새 생명의 관계에서 시작되는 것이며, 둘째, 이러한 그리스
도인은 교회의 신앙고백을 통하여 다른 신앙인들과의 교제와 하나님과의
관계를 현재화 해야 한다는 것을 강조하였다. 셋째는 교회의 신앙고백을
통하여 현재화한 하나님과의 관계가 내면적이며, 외향적인 행동을 지향하
고 촉발시키게 된다는 것이다. 이러한 3가지 전제하에서 다음의 6가지 과
제를 제시하게 된다.

① 실험적 차원(경험)

신앙의 자질, 신앙의 준비, 기독교신앙의 경험과 경험적인 요소들
을 해석하는 능력을 길러 줌의 노력이다.

---

284) [참고] Nordmann E. Harper, Making disciples, 제자 훈련을 통한 현대기독교교육,
    이승구역, 141-142쪽.
285) Schmidt, Religionspädagogik, 전게서, 237쪽 이하.

② 의식적 차원(예전)

예전적인 이해와 그 예전에 참여하여 교제하는 훈련을 뜻한다.

③ 말씀과의 대화적 차원(성경)

하나님의 말씀에 대한 기본적인 이해와 삶의 지침으로서 생활 속
에서 실천할 수 있는 응용의 능력을 말하고 있다.

④ 교리적 차원(교리)

기독교신앙의 교리적 지식에 대한 것과 핵심적인 신학적(교리) 사
고력, 자신의 믿음을 항상 더 잘 이해하려는 욕구에 대한 것이다.

⑤ 사회적 차원(교회)

중요한 신앙고백의 역사적 지식, 소속감의 자의식, 교회의 이해와
연대감과 연합의 정신, 교회의 사명과 과제에 협력하는 것(복음증
거)을 말한다.

⑥ 윤리적 차원(윤리)

기독교 윤리적인 자질 획득, 판단 능력과 행위의 동기 부여(복음증
거와 사회봉사)를 뜻한다.

우리는 이 두 학자의 제안에서 구미교회가 취하고 있는 신앙교육의 목
표가 무엇인지를 폭넓게 이해할 수 있으며, 또한 이러한 내용을 근거하여
한국교회가 지향해야 할 신앙교육의 목표를 구체화할 수 있을 것으로 생
각한다.

2) 신앙교육의 목표와 범위

교육적 관점에서 신앙학습의 범위와 목표를 어디에 한정해야 할 것인
가? 그것은 아래와 같은 여섯 가지 범주를 광의적 의미의 신앙학습의 목
표로 설명할 수 있을 것이다. 프뢰어(Froeer)교수는 그의 종교교육학에서

아래와 같이 6가지를 신앙학습의 목표범위로 설명하고 있다.286) 그의 생각은 우리의 신앙교육의 목표와 범위설정에 도움을 준다고 본다.

(1) 기독교신앙의 물음에 대한 자질과 언어능력을 제공하는 일이다.

삶의 근본과 목적(목표)이 무엇인지에 대한 물음, 존재의 의미에 대한 물음, 세계의 해석, 실존적인 삶에서 경험되는 문제의 극복을 위한 물음, 윤리적 책임에 제기되는 물음 그리고 다른 사람들과의 의견 교환, 논쟁과 관련된 물음의 능력 : 신앙적인 경험에 대한 이해력 그리고 개방적 자세로 대화하는 능력 등이 교육과정을 통하여 제공되도록 해야 한다.

(2) 기독교신앙에 대한 전문지식을 제공하는 일이다.

기독교신앙의 진리에 대한 근원적인 것(신앙교리)과 기독교의 역사와 사회적 가치의 현재적인 영향에 대한 기본지식 습득, 다른 종교의 세계관에 대한 충분한 지식, 성경말씀에 대한 적절한 이해와, 교회의 신앙고백과 신학적인 가르침들에 대한 적절한 이해의 능력을 제공하는 일이다.

(3) 기독교신앙에 대한 경험의 자질성을 부여하는 일이다.

하나님의 실재하심에 대한 경험의 자질과 믿음으로 감동되고 경험된 것들에 대하여 개방적으로 대화하며, 그것들을 수용하고, 독특한 경험들을 발전시키며, 성경말씀에 비추어 검토하도록 돕는 능력을 가르치는 일이다.

(4) 진리의 변증과 논쟁의 능력을 길러주는 일이다.

자신이 속한 교회와 다른 신앙고백의 무리들과 타 종교와 비종교적 차원에서의 현 존재에 대한 해석의 신앙적 표현과 행동양식에 대하여 논쟁하며, 복음의 진리에 대하여 변호하고 증거 할 수 있는 자질준비이다.

---

286) [참고], K. Frör, Religionspäadagogik, 87-88쪽.

⑸ 신앙의 결단과 고백의 능력을 갖게 하는 일이다.

기독교신앙을 배우는 학습자의 신앙고백과 인격적인 신앙결단에 필요한 통찰과 자기고백에 이르는 자질을 확립하는 일이어야 한다.

⑹ 신앙적 책임에 대한 헌신의 준비가 이루어지게 하는 일이다.

교회와 교회의 성숙한 구성원으로서의 자기 확인, 교회의 공동생활과 책임, 가정과 직업과 사회의 책임적인 태도준비 하나님의 나라를 위한 헌신과 봉사의 삶에 대한 준비와 하나님의 영광을 위한 삶에의 헌신을 의미한다.

3) 신앙교육(학습)의 기본내용은 어떤 것인가?

⑴ 성경을 배우는 일이다.

교회의 신앙교육 '무엇을'이란 물음의 첫 번 대답은 성경을 배우게 하는 성경교육이다. 성경에 기초하지 아니한 신앙의 가르침은 존재하지 않으며, 성경에 기초할 뿐 아니라 성경 그 자체가 교육내용이어야 한다는 말이다. 왜냐하면 성경은 하나님이 인간의 구원을 위한 자신의 뜻을 보여주신 하나님의 계시요 말씀이기 때문이다. 이러한 성경을 배우게 하는 교육이 구체화되기 위해서는 역시 몇 가지 방법론에 따른 질문이 제기 되어야 한다.

첫째는 성경을 어떻게 가르쳐야 할 것인지에 대한 교수방법적인 물음이요 이러한 물음의 대답은 성경을 어떻게 해석할 것인지에 대한 성경해석학에 근거한 해석방법을 익히는 일이다.

그러면 성경교육의 기본목표는 어디에 두어야 하는가?

이러한 질문의 대답은 무엇보다도 하나님의 말씀인 성경을 이해하는 능력(자질)을 길러 주는 일이다. 지난 선교 1세기 동안 한국교회의 성경교육은 전문가의 해석에 의존하여 그 해석의 소리를 듣고 이해하는 차원에서 만족했다면, 선교 2세기의 성경교육의 방향은 각자 스스로 성경의 본문을 읽고 해석하며, 이해하여 그 말씀대로 실천하고 적용하는 단계로 성장되도록 인도하는 성경교육이 실행되도록 힘써야 할 것이다.

그러면 성경교육의 실제적인 목표는 어디에 두는 것이 좋은가?

이러한 질문에 프뢰어(Froeer)는 성장세대들의 성경학습에 관한 4가지 기본적인 목표를 다음과 같이 제시한다. 먼저 성경 본문과 관련하여 : ① 성경의 시대 역사적인 환경에 대한 지식을 공급하는 것 ② 성경언어의 기본적인 이해의 능력을 제공하는 것 ③ 해석학적인 물음들을 잘 적용할 수 있는 자질을 길러주는 것 ④ 성경에 나타난 약속들과 요구들에 대한 올바른 이해와 판단을 갖도록 능력을 길러 주는 것 등이다.

이러한 성경교육의 목표설정은 인격의 심리적인 3요소가 고려되어야 하는데, 특히 인지적인 면과 정서적인 면 그리고 의지 실천적인 면을 고려하여 성경교육은 연령 단계적으로 학습 목표를 설정하는 일이 중요하다. 성경교육의 구체적인 방법에 관한 것들은 다음 장에서 소개하기로 한다.

⑵ 신앙의 교리를 배우게 해야 한다.

신앙의 기본교리에 대한 가르침은 역사적으로 교회의 신앙교육을 대변해왔던 요리문답서(Catechism)에 잘 반영되어 있다. 이러한 요리문답교육은 성경 말씀의 전체를 교리의 주제를 따라 요약한 체계로서 질문과 대답의 양식으로 기독교신앙의 토대를 놓아주는 작업으로 중요하게 여겼다. 특히 교회의 초 신자들과 청소년들에게 세례준비와 유아세례자들의 입교를 위한 준비교육에서 사용되었다. 이러한 교리교육은 초대교회에서 시작되어 종교개혁을 거쳐 새롭게 적용되었고, 오늘날도 구미교회들에서 이용되고 있으며, 한국교회도 일찍 이 방법을 선택하여 가르쳐 왔다.

① 신앙교리를 가르쳐야 할 중요성은 다음과 같다.

㉠ 기독교신앙의 토대를 놓아 주는 일이다.

그리스도인이 알아야 할 신앙교리의 기본적인 이해는 전통적으로 요리문답서에 제시된 내용으로 구원의 교리와 윤리에 대한 것이다. 이러한 내용은 그리스도인이 되려는 새신자들에게 우선적으로 가르쳐져야 할 내용이며, 동시에 기존신자들의 신앙적 삶에서 자신의 신앙적 근거를 확인하게 하는 기독교신앙의 기본적인 진리를 말한다. 이것을 오늘날 기독교교육에서는 기독교 세계관으로 명명하기도 한다. 전통적인 요리문답서에는 십계명과 사도신경, 주기도문, 세례와 성찬에 관한 내용들이 그 중심을 이루었다. 특히 신앙의 주제로는 교리신학에서 다루었던 기본주제로서 성경·창조·인간·그리스도·구원·교회·종말 등의 내용이라 하겠다([참고] 웨스트민스터 신조와 요리문답). 그리고 이러한 내용은 기독교 세계관의 기본적인 내용들이며, 동시에 신앙의 지적인 이해를 갖도록 도우는 것들이라 할 것이다.

그리고 이러한 요리문답서에 반영된 교육과정으로서 모습은 현대 독일교육학에서 제기되고 있는 '기초교육론'(W. Klafkie)에 상응하는 것이라고 본다. 이것은 교육신학적으로 교회의 새신자와 청소년들의 신앙의 가르침에 있어서, 그리고 기존 신자들의 신앙의 재확립을 위하여 항상 기억하고 적용해야 할 기본적인 성경교육의 방법론적인 원리에 해당한다고 하겠다. 우리는 이점에 있어서 전통적인 요리문답교육의 교육목회적인 가치가 무엇인지에 대하여 새로운 인식을 배우게 되기를 바란다.287)

ⓛ 신앙관(세계관)을 확립시키는 일이다.

성경교육의 실제는 언제나 요리문답서에 제시된 교리적 내용을 통하여 학습자로 하여금 기독교신앙의 체계를 이해하도록 돕는다. 이것은 기독교신앙의 눈으로 하나님의 세계를 올바르게 이

---

287) [참고] 정일웅, 교육목회학, 제4부내용, 루터와 칼빈의 교리교육.

해하고 세상의 다른 가치들과의 관계에서 항상 올바른 가치를 판단하고 행동하도록 돕는 근거마련이 되게 하는 것이다.

이것을 우리는 신앙관의 확립이라고 부른다. 학습자는 신앙의 배움의 과정을 통하여 이러한 신앙관을 형성하여 가는 것이다. 그리고 신자는 교리교육을 통하여 하나님의 계시에 근거하여 세상을 해석하며 판단하고 이해하는 눈을 얻게 된다. 그리고 이러한 신앙적 통찰은 그가 일생을 기독교신앙 안에서 살아가도록 자신의 삶의 태도를 결정하는 힘과 근거가 된다.

교회의 신앙교육은 바로 이러한 작업을 기본적으로 수행해야 한다. 즉, 믿음의 눈을 통하여 하나님과 세상을 올바르게 인식하고, 자신의 삶을 하나님의 말씀과의 관계에서 해석하고, 수용하며, 행동해야 할 것인지에 대한 신앙적 통찰을 갖도록 도우는 것이다. 이러한 작업은 마치 우리가 집을 건축할 때 터를 깊이 놓고 기둥을 세우며 기본적 형틀을 세우는 작업과 같다고 할 것이다. 그리고 우리가 성경을 가르칠 때 아이의 마음속에는 이러한 관(觀) 또는 눈이 생겨나게 되는 것이다.

ⓒ 성경해석의 기본적인 눈을 제공하는 일이다.

요리문답 교육의 세 번째 중요성은 성경해석의 기본적 자질의 제공에 있다. 즉, 성경을 스스로 읽고 해석하는 자질인 믿음의 눈을 뜨게 해 준다는 점이다. 성경은 해석의 과정을 거치지 않고는 설교될 수도 없고, 가르쳐 질 수 없으며, 쉽게 이해될 수도 없는 것이다. 바로 이러한 성경공부와 성경읽기에 기본적인 이해를 돕는 작업으로써 요리문답서의 학습은 필수적인 것이다. 왜냐하면 학습자가 성경의 요약으로서 교리적 체계를 따라 기독교신앙 진리의 기본적인 이해를 가진 것이 성경의 본문의 이해에 선 이해력으로 작용하여 성경의 본문을 쉽게 해석할 수 있으며, 이해하게 된다는 것이다. 그리고 성경본문의 해석은 모두가 주관적인 전제에서 시작하게 되는데 바로

이러한 교리적인 체계와 이해를 선취함으로 성경해석의 지나
친 주관적인 해석의 오류를 극복하는 데 또한 작용한다는 점
이다.[288]

㉣ 신앙의 표준과 지침에 대한 이해를 심는 일이다.

요리문답서는 시대마다 교회의 실제적 상황에서 그리스도인들
이 기독교신앙의 동질성을 잃지 아니하고 건강한 신앙의 삶을
살아갈 수 있는 삶의 방향 제시하는 신앙의 책이었다. 그 책
을 통하여 신앙적인 삶의 지침서로써 신앙의 표준적인 의미를
습득했던 것이다. 그것은 신앙적인 행동에 하나의 기준을 제
시하며, 그리스도인의 행동적인 삶에 도움의 책이 되었던 것
이다.

우리는 특별히 요리문답의 내용이 그 시대마다 기독교의
신앙고백과 깊은 연관성을 지니고 나타났던 것을 교회사에서
발견한다. 이러한 신앙의 표준과 지침서는 역사 속에서 또한
다른 가르침(이단)에 대한 분별의 기능을 가지게 되었으며, 동
시에 신앙적 행동의 판단에 지침이 되었던 것이다. 바로 이러
한 점은 전통적인 요리문답 교육의 중요성을 강조하게 되는
교육신학적인 관점이라 할 것이다.

㉤ 교회공동체는 신앙고백의 확인을 필요로 한다.

교회의 신앙교육의 목표는 언제나 예수그리스도를 주로 고백
하는 입장에 이르도록 하는 것이었다. 새신자들에게는 그리스
도에 대한 신앙고백과 함께 세례에 임하게 하고, 입교하는 과
정을 거치는 이유가 바로 그것이다. 그리고 신자의 신앙고백
을 확인하는 의미는 목회적 차원에서 중요한 의미를 지니게
되는데, 이러한 고백은 특히 예전과 관계된 것으로 초대교회
에서부터 교리교육(요리문답교육)은 그 과정을 마치게 될 때에

---

288) [참고] K. Witt, Konfirmandenunterricht, 1970.

반드시 세례와 입교와 성찬과 연결시켰던 것이다. 즉, 그리스
도에 대한 분명한 신앙고백과 함께 성찬의 참여의 허락과 동
시에 교회의 신앙공동체에 속한 구성원이 되어 교회의 의무와
책임을 감당하게 하였던 것이다.

② 역사적인 요리문답교육의 문제점과 적용가능성은 무엇인가?

　㉠ 언어적 표현의 낙후성이 문제요, 새로운 언어표현으로 적용가
　　능하다.

　　전통적인 요리문답서는 대부분 16~17세기 서구의 교회들에서
　　생겨난 것이다. 그것들은 그 시대적으로 그리고 근년에 이르
　　기까지 종교개혁 후예들의 교회가 자신들 뿐 아니라 후손들에
　　게 그들이 믿어야 할 기독교신앙의 기본적인 진리가 무엇인지
　　를 가르치는 중요한 텍스트로 사용하였다. 그러나 이 책들은
　　근본적으로 언어적 표현이 너무 낡아 있기 때문에 현대인들과
　　신세대들과의 커뮤니케이션에 적용할 수 없다는 것이다. 다만
　　전통적인 내용들이 현대적인 언어들로 새롭게 표현된다면 그
　　책들의 적용은 가능한 것으로 보여진다. 그동안 구미의 교회
　　들에 여러 전통적인 요리문답서의 새로운 해설서들이 나오긴
　　했지만, 그러나 여전히 언어적인 표현의 어려움을 아직도 벗
　　어날 수가 없는 것이 큰 문제라 할 것이다. 이것은 새로운 요
　　리문답서의 요구를 뜻하는 것이다.

　㉡ 기독교신앙의 교리적 내용이 새롭게 보완되어야 한다.

　　현재 그리스도인들의 성경이해는 전통적인 요리문답이 담고
　　있는 대답 이상의 의미를 이미 새로운 설교를 통하여 알고 있
　　으며 새로운 성경 연구와 현대 신학은 새로운 해석들을 계속
　　적으로 제시하고 있다. 예를 들면 하나님 나라의 현재적인 이
　　해와 관련하여 성경은 더 새롭게 이해된다. 즉, 지금까지 전통
　　적인 신앙의 가르침은 하나님 나라의 이해에 있어서 언제나

미래의 다가오는 약속된 저편의 나라로만 이해하였다. 그러나 현대 성경신학은 하나님 나라의 현재적이며, 특히 현존하는 문화와 역사와의 관계에서 새로운 이해를 더하고 있다. 이것이 보완될 때에 그리스도인들의 현재적인 삶의 의의와 가치를 믿음안에서 더욱 새롭게 인식하고 현재적인 땅에서의 삶에 대한 신앙적인 책임을 능동적으로 다하게 될 것이다. 그리고 윤리적으로도 새로운 삶의 지침이 제시되어야 할 것이다. 지금 우리가 살고 있는 현대는 소위 산업사회로 명명되는 곳이다. 그러므로 전통적 요리문답이 제시하는 그리스도인의 윤리적 지침이 현대인에게 제시해 주어야 하는 윤리적 표준 또는 지침으로는 적합하지 않다. 이것이 사용되지 못하는 결정적인 이유이다. 윤리적인 지침이 새롭게 제시되어야 한다.

ⓒ 학습방법의 낙후성과 한계성을 극복해야 한다.

전통적인 요리문답서에 제시된 지극히 연역적인 문답식으로는 현대인의 의사소통에 전혀 도움을 주지 못한다는 점이다. 그럼으로 현대교육학이 제시하는 새로운 학습상황에서의 커뮤니케이션의 방법론을 보완. 응용해야 한다. 결과적으로 요리문답 교육을 지속하기 위해서는 새로운 요리문답서가 만들어져야 한다는 사실이다. 이러한 새로운 요리문답서가 만들어질 때 신앙교육서 부재로 인한 한국교회의 신앙교육의 혼돈을 극복하고 더욱 성장하고 성숙해진 교회로 나아가는데 크게 기여될 것으로 확신하는 것이다.

참고적으로 현재 한국장로교회의 신앙교육의 실제를 역사적인 요리문답교육의 특성의 관점에서 돌아보면 많은 문제를 가진다고 할 것이다. 예를 들면 한국장로교회의 신앙교육은 구미(歐美)장로교회의 교육체계를 따라 역사적인 요리문답교육을 교회교육의 중심사역으로 삼았다(웨스트민스터신앙고백서와 대소요리문답서). 그러나 근년에 미국에서 일어난 성경공과교육

의 새로운 도입으로 인하여 역사적인 요리문답교육은 외면당
하고 있는 모습을 보게 된다. 이러한 행위는 역사적인 요리문
답교육이 지닌 교육적 가치와 의의를 확인하지도 않은 체, 일
방적으로 미국의 복음주의적인 교회들의 경향을 무조건 따르
는 모습으로 여겨질 뿐이다. 지금부터라도 역사적 요리문답교
육의 가치를 새롭게 확인하고 교육목회를 위한 요리문답교육
의 가치들을 적용하도록 힘써야 할 것이다.

　현재 한국교회에서의 요리문답교육의 실제는 초신자들의
세례와 입교를 위한 준비교육에서 그 전통이 간신히 이어질
뿐, 신앙교육의 실제에 더 큰 영향을 끼치지는 못하고 있다.
물론 이러한 현상과 경향에 대하여는 전통적인 요리문답교육
의 방법론에 많은 문제가 있음을 인정한다. 즉, 전통적인 웨스
트민스터대소요리문답서가 지닌 교육내용과 학습방법은 이미
오늘날 교회교육의 실제에 적용하기에는 불가능한 문제점을
안고 있다. 그러나 교육신학적으로 볼 때, 앞에서 밝혀본 대로
교리교육의 특징들이 계속 반영되도록 해야 한다는 점이다.
역사적인 신앙교리의 가르침은 한마디로 성경전체에 담겨 있
는 신앙의 기본사상을 가장 짧은 시간에 잘 이해하도록 해 줄
수 있는 탁월한 효과를 가진 것이며, 신앙에 대한 체계와 기
초를 놓는 일에 절대적인 가치를 지닌 것이라 할 것이다.

　필자의 문제제기는 현재 우리가 사용하고 있는 주일학교에
서의 공과교육의 형태에서는 기독교신앙의 진리에 대하여 학
습자로 하여금 재빨리 자신의 것으로 만들고 신앙의 기초를
체계화하도록 돕는 효과를 확인할 수 없다는 것이다. 현재의
성경공과 책이 비록 현대의 커리큘럼(Curriculum)의 이론에 따
라 새로운 학습방법론을 적용하고 있기는 하나, 유·초등부에
있는 어린아이들의 성경학습에는 도움이 될지 모르지만, 기독
교신앙에 대하여 기초를 놓는 일과 신앙을 자기의 것으로 체

계화해야 할 가장 지적이고 정신적이며 육체적인 성숙의 절정
에 있는 청소년과 청년들에게 큰 도움이 되지 못하다는 점이
다. 그 이유는•신앙교육내용선택에 실패하고 있기 때문이다(현
재의 공과교육의 체계의 문제점). 실제로 주일학교의 중·고등부
과정을 졸업하지만 지금의 청소년들은 기독교신앙의 진리에
대하여 분명한 세계관의 신앙적 기초를 확립하지 못한 채, 주
일학교의 제도를 따라 유년부·초등부·중등부·고등부·대학
부·청년부로 새로운 모임에서 여전히 동일한 형태의 성경공
과를 배우게 되는 것은 문제가 있는 것으로 여겨진다. 왜냐하
면 신앙기초와 발전과 성숙이라는 단계에 따라 교육과정이 더
인간학적으로 고려되지 않았기 때문이다. 현재 교회(주일)학교
의 체제에 따라 적용하는 성경공부는 신앙교리교육과정과 연
결된 가운데 상호작용이 이루어지도록 만들어야 할 것이다.
청소년 과정과 청년 또는 성인, 평신도들에게는 계단에 따라
적용되는 성경공과교육 이외에도 좀 더 적극적인 신앙교리에
대한 기초교육을 동반하고 교리와 윤리적 주제를 중심한 요리
문답적인 신앙교육의 과정이 동반되게 해야 할 것이다. 그렇
게 될 때에 기독교신앙에 대한 통전적이며, 체계적인 가르침
이 이루어질 수 있을 것으로 확신하다.289)

(3) 교회의 역사를 가르쳐야 한다.

역사교육의 목표는 과거의 역사적 정황과 사건을 이해하고, 현재의 상
태를 비교하면서, 미래의 방향과 과제를 인식하도록 돕는 일이다. 이것을
우리는 역사의식과 역사적 책임(사명)감이라고 부른다. 역사교육은 바로 이
러한 역사의식을 일깨우는 것이 그 중심적인 과제이다. 같은 맥락에서 기
독교신앙교육은 모든 그리스도인들로 하여금 이러한 역사적인 그리스도의

---

289) [참고] 정일웅, 교육목회학, 그리심, 2003. '한국교회와 실천신학', 이레서원, 2002,
제 4부 1-2장의 내용을 참고할 것.

교회와 기독교를 이해하고 그 교회를 통하여 이루는 복음전파의 과제와 그 사명에 대하여 책임을 다하도록 기독교의 역사의식을 일깨워야 한다.

이러한 신앙적인 자질과 의식형성을 위해 우리는 먼저 성경의 역사적인 배경을 알게 하고 성경의 역사적 배경에 대한 올바른 인식과 함께 하나님의 진리에 대한 올바른 판단력을 갖게 해 주어야 한다. 이것은 성경 배경의 역사를 비롯하여 저자와 사상과 문화의 배경까지를 포함한다고 할 것이다. 그리고 교회의 역사를 공부하는 일도 동일하다. 올바른 역사적 통찰에 의해서만 역사적 기독교는 그 선교와 하나님의 뜻을 이루는 시대적 사명을 다할 수 있게 될 것이다. 청소년들에게 한국교회의 역사를 가르치는 일은 무엇보다 시급한 일이다. 역사를 바르게 인식함으로써 역사적 사명을 감당하는 일꾼이 거기서 생겨나게 된다.

지금까지 한국교회는 신앙교육에 있어서 교회의 역사를 올바르게 가르치지 못했기 때문에 성경을 해석하는 데 있어서도 하나님의 역사를 잘못 예언하고, 시대를 잘못 판단하는 오류를 범하고 있는 모습이다. 지극히 한국교인의 신앙적 모습은 매우 비역사적인 모습이다. 더욱이 지금 교회가 사용하는 성경공과에는 성경의 역사인식과 더불어 교회역사를 교육내용으로 삼아 가르쳐야 한다. 특히 교회역사의 긍정과 부정을 올바르게 인식할 교과 내용을 담아 가르쳐야 할 것이다. 한국장로교회의 역사를 가르쳐야 할 뿐 아니라 세계교회의 역사를 알게 해 주어야 한다. 물론 신학교에서 가르치는 것만큼의 내용을 다 교회교육에 반영할 수 없지만, 중요한 교회사적인 사건과 인물을 배우게 함으로서 역사의식을 일깨우고 기독교 복음의 역사적 사명을 책임지는 그리스도의 일꾼 됨에 교회의 역사는 반드시 교과화해서 가르쳐야 한다.

⑷ 성경적인 신앙윤리를 가르치고, 배우게 해야 한다.

교육이란 원래 많은 지식을 전수하는 일 보다는 얻은 지식으로 삶의 책임을 감당하는 자질을 길러 주는 일이며 삶의 지혜를 제공하는 것이 주된 임무이다. 교육은 그 때문에 언제나 윤리적인 성격을 전제하며 배움은 학습자의 삶에 그 목표를 둔다.

기독교신앙교육의 실제적인 목표도 바로 이러한 맥락에서 인식되어야 한다. 그러나 전통적인 한국교회의 신앙교육은 구원교리와 복음의 진리를 전하는데 강조점을 두었으며 교리적인 지식을 받아들이는 것이 삶과 행동적인 의미의 신앙과 동일한 것으로 여겼다. 또한 성경을 많이 알고 배우는 그것이 좋은 신앙의 모습과 동일한 것으로 오해되었다. 그리고 신앙의 지식적인 것을 알게 되면 삶과 행동의 윤리적인 것은 저절로 이루어질 것으로 이해하고 기대하였다. 그 때문에 성경을 가르치면서 무슨 윤리교육을 따로 해야 할 필요를 느끼지 않았던 것이다. 그것은 성경의 가르침 자체가 윤리적인 것을 전제하고 있었기 때문이라 할 수 있다.

그러나 실제는 그런 전제에서 성경이 가르쳐졌다 할지라도 그것은 어디까지나 개인윤리적 차원에서 경건윤리와 교회생활 윤리정도의 것으로 인지되었지 사회와 이웃과 자연과의 관계에서 어떤 행동과 태도를 취해야 할 것인지에 대한 사회윤리적인 가르침은 교회가 충분히 제시하지 못했었다. 더욱이 오늘날 다수의 그리스도인들은 변화하는 현대사회와 더불어 구체적인 사회적 환경에서 어떻게 행동하며 복음의 책임을 다해야 할 것인지를 질문한다. 특히 한국교회의 전통적 가르침은 하나님의 나라와 세상나라 사이의 사회적인 관계를 이원적인 대립관계로 인식하였기 때문에, 복음의 사회적인 책임과 이웃과 사회에 대한 교회와 신자의 책임을 회피하고 외면하는 경향을 가지게 되었다. 그리고 그리스도인들의 윤리의식이나 사회윤리적인 책임의식이 전혀 성경교육에서 교육되지 못했던 것이다. 모든 그리스도인들이 세상을 섬기고 봉사하는 하나님의 나라의 일꾼임에도 불구하고 교회안에서 만의 봉사와 섬김에 한정되었고 이웃과 사회에 대한 봉사와 섬김의 적극적인 신앙인을 만드는 일에는 무지했다. 이것은 기독교윤리교육의 부재 때문이라고 본다. 그러므로 지금부터라도 신앙교육의 중요한 부분이 역시 기독교윤리교육이라는 사실을 인지해야 하며 기독교신앙은 바로 삶으로 실현되고 행동하는 그리스도인들의 모습이 되도록 가르치고 훈련시켜야 할 것이다.

신앙윤리교육의 내용은 크게 개인윤리적인 것과 사회윤리적인 두 가지 관점의 이해를 필요로 한다. 개인윤리의 내용은 단순한 하나님과의 경건 윤리차원에 한정된 것이 아니라 사회윤리차원으로 인식을 넓혀가야 할 것이다. 자신에 대한 올바른 인식에서부터 나와 너와의 공동적 관계인 남녀의 관계, 성에 대한 이해, 이성과의 교제, 결혼과 부부, 가족 관계, 가족계획, 산아제한, 피임과 낙태, 이혼과 독신생활 등의 주제들에 대한 올바른 성경적인 대답을 제시해 주어야 하며, 사회윤리적인 것은 가정과 직업과 사회와 국가의 관계에서 생각해야 내용들이다. 구체적으로는 노동과 안식, 재산과 소유, 정치 경제 이념, 민주주의, 교회와 국가와의 관계 등, 개인의 사회적 삶에서 관계된 모든 것들에 대한 주제들이 그 내용들이며, 기독교 윤리교육은 성경에 기초하여 신앙교육은 이러한 사회윤리적인 주제들에 대하여 기본적인 자기 입장을 가지고 행동하도록 눈뜨게 해야 하며, 올바른 가치관을 형성하도록 가르쳐야 한다. 신학적으로 그리스도인의 올바른 윤리관은 언제나 그리스도의 칭의적 은혜에 기초하며, 그리스도의 사랑에 기초하며, 그리스도가 우리를 자유하게 하신 그 자유에 기초하여 양심적으로 행동하는 신앙인으로 양육되게 해야 할 것이다.

현재 한국교회는 이러한 윤리교육이 이루어지도록 하기 위해서는 먼저 기독교의 구원론에서부터 영혼구원과 육체구원, 세상과 하나님의 나라, 정치와 종교, 그리고 물질과 정신에 있어서 지나친 이원적 사고의 분리 인식을 벗어나도록 도와주어야 할 것이다. 이것들은 구분은 될 수 있지만 결코 혼합될 수 있는 것은 아니며 또한 분리될 수 있는 것도 아니라는 사실을 인식하는 것에서부터 기독교신앙의 윤리교육은 과감한 접근이 시도되어야 할 것이다.

(5) 비교종교와 신흥종교 및 이단의 가르침을 가르치고 배우게 해야 한다.

기독교 진리의 올바른 이해는 언제나 비교를 통하여 추구되어야 한다. 대부분의 종교는 모두가 자기의 세계관적인 진리를 가지고 있다. 특히 고등종교에서는 더욱 그 세계관들이 분명하다. 우리의 기독교 교육은 이러한 세계관들의 비교를 통하여 옳고 그름을 판단하는 능력을 갖도록 하는 데 교육적으로 책임을 다해야 한다. 진리의 분별력 제공이 목표이다. 지금까지 한국교회의 다른 종교에 대한 입장은 일방적으로 거부하는 비판적 태도를 취해 왔다.

그러나 교육의 책임은 그러한 방식보다는 정당하게 비교종교적인 차원에서 다른 종교의 가르침을 대질시키고, 비교하는 눈을 통하여 기독교신앙의 진리의 우월성을 확인하게 해야 한다는 점이다. 특히 한국의 상황은 기독교의 진리가 전해지기 전에 전통종교로서 불교와 유교가 민속 대중종교로 존재해 있었다. 그러므로 우리는 더욱더 올바를 세계관과 가치관의 비교를 통하여 올바른 종교의 판단력을 갖도록 우리의 성장세대를 도와야 하고, 또한 이전의 종교를 가졌던 자의 기독교로의 회심을 도와주어야 한다. 이러한 비교종교의 교육은 단지 이해적 차원이 아니라 나아가서 기독교 진리를 증거 하는 변증적 사명을 지닌 것이라 할 것이다. 이러한 비교종교적 차원의 교육은 고등 종교에서 뿐 아니라 오늘날 현대에도 언제나 생겨나고 있는 신흥종교에 대해서도 우리는 성장세대로 하여금 올바른 판단력을 가지고 진리를 분별하도록 만들어 주어야 하는 것이다.

⑹ 예배의 찬송과 복음적인 찬송을 가르치고 배우게 해야 한다.

찬송은 역시 신앙교육의 중요한 내용 중의 하나이다. 찬송은 무엇보다도 신앙의 정서적인 부분, 즉 감정의 부분을 충족케 하는 중요한 요소이다. 찬송은 하나님을 사랑하는 신앙적인 마음을 표현하는 가장 적절한 수단이다. 그리고 찬송은 기도와 마찬가지로 하나님께 우리 자신의 마음을 표현하는 도구이다. 이것은 성장세대와 모든 그리스도인들에게 가르쳐 교회의 주일예배에서 표현되게 해야 할 뿐 아니라 가정생활과 자신의 일상에서 하나님께 마음을 표현하는 도구가 되도록 해야 한다. 어거스틴은 찬송을 부르면 두 번 기도하는 것이라고 설명한 일이 있다. 그것은 한 번은 시(가사)로 기도하고, 다른 한 번은 멜로디로 기도하는 것을 말한 것이다.

3. 성경교수의 방법론

성경을 가르치는 목(교)사는 반드시 성경해석과 성경교수의 두 가지 관점의 내용을 충분히 공부해야 한다. 성경해석은 신학적인 것이며, 교수방법은 교육적인 것이다. 이 두 가지 관점의 정보를 익히고, 실제로 성경본문을 해석하는 연습을 해 보는 것은 성경교사의 기본자질과 능력을 갖게 하는 일이 될 것이다. 그리고 궁극적으로 모든 평신도들이 성경을 직접 읽고 이해하는 정도에 이르도록 성경공부가 활성화된다면 교회의 신앙교육은 그 이상의 방법은 없을 것이다.

1) 성경해석의 능력을 길러야 한다.

성경본문을 해석하려고 할 때는 기본적으로 본문(Text)과 상황(Context)의 관계에서 출발해야 한다. 여기서 본문은 성경말씀이며, 상황은 그 말씀을 받아 삶의 환경에서 가치를 실천해야 할 독자의 삶의 상황이다. 설교의 상황도, 성경공부의 상황도 모두 이 두 가지 단계의 모습을 전제하고 있다고 본다. 그리고 이 두 단계의 성경사용은 먼저 성경본문에 대한 정확한 주해가 이루어지게 해야 한다. 그리고 이러한 해석과정을 통하여 해석자는 본문에서 저자가 무엇을 말하고 있으며, 또한 무엇을 말하려고 하는지에 대한 그 의도를 알아야 한다. 이러한 저자의 의도에서 하나님의 말씀의 메시지, 교훈, 또는 본문의 의미와 가치를 분명히 찾을 때, 교사/설교자는 그 내용을 청취자의 상황, 또는 학습자의 상황에 적용되어야 하는 이 시대의 하나님의 말씀으로서 설교와 성경공부를 수행하게 되는 것이다.

이러한 기본적인 성경해석의 과정을 자세히 설명하면 아래와 같이 전개될 수가 있다. 그것은 본문내용을 분석하고, 해석하고, 적용하는 관계를 펼치는 모습으로 전개된다. 성경신학적으로 본문이 해석되는 주해의 과정(Exegese)인 셈이다. 하나님의 말씀에 대한 해석의 책임적인 행동은 성경본문을 원어(히브리어, 헬라어)에 의하여 주석하는 일이다. 아직은 한국교회의 모든 설교자들에게 가능한 것은 아니지만, 앞으로 이러한 수준에 이르도록 모든 목회자들은 이러한 신학교육을 받아야 할 것이다. 중요한 것은 일차적으로 본문의 내용이 역사적 관점에서 분석(관찰)과 해석을 통하여 성경신학적으로 주해되었다면, 이제 실천신학적으로 상황(독자 / 청취자)에 적용되도록 하는 과제가 남아 있게 된다. 그리고 우리는 본문의 메시지(교훈 / 의미 / 가치)를 삶의 상황과 연결시키도록 힘쓰게 된다. 그런데 이러한 적용의 과정에 또 하나의 해석이 요구된다고 본다. 이것을 현대 신학에서는 '실천신학적인 해석학'(Praktisch - theologische Hermeneutik)이라고 부른다.[290] 이것은 바로 우리가 많이 사용하고 있는 적용의 영역에 대한 더 정확한 밝힘이다. 적용의 영역에서는 크게 두 부분의 대상을 전제하여 적용점으로 성경말씀은 해석되어야 할 것이다. 첫째는 독자나, 청취자 개인에 대한 하나님의 말씀(음성)이다. 무엇을 베풀어 주시며(약속 : 은혜), 또한 무엇을 요구하는가(책임/행위)에 대한 것이다. 둘째로 같은 맥락에서 공동체를 향하여 하시는 하나님의 말씀에 대한 적용점이다(가정, 학교, 직장, 사회 등).

그러면 성경해석은 어떻게 이루어지는 것이 가장 바람직한 것인가?

(1) 성경해석 요령

① 본문 내용의 분석 및 관찰

(대체로 육하원칙에 의거하여 본문을 분석해야 한다)

본문 내용이 어떤 것인지? 텍스트에 나타나는 인물은?

대화의 장소는? 이야기를 나눈 시간은? 누가 누구와 대화하는 것인지?

이해하지 못하는 내용은 어떤 것인가?

- 번역서의 참고 / 관주성경과의 관계(공통점과 차이점)

  거기서 도출해 낼 수 있는 특이한 말씀들은 무엇인지?

- 관련 점들 : 본문의 전 · 후 관계에서 어떤 것들이 서로 연관되어 있는지?

- 본문의 구성 형태 : 문단은 어디서 나눌 수 있는지?

---

290) H.Schoeer, TRE, XV권, 1986, 150-156쪽.

본문의 중심이 무엇인지? 도표로 표현할 수 있는지?
- 본문의 문체 형식은 : 어떤 문서, 또는 문체 형식을 따르고 있는지?(시, 산문, 대화, 비유, 찬송, 역사적 사건의 기록)
- 개별적인 개념의 해명: 어떠한 중요한 개념들이 텍스트 속에 있는지?
- 다른 곳에서도 그 개념이 어떤 큰 의미를 가지고 역할을 하는지?
- 저자의 의도는?

② 해석과 적용의 관계

- 본문이 나에게 주는 교훈? 이웃과 공동체에 주는 교훈?
- 본문의 이야기에서 나에게 감동을 주는 것은 ?
- 모순을 깨우치는 것은?
- 하나님의 활동의 분명한 것은?
- 본문의 내용은 오늘날도 발생할 수 있는 것인지?(교회 / 사회 / 가정)
- 본문에 나타난 은혜의 선물은?(신뢰하고 감사 할 것은)
- 본문이 나의 일상에 주는 교훈?(직업, 가족, 공동생활)
- 다른 사람에게 계속 전해야 할 것은?
- 어떻게 그것을 잘 실천할 수 있는지?

③ 교사 / 설교자가 책임져야 할 두 가지 질문

㉠ 교사의 성경 이야기는 성경해석에서 타당성을 가진 것인가?
㉡ 교수 방법적으로 적절한 효과를 나타낼 수 있는 방법을 사용했는가?

(2) 코메니우스의 실천신학적인 성경해석법

우리는 교육신학자 코메니우스가 제시한 성경공부의 학습목표를 주목하고 성경의 실천신학적인 해석은 어떻게 가능할 것인지를 생각해 보려고 한다.

코메니우스는 '믿음 · 소망 · 사랑'이라는 삼각구도를 성경공부의 목표를 삼도록 강조하였다(대교수학 24장). 이러한 믿음, 소망, 사랑의 주제는 다시 인간의 실존적인 물음과 관련하여 중요한 의미를 가진 것으로 해석된다.

여기서 믿음은 인간이 세상을 살아갈 때, '누구(무엇)를 의지하고 살아야 할 것인지'에 대한 대답이라고 할 수 있다. 인간이 궁극적으로 믿고 의지하며 살아야 할 대상으로서 그 대답을 성경은 곳곳에서 창조주 하나님이라는 사실을 증거해 준다. 그 대답을 발견한 자들은 창조주 하나님, 그리스도로 오신 구속의 주가 되신 하나님, 성령으로 함께 하신 거룩하신 주님을 의지하고, 믿음을 고백하며 예배한다. 두 번째 중요한 질문은 '인간이 어떤 일을 하고 살 때, 가장 보람되고, 행복한 삶이 될 것인가'에 대한 것이다. 그러한 질문에 대한 성경의 대답은 하나님사랑과 이웃사랑을 명령하신다. 하나님 사랑은 주일의 공동체 예배를 통하여 실천되고 있으며, 이웃사랑은 섬김의 삶으로 가장 보람되고 복된 자의 삶이 라는 사실을 성경은 곳곳에서 깨우친다. 그리고 세 번째 질문은 '인생의 유일한 희(소)망이 무엇인가'에 대한 것이다. 성경의 대답은 예수그리스도라는 것을 성경 곳곳에서 증거해 준다. 하나님은 그의 아들 예수 그리스도를 통하여 인간이 삶의 실존적 상황에서 경험하는 모든 불안과 낙심과 좌절과 절망을 극복하도록 하는 지혜를 삼게 해 주었다. 예수 그리스도는 모든 미래를 약속한 구세주이며, 인생의 유일한 소망임을 알아야 한다. 그분으로 만족하며 감사하며 사는 삶이 신앙의 삶이다. 결과적으로 이 세 가지의 물음은 바로 기독교신앙의 본질에 속한 것이며, 믿음, 사랑, 소망으로 성숙된 그리스도인이 되게 해 주는 일이 성경해석의 실천적인 목표이어야 한다는 것이다. 이것이 실천신학적인 성경해석의 원리라고 본다(고전 13 : 13 ; 살전 1 : 3 - 4).

2) 전통적인 성경교수방법의 두 가지 유형

오늘날까지 교회는 성경을 가르치기 위하여 다양한 교재들을 만들어 사용해 왔지만 그 유형을 분류해 보면 크게 두 가지로 구분된다. 첫째는 교리적이며, 윤리적인 주제를 중심한 성경교수방식이며, 다른 하나는 성경 본문을 직접 읽고 이해하는 방식이다. 전자는 종교개혁자들이 개발하여 적용했던 소위 '요리문답서'(Katechismus)로 불리는 신앙교리의 교육이었다. 교리와 윤리적 주제의 내용을 문답의 형식으로 엮어 배우도록 했던 가장 고전적인 성경교수방법이었던 것으로 이해한다. 그리고 후자는 성경본문을 직접 교재로 만들어 가르치는 유형으로 현재 가장 잘 적용하고 있는 모습은 성경공과의 형태이다. 그러한 두 가지 방식의 특징들이 무엇이며 그 한계들이 무엇인지를 소개해 보기로 한다.

(1) 주제중심의 성경학습유형

여기 '주제중심'이란 말은 두 가지 관점에서 파생한 내용을 일컫는 말이다. 하나는 기독교신앙의 기본교리와 관계된 것이며, 다른 하나는 윤리적 주제를 가리킨다. 이러한 방식은 종교개혁자 마틴 루터가 사용한 것으로, '요리문답교서'(Katechismus)가 그것이다. 루터는 요리문답교육을 가리켜, '이방인들이 기독교인이 되려고 할 때, 그들이 기독교신앙에 대하여 무엇을 알아야 하며, 무엇을 믿어야 하며, 어떻게 행동해야 하는지를 깨우치는 일'이라고 정의하였다. 이러한 루터의 관점은 오늘날까지도 교회교육, 또는 교회신앙교육의 중요한 지표(목표)가 되고 있다. 그는 '무엇을 알아야 할 것인지'에 대하여, '십계명'을 이용하여, 다른 신을 섬기고 있는 불신앙을 눈뜨게 하려는 것이었다. 그리고 '무엇을 믿어야 할 것인지'에 대해서는 '사도신경'을 사용하여 창조주요, 구속의 주인 그리스도와 거룩한 성령이신 삼위일체 하나님을 믿어야 할 것을 깨우치려 하였다. 또한 '어떻게 행동해야 할 것인지'에 대해서는 '주기도문'을 사용하여 주님과의 영원한 교제를 나누도록 하려고 하였다.

제네바의 종교개혁자 요한 칼빈도 루터의 이러한 신앙교육의 원리를 가장 잘 이해하여 제네바교회의 목회사역에 적용하였는데, 그는 두 가지 종류의 요리문답서를 직접 만들어 사용하였다. 후에 칼빈과 루터의 이러한 교육적 의도를 잘 이해한 독일 하이델베르거 지역의 개혁교회는 1563년에 그 유명한 하이델베르거 신앙문답서(Heidelberger Katechismus)를 만들어 사용하게 된다. 이 책은 1618 / 19년에 화란의 도르트레히트(Dortrecht)에서 개최된 구라파 개혁교회의 총회에서 신앙고백서로 채택되었고, 동시에 개혁교회의 신앙표준을 가르치는 교회신앙교육서로 삼았다. 그 이래로 오늘날까지 이 책은 전 세계의 개혁교회가 가르치고 배우게 하는 개혁교회의 표준 신앙교육서가 되었다.

하이델베르거 신앙문답서의 구조와 내용을 간략하게 소개하면 루터나 칼빈이 사용했던 방식과는 다르게 매우 교육적인 특징을 반영하고 있다. 신앙문답서 제 1 문에는 "생사 간에 있어서 당신의 유일한 위로가 무엇입니까?"라고 묻고, 그 물음에 대답으로 삼위일체 되신 하나님을 아는 것과 오직 약속된 구원의 주가 되신 예수 그리스도의 약속을 의지하는 것임을 밝힌다. 제 2 문에서 "그러한 위로를 발견하기 위하여 당신은 몇 가지를 알아야 합니까?"라고 묻고, 그 대답으로 세 가지를 제시했는데, 인간이 죄 가운데서 얼마나 비참한 상태에 있는지를 아는 것, 그 죄에서 인간이 어떻게 구원 받을 수 있는지를 아는 것이며, 그러한 구원의 은혜에 감사하는 것을 알아야 한다고 하였다. 여기에 그 중심적인 내용은 역시 죄인식의 기능으로서 십계명(사랑의 이중계명)과 구원 얻는 방법으로 사도신경을, 그리고 감사생활을 위하여 십계명과 주기도문을 다루게 된 것이다. 물론 역사적인 요리문답교육은 성경본문과 관련하여 볼 때, 교리적인 주제를 전제하여 그 주제에 관련된 성경본문을 찾아 연결시키는 방식을 취하고 있는 모습이다.291)

이러한 주제중심의 성경교육방식은 역시 웨스트민스터 대소요리문답서 그대로 적용되었다. 이 책은 1643~48년까지 지속되었던 웨스트민스터사

---

291) [참고] 정일웅, 종교개혁시대의 기독교신앙의 가르침, 로고스연구원, 1987.

원에서 개최된 영국장로교회의 신앙고백서였다. 그리고 웨스트민스터의 신앙전통을 따르는 한국장로교회는 이 책을 신앙의 표준서로, 신앙교육서로 수용하였다. 중요한 것은 이 책은 가장 표준적인 신앙교리를 가르치도록 만들어진 '장로교 교리교육서'이다. 그 기본구조와 내용은 종교개혁자들이 사용했던 십계명, 사도신경, 주기도문을 이용하였고, 그 표현 방식에서는 달리, 제 1 문에서 전제한 것처럼, '사람의 제일 된 목적이 무엇인지'를 묻고, 그 대답으로 '하나님을 영화롭게 하며, 영원토록 즐거워하는 것'임을 밝히고, 그러한 영광 돌림의 삶을 위하여 성경말씀을 하나님의 백성된 신자의 삶의 법칙으로 삼고, 하나님의 섭리와 예정의 교리를 전제하여 사도신경을 따라 구원의 교리를 배우도록 하였다. 그리고 신자의 삶의 윤리적 표준으로서 십계명과 주기도문을 첨부하였던 것이다.

이러한 역사적인 요리문답서의 방식은 성경전체의 내용을 교리적이며, 윤리적인 주제로 엮어 만들었기 때문에 단기간에 기독교신앙의 핵심적인 것을 배울 수 있는 특징을 가진다. 그 때문에 오늘날에도 기독교신앙에 처음으로 접근하는 새신자들에게 성경의 핵심적인 진리를 쉽게 이해하고 배우도록 하는 일에 이 책들은 큰 도움을 줄 수 있다. 그리고 세례자와 입교준비자교육에 적절한 책이라고 할 수 있다.292)

(2) 본문 중심의 성경학습유형

본문 중심의 성경학습유형은 대체로 종교개혁이후에 새롭게 발전된 방법이다. 역사적으로 경건주의자들이 즐겨 사용한 방법이었다. 경건주의자들은 성경이 하나님의 말씀이라는 사실을 전제하였고, 성경의 읽음을 통하여 성령의 깨닫게 하시는 직접적인 도움을 선호하였다. 물론 성경은 하나님의 말씀이라는 믿음을 전제하여 성경을 정독하는 것을 말하며, 하나님의 말씀을 직접 대하고, 그 말씀에서 하나님의 음성을 직접 듣고 느끼게 하는 방법이었다.

---

292) [참고] 정일웅, 역사적 요리문답교육의 현대목회적 적용연구, 한국교회와 실천신학, 제 4 부 2장, 이레서원, 2002.

　여기서 생겨난 것이 성경본문을 직접 해석하여 설교하는 성경을 강해하는 형식의 공부였다. 이러한 방식을 설교에 적용했던 분은 종교개혁자 루터였으며, 성경본문전체를 직접 해석하여 설교하는 방법을 가장 잘 사용한 분은 제네바의 종교개혁자 요한 칼빈이었다.

　이러한 방식은 한국교회의 초기선교에서 선교사들이 사용했던 '사경회'의 방법이기도 하다. 1907년에 있었던 평양대부흥운동의 역사는 성경본문을 직접 읽고 해석하여 설명하는 '사경회'에 의존하였다. 하나님의 말씀을 믿음으로 읽게 하며, 그 말씀을 자세하게 해석하여 삶에 적용하도록 하는 설교방식이 강해설교형식이었다.

　본문 중심의 성경공부유형은 '성경공과'라는 형태로 새롭게 발전한다. 이러한 형태는 주일학교의 발전과 함께 아이들에게 성경을 가르치려는 교육적인 시도였다고 본다. 한국교회는 미국교회가 사용하던 성경공과를 번역하여 사용하였다. 역사적으로 1911년에 세계통일공과가 한국에서 출판되었고, 1913년에 '계단공과'가 만들어졌다. 1920년대에 '만국통일주일공과'가 한국교회의 주일학교교재로 등장하였고, 1927년에는 주일학교 내에 각 '부별계단공과'가 만들어져 사용되기도 하였다. 이러한 공과형식은 모두 성경본문을 중심으로 만들어진 성경교재들이며, 성장세대들에게 적용하게 된 것이다. 그리고 이러한 성경공과형식의 성경공부는 한국교회내의 전 세대들에게 적용하게 되었는데, 현재 한국교회가 만들어 사용하는 성경공과는 각 연령대상자들의 학습수학 능력정도를 고려하고, 교육학적인 원리를 따라 상당히 발전된 성경공과를 만들어 사용하고 있다고 본다. 즉, 평생교육의 관점에서 세대 전체를 통괄하는 교육과정(Curriculum)을 전제하여 성경공과가 만들어져 사용되고 있다. 이러한 형태들은 교사가 학습의 대상들에게 쉽게 가르침을 수행할 수 있도록 교재형식으로 만들어 진 것이며, 이러한 노력은 한국교회의 신자들에게 상당한 성경이해와 신앙의 토대를 굳건히 형성하는 일에 크게 기여한 것으로 판단된다.

　현재 대한예수교장로회 합동교단의 공과는 평생교육차원에서 성경 전체를 전 세대가 배울 수 있도록 만들어져 있다. 교육과정전체는 탁월하게 만들어진 것으로 보여진다. 다만 학습방식의 적용과 집필된 내용의 서술 방식과 표현정도는 새롭게 수정·보완해야 필요성을 지니고 있다고 본다.

(3) 합동교단(예장)의 성경공과교육에 적용된 학습유형

합동교단의 공과는 성경본문중심의 학습유형에 속한 성경공과라고 말할 수 있다. 물론 전체 교육과정의 내용으로 보아서는 주제와 본문이 혼용연결된 것으로 이해될 수 있지만, 실제는 성경 전체가 각 연령단계마다 2년, 3년, 4년, 6년에 걸쳐 순환적으로 학습되도록 만든 성경공부교재이다. 그리고 성경공과의 교육과정전체는 아마도 한국에서 만들어진 최고의 성경교재라고 생각한다. 성경 66권을 전 세대에게 연령별로 접근시킨 본문 중심의 교육과정으로서 그 교육체계는 완벽에 가까운 것으로 판단된다. 다만 각 부별 공과내용의 표현들이 오늘 급변하는 시대에 각 세대의 관심과 이해에 충분히 적중시키지 못한 아쉬움이 많다고 할 수 있을 것이다. 이러한 결과는 합동교단이 성경교육에 있어서 더 많은 교육적인 마인드를 가진 많은 인물들을 길러내어 미래적으로 해결해 가야 할 큰 숙제로 여겨진다.

다만, 필자는 여기서 합동교단의 성경공과학습에 적용된 교수방법들이 어떠한지 소개하려는 것은 매 주일 성경공과를 가르치는 교사로서 그것들을 올바르게 이해하고 공과 가르치기를 힘쓸 때, 교사의 성경교수에 도움이 있지 않을까 하는 마음과 동시에 성경을 가르치는 교사라면 기존 성경공과에 적용된 교수법들이 어떤 것들이 있는지의 이해를 돕기 위한 일이다. 교사는 적어도 이러한 전체 교육과정과 각 단계의 공과에 적용된 교수방법들을 잘 숙지함으로써 성경공과지도에 도움이 될 것을 기대한다.

그러면 먼저 합동교단의 성경공과에 적용된 교육과정의 전체를 엮어주는 틀(frame)이 무엇인가? 그것은 총 주제로 제시된 '말씀·믿음·삶'에 대한 것이다. 이것은 구체적으로 하나님(말씀), 교회(믿음), 세계(삶)의 관계를 표현한 것이다. 즉, 하나님의 말씀은 교회의 가르침을 통하여 세상의 삶에서 실천되어야 하는데, 빛과 소금의 역할을 다하는 모습으로 실천되기를 바라는 성경교육의 목표와 방향을 의미하는 것이다. 그런 뜻에서 보면 교육과정의 기본틀은 얼마나 말씀의 실천과 삶을 지향하고 있는지를 이해할 수 있을 것이다.[293]

이러한 전체주제 하에서 각부(연령)별 주제가 각공과에 제시되었다(유아부-소망부). 그 각각의 주제는 다음과 같다. 유아부는 '하나님은 우리를 사랑하셔요', 유치부는 '예수님처럼 자라요', 유년부는 '말씀을 배워요', 초등부는 '말씀을 믿어요', 중등부는 '하나님의 나라', 고등부는 '하나님의 나라와 메시아', 청년 1부는 '그리스도를 본받아', 청년 2부는 '그리스도와 복음의 일꾼', 장년부는 '그리스도의 장성한 분량까지', 소망(노년)부는 '영화로운 면류관' 등을 정하였다.

그리고 다시 각부별 1년 52주의 공과는 4학기제로 구분하고, 각 학기는 3개월 단원으로 나누어 각 공과의 개별적인 교안이 준비되도록 한 것이다. 이러한 주제들은 전체주제와 부별 주제 그리고 각 학기의 주제와 단원의 주제 심지어 각 공과의 개별공과의 주제는 각각의 교육목표에 해당한다고 볼 수 있다.

그러면 교단 공과에 적용된 교수학습의 원리와 방법은 어떠한가?

기본적인 학습원리로 각 세대의 성장발달의 관점을 반영하고 있는 것으로 판단된다. 특히 유아기의 아이들에게서 시작되는 배움이란 이성적 사고에 의한 것이기 보다는 감각적인 기능, 즉 외부감각 기능을 자극하고 활용하는 방법을 고려하는 것이 마땅하다고 본다. 그 때문인지, '유아부-유치부'의 과정에는 시각적인 그림이 집중적으로 이용되었다. 물론 이 단계의 아이들은 이성활동이 동시에 시작되기 때문에 그것도 고려한 것으로 보인다. 그러나 지나치게 이성사용에 기대하는 것은 금물이지만, 아는 것의 확인을 위해서 간단한 질문과 대답의 교환이 가능할 것이다. 그리고 유아와 유치부, 유년부 아이들의 성경공과는 감성을 자극하는 방법에서 이성사용이 점차적으로 진전되도록 하는 방법이 함께 적용되었다. 예를

들면 성경이야기를 그림을 통하여 접근하도록 하고 있으며, 구체적인 학습방법으로는 교사가 짧은 성경내용을 이야기 하게 하였고, 이어서 듣게 된 내용을 묻고, 대답하게 하며, '즐거운 활동'에서 본문 이야기와 관련하여 그림그리기와 만들기의 창작활동방법이 적용되었고, 찬송부르기, 기도하기 방식을 적용하여 아이들에게 경건의 실습이 이루어지게 하였다. 그리고 '즐거운 생활' 부분에서는 가정에서 부모와 함께 놀이방식을 통하여 복습하도록 제시하였다.

초등부에 적용된 학습방법으로는 대부분 유아·유치·유년부와 동일하게 적용했지만, 다만 차이를 둔 것은 학습내용을 가지고 서로 의논하도록 시도하는 방법이 적용되었다. 물론 이러한 질문이 아이들에게 얼마나 관심을 유발하며 공감을 주는지는 확인되지 않는다. 그리고 배운 말씀을 이웃에게 전하도록 유도하는 전도와 관계를 짓게 했는데, 그것 역시 전도와 어떻게 연결해야 할 것인지, 구체적인 지침이 없는 것이 유감이다.

중등부와 고등부의 학습방법에서 앞에서 소개한 3단계 과정의 학습방법(인지·숙고·실천)이 적용되고 있다. 예를 들면 중등부공과는 '말씀-배움-믿음-삶'의 도식에 맞추어 교안이 작성되었다. 이것은 기본적으로 교회의 신앙교육의도에 적합하게 활용된 모습이다. 다만 표현 방식에 있어서 청소년들의 관심도와 그들의 삶과 관련된 이해를 수반하는 언어적 사용들이 충분했는지는 역시 질문이다. 그리고 고등부의 성경공과는 역시 3단계과정의 학습방법을 적용하고 있는데, 다만 그것을 '접근하기-살펴보기-생각하기-생활하기'의 4단계 과정으로 펼쳐주었다. 물론 교사용 교재에서는 기본적으로 성경본문을 신학적이며 교육적인 관점에서 이해하도록 주해의 도움을 제시해 놓았고, 학습전개의 형태에 따라 학생들과 대화하도록 질문들을 제시해 놓았다. 그러나 이러한 것들이 오늘날의 청소년의 관심과 능력을 전제한다면, 함께 문제를 풀어보는 공동학습의 원리나, 또는 청소년들의 영적인 관심을 반영한 주제를 가지고 토론하도록 유도하는 것이 더 적합했을 것으로 판단한다.

청년 1부의 성경공과는 학습형태로는 중·고등부의 것과는 달리 '접근

-본문연구-학습진행-토의-적용'이란 5단계의 과정으로 전개시켰다. 그리고 청년 2부의 것은 '내용풀이-학습진행-토의-적용'의 4단계를 이용하고 있다. 물론 청년 2부의 공과는 3년 과정에서 기독교신앙의 기본교리를 주제로 하여 성경본문과 관련하여 배우도록 한 것인데, 실제로는 교리적이며 윤리적인 의미가 함축된 주제를 제시하지 않음으로서 토론과 대화의 방식이 활성화되지 못하는 한계가 인지된다. 그리고 장년 1부와 장년 2부, 그리고 소망부에 적용된 학습방법도 청년부에 적용된 '내용풀이-학습진행-토의-적용'이란 4단계 과정이 그대로 이용된 것을 볼 수 있다. 하지만 기본적으로 성인세대의 성경학습에 적용된 원리는 현대적인 교수법이 적용되기 보다는 여전히 전통적인 주입식(전문가에 의하여 지식이 주입되는 방식)에 의존 된 모습이며 좀 더 진지한 토론과 대화가 활성화되는 방안이 고려되어야 할 것으로 본다.

3) 내러티브에 의한 성경교수법

이 방법은 성경을 구두로 전달하는 방법을 말하는 것으로, 교회의 성경교육에서 가장 많이 사용하고 있는 교수방법이다. 내러티브(narrativ)란 영어표기로 불려진 것이며, 성경의 역사적인 사건을 이야기형식으로 표현하여 '스토리텔링'(story-telling)으로 부르기도 한다. 우리말에서는 설화식(說話式), 또는 '이야기 해주는 방법'이라고 말할 수 있다.

이 방법은 원래 성경에 기록된 사건의 내용을 재구성하여 청취자에게 이야기 해 줌으로써 잘 기억하게 하고, 그 안에서 의미와 가치를 전수받으며, 말씀의 은혜를 경험하게 하는 방식이라 할 것이다. 이 방식은 아이들 뿐 아니라, 청소년과 성인 평신도 등 전세대의 사람들에게 사용할 수 있는 가장 전통적인 방식이면서도 오늘날까지 현대인의 성경교육에 적용할 수 있는 중요한 방식이다.

원래 구약시대에 이스라엘의 부모들이 그들의 조상들에게서 경험된 하나님의 역사와 구원의 역사를 자녀들에게 계속 이야기 해 줌으로써, 구원의 하나님을 인식하고 경험하게 하며, 오래 기억하게 하는 방법이었다(신

6 : 4 - 9). 그리고 이러한 방식으로 자녀들에게 가정의 아버지는 하나님의 구원의 역사를 전하도록 했던 신앙교육의 유일한 방법이기도 하였다(신 6 : 20 - 24).

신약시대에 이러한 방식을 가장 잘 사용한 분은 역시 예수님이었다. 그는 천국복음을 가르칠 때 이 방법에 전적으로 의존하였다(산상보훈 : 마 5 - 7장). 그리고 예수님의 분부대로 모든 족속에게로 가서 그리스도의 복음을 전할 때, 사용 했던 방식이었다. 그리고 그리스도 안에 나타난 하나님의 구원계시는 바로 이와 같은 방식으로 역사 속에서 이야기 되었고, 전파되었으며, 청취자들에게 감동을 주며, 복음의 의미와 가치가 전수되었다.

그리고 이러한 형태는 초대교회의 사도들에게서 즐겨 사용되었던 케리그마(복음선포)의 방식이었으며, 그것이 내러티브였던 것이다. 전달하는 이야기의 초점은 하나님의 초대와 부르심을 인식하게 하는 일이었다. 그리고 기독교신앙은 본질적으로 이러한 내러티브적인 방법에 의존하여 재해석되었고, 재구성되었으며, 하나님의 구원의 역사는 오고 오는 모든 세대들에게 이야기되었고, 오늘날까지도 교회안에 성경을 전하는 가장 전통적인 교수방법이 된 것이다. 결과적으로 이러한 내러티브 방식은 지금도 여전히 유효한 방법이며 전 세대에 적용할 수 있는 가장 요긴한 성경교수방법임에 틀림없다고 할 것이다.

이러한 내러티브의 방식을 사용함에 있어서 몇 가지 규칙을 알아두면 도움이 될 수 있을 것이다.

(1) 교사자신이 구성한 이야기는 성경본문의 근본방향(구조와 텍스트 종류, 의도)을 지향해야 한다는 점이다. 준비된 이야기는 가능한 성경원문의 내용과 꼭 같아야 하지만, 그 본질적인 요소들을 견지하는 것이 중요하다. 예를 들면 창 3장의 내용에서처럼 그 이야기는 사실 그대로 전달해야지 그 의미를 상징적인 것으로 변질시키면 무의미한 이야기가 되고 말 것이다. 그리고 그 본문의 의도도 조작해서는 안 된다. 가버나움의 백부장의 종을 치유한 사건의 기적이야기(마 8 : 5-13)는 기독교적 순종에 대한 모범

적인 이야기로 오래 동안 남용되었다. 그 이야기는 순종보다는 믿음에 대한 것이다.294)

(2) 성경이야기를 이해함에 있어서 필수적인 사건의 정보들이 어떻게 전달될 수 있을 것인지? 이야기 전이나, 이야기를 전개하는 과정에서 숙고가 있어야 한다.295)

(3) 신학적인 개념을 다룸에 있어서 주의해할 점이 있다.

죄와 은혜와 같은 어려운 개념들이 의미하는 것이 무엇인지를 먼저 설명하고, 그 개념을 마무리 지으면서 사용한다. 예를 들면 삭개오의 이야기(눅 19 : 1 - 10)에서 이 사람의 삶이 욕심을 통하여 얼마나 좁아지고, 파괴되었는지를 이야기 하고, 그가 하나님과 이웃과의 뜻을 교환하는 일에 있어서 얼마나 무능력한자가 되었는지? 그런 후에 '죄'의 개념을 끌어들여 밝혀준다.296)

(4) 감정들과 행동의 동기들을 잘 이해하도록 만들어 준다. 즉, 행동하는 자들의 내적인 독백을 통하여, 또는 이야기에서 대화의 파트너의 도입을 통하여 시도할 수 있을 것이다.297)

(5) 어떤 관점에서 이야기되어야 할 것인지? 본문의 선택이 중요하다.

(6) 청취자에게서 질문이 생겨나도록 이야기를 전개한다.

(7) 본문의 비밀이 잘 보존되도록 이야기 해준다. 예를 들면 기적에 관한 이야기에서 과장되게 꾸미지 말고, 사실을 그대로 말해야 한다.298)

---

294) [비교] H. K. Berg, Grundriss der Bibeldidaktik, Muenchen 1993, 183쪽.
295) 비교, 전게서 184쪽.
296) 전게서.
297) 전게서.

(8) 성경본문에 소개된 사건들의 피상적인 모습의 배후에 근본물음의 깊은 층이 드러나도록 이야기 해 준다.

이야기하는 방식도 적극적이어야 한다. "예수님은 모든 사람들에 의하여 보여졌다"란 표현보다는 "모두가 예수님을 바라보았다"는 식으로 표현해야 할 것이다.299) 그리고 주된 문장들은 간략하게 사용하고, 중첩된 복합문장 사용을 피하는 것이 더 좋다. 직설법의 표현이 더 중요하다.

4) 질문과 대답의 대화적인 성경교수법

질문과 대답의 양식도 가장 오래된 방법이라고 할 수 있다. 흔히 소크라테스의 방법으로 불려 지기도 한다. 그는 아테네의 젊은이들에게 '너 자신을 알라'고 외치면서 존재의 의미와 가치를 일깨우던 질문과 대답형식의 문답법이다. 기본적으로 질문과 대답하는 형식은 대화의 구조이기도 하다. 교사는 학생에게 질문하고, 학생은 교사에게 자신의 생각과 느낌과 질문의 대답을 교환하는 방식인 것이다. 이러한 질문과 대답의 대화적 성격이 학습상황에서 적용될 때, 그 학습은 진지하고 살아 있는 의미전달의 학습법이 될 것으로 생각한다. 물론 전통적인 문답식의 성격은 교사가 가르친 내용을 잘 이해했는지를 확인하기 위하여 수업의 진행과정이나 수업의 끝 무렵에 피드백을 전제한 차원에서 학생들에게 던지는 형식이 될 수 있다. 그러나 학습의 시작에서 학습자의 관심도를 불러일으키며 좀 더 인격적인 대화를 이끌기 위한 의도로 질문을 던지고 학습자로 하여금 대답하게 함으로써 학습을 이끌어가는 교사의 기술적인 방식으로 이용할 수도 있을 것이다.

전통적으로 교회는 문답의 도식을 성경학습과 특히 '요리문답서'(Catechism)에서 사용하였다. 종교개혁자들이 만들었던 역사적인 요리문답서들은 대부분 이러한 문답법을 학습방법으로 활용하였다. 그러나 이러한 방식은 오늘날에

---

298) 전게서.
299) 전게서.

와서 지극히 연역적인 방법으로, 학습상황에서 교사는 학생들이 배워야 할 내용을 무조건 암기하게 함으로서 그 본래의 질문과 대답의 인격적인 대화의 성격을 잃어버리게 되었다. 즉, 그것은 오히려 강제적이며 주입하는 형식으로 잘못 사용되었던 것이다. 현대에 이르러 질문과 대답의 도식은 여전히 학습상황에서 교사와 학습자 사이의 인격적인 대화를 살리기 위하여 귀납적인 방법으로서의 전환을 제시하게 된다. 귀납적이란 말은 학습자의 관심도를 전제하여 질문을 제기하고, 그 질문의 대답 역시 학습자들로 하여금 스스로 찾아내도록 유도하는 학습형식의 전환이 중요한 것으로 강조되고 있다.

역시 문답형식의 교수법은 교사가 학생들에게 성경의 사건을 이야기 방식으로 접근할 때, 그들이 듣게 된 이야기를 확인하거나, 그들의 생각을 유도해 내려고 할 때, 질문을 던지고 학생들의 관심과 대답을 확인하면서 계속적인 대화를 이끌기 위한 방법이라고 할 수도 있다. 예를 들면 성경에서 예수님이 질문과 대답의 문답법을 잘 사용하신 것을 확인할 수 있다. 예수님이 제자들에게 '세상 사람들이 나를 누구라고 하더냐' 또는 '너희는 나를 누구라고 생각하느냐' 라고 던진 질문은 예수님에 대한 세상의 견해와 제자들의 생각을 확인하면서 진리를 밝히려는 예수님의 대화법이었다(마 16 : 16 - 19). 반대로 제자들이 묻거나 예수님을 찾아온 자들이 던지는 질문에 대답하는 예수님의 대화에서도 질문과 대답의 문답법은 활용됨을 확인할 수 있다. 역시 니고데모와의 대화(요 3 : 1 - 15)와 수가성의 여인과의 대화(요 4 : 1 - 26)와 예수님을 방문한 율법사의 질문과 대답에서 대화법의 모범을 발견한다(눅 10 : 25 - 28).

5) 연극과 역할놀이를 통한 성경교수법

이 방법은 표현하는 놀이의 형태로 성경본문을 해명하고 이해하도록 학습자들을 돕는 성경학습의 형태를 말한다. 성경본문의 대부분은 역사적 사건에 대한 이야기로 되어 있기 때문에 기본적으로 드라마형식의 연극으로 표현될 수 있다. 그리고 연극놀이를 통한 방법은 아이들에게 성경본문을 구전으로 이야기해 주는 방식보다 더 강한 영향을 미치는 효과적인 방법이라고 생각한다. 특별히 연극의 놀이에서 각각의 역할을 맡은 자들은 이름과 얼굴과 감정을 가지고 성경이야기 속의 인물들처럼 행동하며 역할을 담당하게 된다. 그리고 그러한 역할에서 아이들은 본문에 나타난 인물과 자기를 동일시하는 경험을 통하여 강한 영향을 받게 되는 것이다. 즉, 아이들은 연극놀이에서 아브라함과 사라가 되며, 예수님과 율법사와 사마리아인의 모습을 경험하게 되는 것이다. 또한 그들은 홍해바다 앞에선 모세와 이스라엘 백성들이 되며, 예수님을 십자가에 못 박으라고 외치는 유대인들의 모습이 되는 것이다. 그리고 이러한 성극놀이의 매력은 성경의 본문과 학생들의 감정이 조심스럽고, 신중하며 진지하게 서로 대화하게 하는 책임에 놓여 있다고 본다.300)

우리는 여기서 연극과 역할놀이는 세 가지 형태로 확인할 수 있다.

첫째, 놀이를 위하여 주어진 텍스트와의 준비에 대한 일이다. 여기서 질문될 수 있는 것은 주어진 텍스트가 성경본문의 내용과 얼마나 일치하는가, 성경적인 자료에 진술된 의도가 정당한 것인가, 텍스트의 표현이 역할을 맡은 자들의 연령단계에 과연 적합한가, 텍스트가 청취자들의 고유한 해석을 허용하고 있는지, 텍스트가 강한 극적인 효력을 가진 성경적인 장면을 그려주고 있는가, 하는 등에 대한 것들이다.301)

둘째, 성경적인 이야기를 역할을 통하여 놀이하는 일이다.

직접적인 역할놀이는 주어진 텍스트로 준비하는 작업보다도 더 강하게 감정을 불러일으킨다. 학생들은 집중적으로 자신을 인물들의 운명과 삶의 통찰과 동일시 할 수 있다. 그리고 역시 이러한 자유로운 놀이에는 많은 도움이 필요 된다. 상황은 놀이 전에 정확히 숙지되어야 하며, 대사들은 가능한 암기하는 것이 좋다. 그러나 예수님의 역할이나 하나님의 역할에서는 성경 내용들을 직접 낭독하는 형식도 적용되게 할 수 있을 것이다.302)

---

300) 전게서 185쪽.
301) 전게서 186쪽.
302) 전게서 186-187쪽.

셋째, 놀이 역할을 연출하는 일이다.

여러 성경 텍스트들은 축제적인 모습을 요구할 때가 있다. 예를 들면 시편의 이야기들에서이다. 시편 23편을 연출한다면, 무대 공간은 푸른 초장의 목초지와 깊은 어두움의 계곡으로 준비되어야 한다. 아이들의 한 그룹은 시편의 낭독과 함께 조용히 이러한 목초지의 풍경을 거쳐 지나가게 된다. 다른 이들은 적합한 음악을 동반하여 즐거움의 목가적인 상황을 표현해야 한다. 시편 24편의 경우에 한 무리의 학생들은 시온에 오르는 순례자의 모습을 표현해야 할 것이다. 그들은 '여호와의 성산에 오를 자가 누구이리요'하고 질문을 던진다. 다른 그룹의 학생들은 제사장의 역할로서 대답을 한다. "곧 손이 깨끗하며 마음이 청결하며, 뜻을 허탄한데 두지 아니하며, 거짓 맹세하지 아니하는 자로다".

이러한 놀이극을 연출한 후에 학생들로 하여금 생생한 논쟁적인 대화에 이르게 할 수 있을 것이다. 즉, 오늘날은 누가 그와 같은 질문을 던질 수 있는가? 누가 그러한 규범을 제시할 수 있는가? 대체로 누가 그러한 대답을 줄 수 있는가? 스스로 깨끗한 마음을 가진 자인가? 어쨌든 시편 24편의 본문은 하나님의 성산에 올라 그에게 찬양과 감사의 경배를 드리는 자는 복과 의를 얻게 되리라는 것이다. 그리고 여호와를 찾고, 구하는 자가 그 대상임을 암시한다. 역시 신약성경의 많은 내용들에서도 토막극의 역할을 나누고, 놀이를 통하여 성경의 본질적인 내용을 배울 수 있도록 할 수 있다.303)

6) 그림의 예술품을 이용하는 성경교수법

중세 로마 가톨릭교회는 예술이 복음전파를 돕는 방법으로 이해하였다. 그것은 하나님의 말씀을 직관적인 방식에 의하여 이해하게 하는 방식이었다. 현대에 이르러 예술의 자율적인 사상이 발전하게 되었다. 그러면서 주제의 독립성과 내용을 가진 예술적인 논쟁의 자유가 격렬하게 대변되었다. 그렇지만 교회는 모든 시대의 이러한 요구를 쉽게 수용할 수 있었던

---

303) 전게서.

것은 아니었다. 그러나 오늘날에 이르러 교회는 성경을 가르치는 일에 있어서 성경이야기를 그림으로 표현한 예술을 이용하여 성경을 배우도록 하고 있다. 그렇지만 적어도 그림예술의 작품을 이용할 때, 몇 가지 원칙을 준수하는 것이 요청된다.304)

첫째, 믿을 만한 독립적인 그림예술을 이용하는 것은 가능하나, 삽화적인 표현들은 피해야 한다는 것이다. 그 이유는 성경적인 내용을 그림으로 옮길 때는 정확성을 가져야 하기 때문이다. 삽화적인 성격으로 그림을 그리게 될 때, 내용의 정확성이 언제나 논쟁되며 질문될 수밖에 없기 때문이다.305)

둘째, 하나의 그림이 성경텍스트와 관련하여 설정되거나 해석되기 전에, 먼저 내용적이며 형식적인 그림의 상태는 철저하게 그리고 방식에 있어서 정확히 인지되고 한정되어야 한다. 이러한 원칙은 결과적으로 성경내용을 여러 그림의 모습으로 관찰하는 것을 금지한 것이다. 그림은 피상적인 인지와 재빠른 해석으로 잘못 유도할 가능성이 매우 크기 때문이다.306)

셋째, 그림들은 적절하게 묘사되어야 한다.307)

넷째, 학생들에게 과도하게 사용되어서는 안 된다. 어린 아이들이 교수할 목적으로 제기했거나, 선택한 그림들로 머리에 입력시키지 않아야 한다. 질적으로 수준 높은 그림 자료를 다루는 기회는 가질 수 있다. 하지만 초등학교의 학생들은 그림언어의 차이점이나 하나의 예술작품의 의미의 다양함을 개별적으로 잘 분별할 수 없기 때문이다.308)

그림예술의 특별한 형태가 만화(Karikatur)이다. 만화는 풍자하려는 내용을 중심에 놓고 그림으로 묘사하는 일이다. 특히 성경의 내용을 만화로 그리기 보다는 성경적인 교훈과 함께 삶의 경험이나 사건을 주제로 그림

---

304) 전게서 190쪽.
305) 전게서.
306) 전게서 191쪽.
307) 전게서.
308) 전게서.

을 그릴 수 있다. 하지만 성경 내용을 만화로 표현하는 일은 삼가야 한다. 오늘날 한국교회내에 성경내용을 만화로 그려 아이들에 호기심을 불러일으키며 그 만화자체가 성경이해에 도움을 주는 것으로 인정하고 있는 인상을 받는다. 하지만 만화는 역시 삽화와 같은 성격을 가진 것이다. 물론 만화에는 언어표현의 대화를 동반하고 있기 때문에 어느 정도 가능하다는 생각을 하게 된다. 하지만 여전히 성경 내용과의 정확성은 논쟁을 피할 수 없을 것이다.309)

7) 성경본문을 직접 파악하게 하는 교수법

이러한 교수방법은 필자가 앞에서 언급한 주제중심의 성경공부방법과 본문중심의 성경교수법 중에 후자의 형태에 의존된 것이라 할 수 있다. 물론 이 방법은 학습대상에 따라 구분하여 적용할 수 있지만, 성경텍스트를 내용적으로, 언어적으로 파악하는 것이 근본적인 과제라 할 것이다. 대체로 초등부이상의 학생들, 특히 청소년들에게 적용할 수 있는 교수방법이 될 것이다. 이러한 학습방법의 적용성격을 순서대로 소개해 보면 다음과 같이 전개될 수 있을 것이다.

첫째, 본문의 분석과 성격을 잘 파악하는 일이다.

학생들은 텍스트에서 의미를 가진 절을 구분해 보고, 텍스트 전체를 담은 주제를 만들어 보게 하는 과제를 갖는다. 문장을 구분하는 일과 소주제를 잡는 것에 대한 대화는 아마도 몇 가지 의문을 밝혀 주는 일이 될 것이다. 학생들에게서는 다양한 주제가 제시될 수 있을 것이며, 주제를 변경시키는 작업도 가능할 것이다. 이러한 작업을 통하여 학생들은 본문의 내용을 잘 파악하는 단계에 이르게 될 것이다.310)

둘째, 본문을 잘 요약하는 일이다.

본문의 근본적인 분석 작업을 통하여 학생들은 본문을 쉽게 요약할 수 있게 될 것이다. 여기서 여러 가지 형태가 제시될 수 있는데, 내용을 언급

---

309) 전게서.
310) 전게서, 198쪽.

하도록 요구하는 방식과, 직접 본문의 내용을 요약하여 이야기 해 보도록 유도하는 방법이다.311)

셋째, 여러 번역판과 비교해 보는 방법이다.

한국교회는 오늘날 성경의 표준서 외에도 개인적인 번역이거나, 또는 다른 선교단체들이 번역하여 사용하는 성경들이 여러 가지가 있다. 그것들에서 선택한 본문을 서로 비교하여 파악하게 할 때, 학생들은 각각의 번역에서 본문이 포함하고 있는 가치를 경험할 수 있게 된다. 그리고 여러 번역들의 배후에 있는 결정적인 의도를 찾아내기를 시도해 볼 수 있을 것이다. 그리고 이러한 확인 작업에서 학생들은 결정적인 개념들이나, 개별적인 구절들, 또는 본문 전체에 대한 자신의 해석(이해)을 발견하도록 관심을 가지게 될 것이다.312)

넷째, 본문의 여러 가지 구별된 표현양식을 비교해 보는 일이다.

이러한 표현 양식의 비교는 주로 공관복음서의 공부에서 이루어질 수 있다. 다음의 질문들은 본문비교에 도움을 줄 수 있을 것이다. 본문내용에서 어떤 차이점을 인식할 수 있는지, 어떤 내용이나 사상들이 본문의 앞이나, 뒤의 내용에 첨부되어 있는지, 개별적인 표현 양식들에서 전형적인 표현을 발견할 수 있는지, 텍스트의 저자는 어떤 수신인들을 생각하고 쓴 것인지, 그 저자는 무엇을 전하려고 했으며, 무엇이 그 대상들에게 영향을 미치려 한 것인가, 등등의 물음들이다.313)

다섯째, 언어적인 표현방식에 따른 파악이다.

여기서는 두 가지 작업범위가 제시 될 수 있을 것이다. 먼저는 본문에 참여된 사람들에 대한 관찰이다. 그들의 행동이 어떻게 특징을 나타내고 있는지, 그들 서로 간의 관계가 어떠한지, 텍스트의 시작에서 – 진행과정에서 – 마지막에서 어떠한지, 그 사람들에게서 결정적인 역할들이 지정되어 있는가, 등등의 물음들이 도움이 될 것이다.314)

---

311) 전게서.
312) 전게서,199쪽.
313) 전게서.
314) 전게서.

다음으로 이야기의 관점들을 관찰하는 일이다. 어떤 관점에서 이야기가 전개되고 있는 것인지(구경꾼들은, 참여한 자들은), 어떤 감정들이 참여자들에게서 나타나고 있는가, 어떤 기준을 인식할 수 있는가(직접적으로 표현된 가치나, 표현방식에서 읽어낼 수 있는 포괄적인 가치), 등등의 물음들이 도움이 될 것이다.

여섯째, 여러 가지 해석방식과 비교해 보는 일이다.

여러 가지 해석방식을 비교하는 일은 중학생 이상의 청소년들에게 적용해 볼 수 있는 방법이라고 생각한다. 물론 한국교회는 성경공과라는 해석된(만들어진) 내용의 틀 속에서만 성경을 배우도록 하기 때문에 이 방법의 적용은 무리감이 있을 것이다. 하지만 미래적으로 학생들이 성경텍스트의 이해방식에는 여러 가지 접근방법들이 있다는 것을 배우게 해야 할 것이다. 그들은 유효한 범위와 비중 안에서 자신 스스로를 위하여 그것들을 평가할 수 있도록 시도해 볼 수 있을 것이며, 아마도 텍스트의 의미에 대하여 책임적인 대화에 이르도록 시도되어야 하리라고 생각한다.315)

일곱째, 질문목록서와 함께 작업하는 일이다.

질문목록서는 성인 평신도, 또는 청년들의 성경공부에서 성경본문의 사건의 관점을 읽어내는 독립적인 작업에 자극을 주며, 안내하는 목표와 함께 '상호작용적인 성경공부'(Interaktionale Bibelarbeit)에서 발전된 것이다. 이 질문들은 신학적인 사건이해를 통한 조언 없이 참여자들이 밝힐 수 있도록 만들어진 것이다. 이러한 도구는 학생들이 본문과의 독자적인 논쟁을 할 수 있는 자질을 갖도록 돕기 위하여 만들어 진 것이다.316)

여기서는 창 4 : 1-16절의 본문과 관련하여 사용할 수 있는 질문의 목록서를 한 가지 예로 써 제시해 본다. 본문을 분류해 보고, 전체를 아우르는 주제를 제시 하시오, 본문의 이야기는 어떤 시간에, 어떤 장소에서, 어떤 인물들이 등장하여 역할을 한 것인가, 가인과 아벨은 어떤 제물을 하나님께 드려 제사했는가, 왜 가인이 아벨을 죽였는가, 왜 하나님은 가인의 제

---

315) 전게서.
316) 전게서.

사를 받지 않았는가, 하나님이 가인에게 내린 징벌이 무엇인가, 어떤 핵심
적인 내용을 학생들이 본문에서 관찰하여 끌어낼 수 있는지, 등등의 질문
으로 본문을 파악하게 할 수 있다.317)

8) 귀납적 성경공부(연구)와 소그룹활용

'귀납적 성경공부(연구)'는 지난 90년대에 이르면서 한국교회에 소개되어
현재 교회의 청년 대학부 성경공부에서 많이 활용되고 있는 성경교수방법
론이라 할 수 있다. 기본적으로 '성경본문중심의 학습형태'를 따르고 있다.
그리고 귀납적 성경연구에는 또 하나의 학습형태로 소그룹활용이 강조되
고 있음을 본다. 그리고 필자는 여기서 귀납적 성경연구(공부)라는 것이 무
엇이며, 왜 소그룹활용을 강조하는지에 대하여 설명해 보려고 한다.

(1) 귀납적 성경연구(공부)방법

이 방법은 성경본문을 직접 읽고 해석하며 해석된 내용을 삶에 적용하
려는 의도를 반영한 성경공부의 형태이다. 그 때문에 귀납적 성경(연구)공
부는 '관찰·해석·적용'이란 이름의 세 단계 과정의 방법을 활용한다. 여
기 '관찰'이란 성경본문의 살펴보기에 해당하며, '해석'이란 성경본문을
신학적으로 해석하여 의미(메세지)를 찾아내는 부분으로 이해된다. '적용'
이란 독자의 삶과의 관계에서 성경본문에서 발견된 가치의 실천을 생각하
였다. 즉, 성경본문을 해석하고, 그 해석된 말씀을 삶에 적용하도록 도우
려는 두 가지 관점이 적용된 학습방법이라고 할 수 있다.

그런데, 귀납적 성경공부방법은 왜 이런 3단계의 방식으로 성경을 관찰
하고 해석하고 적용하도록 해야 하는지에 대한 그 당위성과 정당성을 밝
혀주지 않아 이론 없는 실제만이 적용되고 있는 것뿐이다. 그리고 '귀납
적 성경공부(연구)방식' 등을 소개한 책들을 보면, 무조건 이런 식으로 해
야 하다는 주장만 있을 뿐, 왜 귀납적으로 공부해야 하는지, 귀납적인 방
법은 무엇을 가리키는 말인지, 그 개념과 의도에 관한 분명한 이론적 설

---

317) 전게서.

명과 해명이 전무한 편이다. 왜 이러한 방법론이 필요한지, 전통적인 성경학습에서 문제가 된 것이 무엇이며, 이러한 귀납적 방법을 사용함으로 어떤 장점이 있는지가 무엇인지는 아무도 말해준 것이 없다.

필자 나름대로의 '귀납'(歸納)이란 언어와 '연역'(演繹)의 의미를 밝혀보면, 고대 희랍철학자 플라톤과 아리스토텔레스가 각각 즐겨 사용한 인식방법론에 속한 것이다. 연역법은 주로 플라톤의 논리전개방식이었으며, 반대로 귀납법은 아리스토텔레스가 사용한 방식이었다고 전한다. 그것은 진리가 무엇인지를 올바르게 규명하기 위하여 사용했던 논리전개방식이었다. '연역법'은 진리를 밝히고자 하는 주제의 답(명제,明題)을 전제하여, 그 명제가 옳다는 것을 설명하는 해설방식의 논리전개에 의존된 것이다. '귀납'은 그 반대의 모습이라 할 것이다. 명제를 대신하여 전제(前提), 또는 가설(假說, 질문)을 제기한다. 그리고 그 전제나 가설(질문)이 진리(옳다)라는 것을 입증하는 논리의 전개방식으로 삼단 논법을 이용한다(서론, 본론, 결론). 영국의 철학자 베이컨(Bacon)은 자연을 연구하는 과학적인 방법으로 귀납적 방법을 권고하였고, 그 이래로 자연을 탐구하는 자연과학적인 방법으로 귀납적 방법은 주로 활용되고 있다. 오늘날 이러한 논리전개 방식은 인문사회과학의 연구에서도 방법론으로 사용하게 된다. 즉, 논제의 가설을 세우고, 그 가설이 진리라는 것을 입증하기 위하여 서론, 본론, 결론이란 삼단 논법을 활용하여 논리의 입증전개방식으로 활용하고 있다.

이제 그러한 귀납적 방식은 성경을 연구하고 공부하며 가르치고 배우게 하는 일에도 활용하자는 것이다. 그러나 귀납적 방법이 과연 성경의 진리를 밝히고 규명하는 일에 가장 접합한 방법인가는 여전히 질문이라 할 것이다. 왜냐하면 신 존재의 증명이나, 성경의 진리됨의 문제제기는 근본적으로 불신앙에 가까운 물음이며, 결코 인간의 노력으로 상징되는 학문적 방법으로 신 존재를 증명할 수 있는 일이거나, 진리의 진리 됨을 증명하기란 불가능한 일이기 때문이다. 그렇다면 왜 귀납적 방법을 성경해석과 성경교수에 사용하려고 하는 것인가? 그 이유는 학습자의 관심을 유도하기 위한 학습심리적인 전략으로 응용된 것이라고 본다. 즉, 학습자가 성경을 향하여 질문을 던지게 하고, 그 질문의 대답을 학습자가 스스로 찾아내도록 유도하는 학습방식이라고 할 수 있다. 이렇게 함으로써 학습자로 하여금 접근하는 주제나 말씀의 내용에 관심을 기울이고, 적극적인 태도로 학습에 임할 수 있도록 동기부여와 함께 학습의 참여도를 활성화하기 위한 전략으로 이해된다. 반대로 '연역적 방법'은 '귀납적 방법'에 비해 명제(답)를 전제하고 그 명제의 진리 됨을 해설함으로써 학습자는 그 대답을 청취하는 과정이 진부하고, 지구력의 한계를 경험함으로써 학습의 용과 효과를 기대하기가 매우 어렵다는 점이다. '연역적 방법'은 학습자의 학습의욕을 북돋우고 관심과 생각을 집중시키는 일에 별다른 효과를 보여주지 못하는 방법으로 평가된다. 이에 비하여 '귀납법'은 그러한 한계를 극복하고, 학습자에게 학습동기를 부여하거나, 학습의 직접적인 참여를 유도함으로 학습의욕을 유발시키는 역할이 가능한 것이다. 그러나 엄격히 말하면 교육학에서는 그러한 귀납적인 논리추구 형식을 '귀납적 방식'이라는 말로 개념화하지 않았으며, 오히려 학습자가 스스로 문제의 답을 찾아내도록 학습심리를 고려하여 교육학적으로는 '자발성의 학습원리'로 명명하게 된다.

그리고 교수학의 이론연구가들에게서는 '귀납'이란 언어적 표현대신에 '공동학습'(Teamwork), 또는 '협동학습'(cooperative Leaning)이란 말로 개념사용을 달리 표현한다고 볼 수 있으며, 현대교육학에서 중히 여기는 '상호작용'(inter action)이나, '그룹다이나믹'(Groupdynamic)이란 집단개념의 심리적 작용을 전제하여 학습의욕을 새롭게 일깨우는 방법론으로 더 잘 이해하고 활용하고 있다. 그리고 실제로 귀납적 성경(공부)연구는 성경본문의 기본 구도인 '해석과 적용'(본문과 삶의 상황)이란 두 단계의 과정을 '관찰', '해석', '적용'이란 세 단계과정으로 전개시킴으로 새로운 학습형태를 발전시켜준 모습처럼 평가될 수 있으나, 이러한 세 단계의 학습과정이 마치 '귀납적 방법'인 것처럼 인식되게 하는 것은 귀납적 의미의 근본 의도를 왜곡하는 것이라고 본다. 중요한 것은 '관찰, 해석, 적용'으로 불리는 세 단계는 성경해석과 학습과정을 세 단계의 과정으로 연결시킨 교수학적인 의도를 포함한 방법으로 이해해야 하며, 그 자체가 '귀납'이라고 말할 수 없다는 점을 분명히 인지해야 할 것이다.

역시 필자가 '제 5장 신앙교육방법(1)'에서 현대교수학에서 제시한 학습단계이론과 관련해서 이해할 때, 귀납적 방법에서 제시한 3단계 과정(관찰, 해석, 적용)은 헤어바르트(Herbart)가 제시한 학습의 3단계, 즉 '인지단계, 사고단계, 행동실천단계'와 폭트(Vogt)가 사용하고 있는 '관찰, 숙고, 적용'의 3단계과정과도 일치하고 있음을 확인할 수 있다. 그러나 정확히 말하면, '관찰' 자체가 이미 성경해석의 과정에 진입한 것으로 보아야 하며, 교육학적으로 중요하게 여기는 '숙고(생각하기)'과정이 귀납적 성경연구방식에서는 생략되어 있기 때문에, 성경본문을 해석하고 그 다음단계인 적용단계로 바로 넘어가게 하는 것은 실제로 교육적인 관점(실천하기 전의 생각하기)을 깊이 있게 고려하지 못한 무리한 방식으로 보일 뿐이다. 그러므로 '귀납적 성경공부(연구)'방식은 이러한 이해를 충분히 전제하여 '숙고하는 과정'을 첨부하여 사용되기를 바란다.

(2) 소그룹 활용의 의미

한 가지 '귀납적 성경공부'와 관련하여 이해되어야 할 것은 소위 '소그룹의 활용'에 대한 것이다. 이것은 마치나 '소그룹' 그자체가 귀납적 성경공부(연구)인 것 같은 인상을 보여주고 있기도 한다. 특별히 '소그룹활용'이 귀납적 성경공부방식으로 이해 될 정도로 소그룹이 강조되고 있다.

필자의 이해로는 귀납적 성경연구는 많은 사람의 집합체인 '대그룹'이 모인 자리에서 사용할 때보다, 소그룹에서 사용하는 것이 더 효과적이라는 것을 의미하는 것으로 보아야 한다. 마치나 귀납적 성경공부와 소그룹 활용을 동일시 여기는 것은 잘못된 이해라고 할 것이다. 원래 '소그룹'의 가치는 '그룹 다이나믹' (Gruppendynamik)에서 나온 것으로 이해된다. 즉, 공장에서 노동자들이 생산 활동에 참여할 때, 개개인의 노동에 의한 생산능률보다는 '소그룹'으로 일을 맡겼을 때, 생산능력이 훨씬 개인의 활동보다는 뛰어나게 높았다는 실증적인 증거에 근거하여 제시된 이론이라고 할 것이다. 소그룹으로 나누어 일을 하게 했을 때 나타나는 기대이상의 생산력을 초래하게 된 그 역동성(dynamic)이 근거가 되었다고 본다.

이러한 그룹의 역동성을 성경공부의 학습상황에 적용했을 때, 전통적인 성경공부의 형태가 교사의 '독백적인 형태'(monopol-system)를 견지해 왔던 것에 비하여, 소그룹은 쌍방 간에 의견교환과 의사소통을 활성화시킬 수 있는 장점을 가진 것으로 보인다. 즉, 전통적인 성경공부의 독백적인 형태는 성경지식의 전문가인 교(목)사가 혼자 참여자들에게 일방적으로 성경이해의 정보를 전달하는 교사중심의 학습유형이었다고 보는 것이다. 그러나 소그룹을 활용할 때, 학습에 참여한 모두(소그룹)가 성경을 함께 읽고 함께 각각 생각하며 각자의 해석과 이해와 느낌을 가지고 서로 대화하도록 유도하는 방법이 가능하게 되는 것이다. 이러한 방식은 물론 참여자들이 성경을 기본적으로 해석하는 능력을 가지고 있어야 하며 자신의 삶의 경험을 동반하여 해석한 성경의 내용과 의미를 가지고 서로 대화에서 교환할 때, 그 대화는 기대이상의 역동성을 발휘하게 된다는 것이다. 아마도 이러한 성경공부방식은 청소년에서 시작하여 청년, 평신도에 이르기까지 적용될 수 있는 현대적으로 가장 유용한 방법이라고 본다. 물론 충분한 시간을 이용할 때 가능한 것으로 판단된다.

9) '협동학습'에 관한 성경교수법

오늘날 한국교회의 성경공부에 새로운 교수방법으로 '협동학습'이란 것이 소개되고 활용되고 있음을 본다. 원래 '협동학습'은 '공동작업'(Teamwork)에서 착안되어 소수의 학습그룹이 모여 공동으로 문제를 풀어가는 학습행위의 상호활동(interaction)방식에서 착안된 것으로 이해된다. 역시 소그룹의 역동성(Group-dynamic)을 활용한 방식으로 이해될 수 있다.

협동학습을 소개한 책자[318]에 의하면 협동학습의 중요한 4가지 원리가 제시되고 있음을 본다. 첫째 동시다발적인 상호작용, 둘째 동등한 참여, 셋째 긍정적인 상호의존, 넷째 개인적인 책임 등을 말하고 있다. 이러한

---

318) [참고] 박정훈 외 1인, 협동학습 I, II, 19-20쪽.

방법은 역시 구미지역의 학교교육에서 창안하여 사용된 것으로 전통적인 교사중심의 학습유형을 극복하기 위한 방법으로 평가된다. 이 방법을 잘 활용할 때 전통적인 학습유형의 역시 독백적인 형태를 극복하고, 학습자의 동기부여와 적극적인 참여를 유도할 수 있는 학습법이라 할 것이다. 하지만 현재 제시된 협동학습법의 26가지 형태를 살펴보면 이러한 방법이 어떻게 성경본문의 가르침에 적용되어야 할 것인지? 어떤 성경본문들이 어떻게 그 유형들에 구체적으로 연결될 수 있는지가 분명하게 제시되어 있지 않은 것으로 이해된다. 그 때문에 성경교사가 가르칠 본문을 스스로 제작하여 사용하기에는 많은 어려움이 제기되는 것으로 판단된다. 그리고 실제로 주일학교의 성경공부에서 사용되도록 방법활용을 소개한 책자에서 보면 학습자들이 성경의 내용을 충실하게 배우는 일에 집중되기 보다는 아이들의 놀이에 역점을 둔 것으로 판단되며, 교회교육이 성경본문에 근거한 충실한 성경공부를 의도한 것과는 거리가 있는 것으로 여겨진다. 성경이야기와 사건과 관련하여 아이들에게 함께 놀이하며, 공동으로 문제를 풀게 하는 게임을 응용한 것들은 창의성을 길러주는 일에 도움이 있을 것으로 판단되나, 실제로 가장 성경의 본질적인 이야기나, 사건의 의미를 배워야 하는 일에는 별다른 도움이 없는 것으로 보여진다.

만일 이 방법을 교사가 성경공과공부에 적용한다면, 그날 배워야 성경이야기를 잘 풀어 설명하고, 그 이야기와 관련하여 함께 문제풀기 방식으로 제 2부 활동순서에 협동학습이 이용된다면 그런대로 의미를 가질 수 있을 것으로 판단된다. 그렇지만 성경공과가 성경의 내용과 의미를 익히도록 하는 일에는 매우 한정적인 것으로 이해될 뿐이다.

10) '비블리오드라마'(Bibliodrama)의 성경교수법

2000년대로 오면서 새롭게 시도된 성경교수방법론은 신학적인 관점의 중요성 보다는 진리를 배워야 하는 학습자들의 심리적 관점들을 반영한 시도들이 나타난다. 그것이 '비블리오드라마'(Bibliodrama)라는 것이다. 필자는 이 방법을 '성서드라마'라는 이름으로 명명하면 어떨까 하는 생각을 갖는다. 왜냐하면 성경낭독의 형태를 전제하면서도 드라마형식의 인물에 의한 역할을 반영하고 있기 때문이다. 비블리오드라마는 실제로 성경읽기에서 시작되었는데, 성경을 개인이 혼자서 읽는 것이 아니라, 몇 명이 소그룹을 형성하여 공동으로 함께 성경본문에 나타난 인물들의 역할을 각각 배분하여 그 인물의 정황과 상태에 따라 역할을 해 봄으로써 성경내용을 경험적으로 이해하게 하는 방식이다. 그것은 그룹이 공동으로 성경이해를 깊이 있게 심층적으로 접근하며, 성경과의 대화를 깊이 있게 경험하게 하는 종합적인 시도라고 할 수 있다. 이 방식은 전통적인 성경이해가 전문가에 의한 해석의 청취에 의존했다면, 그룹의 심리적인 역동성(Group dynamic)과 상호활동(Interaction)을 이용한 보다 현대적인 방식이라 할 것이다.

원래 '성서드라마'(Bibliodrama)는 미국 유대교의 회당에서 토라읽기에서 사용했던 것으로319) 구약의 모세오경(토라)을 탐구하는 미드라쉬의 탐구방법으로 불리기도 한다. 즉, 이 방법은 소그룹이 놀이하는 방식으로 공동적으로 본문에 접근하여, 성경본문에 나타난 인물들의 역할을 나누고, 그 인물들의 상태와 감정을 전제하여 성경을 낭독하게 하고, 그러한 역할놀이에서 경험된 느낌과 감정을 서로 대화하게 함으로써 성경의 심층적인 이해를 나누게 하는 방식이다. 그 때문에 성경세계에 나타난 인물의 역할을 나누어 드라마를 재현하는 일종의 역할극과도 연관된 모습이다. 그러나 일반드라마와 같이 각색된 시나리오에 의존된 것이 아니라, 성경인물의 역할을 직접 행동함으로써 온몸으로 성경을 읽고 경험하도록 놀이방식을 적용한 점이 특징이라 할 수 있다. 그리고 이것은 오늘날 상담학에서 깊은 관심을 가지고 그룹상담의 치유법으로 활용하기도 한다. 그리고 전통적인 성경교육(공부)이 전문교사에 의하여 성경의 지적인 전달이해에 중심을 두어 이성적 사고활동에 전적으로 의존했었다면, '비블리오드라마'는 성경인물의 역사적 역할에의 참여를 통하여 성경말씀의 직접적이며 감성적인 경험을 동반하는 것이 장점이다. 그리고 참여자들의 상호활동의 의사소통의 역할수행을 통하여 성경이해의 역동성을 경험하게 하는 일이 중

---

319) [참고] P. Pitzele, Bibliodrama : A Call to the Future, www.bibliodrama.com.

요하게 여겨진다. 그것은 지금까지 성경공부에서 경험할 수 없었던 새로운 말씀의 인격적인 이해가 동반되는 것이 강점이다.

물론 비블리오드라마의 실제적인 적용을 위해서는 참여자들의 자발적이며 즉흥적인 성경이해의 자유가 주어져 있지만, 그러한 과정의 준비와 성경본문의 어떤 내용들은 신학적으로 중요한 의미를 가진 것으로 해명하거나, 밝혀야 하는 리더의 역할이 또한 요구된다고 본다. 교사들은 성경공과를 지도할 때, 이러한 방식을 사전에 잘 준비하여 활용한다면, 성경본문을 이해하게 하는 일에 큰 도움을 받을 수 있을 것으로 여겨진다. 그리고 청소년부, 청년부, 장년부에 적용해 볼 수 있는 방법으로 판단된다.

우리는 성경내용들에서 수없는 비블리오드라마의 소재를 발견할 수 있다. 예를 들면 아담의 타락사건(창 3 : 1-16), 가인과 아벨의 제사이야기(창 4장), 노아의 홍수사건(창 6-7장), 바벨탑 사건(창 11장), 아브라함의 부르심(창 12장), 아브라함과 롯의 선택(창 13장), 모리아의 제사(창 22장), 야곱의 꿈(창 28 : 10-22), 야곱의 천사와의 씨름(창 32장), 디나의 부끄러운 일(창 34장), 벧엘로 올라간 야곱(창 35 : 1-15), 요셉과 보디발의 아내(창 39장), 요셉의 꿈해석과 총리등극(창 41장), 요셉이 자신을 밝힘(창 45장) 등이다. 그리고 출애굽의 역사이야기와 민수기와 신명기, 여호수아, 열왕기상하, 역대상하, 욥기서, 대·소선지서들 가운데서도 찾을 수 있다. 그리고 신약 사복음서의 예수님의 생애와 가르침의 이야기들 그리고 사도들의 복음전도사역의 이야기 등을 성서드라마의 소재로 사용할 수 있을 것이다.

11) 시청각 매체활용에 의한 성경교수법

여기서 필자는 성경을 가르치고 배우게 하는 일에는 역시 청각에 도움을 주는 미디어(Audio)와 시각에 도움을 주는 미디어(Video)사용의 중요성을 생각하였다. 학습상황의 실제에 잘 이용될 수 있는 미디어로는 다음의 몇 가지가 추천될 수 있을 것이다.

첫째, 성경의 세계를 잘 설명해 줄 수 있는 매체로는 슬라이드를 이용하는 일이다. 구약과 신약 시대에 지정학적이며, 역사적인 관련들을 직관적인 방법으로 밝혀 볼 수 있는 슬라이드는 성경공부의 가장 오래된 매체라 할 수 있다. 특별히 성지 이스라엘과 그 주변 나라들의 정치적이며, 역사적 정황을 보여주는 슬라이드는 오늘날 다양하게 구할 수 있다.

둘째, 그림을 이용한 책으로 엮어진 매체의 활용이다.

그림을 이용한 성경내용의 표현은 유치부 아이들과 유초등부 어린이들에게 작용될 수 있을 것이다. 원래 그림으로 그려진 성경책이 중세기 이전에 출판되어 교회는 사용하기도 하였다. 그러나 여전히 질문은 그림은 성경의 피상적인 이해에 한정되어 있으며, 깊은 의미를 표현하는 일은 지극히 제한적이라 할 것이다.

셋째, 컴퓨터를 이용한 '파워포인트' 등의 프로그램의 활용이다.

오늘날 컴퓨터와 인터넷매체의 활용이 용이해진 시대에 학습상황에서 중요하게 사용되는 매체로는 파워포인트의 활용이다. 이것은 학생들에게 눈으로 보게 하고, 귀로 듣게 하는 일이 동시에 다 활용되는 매체라고 할 수 있다. 그러나 파워포인트의 매체를 활용할 때, 주의해야 할 것은 그 매체사용이 성경공부시간 전체를 압도하도록 확일화 하는 일은 금해야 할 것이다. 왜냐하면 학습자들은 역시 새로운 매체의 활용변화를 요구하기 때문이다.

넷째, 성경역사에 대한 만화로 엮어진 필름의 매체이용이다.

물론 만화로 만들어진 필름사용 외에도 성경이야기를 영화로 만든 것들이 있다. 그것들은 모두 성경이해에 중요한 역할을 할 수 있는 것이며, 이러한 도구이용을 통하여 사건에 대하여 깊이 생각하게 하고, 함께 대화하게 하는 일에 큰 유익을 줄 수 있다고 본다.

이러한 AV매체의 이용은 성경을 가르치고 배우게 하는 일에 없어서는 안 될 중요한 매체들이며, 특히 어린 아이들과 청소년들의 성경공부에 필수적인 것이며, 역시 필름은 성인들의 성경학습에도 절대적으로 요구되는 매체임이 분명하다 할 것이다.

4. 교육계획과 교수학습을 위한 교안작성의 원리

다음의 내용은 일반교육학자들이 제시한 교육계획과 학습계획에서 요구되는 요령과 교안작성방법의 원리에 관한 것이다. 이 내용을 잘 소화하면 교회교육계획, 성경교육계획 또는 성경학습계획을 수립하는 일과 성경학습을 위한 교안작성에 도움을 얻을 수 있을 것이다.

(1) 교육계획을 위한 준비

① 상황

첫째, 사회 문화적인 전제
둘째, 인간학적인 전제(학생, 학교, 학급, 가정과의 관계)

② 연관

첫째, 학생의 과거에서 본문의 제시
둘째, 학생의 현재에서의 본문의 관계
셋째, 학생의 미래에서의 본문의 의미
넷째, 성인의 세계 안에서의 본문의 현재와 미래의 의미에 대하여
(학생의 환경, 부모와 그룹 등)

③ 교육과정의 구체성

첫째, 교육계획과 교재 안에서의 본문의 장소
둘째, 학습목표 차원 안에서 목표의 서술
(인지적, 감성적, 실천적 차원)
셋째, 방법과 보조 수단의 선택과 근거

(2) 학습의 단계이론

학습이 이루어지게 하려면 교사는 다음과 같은 학습자들의 학습과정을 전제하여 교수진행을 이끌도록 준비해야 한다. 여기에 제시된 단계이론들

은 설정된 목표와 주제 하에 구체적으로 가르쳐야 할 내용이 몇 단계의 과정으로 전개되게 해야 할 것인지를 보여준다. 수업계획과 교안작성에 필수적인 것이다.

① 베르그와 도덴(Berg / Doedens)의 7단계 이론

첫 단계 : 주제의 선택
둘째 단계 : 사적이며, 공적인 생활에서 주제의 중요성에 대한 검토 그리고 여러 가지 사회적인 그룹의 입장들을 들어냄,
주제가 공적인 토론의 대상이었던가?
셋째 단계 : 주제의 전망에서 학생의 관심과 입장을 들어냄
넷째 단계 : 주제의 내용적인 구조의 결정
다섯째 단계 : 수업 주제에 관한 결정과 한계
여섯째 단계 : 수업 통일에 관한 범주의 목표의 결정
일곱째 단계 : 수업 통일의 설계 320)

② 교안 작성에 고려해야 할 점

본문의 이야기가 어떻게 시작되어야 할 것인가?(도입\ 동기유발)
본문이 어떻게 이끌어야 할 것인가?
본문의 언어적인 형성이 어떻게 이루어 졌는가?(구성, 경사도, 주된 말, 반복되는 것, 어려운 것들 등)
본문의 표현이 어떻게 다루어 졌는가? (부분적인 단락들 안에서, 질문 에서, 주제 안에서, 중심적 표현 속에서)
수업의 어떤 사회적 형태들이 사용되어야 하는가? (개인 공부, 두 사람의 공동 학습, 소그룹으로, 공동작업)

③ 헤어바르트(Herbart)의 학습방법의 3단계론
㉠ 인식단계(Wahrnehmen)

---

320) [참고] P. Heimann, u. P. Schultz, Unterrichtsplanung als didaktische Analyse, 1976 Stuttgart / München)

    ⓛ 사고단계(Denken)
    ⓒ 행동실천단계(Tun)

④ 헤어바르트의 학습 단계를 응용
    ㉠ 문제 제기(Problemstellung) 단계
    ⓛ 비판적인 검토(Finden und Suchen der Lösung)
    ⓒ 발견된 대답의 소화 단계 / 반복 단계, 확실하게 함, 훈련
    ⓔ 적용 단계(Verarbeitung der gefundenen Lösung)

⑤ 로드(H.Roth)의 학습 6단계 이론
    ㉠ 동기유발
    ⓛ 살펴보기
    ⓒ 공식적용
    ⓔ 해답 풀기 시도
    ⓜ 방식을 숙지하고 익힘
    ⓗ 다른 상황에의 적용 준비

⑥ 타우쉬(R.Tausch)의 5단계 이론

동기유발 : 주제와의 첫 번째 접촉 : 5분간
해답의 자유로운 발견: 자발적인 입장 정리 : 5-10분
지식의 전문성과 관련하여 검토(소 그룹 형성하여 학습지나 교재의
내용을 공부하게 함)
전체 시간의 40-80% 사용
전체 내용의 요약(5-15분간)
얻어진 인식과 통찰의 평가(다른 상황에의 적용을 위하여)[321].

⑦ 학습교안의 모델 평가에 대한 기준

    ㉠ 실제와의 연관성
    • 모델은 분명하고 이해적인 언어로 쓰여진 것인가?

---

321) [참고] Tausch, Erziehungspsychologie, 7. A. Göttingen 1973.

- 교사는 충분한 입장을 가지고 학습을 이끌고 있는가?
- 교사는 충분한 자유의 공간을 가지고 있는가?(학습 방법의 다양성, 문서와 수단의 응용 가능성과 암시 등)
- 학습자의 연령에 적합한 목표들과 학습 수단이 응용되었는가?

ⓛ 학습목표의 결정은 학생들과 사회의 상황과 신학적으로 결정적인 사건 이해를 전제하고 있는가?

ⓒ 부분적인 목표들 : 첫 언어적인 표현의 동기부여와 함께 어떤 것을 인식하도록 관련되어 있는지?

ⓔ 수단(Medien) : 어떤 기능이 여러 가지 수단에 접근적인가? 그것들은 어떤 관점에서 사용된 것인가? 성경적이며, 신학적인 텍스트는 어떤 역할을 하는 것인가?

ⓜ 학생 : 그들은 어떤 방식에서 활동적인가?

⑧ 학습매체의 응용(Medien)

청각과 시각을 위한 도구 체계(Audio-Video System)의 활용
ⓐ 인쇄물 이용(성경, 찬송가, 복음송 모음집 등)
ⓑ 필름, 비디오, 플랭카드, 사진, 그림, 슬라이드
ⓒ 흑판, 파워 포인트, OHP, 녹음기

5. 신앙교수학습의 다원적 방법적용

1) 의식과 상징적 매체의 활용

신앙의 학습에 있어서 중요한 방법론이 의식(Ritus)과 종교적인 상징물(Symbolik)을 통한 방법이다. 이것은 전통적으로 서구교회가 활용했던 방법이며 지금도 적용되고 있는 것들이다. 이러한 의식과 상징물을 통한 교육적 매체로서의 활용은 로마 가톨릭교회에서 오래 전에 행한 것이며, 루터교회에서도 선호하고 있는 것들이다. 우리 개혁파 교회와 장로교의 전통에서는 이러한 상징적인 매체들은 상당히 간과했던 것들이라 하겠다.

그러나 현대의 영상 매체의 발달과 더불어 교회교육과 기독교 교육에

서 다시금 의식과 상징물의 교수학적이며, 학습 방법론적인 의미와 가치 들이 새롭게 규명되고 있다.322) 그런 점에서 우리는 신앙교육의 방법론과 관련하여 새롭게 주목해야 할 부분이라고 본다. 더욱이 이러한 방법은 상 징적인 매체를 통하여 더 깊이 본질에 접근해 가도록 직관적이며, 감성적 인 수용의 효과를 얻게 하는데 그 중요성이 주목되는 것이다.

(1) 의식이란 무엇인가?

요수티스(M. Josuttis)는 그의 책에서 의식(ritus)에 대하여 다음과 같은 정 의를 제시 한다: 한 그룹이 자신과 함께 하는 동료를 위하여 한정된 상황 에서 그룹의 정체성을 확실하게 보여주는 상호 활동적 체계를 의식이라고 하였다323). 이러한 정의는 의식의 기능적 역할을 잘 표현해 준 것이라 할 것이다. 이러한 의식을 우리는 예배를 통하여 경험한다. 의식으로서의 예 배는 다른 이에게 그 어떤 영향을 미치기 위한 것이 목표이기보다는 하나 의 예술처럼 표현을 목표로 한다. 이러한 표현은 궁극적으로 이해를 목적 으로 하고 있는 셈이다. 하나님의 뜻을, 그리스도의 복음을 반복적인 의식 활동을 통하여 우리는 예배에서 그것들을 표현한다. 즉 더 구체적으로는 하나님의 것을 반복적으로 표현하여 인간으로 하여금 하나님의 실체를 이 해하도록 한다. 이러한 예배의 의식이 신앙교육의 중요한 방법이 되는 이 유가 바로 여기에 있다.

① 의식은 반복적 행위를 통하여 전통을 만들고, 시대의 불연속에서 연속 성을 지속시키는 도구이다.

의식은 과거와 현재를 연결시키고, 미래를 열어가게 한다. 종교적 인 절기 행사는 바로 그러한 의미를 가진 것이며, 우리의 생일 축 하, 각종 기념일의 의미들이 그것을 보여주는 예들이라 하겠다. 이러한 의식은 삶에 대하여 더욱 신뢰하게 하며, 희망을 갖도록

---

322) [참고] Peter Biehl, Symbole geben zu lernen I. II, Neukirchen 1992.
323) [참고] M.Josuttis, Praxis des Evangelium zwischen Politik und Religion, München, 1980, 89쪽.

도움을 준다.

② 의식은 사회적 관계를 형성하게 하며, 하나의 그룹으로 통합되는 역할을 한다.

③ 의식은 질서를 세워주며, 그것을 통하여 의미를 보증해 주는 역할을 한다.

④ 의식은 삶의 표현과 언어를 존속시켜준다. 그것은 표현적 성격을 가진다.

⑤ 의식은 하나의 대리적인 행동이다. 실체를 암시하는 성격을 갖는다.

⑥ 의식은 위기적 상태에 따라 개인 스스로와 공동체의 감성적 확실성을 갖도록 돕는 역할을 한다.

⑵ 상징적 매체의 중요성

'상징'(Symbol)이란 매체를 이용하여 실체를 표현하는 하나의 방식이라 할 것이다. 하나님의 계시는 인간이 쓰는 언어를 통하여 상징적 관계에서 기록된 말씀으로 표현되었으며, 우리는 언제나 하나님이 우리와 함께 하심을 대리적으로 이해한다.

우리 기독교는 예수 그리스도가 행하신 구원의 은혜를 언제나 십자가를 통하여 상징적으로 표현하였고, 오늘도 우리는 그러한 관계에서 하나님이 행하신 실제적 사건의 의미를 이해하는 수단으로 사용하기도 한다.

기독교의 세례와 성찬은 하나님이 그리스도를 통하여 행하신 은혜의 사건이 무엇인지를 경험하게 하는 상징적 실체로 사용한다. 이것을 신학적으로는 '가시적 은혜'(Visible Grace), 또는 '가시적 말씀'(Visible Word)이라고 부르기도 한다. 이러한 상징적 의미는 의식과 함께 예전에서 지금도 사용되고 있는 것이다. 여기서 우리는 어린이들의 성만찬 참여가 신앙의 일깨움에 비치는 영향이 어떠한지를 논의해 볼 수 있으며, 적용의 가능성을 타진해 볼 수 있을 것이다.

그리고 하나님의 실체를 성경말씀에서 경험하도록 하기 위하여 현대교수학적으로 제시된 방법이 상징교수학(Symboldidaktik)에 대한 이해이다. 우리는 독일의 빌(P. Biehl)에게서 상징교수학의 이론을 경험할 수 있을 것이다.324)

2) 기도훈련과 신앙학습

기도는 하나님과 직접적으로 대면하는 인격적인 만남과 대화, 교제의 의미를 가진다. 그 때문에 예수님은 제자들에게 기도하기를 강조하였고, 자신이 기도의 모범을 보여 주었을 뿐 아니라 기도의 본보기적인 예문을 직접 제자들에게 제시하기도 하였다(주기도문). 그리고 이와 같이 항상 기도할 때에 하늘의 아버지이신 하나님이 간구 하는 소리를 들으시며, 기도에 응답하시고 복과 은혜를 베푸신다. 그러한 경험은 우리로 하여금 하나님이 함께 하심을 느끼게 하며 확신하게 한다.

기도의 의미는 무엇을 이루려는 간구만을 소원하는 것이 아니며, 근본적으로는 하나님을 찬양하며, 감사하며, 하나님을 영화롭게 하는 예배와 같은 것이다. 그리고 하나님의 요구에 상응하지 못한 자신을 돌아보며, 반성하며, 그리스도의 피의 은혜에 힘입어 참회하는 회개의 기도가 포함한다. 그리고 하나님의 긍휼과 자비의 은총을 구하며, 자신의 고난과 우리의 이웃의 고난에 은혜 베푸시기를 간구하는 일이다. 그러므로 이러한 기도는 모든 신자들에게 가르쳐야 할 신앙교육의 내용이기도 하며, 경건을 연습하고 훈련하는 방법이기도 하다.

교육적으로 기도는 실제로 아이들이 하나님과의 교제를 실제화 하는 방법으로 가르쳐야 할 필요가 있다. 무엇을 기도할 수 있으며, 어떻게 기도하는 것이 좋은지, 교육되고 훈련될 필요가 있다. 아이들은 식탁과 아침에 일어나서, 저녁에 잠자리에 들 때, 또는 학교에서 공부할 때, 항상 기도하기를 힘쓰도록 깨우쳐야 한다.

---

324) [비교] P. Biehl, Symbole geben zu lernen, Einfuehrung in die Symboldidaktik anhand der Symbole Hand, Haus und Weg,Neukirchen 1991.

3) 예배의 신앙학습의 의미

예배는 신앙의 가르침을 위한 종합화 된 중요한 프로그램이다. 물론 예배의 목적은 전혀 교육적으로 의도된 것은 아니다. 그 때문에 교육에서는 비의도적인 교육방법으로 명명하기도 한다. 예배의 중심은 언제나 하나님과의 만남과 교제에 있다. 예배에서 진행되는 모든 순서들은 신앙학습에 중요한 의미를 제공한다.325)

4) 성례의 신앙학습의 의미

성례는 말씀 중심의 예배와 마찬가지로 하나님의 구원의 은혜를 경험하는 수단 중의 하나이다. 예전의 상징적인 수단들을 통하여 하나님의 임재를 경험할 뿐 아니라 영적인 교제의 중요한 의미를 제시하게 된다. 성례전은 하나님의 신비로운 은혜의 사건으로 전제한다. 신학적으로는 하나님과의 연합이요 그와의 은혜의 교제에 있음을 말한다. 여기서 우리는 기독교신앙교육의 중요한 또 하나의 방법론은 바로 이 성례의 의미 자체에 있다는 것을 부인할 수 없다. 전통적으로 로마 가톨릭교회가 성례를 일곱 가지로 제시하는 반면 종교개혁의 정신을 이어받은 한국 장로교회는 두 가지의 성례를 따른다. 그것은 세례와 성찬이다.

(1) 세례의 교육적 의미

세례는 물로 씻음의 상징적인 의식이지만 신학적으로는 죄 용서를 통하여 옛사람의 죽음과 새 사람으로의 변화를 경험하는 은혜의 상징적 수단이다. 세례는 예수님이 명령하신 말씀에 따라 모든 사람들이 하나님의 말씀을 듣고 자신이 하나님 앞에 죄인이며, 그리스도는 자신의 죄를 대신하여 십자가에 죽으셨으며, 부활하신 분으로 이제 그를 자신의 인생에 구주로 받아들이고 믿으면 구원을 얻는다는 사실을 확신하고 그리스도의 가르침을 따르기로 결심하는 자들에게 그리스도인 됨의 증표로써 세례를 베

---

325) [참고] 정일웅, '예배와 신앙교육', 교육목회학, 232-259쪽.

푸는 것이다.

세례의 교육적 의미는 역시 유아세례에 있다고 할 것이다. 출생한 아이들도 하나님의 그리스도를 통한 구원의 은혜를 입어야 할 자들로 전제하여, 부모들의 신앙에 근거하여 그 자신들이 신앙의 의미를 이해하거나 고백하기 전에 하나님의 자녀로써 구원의 은혜 가운데서 자라도록 교회와 부모가 책임지는 교육적 의미를 가진 것이다. 그리고 교회는 역사적으로 이러한 유아세례자들이 청소년 나이에 이를 때에 그들이 받은 세례의 의미를 일깨워 주는 과제가 중요하며, 아직 세례 받지 아니한 청소년과 성인 초신자들에게는 세례가 얼마나 중요한 것인지를 일깨워 세례의 은혜를 새롭게 인지하도록 돕는 중요한 신앙교육의 중요한 수단이다(견신례 또는 입교예식의 중요성).

(2) 성찬의 의미

성찬은 떡과 잔이라는 상징적 매개물을 통하여 예수 그리스도가 우리를 통하여 베푸신 하나님의 사랑이 어떤 것인지를 과거의 십자가 사건을 통하여 기억하는 일이며, 이러한 성찬에 그리스도는 성령으로 임하시어 지금 그의 백성들과 교제를 현재적으로 경험하게 한다. 그리고 성찬은 미래적으로 천국에서 주님과 함께 나누게 될 영원한 만찬의 식탁교제에 대한 선취행위로서 이해한다.[326] 신앙교육적으로 중요한 것은 그리스도의 우리를 위한 희생이 얼마나 큰 것인지를 상징적인 성찬의 의식을 통하여 가시적으로 경험하는 일이다. 이러한 경험은 예배에서 말씀의 들음을 통하여 하나님이 그리스도를 통하여 행하신 구원의 은혜에 믿음을 회복하고, 성찬에서는 그리스도가 행하신 것을 직접 가시적인 경험을 통하여 확인하고 그 믿음을 더욱 견고하게 확신하도록 하는 유익을 얻게 하는 방편인 것이다.

---

326) 정일웅, 기독교예배학 개론, 범지출판사, 2004 286-289쪽.

5) 교회력과 절기행사의 신앙교육적인 의미

교회력은 원래 그리스도인의 교회를 통한 예배생활을 돕기 위한 방편이었다. 그리고 그것은 그리스도가 행하신 구속사적인 역사적 사건을 따라서 그 날의 의미를 상기하게 하는 목적이 있다. 교회력은 원래 그리스도 중심의 구속사적인 사건의 역사적 의미를 기리기 위하여 만들어진 예배생활의 시간표와 같은 것이다.327) 구속사적 사건의 대표적인 것은 성탄절과 부활절, 성령강림절이 그 중심이며, 이와 관련하여 성탄을 기다리면서 지키는 대강절이 있으며, 부활전의 고난주간과 그 이전의 사순절과 부활 후 승천일 등이 그 대표적인 것이라 할 것이다.328) 이 외에도 추수감사절과 종교개혁기념일은 기독교가 대표적으로 지키는 절기라 할 것이다. 이러한 기념일에 행하는 예배와 설교 그리고 다양한 프로그램들은 교육적 의미를 충분히 반영하고 있는 것이라 할 것이다. 이러한 절기의 의미는 이미 유대교의 종교교육방법에서 잘 보여주고 있다. 그리고 이러한 절기 때의 예배는 교회교육에서 그대로 모든 세대들에게 적용할 수 있는 교육 프로그램이 되는 것이다.

6) 기독교영성과 영성훈련

현대 물질문명 속에 살아가는 그리스도인(목회자, 신학생, 평신도)들은 그리스도와 주님을 향한 신앙생활에서 하나의 위기를 느끼게 된다. 그 이유는 자본주의적 가치관에 사로잡힌 삶의 환경이 우리를 점점 더 지치게 하고 있기 때문이다. 지나친 실적의 요구와 함께 경쟁력 발휘의 무능력에 지쳐있으며, 자아실현과 자기목적 성취의 갈등으로 고민하게 되기 때문이다. 더욱이 지극히 인간의 자기중심적인 이기적 성향을 이기지 못하여 고민할 때가 많기 때문이다. 이러한 사회적 환경에서 우리의 영적인 생활이 더 힘 있고 건강하며 건전하게 되도록 하려면 우리의 주님을 향한 영성이

---

327) 전게서, 293-302쪽.
328) 전게서.

더욱 강한 모습을 유지하도록 힘써야 할 것이다. 그 때문에 오늘날 기독교 내에는 영성(Spiritualitaet)이란 언어가 새롭게 강조되고 있으며, 또한 기독교 영성훈련이란 이름으로 기독교신앙과 경건에 대한 새로운 신앙적 이해가 요구되고 있다.

⑴ 기독교 영성이란 무엇인가?

기독교 영성이란 '하나님과의 관계를 통하여 경험한 신앙적 태도와 이에 따른 영적인 경건상태'를 의미한다. 즉, 하나님의 뜻에 대한 철저한 순종의 태도로서 영적인 정신 상태를 말한다고 볼 수도 있다. 믿음의 강인한 모습이나, 태도라고 말할 수도 있다.

생각해보면 영성은 세상에서의 삶에서 인간을 유혹하며 시험하는 여러 시련 가운데서도 자신의 감정과 욕망을 절제하며 다스리고, 끝까지 인내로 하나님과 그리스도의 뜻에 순종하는 신앙적 태도를 가리킨다고 본다.

역사적으로 영성은 중세기의 수도원 운동에 그 뿌리를 두고 있다. 이것은 예수님의 삶과 인격을 본받고 따르려는 수도원 생활에서의 주님을 향한 신앙과 경건에 대한 열정적인 노력이라 할 것이다. 구체적으로는 인간의 욕망의 절제와 자기를 이기는 신앙의 극기와 순결을 통하여 하나님과의 영적인 관계를 더욱 견고하게 하는 신앙적 노력인 셈이다. 그리고 이러한 영성과 관련하여 우리는 성경에서 많은 교훈을 받을 수 있을 것이다. 롬 12 : 1 - 2에서 "너희 몸으로 거룩한 산제사를 드리라 이것이 너희의 드릴 영적예배니라"고 한 말씀에서 강한 영성의 요구를 생각하게 되며, 계속해서 2절 말씀에서도 바울은 "이 세대를 본받지 말고 하나님의 선하시고 기뻐하시며 온전하신 뜻이 무엇인지 분별하라"고 한 말씀에서도 영성의 중요성을 느끼게 된다. 특히 바울이 디모데에게 주었던 교훈인 딤후 2 : 1 - 7의 말씀에서도 영성훈련과 관련된 말씀을 발견한다. "내 아들아 그러므로 네가 그리스도 예수안에 있는 은혜 속에서 강하고 또 네가 많은 증인 앞에서 내게 들은 바를 충성된 사람들에게 부탁하라 저희가 또 다를 가르칠 수 있으리라 네가 그리스도 예수의 좋은 군사로 나와 함께 고난을 받을지니 군사로 다니는 자는 자기생활에 얽매이는 자가 하나도 없나니 이는 군사로 모집한 자를 기쁘게 하려 함이라 경기하는 자가 법대로 경기하지 아니하면 면류관을 얻지 못할 것이며 수고하는 농부가 곡식을 먼저 받는 것이 마땅하니라 내 말하는 것을 생각하라 주께서 범사에 네게 총명을 주시리라"

이 말씀들은 기독교의 영적인 지도자로 활동하는 자들이 깊이 새겨야 할 중요한 교훈의 말씀이다. 목사와 교사들은 항상 영적으로 그리스도의 말씀과 은혜 가운데서 강한자로 있어야 하며, 주의 은혜로 그리스도의 사역에 동참하는 자들로 일해야 할 것이다.

⑵ 영성훈련의 방법

강한 영성을 견지하기 위하여 어떻게 해야 할 것인가? 여기에 영성훈련의 필요성이 요구된다. 이것은 교회교육의 또 하나의 방법론이라고 볼 수 있다. 즉, 말씀의 묵상과 기도생활, 금욕생활 등은 수도원생활에서 사용했던 영성훈련의 필수적인 방법들이었다. 중세 수도원은 기독교 영성을 유지하고 보존하기 위하여 여러 가지 훈련의 방식을 만들게 되었는데 그 가운데, 성경읽기(lectio divina)를 전제하여 말씀의 묵상(meditaio)과 기도생활(oratio)은 중요한 영성훈련의 방식들이다. 그 외에도 금식하는 일이 포함되며, 금욕생활을 최대의 덕목으로 삼았다. 즉, 자기 욕망의 극복과 이기심의 절제가 영성훈련의 기본이었던 것이다. 또한 궁극적으로는 하나님의 임재를 경험하는 신비로운 영적교제를 최고의 영광에 이르는 방편으로 삼았다. 여기서 생겨난 것이 콘템프라티오(contemplatio)라고 부르는 관조(觀照)하는 기도방법이었다. 하나님과의 신비로운 만남으로 기도 가운데서 거룩한 주님을 바라보는 형태로 그의 영광에 머무르는 순간을 체험하게 하려는 방식이었다.

그러나 종교개혁자 루터는 이러한 '콘템프라티오'(contempletio)대신하여 '텐타티오'(tentatio)라는 것을 첨가하게 되는데, 그 이유는 하나님과의 신비로운 연합(mystica-unio)의 경험이 중요한 것이 아니라, 자신의 믿음의 결단의 장으로서 시험하는 것이 중요하다고 여겼기 때문이다. 독일의 실천신학자 슈뢰어 교수는 루터가 제시하는 삼중구도의 영성훈련방식을 교회(기독교)교육의 과제로 해석하면서, 중세 가톨릭 수도원이 제시한 방법과 루터의 것이 다르다는 것을 설명해 주었다.329) 그것은 세 가지, 즉 명상(meditatio)과 기도(oratio)와 시험(tentatio)하는 일이었다. 명상은 하나님의 말씀의 묵상이며, 기도는 그 말씀이 명하는 하나님의 선한 뜻과 은혜에 대한 감사와 찬양과 영광을 나타내는 것이며, 그 기도에 자기의 소원하는 바가 합당한 것인지를 묻는 물음이 포함된다고 할 수 있다. 그리고 세 번째 단계인 시험은 하나님 앞에서 자기를 검토하는 일이라고 하였다.330)

그는 계속해서 '기도와 명상과 시험'이란 영성의 삼중 구도가 어떻게 교회(기독교)교육의 구체적인 방법론인 영성훈련으로 연결되어야 할 것인지를 다음과 같이 설명한다. "기독교가 과연 무엇인가는 성령에 의해서 규정된다. 칭의란 성령을 통한 성화(聖化)에 목표를 두고 있다. 그렇기 때문에 영성은 다른 영적 교육과 마찬가지로 경건함의 원천인 것이다. 초대교회의 그리스도인들은 무엇이 자신들을 그리스도인이 되게 하는지를 잘 알고 있었다. 그것은 바로 성령이었다". 더 정확히 말해서, '그리스도와 하나님의 영이 우리를 소유하고 있다'고 그들은 말했던 것이다. '성령에 의한 삶'이란 바로 기독교적으로 산다는 것을 의미한다고 강조한다. 그리고 그는 기도의 중요성을 특별히 시험과 관련하여 자기 안전함을 위한 정당화가 아니라, 하나님 앞에서 얼마나 확실성을 얻게 되는 일인지를 이렇게 표현한다. 고린도전서 1:14에 나타난 영과 이성은 결코 대립되는 것이 아니다. 루터 이래로, 영성은 기도와 명상과 시험이라는 삼중구도를 통하여 더 자세하게 규정되었다. 이것을 교육학적으로 변형시킬 가치가 있다. 기독교적 책임 속에 있는 교육은 인간의 특권인 기도에 대한 교육이다. '하나님을 필요로 한다는 것은 인간이 가질 수 있는 최고의 완전함이다'라고

---

329) [비교] H.Schoeer, 전게서 23쪽.
330) 전게서 24쪽.

키엘케골이 말했다. 그는 계속해서 '기도하는 사람은 하나님과 싸우는 것인데, 하나님이 승리하심을 통하여 자신도 승리하게 된다'고 하였다. 기도는 욥의 경우처럼 일종의 투쟁이 될 수도 있지만, 시편의 경우처럼 간구와 탄식 그리고 찬양과 감사이기도 하다. 시편은 성경에 나타난 기도서이다. 우리는 이 시편 속에서 묵상(시편 1)과 자기 자신을 말씀에 침잠(沈潛)시키는 법, 풍성한 열매를 가지고 있는 반복기도 그리고 상징적 언어와 예식의 실재를 통해 나타나는 관점들을 인식하는 법 등을 배우게 된다. 세상은 자기우상화와 물질숭배라는 의식에서 해방되기 위해서, 거룩함이라는 상징이 필요하다. 이것은 일종의 시험(Anfechtung)인 것이다. 중세의 신비주의가 이미 명상이나 신적합일(unio)을 영성훈련과정에서 도달할 수 있는 최고의 단계로 설정해 놓은 바로 그 곳에서, 루터는 객관적인 태도를 취하면서 시험은 무엇인가를 결정하는 장소로 제시하였다. 하나님에게 시험을 받게 됨으로서, 우리는 믿음이라는 것을 자신의 소원을 성취하는 것으로 만들어버리지 않게 되는 것이다.

루터와 마찬가지로, 확실성(ceritutido), 즉 자기정당화(securitas)의 충동 속에서 생기는 안전감 대신에 하나님의 자유로운 은혜에 기쁘게 거하는 확실성에 대한 목표가 설정된다. 자기에게 관심을 갖는 것은 어쩔 수 없는 일이지만, 이것이 사랑에 대해서 열려있지 않는 자기 독선이 되어서는 안 된다. 세상에서 일어나고 있는 여러 가지 사건들을 통하여 이제 '안전'이라는 단어는 매우 중요한 의미를 가지게 되었다. 그래서 우리들도 안전에 대해서 관심을 가져야 하지만, 그리스도인의 자유를 위한 근거로서의 확실성이 우리들에게는 더 중요한 것이다. 이러한 길 위에 도움을 줄 수 있는 안내자는 두려움이 아니라, 로마서 8장에서 말씀하고 있는 바와 같이 우리에게서 떼어놓을 수 없는 그 신뢰와 사랑인 것이다"[331].

우리는 슈뢰어의 말에서 말씀에 대한 명상과 기도가 얼마나 자기를 하나님 앞에서 시험하는 일과 깊은 연관성을 가진 것인지를 교훈 받게 된다. 안전함을 추구하는 자기정당화 또는 자기의 소원하는 바에 대한 자기

---

331) H.Schroeer, 전게서.

합리화가 아니라, 하나님 앞에서 자유로운 하나님의 은혜에 따라 성령의 도움으로 기꺼이 기쁨으로 결단하는 그 확실성, 그것이 바로 지금 기독인의 영성인 것이다. 그 확실성으로 주님을 따르고, 그의 뜻에 순종하는 삶을 살아가는 그것이 성령이 함께 한 영성으로 이해되는 것이다.

결국 영성훈련은 성령의 은혜아래 살아가는 법을 배우고 익히며, 자신의 삶이 언제나 믿음(확실성)으로 그리스도를 따르게 되는 것이라 할 것이다. 오늘날 우리 한국사회와 관련해서 영성훈련은 더 강하게 교회(기독교)교육의 실제적인 프로그램으로 구체화 되어야 할 필요가 있다. 신학생의 영성과 목회자의 영성, 평신도들의 영성이 어떠해야 할 것인지를 규명할 뿐 아니라, 그 구체적인 방법을 교회(기독교)교육의 과제로 실천되게 해야 할 것이다.

제 6 부
교회의 신앙교육방법론(Ⅱ)

제 6 부 : 교회의 신앙교육방법론(2)

교회의 신앙교육의 의도적이며, 계획적이며, 지속적인 교육과제를 실천하기 위하여 교육행정이 필요하다. 행정은 기획과 조직과 관리와 운영을 그 중심으로 하고 있다. 교육행정은 바로 교육적 의도를 정책으로 수립하고, 조정·기획을 해야 하며, 그러한 교육의 목표가 실행되도록 교육계획을 조직해야 하며, 그 교육조직은 교육실천을 관리하고 운영하도록 해야 하는 것이다. 이에 필요한 도구가 교육행정이다. 그리고 교육대상과 교육구조를 어떻게 기획하고 조직하느냐에 따라 교육 의도의 실현은 그 준비에 좌우된다고 할 것이다.

이 장에서 다루려고 하는 것은 교회내에서 이루어지는 모든 교육적 의도가 체계적이며 조직적으로 수행되도록 필요한 교회(기독교)신앙교육의 방법론에 관한 것이다. 먼저 교회의 신앙교육의 사역을 책임져야 할 인력으로서 교회의 직분과 교사의 직분에 관하여 다루게 될 것이며 또한 교회교육의 전문가요 책임자인 목회자양성과 강도사훈련 그리고 교회교육전문인(교사, 교육사) 양성 등에 대한 방법들을 제언하게 될 것이다.

1. 교회의 직분과 신앙교육의 책임

1) 교회의 직분이해

장로교회의 창시자인 요한 칼빈은 그의 기독교강요 제 3장 교회의 가르침에서 4가지 교회의 직분에 대하여 언급하였다. 그것은 목사(Pastoren), 교사(Doctoren), 장로(Presbyter), 집사(Diakonen)의 직분에 관한 것이다.332) 그 이후 장로교 내에서는 교회의 직분으로 4가지가 기본을 이루게 되었다.

이러한 직분은 현재 한국장로교회(합동측)에는 '교회의 항존직'이란 이

---

332) [비교] A. Ganoczy, ECCLESIA MINISTRANS, Freibug 1968, 246-329쪽.

름으로 목사·장로·집사의 세 직분이 교회직분의 중심을 이루고 있
다.333) 이러한 직분은 목회사역에서 엄격히 그 책임영역이 구분된 목사의
직은 하나님의 말씀을 가르치고 설교하며 교회의 성례(세례와 성찬)거행의
책임과 교회치리에의 참여권을 가진다. 장로의 직분은 목사와 함께 성도
개개인의 영혼을 돌보고 교회공동체를 다스리는 정치와 행정의 책임을 맡
도록 하였다. 원래 칼빈이 생각했던 교사(doctor)의 직분은 오늘날 신학교
에서 성경을 가르치는 신학교수 신분을 생각했기 때문에 한국교회는 그
직분을 지 교회의 직분으로는 수용하지 않았다. 그리고 집사의 직은 장로
직과 마찬가지로 안수하여 세움을 받는 것을 원칙으로 하고 있으며 교회
의 모든 사역에 봉사의 정신으로 섬기는 일꾼의 직분으로 되어 있다. 그
리고 복음사역에 봉사하는 임시직분으로 부목사와 교육목사의 직 그리고
남성 전도사의 직을 두고 있으며 여성에게 부여하는 권사직과 여전도사의
직분이 있다. 동시에 주일학교와 청소년의 신앙교육사역을 책임지게 하기
위하여 임시직으로 교육전도사의 직분을 두고 있다. 그리고 교회교육에
참여하는 평신도로서 교사의 직분이 있다. 그러나 독립된 직분이기 보다
는 섬기는 봉사직이다. 물론 평신도 선에서 임시직분으로 간주된 서리집
사의 직분이 있기도 하다. 매년 임명하는 것으로 되어 있으며 그러한 일
꾼들 가운데서 안수집사로 권사로 장로직의 후보자로 선발되기도 한다.

이러한 교회직분의 대의는 어디까지나 '만인제사장'이라는 종교개혁의
원칙에 근거하고 있으며, 개개인의 믿음의 분량과 성령의 은사에 따라 직
분이 부여되는 것을 원칙으로 삼고 있다. 그리고 모든 직분은 주님의 교
회를 세우는 일에 섬김의 일꾼으로 쓰시기 위하여 하나님이 세우신다는
원칙을 또한 전제한다. 그리고 교회안에 이와 같은 여러 직분이 상존하는
것은 교회안에 있는 하나의 직분을 섬기기 위한 것이 아니라, 오직 한 분
살아계신 주님을 섬기기 위한 것이라는 대 원칙을 전제하고 있다. 그것은
로마 가톨릭교회의 직분과 달리 직분의 계급적인 문제를 극복하기 위한
것이었다. 그러나 한국교회 직분의 실제는 언제나 원칙과는 거리가 있음

---

333) 대한예수교장로회헌법(합동측), 제3장 2조, 총회출판부, 1966 144쪽.

을 경험하게 되는 것이 문제라 할 수 있다.

2) 교회의 신앙교육의 책임 : 목사와 교사

교회의 신앙교육의 책임은 역시 목사에게 있다. 목사(牧師)라는 명칭은 원래 양 무리와 그 양 무리를 돌보는 목자(牧者)의 관계로 이해된 목양적인 사역과 하나님의 말씀을 설교하고, 가르치는 교사로서의 책임을 가진 자를 가리킨다(엡 4 : 11 ;요 21 : 15-17). 무엇보다도 교회에 초대되어 온 새신자들에서부터 기존신자들, 그리고 어린이와 청소년 등 교회의 모든 신자들에게 기독교신앙의 진리를 가르치고 깨우치는 교육적 책임은 목사에게 있다. 그러나 실제로 목사는 그 모든 일을 혼자서 다할 수 있는 것이 아니다. 그 때문에 그의 가르침의 사역은 주일학교의 교사들에게 위임하게 되며, 주일학교에는 여러 평신도 교사들이 목사에게서 가르침의 사역을 위임 받아 성경을 가르치는 봉사를 하게 된다. 그러므로 엄격한 의미에서 목사의 직임과 동일한 교사의 직이라고 볼 수는 없으나, 그럼에도 불구하고 그들이 행하는 주일학교와 청소년 지도에서의 사역은 결코 목사의 직임과 다를 바 없는 의미를 가진 것으로 보아도 좋을 것이다.

3) 교사의 권위는 무엇인가?

여기서 중요한 것은 교사의 권위에 대한 것이다. 목사와 교사의 권위는 신학적으로 어떻게 설명되는 것인가? 그것은 역시 예수님이 그의 제자들에게 부여하신 사도적인 권위와 관련하여 해석될 수 있다고 본다. 마 28 : 18 - 20말씀을 보면 "하늘과 땅의 모든 권세를 내게 주셨으니 그러므로 너희는 가서 모든 족속으로 제자를 삼아 아버지와 아들과 성령의 이름으로 세례를 주고 내가 너희에게 분부한 모든 것을 가르쳐 지키게 하라 볼찌어다 내가 세상 끝 날까지 너희와 항상 함께 있으리라"고 말씀하였다. 특별히 이 말씀을 다시 해석해 보면 하나님께서 하늘과 땅의 모든 권세를 예수에게 부여하였고, 그 권세를 역시 제자들에게 부여함을 전제하여 이제 모든 족속에게로 가서 주님이 분부하신 모든 것을 가르쳐, 그들로 하여금 그 말씀을 지키게 되도록 세례를 주는 일과 가르침의 사역이 제자 삼는 일로 지속되게 했다고 보며, 동시에 "항상 함께 하시리라"고 한 말씀에서 성령의 함께 하심과 도우심으로 이해하게 된다.

그러므로 진정한 복음의 교사는 그의 가르침의 권위가 그리스도와 성령에 의존되어 있음을 알아야 한다. 그리고 종교개혁의 전통은 그리스도가 성령의 은혜 가운데서 행하신 구원의 사역이 세 가지 직분, 즉 왕으로서, 제사장으로서, 선지자로서의 직임과 관계된 사역으로 이해한다. 그 때문에 실제로 교회내에서 가르침의 사역을 책임진 교사의 직분 수행은 그리스도의 삼중 직에 연관하여 해석될 수 있는 것으로 본다. 교사의 직분이 왕, 제사장, 선지자로서의 기능적 역할에 관계되어 있다는 사실을 하퍼는 그의 책에서 상세히 밝히고 있다334). 하퍼의 생각은 먼저 교사는 왕으로서의 기능적 역할이 있음을 강조하였는데, 그것은 루소나 진보주의 사상에서 강조되는 것처럼, 아이들이 기성의 그 어떤 간섭을 받지 않고 자연 상태에서 자라도록 해야 한다는 자유방임형의 교육에 이의(異意)를 제기하고 있으며, 잘못된 습관과 버릇에 대하여 교사의 다스림의 책임이 요구된다는 것을 강조한 것이다. 그리고 선지자적인 역할에 있어서도 기독교복음의 교사는 어떤 과목을 가르쳐도 하나님의 말씀인 복음의 관점에서 가치를 파악하고 분별하여 가르쳐야 한다는 성경의 권위를 더 중요하게 생각한 것이다. 그리고 제사장적인 기능에 있어서도 교사는 가르치는 학생을 위하여 기도해야 할 책임을 강조한 것이다.

2. 교회교육과 교육행정

교회의 교육행정은 교회가 지향하려는 복음의 선교적이며, 목회적인 정책에 의지하여 실제적인 교육프로그램을 만들고 그것을 시행하려는 일 일관되게 잘 진행되도록 교량역할을 하는 일이라고 할 수 있다. 그러므로

---

334) N.E.Harper, Making Disciples,이승구역, 제자훈련을 통한 현대기독교교육, 1984 156-165쪽.

교육행정은 어디까지나 의도된 교육계획이 지속적으로 실현되도록 잘 조직해야 하며, 그 조직된 교육프로그램이 교사들의 도움과 교회의 재정지원과 함께 잘 운영되도록 관리하고 보살피는 역할을 수행해야 하는 것이다. 여기에는 이 모든 일을 책임지고 시행할 수 있는 교육행정가 또는 교육전문가가 요구되며 그 일을 부분적으로 책임을 맡아 도우는 교사들이 요구되는 것이다.

1) 교회의 교육행정 기구와 조직

⑴ 교회교육위원회

교회내에는 교회교육의 정책을 수립하고, 자문하며, 교육업무가 잘 조직되고 관리·운영되도록 교육위원회를 두어야 한다. 교육위원의 수는 평신도 차원에서 교회구성원의 비율로 정하되, 담임목사, 교육목사, 강도사, 전도사, 교육전도사 또는 교회(주일)학교의 책임자는 당연직으로 참여하게 하면 좋을 것이다.

⑵ 교육위원회의 직무

교육위원회의 직무는 교회의 모든 교육조직과 관련하여 교육정책을 심의 의결한다. 그리고 운영 관리에 필요되는 일들을 살피고 지원한다. 예를 들면 교재선택, 교육예산지원정책, 교회교육 등을 직접 시행하고 평가하는 일, 교육기자재의 지원, 교사모집과 선정, 훈련 등의 프로그램 협조, 교육의 연중 계획 수립, 장기계획 수립 등의 책임을 가진다.

⑶ 교회(주일)학교의 기구와 조직

교회학교의 기구표

① 어린이학교(주일학교)

    ㉠ 유아부(2~3세)

    ㉡ 유치부(4~5세)

ⓒ 유년부(6~9세)

ⓔ 초등부(9~12세)

② 청소년학교

㉠ 청소년 1부(13~15세)

㉡ 청소년 2부(16~19세)

③ 청년 - 장년 - 노년학교

㉠ 청년 1부(18~24세)

㉡ 청년 2부(25~35세)

㉢ 청·장년부(36~60세)

㉣ 노년부(61세 이상)

⑷ 교육목회의 관점에서 본 교회학교의 기구조직

① 유년주일학교

㉠ 영아부(3세까지)

㉡ 유아부(4~5세)

㉢ 유년부(초등학교 1~3)

㉣ 초등부(초등학교 4~6)

② 청소년학교

㉠ 청소년 1부(중등부 / 신앙학습반 / 입교자반)

㉡ 청소년 2부(고등부/신앙학습반/입교자반)

③ 청장년학교

㉠ 청년부1·2부(성경 연구와 봉사 활동 중심 / 각종 신앙 세미나)

㉡ 장년부(평신도 훈련 ; 성경 연구와 봉사 활동 중심의 아카데미 운영)

④ 노년기학교(65세 이상의 노인을 중심)

첫째로 교회교육은 신앙의 초보단계와 성숙단계(진보 단계)의 교육
과정의 입장에서 보아야 한다.

둘째로 교회교육은 교육대상을 크게 성장세대와 기성세대라는 관
계에서 보아야 한다.

셋째로 교회교육은 교회의 관점에서 이끌려져야 한다.

이러한 앞선 제안의 원칙에 견주어 볼 때 문제가 되는 것은 성인들에
해당하는 새신자들을 어떻게 기존신자들로 수용해야 할 것이지를 고려할
때 성인 새신자들을 위한 기초 신앙학습반을 3개월 과정으로 운영하면 좋
을 것이며, 이 과정을 마치면 분명한 신앙고백과 신앙의 서약과 함께 기
존 공동체로 받아들이고 이때에 세례를 받게 하고 성찬에 참여하여 주님
과 교제하게 해야 할 것이다.

청소년 1부(중등부)의 아이들은 3년간의 신앙학습과정과 입교준비교육
거쳐 세례와 입교를 하게 하면 좋을 것이다. 이 과정은 3년 과정으로 어
렵다면 중등부 3년 학생들이나 고등부 1년 과정의 학생들을 약 1년 동안
집중적으로 이 과정을 마치면서 일제히 세례를 받게 하고 입교하여 성찬
에의 참여를 배려하는 것이 좋을 것이다. 이 교육과정은 주일날 공과교육
과는 구별하여, 다른 평일에 실시하게 하게 하되(토요일 오후) 부모의 협조
와 동의에 의하여 그리스도인 가정의 아이들은 의무적으로 참여케 하고
비 그리스도인들의 자녀들은 목사나 교사의 가정 방문으로 부모의 동의를
받아 내거나 구미의 장로교회들이 실시하는 대부(代父)제도를 활성화하여
목사나 장로나 교사가 그 청소년의 대부가 되어 세례를 받게 하고 기독교
의 환경에서 온전한 신앙의 성장이 이루어지도록 책임지게 한다.

2) 교육기관의 관리와 운영

교육기구의 관리와 운영은 어떻게 이루어지는 것이 바람직한가? 교회
는 교육전문가(교육목사)를 세워서 교육기구의 각 부서들이 관리되고, 운영

되도록 하는 것이 좋다. 한국교회는 오래전부터 주일학교를 운영함에 있어서 각 부서에 교육책임자(교육전도사)들을 세워서 그 실무의 운영을 책임지고 관리하게 하고 있다. 물론 교회의 규모와 형편에 따라 특생을 가지기는 하지만, 대체로 부서책임과 운영은 2중적 구조를 가진다. 예를 들면 주일학교 각 부서의 운영책임자는 평신도(장로, 안수집사)와 성직자(교육전도사)차원의 양면에서 교육책임을 분배하고 있다. 그리고 각 부서의 모든 행정을 전체적으로 관장하는 서무행정의 부서와 교무행정의 부서, 그리고 생활지도부서의 3부서 형태로 행정을 세분화하고 있다.

(1) 서무부서

이 부서는 사무행정의 업무와 교육시설에 관련된 설비업무와 재정관리와 집행의 업무를 관장한다.

(2) 교무부서

행정의 업무는 교육전체에 관한 실무분야를 책임진다. 부장과 지도자, 교사 임명과 관련하여 교육위원회를 거처 당회에 천거하는 업무, 예배와 공과교육의 연간계획과 월간계획, 주간계획을 관장하며 진행한다. 공과공부를 준비하는 업무, 각부서의 교육실재를 평가하는 일, 교사를 적절히 배치하고 지원하는 일, 공과교육과 관련하여 필요되는 교수방법과 교육기자재활용을 지원하는 업무 등이 여기에 해당한다.

(3) 생활지도부서

학생들의 신앙생활의 실제적인 면을 지도하는 일이다. 전도, 봉사하는 일, 생활훈련, 개개인의 생활의 문제를 돕는 일 등에 한정될 수 있다. 이 부분은 교사전체가 각자의 맡겨진 반 아이들을 돌보고, 회심으로 인도하며, 구원의 확신에 이르게 하며, 성령의 충만한 은혜의 체험을 갖도록 돕는 일이다. 아이들이 봉사활동에 적극적으로 참여하도록 돕는 일, 개별상담과 생활지도를 위하여 심방하는 일, 새로 출석하는 아이들을 관리하고 돌보는 일, 복음전도에 참여하도록 지도하는 일, 그리고 학생의 생일축하 등이 여기에 포함된다.

(4) 교회(주일)학교의 관리와 운영

교회학교 운영과 관리의 책임은 근본적으로 학교의 장인 목회자에게 있다. 그러나 그 책임이 위임된 것이기에 교육전문가인 교육목사와 각 부서를 책임진 부장의 몫이라고 할 수 있을 것이다. 그들은 교육부서의 책임자들을 잘 관리할 뿐 아니라, 교사들이 그들의 맡은 각 반의 학생을 잘 지도하도록 격려하며, 돌보는 일을 책임져야 한다. 원래 한국교회는 주일학교제도의 도입과 함께 평신도 교사제도가 도입되었다. 그리고 교사들은 어디까지나 믿음으로 섬기는 봉사정신을 근본으로 삼고 있기 때문에 교회는 그들의 수고를 격려할 뿐 아니라, 좋은 것들로 함께 나누는 배려가 뒤따라야 할 것이다.

실제적인 운영에 있어서는 각부서조직의 책임과 한계를 잘 조정해야 하며, 그 책임의 범위에서 자발적인 봉사가 이루어지도록 협조해 주어야 한다. 각 부서의 책임자들은 교육책임자에게 정기적인 보고를 하게하고, 교육책임자는 교회학교전체의 운영을 주도면밀하게 직시하고 있어야 한다. 교사들은 정기회합의 시간을 통하여 자신들의 교육행위를 되돌아보고, 평가하게 해야 한다. 그리고 설정한 교육목표대로 잘 진행되는 지를 확인해야 한다. 또한 교사들의 봉사는 근본적으로 그리스도의 은혜에 근거하기 때문에, 성령의 도움을 구하는 정기적인 기도회가 열려지게 해야 한다. 그리고 필요한 재정지원을 아끼지 않고 협력하게 해야 할 것이다.

3) 교회교육비 재정지원

교회교육을 활성화하고 교회학교를 운영하는 일에는 교육비지원은 필수적인 일이다. 개교회의 교육규모와 형태에 따라 교육비의 재정예산 규모는 차이가 있을 수 있지만, 대체로 그 비용은 전체 교회예산액의 30% 정도는 되어야 할 것이다. 그리고 교육예산은 그 규모를 교회공동의회에 상세히 설명하고 재정지원을 근본적으로 확보하는 일도 중요한 것이라고 본다. 물론 교회형편에 따라 교육프로그램의 비용을 정해놓고, 그 필요되는 재정을 교인들에게 호소하여 모금하는 형식을 취할 수도 있을 것이다.

3. 교회교육교사훈련과 자질형성

1) 교사의 권위와 자질

(1) 주일학교 교사의 권위는 어디서 온 것인가?

첫째로 하나님의 권위에 의존된 것이다. 왜냐하면 교회의 교사는 하나님이 세우신 것이기 때문이다. 하나님은 창조주로서 그리고 만물의 주인으로서 그가 교육자이시다. 그는 인간이 알아야 할 모든 내용을 계시하셨다. 코메니우스의 범교육론에 따르면 하나님은 인간이 알아야 할 내용 세 가지를 계시하셨는데 그것은 하나님이 창조하신 자연세계이며, 인간의 정신이며, 성경이라고 했다. 그리고 이러한 교육을 하나님은 시대마다 지도자를 세워서 가르치게 하신 것이다. 그러므로 하나님은 인간이 배워야 할 교육의 목적을 성경에 제시하셨으며, 교육의 내용을 제시하였고 또한 그러한 교육을 역사적으로 하나님의 사람들을 세워 실천하게 하였고, 또한 선지자들을 세워 이러한 교육을 실천하게 하신다. 신약에 와서도 하나님의 교육은 그리스도를 통하여 새롭게 전개되었고, 제자들과 사도들을 통하여 계속되었다. 이러한 교육을 사도 바울은 바로 하나님의 교육으로 명명하였던 것이다(고전 3 : 6). 그리고 이러한 교육에 교사들을 하나님이 세우셨다고 증거하고 있다(고전 12 : 28 이하 ; 엡 4:11).

둘째는 예수님의 권위에 의존되어 있다. 예수님은 성육신 하신 하나님이다. 하나님의 계시는 그를 통하여 새롭게 나타난 것이다. 예수님은 하나님이 함께 하시는 권위로 하늘나라의 진리를 가르치셨다. 그의 가르침은 보통 사람들의 것과는 같지 않다고 마가는 증거 하였다(막 1 : 22, "뭇 사람이 그의 교훈에 놀라니 이는 그의 가르치시는 것이 권세 있는 자와 같고 서기관들과 같지 아니함일러라"). 또한 예수님의 가르침에는 많은 사람들이 놀라고 감탄했던 것이다(마 7 : 28-29 ; 눅 4 : 32).

이와 같이 예수님은 하나님의 권위로 복음을 가르쳤던 것이다. 특별히 예수님은 마태복음 28 : 18-19말씀에서 그의 권위가 하나님에게서 주어진 것임을 밝혀 주었으며, 동시에 그 권위를 그의 제자들에게 부여하시면서 "너희는 가서 모든 족속으로 제자를 삼고 아버지와 아들과 성령의 이름으로 세례를 주고 내가 너희에게 분부한 모든 것을 가르쳐 지키게 하라" 고 명령하셨던 것이다. 그러므로 주님의 교회에 세움 받은 교사의 권위는 바로 예수님에게 의존된 것임을 확인하게 되는 것이다. 그리고 예수님은 자신의 전 삶을 통하여 섬김이 무엇이며, 사랑이 무엇인지를 보여주신 완전한 인간으로서 본을 보여주신 교사 중의 교사이시다.

셋째는 성령의 권위에 의존된 것이다

예수님은 승천하시기 전에 그의 제자들에게 성령이 오시면 너희가 권능을 받고 예루살렘과 사마리아와 땅 끝까지 이르러 내 증인이 될 것이라고 하셨다(행 1 : 8). 성령이 예수님을 대신하여 땅에 오셔서 믿는 자들과 함께 하실 것을 여러 번 약속하셨던 것이다(요 16 : 12 - 15 ; 고전 2 : 10 - 13 ; 요 14,26 ; 갈 5 : 22 ; 엡 5 : 18).성령은 언제나 위로자로서 도우시는 자로서 그리스도인과 함께 하셔서 하나님의 일이 열매 맺도록 하신다. 그리고 성령은 또한 은사를 주셔서 하나님의 일이 진행되게 하신다(고전 12 : 4-11).[335]

(2) 교사의 자질과 자격

① 가르치는 은사가 있어야 한다(롬 12 : 7 ; 고전 12 : 28 ; 엡 4 : 11).

② 가르침의 소명을 받아야 한다(사 1 : 11-17 ; 호 6 : 6 ; 마 9 : 13;12 : 7).

③ 학생들을 사랑해야 한다(갈 5 : 22 ; 요 21 : 15-17).

④ 스스로 배우는 교사(기독교적 인생관 ,세계관 가치관에 기초하여 성경에 대한 지식 교과에 대한 지식 성경 해석에 대한 능력이 있어야 함, 인간 이해와 함께 교수 방법에 대한 능력을 가져야 함)

⑤ 인격에 있어서 모범 된 자(본을 보이는 교사)

---

335) [참고] Robert W. Pazmino, By what Authority do we teach? grand rapid 1994.

⑥ 기도하는 교사(성령의 도움에 의존)

2) 교회교육 교사훈련의 과제

교사훈련은 교회교육의 실현을 위해 시급히 요구되는 사항이다. 현재 많은 교회들은 개 교회적으로 교사양성을 위하여 교사 단기대학, 교사세미나, 교사 훈련 등의 프로그램을 준비하여 그 나름대로의 교사훈련에 힘쓰고 있는 것으로 안다. 그러나 바로 이러한 개 교회적인 교사훈련은 당연한 것임에도 불구하고 교단 전체적으로 볼 때, 아니 한국교회의 전체로 볼 때, 교회교육을 책임질 수 있는 교사의 능력과 질적인 평준화와 통일성을 유지할 수 없다는데 문제가 있다. 그리고 교회교육에 종사하는 평신도들의 역할로서는 근본적으로 교회신앙교육의 전문성을 기대할 수는 없다는 점이다. 그러면 어떻게 해야 할 것인가? 평신도교사들은 봉사차원에서 협력하도록 할 수 밖에 없지만, 그 대신 교회교육을 책임질 수 있는 전문가를 길러야 한다는 점이다.

중요한 것은 시급히 한국교회의 교파연합차원에서나, 개별 교단차원에서나 또는 노회차원에서 지교회의 교사훈련 프로그램을 만들어 정기적인 교사 훈련을 실시하여 교사자질을 보완하는 일을 시행해 가야할 것이다. 무엇보다도 먼저 교육과 신학의 관계에서 교회교육을 책임질 수 있는 교사를 훈련시키는 일이다. 그리고 교회교육연구소를 설치하여 전문가들을 생산하는 작업을 전개할 필요가 있다. 그리고 다양한 교육프로그램의 개발과 새로운 성경공과나 신앙교육서를 개발하도록 해야 할 것이다.

3) 현재 교회교육전문가의 자질과 활동에 대한 평가

한국교회는 교회(주일)학교교육의 실제적인 책임을 신학생들에게 맡겨놓고 있다. 신학생이 되면 '교육전도사'란 이름으로 교회교육의 각부서의 신앙교육과 지도를 책임지게 하고, 교회교육의 전문가의 역할을 감당하게 한다. 이러한 제도는 상당히 오랜 전통을 가진 것으로 그 일을 맡은 신학생들에게는 상당한 일자리가 되고 있으며, 그러한 상태에서 교회교육을 경험하게 하는 실습의 의미를 가지며, 개별적으로 교회교육의 전문성을 길러볼 수 있는 기회가 된다고 생각한다.

그러나 필자는 바로 그러한 전통적인 제도의 존속이 현재 교회교육을 무능하게 하고 있으며, 아무런 교회교육의 발전에 기여하지 못하는 문제점을 가지고 있다고 생각한다. 왜냐하면 먼저 신학생들은 현재 신학교에서 신학교육을 받고 있는 자들이다. 그들은 교회교육에 아무런 전문성이 준비되지 못한 상태에서, 즉 비전문가의 상태에서 교회교육을 책임지게 하고 있는 것이다. 그 때문에 교회교육은 그 어떤 개선이나, 진보적인 모습을 기대하기가 어렵다는 것이다. 그리고 비전문가들에게 교육을 맡겼을 때, 그들은 각부서의 발전을 위하여 개별적으로 부족한 전문성을 회복해 보려고 많은 노력을 기울이고 있는 줄 안다. 하지만 역시 전문성을 갖지 못한 자들은 유행하고 있는 다양한 교회학교 프로그램들을 도입하여 오히려 교회를 혼란하게 해 놓는 모습도 경험한다. 그 때문에 교회교육, 무엇을 어떻게 해야 할지 그 본래의 과제실현의 표준은 사라지고, 방법론의 적용에 휩싸인 매우 혼란스런 주일학교를 만들고 있는 모습을 본다. 물론 개척교회의 상황이나, 교회교육의 전문가를 세울 수 없는 재정상태가 어려운 교회는 예외라고 볼 수 있다.

그렇지만 최근의 변화로는 교회교육의 중요성을 인지하고 있는 상당수의 목회자들이나, 교회의 상태가 수적으로 많이 성장한 교회들은 자연적으로 교회교육 각부서의 책임을 적어도 신학교를 졸업한 전도사나, 강도사 그리고 젊은 목사에게 맡기는 모습을 볼 수 있다. 이것은 상당히 바람직한 모습이라고 본다. 그나마 신학적으로 소양을 기본적으로 갖춘 분들이기에 교회교육을 이끌 수 있는 전문성을 가지고 있다고 본다. 그렇지만 그들 가운데는 역시 교회교육에 대한 교육적인 전문성을 제대로 준비하지 못한 분들이 있을 수 있다.

4) 교회교육전문가 양성은 어떻게 해야 할 것인가?

한국교회는 이제 교육과 신학의 관계에 대한 교회교육의 전문성을 가진 일꾼들을 양성하는 제도를 만들어 교회교육이 활성화되고 전문화되도록 하는 방향으로 나아가기를 바란다. 현재 교회교육의 영역은 그동안 성장세대를 신앙으로 이끌고 지도하는 정도에서 이제는 청소년과 청년의 사역이 중요하며 또한 평신도의 신앙양육과 훈련이 절대적으로 요구되는 시대를 맞이하였다. 그 뿐 아니라 우리 한국사회는 고령화사회로 접어들면서 노인인구가 많아지고 있으며, 곳곳에서 지역의 노인들을 전도하며 돌보는 노인목회를 책임져야 하는 과제가 다가와 있다.

이러한 여러 사회적 변화를 주목할 때, 한국교회는 이제야 말로 평생교육을 힘쓸 때이며, 교회교육의 전문가를 양성해야 이 일을 맡겨야 할 것이라고 생각한다. 신학교는 신학교육을 통하여 목회자들을 길러야 할 뿐 아니라, 교회교육전문가를 양성할 때가 되었다고 본다. 그리하여 교회교육 전담자로서 평생을 그 사역에 헌신하도록 하는 목표가 되어야 할 것이다. 그리고 미래적으로 신학생들은 신학교육 기간에는 전적으로 공부에 매진하게 하고, 교회봉사는 교회학교에 성경교사로 일하게 하는 방안이 바람직 할 것이다. 그 대신 신학생들은 일제히 교회가 장학금을 지원하여 양성하는 방안을 모색해야 할 것이다.

4. 목회자양성의 신학교육은 어떻게 해야 할 것인가?

이 시대의 목회자양성을 위한 신학교육과정과 교육방법이 과연 어떻게 새로워져야 할 것인지 필자의 견해를 피력해 본다. 이러한 생각은 21세기의 인간의 지적인 이해력이 이전보다 더욱 향상되고 있는 한국적 상황을 전제할 때 그리고 한국교회를 한 단계 더 성숙한 교회로 만들어가야 하는 하나님 나라 사역의 과제를 전제할 때, 질적인 수준을 갖춘 목회자 양성은 이 시대의 절실한 요구라고 할 것이다. 그러면 목회양성의 신학교육은 어떻게 실현되는 것이 좋을까?

1) 목회자양성을 위한 신학교육과정의 3단계 적용

목사(목회자)를 만들어 내기 위해서는 신학의 학문적 수학과 교회의 목회실습에 대한 지속적인 훈련이 중심되어야 한다는 것은 주지의 사실이다. 그리고 신학교에서 공부하는 모든 학문적인 노력은 궁극적으로 교회사역에 필요한 것이어야 하며, 목회사역에 기여되도록 해야 한다. 결국 신학교육의 목적은 교회를 섬기기 위함에 있음이 분명하다.

이러한 목회자 양성을 위한 신학교육을 실천하기 위해서, 먼저 이론(Theorie)과 실천(Praxis)영역의 것들을 반영하는 총체적인 교육계획에 근거하여 교육과정이 수립되어야 한다. 그리고 이러한 이론과 실천의 영역은 구체적으로 3단계 교육과정으로 전개하는 것이 중요하다고 본다. 3단계의 교육과정이란 첫째, 신학의 학문적 토대를 놓는 과정이며, 둘째는 강도(설교)사의 목회준비(훈련)과정이며, 셋째는 목사의 계속교육과정 등에 대한 것이다[336].

이 세 단계의 교육과정을 통하여 목사는 신학자로서 목회자가 되며, 동시에 목회자로서 신학자가 되는 것이다. 그리고 첫 단계 교육은 그 다음 단계로 나아가기 위한 근거이며, 두 번째 단계는 세 번째 단계에서 시행하는 교육과정의 기초가 되는 것이다. 이러한 세 단계의 교육과정을 통하여 도달해야 하는 총체적인 신학교육의 목표는 목회사역의 전 분야, 즉 교회의 목회활동에서 사역전체를 신학적으로 책임 질 수 있도록 하는 기본적인 자질과 능력을 갖게 하는데 있다. 그 자질은 목회사역에서 감당해야 할 일들의 대상에 따라 정당하게 그것들이 기획되고, 그 일들을 협동적으로 관철시키며 또한 그 일에 대한 비평작업을 통하여 스스로 수정·개선하는 자질과 능력을 얻게 하는 일이 될 것이다[337].

---

336) [참고] Hrg. v. EKD, Theologiestudium − Vkariat − Fortbildung, Gesamtplan der Ausbildung fuer den Pfarrerberuf, Stuttgart. Berlin, 1978, 9쪽.
337) 참고, 전게서 11-13쪽.

2) 각 단계의 신학교육과정의 교육목표는 무엇이어야 하는가?

신학교육의 각 단계는 다음과 같은 요소들의 각각을 통하여 특별한 방식으로 교육되게 해야 할 것이다. 그 핵심적인 요소들은 목회자가 갖추어야 할 사명에 대한 올바른 인식과 태도, 교회사역의 이론과 실천의 올바른 이해, 학문의 관련성 파악 등에 대한 것들이다. 각 단계에서 신학교육은 목사직이 수행될 목회현장을 목표하는 것과 그 현장에서 이루어질 일들에 대하여 결정적으로 책임을 다하는 행동방식을 연습하는 것에 집중되어야 한다. 더 구체적으로 항상 학습하는 방법을 배우는 일, 관계된 모든 일들에 대한 판단능력, 학습내용 가운데서도 중요한 것들을 익히는 일, 모든 일을 모범적으로 수행하는 자질, 목회사역의 책임성에 대한 준비, 이론에 대한 능력, 교회와 사회와 서로 관련 된 일들에 대하여 자신의 행동과 입장을 견지하는 능력, 협동력과 의사소통의 자질, 기획능력과 조직능력 등에 관한 것들이다. 각 단계는 언제나 신학의 이론과 실천의 관계에서 교육이 이루어지게 해야 하며, 항상 신학의 근본적인 의미를 숙고하며, 이론과 실천의 상관관계를 통하여 그 의미가 올바르게 훈련되도록 해야 할 것이다[338].

신학교육은 목회사역의 실제를 교육과정의 전제 또한 목표로 삼아야 한다. 그리고 교회의 과제를 구체적으로 서술하는 이론들은 실천과 마찬가지로 교육의 내용이 된다. 그것은 각각의 신학적인 이론형성을 포함하고 있으며, 전문화 하는 과정에서 밝혀지고 이해되어야 하는 신학적인 내용들이다. 그것들을 익히고 배우는 단계들은 이론과 실천의 것들을 중재하는 방식에 따라 구별의 강조점들이 나타나게 된다. 왜냐하면 그것들은 신학교육의 여러 분야에서 다양하게 이루어지기 때문이다.

각각의 교육단계는 실천 지향적이면서도 동시에 학문 지향적으로 이루어져야 한다고 본다. 첫 단계가 신학의 학문과정을 더 강하게 반영하는 것을 목표한다면, 두

---

338) 비교, 전게서.

번째 단계와 세 번째 단계는 '목회실제'(Praxis)와의 대화를 더 강하게 반영하는 모습이어야 할 것이다.

그리고 신학교육의 첫 단계는 신학의 학문전체가 예리한 통찰을 통하여 신학적인 의미를 가진 일로 밝혀지게 해야 한다. 그것은 신학생들이 이 단계에서 자립적인 신학적인 판단능력의 형성을 도우는 일이 될 것이다(신대원 3년 과정). 두 번째 단계는 교회사역의 다양성을 실제적으로 경험하는 것과 그 일들을 모범적으로 처리하는 방법을 익히는 일이 교육의 중심이 될 것이다(강도사훈련과정). 세 번째 단계는 목회사역의 경험에 근거하여 개인적으로 부족했던 부분을 보완하며, 심화시키는 과정이 될 것이며, 목회사역의 책임에 대한 자질과 능력을 새롭게 하는 것이 중심이어야 한다(목사계속교육과정). 각각의 모든 단계 안에서 학습과정의 조직과 성찰과 학습내용은 협동력과 의사소통의 자질을 연습하는 수단이 된다.

목회자에게서 이루어지는 목회사역의 핵심적인 분야는 대체로 다음과 같은 분야로 요약될 수 있을 것이다.

① 복음전파 : 전도와 선교, 설교

② 예전사역 : 예배와 성례

③ 교제와 봉사사역 : 영혼 돌봄과 상담 이웃과 사회봉사

④ 교육사역 : 세례와 입교자교육(교리 / 성경공부), 어린이 / 청소년 / 청년부 / 평신도훈련

⑤ 교회성장사역 : 교회설립과 교회지도와 운영

⑥ 교회정치사역 : 지역교회와 노회와 총회관계

그리고 모든 교회의 실천분야를 위하여 학문적인 신학의 전문성이 요구된다.

첫째 단계인 신대원 3년의 신학교육에서는 학문적으로 획득된 성경적이며, 조직적이며, 역사적이며, 실천적인 신학정보 습득을 목표한다. 목사직무와 관련하여 학문적인 신학교육은 미래의 목사직을 수행하고 실천하

는 자질형성에 기여하게 된다. 두 번째 단계인 강도사(설교자)훈련은 목회 실제에서 배워야 하는 실천적이며, 신학적인 심화교육을 목표한다. 여기서 실제의 경험으로부터 신학적으로 사고하고 판단할 수 있는 신학적인 사고 능력 형성의 새로운 단계가 중요하다. 역시 이 단계는 교회현장과 관련된 중요한 분야의 교육(설교, 학습·세례자 및 입교자 준비교육, 예배인도, 세례 및 성찬거행연습, 영혼 돌봄과 상담의 연습, 교회법 등)이 이루어져야 하며, 다른 이와의 협동심을 기르도록 훈련해야 한다. 목사의 계속교육의 과정으로 이해된 세 번째 단계는 교회의 특정한 활동분야에 대하여 전문화할 수 있으며, 부족한 부분을 보완하는 기회가 될 수 있다. 첫 단계와 두 번째 단계에서 배워졌던 것을 발전시키거나, 더욱 심화하는 과정이라 할 수 있다.

3) 이론중심에서 실천지향적인 교육과정으로의 쇄신이 요구된다.

앞에서 설명한 세 단계 교육과정의 총체적인 관점에서 보면 신학대학원의 교육과정은 교육부인가에 의한 대학원과정으로 운영되고 있지만, 목회자 양성을 위한 첫 단계의 신학교육과정으로 '신학학문의 이론적인 토대를 놓는 과정'에 해당된다(일반대학원의 Graduate school이 아니라, professional school에 해당함). 총신 신대원의 교육과정을 예로 설명하면 넓게는 이론신학과 실천신학 영역의 것들이 중심이 되어 3년간에 걸쳐 신학을 배우게 되는 과정이다. 그리고 학기로는 총 6학기이며, 학점수로는 신학학문의 6개영역(구약신학, 신약신학, 역사신학, 조직신학, 실천신학, 선교신학)에서 제시된 필수 79학점, 선택 21학점을 이수하는 형식으로 운영된다. 이 과정을 이수하기 위하여 한 학기를 16주로 하여, 주당 4일 수업과 과목당 2학점(2시간)제로 운영한다. 그 때문에 주로 1-2학년 4학기과정을 통하여 최대한 많은 학점수를 신청하여 이수하고 있으며, 3학년에는 주 3일 수업으로 나머지 학점을 이수하게 하고 있다.

현재 총신 신대원의 교육과정은 이론신학의 습득에만 한정하지 않고, 실천적인 목회사역의 현장을 전제하여 매주일 교회의 사역에 동참하게 한 것은 중요한 부분이다. 그러나 현재 주일학교교육의 각 영역에 교육전도사라는 직함을 부여하여 전문가처럼 일하게 한 것은 문제이다. 왜냐하면 신학생들은 아직 신학기초교육과정을 학습하는 중에 있기 때문이다. 그러므로 더 정확히 말하면 주일학교에서 교사로, 성가대 및 기타 분야에서 섬김을 실습하게 하는 것이 더 적합할 것이다. 교회교육사역의 전문분야에서 일하게 하려면 적어도 신대원을 마친 후에 교육전문가(교회교육사, 강도사)로 일하게 하는 것이 적합할 것이다.

또한 신학의 학문적인 접근과 목회실제를 위한 기술습득을 지속하고, 목회자로서의 인격과 영성을 갖추도록 하기 위하여 최근에 정착시킨 '경건훈련원'운영은 중요한 의미를 가진다. 경건훈련은 기본적으로 개인의 기도생활과 성경말씀의 묵상 그리고 생활관을 통한 공동체생활의 경험을 포함하고 있다. 주간에 행하는 채플시간 역시 말씀의 묵상과 기도생활을 돕는 경건훈련에 속한 것이다. 그리고 신대원의 입학생들은 입학 전에 동계강좌를 통하여 성경원문을 번역 주해할 수 있는 자질습득으로 헬라어, 히브리어를 배운다. 성경원어학습이 목회상에 얼마나 필요한 것인지에 대해서는 회의적인 질문이 있기도 하지만, 미래적으로 복음사역에서의 진리에 대한 책임은 누가 성경원어해독의 능력을 소유했는지, 그가 감당할 수 있기 때문에 중요하다고 본다.

그러므로 현재 운영되고 있는 총신 신대원의 신학교육과정은 총체적인 3단계 교육과정의 맥락에서 보면 크게 잘못된 교육과정으로 생각되지 않으며, 그런대로 신학의 학문이론습득을 통하여 성경적이며, 신학적 사고의 틀과 신학이론의 체계를 확고하게 다지는 교육과정이 운영되고 있다고 본다. 다만 몇 가지 점에서 커리큘럼운영과 교수방법에 있어서 균형조정이 요구되고 있으며 부분적인 쇄신 또한 필요하다고 본다.

4) 현 신학교육 실제의 비판에 대한 대답

현재 총신 신대원의 신학교육을 비롯하여, '신학교육협의회'(2002)가 제시한 한국교회의 신학교육의 문제점에 대한 지적은 근본적으로 신대원 3년의 과정을 통하여 완벽한 목회자를 길러낼 수 있다는, 그래야 한다는 과도한 기대감에서 파생되었다고 본다. 그것은 신대원 교육과정 3년을 마치고 나면 바로 목회현장에 나아가 목회자로서의 자질과 능력을 발휘할 수 있는 목회자에 대한 기대감이 문제라고 본다.[339] 총신 신대원의 경우에도 신학교육이 잘못되고 있다는 지적이 이따금 제시되곤 한다.[340] 물론 현 교육과정의 부족한 부분은 보완되어야 할 것이다. 하지만 이러한 소리의 요구는 신학의 이론적인 것보다 실천적인 목회기술 습득에 대한 기대감이 더 크게 반영된 결과로 본다. 이러한 기대감에 대한 반영은 필자의 생각으로는 신대원을 졸업한 후, 강도사 기간에 쌓아야 할 교육과정에 대한 것으로 이해한다. 실천신학과목들의 더 많은 반영과 목회현장실습과 목회기술 등의 훈련에 대한 기대는 근본적으로 신대원을 졸업한 후, 강도사 고시를 거친 분들에게 목회자 양성훈련의 제 2단계 교육과정인 '강도사훈련원'을 설치하여 거기서 본격적으로 훈련해야 할 일로 판단한다. 물론 '신학교육개선협의회'가 새로운 신학교육과정을 제안하고 있는 것처럼, 신대원 3년 교육과정에서 목회현장과 연결된 목회기술과목들을 실천신학의 새로운 방법론(목회기술 등)에 반영하여 해결해 볼 수도 있을 것이다. 예를 들면 제자훈련이나, 목회상담훈련, 전도훈련, 교회교육전문훈련 등에 관한 것이다. 그리고 필자가 '강도사훈련원설립'하여 거기서 훈련하도록 말하면, '신대원의 3년 과정을 공부하기도 벅찬 일인데, 또 무슨 교육기관을 따로 세워 운영해야 한다는 것'은 부담스러운 일로 여길 수 있을 것이다. 그러나 현재 우리사회에서 인간의 신체적인 질병치료를 위한 '의사양성교육과정'을 제대로 이해한다면, 필자의 실천신학을 중심한 목회실습의

---

339) 총신 신대원의 교육과정은 역사적으로 3년 과정을 마치면 바로 목회현장에 나가서, 교회도 개척하고, 교회도 부흥시키는 능력을 가진 목회자 양성의 마지막 과정으로 이해하였다. 물론 개인의 능력에 따라 그러한 기대에 부응하는 이도 있을 수 있을 것이다. 하지만, 엄연히 강도사 기간이 있고, 다시 1년이 지난 후에 목사 고시를 거쳐 목사가 되는 과정을 본 교단이 전제하여 현재 운영하고 있는 한 총신 신대원의 3년 과정에서 배우게 할 수 있는 교육과정의 범위가 어떤 것이어야 할 것인지는 깊이 생각되어야 할 것이다.

340) 2006년 총신대학교 재단이사회는 총신 신대원 커리조정위원회를 만들어 신대원의 신학교육과정의 수정의 필요성에 자문하고 있다.

교육에 대해서는 왜 신대원 3년을 마친 후, 강도사 훈련원에서 별도로 해야 할 것인지는 쉽게 이해될 수 있을 것이다.

잘 알고 있는 대로 한사람 전문의를 양성하는 의과대학의 의술교육은 먼저 의술의 이론과 실제에 대한 학문습득을 반복·심화하는 6년간의 의과대학 기본교육과정이 있으며, 그 과정을 끝마친 자들에게 의술의 실제적인 경험을 위하여 실습현장인 병원에서 인턴훈련 2년 과정이 계속되는 것이다. 이러한 실습의 배움과 훈련은 병원에서 고용되어 직접훈련을 받게 된다. 그리고 세 번째 단계인 '레지던트 4년 과정'을 엄격하게 구분하여 적용하고 있다. 전체적으로 총 연한을 계산하면 전문의가 되기 위해서는 12년간의 의학이론과 실천의 훈련을 받는다. 과연 인간의 영혼구원의 문제를 다루는 영적 지도자의 교육과 훈련이 이보다 더 짧아도 된다는 말인가? 현대 목회자 양성교육이 의사양성보다 왜 더 짧아야 할 것인지? 누군가가 분명히 대답해야 할 것이다. 그리고 실제로 오늘날 신학교 3년을 마치고, 바로 담임목회자로 나가는 분들이 과연 몇 사람이나 되는지? 선교사나, 군목이나, 교회의 부목사에 사역하는 것이 전부가 아닌가? 그리고 오늘날 한국교회의 목회현실은 120여년 전의 평양신학교 시대가 아니라는 것을 인정해야 할 것이다.

그러므로 한국 신학교의 목회자양성은 이제부터라도, 좀 더 체계적으로 구성해야 할 필요가 있으며, 의과대학 이상의 교육과정을 조직화하여 이론과 현장학습을 분명히 구분하여 적용하는 교육과정을 새롭게 활용한다면, 현재의 신학교육과정에 대한 문제는 기본적으로 해결될 수 있을 것으로 판단한다. 그리고 현대신학의 학문이론은 각 학문영역을 통하여 새로운 연구의 정보가 홍수처럼 솟아져 나오기 때문에, 교수는 그러한 많은 이론정보를 기본적으로 충분히 소화하여 가르쳐야 할 것이며, 또한 학생들은 그것들을 다 잘 소화하려면, 3년으로도 부족하다는 생각을 필자는 포기할 수가 없다. 그리고 신학의 학문이론의 충분한 소화를 통하여서만 목회상황에 대처하는 창의적 능력과 목회방법의 적용능력이 거기서 생겨난다고 본다. 그러한 이론신학에 대한 충분한 소화력 없이 목회기술에 대한 경험만으로 자질과 능력을 갖추게 된다는 것은 성급한 기대이며, 오늘날 목회현실에서 경험하는 목회자들의 인격을 비롯하여, 목회자의 신학적인 통찰의 부족이 얼마나 많은 교회의 문제를 만들고 있는지는 경험하는 바라고 할 수 있다. 그리고 또한 필자가 앞에서 강조한 3단계 교육과정의 적용은 이러한 맥락에서 깊이 고려해야 할 일이며, 미래의 한국교회의 수준 높은 지도자양성을 생각할 때, 필연적인 일이라고 생각한다. 특별히 세상 사람들의 학문적인 수준이 날로 높아가고 있으며(고도의 지식사회, 정보사회의 출현과 함께 급변하는 사회적 가치관의 대응력), 이에 따른 영적지도자의 수준도 상향되어야 한다는 기대감이 한국교회에 팽배해 있는 것도 주지의 사실이다. 그리고 사회적으로도 높은 수준의 영적지도자에 대한 기대가 강하게 대두되고 있는 것도 사실이다. 그 때문에 미래의 한국교회 목회자(영적 지도자)를 생각할 때, 신학교육의 신학의 질적인 면과 영적인 성숙과 목회기술적인 내용의 종합적인 훈련이 균형 있게 이루어져야 할 것이다.

이러한 관점에서 보면, 현재 기존 신대원교육 3년 과정은 분명히 '신학이론의 확고한 토대를 확립하는 과정'으로써, 크게는 이론신학과 실천신학의 양대 맥락을 따라 균형 있는 교육과정이 제시되어야 하며, 설사 실천신학영역의 것으로 현장경험과 목회실습차원의 기술적인 것을 학습한다 할지라도 그 배움은 이론으로부터 시작할 수밖에 없다는 것을 생각한다면, 3년 신학교육과정에서 목회자의 완벽한 자질과 능력을 기대한다는 것은 지나친 생각일 뿐이다. 그리고 3년의 신학교육과정에서 이론과 실천의 모든 것을 다 배우게 하는 무리를 행할 것이 아니라, 목회실천 또는 현장실습과 관련된 내용들은 '강도사훈련과정'을 공식화하여 그 교육과정에서 각 지역의 좋은 평가를 받고 있는 목회경험자들로부터 직접 목회기술 등 현장경험적인 것을 배울 수 있게 할 때, 목회자의 자질과 능력은 더 잘 배양된다고 본다. 그리고 목사가 되어서도 목회현장에 대한 목회기술적인 것들은 목회자 계속교육과정을 통하여 보완해 가며 완숙된 단계에 이르도록 해야 할 것이다. 그런 뜻에서 목회자 양성을 위한 총체적인 3단계의 신학교육과정의 적용이 미래 한국교회의 목회자 양성에 크게 기여할 것으로 생각한다.

5) 신학교육과정의 쇄신을 위한 제안

현재 신대원의 교육과정이 새롭게 운영되게 하려면, 기본적으로 교육과정과 교수방법에 있어서 획기적인 개선이 요구된다고 본다. 첫째는 실천지향적인 신학으로의 전환이며, 둘째는 교육과정의 형성에 있어서 교육적인 관점의 접근 필요성이며, 셋째는 신학전체를 연결하고 통합하는 진리의 통찰력제공에 대한 반영이다.

⑴ 실천지향적인 신학교육과정으로의 전환

그동안 신학교육은 지나치게 이론중심에 한정되어 있다는 문제점이 지적되었다. 그것은 먼저 지금까지의 신학교육과정이 이론신학이든 실천신학이든 간에 모두 이론중심의 교육을 집중하고 있는 것에 대한 지적으로 이해된다. 물론 신학교육은 이론이 중심일 수밖에 없다. 그것이 목회실제에 대한 실천적인 내용을 다룬다 할지라도, 그것은 이론으로 설명되지 않고는 교육할 방법이 없는 것이다. 그러나 실천지향적인 교육과정이란 신학수학이 이론으로 접근할 때, 언제나 이론의 실천적 의미를 밝히는 것이 중요하다고 할 것이다. 모든 이론은 실천적인 의미와 연결되지 않을 때, 생명력을 갖지 못한 이론으로 치부될 수밖에 없는 것이다. 그리고 이론의 실천적인 의미가 분명해 질 때, 그 이론은 정당성을 가질 수 있는 것이다. 더욱이 신학연구의 목적은 이론 그 자체의 습득이기 보다는 역시 교회의 목회실제에 영향을 주는 것이어야 하기 때문에 실천지향적인 방향에 초점을 갖도록 하는 것은 불가피한 것이다.

그리고 이러한 실천 지향적인 모습은, 예를 들면 성경 신학에서 성경본문을 주해하는 눈을 뜨도록 원문주해의 연습을 훈련하는 일이 될 것이다. 그러나 원문주해 연습으로 끝나는 것이 아니라, 그 본문으로 어떻게 설교해야 할 것인지? 설교의 가능성들을 신학적으로 제시해 주는 노력이 있어야 한다.341) 그렇게 될 때에 실천신학의 설교방법론 가르침에서는 본문주해의 신학적인 고민을 덜하게 될 것이며, 오히려 설교청중을 위한 수사학적인 관점의 설교실제에 대한 연습에 집중할 수 있게 된다. 조직신학은 기독교신앙교리의 변증적인 관점을 교육시키는 일도 중요하지만, 그것들이 현대의 사회변화와 관련하여 기독교신앙의 윤리적 가치에 대한 질문들에 성경신학적이며 교리신학적인 실제적인 대답을 다루어 준다면, 그것이 실천지향적인 성격을 드러낸 신학교육이 될 수 있지 않을까 생각한다. 역사신학도 이러한 맥락에서 역사의 실천적인 의미를 밝혀주는 방향에서의 교육이 이루어진다면 좋을 것이다. 그리고 실천지향적인 교육과정에 대한 요구는 구체적으로 '현장교육'이 병행되어야 하는 것으로 강조되고 있다.342) 이것은 목회실제에 대한 현장감을 상실한 신학이론 학습에 대한 비판이라고 본다. 모든 신학이론은 학습과정을 통하여 신학에 대한 자기이해를 정립하고, 그것을 바탕으로 현장의 요구에 영향을 줄 수 있는 자질과 능력으로 승화시켜야 한다.

(2) 교육적인 관점의 접근방식의 적용

현 신학교육과정은 학년별이나, 학기별로 그 어떤 단계적인 접근의 교육과정적인 의미가 반영되고 있는지 질문이다. 여기 교육적인 관점이란 교육과정의 형성에 있어서 얼마나 단계적으로 설정한 목표에 이르도록 학습자의 단계적인 이해를 반영하고 있는지가 의문이라는 것이다. 문제는 이러한 단계적인 접근의 교육적 의미가 분명하지 못하기 때문에 현재 운영되고 있는 교육과정은 가능한 많은 학점을 재빨리 집중적으로 이수하는 무리한 학습이 학생편에서 이루어지고 있는 것이다. 충분한 자기이해를 얻지 못한 채, 신학의 지식습득 내지, 지식암기의 학습에 의존된 신학공부의 태도가 지배적이며, 교사 또한 '지식(정보)전달 형' 교수패턴을 반복하

---

341) [참고] 이전에 박윤선 박사는 그의 대부분의 주석에서 성경본문의 주해 뿐 아니라 설교 가능성과 예문까지도 제시했던 것을 생각하면 그의 가르침이 얼마나 실천 지향적이었던 지를 엿볼 수 있다.

342) 신학교육개선공동백서, 2004, 21.

고 있다고 여겨진다. 그러므로 교육과정 형성의 교육적 의미를 반영하여 신학의 이론과 실천영역의 상관관계를 따라 신학의 기초과정과 진보과정, 성숙과정(심화과정) 등의 단계적 접근이 요구된다.

교육적인 관점의 접근 방법은 1학년의 첫 학기에는 신학입문과 함께 초보적인 개론형태의 이론과 실천에 해당하는 과목이 제시되면 좋을 것이다. 그리고 두 번째 학기에는 기초과정에 해당하는 것에서 신학의 진보적인 과정으로의 접근이 중요하다. 2학년과정은 신학의 전문 과정으로 접근하도록 해야 한다, 물론 이론과 실천의 양 영역의 것들을 중심으로 학과목들이 제시되어야 한다. 그리고 3년 과정에서도 마찬가지로 이론과 실천의 영역에서 신학의 심화단계에로 나아가게 하는 과목들이 여기에 해당된다고 본다.

⑶ 신학전체를 이해하고 연결·통합하는 통전적인 시각과 자질제공

그동안 학문은 각론으로 전개되어 각각의 학문의 독립성이 강조되며, 그 각각의 부분이 전체를 대변하는 것처럼 교육되었다. 그러나 학문적인 깊이에 따라 각론은 그 탁월성이 돋보이기도 하지만, 각론으로 전개하는 신학교육은 학습자들로 하여금 학문의 전체를 재빨리 통합하는 힘을 기르기에는 역부족이었다고 본다. 신학의 학문전체를 통전적으로 인지하는 통찰력은 대체로 강도사고시를 치른 후에 생겨나는 것으로 강도사들의 고백에서 확인되고 있으며, 실제로 많은 신학생들은 3년 과정의 신학교육을 끝마쳐도 목회현장과 연결시키지 못해 어려움을 겪는 것으로 판단한다.

이러한 문제해결을 위하여 필자는 앞에서 실천지향적인 교육과정의 전환이 요구된다는 것을 언급하였다. 신학의 모든 영역에서 그 이론적인 가르침들이 이론의 실천적 의미를 밝혀주는 강의가 이루어져야 하며, 나아가 학문영역 간에 서로 연관된 강좌를 개발하여 이론과 실천, 신학과 목회현장과 관계된 '상호관련학문접근'(interdisciplinary)이 신학교육에 반영되도록 힘써야 한다. 그렇게 될 때에 신학의 이론과 실천의 균형을 거기서 쉽게 통합하는 통찰을 얻을 수 있으며, 나아가 목회지향적인 신학교육이

거기서 가능해 질 것으로 본다.

[결론]

① 신학교육과정의 패러다임은 목회자 양성의 총체적인 3단계 교육과
정의 맥락에서 재검토되기를 바란다.

② 기존신학교육과정은 제 1단계 교육과정으로 '신학의 학문적 토대
를 확립하는 일'에 우선하는 교육과정이 되게 해야 한다.

③ 그것은 물론 실천지향적인 교육과정으로서의 전환이 반영되는 전
제에서 신학의 학문적 토대를 학립하는 모습이 강화되어야 할 것
이다.

④ 교육과정의 설계는 체계적이며, 단계적으로 진행하는 교육적인 접
근방식이 적용되기를 바란다(기초화단계, 전문화단계, 심화단계 / 성숙
단계).

⑤ 신학전체를 이해하고 통합하는 통찰력 제공을 고려한 교육과정이
필요하다. 그리고 이러한 학습에 도움을 주는 방법은 '간 학문적
인 강좌들의 개설'이 시급하다고 본다.

⑥ 이론신학(성경, 역사, 조직)과 실천신학(목회 / 선교)의 교수영역의
범위가 균형 있게 새로이 조절되기를 바란다. 현 교육과정에서
볼 때, 조직신학과 역사신학분야는 세분화보다는 통합하는 것이
더 바람직하며, 그 여지는 성경신학(특히 주해능력)과 실천신학분
야를 강화하는 방향으로 조정되는 것이 바람직하다.

⑦ 강도사 훈련원을 설립하여 제 2단계 목회자 양성교육을 병행해야
한다. 이것은 본격적인 목회현장경험의 교육과 목회기술의 방법론
습득이 충분히 이루어져야 할 것이다.

⑧ 교육과정의 쇄신과 함께 시급히 반영해야 할 것은 교수방법에 관

한 것이다. 학생중심의 교수가 실천되어야 한다. 그러기 위해서는 실천지향적인 또는 현장과 연결된 실천적인 주제의 세미나형태의 연구수업이 이루어져야 한다. 이것은 신학전공과목을 심화학습으로 전환하기 위해서 필요한 방법이기도 하다. 그렇게 할 때에 충분한 신학이해와 신학적 사고력을 길러주는 교육이 가능해 질 것이다.

5. 강도사 훈련원 설립운영에 관한 제언

한 사람의 목회자를 길러내기 위한 신학교육과정은 대체로 세 단계로 구분하여 실시하는 것이 바람직하다는 생각은 앞의 글에서 전제하였다. 그 세 과정은 첫째는 신학의 기초확립을 위한 교육과정(Theological Elementary course)이며, 둘째는 목회실습 훈련과정(Pastoral Internship course)이요, 셋째는 목회자재교육과정(Pastoral Long-lifelearning course)에 대한 것이다. 다시 말하면 '신학기초 확립을 위한 교육과정'은 3년간 신학을 이론적 차원에서 배우게 하는 신학교의 교육과정을 뜻하며 '목회실습 훈련과정'은 신학교를 졸업하고 강도사 고시에 합격한 자들을 훈련하는 교육과정을 말하며, '목회자 재교육과정'은 기존목회자들을 중심으로 새로운 신학정보와 목회정보를 교환하는 신학 재충전을 위한 과정을 의미한다.

현재 한국장로교회(합동측)교단은 첫 번째(총신 신학대학원 및 총회 신학원)와 세 번째 단계의 교육과정(총회 목회대학원)을 공식화하여 목회자 교육과 훈련의 책임을 다하고 있지만 정작 가장 중심적인 단계로서 중요하게 여겨야 할 두 번째 단계인 강도사의 목회실습에 대한 교육과정은 아직도 공식화하지 못하고 있으며 매우 주관적이며 형식적으로 이루어지고 있다고 본다. 주지하고 있는 것처럼 현재 본 교단의 경우 강도사의 목회실습훈련과정은 개교회의 담임목회자에게 맡겨진 채 개별적인 지도를 받아 목회훈련을 쌓아가는 것으로 되어 있다. 그리고 1년이 경과한 후 아무런 객관적인 검증 없이 노회의 목사고시를 거쳐 대부분 목사로 안수하는 것이 관례로 되어 있다.

필자는 이러한 강도사의 목회실습과 관련하여 그들에게 일정한 목회정보와 함께 적절한 교육을 병행하는 훈련과정을 공식화하는 일이 필요하다고 생각한다. 그리고 그렇게 하는 것이 목회자 자질과 능력을 기르는 일에 교회가 책임을 다하는 일일 것으로 생각하며, 그런 뜻에서 강도사교육을 위한 훈련원을 시급히 설립하여 운영할 것을 본 교단 앞에 제안해 보려고 한다.

1) 강도사 교육과정은 왜 필요한가?

첫째, 목회자로서의 기본자질과 능력을 준비하게 하는 중간 단계의 과정으로서 강도사 교육과정이 매우 중요하기 때문이다. 이전 단계인 신학교에서 지적이며 학문적 차원의 신학수학이 이루어졌다면 이제 습득된 이론을 실제로 실천을 통하여 경험하게 하며, 확실하게 하기 위한 단계로써 목회현장과 목회실습에 대한 경험적인 훈련과정이 요구된다고 할 것이다. 신학교 3년의 신학교육은 지극히 학문적이며 지식적인 정보습득과 신학적 사고훈련에 중점을 두고 있었기 때문에 그것만으로 목회현실을 바로 감당하기에는 그 자질과 능력을 충분히 갖춘 것으로 기대하기에는 아직 이르다고 본다.

그러므로 이제 목회실천의 준비단계로서 목회훈련이 강도사들에게 절대적으로 요구된다. 물론 우리는 거꾸로 3년의 신학교육과정에서 목회실습의 경험적인 훈련이 병행되어야 할 것이 아닌가, 또는 병행하여 훈련할 수 있지 않은가, 반문할 수 있다. 하지만 오늘날 신학교육은 그 기초를 놓아 주는 과정에서 막중한 신학의 정보를 습득하는 일에 많은 시간이 요구되기 때문에 신학교에서 목회실천에 관한 훈련이 병행되기에는 역부족이며, 신학기초이론의 확립과정에 실습의 내용이 강조되면 될수록 기초화작업은 부실공사가 될 위험이 따르기 때문이다. 물론 부분적으로 매주일 교회내의 다양한 부서에서의 봉사역할에 참여함으로써 교회와 목회현실을 경험하게 할 수도 있다(교육전도사, 교사, 성가대 등). 그러나 그 자체는 교회의 봉사활동의 경험은 되지만, 목회자의 역할에 대한 경험과 목회실습으로 보기에는 빈약하다고 할 것이다. 아무래도 목회실습에 대한 것들은 목회자의 신분에 근접한 신학의 기초교육과정이 끝난 후에 강도사의 직분으로 행하는 것이 더 온전한 방법이라고 생각한다. 그리고 오늘날 신학기초교육과정에서 새롭게 요구되는 중요한 주제는 목회실습에 대한 직접적인 경험보다는 오히려 한 목회자의 인격과 성품(인성)과 관련하여 지극히 감정적이며, 주관적일 수 있는 소명(召命)이 확실하고 분명한 주님을 향한 헌신의 전인격적인 봉사자로서의 모습이 더 갖추어져야 하기 때문에 신학생들에게는 경건훈련, 또는 영성(신앙)훈련이 더 요구된다고 할 것이다. 이것은 지금까지 진행된 지식습득중심의 신학교육을 반성하게 해주고 있으며, 최근 총신 신대원 교수들은 오랜 논의를 거쳐 신학생들의 경건(영성)훈련의 과제를 새롭게 적용하려고(2005학년 신입생부터) 준비하고 있으며 신학교 내 경건훈련원의 설립은 현재 좋은 반응을 얻고 있다고 할 수 있다. 이것은 목회실습에 대한 훈련과는 구별되는 것이며, 신학기초 교육과정에서 절대적으로 필요되는 신학생의 인성 및 영성에 대한 훈련이 그 중심 주제라고 할 것이다.

둘째, 현재 개 교회에서 1년 간 목회실습과정을 가지는 강도사 훈련은 시간적으로 너무 짧고 개 교회의 목회자에게서 한정된 모습이며 목회실습이 매우 주관적으로 이루어지기 때문에 그 객관성을 갖지 못하는 문제점을 안고 있다고 본다. 그것이 극복되게 하려면 강도사의 목회실습을 위한 객관적인 교육훈련과정이 요구된다. 오늘날은 참으로 객관적이며 검증된 과학적인 목회실습과 훈련이 절대적으로 요구되는 시대라고 해야 할 것이다. 이러한 시대적인 흐름에 부응한 목회자양성은 공식교육과정을 필요로 한다는 말이다. 물론 기존목회자들에 의존하여 비공식적으로 받고 있는 강도사훈련이 잘못되었다는 말은 아니다. 훌륭한 목사님들 밑에서 1년 정도 훈련받고 목사가 되어 목회사역을 잘 감당하는 이들도 있는 줄 안다. 그렇지만 그 수는 점점 소수에 이르고 있으며 오늘날 목회현실이 지나치게 경쟁적인 모습을 띄기 시작하면서 대부분의 강도사들이 목회 현실을 감당할 만큼 준비되지 못한 채 목사로 배출되고 있는 것이 현실이며, 담임목사 편에서도 강도사의 목회실제에 대한 충분한 경험과 자질이 준비되지 못한 점에 실망해 하는 것이 사실로 드러나고 있다. 이러한 점들을 전제할 때, 강도사 훈련교육과정의 신설은 이러한 문제들의 극복에 적절한 대안이라고 생각한다.

셋째, 근년에 신학교를 졸업하고 목회현장에 나간 강도사들에게서 목회실습과 관련된 강도사의 공식적인 훈련교육과정의 필요가 요구되고 있기도 하다. 그들은 강도사로서의 자격은 얻었지만 강도사로 일할 수 있는 자리의 절대적인 부족으로 개 교회 목사님들에게서 직접 목회실습의 훈련을 받을 수 있는 기회가 없다는 것이다. 그리고 실제로 강도사 기간 1년 동안에 교회의 부수적인 일들로 보내야 하는 시간 때문에 목회 상에 필요한 정보와 경험적인 훈련을 충분히 받지 못한 채 가을노회에서 황급히 목사안수를 받게 된다는 것이다. 그렇다면 차라리 목회실천에 대한 훈련교육과정을 총신 신대원에서 설치하여 실천적인 분야를 훈련해 주면 좋을 것으로 보는 의견들이 있다. 물론 이러한 소리는 본 교단 목회자 수급계획과 관련하여 신학생 양산의 결과에서 빚어진 문제로도 보인다. 그렇지만 이들이 강도사로서의 목회실습을 경험하고 훈련할 수 있는 교육과정을 객관적으로 설치함으로써 강도사 및 목사의 적체현상을 어느 정도 완화시킬 수 있을 뿐 아니라 강도사들의 자질 강화를 보완할 수 있는 좋은 기회가 될 수 있다는 점이다. 그러므로 필자의 이러한 생각으로 강도사 교육훈련원 설립은 시급한 과제라고 생각한다.

2) 강도사 교육과정에서 어떤 내용들이 교육되고 훈련되어야 할까?

먼저 우리는 목회사역의 현장에서 이루어지는 모든 것들을 이 교육과정에 가져와서 신학교에서 배웠던 이론의 상기와 함께 실천적인 것들을 경험되게 해야 할 것이다. 그 과정을 통하여 완전히 자신의 목회관으로, 자신의 목회 실천적인 능력과 자질이 형성되도록 해야 할 것이다. 신학적으로는 실천신학 영역의 것들이 집중적으로 다루어져야 할 것이다. 물론 다른 학문영역의 것도 보완될 수 있을 것이다. 그러나 신학교에서 이론적 차원에서 습득된 모든 것들은 이제 목회 실천적인 것들과 연결되게 해야 하며 경험을 통하여 확인되게 하는 일이 중요하다.

강도사 훈련과정의 공식적인 명칭은 물론 여러 의견을 모와야 하겠지만 현재 구미교회들에서 '설교자세미나'(Prediger Seminar)로 명명되고 있는 것처럼 '강도사 훈련원'으로 명명해도 좋을 것이다. 그리고 '설교자세미나' 또는 '강도사 훈련원'의 교육과정을 설명해 보면 총 3학기 과정(1년 반)으로, 한 학기는 신학교의 정규과정과는 달리 약 6주간 정도로 하고, 주 2일 정도(월 / 화), 하루 8시간(오전 오후로 90분 강의 4차례)으로 하며, 한 주에 8차례이며, 총 48회로 3학기 전체는 144회 분량에 이른다.

구체적인 교육내용으로는 성경본문을 해석하는 훈련과 설교작성, 설교실습, 성경공부를 위한 교육과정 만들기와 성경교안 작성연습과 예전의 실습으로 성례식(세례와 성찬) 거행연습, 영혼 돌봄의 실습(임상), 교회설립과 교회상징법, 전도와 신교 방법, 교회법(지 교회, 노회와 총회 등)과 함께 당회와 제직회의 의사진행 훈련 등이 포함될 수 있다. 특별히 모범적인 목회를 실천한 목회자들의 경험을 직접 듣고 배우는 일은 큰 도움이 될 것이다. 그리고 전도하는 훈련, 교회개척의 경험, 성도의 심방과 관리에 대한 경험들을 듣고 배우는 것이 유익할 것이다. 결혼과 장례식 인도에 대한 실습도 곁들일 수 있을 것이다. 이상의 언급된 내용들을 중심으로 교육과정이 적절하게 학기별로 배열되어 훈련시킬 수 있다면 수준 높은 준비된 강도사를 배출할 수 있을 것으로 판단된다.

3) 강도사 교육훈련원은 어디에 설립하여 운영하는 것이 좋은가?

가장 바람직한 것은 본 교단 산하 각 지역노회들이 서로 연대하여 각 지역에 설립하여 운영하면 좋을 것이다. 왜냐하면 강도사를 훈련시켜 목사로 만드는 일은 노회의 책임이기 때문이다. 현재 본 교단이 설립운영중인 '목회자 재교육과정'(목회대학원)도 실제는 각 지역의 노회들이 연대하여 지역에서 운영하는 것이 지역교회의 활성화를 위하여 중요하다고 본다. 가장 바람직한 것은 현재 전국 각 지역에 설립되어 있는 본 교단의 지방 신학교들이 '신학 기초교육과정' 의 신학교육보다는 각 노회와 연대·협력을 얻어 '강도사 교육훈련원'을 설립운영 할 수 있을 것이다. 그리고 현재 지방 신학교 3곳에 설치되어 있는 '신학 기초교육과정'은 총신 신대원에서만 하도록 통합하고, 지방 신학교의 대학과정은 지역 '평신도 성경 대학'(Bible College)으로 발전하도록 하면 좋을 것이다. 그리고 그 대학과정에 주일학교 교사양성과정과 평신도와 직분자, 성가대원 등의 훈련과정 등을 운영하면, 한국교회의 미래를 한 단계 더 성숙하게 하는 일에 크게 기여할 것으로 생각한다.

그리고 3곳의 지방 신학교(광주, 대구, 칼빈 등)들에서는 지역노회들의 강도사와 목회자 훈련과정을 신설하여 그 일을 담당한다면 전 교단차원에서 강도사와 목회자를 성숙하게 하는 좋은 결과가 초래될 것이다. 필자는 이러한 생각을 약 12년 전 지방 신학교의 책임자들에게 제안한 바가 있었다. 그러나 아무도 그 당시 필자의 제안에 관심을 가지지 않았지만, 이제는 때가 되지 않았나 생각된다. 그러나 아직 이러한 교육과정이 실천된 모델이 없기 때문에 아무래도 총신신학대학원(양지) 내에 신설하여 운영해 볼 수도 있을 것이다. 그 일은 본 교단 총회의 의견을 모아 결정하면 될 것으로 판단한다.

한 가지 중요한 것은 강도사 교육훈련원에서의 학습비용과 목회자 재교육비는 앞으로 총신 신대원의 교육을 포함하여 소속된 노회와 지 교회가 책임지도록 하는 것이 절대적으로 요구된다고 본다.

[결론]

현대사회는 직업수행에 있어서 폭넓은 전문성이 절대적으로 요구되고 있다. 그 이유는 시대의 변화 때문이며, 그 변화에 대처해야 하는 자질과 능력의 요구 때문일 것이다. 그 때문에 현대교육의 방향은 이러한 전문성의 자질과 능력의 공급을 위해서 삶의 경쟁력 또는 생존경쟁력 기르기를 교육의 최대목표로 삼고 있다. 새로운 정보의 인지와 함께 끊임없는 자기 성찰과 수양을 통한 사회적 환경의 변화에 대처하는 자질형성의 노력과 훈련은 기독교의 성직자를 기르는 일에도 예외가 될 수 없다. 21세기 한국교회의 목회현장은 더더욱 자질과 능력을 기른 준비된 지도자를 요구하고 있으며, 더욱더 업그레이드 된 목회자를 찾고 있다는 사실을 직시해야 할 것이다. 그리고 목회자 양성의 두 번째 단계인 강도사 교육훈련을 설립하여 그 책임을 다하는 신학교육이 실천되기를 진심으로 바란다.

제 7 부
교회 신앙교육의 실제적인 영역

제 7 부 : 교회 신앙교육의 실제 영역

이 장에서 다루어지는 기본적인 내용은 현재 한국교회내에서 이루어지고 있는 신앙교육의 실제적인 영역에 대한 것들이다. 그것은 세대별로 구분하여 어린이와 청소년 그리고 성인과 노년의 관계로 나누어 설명될 것이다. 중요한 것은 가정에서의 자녀교육과 현재 한국교회내에서 주일학교를 중심하여 실천하고 있는 어린이 신앙교육의 실제적인 부분이 다루어질 것이다. 그리고 이 부분에 가정에서 가족과의 관계에서 이루어지는 신앙교육의 의미와 실제를 다루어 볼 것이다. 청소년 신앙교육의 실제부분에서는 교회교육의 가장 핵심부라고 할 수 있는 세례와 입교준비교육을 중심한 청소년의 신앙의 가르침과 지도 그리고 목회상담과 관련된 것들을 다루어 볼 것이다. 계속해서 필자는 교회내에서 실시하고 있는 평신도(성인)의 신앙교육(공과교육)과 상담 그리고 노년을 위한 신앙교육과 목회사역의 중요성 등에 대하여도 다루게 될 것이다.

1. 어린이 신앙교육

1) 가정과 자녀의 신앙교육

어린이 신앙교육의 원천적인 장(場)은 역시 가정이다. 출생에서부터 성장과정의 돌봄의 책임은 부모에게 있다. 그러므로 아이는 가정의 부모와의 관계에서 먼저 하나님 경외하기를 배워야 하는 것이다. 성경도 이와 같은 사실을 잘 말해주고 있다. 특히 신명기 6 : 4-9의 말씀은 하나님 사랑하기를 자녀들에게 가르치라고 하나님은 모세의 입을 통하여 말씀하신다. 이 말씀은 지금도 이스라엘 백성에게는 하나님사랑하기를 교육하는 종교교육의 지표가 되고 있으며(쉐마교육), 하나님의 절대명령으로 순종한다. 그리고 잠언 22 : 6에서는 "마땅히 행할 길을 아이에게 가르치라 그리하면

늙어서도 그 길을 떠나지 아니하리라"고 말씀하였다. 이스라엘 백성들은 이러한 말씀들에 근거하여 일찍부터 가정에서 부모에 의하여 하나님 섬기기를 배웠고, 자녀의 신앙교육을 가정에서 시작한 것을 알 수 있다.

이러한 자녀의 신앙교육은 기독인의 가정에서도 자연스럽게 이루어졌다고 본다. 신양성경은 아이들에 대한 신앙교육을 직접적으로 언급한 것이 없지만, 예수님이 "어린아이가 내게 오는 것을 금하지 말라. 천국은 이런 자의 것이니라. 누구든지 어린아이를 받들지 않는 자는 결단코 천국에 들어가지 못하리라"(눅 18 : 15 - 17)고 한 말씀은 아이들의 신앙교육에 대한 부모와 교회의 교육적 책임을 일깨우는 말씀이기도 하다. 또한 바울은 가정의 부모들이 자녀의 신앙교육의 책임을 일깨우기도 하였다(엡 6 : 1-4). 그리고 약 2세기경에 이르러 초대교회는 일찍 병으로 죽는 아이의 영혼의 구원 문제가 제기되었고, 그 신학적인 대답으로 주어진 것이 유아세례의 의미를 적용하게 되었다. 즉, 어린이도 하나님의 형상으로 지음받은 하나님의 자녀요 백성으로 간주되었고, 부모의 신앙에 근거하여 그들의 자녀에게도 세례가 적용되었던 것으로 이해된다. 그리고 종교개혁 시대에 와서 개혁자 루터, 츠빙글리, 칼빈 등은 모두 유아세례를 하나님의 언약사상에 근거하여 그 중요성을 강조하기도 했다.

원래 이러한 방식은 유대종교가 취했던 구약의 방식을 적용한 것으로 이스라엘의 백성은 하나님으로부터 선택된 백성이었다. 그리고 택한 백성의 증표로써 아이들은 출생 후 8일 만에 '할례'를 받게 된다. 후에 성장과정을 거처 만 12세 때, '바-미츠와'란 유대교의 입교의식을 거치게 된다. 물론 성장과정에서 아이들은 모세오경인 토라(Torah)를 하나님의 말씀으로 배우고 그 가르침대로 살아갈 것을 맹세하는 종교서약을 하게 되는 일이다. 이때부터 공식적인 성인예배에 참여하며, 동시에 회당예배를 인도하는 자격이 부여된다. 이러한 이스라엘의 회당교육의 모델은 구라파 기독교, 특히 장로교회의 회원수용제도로 삼게 되었다. 구약의 하나님의 백성으로서 할례를 받아 표를 삼았던 것처럼 예수님에게서 지시된 세례는 바로 아이들에게도 적용하게 된 것이다. 하나님의 택함 받은 백성의 부모는 하나님의 선물로 주어진 자녀에게 유아세례를 받게 하고, 그 아이의 성장과정을 돌보며, 자란 후에 교회는 만 14세에 이를 때 그 아이가 교회의 신앙의 가르침인 요리문답을 공부하고 유아세례의 의미를 일깨우며, 하나님의 백성으로서 신앙고백을 확인하게 된다. 입교예식을 통하여 그리스도의 공동체에 영접되며, 입교자는 성찬에서 주님과 교제하는 권한을 허락받게 된다.

현재 한국장로교회는 유아세례의 신학적 입장에 대하여 대체로 칼빈의 세례신학의 이해를 따라, 기독교신앙을 가진 부모들은 자녀들에게 이러한 제도를 적용하고 있다. 중요한 것은 아이의 신앙교육에 대한 책임은 교회보다 더 우선하는 것이 가정의 부모에 의한 것이라고 본다. 그리고 이러한 유아세례의 적용은 가정이 아이의 신앙교육의 중요한 장(場)임을 보여주는 역사적인 근거라고 할 것이다.

⑴ 가정은 종교적인 발견과 경험의 주체이다.

어린이와 청소년의 성장과정에서 종교성의 발달이 함께 이루어진다는 것은 현대 발달심리학자들의 공통된 견해이다.343) 그리고 부모와 다른 성인들로부터 받는 종교적인 영향의 가능성은 총체적인 일상에서의 가족생활에 편승되어 있다는 것도 잘 알려진 일이다. 그리고 가정은 특별하지 않은 장이지만, 아이의 성장에 많은 의미와 가치를 부여하는 공간임에 분명하다. 즉, 가정은 부모로부터 삶의 가장 모범적인 것을 배우는 장이며, 새로운 삶의 동기와 격려와 용기의 추진력을 공급받을 수 있는 장(場)이기도 하다. 오늘날 급변하는 사회적인 환경에도 불구하고, 가정은 아이에 대하여 다양한 인간적 욕구를 포괄적인 방법으로 수용할 수 있는 곳으로 여겨진다.344)

그리고 가정은 엄격히 말하면 교육적인 집회의 곳이 아님에도 불구하

---

343) [비교] E. Erikson의 자아발달론과 J. Fowler의 신앙발달론은 이러한 이해에 도움을
주고 있다.

344) [비교] Gottfried Adam u. R.Lachmann, 전게서, 201쪽.

고 교육의 영향력을 가장 많이 미칠 수 있는 곳이 가정이다. 또한 가족의
띠 안에서 인격적인 영향과 신앙의 내용적인 중재가 의사소통과 상호작용
에 의하여 교환되는 공간이기도 한 것이다. 부모들이 종종 말하는 것처럼,
부모가 가정에서 어떤 분위기를 만드는지, 그들이 선입관에 대하여 또는
예기치 않은 손님의 방문에 대하여 어떻게 반응하는지를 배우게 된다. 그
리고 문화적이며, 정치적이며, 종교적인, 그리고 교회적인 것들의 관심에
대하여 부모로부터 아이들은 배우게 되는 것이다. 이러한 가정생활에서
부모가 자녀에게 미치는 영향은 그 어떤 계획적인 교육행위보다 더 탁월
하게 영향을 미치는 교육행위가 되는 일이다.345)

 (2) 아이의 신앙과 가정에 대한 교회교육적인 과제

 가정은 교회의 가장 원천적인 모습이다.346) 이 말은 교회가 인간구원을
보장하는 신학적인 의미를 가진 공동체는 아니라는 것이다. 다만 아이들
의 성장발전과 삶의 동반이 이루어지는 것처럼 가족의 부여된 형태 안에
서 갖는 관계의 의미를 생각한 것이다. 부모의 행위는 생명을 가능하게
하며, 그것을 위임시킨 그리고 보존하는 하나님의 행위의 모사(模寫) 관계
에 있는 것이다. 그러므로 부모를 하나님의 아이에 대한 대리적 역할자로
표현하는 것은 올바른 일이다.347) 그리고 그러한 관계들에 의하여 신학적
인 모습형성의 과제와 성경이 삶의 의미와 언약들에 대하여 말하고 있는
그 모든 것이 직접적으로 연결된다. 그러므로 바르트가 가정의 이중적인
자격에 대하여 언급한 것처럼 즉, 하나는 삶에로 인도하는 장으로서, 다른
하나는 공동체 안에서 복음적인 자유의 장으로써 가족의 신학적인 장으로
서의 방향제시의 근거를 가능하게 한다.348)

---

345) 비교, 전게서, 202쪽.

346) [비교] F. D. E. Schleiermacher, zit.nach S. Keil, Art. Familie, in : TRE, Bd. I, 1977, 4.

347) [비교] H.J. Schimidt, Theologisches Beitraege zu Eltern-und Familienbildung in
    evangelische r Traegeschaft, in : H. Exner u. a. (Hrg.), Eltern-und Familienbildung in
    evangelischen Traegerschaft, 121.

348) [비교] Gottfried Adam u. R. Lachmann, 전게서, 209쪽.

실제로 아이는 가정의 복합적인 환경에서 자신을 질서화 하기를 배운다. 가족생활을 통하여 삶을 경험하며, 함께 이루어가면서 삶을 배우게 된다. 이러한 경험의 상호작용 가운데서 중요한 가치가 종교(신앙)의 역할이다. 부모의 신앙은 아이에게 절대적으로 영향을 미친다. 여기서 교회교육은 가족관계에서 종교적인 상호작용의 관계를 인식하고 신학적인 것을 의미 있게 수용하도록 노력해야 할 것이다. 부모의 경건생활은 아이의 기본 가치관 형성에 영향을 미친다. 결코 그러한 경건의 영향은 강제적이며 억압적인 형태가 아니라 삶의 대화를 통하여 관심을 불러일으키는 자연스런 복음의 의사소통이 가정생활에서 견지되도록 교회교육은 가정을 도와야 할 것이다.349)

2) 주일학교교육

현재 어린이의 신앙교육의 실제적인 역할을 하고 있는 모습이 교회의 주일학교운영에 대한 것이다. 주일학교는 어디서 생겨난 것인지 먼저 역사적 배경을 소개하기로 한다.

⑴ 역사적 배경

주일학교(Sundayschool)는 18세기 후반 영국의 글로세스터(Gloucester)에서 레이크스(R. Raikes)에 의하여 시작되었다. 이 일은 그 당시 영국의 어린이를 위한 사회교육운동의 맥락에서 이루어졌다. 그 당시 영국은 산업혁명이 시작되었고, 공업을 중심 한 새로운 생산공장에서 많은 노동자들이 일하게 된다. 그런데 가난한 노동자들의 자녀들은 아무도 돌보아 주지 않는 버려진 자들이 되었다. 이때에 출판업을 경영하던 로버트 레이크스는 길거리에 버려진 아이들을 모았고(1780.7), 메리트(Merith)부인의 도움으로 아이들과 함께 주일예배를 드린 후에 그 아이들에게 영문문자의 읽기와 성경과 신앙의 요리문답 등을 가르치게 하였던 것이다.

레이크스는 원래 교도소의 죄수들의 개선을 위하여 사회사업을 행했던

---

349) 비교, 전게서, 203쪽.

경험을 가진 자로서, 아이들의 고난을 진지하게 받아들이고 주일에 아이들을 위한 학교를 세워 문맹을 퇴치할 뿐 아니라 기독교신앙의 가르침을 병행하였던 것이다. 약 3년 동안 이일을 계속한 후에 그는 이미 자신이 발행하고 있던 '글로세스터 일간지 신문'에 '주일학교에 대한 기사를 실었고(1783. 11), 그 기사는 영국 사회에 큰 반응을 얻게 되었다.[350] 마침내 런던의 한 거부요, 상인인 윌리암 폭스(William Fox)는 1785년 영국 내에 주일학교의 근거와 유지 발전을 위한 단체를 만들었다. 1789년에는 이미 영국 내 30만 이상의 어린이들이 주일학교에서 교육을 받게 되었다고 한다. 1785~1799년 사이에는 웨일스, 아이랜드 그리고 스코틀랜드에까지 전하여졌던 것이다.[351]

(2) 미국교회의 주일학교

미국의 주일학교 운동의 발전에는 프란시스 애쉬브리(Francis Ashbury)의 이름이 연결되어 있다. 그는 1771년 미국 감리교회의 감독으로서 일하기 위해 영국에서 미국 필라델피아로 건너갔다. 1786년에 그는 영국에 왔다가 레이크스에게서 시작된 주일학교의 아이디어를 가지고 미국으로 다시 돌아갔다. 미국에서는 국가와 교회는 엄격히 분리원칙을 전제하고 있었기 때문에 유럽의 기독교 국가들처럼 모든 공적인 학교교육에서 기독교 종교의 수업을 행할 수가 없었다. 그 때문에 영국의 주일학교 교육운동은 미국에서 변형된 모습으로 공공학교에서 행하지 못하는 기독교 종교 수업의 보충으로서의 역할을 하게 된다. 여기서 주일학교는 특별히 성경적이며, 기독교 종교를 지향하는 수업이 형성하게 되었다. 그리고 이러한 변형된 형태의 주일학교가 미국 전역에 재빨리 전하여 지게 되었다. 1791년에 이미 미국에 주일학교 연합체가 만들어졌고, 이러한 연합체는 교파를 초월하여 형성되었다.[352]

---

350) [참고] C. Berg, Gottesdienst mit Kindern, Gütersloh 1987, 57쪽.

351) [비교] Hrg. v. G. Adam, u. R. Lachmann, Gemeindapädagogisches
     Kompendium. Göttingen, 1987. 285쪽.

352) 비교, 전게서, 287쪽.

이제 미국에서의 주일학교는 더 이상 가난한 아이들만을 목표하는 주일학교가 아니라 교회내의 모든 어린이와 청소년을 지향하게 되었다. 이러한 변화된 주일학교의 모습은 마침내 개 교회의 어린이와 청소년의 선교 지향적인 성격으로 발전되었다. 그리고 오늘날 미국에서의 주일학교는 모든 연령층 즉 성인들까지 수용하는 지 교회 사역의 중심적인 교육 기구로 발전하고 있다.[353]

(3) 한국교회의 주일학교

한국에 주일학교가 전하여 진 것은 선교사들에 의한 것이다. 스크랜톤(Scranton)선교사 부인이 1881년 1월 15일에 정동 이화학당에서 12명의 어린이와 3명의 부인들을 모아서 성경을 가르쳤던 일에서 한국에 최초의 주일학교가 시작된 것으로 본다.[354] 그리고 1897년에 평양에서는 6개의 교회에서 주일학교가 시작되었다고 한다. 그 후 한국교회는 교파를 초월하여 개 교회에 주일학교를 세웠고 대체로 미국 교회안에서 발전된 주일학교의 형태를 그대로 받아들여 오늘에 이르고 있는 모습이다. 1954년 대한예수교 장로회가 대한 기독교장로회와 분리되면서 교회의 교육기구인 주일학교도 이념적인 문제에 휩쓸려 신학의 자유주의적인 입장을 취하는 교단들, 즉 한국교회 협의회를 중심한 교회들은 '주일학교'란 명칭을 거부하고 '교회학교'로 개명하기에 이르렀다. 그 이후로 현재 한국교회 내에는 두 가지 이름이 사용되고 있는데 대체로 보수주의적인 성향의 교회들은 아직도 '주일학교'란 이름을 사용하고 있으며, 자유주의적인 성향의 교회들은 '교회학교'란 이름으로 주일학교의 전통을 이어가고 있다. 주일학교는 원래 로버트 레이크스(R. Raikes)가 시도했던 사회교육적이며 기초 교육적인 목표는 변화되었고, 한국교회는 성장세대의 복음전도와 성경 교육, 어린이, 청소년 예배를 중심으로 발전하는 모습을 보이고 있다. 지난 70년

---

353) 비교, 전게서.
354) [비교] 홍현설 외 2인 출판, Korea Struggles for Christ, CLS, 1966. 81쪽. ; 김득룡,
       기독교 교육학 원론, 총신대학출판부 1976, 156쪽 이하에서 재인용

대로 오면서 '주일학교'는 단지 어린이만을 교육하는 것이 아니라 교회내의 전 교인들을 교육하는 교회의 신앙교육기구로 확대되는 발전을 보였다. 그러나 그 이름이 성인세대를 수용하는 기구로는 문제를 지니고 있었다. 왜냐하면 실제로 신앙교육의 의미는 주일에 한정되기보다는 평일에도 언제나 교회를 통하여 주어질 수 있기 때문에 한국장로교회 내에서도 이미 '교회학교'로 그 명칭을 바꾸는 모습이 나타났던 것이다. 그러나 '주일학교'와 '교회학교'의 명칭사용은 교회의 신앙교육의 중요성을 어떻게 인식하는지에 따라 다양해 질 수 있는 것으로 보여지며, 필자가 보는 문제성은 어느 명칭을 따를 것이냐가아니라 교회의 신앙교육적 차원을 일반학교처럼 생각하여 지나치게 학교화 하거나 교육화 하는 일이라고 생각한다. 이런 관점에서 한국교회의 주일학교와 교회학교는 기독교신앙교육의 본질과 과제의 실현에 있어서 그 방법론이 왜곡되지 않도록 힘써야 할 것이다. 그 때문에 구라파의 프로테스탄트 교회들은 교회를 학교화하는 문제를 극복하기 위하여 주일학교나 교회학교라는 이름보다는 예배라는 사건은 중요하게 생각하여 '어린이 예배'(Kindergottesdienst)로 공식이름을 부르는 것은 교훈을 준다고 본다.

(4) 어린이 예배

현재 한국교회가 행하고 있는 주일학교를 통한 신앙교육의 중요성은 역시 어린이 예배에 있다. 원래 어린아이가 내게 오는 것을 금하지 말라고 하신 예수님의 말씀(눅 18 : 16)에 근거하여 우리는 어린 아이들의 예배를 생각하게 되며, 종교개혁 이후에 와서 어린이 예배는 중요한 자녀들의 신앙교육의 의미를 전제하여 가정에서 부모들과 함께 행하도록 권장되었다. 특히 코메니우스에 의하면 유아들이 부모에 의하여 하나님 경외하기를 배워야 하고, 가정예배와 찬송과 기도생활을 통하여 6세 이전에 신앙의 조기교육이 이루어져야 할 것을 강조하였다(대교수학, 범교육학, 어머니학교의 소식 등).

오늘날 한국교회는 교회의 형편에 따라 영아부(1~3세), 유치부(4~6세)등으로 주일학교를 더 세분화하여 어린이 예배를 힘쓰고 있는 줄 안다. 어린이 예배는 대체로 속한 교회의 성인들의 예배 형식과 내용에 준하여 이루어진다. 그렇다고 해서 어린이 예배는 어른 예배의 연습이나 모방이라고 할 수는 없다. 어린이예배는 어린이의 모습 그대로 하나님께 드리는 온전한 예배로 인정해야 한다. 물론 예배형식은 기본적으로 어른들의 예배 형식을 따르면서도 그들의 이해와 수준에 맞는 예배의 순서들이 반영될 수 있는 것이다. 그리고 어린이 예배는 아직 성인 예배의 모습을 갖추기 위해서는 부족한 것이 많은 것은 사실이다. 그 때문에 역시 교육적인 의미가 전제된다고 할 것이다. 그리고 어디까지나 어린이 예배는 부모들과 교사들의 도움 속에서 이루어져야 하는 일이다.

① 어린이 설교

어린이 예배에서 중요한 것은 어린이를 위한 설교에 있다. 어린이들에게 하나님의 말씀이 전파되고 설교를 통한 은혜의 전달은 어른과 동일하게 어린 아이들에게도 중요한 것이다. 그러면 어린이 예배에서 누가 설교해야 하는가? 그 대답은 교회의 담임목사가 해야 한다. 왜냐하면 교회안에서 하나님의 말씀을 강론하고 가르치는 사역의 책임은 담임목사에게 주어진 직무이기 때문이다. 이것은 기술적이며 기능상의 문제이기보다는 하나님의 말씀의 해석에 대한 신학적인 책임이 더 크기 때문이다.

그러나 현재 교회운영의 실제적인 면을 보면 자그마한 개척교회가 아닌 이상 주일학교 운영의 책임은 당회를 통하여 위임 분담하고 있다. 그리고 실제적인 사역의 책임은 교육목사나 교육전도사에게 맡겨져 있다. 이러한 실태는 교회의 형편과 정황에 따라 이루어지는 것으로 이러한 현실을 감안할 때 어린이 예배의 설교는 교육전도사의 몫이 될 수 있다.[355]

---

[355] 한국교회는 현재 어린이와 청소년의 신앙지도 책임을 전적으로 교육전도사에게 의존하고 있는데 이러한 비전문가들에게 맡겨진 교육은 미래적으로 전문가에게 맡기는 방향으로 교회교육의 전문가가 추진되어야 할 것이다.

② 어린이 예배의 과제는 무엇인가?

　　㉠ 하나님의 말씀의 들음과 배움을 통하여 하나님의 존재하심과 그가 약속하심에 대하여 신뢰를 갖도록 하는 것

　　㉡ 어린이들이 그룹 활동을 통하여 서로 친밀한 관계를 가지며, 기독교적인 가치로 대화하는 훈련

　　㉢ 찬송과 기도의 훈련

　　㉣ 성경적인 모습과 믿음의 앞선 자들에 의하여 그리스도인 됨의 모습을 배우는 것

　　㉤ 예전적인 요소를 이해하고 개별적인 사용에 대한 지도

　　㉥ 예전적인 교육을 통하여 성인 예배에로 인도함

③ 어린이 예배에서의 신앙학습의 단계

　　㉠ 먼저 3~6세 사이의 어린이는 본보기를 통하여 배운다. 믿음은 모방 관계를 통하여 배워진다. 구체적으로 아이가 부모에게서 자신의 잘못을 용서해 주는 것을 경험하고, 그리고 부모가 교회에서 행하는 것처럼, 사람들이 그의 삶의 환경에서 나타나는 삶의 물음과 기쁨과 그들의 염려를 기도에서 하나님께 말하는 것을 경험하면, 아이들도 이러한 행동을 예배에서 모방하게 된다. 그리고 성경에 나타나는 인물들의 모습에서 그 일치성을 확인하게 된다. 그리고 엘리야나 다윗처럼, 바울이나 베드로처럼 그리고 마리아나 마르다 처럼 되기를 원한다. 역시 어린이 예배에 함께 하는 교사들은 바로 이런 본보기적인 인물로 동일시되는 것이다.

　　㉡ 대체로 10세부터 지금까지 삶에서 형성되었거나 하나의 역할을 했던 종교적인 생각들에서 적극적인 문제화의 한 시기가 시작된다. 물론 아직은 사춘기의 문제로 특징화되는 것은 아니다. 오히려 반대로 3~4세의 나이에 종교적인 물음들을 파악하고, 소화하려는 자립적인 노력이 나타나기도 한다.356) 3~7세 사이

의 초기 유아에게서 아이들은 환상적인 모습을 보이기도 한다. 그리고 그들은 역사이야기와 상징적인 것들과 태도를 통하여 작용되기도 한다. 물론 그들의 세계관은 아직은 전체적으로 자기중심에 사로잡혀 있는 것이다.

ⓒ 또한 초등학교의 과정에 있는 12세까지의 아이들에게는 경험들을 소화하고 정리할 수 있도록 하기 위하여 이야기하는 설화의 방법은 중요한 학습의 수단이 된다. 아이들은 자신 스스로 역사와 신앙의 관념들과 관습들을 자기것으로 취하기를 시작한다. 아직은 상징적인 것들은 일차원적으로만 수용 한다. 이 기간의 마지막에는 자질이 논리적인 사고를 행할 수 있는 단계에로 발전한다. 결과적으로 이 기간은 전체적으로 기독교의 종교성에 정착되는 중요한 기간이다.

ⓔ 이 기간을 넘어서는 아이들에게는 설화식에 의한 학습에서 이제 조직적으로 배우는 단계에로의 전환에 적합한 학습방법을 적용해야 할 것이다. 즉, 신앙의 가르침과 물음에 연결하여 더 강한 이해를 보여주는 노력이 중심을 이루어야 한다. 여기서 우리는 중등부와 고등부, 즉 청소년들의 학습 심리를 기본적으로 이해하여 또래와의 그룹 짓기를 이용한 지도 방안이 고려되어야 할 것이다. 그리고 성경본문의 학습은 교사 중심의 이야기 식에서 그들의 삶의 경험적 차원과 관련하여 그 관계성을 배워 가도록 노력해야 할 것이다.

④ 어린이 예배 진행의 지침

ⓐ 예배순서는 교육 책임자에 의하여 준비되어야 한다(목사, 교육전도사).

ⓑ 예배는 정한 시간에 모여야 한다.

ⓒ 예배에서의 기도는 교사가 담당하되 너무 길게 해서는 안 될

---

356) [비교] Hildegard Hetzer, in : EvErz 32 / 1971, 137쪽 이하.

것이고, 간단명료하게 어린이들의 마음을 담아 표현되게 해야 할 것이며, 언어적으로 쉽게 이해할 수 있는 언어를 사용하는 것이 좋다. 그러나 절기 행사나 축제 때의 예배에는 어린이들이 준비한(교사에 의하여) 기도문을 낭독하는 형태로 참여시키는 것도 좋을 것이다.

㉣ 어린이 예배에서의 설교는 어린이들의 지구력을 감안하여 가능한 짧은 것이 좋고 10분을 초과해서는 안 될 것이다.

㉤ 예배 진행순서지를 사용한다면 무언 사회로의 진행이 좋고, 예배 시간의 전체는 1시간 내에 끝마칠 수 있다면 훌륭한 예배가 될 것이다.

㉥ 예배의 설교는 가능한 한 달에 한번은 담임목사가 하도록 해야 한다.

그리고 반드시 예배순서 마지막의 축도에도 목사가 하도록 하면 더욱 좋을 것이다.

⑤ 성경공과 학습

현재 각 교회의 주일학교에서 사용하는 신앙교육의 기본 텍스트로는 공과가 있다. 공과는 성경의 내용을 교사들의 노력을 통하여 더 효과 있게 가르쳐 지도록 만들어 진 것이다. 이러한 일에는 교사의 역할이 절대적으로 요구된다. 그러면 교사들이 공과를 가르칠 때 어떻게 해야 할 것인가? 어린이들에게는 대체로 성경 본문의 내용을 이야기 해 주는 설화식으로 접근할 수 있다.

㉠ 언어적으로, 어린이의 이해에 적합한 말로 표현해야 한다(간단한 문장, 명료한 표현, 직설법의 사용).

㉡ 내용상 밝혀주어야 할 것들을 사전에 준비하여 이야기형태로 전달한다.

㉢ 전파하는 형식으로 이야기 해 주는 본문의 내용은 신학적으로 중요한 의미가 아이들에게 전달되도록 사전에 준비가 이루어져야 할 것이다.

    ㄹ 공과의 본문과 번역된 성경의 내용과 비교하여 보는 일

⑥ 교사의 분반 공부 진행 지침

    ㉠ 교사는 먼저 가르쳐야 할 공과의 내용을 미리 준비하여 온다.

    ㉡ 교사는 가르칠 공과의 내용과 관련하여 성경본문의 해석요령과 신학적인 해석의 난제들을 목사를 통하여 도움을 받아야 한다.

    ㉢ 교사는 공과의 시작 전에 간단히 기도함으로 시작한다(약 1분간).

    ㉣ 교사가 사용하는 언어는 반 학생들이 쉽게 이해할 수 있는 언어를 사용해야 한다.

    ㉤ 교사는 공과의 내용을 완전히 숙지하여 자유롭게 대화하도록 해야 한다.

    ㉥ 교사는 학생의 질문에 언제나 간략하게 잘 대답할 수 있도록 해야 한다.

    ㉦ 교사는 학습자들이 가르침에 관심을 갖도록 잘 인도해야 한다.

    ㉧ 분반의 공부는 30분 정도의 시간에서 활용되어야 한다.

    ㉨ 분반 공부를 끝마칠 때도 반드시 공과의 중심적인 것을 전제하여 간단히 기도한다(약 1분간).

(5) 계절 성경학교의 개최이유

계절 성경학교는 보통 여름과 겨울에 실시하고 있다. 계절 성경학교를 개최하는 이유는 한국교회가 미국교회에서 시작한 계절 성경학교의 방식을 받아들인데서 시작되었다. 그것은 성경보충교육의 의의를 가지고 있다. 즉, 일반적으로 주일학교에서 성경을 가르치는 시간이 주일 낮과 오후, 수요일에 각 한 시간씩으로 계산하여, 1년간 총 156시간을 교수하게 되는데, 일반학교의 정규 수업시간이 연간 약 400시간을 능가하는데 비하여 주일학교의 성경교육시간의 부족을 방학 시간을 이용하여 보충하려고 했던 것이다. 그리고 또한 한국교회의 복음전도의 과제를 적용하여, 이때에 새로운 어린이를 성경학교에 데려오는 전도의 계기를 만드는 것이 그 이유이다. 동시에 교육적으로 교사가 어린이들과 함께 생활하며 수업 외의 생활

지도를 할 수 있는 계기를 마련한다는 것도 그 이유 중의 하나이다.

이러한 성경학교의 정신은 오늘날도 계승 발전시켜야 할 것으로 생각된다.

[여름성경학교 프로그램개선의 제안]

여름은 사계절 중에 가장 바쁜 때이면서도 동시에 무더운 날씨 때문에 모든 사람이 휴가와 휴식을 찾는 계절이기도 하다. 그러나 우리의 교회는 오히려 이런 때를 선용하여 언제나 인간적 휴식으로만 시간을 보내려 하지 않고 오히려 신앙교육과 신앙 훈련의 기회로 삼아 각종 집회를 개최한다. 가장 중요한 집회로는 여름 어린이 성경학교를 들 수 있겠고, 이를 준비하기 위한 교사강습회 그리고 청소년들의 수양회(수련회), 성인들의 기도회나 여러 전도부흥집회 등을 생각하게 된다. 또한 이러한 집회들이 그 나름대로의 의의를 가지고 개최되어 왔고 또한 해마다 여름철인 7~8월에 진행되리라고 생각한다.

그런데 이러한 집회들은 그 동안 매년 반복되는 가운데 새로운 의미와 의의를 살려서 가기보다는 그렇지 못한 경우가 많으며 행사를 위한 행사로 끝나고 마는 경우도 허다한 것을 본다. 특히 급변하는 사회의 모습에 따라 그리스도인들의 모습도 새로워지기를 원하는 데 비하여 교회의 이러한 행사들의 프로그램은 제 자리 걸음에서 벗어나지 못하고 있기 때문에 그것이 바로 행사로 끝나는 원인이 된다고도 할 것이다. 이에 따라 당연히 교회행사 프로그램의 보다 참신하고 적절한 개편 작업이 요구된다고 하겠다. 이러한 상황의 요구를 전제하면서 지금까지의 교회 프로그램들을 되살펴보고 참신하고 바람직한 교회 프로그램의 가능성이 어떻게 시도될 수 있는지를 생각해 보려 한다.

교회가 행하는 여름철의 각종 집회와 행사들의 의의는 과연 어디에 있는 것일까? 그것은 분명히 성장세대와 그리스도인들의 신앙교육과 신앙훈련이라는 차원에서 그 의의가 생각되어져야 할 것이다. 어린이나 청소년들에 있어서 학교공부가 멈춰지고 맞는 긴 여름방학은 그들의 신앙교육과 신앙훈련을 위한 적절한 기회가 되는 것이다. 그러므로 신앙교육과 신앙훈련이란 차원에서 매주일 개최되는 주일학교나 교회학교에서의 프로그램보다는 여름성경학교는 색다르고 독특한 의미를 지닌 것이 제시되어야 할 것이다. 그리고 주일학교나 교회학교 교육의 전체적 맥락에서 볼 때 평소 주일학교에서 다루지 못하는 성경 분야가 보충 교육적 성격과 함께 나타나야 한다. 여기서 중요한 것은 구체적으로 주제를 어떤 것으로 선정하느냐가 주된 관심이 된다. 왜냐하면 주제선정에 따라서 프로그램은 좌우되기 때문이다. 주제선정에 있어서 중요한 것은 기독교 윤리적 측면에서 중요성을 띤 주제들을 생각해야 하고, 나아가서 그때그때의 시사성을 띤 주제를 다룬다면 보충 교육적 의미와 신앙훈련의 의미들이 크게 살아 날 수 있다고 생각된다. 예를 들면 평화실현의 문제나 남북통일의 주제 등에서도 새로운 프로그램의 가능성이 찾아질 수 있는 것이다.

이렇듯 기독교 윤리에 관련을 가진 주제선정이나, 시사성을 띤 주제선정은, 기독교의 가르침은 언제나 삶과 연관성을 지닌 것으로 삶 속에 쉽게 적용될 수 있도록 나타나야 한다는 교수학습이론에 적합한 것이며, 동시에 학습의 동기부여와 관심 집중에도 큰 효과를 얻을 수 있는 원리가 되는 것이다. 지금까지 교회 여름프로그램이 그 의미를 찾지 못하고 반복되는 행사로, 사회의 변화와 그리스도인들의 인식변화 수준에 부응하지 못했던 요인이 바로 여기에 있다는 사실을 강조하고 싶다. 아울러 참신하고 바람직한 프로그램은 바로 이런 차원에서 새로운 해결점을 찾을 수 있을 것으로 생각된다.

두 번째로 생각되는 것은 이러한 신앙교육과 신앙훈련이 이루어지는 교육환경, 즉 장(場)에 관한 문제이다. 예를 들어 지금까지 교회가 실시하는 여름성경학교는 이 장소의 문제에 있어서 변화를 일으키지 못하고 있다 좀더 단적으로 말하면 평소의 주일학교나 교회학교의 교회내 건물을 벗어나지 못하고 있다. 매주일 만나는 똑같은 장소에서 만난다. 이것이 어린이들에게 있어서는 불가피한 현상일지 모르지만 그러나 역시 성경학교의 학습의욕을 불러일으키지 못하게 하는 문제점이 아닐 수 없다. 이러한 환경에서의 교육은 도시의 교회일수록 더욱 심각하며, 자연이 인간의 과학에 의하여 지배당하고 아스팔트와 빌딩과 아파트의 밀림 속 환경일수록 그 속에 있는 교회내에서의 교육은 더욱 심각한 문제를 안고 있다고 할 것이다.

현재 도시에 있는 교회들의 여름성경학교 운영은 어린이 전도를 위한 경쟁과 함께 여러 가지 선물의 공세가 이루어지고 있다. 이런 모습은 진정한 복음교육의 의미와 신앙교육의 본질을 간과한 행위라 아니할 수 없다. 그 때문에 보다 더 새로운 여름성경학교는 자연과 가까운 환경 속에서 이루어야 할 필연성을 지닌다. 물론 이러한 환경변화는 이미 청소년들과 청년 대학부나 성인부의 수양회 프로그램에서 실천되고 있으며, 동시에 어린이 캠프란 이름으로 새로운 프로그램이 실시되는 교회도 생겨나고 있는 것으로 필자는 이해하고 있다. 특히 어린이 캠프가 부모들의 여름휴가와 관련하여 함께 동반할 수 있다면 더욱 이상적일 것이다.

마지막으로 한 가지 더 생각해 볼 수 있는 것은 만일 교육의 장이 자연에 가까운 곳에로의 변화가 이루어진다면 프로그램 자체를 평소에 주일학교에서 하던 방식보다는 더 원시적인 것으로 바꾸는 것이 또한 중요하다고 본다. 왜냐하면 자연 속에서의 프로그램은 신앙교육보다는 신앙훈련과 공동체 훈련의 의미를 지닌 것으로 전환해야 하기 때문이다. 이에 따라 주제와 관련된 성경공부도 소그룹 활용과 함께 스스로 읽고 묵상하며 연구하는 기회 부여, 그리고 영성훈련의 프로그램으로 기도훈련, 각종 단체훈련을 통한 극기운동, 상담의 기회 부여 등이 새로운 활력소를 지닌 프로그램으로 나타날 수 있다. 역시 이러한 프로그램도 어린아이뿐 아니라 청소년과 청년 대학부, 그리고 성인부에 이르기까지 전 대상에 걸쳐 적용될 수 있는 것이다. 나아가서 개 교회적으로 볼 때 이런 여름의 교회 프로그램은 가정과 연결됨으로써 성장세대와 기성세대가 하나 됨을 꾀할 수 있는 신앙공동체의 기회로 보아야 할 것이다.

이런 전제에서 볼 때, 여름성경학교나 수련회, 그 외 성인들을 위한 교회 프로그램은 좁게는 개인의 신앙교육, 신앙훈련의 의의를 지닌 것이나 실질적으로는 교회의 하나 됨을 위한 프로그램으로 실천될 수 있을 것이다. 특히 변화하는 사회 속에 성장세대와 기성세대 사이의 세대 차를 극복하거나, 전통적 가치관이 붕괴되는 위기적 상황의 극복도 가능해질 수 있을 것이다.

결론적으로 지금 우리가 처하여 있는 환경은 우리 스스로가 경험하고 있는 것처럼, 변화의 초읽기 시대라고 해야 할 것이다. 이러한 변화를 만드는 요인은 우리 인간 자신들이요, 또한 과학문명이 이것을 더욱 가속화시켜 주고 있다. 이렇게 변화하는 상황 속에서 옛 방법의 반복 행위는 그 어떤 의미 제공에도 도움을 주지 못한다. 이제 우리의 교회교육, 특히 교회 여름 프로그램은 새로운 모습으로 전환되어야 한다. 그것은 앞서 제시한 3가지 새로운 인식 여하에 따라 좌우된다고 하겠다.

① 주제 설정이 상황성과 윤리성을 전제로 준비되어야 한다.

② 교육의 장(場)의 변화이다.

③ 교육의 장 변화에 적합한 프로그램의 활용 등이다.

특별히 세대 간의 공동적 만남과 가정과의 일체감 속에서 교회의 신앙교육이 가능한 것처럼 새로운 여름 교회 프로그램도 마찬가지이다. 현대화가 이루어진 산업사회 속에 살아가는 인간과 그리스도인이라면 그리고 그러한 환경 속에 있는 교회라면 더욱더 그렇다. 이러한 사실을 명심한 가운데 이번 교회 여름 프로그램도 준비되기를 바라며 더 충실한 결실로 주님께 감사할 수 있는 행사들이 이루어지기를 빈다.

3) 유치원 교육

⑴ 유치원 교육의 역사적 배경

가정과 학교 밖에서의 교육으로서 초기 어린이에 대한 유아원 형태의 교육은 벌써 모라비아의 형제단 교회의 교육목회자 코메니우스(J. A. Comenius, 1592~1670)와 바이겔(E. Weigel, 1624~1699)에 의하여 나타났으며, 그리고 1775

년 이래로 모라비아의 형제단 교회에서 그리고 특별히 엘자스(Elsaß)지방의 목사였던 오버린(J. F. Oberlin, 1740~1826)에 의하여 시도되었다.[357]

오버린이 시도한 유아원은 그 당시 구라파 전역에 알려졌고, 1802년에 독일에서는 최초의 유아원이 데트몰드(Detmold)에서 설립되었다[358]. 그 이래로 유아원 교육에 결정적인 자극을 주었던 사람은 역시 프뢰벨(F. Fröbel : 1782~1852)이다. 프뢰벨은 1840년에 소위 '놀이학교'(Spielanstalten)라고 부르는 '일반적인 독일 유치원'을 세웠던 것이다. 그리고 카일하우(Keilhau)에서 출판한 '인간교육, 교육수업, 가르침의 기술'이란 그의 주된 작품에서 아이들의 교육의 원리를 묘사하고 있다. 프뢰벨에게서 제시된 유아원 설립은 오늘날 전 세계적으로 알려졌고, 학교 전 아동교육기구로서 중요한 역할을 하고 있다.

우리에게 중요한 것은 기독교유아원교육에 있다. 오늘날 한국교회는 기독교의 복음적인 관심에서 유아원을 설립하고 유아원 교육을 힘쓰는 교회들이 늘어가고 있다. 정부의 설립 규정과 관련하여 대체로 개 교회들이 '선교 유아원'의 이름으로 허가를 받아 유아원을 설립 운영하고 있다. 이러한 일은 기독교의 복음선교적인 차원에서 중요할 뿐 아니라 사회교육적인 차원에서 그 중요성을 가지고 있다고 하겠다.

(2) 유치원교육의 기본적인 과제

① 복음전도의 과제

오늘날 실천되고 있는 기독교적인 유아원의 교육은 운영주최가 되고 있는 개 교회의 선교적인 관심이 그 중심을 이룬다고 하겠다. 즉, 유아원 교육의 책임은 곧 교회의 선교적인 책임인 것이다. 한편으로는 개 교회의 세례받은 아이들을 복음으로 교육하는 책임이요, 다른 한편으로는 불신자의 자녀들을 초대하여 복음적인

---

357) [비교] B. Buschbeck, Art. Arbeit mit Kindern, Vorschulische und außerfamiliäre, in : HPTh 3, Gütersloh 1983, 327쪽; C. Grethlein Geemeindepädagogik, 73쪽 재인용.
358) 비교, 전게서 73쪽 이하.

가치들을 일깨워 그리스도의 교회에 속한 자가 되도록 도우려는 관심이다. 그 때문에 교회의 유아원에서의 교육과정은 대체로 기독교의 월력에 따라 예전적으로 진행되며, 교육의 내용에 있어서도 일반교육적인 것보다는 더 기독교적인 것과 성경 이야기의 들려줌과 종교적인 노래를 배우는 것으로 되어있다. 이러한 유아원 교육은 훌륭한 어린이 종교교육적인 차원의 과제가 실현되는 장이며, 동시에 선교적인 과제의 성취라 할 것이다. 여기서 나타나는 문제는 기독교적인 관심과 공적인 사회교육적인 유아교육의 국가적인 요구와 어떻게 조화를 이루어야 할 것인지에 대한 것일 것이다.

② 가정교육을 돕고 그것을 보완하는 차원의 교육

기독교적인 관점과 복음의 가치를 배우는 것이 유아원의 교육을 통하여 이루어지지만 그러한 기독교적인 가치의 더 많은 실제와 경험은 가정생활을 통하여 이루어진다. 그러므로 유아원의 교육은 가정생활에서 나타날 더 많은 이이들의 물음과 문제들에 대한 기독교적인 대답들을 발견하도록 도우는 차원에서 유아원의 교육은 중요한 과제를 가진다고 하겠다. 그 때문에 유아원 교육은 가정의 부모와 깊은 연계성 속에서 이루어져야 한다.

③ 보상적 차원의 교육적 과제

보상적이란 유아원의 교육을 통하여 아이들의 성장 발전의 부진 상태나 장애 현상 그리고 교육의 전제들을 평준화하도록 돕는 과제이다. 가정에서 충족되지 못하는 정서적 부분의 결핍을 보완하는 차원의 과제이다. 신뢰, 인정, 보호, 충고, 도움 등.

④ 학교교육에 접근하도록 돕는 일

일반적으로 유아원의 교육과정에는 상당 부분 아이의 사회적이며, 언어적인 그리고 사고력 형성을 위한 교육이 실시된다. 이것은 후에 연결되어야 할 학교교육에 준비과정이라고 하겠다. 종합적으로 말하면 기독교 유아원 교육이라 할지라도 이미 그 중심에는 일반 유아원 교육의 기본적인 교육과정에 관여되고 있다는 것이다. 즉, 사회교육과 기초적인 의사소통의 교육과 창조성의 교육이 함께 포함하여 실천되고 있다는 점이다. 특별히 창의성에 대한 교육은 언어와 노래와 놀이 그리고 훈련하는 행동 안에 표현의 자질과 표현의 모습을 결과적으로 돕는 것이다.

4) 코메니우스의 태아기학교와 유아기학교론

코메니우스는 그의 범교육학(Pamapedia)에서 인간의 전 생애를 8단계의 학교로 명명하여 '전인교육과 평생교육'의 과제와 구체적인 각 학교에서의 교육과정의 표본을 제시하였다. 그 내용들은 오늘날 교회교육이 평생교육차원에서 교육과정을 준비할 때 참고할 수 있는 중요한 내용이라고 본다.

(1) 태아기학교[359]

① 코메니우스의 인간이해와 교육목표

㉠ 먼저 인간의 세 가지 행복관을 제시하였다.

첫째, 잘 태어나고 둘째, 잘 살아야 하고 셋째, 잘 죽는 일이라고 말한다.

㉡ 태아기학교의 교육목표

태중에 잉태된 생명이 인간으로 잘 태어나도록 돕는 일로 보았다(출생의 조건과 환경과의 관계에서).
• 존경할 만한 부모로부터 예우를 받고 태어나는 것(성적 순결)
• 부모의 건강(건강한 육체, 건강한 감각, 건강한 정신적 상태 등)
• 부모가 교회에 속하여 경건한 신앙생활을 힘쓰는 자이어야 함.

---

359) 정일웅, 코메니우스의 범교육학, 219-228쪽 이하.

- 아이는 하나님의 씨앗이라고 함(언약의 씨앗)

인간생명의 탄생은 다른 동물의 출생과 다르다.

② 출생의 준비

부부가 하나님의 후손을 낳기로 결심하고, 태중에 아이를 갖게 되면 한 순간도 아이에 대한 시선을 놓쳐서는 안 된다(경건하고 좋은 습관을 길러야 함).

부모의 잘못된 습관이나, 안이한 태도와 무책임이 태중에 있는 아이에게 영향을 주어 그 영향이 부정적인 것은 초래하지 않도록 해야 한다.

③ 태아기학교의 세 단계과정

첫 단계 학급 : 신체적이며, 정신적인 건강의 유지(교육내용 : 기도생활 / 성경읽기)

둘째 단계 학급 : 노동과 절제를 통한 경제적 능력 준비(교육내용 : 기도생활 / 성경읽기)

셋째 단계 학급 : 태중에 아이를 가진 후에 주의사항(임산부는 건강과 습관에 유행한 것은 피해야 함 ; 교육내용 : 기도생활, 성경읽기 / 산책)

(2) 유아기학교

코메니우스는 범지혜의 배움을 위하여 범교육론을 제시하였다. 그리고 그의 범교육론에 두 번째 학교인 유아기학교를 소개하였다. 이 학교에서 교육의 목표와 내용과 방법이 어떠해야 할 것인지를 상세하게 다루었다. 여기서 필자는 그러한 코메니우스의 유아기학교교육론을 소개해 보기로 한다. 코메니우스는 역시 유아기 아이들의 교육은 '어머니학교의 소식'(Informatorium der Mutterschule)이란 책360)에서도 상세히 다루어놓았다.

---

360) 정일웅 역, 코메니우스의 범교육학, 229-270, 어머니학교의 소식, 53쪽.

① 유아의 인간이해와 교육목표

코메니우스는 유아기의 교육을 '어머니학교'라고 부르며, 어머니의 품에서 자라는 성장과정을 전제하였다. 유아기아이는 세상에 출생한지 얼마 되지 않았으며, 아직 온전한 인격이 형성되지 않았고, 모든 것과 관련하여 인격형성이 절대적으로 필요한 시기에 있는 자들이라고 한다(출생에서 6세미만). 오늘날 교회의 영아부와 유치부에 속한 아이들을 생각한 것이다. 역시 아이들의 가르침은 부모에게 맡겨진 것이다. 그는 제 1장에서 "하나님의 값진 선물이며, 귀중한 보배인 아이들은 소중히 다루어져야 하고, 성실히 보호받아야 할 가치 있는 존재"361)라고 말한다. 그리고 그는 성경구절의 인용과 함께 아이들은 하나님이 주신 선물임을 상기시킨다(시 127:3-4; 겔 23:37; 말 2:15; 행 17:29; 막 10:16; 마 8:5-6). 그리고 그는 아이들은 하나님이 주신 값진 보화라고 강조하였다. 첫째, 아이는 순수하고 더럽혀지지 않은 하나님의 형상이라는 것 둘째, 그들은 그리스도의 피로 값주고 사 신 소유된 자들이라는 것(계14:4) 셋째, 시편 8편의 인용과 함께 아이들은 하나님의 이름을 찬양하는 특별한 도구들이기 때문에 하나님이 직접 아이들에게서 위대한 일을 행하시려고 한다는 것이다.362) 그리고 유아교육의 목표는 하나님

---

361) 전게서 55쪽.

362) 참고, 전게서 58쪽 이하 : 코메니우스는 역시 아이들이 귀중한 하나님이 주신 보배로서 존경받아야 할 이유를 그들의 미래와 관련하여 다음과 같이 설명한다. "그들이 다음 세상의 소유자들이며, 땅의 통치자들이며, 하나님의 피조물을 다스리는 자들일 뿐 아니라, 그리스도의 동역 자들이요, 왕 같은 제사장들이며, 거룩한 나라요, 소유된 백성이며, 천사의 동료이며, 악마의 재판관이요, 하늘의 위로이며, 지옥이 떨 무한한 영원의 상속자들이기 때문이라"는 것이다. 마 18:3절의 인용과 함께 은과 금과 진주는 그 자체를 통해서 우리에게 하나님의 능력과 선하심과 지혜를 가르쳐 주지 못하지만, 그러나 아이들은 우리에게 겸손과 온유함과 온순함과 화해를 나타내 주는 거울이라는 것이다. 그리고 하나님은 아이들을 우리에게 작은 교사로 주셨다고 하면서, 그것이 우리가 그들을 존경해야 할 이유라고 하였다.

의 살아 있는 형상들이 되게 하는 일과 하나님이 쓰실 일꾼들이
되도록 하는 것이었다.

② 유아교육의 필요성

코메니우스는 유아교육의 필요성을 세 가지 근거로 설명한다. 성
경에 나타난 근거와 이성적 차원에서 나타나는 근거, 성경에 나타
난 구체적 모범으로 설명하였다.363) 그는 또한 인간의 이성사용의
가능성을 전제하여 유아기에 있는 아이들의 교육의 정당성과 근
거를 밝힌다. 먼저 유아기의 교육은 인간의 모든 것을 보편적으로
개선시킬 수 있다는 희망에서 시작해야 할 것을 전제한다. 그리고
우리의 육체, 정신, 습관, 노력, 말하고 행동하는 것들은 유아기의
지도와 청소년기로 이어지는 가르침에서 규칙적으로 이루어져야
한다는 것을 강조한다. 그는 이성적으로 창조된 인간을 전제하면
서 이성이라는 고삐로 인간을 교육할 수 없다는 주장에 대하여
반박한다. 그리고 코메니우스는 유아기를 사계절의 봄에 비교하여
인생의 봄철로 전제한다. 그리고 식물의 씨앗이 파종되어 농부의
관리와 돌봄과 배려 가운데서 풍성한 결실을 맺는 것처럼, 유아기
의 아이들도 정신의 보화를 잘 준비하게 할 수 있는 기회가 되도

---

363) 범교육학, 정일웅 역, 258쪽. 코메니우스는 계속적으로 성경에 나타난 몇 가지 모
범적인 사례를 통하여 유아교육의 중요성과 필요성을 강조한다. 신명기 1 : 39에
근거하여 가나안 땅은 노인들에게 주어진 것이 아니라 아이들에게 주어졌음을
상기시키고 있다. 그리고 유아기의 어린 아이들을 교육한다는 것은 바로 미래를
위한 것임을 암시한다. 또한 그는 사무엘상 16 : 1-14절에 근거하여 이새의 일곱
아들 중에서 가장 어리고 작은 아들 다윗을 왕으로 삼은 일을 암시한다. 열왕기
하 5 : 14을 인용하여 나병환자들을 치유하신 사건을 통하여 어린아이들의 살같이
깨끗하게 된 사실을 상기시키고 있다. 또한 9 : 6의 말씀과 7 : 15의 인용과 함께
만물을 새롭게 하시는 그리스도께서 한 아이가 되어야 했던 일을 상기시킨다. 그
리고 코메니우스는 계속해서 잠언 4 : 3의 말씀에서 솔로몬은 이미 어린 시절에
지혜의 명령을 순종하는 법을 배웠다는 것을 상기시키면서 유아기의 교육의 필
요성을 강조한다. 또한 세상을 개혁하고, 인간을 변화시키는 일은 바로 이 유아
기의 교육에 달렸다고까지 강조한다.

록 교육적인 책임을 강조 한다.364) 유아기야말로 인생을 준비하는 가장 중요한 시기이며, 인간의 잘못과 오류를 교정할 수 있는 중요한 시기임을 또한 강조한다.

③ 유아교육의 책임은 누구에게 있는가?

코메니우스는 '어머니학교의 소식' 제2장 "왜 아이들을 부모에게 맡겼으며, 부모들은 아이들을 어디로 인도해야 하는가?"란 주제 하에서 부모들의 몫이라는 것을 전제하고 있다.365) 계속해서 "우리는 아이들에게 태만해서는 안 되며, 나무가 가지에 싹을 틔우고, 그것들을 돌보는 것처럼 아이들에게 동일하게 정성을 쏟아야 한다"366)고 하였다. 무엇보다도 코메니우스는 아이의 교육을 부모가 책임져야 할 이유를 첫째, 그들이 모두 부모에게서 탄생되었기 때문에 부모로부터 육체와 정신의 영향을 받아야 하며 둘째, 그들은 부모를 계승하여 인류가 지속되어야 하기 때문이며 셋째, 하나님을 위해서 낳고 길러야 한다고 하였다.

여기서 우리는 아이에게 있어서 아버지의 역할보다는 어머니의 역할과 책임이 막중하다는 것을 인식하게 된다. 물론 코메니우스는 어머니 대신에 보모의 역할을 외면하지는 않는다. 그것은 친모가 건강상의 이유로 아이에게 정상적인 교육적 영향을 줄 수 없는 상태를 고려한 경우이다. 더욱이 코메니우스는 아이는 친모에 의하여 모유가 주어지게 해야 한다는 것을 강조한다. 모유는 하나님이 주신 아이의 영양분이, 그것을 먹을 때, 아이는 건강하게 자랄 수 있다고 하였다.367) 그리고 또한 어머니에게서 양육 받지 아니한 자녀는 올바른 예의를 배울 수 없게 된다는 것도 지적한다.368) 이것

---

364) 전게서, 261쪽.
365) 정일웅 역, 어머니학교의 소식, 전게서.
366) 정일웅 역, 범교육학, 264쪽.
367) 어머니학교의 소식, 80-81쪽.
368) 어머니학교의 소식, 70쪽.

은 순전히 아이를 양육하고 보호하는 과정에서 어머니가 아이에게 미치는 영향이 얼마나 크다는 것을 생각하게 해 준다.

④ 유아기 아이들이 배워야 할 교육의 범위와 내용

이 부분에 있어서 코메니우스는 크게 세 가지 범주를 제시한다. 첫째는 창조주 하나님과의 관계에서 나타내야 할 성품으로 경건(신앙)에 대한 것이며, 둘째는 이웃과의 관계에서 나타내야 할 성품으로 예의범절과 덕행에 대한 것이며, 셋째는 자연만물을 알고 그것을 올바르게 사용하기 위한 자유로운 기술에 대한 것이다.369) 이 세 가지는 코메니우스가 이미 그의 대교수학과 범교육학 등에서 밝히고 있는 대로 인간성의 세 가지 기본요소인 지성, 덕성, 경건성(신앙)을 말한 것이다. 그리고 코메니우스는 아이들이 출생에서 6세 사이의 기간에 이 세 가지 범주의 내용을 통하여 훌륭한 인간성의 기초를 닦아 놓아야 한다는 사실을 강조 하였다.370)

먼저 경건에 대한 가르침은 인간의 기본적인 행동과 태도에서 다음의 세 가지 모습과 관계되게 해야 한다고 말한다. 첫째, 우리의 마음은 곳곳에서 하나님을 바라보며, 모든 일에서 그를 찾는 것 둘째, 사람의 마음은 하나님의 발자취를 인지하고, 곳곳에서 그를 경외하며, 사랑과 순종으로 섬기는 것 셋째, 사람의 마음은 끊임없이 하나님만을 생각하고, 그에게서 기쁨, 평화, 위로를 느끼게 되는 것이며, 이러한 태도와 모습이야말로 하나님이 주시는 기쁨의 낙원을 얻게 되는 참된 신앙이라고 하였다.371) 바로 아이는 6년 동안에 기쁨의 근원이 무엇인지를 획득할 수 있으며, 지혜의 근본이신 하나님을 알게 되며, 그분이 창조하신 하늘과 땅을 다스리시는 주인이심을 알게 된다고 하였다.

둘째로 이웃과의 관계에 대한 성품으로써 예의범절과 덕행에

---

369) 전게서
370) 전게서
371) 전게서

관련된 기본적인 태도와 성품을 13가지로 설명하였다.

㉠ 아이는 필요에 따라 먹고 마시기를 배워야 하며, 과식이나 과음을 피하는 적당함을 훈련받아야 하며

㉡ 청결함을 유지하도록 배워야 하며

㉢ 노인들에 대해 존경심을 가지고 말과 행동에 성실하게 행동하기를 배워야 하는 것

㉣ 부모의 눈짓에도 움직일 준비가 되어 있을 정도로 순종을 배우는 것

㉤ 진실을 말하도록 가르치는 것, 거짓말이나, 상황에 따라 말하기는 농담이든 진실이든 삼가기

㉥ 정의를 배우고, 남의 것을 탐하거나 훔치지 않도록 하기

㉦ 사랑과 선행을 배우게 하며

㉧ 게으름을 탈피하고, 부지런하게 일하기를 배우게 해야 하는 것

㉨ 말하는 것과 침묵하기를 배우기

㉩ 자신의 의지를 꺾고, 자신을 제어하는 인내를 배우기

㉪ 노인들을 기쁘게 해 드리는 것

㉫ 친절과 감사와 인사 잘하기

㉬ 항상 예의를 바르게 하고, 얌전하고, 조심스럽게 행동하기 등이다.[372]

셋째는 자연에 대한 앎과 자유로운 사용에 대한 기술로, 더 구체적으로는 아이가 사물을 알고, 말(표현)하고, 행동하기를 배우는 것을 지적한다. 여기에 먼저 언어의 학습이 전제된다. 그리고 먼저 알아야 할 사물의 지식에 관한 것으로는 8가지 내용이 제시된다.

㉠ 자연(물리)에 관한 것

㉡ 시각에 관한 것(밝고 어두움, 색깔의 다양함)

㉢ 천문학의 범주

㉣ 지리에 관한 것

---

372) 전게서, 71-72쪽.

㉤ 연대와 시간에 관한 것

㉥ 역사학

㉦ 경영학

◎ 정치학에 관계된 것들 등이다.373)

물론 코메니우스는 행동과 관련하여 정서와 혀 사용에 필요되는 대화의 기술, 셈하는 법, 기하학, 음악 등의 필요성도 지적하였으며, 특히 언어적 표현을 위한 훈련에는 문법과 수사학과 시를 가르쳐야 함을 강조하였다374). 또한 코메니우스는 그의 범교육학, 제 9 장 '유아기학교'에 대한 교육과정의 설명에서 1~6세 기간에 있는 아이들의 가르침을 위하여 6단계의 학급으로 나누고, 그 단계의 발전에 다른 구체적인 교육내용과 교육과정을 상세히 밝혀 주었다.

코메니우스는 위에 언급 된 아이들이 배워야 할 세 가지 범위의 내용과 관련하여 '어머니학교의 소식'이란 책에서 계속적으로 보완되고 확대되어야 할 교육의 실제적인 범위와 영역을 제시해 주고 있다. 그 책의 제 6 장에서 아이들이 명철을 얻게 하기 위한 연습의 방법이 다루어졌으며, 제 7 장에서는 행동하기와 노동에 대한 훈련방법을, 제 8 장에서는 말하기의 훈련법을, 제 9 장에서는 덕성과 선한 윤리로 훈련받게 하는 법을, 그리고 제 9 장에서는 아이들을 신앙으로 인도하는 법 등을 제시하였다.375)

이 부분의 구체적인 것들은 여기서 다루지 못함을 유감스럽게 생각한다. 다만 관심을 가진 분들은 그 책의 내용들은 직접 [참고] 하기 바란다.

그리고 코메니우스는 유아기학교의 교육과정을 6단계로 구분하여, 그 단계마다 교육되어야 할 내용과 방법이 무엇인지를 구체적으로 제시해 주고 있다. 이러한 구분은 대체로 아이가 출생 이후에 만 6세에 이르기까지

---

373) 어머니학교의 소식, 73쪽.
374) 전게서, 74쪽.
375) 참고, 전게서, 88-136쪽.

성장 발달되는 과정을 거의 정확히 관찰하였고, 인지적이며, 정서적인 그리고 신앙적 차원의 변화에 적합하게 그 필요한 것들을 서술하고 있다.376)

결과적으로 코메니우스 유아교육론은 현대 유아교육이 본받아야 할 하나의 표준적 교육론이라 할 것이다. 특히 창조사상에 근거한 인간교육과 부모에 의한 교육의 책임 그리고 사물을 익히는 가르침 뿐 아니라, 도덕성과 경건성 교육이 유아에서부터 시작되어야 하고, 시작될 수 있다는 조기교육의 가능성과 그 방법에 대한 구체적인 제시들은 현대 유아교육이 경청해야 할 중요한 교육적 모범과 표준으로 판단된다. 그리고 학습방법에 있어서도 자유로운 놀이학습의 의미와 모방관계에서 실물에 접근하는 그림을 통한 학습법 등은 여전히 오늘 이시대의 유아교육에서도 그대로 적용되어야 할 것들이라고 생각된다. 또한 모범과 훈육, 체벌 등에 관한 방법들도 여전히 경청해야 할 교육의 산 지혜들이라 할 것이다.

---

376) 제1단계 : 입문반과 신생아학급, 제2단계 : 젖먹이 학급, 제3단계 : 옹알이와 첫걸음을 시작하는 학급, 제4단계 지각사용의 학급, 제5단계 : 도덕성과 경건성의 학급, 코메니우스는 이 5단계 학급에서 기독교신앙의 근본적인 토대인 믿음, 사랑과 소망을 확고히 심어주어야 할 것을 강조한다. 제6단계 : 공동적이며, 실제적인 학교로서 어머니 품의 학급 : 코메니우스가 생각한 이 학교는 오늘날 유치원교육에 해당한다고 볼 수 있다. 물론 그는 유치원 설립에 관하여 구체적으로 제안하거나 언급한 일은 없다. 그리고 코메니우스는 유아기의 마지막 단계에 있는 어린아이들에게 그림이 실린 두 권의 소책자를 배우도록 했는데, 그것은 루키다리우스(Lucidarius)로 불리는 그림으로 된 책이다. 이것은 그 유명한 코메니우스의 세계도해(Orbis sensualium pictus)와 성경의 중요한 사건을 담고 있는 소책자인 성경핸드북을 말한 것이다. 이 두 권의 책은 아이들이 빈둥빈둥 놀거나 쓸데없는 놀이를 하는 대신 훌륭한 연습을 갖게 하며, 그들의 정신 속에 그림이 없는 책에 대한 애착이 점점 불붙게 된다. 또한 사물에 대한 첫 인상을 제공해 줌으로써 그들의 지식을 정확하고 명료하게 해주고, 성경을 읽을 때 고정된 사실을 잊어버리지 않게 해준다. 그리고 이것은 더 넓은 배움에 대한 전 단계이며 준비과정이 된다는 유용성을 갖는다. 이 책을 통하여 코메니우스는 아이의 언어학습과 사물을 익히는데 시각적 도구를 이용한 최초의 시각교육의 학습법의 선구적인 개발자로 평가된다. 그리고 코메니우스의 실제적인 배움의 목표인 지성, 덕성, 경건성(신앙)의 교육도 바로 이 유아기 단계에서 그대로 적용되었다.

2. 청소년교육과 사역

1) 청소년 인간이해

대체로 청소년 세대를 구분하는 범위는 다양하다. 일반적으로 서구에서는 만 12세에서 18세까지로 보지만 우리나라의 경우는 만 20세까지로 간주한다. 그러나 학자에 따라서는 만 24세까지로 구분하기도 한다. 이들은 나이 관계, 세대 관계, 성장 관계에서 볼 때 가장 인생에 있어서 큰 변화를 경험하는 세대라 하겠다. 이 기간의 청소년들은 ① 신체적 변화 ② 정신적 변화 ③ 사회적 변화 ④ 정서적 변화 ⑤ 영적인 변화 등이 뚜렷이 대두되는 시기이다. 특히 급변하는 한국사회 속에서 청소년들은 사회적 환경에 적응해야 하며, 성인에로 향한 성장을 지속함에 있어서 적응과 갈등 그리고 자아 정체성 확립에 대한 위기를 경험하면서 자란다.

⑴ 사회적 실체의 변화

현대사회는 변화와 변화를 거듭한다. 그 때문에 청소년들은 항상 사회적인 삶의 조건들에 대한 위기감과 삶의 목표설정에 위기감을 여러 계기로 직면하면서 살아간다(불안과 소외감정의 유발). 현대적으로는 에이즈에 대한 두려움, 환경파괴에 대한 두려움, 뉴욕의 9.11 테러사건 이후의 이라크의 전쟁, 북한의 핵문제, 세계경제의 위기 등. 이러한 전 세계에서 발생하는 사건에서의 변화의 분위기는 언제나 청소년들이 미래에 대한 꿈과 비전을 갖는 일에 불확실성으로 작용하며, 그들에게 불안감을 더 극심하게 하는 일들이 되고 있다.

청소년들은 역시 학교공부에서도 공동체의 일체감을 형성하고 연습하는 경험적 일보다는 오히려 실적과 능력을 요구하는 학교수업에서 심각한 긴장감을 더 많이 경험하게 된다(학업에서의 경쟁적인 모습). 한편, 가능한대로 청소년들은 자신의 자질과 능력을 발전시켜야 하며, 다른 한편 이러한 자질과 능력이 사회를 위하여 중요한 것으로 인정된 방식으로 표현되는 기회가 잘 부여되지 않기 때문에 청소년들은 심리적으로 더욱 긴장감을 갖게 되는 것이다. 특히 십대는 더 이상 아이들이 아니지만, 그러나 더더욱 성인도 아닌 어중간한 기간에 처한 존재들의 모습이라고 할 것이다. 그들은 이 기간에 자신의 나이와 자질에 적합하게 자율성을 발전시킬 가능성을 거의 갖지 못한 상태에 있다.377)

오늘날 구미사회의 많은 청소년들이 깨어진 가족관계에서 살고 있는 것 또한 문제이다(부모의 이혼 때문). 이러한 현상은 한국사회도 예외가 아니다. 점점 더 많아지는 부모의 이혼으로 한국사회의 청소년들은 더 많은 심리적 고통을 겪는다. 그 이유는 부모가 일찍 죽거나 이혼으로 헤어지게 되면, 그들은 감정적으로 의존하고 있어야 할 근거와 신실한 미래의 전망을 많이 발견하지 못하는 환경에서 자라게 되기 때문이다. 그들이 가치혼돈에 대한 논쟁과 관심 가운데서 자신을 느끼고 진지하게 행동하기를 배울 수 있도록 진지한 입장을 취해 주는 동반자가 그들 곁에 없기 때문이다. 부모의 배려와 관대함이 미치는 영향은 분명하게 해석할 수 없는 교육의 원칙들로서 청소년의 불확실성과 경험하는 좌절의 상황에서 미움의 감정들을 순화하게 하는 일에 큰 도움을 제공하게 되기 때문이다.378)

우리 사회는 구속력 있는 규범과 가치에 대한 책임적인 의견의 일치를 형성하는 일이 더 이상 가능하지 않은 사회로 변해가고 있다. 개별적이거나 집단379)적인 태도는 임의적인 모습으로 바뀌어가고 있다. 교회, 노동단체, 다른 사회적인 그룹들은 거의 가치형성이나 일치된 의견형성의 기능이 미미해가고 있는 모습이다. 거의 믿을 만한 동질성 확인의 모습들을 이 사회가 제시해 주지 못하고 있다. 개인의 자유에 대한 증대가 인간의 방향상실의 증가를 초래하게 되었다.

여기서 생겨나는 중요한 의문은 청소년들이 의미가 충만한 미래전망에

---

377) [비교] M. Klessmann, Dass ich wirklich etwas wert bin, in : Die verletlichen Jahre, Handbuch zur Beratung und Seelsorge an Kindern und Jugendlichen, (Hrg.) v. R. Riess, u. K. Fiedler, Guetersloh, 1993. 489쪽.
378) 전게서.
379) 전게서, 490쪽.

대하여 무엇을 바라고, 믿으며, 행동할 수 있을 것인가, 여전히 변화되지 않는 개체로 존재하며, 중요한 존재, 필요한 존재가 되도록 자기감정을 어떻게 발전시킬 수 있을 것인가 등이다.

청소년들은 이러한 긴장이 가득한 사회적인 출발의 조건들에 따라 그들이 경험하는 좌절과 분노를 '맹목적인 파괴욕'(Vandalismus), 약물남용(Drogenmissbrauch), 범죄성(Kriminalitaet)의 형태로 발산하거나 또는 수동성(Passivitaet), 우울증(Depression), 자살행위(suizidale Handlungen) 등의 모습으로 일탈하는 것이며, 이러한 위험은 참으로 크다고 할 것이다.

(2) 인격발달과 위기의 과정

청소년에게 있어서 두 번째 위기는 청소년의 발달과 함께 정상적인 방식에 결부된 정체성(Identity)의 사회적이며, 심리적이며, 생물학적인 위기라 할 수 있다. 정체성은 에릭슨(E. Erikson)에 의하면 자신의 몸 안에 내재해 있는 하나의 감정인데, 사람들이 어디로 향하고 있는지를 아는 마음 그리고 귀결될 것을 통하여 예측된 확인의 내적인 확증[380]이라 할 수 있다. 에릭슨이 자기인지와 자기에 대한 평가에서 지속성의 계기를 강조하는 동안에(여러 가지 삶의 단계의 과정에서 서서히 만드는 하나의 지속성), 상징적인 상호작용주의(Interaktionismus)는 예속성과 동시에 독특성을 증명하기 위하여 현저히 상호교환적인 요구들을 조화시키는 것과 마찬가지 그것들에서 제한시키는 필요성을 강조한다.

'자아의 가치'(Selbstwert)는 무엇인가 가치 있게 존재하며, 사용되며, 인정됨에 대한 감정을 뜻한다. 그러한 감정은 중요하고 특징적인 것들을 통하여 상호간의 가치평가와 인정의 오랜 과정에서 청소년은 자라게 된다. 한 인간의 자기가치에 대한 감정은 그의 경험에 의조하고 있는 자기평가의 보편화에서 발생한다. 자아가치에 대한 감정(Selbstwertgefuehl)은 경험적으로 입증된 자질의 순서로 표현하는 하나의 대상을 지향했던 통합된 인간의 정신상태라 할 것이다. 즉, 그것들은 자립성과 독립성처럼 의미와 성

---

380) [비교] Erikson, Jugend und Krise, 1970, 170쪽.

취의 건재함, 자기만족, 자기수용, 자기주목, 경험 등을 뜻한다.[381]

정체감과 자아가치는 서로 밀접하게 연결되어 있다. 양자는 다원적 차원의 의미를 가진다. 서로 분리할 수 없지만 구분해 보면 다음과 같다. 신체적 차원, 지적이며, 이념적 차원, 감정적이며, 사회적 차원, 노동과 실적의 차원 등이다. 그리고 신체적인 감정과 거기에 속한 몸체의 모습은 청소년 존재의 근본바탕이다. 그리고 그것들은 각 정체감의 본질적인 구성요소이다. 즉, 아이가 경험하는 가장 첫 번째의 인지는 신체적인 감수성이다. 배고픔 - 배부름, 추위 - 따뜻함, 긴장과 불안 - 신중하게 되는 것과 긴장감 해소 등 이러한 인지들의 구조에서 점차적으로 신체의 감정이 결정적이며, 긍정적인 또는 부정적이며, 감정적인 질(Qualitaet)이 생겨난다. 이러한 감정은 아이와 맨 먼저 관계를 가진 어머니나 아이를 돌보는 사람과의 관계에서 생겨난다. 이러한 몸체는 이상적인 모습으로서, 고유한 감수성과 인지들과 낯선 표준의 종합으로서 함께 있는 것이다. 대략 이상적인 몸체를 보면서 가족적이며, 사회적인 관념들의 종합이 생겨난다. 그 때문에 고유한 몸체의 상과 실제적인 몸체는 결코 일치하는 것은 아니다.[382]

사춘기에 급속한 신체적인 성장은 지금까지의 신체감정과 신체의 상(像)과는 혼돈된다는 것은 분명하다. 특히 통속적인 성의 특이점들의 발달은 새롭고 혼잡스런 불확실한 신체의 감수성들과 새로운 신체의 상을 해결한다. 거기서 소녀는 여성으로서, 마찬가지로 소년은 남성으로서 보고 수용하기를 배우는 시간이 필요 된다. 신체적인 접촉과 애정에 대한 소원은 이 기간에 항상 각 파트너(상대편)의 새롭고 특이한 신체를 확인하고, 인정하기를 찾는 소원을 함유한다. 거기서 물론 우리가 대중매체를 통하여 확인하게 되는 것처럼, 사회적인 역할의 모범들이 주요한 역할을 하게 된다. 즉, 이러한 배경에서 여자아이들은 남자아이들보다 그들의 신체의 외관에 더 강하게 신경을 쓰는 것과 평균적으로 자기가치 감정의 정도에 있어서는 남자아이들 보다 더 낮다는 것은 그렇게 놀라운 일이 아니다.

---

381) 비교, 전게서, 494-495쪽.
382) 전게서, 496.

여자아이들은 언제나 사내아이들보다 외모에 따라 더 강하게 판단되었다. 그러므로 그들이 이상과 실제 사이의 가능한 불일치에 대하여 더 의식적으로 반응하는 것처럼 남성적으로 형성된 문화 안에서 외모에 대한 관심 때문에 덜 인정함을 느끼게 된다.[383]

사춘기에 있는 청소년들에게는 지적이며, 이념적인 차원에 깊이 사로잡히는 변화가 나타난다. 추상적이며, 비판적으로 사고하는 능력이 증대된다(삐아제의 형식적 사고조작의 자질). 권위적인 사람들(부모, 교사, 목사 등)의 견해와 가치들을 더 이상 쉽게 수용하지 않는다. 청소년들은 그들의 생명과 하나님과 세계에 대하여 그리고 종종 높은 단계에서 이상적이며, 단편적으로 그리고 격렬함과 정열로서 대변되었던 현재와 미래에 대하여 자신의 이념과 자신의 전망을 발전시킨다. 부모의 세대가 신실하고 책임적인 태도에 대하여 앞서 경험하고, 제시하는 것은 젊은 사람들에게는 실제로 특별히 확신을 주지 못한다. 만일 그가 그러한 믿을 만한 가치에 간단히 연결하지 않는다면, 한 사람이 자의식을 어떻게 획득할 수 있는가? 그 때문에 그 뒤에 있는 불확실성을 보충하기 위하여 자신의 새로운 이념의 이상주의, 단순성, 역시 자아 중심성이 요구된다. 왜냐하면 청소년이 느끼고 행하는 모든 것은 잠재적인 두려움에 쌓여 있기 때문이다. 마찬가지로 아직 성인이 아니면서 완전한 가치를 가진 존재가 되어야 하기 때문이다. 그들은 무능력의 감정 안에서 이러한 감정적인 추락을 공격적으로 대면하게 되는 것이다. 또는 부정적인 정체성을 의식적으로 선택하며, 부모세대의 존재방식에 대립되는 모습으로서 도발적으로 파괴한다.[384]

이러한 형태를 우리는 서구사회에서 70년대에 히피족의 등장으로, 80~90년대에는 펑크족의 모습으로 나타났던 것으로 이해해 본다. 사회적이며 감정적인 변화들이 밀접하게 서로 연결되어 있다. 이러한 삶의 단계에서 부모와 교사들은 더 이상 주된 대화의 파트너가 될 수 없다. 자기 자신과 소원과 실망들과 희망들과 목표들에 대하여 말할 수 있기 위해서 같은 나

---

383) 전게서.
384) 전게서, 497쪽.

이의 또래와 가장 좋은 친구 또는 여자 친구들이 절대적으로 요구된다. 지속적인 동행과 대화와 의견교환은 다른 이의 거울을 통하여 자신을 더 잘 알게 되며, 자신의 특이점과 자질과 한계를 평가하기를 배우며, 점차적으로 자신과 다른 이의 눈에서 자기의 고유한 가치에 이르게 되는 불변적인 정체성을 발견하는 것이 그 목적이다.[385]

　청소년의 성적능력은 측근과 자애적인 확인에 따라 이러한 소원과 관계를 가진다. 그 때문에 사회적인 규범들(영화와 광고를 통하여)이 근본적으로 다만 생식적인 성생활을 행동모델로 제시하는 것과 청소년들이 그들의 감정과 사회적인 발달에 전혀 상응하지 않는 성생활의 한 형태로 유발시키게 하는 것은 매우 유감스러운 일이다. 그들은 성생활을 현저히 기능적으로만 경험하고 온정과 친근함과 상냥함에 대한 그들의 실제적인 욕구들은 크게 발전할 수 없는 위험이 생겨나게 된다. 청소년들은 자립성과 자유를 원한다. 그들은 자신의 능력과 실적의 자질들을 스스로 감지할 수 있도록 시험하기를 원하며 또한 시험해 보아야 한다. 동시에 거기서 보호됨과 사랑과 안점함에 대한 집중적인 소원이 함께 하게 되는 것이다.[386]

　산업화된 사회에서 노동과 실적은 정체성의 실현화의 형태로서 그리고 자기가치에 대한 감정을 강화하는 가능성으로서 특별한 의미를 가지게 된다. 계속되는 학교공부와 대학에 가는 청소년들과 이에 따라 상대적으로 나이가 점차 많아지면서 재정적으로 자립하지 못하는 청년들은 종종 특별한 딜레마에 빠지기도 한다. 한편으로는 학교공부에서 거대한 노동실적을 요구받게 되며, 다른 한편 이러한 수고의 결과가 거의 인정을 받지 못하는 문제성이다(열심히 공부한 학생이 아니라면). 학생이나 대학생의 신분은 하나의 최상의 가장자리 역할로 본다. 그 역할의 의미가 본질적으로는 약속으로부터 미래적으로 도달하게 되는 목표를 가지기 때문이며, 현재의 자기가치에 대한 감정을 위해서는 아직 종결되지 않았기 때문이다.[387]

---

385) 전게서.
386) 전게서.
387) 전게서.

(3) 정체성과 가치(의미)에 대한 추구

정체성과 자기가치를 찾는 것은 하나의 함축적인 종교적 차원을 갖는다. 왜냐하면 자기 자신에 대한 추구는 믿을 만한 상대와 포괄적인 의미와 현재적인 실체와 자신의 삶의 고통스런 모순들이 들어난 다른 실체에 대한 추구와 항상 연결되어 있기 때문이다. 많은 청소년들은 부모의 집에서, 학교에서, 사회적 환경에서 경험했던 실제와 그들의 유토피아와 이상들과 소망하는 것들 사이의 불일치에서 고통을 받는다. 그들은 아주 무자비한 실적사회와 소비사회의 저편에서 항상 비전과 다른, 치유하며, 치유하고 있는 실체의 징표를 찾는다. 그들은 한편으로 구체적으로 파악하며 경험되는 그리고 그것에서 그들이 자신을 나타내며, 자신의 방향지울 수 있는 그 상대를 찾는다. 그리고 다른 한편 자신을 초월하여 삶의 전체와 그의 의미와 목표를 분명히 보여주며, 그 안에서 분명히 종교적인 관계를 가질 수 있는 대상이다.[388]

(4) 청소년의 신앙 인도는 어떻게?

변화하는 사회적 환경에서 정체성과 자기가치 추구에 많은 가치혼돈과 갈등을 겪고 있는 청소년들을 교회는 어떻게 그들이 신앙 안에서 안정된 자기를 찾도록 도와야 할 것인가? 지금까지 앞에서 설명한 청소년의 인간 이해를 전제하여 교사들은 청소년들을 신앙으로 인도하기 위하여 적절한 자기태도와 방법을 힘써야 할 것이다. 이러한 책임은 비단 교회에만 주어진 것이 아니라, 부모들에게 함께 주어진 일이다.

① 모범을 보이는 삶

방법적으로는 무엇보다도 먼저 신앙 안에 있는 교사된 우리들이 신앙에 본을 보여주는 일이다. 정체성 확립과 자기가치 추구에 집중하고 있는 청소년들에게는 부모와 교사들은 언제나 기독교신앙

---

388) 전게서, 498쪽.

에 대하여 모범적인 모습을 견지해야 한다는 점이다. 그것은 그들이 혹시 곁길로 갔다할지라도 다시 돌아올 수 있는 신앙의 분명한 근거 점의 역할로서 중요한 의미를 가진다. 여기 본을 보인다는 것은 완벽한 성결주의를 말하는 것도 아니며 도덕주의를 말하는 것도 아니다. 하나님과의 관계를 어떠한 삶의 시련가운데서도 견지해 가는 굳건한 신앙의 모습이며, 진실된 인간적 모습을 보여줌이다. 특히 인격적인 모습은 교사에게 있어서 참으로 중요한 자질이다.

② 대화의 동반자 관계

청소년을 지도하는 교사는 청소년의 대화에 동반자로서의 역할이 절대적으로 요구된다. 청소년을 언제나 고민과 갈등에 처할 때, 무엇보다도 자기의 고민과 문제에 귀를 기울여줄 대화의 상대자를 찾는다. 교사는 이런 역할자들로의 모습으로 평소에 신뢰관계를 유지해야 하며, 언제나 대화에 응하여야하며, 그러한 대화적 관계에서 그들의 영혼을 돌보는 목회적(교육적) 상담이 이루어지게 되는 것이다. 또한 위기에 처한 청소년을 구해내는 구원과 치유의 사역이 거기서 가능하게 되는 것이다.

2) 교회의 청소년 신앙교육

(1) 세례준비와 입교준비교육

교회의 청소년에 대한 신앙교육의 책임은 일차적으로 그들이 그리스도의 세례를 받고, 교회의 회원으로 입교하도록 지도하는 일에 있다. 부모의 신앙에 의존하여 유아세례를 받은 자들은 입교를 준비해야 한다. 그리고 이 과정의 준비에 가장 중요한 것이 먼저 '신앙의 기본교리'를 배우는 일이다. 교회는 이들을 확인하고 역사적으로 '요리문답서'로 불리는 신앙교리의 책을 공부하도록 해야 한다.[389]

---

389) 한국장로교회는 역사적으로 웨스트민스터신앙고백의 전통을 따라, 웨스트민스터

이 기간이 청소년 초기의 나이이기 때문에 가장 총명한 시기이며, 이때에 신앙의 기본교리를 배우고 그 후에 다른 가치관을 접하게 될 때, 그 가치들의 진리여부를 분별하고 판단할 수 있는 기본자질(판단능력)을 제공한다고 볼 수 있다. 그리고 역사적으로 이러한 교육과정은 구미교회들에서는 2년 동안 계속하는 것으로 알려지고 있다. 물론 이 기간은 유아세례를 받은 자들은 입교하지만 그 그간을 경험하지 못한 청소년들은 세례를 바로 받고 입교하는 것이다. 기본형식은 기독교신앙의 기본적인 가르침을 받고, 교회회중 앞에 신앙을 고백하고, 그리스도의 교회에 일원으로 입교하게 된다. 로마 가톨릭교회는 이러한 입교의 과정을 견진성례[(堅振聖禮), Firmung]라 불렀고, 성례(Sacrament)에 포함시켰다. 그러나 종교개혁 시대에 와서 이러한 성례는 매우 비성경적인 모습이라는 비판을 받았고 다시 새로운 모습으로 제시된 것이 견신례(堅信禮)이다. 견신례란 신앙의 견고하게 하는 교회의 의식을 말한다.390)

이러한 방식은 종교개혁자 모두 동의하였는데, 취리히(Zürich)의 쯔빙글리(Zwinglii)도 유아세례를 행하였다. 그리고 유아세례자는 후에 청소년 때에 이르러 개인적인 신앙의 고백을 교회 앞에서 행할 것을 요구하였다. 이러한 고백은 물론 신앙의 학습을 전제하였고, 배운 것에 대한 교회의 청문과는 신앙고백을 확인하는 중요성을 가지고 있었다.

제네바의 개혁자 칼빈 역시 입교자 준비교육을 중히 여겼다. 한편, 로마 가톨릭교회는 견진성례를 세례의 보충적인 행위로 보아 성례로 취급한 것은 반대하면서도 유아세례자들에게 성찬의 공동체 회복을 위한 수단으로

대. 소요리문답서를 신앙의 책으로 삼고, 세례준비자들의 신앙교육에 기초교리를 배우도록 하고 있다. 오늘날 이 교육이 매우 형식적인 모습이 되어 있지만, 여전히 새롭게 부활 적용시켜야 할 교회교육의 중요한 부분이다.

390) 유아세례자들에 대한 올바른 신앙의 일깨움으로써 신앙의 학습을 전제하였다. 바로 이러한 올바른 신앙의 학습을 위하여 루터의 대·소 요리문답서가 적용되는 것이다. 그리고 이러한 가르침에 근거하여 입교자의 죄용서와 안수와 그들을 위한 도고(禱顧)가 가능한 것이었다. 그리고 성찬에서 주님과의 교통이 허락되는 것이다. 이것은 입교준비의 행위로서 후에 프로테스탄트교회는 견신례(堅信禮)라는 이름을 얻게 된다.

견신례의 의미를 받아들였다. 칼빈은 대체로 쯔빙글리의 이해를 수용하였고 만 10세의 아이들에게 신앙의 교리적인 가르침을 실시하기 위하여 2차례에 걸쳐 제네바 신앙교육서를 만들었던 것으로 알려져 있다.

그러나 견진성례는 스트라스부르그(Strassburg)의 종교개혁자 부쳐(M. Bucer)의 제안을 따라 성례로서의 의미를 극복하고, 견신례(堅信禮, Konfirmation)라는 이름의 새로운 교회의 입교준비의식으로 바뀌게 되었다. 견신례란 유아세례자들의 믿음을 견고하게 만드는 예전의 의미를 가진 것이다. 이러한 부처의 견신례에 대한 이해는 6가지 의미로 해석되어 전해진다.[391]

첫째 기독교의 신앙의 토대가 되는 신앙학습의 과정을 마친 후 세례에
    대한 신앙고백의 반복 행위이며,
둘째 신앙 윤리적인 변화의 의무감 부여
셋째 교회의 기도
넷째 안수의 의미
다섯째 성찬에 참여의 허락
여섯째 성찬 공동체의 양육을 통한 종속의 의미 등이다.

⑵ 한국교회의 입교준비의 실제

한국의 프로테스탄트 교회들은 이러한 종교개혁의 전통과 함께 유아세례자들의 입교를 위한 신앙교육의 중요성을 받아들이고 있다. 특히 장로교회는 웨스트민스터 신앙고백서를 신앙사상의 기초로 삼고 있으며, 이에 따라 만들어진 웨스터민스터 신앙교육서(대·소요리문답서)를 주일학교 교육에서 배워야 할 '신앙의 책'으로 삼고 있다. 그리고 교회에 새롭게 전도되어 온 새신자들과 관련하여 그들이 교회에 출석한 날로부터 6개월 기간이 경과한 후 그들을 교회의 학습인으로 세우는 일과 그 과정을 거친 자들에게 다시 6개월이 경과하여 세례를 받고 입교인이 되게 하며, 기존 성도들과 성찬에 참여하여 교제하게 하는 일을 행한다. 그런데 이러한 학습인들과 세례 준비자들의 교육은 일년에 한두 차례 거행하는 세례와 성찬

---

391) 전게서 322쪽 이하.

의 때와 연결하여 약 1주일 전에 두세 차례씩 야간의 1~2시간 기독교신앙의 교리에 대한 문답형식의 교육과정을 실시한다. 그리고 토요일에 교회의 당회원을 통한 신앙문답의 절차를 거쳐(역사적으로 신앙고백과 청문 그리고 시험) 주일에 학습인의 확인과 세례와 입교와 성찬예식을 거행한다.

이러한 교회의 예전적인 행사와 함께 청소년의 유아세례자들과 청소년으로서 중·고·대학부에 소속되어 1년 이상 믿음 생활을 계속한자들은 위의 이러한 교회 행사의 절차에 따르고 있다. 물론 이러한 단기간의 학습인 교육과 입교/세례준비 교육은 매우 형식적인 것으로 취급되는 이유는 일반적으로 청소년들의 경우는 주일학교의 성경공과교육과 주일예배의 참석을 통하여 신앙생활이 이미 시작되고 있음을 전제하며, 성인 새신자들의 경우도 이러한 관계에 있음을 전제하는 것이다. 그 때문에 단기간의 교육은 교육이기보다는 이러한 교회의 예식에 임하기 위한 절차를 준비하는 행위라 해야 할 것이다. 여기서 문제가 되는 것은 주일학교 교육의 과정이 과연 유아세례자들이나 청소년 새신자들의 세례/입교 준비교육으로서 충분한 신앙교육의 과정이 되는가 하는 점이다. 그리고 세례와 입교의 준비과정으로써 무엇을 배워야 할 것인지에 대한 교육내용이 깊이 고려되어야 하는 것이다. 현재 주일학교에서 가르쳐지는 공과교육의 내용으로는 그 결핍성이 지적될 수밖에 없을 것이다. 역사적이며, 전통적으로 종교 개혁자들이 이러한 세례와 입교 준비교육이 그리스도인으로서 기독교신앙의 배움을 통하여 그 기초를 세우는 일로 전제하여 요리문답서를 만들어 가르쳤던 그 의도대로 오늘날 우리의 한국교회에서도 세례와 입교자들을 위한 준비교육은 더욱 강화되어야 할 것으로 생각한다. 특별히 교회안에 청소년과 성인 새신자반, 그리고 입교자반의 운영은 필수적인 것이며, 이들에게 적합한 교육과정은 단순한 공과교육이라는 차원이 아니라 신앙의 기초를 세우는 과정으로 보강되어야 할 것으로 생각한다.

필자의 생각으로는 현재 주일학교 성경공과학습의 교육과정 속에 신앙의 기초 학습반(중3)을 또는 중급반(고1)을 신설하여 청소년들이 세례와 입교를 준비하도록 하면 좋겠다. 그리고 이러한 교육의 과정은 교회의 담임목사가 직접 책임지도록 하는 것이 좋을 것이다. 이 과정은 주간의 오후 시간을 이용하여 운영케 하면 좋을 것으로 생각된다. 물론 교회의 형편에 따라 신학의 기본적인 학업을 끝마친 강도사들이 이일을 위임 맡아 협력할 수 있을 것으로 생각된다. 입교시기도 가정의 달, 교육의 달, 청소년의 달로 되어 있는 5월중으로 하면 좋을 것 같으며, 교회는 이때에 청소년들을 맞이하는 교회의 축제주일로 지내면 더욱 좋을 것으로 생각된다. 이러한 교육의 준비는 유아세례를 받게 한 부모들에게는 자기 자녀에 대한 의무교육으로 인식시키며, 비신자의 자녀가 청소년 과정에 참여하였을 때는 가정의 부모들의 양해를 얻어 그들에 대하여는 교회학교의 교사, 전도사, 부장 또는 목사가 대부가 되어 이 교육을 더욱 책임적으로 시행했으면 좋겠다.

3. 교회의 평신도(성인)신앙교육

우리는 여기서 교회의 신앙교육에 있어서 성인들의 교육이 얼마나 중요하다는 것을 생각하게 된다.

1) 성인교육의 개념이해

'성인교육'이란 말은 과연 무엇을 의미하는 것인가? 성인교육(成人敎育)은 성인들의 배움(learning)을 생각한 것이다. 성장세대는 성인이 되는 것을 목표하여 공교육의 배움을 통하여 발전의 도움을 받다가, 성인이 됨으로 그 교육과정은 끝나게 된다. 그러나 성인교육은 성인들의 배움을 전제하고 있으며, 항상 '배움'과 함께 해야 하는 존재로서의 인간의 특성을 반영한다. 즉, 성인교육은 성인들의 삶과 관련하여 필요한 모든 것들에 대한 앎의 행위이며, 자신의 삶과 직업과 환경과 관련하여 필요한 모든 것들을 지속적으로 알아가는 노력을 뜻한다. 그래서 현대 교육학자들은 성인교육을 평생교육(平生敎育), 생애교육(生涯敎育) 또는 계속교육(繼續敎育) 등등의 개념으로 새롭게 표현하기도 한다. 그리고 '성인교육'이라고 할 때, 영어로 'adult education'(성인교육)으로 명명되며, 독일어로는 'Erwachsenenbildung'(성인교육)으로 명명된다. '어덜트'나 '에어박세넨'은 모두 성인을 가리키는 말이며, '에듀케이션'(Education)과 '빌둥'(Bildung)은 '교육', '형성', '교양', '도야' '인간형성', '형태', '형상' 등등의 다양한 말로도 이해된다. 이 말은 '인격적인 존재로서의 성숙한 인간상' 형성을 목표로 자기발전을 위한 노력을 뜻한다고 본다.

2) 교회의 성인교육이란?

개념적으로 교회의 성인교육은 성장과정을 다 끝낸 청년기와 장년기에 있는 사람들에게 그리스도의 복음을 일깨우고 신앙생활에 적극적인 참여를 권장하며, 교회의 복음전파와 섬김의 사역에 헌신하도록 독려하는 행위가 될 것이다. 그리고 교회의 성인교육은 기독교신앙의 정체성을 분명히 해야 하며 하나님의 형상으로의 성숙한 회복을 경험하도록 도우며, 신앙인의 삶을 성취하도록 교회의 성인신자를 돕는 총체적 교육행위이다.

이러한 이해는 교회내에서 시도되는 평신도 교육과 청년, 장년, 노년의 학습활동과 신앙훈련의 동의어로 이해해도 좋을 것이다. 로이 주크(R. Zuck)는 교회의 성인교육을 '교회내의 성인교육'(Adult Education in the Church)[392]으로 불렀으며, '교회의 성인교육'으로 명명하였다.[393]

여기서 교회의 성인교육이라고 할 때, 그것은 교회교육과 연관성을 가지고 있지만 교회 내적인 것과 외적인 기독교의 성인교육형태를 다 포함한 개념으로 이해해도 좋을 것이다. 그러므로 교회의 성인교육은 기독교적인 가치를 전제하여 성인들의 삶이 창조주 하나님과 사회와 이웃 그리고 자연과의 관계에서 책임적으로 행동하며 응답되도록 하려는 도우는 사역이다.

3) 한국교회 성인교육의 역사

한국교회의 역사는 선교사들에 의하여 이루어진 복음전도의 역사였다.

---

392) Roy B. Zug &Gene A. Getz, Adult Education in the Church, 1970.
393) [참고] 박봉수, 교회의 성인교육, 장로교출판사, 1999.

그들은 구한말 1884~85년, 가장 혼란기에 미국의 장로교와 감리교 선교사들이 이 땅에 입국하면서 시작되었다. 그들의 선교는 한국사회가 쇄국정책으로 인하여 전통적인 가치관이 혼란과 한계에 직면해 있을 때, 그리스도의 복음으로 새로운 시대를 열게 해주었다.[394)

한국에 온 선교사들은 그리스도의 교회를 세웠고, 학교를 세웠으며, 병원과 가난한 자들을 구제하고 돕는 봉사행위를 통하여 한국사회를 새롭게 만들어 갔다. 그들은 먼저 성인들에게 복음을 전하였으며, 그들을 복음으로 개종시켜 교회로 인도하였다. 그리고 우리의 자녀들에게 새로운 교육의 도움을 입게 하였다. 특별히 교회를 통하여 시행되었던 성인교육은 먼저 사경회(성경공부)를 중심으로 이루어졌으며, 곧 선교사들에 의하여 영국에서 시작된 주일학교제도가 한국교회에 도입되어 그 제도 하에서 교회의 장년들을 위한 신앙교육이 교회내에서 실시되었던 것이다. 그리고 이러한 선교사들의 활동과 교회내에서 이루어진 기독교 성인교육은 한국사회를 변화시키고 개화하는 일에 크게 공헌하였다. 특별히 전통사회의 가치관을 붕괴시키고 새로운 가치가 도입되었는데, 조선사회의 반상제도 타파와 축첩제도, 주초문제를 극복하는 기회가 되었고, 기독교 학교의 설립을 통하여 남녀 간의 교육평등을 실천하였던 것이다. 그러나 유감스럽게도 한일합방 이후에 한국교회의 선교활동과 기독교 성인교육은 일제의 통치로 말미암아 제한을 받게 되었는데, 특별히 신사참배의 강요로 인하여 기독교의 박해와 수난의 시대가 계속될 때에도 수많은 성인 기독교인들은 민족과 국가의 독립운동을 위하여 온 몸을 던져 헌신하게 된다. 특별히 1900년대에 이르러 곳곳에 설립된 기독교 대학들은 바로 기독교 성인교육의

---

394) 이 시기가 서구의 문물을 수용하지 않아 갈등하던 시기이며, 1882년 한미통상조약, 1884년 갑신정변, 1889~90년 동학란과 1895년 청일전쟁, 1904년 노일전쟁, 1905년 을사보호조약, 1910년 한일합방 등의 사건으로 이어져 일본제국에 침략당하는 민족과 국가의 혼란기였다. 이 시기 1884년에 미국공사요, 의료선교사였던 알렌이 입국하였고, 고종황제의 배려로 광혜원이란 서양의술의 병원을 설립하게 된다. 1885년에는 미국장로교회의 선교사 언더우드가 입국하여 1887년 새문안교회를 설립하였다.

중심지 역할을 했던 것으로 보인다. 일제의 박해에도 불구하고 많은 독립운동의 지도자들을 양성했던 일이 그러했으며, 평신도 지도자들을 배출한 것들은 모두 기독교 대학들의 공로라 하지 않을 수 없다. 그것이 바로 기독교 성인교육이었다고 볼 수 있다.

그리고 8·15해방과 더불어 다시 종교의 자유를 얻어 교회를 통한 복음증거 운동과 기독교 성인교육은 교회를 통하여 계속되었다. 역시 기독교 성인교육이라고 할 만한 구체적인 모습들은 이제 일제식민주의 시기를 지나 대한민국이 독립된 국가가 되면서 새로운 시대와 함께 새롭게 정착되어 갔다. 이미 이전에 구미지역에서 전해진 기독교청년운동단체로 YMCA와 YWCA운동들은 교회내의 기구로 머물기 보다는 교회 밖의 단체로서 사회운동에 적극적으로 봉사하는 역할을 하게 되었다. 그리고 1950년대 중반에 이르면서 한국교회는 신학사상의 자유와 보수의 논쟁으로 양분하게 되었는데, 기독교 성인교육의 형태도 이분되는 모습을 보이기 시작하였다. 보수적인 교회들은 대체로 기존의 방식대로 성인들의 예배와 성경공부, 기도와 복음전도에 집중하였다. 그리고 진보적인 교회들은 대부분 동일한 방식을 따르면서도 여전히 사회적이며, 인간적인 문제들에 관심을 집중하였고 사회와 정치활동에 적극적인 참여자들로 교육하였다고 할 것이다. 특별히 70년대와 80년에 중반에 이르기까지 반정부운동과 민주화운동은 여전히 진보적인 교회들의 기독교 성인교육의 주제들이었으며 군사독재와 자본주의 사회구조에서 파생되는 자유와 인권의 문제들에 대하여 투쟁의식을 불러일으키는 것이 성인교육의 중심적 과제들이었다. 이러한 사회·정치적인 문제들을 기독교적 시각으로 해결하는 사회참여의 일꾼양성을 성인교육의 목표로 삼았다고 할 것이다. 지난 80년대로 오면서 진보적인 교회들의 성인교육에 지대한 영향을 끼친 신학적 경향은 남미에서 일어난 해방신학과 한국교회의 진보적 신학자들에게서 제시되었던 민중 신학이라고 할 것이다. 그러나 보수적인 교회의 성인교육은 오히려 진보적인 교회들의 관심과는 상관없이 정반대의 입장을 견지하는 방향에 있었고 전통적인 방식의 성경공부와 기도와 불신자들을 기독화하는 복음전도에 주력하였던 것이다.

4) 한국교회 성인교육의 실제와 전망

⑴ 전통적인 교회들의 성인교육의 형태

전통적인 교회의 성인교육의 형태는 개인의 경건과 복음전도의 봉사자 양성에 한정된 성인교육의 형태이다. 대체로 보수적인 성향을 가진 교회들의 성인교육은 성경공부와 복음전도의 봉사자들을 양육하는 것을 목표로 삼고 있다. 개인의 경건을 도우는 교육으로서 성경공부와 기도시간의 활용은 중요한 교회 성인교육의 몫이라 할 것이다.

그 때문에 일찍이 성인들의 성경학습을 위한 성경공과가 교단적인 차원에서 만들어 제시되고 있으며, 청년부, 장년부, 노년부로 구분된 그룹에서의 친교를 나누며, 교회부흥과 성장에 헌신하는 일꾼양성에 집중하고 있다고 할 수 있다. 그러나 기독교 성인교육의 초점이 오직 복음전도에만 한정되어 있기 때문에 큰 약점이 되고 있다. 그것은 정치경제와 관련된 한국사회문제의 인간적이며, 구조적인 문제들의 해결에 봉사하는 역할은 전혀 교육되지 못한다는 것이다. 그리고 보수적인 교회들의 성인교육은 80년대부터 새로이 시도된 제자훈련을 통하여 어느 정도 새로워지며 보완되는 듯해 보였다. 제자훈련이란 이름으로 행하여진 평신도 훈련과 교육은 개인의 회심과 그리스도인으로서의 삶의 태도변화에 역점을 두고 있었다. 그것은 단순히 사람들을 교회에로 전도해 오는 것이 아니라 전도된 자들이 회심과 양육을 통하여 실제적인 변화를 끌어내려는 것이 목표였다. 그러나 변화하는 산업사회와 민주주의가치와 자본주의적인 가치들의 지배로 인하여 정치·경제·사회의 구조가 초래하는 비인격적이며 비인간적인 문제들의 해결에 얼마나 평신도들이 적극적으로 대처하게 했는지는 여전히 의문으로 남는다. 그리고 이웃과 사회의 구조변화에 그리고 더불어 살아야 하는 공동체의 구조변화에 복음의 가치가 얼마만한 영향을 미치게 하였는지는 여전히 의문이다. 더욱이 오늘날 불신자들에게 개인적으로 복음을 전하기가 힘들어진 상황에서 보수적인 전통교회들의 성인교육은 새로운 방향으로의 전환이 절대적으로 요구된다는 사실이다.

그리고 우리 한국사회의 변화에 따른 성인들의 사회적 욕구와 심리적 갈등의 문제들은 개인의 경건만으로 해결하지 못한다는 사실을 인식해야 한다. 물론 오늘날 목회상담이란 처방이 있을 수 있지만, 그것으로 다 해결될 수 있는 것이 아니며, 더 넓고 깊은 하나님의 말씀의 이해와 함께 삶을 해석하는 기독교 성인교육이 펼쳐져야 한다는 것을 인식하게 된다. 그리고 이러한 인간적인 문제들에 대하여 우리는 더 많은 교양적 차원의 교육이 뒤따라야 하며 기독교 성인교육의 문이 더 열려져야 할 것으로 판단한다.

(2) 진보적인 교회의 성인교육

지난 70년대와 87년 민주화 선언이 이루어지기까지 군부독재정권에 대한 우리사회의 반정부운동과 정치구조의 변화를 요구하는 민주화 운동은 진보적인 교회의 성인교육의 주제요 중요한 교육내용이었다. 역사적으로 보수적인 교회들은 정치와 사회의 인간적인 문제들에 대하는 완전히 외면한 채 오직 복음전도에 총력을 기울이고 있을 때, 진보적인 교회들은 갖은 군사정부의 박해에도 불구하고 지속적인 정치민주화를 희생적으로 이루어냈다는 것을 우리는 인정해야 할 것이다. 그리고 기독인의 사회봉사에 큰 역할을 한 것으로 평가된다.

그럼에도 불구하고 진보적인 교회의 성인교육은 지나치게 정치문제에만 한정되는 문제를 안게 되었으며 개인의 경건과 복음전도의 과제에는 상대적으로 등한이 하는 결과가 초래되었다.

(3) 새롭게 시도된 성인교육의 방향

근년에 교회의 전통적인 보수성을 탈피하고 새로운 교회의 방향을 지향하는 모습으로서 복음주의적인 경향을 지적할 수가 있다. 특별히 지난 74년 로잔협약이[395] 발표되었고, 그 내용에 근거하여 몇몇 위원들에게 연

---

[395] 1974년 빌리그래함이 주도한 세계복음주의자 대회가 처음으로 스위스 로잔에서

구·발표하도록 위임되었던 그리스도인의 사회에 대한 윤리적 책임과 행동에 대한 지침서가 1982년 '그랜드래피드 보고서'로 제출되었다. 그 내용에서 전 세계의 그리스도인들이 이웃과 사회에 대한 개인적이며, 구조적인 악에 대하여 어떻게 행동해야 할 것인지에 대한 기본지침이 제시되었던 것이다. 그 영향으로 한국에 있는 보수적인 교회들은 사회구조적인 문제들에 새로운 관심을 가지게 되었고, 교회내의 청년들과 장년교육에 크게 반영되었다. 그리고 1990년대로 오면서 한국사회의 기독 지성인들을 중심으로 사회의 구조적인 문제들에 대한 적극적인 관심과 함께 사회활동을 본격적으로 시도하게 되었다. 다수의 보수적인 교회들에서 교회 내적으로 이러한 성인교육이 실천되지 않았지만, 부분적으로 복음주의적인 방향을 따르는 교회의 청년들과 장년들의 성경공부에서 경제정의와 윤리실천에 대한 과제가 다루어졌고, 계몽되었으며, 사회를 위하여 구조적인 문제들에 봉사하는 정신을 고취시키고, 적극적으로 참여하여 활동하는 일꾼들을 길러내었다고 본다. 1987년 민주화 선언이래로 이래로 우리사회는 정치의 민주화가 이루어졌으며, 이제는 산업화와 정보화로 전이하는 과정에서 경제·윤리·환경문제들과 관련하여 여러 NGO들이 생겨나면서 기독교단체로서 경제정의 실천운동과 기독교윤리실천운동은 우리사회의 개혁에 크게 봉사하고 있는 단체라 할 것이다. 이 단체들이 다루는 문제들은 역으로 다시금 교회교육의 과제가 되었으며 성인교육의 내용으로 수용되고 있다고 할 것이다. 특별히 남북한 통일의 문제와 관련하여 1988년 KNCC의 대응396)과 1989년 한국기독교총연합회의 출현397)과 함께 이 모

개최되었다. 이때 15개 항목으로 된 협약서 가운데 제 5항에서 복음주의자들은 처음으로 '그리스도의 복음은 사회에 대하여 책임을 갖는다.'라는 사실을 공식적으로 인정하였다. 그때에 그리스도인들의 사회에 대한 윤리적인 행동지침을 연구하여 발표하도록 몇몇 신학자들에게 위임하였고, 그 내용이 1982년 그랜드래피드에서 발표되었다.

396) 1988년 2월 KNCC는 통일선언문을 발표하여 민족의 숙원인 남북통일의 문제를 기독교의 과제로 천명하였다.

397) 1989년 11월 보수적인 교회들은 연대하여 한국기독교총연합회를 구성하였다. 그 이래로 한국교회의 대변기구로서 현재까지 남북관계에 중요한 역할을 수행하고

든 것들은 교회의 성인교육의 주제와 내용이 되고 있다.

⑷ 현대인의 삶에 도움을 제시하는 성인교육

21세기로 접어들면서 한국교회의 성인교육은 사회변화와 관련하여 새로운 주제들을 성인교육의 내용으로 적용하고 있다. 정치의 민주화가 이루어진 이래로 전통적인 우리사회의 억압문화는 인권과 자유의 가치실현과 성차별의 주제와 관련하여 새로운 전환기를 맞이하게 된 것이다. 전통적 가치와 새로운 가치질서 사이의 충돌들은 인간의 문제들, 부부갈등, 자녀와 부모사이에서 쉽게 경험하는 것들이다.

이러한 문제해결을 위하여 교회의 성인교육은 영혼의 돌봄과 관련하여 인간이해에 대한 정보와 상담의 기술에 대한 것들을 중요한 교육내용으로 삼고 있다. 그리고 산업사회에서 요구되는 새로운 윤리적인 문제들에 대하여 기독교 성인교육은 새로운 신학적인 대답과 신앙적인 표준을 필요로 하는 상황에 처하게 된 것이다. 그 해결책의 일환으로 교회는 적합한 전문 강사들을 초빙하여 강좌를 마련하고 문제해결의 대답들을 청취하고 각자의 문제해결에 지혜를 얻게 하는 것이다. 이러한 모습은 성인교육의 새로운 시도로 여겨진다.

오늘날 노인인구의 증가로 인하여 교회들의 노약자들과 사회에 소외된 자들을 돌보는 사회봉사활동은 성인교육의 중요한 프로그램이라 할 것이다. 교회마다 노인예배의 개설과 함께 노년층을 향한 복음전도 활동과 봉사활동은 중요한 선교적 과제이면서 동시에 성인교육의 내용과 활동에 속한 것이라 할 것이다. 지역의 행정 관청에서는 복지관을 설립하고 그 운영권을 신뢰하는 지역교회에다 맡겨 노인들의 여가시간과 건강을 돌보게 하는 일들은 기독교 성인교육의 새로운 기회로 해석되기도 한다.

⑸ 한국교회 성인교육의 미래

한국교회 성인교육의 과제는 앞에서 언급한 것처럼 언제나 기독인으로

있는 것으로 이해된다.

서의 정체성(그리스도의 형상 닮기)을 전제하여 기독인의 삶의 자유를 향유하며 살아가도록 돕는 일이다. 더욱이 비인격적이며, 비인간적인 일들에 대하여 올바른 행동으로 응답하도록 진리에 대한 통찰력과 의지력을 도우며, 이웃에게는 그리스도의 사랑의 실천(Diakonia)을 통하여 복음이 증거되도록 힘쓰게 한다. 특별히 한국교회 성인교육의 방법은 교사중심의 학습이 아니라, 자발성과 적극성을 배경으로 대화와 토론의 장이 이루어지도록 해야 할 것이다. 한국사회의 민주적인 가치의 성숙과 함께 성인학습의 방법들은 다양하게 적용되어야 할 것이다. 그리고 기독교 성인교육에서 다루어 질 수 있는 교육의 내용은 성경, 신앙의 교리, 신앙윤리(삶의 문제), 교회의 역사, 비교종교 차원의 가르침, 기도, 찬송 등이 되어야 할 것이다.

필자는 지금까지 한국교회의 성인교육의 실제를 비판적인 시각으로 살펴보았다. 그리고 코메니우스의 전인교육의 시각에서 볼 때, 경건의 확대와 성장을 통하여 교회의 수적인 성장에 기여할 수 있는 일꾼의 양성이 주목적이었으며, 경건과 덕성과 지성의 전체적인 목표를 성취시키는 교회의 성인교육은 아직 충분한 단계에 이르지 못하고 있다고 할 수 있다. 특별히 한국교회의 성인교육은 자유와 보수로의 대립과 분리의 모습 때문에 상반된 결과에 이르게 되었던 문제를 지적해 보았다. 이제 미래의 한국교회의 기독교 성인교육은 이 두 국면을 하나의 통합된 시각으로 연결할 수 있는 방향에서의 성인교육으로 새로워지기를 바란다. 그렇게 되려면 진리의 말씀인 성경을 더 깊게 이해하게 하고, 하나님과 세상과 인간의 삶 전체를 바라보는 통전적인 시각의 신앙성숙이 성인교육의 목표가 되어야 할 것이며, 하나님의 미래를 향한 개방성과 그리스도의 복음이 보여주는 참된 자유를 이웃과 공동체를 위하여 책임있게 실현할 수 있는 하나님의 사람들을 만들도록 성인교육은 노력해야 할 것이다. 다시 말하면 교회의 성인교육은 우리 사회의 변화에 대응하며, 그리스도의 복음의 진리를 위하여 책임있게 일하는 그리스도의 일꾼을 만드는 일에 전력을 다해야 할 것이다.

5) 교회성인교육의 다양한 모델

이 부분은 구미교회들이 시도하고 있는 성인교육의 다양한 모델에 관하여 소개해 보기로 한다. 이러한 내용에서 한국교회가 미래적인 성인교육의 형태로서 적용해 볼 수 있는 이론적인 근거가 될 것으로 본다.

⑴ 전통적인 성인교육의 근거와 구상들

독일교회의 성인교육은 1945년 이래로 성인들의 성경공부의 형태나, 가정생활을 돕기 위한 정보제공과 복음전파를 위한 선교적 차원에서의 노력들이 중심에 있었다. 이러한 전통적인 형태에서 새롭게 시도된 것은 비네르트(W. Binert)에게서 나타났다[398]. 그는 성인교육의 새로운 형태로서 교육목표를 다음과 같이 제시한다.

"첫째는 제기된 교육이해의 지평에서 복음의 적절한 이해의 도움을 통하여 교회에 속한 지체가 형성되도록 하는 일이며, 둘째는 일상에서의 그리스인됨을 위한 도움으로서 개신교의 사회윤리의 원칙들을 알리는 것, 셋째는 사회의 정신활동에서 성인으로서의 삶의 지향에 도움을 제시하는 일, 넷째는 학식 있는 자를 위한 고향으로서 교회의 새로운 모습을 형성하는 것, 다섯째, 어려운 상황에서 직업생활을 돕는 일, 여섯째, 여가시간에 정신생활의 개방을 통한 신앙에서 그리스도 공동체의 실제화 등에 대한 것 들이었다"[399].

비네르트의 구상은 교육되어야 할 내용들에 비중을 두고 있다. 성인 그리스도인이란 자신의 신앙을 책임있게 표현할 수 있는 상태에 놓여져야 한다는 것이다. 성인들의 일상의 물음과 삶의 물음, 그리고 신앙의 사회적인 결과에 대한 것은 복음적인 성인교육의 주된 관심이 아니며, 오히려 성인교육의 강좌를 통하여 전해지는 신앙이해의 정당성이 어떠해야 할 것

---

398) W. Binert, Evangelische Erwachsenebildung als Bildungsdiakonie. Theologische Grundlegung Weiden, 19667, 9-57쪽.
399) 전게서.

인지에 무게를 둔 것이라 할 것이다. 그리고 이러한 전통적 인성인교육의 모델에 속한 성인교육학자로는 로마 가톨릭교회의 에릭 파이펠(E. Feifel)400)이 있으며, 개신교에 속한 성인교육이론가로는 스위스의 테오도르 폭트(T. Vogt)401) 등이 있다.

(2) 자유를 위한 언어학교로서의 성인교육

이러한 이론은 사회변화를 추구한 모델로서 개신교 성인교육에 가장 알려진 실천신학자 에른스트 랑에(E. Lange)402)에 의하여 제시되었다. 그는 현대 산업사회와 자유시간을 필요로 하는 환경에 살고 있는 사람들을 바라보았으며, 그들의 삶이 실제로는 의미와 구원을 기대했던 약속된 여가 시간의 행운으로 자신을 새롭게 하는 것이 무의미한 노동으로 인하여 불가능하다는 것을 직시한 것이다. 여기서 그는 이러한 사회적인 환경변화에 따른 그리스도인의 자유에 대한 훈련을 기독교 성인교육의 주제로 생각하게 되었다.

랑에(E. Lange)는 기독교 자유의 훈련으로서의 성인교육의 목표를 다음의 두 가지로 제시한다. 첫째는 경제적이며 정치적인 관련들을 이해하고, 결과적으로 하나의 변화에 활동적으로 협력할 수 있는 가능성들에 관한 조성으로서 투명성을 회복하는 일이며, 둘째는 자유로운 사고를 전문화하는 일이며, 셋째는 자유의 시도에 대한 훈련이다403).

랑에의 이러한 모델은 결과적으로 사회와 그 사회 구성원의 기능적 자질을 상승시키며, 보존하게 하는 하나의 도구적 의미를 가진다. 랑에의 이론은 파울로 프레이레(P. Freire)404)의 이론과 깊은 연관을 가지고 있다. 그리고 프레이리는 사회의 근본구조를 통치적 관계에서 지배자와 피지배자

---

400) E. Feifel, Die Bedeutung theologischer Denkmodelle für ein Konzept theologischer Erwchasenenbildung, in : KatBl, 98-1973.
401) T. Vogt, Herausforderung zum Gespräch, Zürich, 1970.
402) E. Lange, Sprachschule für die Freiheit, München, 1980.
403) 전게서, 117쪽 이하.
404) P. Freire, Pädagogik der Unterdrückten, Stuttgart, 1971.

와의 관계로 보았으며, 지금까지의 교육은 바로 지배자의 통치를 위한 수
단으로 해석되었던 것이다. 그러나 그것을 극복하기 위한 방법으로 프레
이레는 교육의 의미를 새롭게 정의했으며, 학습의 무능력자들인 피지배자
들을 의식화하는 것을 교육의 중심적 과제로 삼는다. 이것은 인간의 자유
를 위한 전제조건이라고 본다.

　여기서 인간의 삶에 위협적인 충돌을 발견하고 자신의 관심을 인식하
도록 호소하는 일을 교회의 성인교육의 과제로 받아들였던 것이다. 그리
고 랑에는 교회야말로 이러한 통치체계의 대표적인 것으로 이해하였고,
교회는 바로 세상을 위한 교회로 인식되었던 것이다. 그는 '에만치파치
온'(Emazipation)이란 '억압에서의 자유' 개념이 교회안에서도 벌써 타당한
것이라고 보았으며, 자신의 견해가 신학적인 정당성을 가진 것으로 판단
하였다. 왜냐하면 교회에 위임된 봉사(Diakonia)는 다른 사람의 자유에 대
한 봉사로 이해하고 있기 때문이다. 그리고 하나님의 나라의 언약도 그
내용에 있어서 인간의 자유와 다를 바가 없다는 것이다[405].

　이러한 신학적인 근거에서 랑에게서의 성인교육은 교회의 과제이며, 그
것은 종교적이며 사회적인 의미에서 인간의 성인됨을 추구하는 것이라고
보았다. 이것은 사회 안에서 나타나는 비인간성과 인간의 소외, 그리고 정
의와 자유에 관련된 문제를 통하여 성인들을 의식화하고 이러한 문제 해
결에 봉사하도록 도우는 기독교 성인교육을 생각한 것이다.

(3) 세상과 교회 사이에 대화로서의 성인교육

　이러한 이론은 에릭 파이펠스(Erich Feifels)에 의하여 제기된 성인교육
이론이다. 그는 성인교육을 하나의 학습공동체적인 삶의 형태에서 세상과
교회의 만남의 도구로 이해한다. 신앙이란 더 이상 세상에 연역적으로만
제시되는 폐쇄된 체계가 아니며, 또한 자유에 대한 희미한 부름이 아니라,
상호 교환적인 상황의 현대적인 삶의 지평에서 대화적으로 구조화된 학습
과정에서 선언되는 것이다. "그러한 배움이란 선언적으로 교회적인 가르

---

405) E. Lange, 전게서, 123쪽.

침의 현존하는 것을 통하여 보증되는 것이 아니라 믿음들 가운데서 얻어지는 경험들의 통합을 위한 교수법적인 고정을 통하여 먼저 보증된다. 즉, 전통과 사회화와 언어와 제도와 함께 연결되는 물음들의 작업이 그 배움에 의하여 새로운 경험에로 이끌어 가는 것을 의미한다"[406].

파이펠스의 이러한 성인교육은 인간과 그의 세계에 대한 의무와 신앙의 미래를 대한 책임이 무엇인지를 뜻하는 지에 대하여 함께 깊이 생각하는 것이 교회로서 믿는 자들의 의사소통에 속하기 때문에 이러한 성인교육은 교회적인 것이라 하겠다. 그리고 교수학적으로는 틸리의 상호 연관의 방법론에서 이해하는 상호 연관의 신학적이며, 교수법적인 원리가 이러한 성인교육의 배후에 놓여 있다. 이것은 인간의 물음과 하나님의 대답 사이의 변증적 운동을 목표한다.

(4) 정보교환으로서의 신학적인 성인교육

이러한 이론은 독일에서 70년대 초에 로이엔베르거(R. Leuenberger)에 의하여 제기되었다. 이 당시 기독교 성인교육은 대학의 신학부에서 제시되는 많은 신학정보들을 평신도들에게 알리는 세미나 형태로 나타났고, 거기서 많은 사람들에게 신학정보들은 관심을 불러일으키게 되었다. 그러나 그는 신학과 여러 가지 정보들이 학문적으로 전해지게 할 뿐 아니라, 객관적이며 삶에 필요한 것으로 만들어야 한다는 것을 강조하였다. 그렇게 하기 위하여 대학의 신학자들과 성인들의 만남을 주도하는 성인교육의 형태를 생각하였고, 진지한 정보교환의 대화가 이루어지는 성인교육을 희망했던 것이다[407]. 이것은 성인교육을 통하여 일종의 평신도 신학을 교환하는 장이 되게 하려는 것이었다.

이러한 배경과 함께 새롭게 제기된 성인교육의 이론은 크리스토프 마

---

406) E. Feifels, K onzeptionen kirchlicher Erwachsenenbildung, in : E. Feifels u. a..(Hrg.), Hand buch der Religionspädagogik, Bd. 3, 355쪽.

407) R. Leuenberger, Der Evangelische Beitrag zur Erwachsenenbildung, in : F. Ziegel(Hrg.), Chancen des Lernens. Evangelische Beitraege zur Erwachsenenbildung, Muenchen, 1972, 13쪽 이하.

이어(Christoph Maier)[408]에 의해서이다. 그는 교회와 신학, 신앙과 삶의 관계를 연결시키기 위하여 성인교육의 필요성을 역설하였고, 다양한 관점에서의 성인교육을 설명해 주었다. 그가 제시한 성인교육의 필요성을 대체로 다음의 다섯 가지로 제시한다.

① 교회 내적인 성장 확립의 수단으로서의 성인교육

② 기독교 복음선교의 확대를 위한 도구로서의 성인교육

③ 개인적인 삶의 도움으로서의 성인교육

④ 사회에 대한 영적인 돌봄으로서의 성인교육

⑤ 기독교와 세속 사회와의 대화로서의 성인교육 등에 관한 주제들이다.

이러한 마이어가 제안하는 내용들은 오늘 한국교회의 성인교육이 미래적으로 학문적인 자기이론을 형성하는 일에 도움이 될 것으로 판단한다.

6) 코메니우스의 성인교육론

17세기의 구라파의 교육신학자 코메니우스(J. Amos Comenius : 1592-1670)는 실제로 교회(기독교)성인교육의 창시자이다. 그는 역사적으로 가장 성경적인 전인교육론과 평생교육론을 체계적으로 제시한 인물이며 동시에 성인교육의 사명과 과제를 성경적인 시각으로 잘 밝혀준 인물이기도 하다. 성인교육에 관한 핵심적인 이론과 방법론은 그의 범교육학(Pampaedia)이란 책[409]에 상세히 제시되었다. 그는 그 책에서 인생의 전 삶의 과정을 8단계의 학교로 명명한다. 그 가운데서 청년기학교, 장년기학교, 노년기학교들은 성인에 해당한다. 그러나 더 정확히 말하면 성인교육이 이루어져야 하는 기간은 청년기와 장년기학교에 해당한다고 볼 수 있다.[410]

그러면 코메니우스가 제시하는 성인교육의 목표와 과제 그리고 내용과 방법은 무엇인가? 그것은 범지혜(Pansophia)의 배움에 있다. 범지혜는 모든

---

408) Christoph Maier, Kirchliche Erwachsenenbildung, Stuttgart, 1979.
409) [참고] 정일웅 역, 코메니우스의 범교육학, 그리심출판사 2003. 코메니우스의 범교육학에 대해서 더 많이 알고자 한다면 신학지남, 2003년 봄호-여름호-가을호 등에서 정일웅 교수가 쓴 논문 세편을 참고하라.
410) 정일웅 역, 코메니우스의 범교육학, 2003, 그리심.

지혜를 뜻하는 말로 하나님이 나타내신 세 가지 종류의 계시를 가리킨다 (골 1 : 28). 첫째, 천지를 창조하신 자연의 모든 피조물이다. 둘째, 인간의 이성작용으로 표현되는 정신에 대한 것이다. 셋째, 하나님의 말씀인 성경 책에 대한 것이다. 이 세권의 책을 배움으로 거기서 하나님이 보여주신 지혜를 배워야 한다는 것이다. 그리고 하나님이 원하는 인간의 삶은 언제나 그의 뜻에 순종하는 것이며, 그의 영광을 높이는 일임을 밝히고 있다. 그의 범교육학은 이러한 모든 지혜를 세상의 모든 사람들이 배우도록 그 방법적인 원리를 제시한 것이다. 그리고 코메니우스 역시 인간교육의 목표를 타락으로 인하여 잃어버린 하나님의 형상을 회복하는 것으로 삼고 있는데, 그 형상의 가장 본질적인 모습 세 가지는 창조질서와의 관계에서 이해한 것으로 지성, 덕성, 경건성을 말한다. 지성은 인간이 자연만물에 대하여 항상 인격적으로 응답되어야 할 인간의 본성이며, 덕성은 인간이 이웃과의 관계에서 나타내 보여야 할 인격적인 성품으로 윤리성을 의미한다. 그리고 경건성은 하나님에 대한 것으로 그를 의지하고, 그에게 순종하며, 그를 섬기는 신앙적인 삶을 말한 것이다. 이러한 세 가지 인격적인 요소들이 균형 있게 작용하게 하는 것이 그의 범교육의 핵심적인 과제였다.

코메니우스는 특별히 성인교육에 있어서도 청년기와 장년기와 노년기로 구분함으로서 성인의 신체적이며, 정신적인 그리고 영적인 변화의 단계를 전제하였고, 그 연령단계에 나타나는 성인의 신앙적이며, 심리적인 특성들을 전제하여 교육과정과 교수방법을 제시하고 있다. 물론 코메니우스는 각각의 단계에 교육과정을 구별하여 제시하였다.

청년기학교는 역시 세단계로 나누어 보았는데, 아카데미아와 아포데미아와 직업선택의 과정으로 명명하였다. 아카데미아는 오늘의 대학교육과 직업준비학교에 해당하는 것이며, 아포데미아는 대학과 직업학교과정을 마치고 사회에 나아가기 전에 다른 지역과 이웃나라와 다른 문화지역으로의 여행하는 과정으로 설명된다. 그동안 배웠던 모든 것들을 어떻게 삶을 이끌고 문화와 역사를 만들어 가고 있는지 다른 문화권과의 비교를 통하여 자신의 지식과 경험을 더 확실하게 하는 과정으로 이해된다.411)

그리고 장년기학교의 교육과정은 스스로 삶을 올바르게 실천함으로써 스스로 책임있게 행동하는 과정을 뜻한다. 그는 장년기학교 교육의 목표를 다음과 같이 설명한다. "이 장에서는 사람이 바르게 살아가는 법과 자신에게 귀속되어 있는 모든 것이 선한 결말을 맺을 수 있게 하는 법 그리고 삶의 실천과 삶의 올바른 사용을 가르친다."412) 이것은 그 동안 배우고 익힌 모든 것들이 삶을 통하여 실천되고 실행되어 좋은 열매를 맺으며, 또한 모든 가치를 책임있게 사용하도록 하는 것을 말한 것이다.

장년기학교에서의 교육과정은 가장 긴 기간의 학교로 이해하였고, 삶의 실천을 통한 경험에서 스스로 배우는 과정으로 이해하였으며 또한 자신의 행동에 대하여 스스로 책임져야 하는 과정으로 보았다. 그럼에도 불구하고 코메니우스는 장년기학교의 교육과정을 다시 세단계로 구분하였는데, 첫째는 직업생활을 시작하는 단계이며, 둘째는 삶의 과업을 책임있게 실행하는 단계, 그리고 셋째는 삶의 과제와 임무들을 스스로 설정하고 스스로 해결하는 단계였다413). 물론 이 학교는 조직된 학교가 아니라, 사회의 모든 영역에서 각자의 직업 수행을 통하여 배움이 이루어지는 학교를 말한 것이다. 이 기간은 세상의 불의한 것에 대하여 언제나 하나님의 뜻을 책임있게 실천하도록 노력해야 하는 과정이다. 그 중심은 하나님이 기뻐하시는 일에 헌신하며 봉사하는 삶이다. 더 적극적으로 말한다면 하나님의 의와 평화를 위한 도구로 살아가는 모습을 뜻한다고 할 것이다. 그리고 이 기간에는 믿음, 사랑, 소망의 가치를 더욱 견고하게 하며, 성경말씀의 묵상과 기도생활을 권고하였다.414)

코메니우스는 기독교 성인교육의 실제적인 목표를 사회개혁에다 두었다. 진리에 대한 통찰과 함께 하나님과 이웃과 자연에 대한 그 책임을 일깨울 뿐 아니라, 경건성과 덕성과 지성의 능력들이 실천되도록 하는 그것이었다. 세상의 불의에 타협하는 모습이 아니라, 하나님의 의를 드러내며,

---

411) 코메니우스의 범교육학, 329-352쪽.
412) 전게서, 353쪽.
413) 전게서, 357쪽 이하.
414) 전게서, 383과 388쪽.

그리스도의 사랑으로 화해하며, 용서하며 평화하는 삶을 사는 그것이었다. 그 때문에 기독교 개혁론에서 그는 먼저 개인의 경건을 힘쓰는 것과 가정의 화평을 도모하는 일과 그리고 사회를 지탱하는 기본구조로 이해된 학교의 개혁과 정치의 개혁, 그리고 교회의 개혁을 성인교육의 중요한 과제와 책임으로 제시하였다. 그 곳에 나타난 제도적이며 개인적인 불의와 실수에 대하여 경각심을 가지고 하나님의 의와 평화가 임하도록 힘쓰는 일을 개혁의 주된 과제로 보았던 것이다.415)

그는 성인교육에서 가장 중요하게 여기는 것이 성경을 공부하는 일과 기도하는 일이었다. 그것은 인간의 지혜와 인간의 능력에 의지하지 않게 하는 것이며, 하나님과 그리스도와 성령의 도우심 가운데 기쁨으로 모든 일을 감당하게 하는 방법이었다. 구체적으로 각 학교에서 가르쳐지고 시행되어야 할 기도문을 직접 작성하여 제시하기도 하였다. 코메니우스는 범교육학에서 하나님의 형상의 회복으로서 인격적인 인간성이 형성되는 교육을 가장 중요하게 생각하고 있다. 인격적인 것을 방해하는 그 어떠한 것도 불의한 것으로 보았으며, 고쳐져야 할 개혁의 대상으로 본 것이다. 그리고 언제나 지성, 덕성, 경건성을 갖춘 인격적인 모습으로 하나님을 섬기게 될 것을 기대하였다.

코메니우스는 이러한 성인교육이 교회내에서 이루어져야 할 교육적 과제로 한정하지는 않았다. 왜냐하면 인간의 전 삶의 과정을 배움의 과정으로 보았기 때문이다. 그러나 한국교회의 상황과 관련하여 볼 때, 코메니우스가 말하는 성인교육은 바로 목회현장인 지역교회안에서 실천되고 있으며, 앞으로도 그렇게 되어야 할 것으로 이해한다.

---

415) 사회개혁과 관련하여 코메니우스는 '범질서론'(Paorthosia)이란 책에서 상세하게 개혁의 방법을 제시하였다. 그것은 범지혜의 획득, 범지혜의 올바른 사용과 관련하여 Theoria(이론), Praxis(실천), Chresis(사용)라는 세 단계 방법론을 제시하였고, 개혁의 대상으로 구체적인 것은 교육의 개혁과 교회의 개혁과 정치의 개혁 등에 대한 방안을 성인교육과 관련하여 제시하고 있다.

4. 노인의 신앙교육과 목회

지난 1999년은 유엔이 발표한 '노인의 해'였다. 산업사회의 현상으로 노인인구가 증가하면서 노인에 대한 관심은 전 세계적인 일로 여겨진다. 노인세대는 인생을 거의 다 살아온 세대이지만, 아직도 왕성한 활동이 가능하기 때문에 국가와 사회는 그들의 노후생활을 보살피고 그들의 삶이 안전하게 지속되도록 도와야 한다. 현재 한국사회도 노인인구의 급증을 경험하고 있는 나라이다. 1998년에 65세의 노인인구는 전체국민의 6.6%에 이르고 있다는 통계가 있었다. 그러나 2000년에는 벌써 7.1%에 이르렀으며, 이러한 추세로 가면 2020년에는 17.5%에 달할 것으로 예견하고 있기도 하다.[416]

그리고 노인인구 증가가 14%에 이르게 되면 일반적으로 고령화 사회로 명명되고 있으며, 그 속도가 매우 빨라 한국사회도 벌써 고령화 사회로 진입한 것으로 평가되기도 한다.[417] 이러한 한국사회의 노인증가에 대한 환경을 전제하면서 기독교교육의 맥락에서 한국교회는 노인의 신앙교육에 대한 책임을 다해야 할 시점에 이른 것으로 판단한다. 이러한 노인들의 영혼 돌봄의 목회적인 과제를 인식하고 있는 교회들은 노인들의 신앙교육과 목회적인 돌봄을 위해 다양한 프로그램을 개발·적용하고 있는 것으로 이해된다. 교회 소망부의 성경공부, 노년주일학교, 노인교회 등의 이름들은 벌써 한국교회내에 시도되고 있는 노인신앙교육 실체들이다.

필자는 이러한 한국교회의 노인의 신앙교육의 정황을 전제하여 교회노인의 신앙교육이 어떻게 이루어지는 것이 바람직한 것인지 그 이론적인 배경을 살펴보려고 한다. 노인의 인간이해를 비롯하여 교육의 목적과 목

---

416) [참고] 통계청 장래인구추계 1990-2021년, 아산복지재단 '고령화사회' 심포지엄. 1991년 문화일보 2003년 8월 28일자 보도.

417) [참고] 맹용길, 고령화된 교회와 노인들을 위한 목회적 배려와 방향, 기독교사상,2001년, 5권 515쪽. 프랑스가 고령화 사회로의 진입에 115년 걸렸으며, 영국이 45년, 일본이 24년에 비하여 한국은 22년 밖에 걸리지 않는다는 것이었다.

표, 교육내용, 교육방법 등이 어떠해야 할 것인지를 제시하게 될 것이다.

1) 노인은 어떤 사람들인가?

⑴ 생물적이며, 심리적인 관점

우리 한국사회에서 노인은 대체로 65세 이상의 연령에 있는 자들을 가리킨다. 모든 사람들이 죽음을 향하고 있는 것처럼 노인들은 바로 그 가까이에 이른 자들이라 할 것이다. 그러면 노인의 생물학적이며, 심리적인 상태는 어떤 변화를 보이는가? 노인에게는 개별적인 신체기관들이 축소된 모습을 보인다. 연골이 약해지고 관절판이 엷어지고 심장과 폐와 콩팥의 작동이 감소된다. 이러한 장기들의 변화가 여러 가지 모습으로 동일하게 일어나는 것은 아니다. 같은 나이라 할지라도 개별적으로는 많은 차이를 보이기도 한다. 노인들에게는 질병에 대한 저항력이 약해진다. 노인들에게 당뇨나 암과 같은 질병들이 자주 나타나게 된다. 다른 질병들, 관절증이나 동백경화증도 나이와 관계되어 나타난다. 상태에 따라 사망을 초래할 수 있는 더 많은 다양한 살인적인 질병들이 자주 나타난다. 노인을 잘 밝혀주는 여러 이론들이 있다. 그렇지만 아직도 많은 것들이 미해결 상태에 있으며 가장 설득력 있는 것은 세포의 노화과정이 근본적으로 가정될 수 있을 것이다. 그 과정은 유전적으로 체계화되었다. 각 사람은 그의 노화과정을 하나의 생물적인 시계와 같이 결정하는 천성적인 하나의 짧은 생의 기간을 가진다. 이러한 시계의 과정은 여러 가지 영향들을 통하여 수정되었다. 예를 들면 질병, 식사습관, 직업, 여가시간의 활동, 삶의 의도와 지속적인 영향의 정신적인 계기 등이다. 세포의 노화는 단백질합성의 장애가 일어나게 한다. 단백질구성의 결핍은 사라지고, 세포들은 작아지며, 총체적인 세포의 수가 감소되고, 신체기관의 조절력이 축소된다. 이 과정은 불규칙적으로 작용하며, 구별되게 작동되었다. 여기서 사람은 느끼는 것처럼 늙게 되는 것이다.

(2) 삶의 단계로서의 노인

노인이 되는 것은 하나의 과정이며 한 과정의 결과이다. 삶을 경과하는 발전으로 이해하는 연구가들은 그것을 아주 중요하게 강조하였다. 특별히 에릭슨의 사회심리적인 방법은 잘 알려진 일이다. 에릭슨(E. H. Erikson)은 출생에서부터 인격체의 발달을 8단계의 과정으로 설명하였다418).

각 단계에서 인간은 내적인 동력과 외적인 요구들 사이에서 충돌을 직면해야 한다는 것이다. 그는 다만 그렇게 자기의 정체성(Identitaet)을 확립할 수 있다는 것이다. 이러한 과정은 오랜 시간이 걸리는 힘든 일이며, 복합적이며, 장애를 받기 쉽다는 것이다. 각각의 발달단계에서 좌초될 가능성이 있는 것이다. 에릭슨은 건강한 발달에 불가피한 세 가지 근본적인 경험들을 근원적인 신뢰(Urvertrauen), 자율성(Autonomie), 주도권(Initiative)이라고 불렀다. 이러한 경험들은 사춘기에 정체성위기에서 성장하기 위한 전제를 만든다고 보았다. 성인은 성숙한 동반자관계로 사는 것과 부모역할을 넘겨받기를 배워야 한다. 생의 마지막 단계는 의심과 권태감에 비하여 통합이란 양극단사이에서 경과된다.419) 노인은 다행스런 발달에 의하여 무의미한 감정을 갖지 않은 채, 성숙한 원숙함으로 그의 삶의 경험들을 초래하게 된다. 모든 한계에도 불구하고 그는 우주적인 종류의 지체로서 자신을 경험하게 된다. 에릭슨은 노인의 근본덕행을 죽음에 따라 삶과 거리를 둔 관계를 가진 존재의 지혜라고 부른다.420)

이러한 생각은 에릭슨에게서는 이상과 실제가 불분명하다. 그리고 많은 사람들이 이러한 원숙하게 된 노년기의 지혜에 도달하게 되는지는 의문이다. 아마도 더 많은 사람들은 더 이전의 발달단계에 사로잡혀 있는 것이다. 그러한 경향이 대체로 일반적이며 인간의 성숙이란 모든 발달단계에서 불완전하고 타협적인 충돌해결로써 살아가기를 배우는 거기에 성립되

---

418) E. H. Erikson, Identitaet und Lebenszyklus, Frankfurt, 1980, 6Aufl. 118.
419) Erikson, 전게서.
420) E. H. Erikson, Einsicht und Verantwortung, Stuttgart, 1966, 122쪽.

는 것이라고 본다.

(3) 노인들의 노동능력

새로운 발달심리학은 지능활동이 초기 성인기까지 상승하며, 그 다음은 하강한다는 견해에 반박한다. 여러 조사들은 성인후기의 삶에서도 더 많은 지적인 활동들이 지속된다는 사실을 입증하고 있다. 만일 노인들에 의하여 자질감소가 분명해졌다면 그것은 질병이나, 학교교육의 부족이나, 시험상황을 통한 활동의 압박, 장애에 대한 불안 등을 그 요인으로 본다. 자신의 삶에 관심을 기울이는 자는 노인의 나이에도 많은 유익을 얻게 될 것이다. 자극을 주는 환경은 지적인 수준을 안정적인 상태로 유지하게 한다. 오히려 쉬는 자가 녹슬게 된다는 속담이 더 적중된다.

노인은 홀로 완전한 변혁을 이끌지 못하지만 구조개선과 심화단계로는 이끌어간다. 앞서 존재했던 특이점들과 고유한 것들은 명백하게 나타나게 하기도 한다. 새롭게 시도하기 보다는 오히려 신뢰된 행동방식들이 더 촉진되게 한다. 완고함과 자유 사이에서 노인은 그의 길을 발견하게 되는 것이다. 이와 같이 노인의 나이에도 적절한 환경이 조성된다면 지적활동이 가능하며 무엇인가를 해 낼 수 있는 작업능력이 그에게 존재하는 것이다. 이러한 견해는 노인의 배움을 가능하게 하며 어린아이와 같은 열정은 아닐지라도 분명한 진보를 나타내는 활동이 가능하다는 것을 부정하지 못한다. 한국 속담에 팔순 노인이 다섯 살 손자에게서도 배운다는 말이 있다.

(4) 인간의 자기모습과 다른 모습

노인들이 가지는 상은 사회적인 서투른 모방과는 긍정적으로 구분된다. 노인들은 활동적이며, 목표 지향적이며, 심리적으로 안정적이라고 믿는다. 이러한 자기 모습에 상응하게 행동하려는 의도는 물론 쉽게 이루어지지 않음을 경험한다. TV광고나 신문광고에서 노인들은 희망하는 활동성과 역동성에 상응한 모습이 아니라, 유행에 뒤진 할머니나 할아버지로 묘사되기도 한다. 일부 책에서 노인들은 도움과 안식이 필요하며, 고독하고,

병약하며, 아이와 같으며, 잊어버리기 잘하고 잘 포기하는 모습으로 평가되었다. 이러한 비공식적인 평가는 사회학적인 노인이론 가운데서 반영되고 있기도 한다.

5. 체념과 희망 사이에서 노인의 종교성

(1) 종교심리학의 정보

주일 공예배에서 노인들은 다수를 이룬다. 그러한 현상은 노쇠함과 죽음에 가까움과 실제성의 손실은 항상 경건성과 관계를 가진다고 보는 견해가 있다. 테오필 툰(Theophil Thun)은 노년기의 종교성이 삶 전체의 과정에 어떻게 연결되는지를 그의 연구서에서 밝혀주었다[421]. 한 인간의 생애 동안 교회와 어떤 관계를 어떻게 유지하고 살아왔는지가 노년의 삶에 크게 작용하게 된다는 것이다. 그리고 노인은 적어도 삶 전체에 영향을 주었던 그 특성들을 강하게 드러내게 된다는 것이다. 아직도 생존해 있는 노인들은 기독교환경에서 자란 지난 세대에 속한 자들이며 예배에 참여하는 일은 그들에게 신뢰된 중요한 하나의 행위인 것이다. 오늘날 구라파의 성장세대들은 전승된 기독교 경건성의 형태에 큰 관심을 기울이지 않기 때문에 미래에 그들의 모습은 매우 다를 것으로 예상된다. 교회의 사회적인 역할도 감소추세에 있다. 그 때문에 죽음에 가까워진 실존적 상황이 경건성을 자동적으로 강화시켜준다는 생각은 더 이상 지지를 받을 수가 없다. 죽음에 대한 심리적인 동기는 희망의 상실이거나 다시 한 번 성취된 삶과 삶의 전개에 대한 가능성을 발견하는 것이다. 종교적인 확신들은 삶의 종말을 의식적으로 수용하는 자들에게서 발견되는 일이다.

(2) 노인에 대한 성경적인 이해

성경은 노인에 대한 진술들을 담고 있다. 그것은 적은 수의 사람들이 노인이 되었던 한 시대에 매우 이해적인 것이었다. 노인들은 존경을 기대

---

421) T. Thun, Das religioese Schicksal de alten Menschen, Stuttgart, 1969.

할 수 있었으며, 사회적인 입장도 분명하였다. 구약성경은 삶의 충족과 인간의 노쇠함을 알고 있다. 노인의 괴로움들이 실제적으로 서술되어 있다. 거기에 소원이 있는데, 늙고 삶에 지쳐 죽는 것은 긴 성취된 삶이며, 신의 축복이다. 장수는 의와 하나님의 경외함의 결실이요 보수이다. 성경적인 사실주의는 노인의 그늘진 면을 침묵하지 않는다. 힘의 단념은 고독에 대한 불안처럼, 나이의 시기심처럼 수다로 불려졌다[422]. 노인들은 영예롭게 대면해주어야 한다. 이러한 요구는 항상 다시 성경에 나타난다. 노인들을 경외하지 않는 것은 사회적인 혼란의 징조이다(사 3 : 5). 제 5계명은 삶의 질서유지를 강화해 준다. "네 부모를 공경하라 그리하면 너의 하나님 나 여호와가 네게 준 땅에서 네 생명이 길리라"(출 20 : 12). 이 계명의 배후에는 노인의 세대를 돌보아야 하는 자녀들의 의무가 있는 것이다. 다르게는 세대에서 세대로 이어지는 전통의 계속적인 유지가 중요하다. 부모들은 자녀들에게 그들의 신앙과 앎을 계속 전해 주었고, 자녀들로 하여금 여호와를 위한 삶의 공간으로 연결시켰다. 다음세대가 노인을 경외하는 한 그들은 이러한 전승을 인정하는 일이 되는 것이다. 고대 이스라엘은 노인들의 충고와 지혜를 듣도록 확고한 가능성을 만들었다. 그것이 장로의 직이다. 장로들은 공적으로 말하고, 결단들을 촉구하는 권리를 가지고 있었다. 그들을 경외하는 것은 실제적인 근거이다.

신약성경에서도 노인과 노인됨에 대한 언급이 발견된다. 누가복음서에 보면 예수의 어린 시절의 이야기에서 어른으로 불리는 4명의 이름들이 나타난다. 1장에서 스가랴와 엘리자벧 그리고 2장에서 시므온과 한나라는 이름이다. 그들은 메시아의 시대에 오래 동경된 이스라엘의 구원자의 도래를 증거한다. 강하게 구약언어의 영향을 받은 두 가지 찬송 가운데서 스가랴와 시므온은 기대와 성취 사이의 긴장을 표현한다. 두 노인들은 죽음의 문턱에서 새로운 구원의 시대를 고백한다.

---

422) N. Fueglister, Furcht und Ehrfurcht vor dem Alter. Die Bibel zum Problem des Alterns, in : W. Zauner u. H. Erharter(Hrg.), Alter, Altern, Altenpastoral, Wie, 1973, 64-81쪽. Ein Text wie Koh 12, 1-7 kann ein Gegengewicht zur heute gaengigen Verleugnung und Verniedlichung dieser Seite des Alters werden.

예수님은 그의 행동을 통하여 여성의 지위를 재평가하게 되는데 예수님은 먼저 가난한 자들과 권리를 박탈당한 자들에게로 향한다. 특별히 누가는 이러한 관계에서 가난한 과부의 무리를 언급하였다. 과부들은 집요한 기도나(눅18:1 이하), 하나님의 돌봄에 대한 완전한 신뢰의 모범자들(눅21:1 이하)로 삼았다. 빈곤과 나이로 불이익을 받은 자들에 대한 예수의 관심은 그리스도 공동체 안에서 계속적으로 작용하였다. 나이 많은 과부들의 돌봄과 통합, 즉 이러한 프로그램은 디모데전서에서 분명하게 설명되었다(딤전5:3 이하). 여기서 우리는 교회내에 있는 여러 그룹과의 인간적인 교제에 대한 질서가 어떻게 되어야 할 것인지에 대한 지혜를 얻을 수 있을 것이다. 혼자 생활하면서 60세 이상된 과부들을 교회내의 과제로 수용할 수 있을 것이다. 그리고 초대교회는 여러 번 불이익을 받은 그룹을 돌보고, 통합하였던 것을 확인하게 된다.

6. 교회의 노인목회와 교육

한국사회는 고령화시대에 접어들었다. 노년층의 인구가 벌써 전체의 10%에 이르고 있으며, 2010년에는 14%에 이른다는 예측이 나오기도 했다. 이러한 사회변화와 함께 한국교회는 실제적으로 노인목회에 관심을 기울여야 할 시대가 되었으며, 노인들을 돌보는 목회사역을 이끌어야 할 것이다. 최근 한국교회는 이러한 시대변화에 민감하게 대처하면서 노인목회를 실천하는 교회들이 곳곳에서 늘어가고 있기도 하다. 그리고 한국교회는 노인들을 돌보는 사역을 직접 경로교회를 운영하여 신앙지도를 하는 교회도 생겨나고 있다. 그리고 대한예수교 장로회(합동측)산하의 지교회들도 이 시대의 요구인 사회복지사역에 참여하는 교회가 늘어가고 있으며, 특히 노인들을 돌보는 목회사역을 감당하는 교회도 생겨나고 있다.[423]

이러한 한국교회의 노력은 참으로 바람직하며, 한국교회의 미래를 밝게 하는 일이라 할 수 있다. 그리고 한국교회가 지향해 가야 할 목회방향이

---

423) [참고] 총회사회복지위원회편, 교회사회복지실천, 2006, 211-321쪽.

라고 말할 수 있다.

7. 코메니우스의 노년기와 사망기학교의 교육

코메니우스는 범지혜의 학습을 위한 마지막 단계의 학교를 노년기와 사망학교로 명명하였다424). 이 학교들은 삶의 경험과 이전 단계의 삶의 과정에서 배움을 통하여 얻어진 지혜의 절정에 이르는 연령단계로 이해되었다. 그러므로 노년기학교와 사망의 학교는 현세의 특정한 삶을 어떻게 누리고 영생에 어떻게 들어갈 수 있는지 또 어떻게 인생의 성취를 종결해야 할지를 배우게 하는 장이라 할 것이다425). 그러나 특이한 것은 사망기학교는 순차적으로 노년기 다음에 오는 학교로 보지 않았다는 사실이다. 그것은 인간의 죽음이 모든 세대에 다 있을 수 있기 때문에 언제든지 죽음을 준비하면서 살아야 함을 일깨우고 있는 것이다.

1) 교육목표

코메니우스는 인생의 노년기는 인간지혜의 절정에 이르는 시기로서 현세의 삶을 마감하고 영생에 들어갈 준비를 하도록 삶의 성취에 관하여 가르치는 것을 목표로 삼는다. 그러기 위해서 첫째, 지나온 역정의 삶을 올바르게 성취하고 둘째, 남은 생을 바르게 완성하며 셋째, 현세의 전 생애를 바르게 종결짓고 기쁘게 영생에 들어가게 해야 한다는 것을 상기시킨다.426)

2) 노년기학교의 세 반의 운영

코메니우스는 노년기학교에서도 역시 세 반으로 구분하여 운영할 것을 제안한다. 첫째, 노년기에 이르러 이미 성취해 왔고 계속해서 성취해야 할

---

424) 코메니우스의 범교육학, 정일웅 역, 14-15장, pp. 393-417쪽. 코메니우스는 노인학교와 사망의 학교에 대한 기본적인 교육과정을 여기서 제시하였다.
425) 전게서, 393.
426) 전게서, 396.

과제들을 생각하는 자들의 반 둘째, 상당한 노년에 이르러 아직 못다 한 것을 서둘러 완성해야 하는 자들의 반 셋째, 노년을 다 지나 이제 죽음을 기다리는 자들의 반이다. 코메니우스는 이 각각의 반들에서 성경말씀을 공부할 것을 권하고 있다. 성경은 우리에게 늘 영원을 상기시켜 줌과 아울러 지침들과 아주 훌륭한 훈계들을 내려주는 책이라고 하였다.427) 더욱이 그는 노년기의 사람들이 구체적으로 무엇을 생각하고 자신의 삶을 어떻게 정리해야 할 것인지를 상세하게 일러준다. "첫째, 조용히 자신의 과거지사를 회고해 보아야 한다. 선하게 행했던 것에 대해서는 기뻐하고, 선하지 못하게 종결되었던 것에 대해서는 그 개선책을 생각해야 한다. 둘째, 현재를 둘러보아야 하며, 가까이 있는 생의 경계를 마치 하루의 저녁때처럼, 주간 중 일요일처럼, 한해의 결산 때처럼, 기뻐해야 한다. 셋째, 나머지 해야 할 일을 살펴보고, 이러한 의도를 성취해야 한다. 넷째, 언제라도 발생할 수 있고 빈번하게 노인들에게 닥치는 불행에 주의해야 한다. 불행을 두려워하고 경계해야 할 것이며, 기도를 통해 예방하려고 노력해야 한다. 다섯째, 질병과 기타 해로운 것을 경계해야만 하며, 우선적으로 건전한 생활방식의 삶에 주의를 쏟아야 한다"428)는 것 등이다. 이러한 코메니우스의 제안들은 오늘날 교회의 노인목회에서 그대로 적용할 수 있는 내용들이며, 가장 표준적인 것들이라고 할 것이다.

코메니우스는 계속해서 죽음을 준비하게 하는 방법으로써 유언과 관련하여 다음과 같은 것을 제시하였다. 첫째, 영혼을 하나님께 맡겨서 오로지 그분의 수중에 의지하는 것 둘째, 육신을 흙에 맡기어 매장 후에 무덤 속에서 평안을 취하는 것, 상속분을 현명하게 상속인들에게 분배하여 형벌이 발생하지 않게 하는 것 넷째, 모든 선한 사람들을 회상하여 선한 행위를 일삼아 좋은 모범이 되는 것 등이다.429)

코메니우스는 죽음과 관련해서도 다음과 같은 마음의 준비를 일러준다.

---

427) 전게서, 399.
428) 전게서, 401.
429) 전게서, 410.

"죽음이 행복한 것이 되기 위해서 그들은 무엇보다도 이 세상 사람들이 하는 것 마냥 죽음을 두려워하지 않기 위해 노력해야 한다".430) 그는 태어난 것이 두렵지 않다면 왜 삶에서 분리되는 것을 두려워해야 하는가? 질문을 던진다. 그리고 모든 것이 하나님의 손에 달려 있기 때문에 온전한 의식으로 그대의 죽음의 일을 하나님께 맡기라, 그리하면 생명의 주인이신 하나님이 선하게 인도하실 것이라고 일러준다.431) 그의 이러한 제안은 참으로 오늘 우리들에게도 그대로 일러줄 수 있는 하나님의 지혜요 신앙의 고백이라 하지 않을 수 없다. 이러한 자세로 죽음에 임할 때, 그는 사망 안에서 개선하여 절대 종말이 없는 영원으로 입성하게 될 것을 상기시킨다.432)

3) 사망기학교

코메니우스는 마지막 학교로서 사망기학교를 제시하였다. 그러나 이 사망기학교는 노년기 다음에 오는 학교가 아니라 모든 연령층에 다 해당하는 학교로 본 것이다. 물론 코메니우스는 그의 범지혜의 가르침과 배움을 위한 인생의 전 삶의 과정을 학교로 보았고, 실제적인 교육과정으로서의 학교의 의미는 노년기학교로 끝맺고 있다. 그러나 그럼에도 불구하고 그가 사망기학교를 거론한 것은 인간이 삶은 시작과 끝이 서로 연결되어 있다는 것과 그 죽음이 영원한 하나님의 세계와 연관된 것임을 일깨우려는 것으로 이해된다.

---

430) 전게서, 411.
431) 전게서,
432) 전게서, 413.

제 8 부
교회(기독교)의 신앙교육의 역사

제 8 부 : 교회(기독교)의 신앙교육의 역사

교회교육의 역사는 그리스도교회의 복음선교의 역사와 함께 시작되었다. 천국복음의 교육은 이미 예수님에게서 시작되었고, 사도들이 그 일을 잘 이어받았으며, 현대교회에까지 지속되고 있다고 할 수 있다. 그리고 이러한 복음교육은 시대마다 각각 특징을 가지고 전개·발전되어 왔다. 대체로 초대교회에서는 복음의 전달을 중심으로 가정과 교회공동체의 모임에서 시행되었고, 많은 신자를 얻게 되었던 것이다.

그러면 이러한 교회의 복음교육의 행위가 긴 역사동안에 어떤 특징을 가지고 어떤 모습으로 실천되어 왔는지, 교회신앙교육의 역사적 정황을 기술해 보기로 한다. 기술방식은 역사적 문헌에 의존하여 연대기적으로 분석하고 해석하게 될 것이다. 그리고 각 시대에 교육활동에 참여했거나, 많은 영향을 끼친 대표적인 인물들의 생각과 활동을 중심으로 서술하게 될 것이다.

교육역사의 기술에 전제되어야 하는 중요한 관점 하나는 교회(기독교)교육의 역사는 기독교 복음전파인 선교의 역사와 맞물린 일이며 또한 더 크게는 하나님의 인류를 구원하기 위한 '구속의 역사'(Heilsgeschichte Gottes)로 이해되기 때문에 교회교육은 그러한 하나님의 전 인류를 구원하는 하나님의 구원의 교육을 말하는 역사임을 전제한다. 그러므로 하나님의 구원교육의 맥락에서 교회교육의 역사를 살펴보게 될 것이다. 그리고 그런 뜻에서 교회교육의 범위는 역시 구약시대의 유대종교의 신앙교육에서부터 시작하여 현대교회에 이르기까지 그 발전사를 다루려고 한다. 엄격히 말해서 구약시대는 기독교의 것이라고 할 수는 없다. 그러나 교회교육의 본질적이며, 실제적인 형태와 내용들은 대부분 구약시대의 유대교의 종교교육에 영향을 받고 있다는 점에서 외면할 수 없는 부분이다.

1. 하나님의 교육과 구약시대의 신앙교육

구약시대는 구약성경이 증거 해 주고 있는 대로 아브라함을 통하여 시작된 하나님의 택한 백성들인 이스라엘 민족의 역사를 말한다. 이들은 히브리인으로 불리는 족속으로 '히브리인'이란 원래 메소포타미아 저(동)편에서 가나안으로 건너온 민족이란 뜻이다. 이러한 히브리인으로서의 이스라엘민족은 모세라는 지도자에 의하여 출애굽을 통한 하나님의 구원의 역사를 경험하게 된다. 그리고 광야생활을 거쳐 약속의 땅 가나안에 정착한 후 이스라엘 민족과 국가를 형성하게 된다. 특별히 이스라엘은 사사들의 시대를 거쳐 왕국시대로 발전하게 되었다. 사울왕의 통치시대를 거쳐, 다윗과 솔로몬의 시대에 이르러 이스라엘은 크게 번영하게 된다. 그러나 이스라엘은 마침내 남북으로 분단된 후 국가적으로는 쇠퇴와 멸망의 시대로 접어들게 된다. 그런데 이스라엘은 원래 하나님으로부터 선택받은 백성이며, 유일한 여호와 하나님을 섬기던 종교적인 민족이었다. 그리고 그들의 종교적 형태는 유대종교(Judische Religion)로 명명하게 된다. 이것은 가장 마지막에 멸망한 남쪽 유다왕국 이후에 명명된 이름으로 이해한다. 그리고 이러한 역사적 과정에서 이스라엘과 유대종교가 보여준 신앙교육의 형태들은 역시 하나님의 언약에 근거하여 이루어졌다. 그리고 오늘날 교회교육의 형성에 역사적으로 가장 큰 영향을 주었다고 할 수 있다. 그리고 창조주 하나님은 이스라엘 민족을 자기 백성으로 삼고, 제시된 언약에 따라 율법을 통하여 그 민족을 구원으로 인도하는 교육을 행하셨던 것이다. 모세를 통한 출애굽과 광야생활과 약속의 땅 가나안에 들어가 국가형태를 갖추며, 왕국시대를 거치면서 하나님은 유대민족을 언약의 말씀인 구약성경(토라와 선지서)으로 가르치고 훈련하였던 것이다. 그것을 통하여 그들은 창조주 하나님을 만유의 주로 믿고 섬기는 하나님의 백성이 되었던 것이다.

1) 히브리인의 신앙교육

히브리인은 여호와(야훼)하나님의 택하심과 부르심으로 이루어진 언약의 백성(창 12 : 1 - 10)이었다. 그 언약의 중심은 한 분 여호와(야훼)하나님을 섬기는 하나님의 백성으로서의 삶에 대한 약속이었다. 이와 같이 창조주 하나님을 섬기며 그의 명령을 지키는 자는 하나님의 복을 받고 살게 되며, 불순종하는 자는 하나님의 복을 경험하지 못하는 삶을 살게 되는 것이다 (신 6 : 1 - 3 ; 6 : 10 - 25 ; 11 : 26 - 32). 그리고 히브리민족은 이러한 하나님의 명령인 모세의 율법을 잘 지키며, 자녀에게 하나님 섬김의 신앙교육을 잘 감당해 갔던 것이다.

(1) 교육의 형태

우리는 먼저 히브리인들의 교육의 형태로서 가정 중심의 교육을 생각하게 된다. 부모가 자녀들에게 여호와 하나님을 경외하도록 가르치는 종교(신앙)교육이 우선적인 과제였으며, 삶을 배우고, 농경문화와 함께 유목민으로서의 삶의 방식은 자연스럽게 가정과 작은 부족사회를 통하여 전수되었을 것으로 본다. 그리고 자녀의 신앙교육의 책임은 부모의 몫이었다 (신 6 : 4 - 9 ; 수 24 ; 14 - 18). 그 외에도 계명대로 이스라엘의 모든 남성들에게 행하여지는 할례(언약백성의 표)와 후에 유대교의 입교준비로서 토라의 교육과 바미츠와(בַּתמִצְוָה)의 입교예식은 종교교육의 중요한 내용이며 방식이었다(창 17 : 9 - 14 ; 시 78편). 여기서 특별히 토라에 대한 교육은 후에 회당교육으로 연결되었으며, 오늘날까지도 유대인들의 다음 세대에게 행하는 신앙교육의 중요한 방식이기도 하다.

(2) 쉐마(Schema)에 나타난 신앙교육의 의미

신명기 6 : 4 - 9의 본문에 따르면 '쉐마'란 말은 히브리말에서 '들으라' 는 하나님의 명령이다(순종을 요구하는 하나님 말씀에 대한 절대적 명령으로 이해함). 이러한 쉐마는 그 당시 히브리인들에게는 하나님의 계명에 대한 절대적 순종의 의미로 받아 들여졌고, 그것은 곧 신앙교육의 목표를 제시할 뿐 아니라 오늘날은 이스라엘의 자녀들을 양육하는 교육철학의 지표가 되었던 것이다. 그리고 '쉐마' 교육의 특징은 근본적으로 하나님의 언약에 근거한 교육이었다. 그리고 그 특징으로는 대체로 다음과 같은 네 가지로 해석된다.

첫째, 유일신 하나님 중심의 교육이다. 그들은 유일신 하나님을 섬기는 민족이다. 그리고 쉐마의 표현대로 '순종하라'는 명령형은 하나님의 말씀에 대한 절대적 순종을 의미한다. 하나님의 명령은 절대적인 진리로 이해하며, 삶의 말씀이요, 생명의 말씀이 되는 것이다. 그리고 그들의 하나님은 한 분이신 하나님이요, 마음과 뜻과 정성을 다하여 섬겨야 할 보이지 않는 하나님이심을 일깨우는 신앙교육의 의미이다. 둘째, 쉐마는 이스라엘 민족의 존재양식으로 해석된다. 쉐마란 하나님의 말씀에 절대 복종을 요구하는 하나님의 명령이다. 그것은 곧 이스라엘 백성들의 삶의 방식이며, 지금까지도 흩어지지 아니하고, 유일신 하나님을 중심으로 지상에 존재하는 민족이 되게 하는 정신적인 철학이었다. 셋째, 신앙의 전승을 위한 교육방식이다. '이스라엘아 들으라'는 이 명령은 '자녀에게 부지런히 가르치라'는 자녀의 신앙교육에 대한 하나님의 명령으로 수용되었고, 부모들은 그것을 가정생활을 통하여 그대로 준수했던 것이다. 이스라엘 민족은 바로 그러한 방식을 통하여 하나님에 대한 신앙을 자녀에게 일깨우는 교육의 방식이 된 것이다. 동시에 그 민족의 정신을 일깨우는 역사교육의 방식이기도 했다. 넷째, 삶의 교육을 엿볼 수 있다. 쉐마는 단순히 부모들에 의하여 하나님의 말씀이 명령되거나 강론되는 것을 뜻하지 않는다. 그것은 부모들이 유일한 하나님을 섬기며 살아가는 삶의 본보기적인 방식을 통하여 깨우치는 현장교육이요, 삶의 교육이라 하겠다. 여기서 우리는 유대교의 가정을 통한 신앙교육의 독특한 방법을 생각하게 된다.

우리는 역시 신명기 6 : 4-9의 말씀을 잘 분석해 보면 신앙교육을 위한 교육원리와 교수와 학습방법을 발견할 수 있다.

[신앙교육의 목표]

본문 4 - 5절 : "이스라엘아 들으라 우리 하나님 여호와는 오직 하나인 여호와시니 너는 마음을 다하고 성품을 다하고 힘을 다하여 네 하나님 여호와를 사랑하라". 여기서 우리는 먼저 유일신 하나님과 그에 대한 사랑이다. 물론 여기 사랑이란 그를 섬기는 것을 말한다. 이것은 신앙의 대상에 대한 기본적인 이해를 말하는 것이며, 신앙교육이 지향해야 할 목표인 셈이다.

[교수방식]

본문 6 - 7절 : "오늘날 내가 네게 명하는 이 말씀을 너는 마음에 새기고, 네 자녀에게 부지런히 가르치며, 집에 앉았을 때에든지 길에 행할 때에든지 누웠을 때에든지 일어날 때에든지 이 말씀을 강론할 것이며"라는 본문에서 교사의 교육정신과 태도가 어떠해야 할 것인지를 엿볼 수 있다. 즉, 마음에 새기고 부지런히 가르쳐야 하는 교사의 사명과 책임에 대한 것이다.

① 마음에 새기라.

우리는 신앙교육의 방법으로써 먼저 "내가 네게 명하는 이 말씀을 마음에 새기라"고 말씀하신다. '이 말씀'이란 앞에서 거론한 것처럼 '유일신 하나님이요', '그를 사랑(섬김)해야 하는 과제'이다. 그것을 마음에 새기라는 것이다. '마음에 새기라'는 말을 문자적으로 볼 때는 마음에 '간직하라', '기억하라'는 것으로 이해할 수 있다. 그러나 적극적으로는 가르치는 교사(부모)가 하나님의 사랑에 대한 경험과 체득이 있어야 함을 뜻하는 것으로 생각할 수 있을 것이다. 하나님의 사랑은 신약의 의미로는 그의 독생자 예수 그리스도를 통하여 보여주신 일이다. 그것은 하나님이 우리를 먼저 사랑해 주신 은혜이다(죄 용서의 은혜). 그러한 하나님 사랑에 대한 경험과 체험을 가진 자가 하나님에 대한 신앙(하나님을 사랑하도록 하는)을 가르치는 믿음의 신실한 교사가 될 수 있는 것이다.

② 부지런히 가르치라

자녀에게 부지런히 가르치는 것이 중요한 하나의 방법이다. '부지런하다'란 말의 반대말은 '게으르다'는 말이다. 좀 극단적으로 말해서 가르치기를 게을리 하는 교사(부모)는 자녀와 가정을 망하게 한다고 할 수 있다. 자녀양육에 게으른 부모는 그렇게 되는 것이다. 더 적극적으로 말하면 가르치기를 게을리 하는 민족과 국가는 망하는 것이다. 그러므로 부지런히 가르쳐야 한다. 부지런한 교사, 열심히 가르치는 교사, 그는 역시 좋은 교사이며, 좋은 열매를 맺게 하는 일꾼과 같은 것이다.

③ 언제든지 강론하라

집에 앉아 있을 때, 길에 행할 때, 누웠을 때, 일어났을 때, 언제든지 강론하라고 한다. 이것은 기회가 주어질 때마다 그 기회를 잘 선용하라는 말로 이해할 수 있다. 집에 앉아 있을 때는 가족끼리 모여서 대화할 때, 주일 예배를 마치고 돌아와서 가족과 함께 식탁에 앉았을 때, 자연스럽게 신앙에 대한 대화를 나눌 수 있을 것이다. 목사의 주일 설교 내용에 대한 질문이나 성경의 이해되지 않는 부분에 대한 대화 또는 각자 자신이 경험하게 된 종교적 사건에 대한 것 등등. 그때 자연스럽게 신앙과 삶에 대한 그리고 하나님의 말씀이 교훈과 의미를 주는 것들을 말할 수 있을 것이다.

유대교와 서구 기독교의 그리스도인 가정에서 부모들이 많이 사용하고 있는 방법으로는 어린이 동화성경 또는 그림으로 된 성경책을 활용하는 것이다. 주로 2-4살의 아이들에게는 그들과 함께 데리고 시간을 보낼 때, 그림성경책을 보여주면서 이야기 해주는 방법이다. 4-6살의 어린이들에게 사용할 수 있는 방법으로 그들이 잠자리에 들기 전에 침대나 잠자리 곁에서 누워있는 아이들에게 동화로 엮어 놓은 성경의 이야기책을 한 사건씩 읽어 주는 방식이다. 이 연령에 있는 아이들은 이야기 듣기를 참으로 좋아하고 즐기는 시기이다.

　이와 같은 방식으로 가정의 식구들과의 만남과 공동의 생활을 통하여 아이들이 신앙의 영향을 본을 받게 하는 방법이다. 식탁에서의 함께 하는 감사의 기도는 아이들에게 큰 영향을 줄 수 있는 오랜 전통의 신앙교육방식이다. 그리고 시련이 있을 때, 하나님의 도우심을 간구하며, 기쁜 일이 있을 때, 하나님께 감사하는 모습은 훌륭한 신앙교육의 방법이다. 특히 가족끼리 모여서 가정에서 예배하는 모습은 더없이 훌륭한 신앙전수의 방식이다. 또한 부모는 믿음대로 행하는 삶의 모습을 통하여 그대로 자녀들은 영향을 받는 것이다(부부사랑, 자녀사랑). 부모가 명령하기 전에 먼저 믿음대로 행하기만 한다면 아이는 본받게 되는 것이다.

　오늘날 가장 많이 거론되는 전달방식으로는 느낌으로 알게 하는 것이 크게 작용하고 있다. 상대의 몸짓과 행동으로 표현하는 언어에 의한 의사소통이다. 이것은 직관에 의한 감성에 가장 큰 영향을 끼치는 방법이라 하겠다. 이것은 전통적으로 무조건 암기하게 하거나 자신의 충분한 이해 없이 지식을 주입하기만 하려는 방법에 대한 새로운 도전과 변화라 할 것이다. 이러한 방식은 역시 언제든지 강론하라고 하는 말씀의 의미로 이해된다.

④ 직관과 감관작용을 통한 방법

"손목에 매어 기호를 삼고, 미간에 붙여 표를 삼고, 네 집 문설주와 바깥문에 기록할지니라"는 말씀에서이다.

　이러한 말씀에 근거하여 오늘날도 이스라엘에 유행하고 있는 것이 하나님의 말씀을 벽에 써 붙이고, 대문에 붙여 놓는 방식이다. 이스라엘의 가정에는 출입문에 위에 '메주차' 라는 팔각형의 작은 상자를 매달아 놓는 풍습이 있는데, 그 상자 속에는 시편 121편을 기록하여 넣어 두었다고 한다. 자녀들이 집을 드나들면서 그것을 보고 하나님의 말씀을 느끼고 알게 하기 위한 것이었다. 오늘날은 이스라엘의 여관방 문 앞에 자그마한 형식의 메주차를

달아 두었으며, 여인들의 목걸이 장식용으로도 사용된다고 한다. 중요한 것은 아이들로 하여금 하나님의 말씀을 가까이에서 직접 보고 느끼며, 배우게 하려는 것이었다. 손목에 매고, 미간에 붙이란 말은 가장 가까이에 하나님의 말씀을 대하도록 기회를 만들라는 방법에 대한 예시이다. 앞에서 말한 것처럼 시각적으로 이해를 얻게 하려는 학습방식이라 할 것이다. 오늘날 우리의 자녀들에게도 가정의 부모들이 자녀의 신앙을 일깨우기 위하여 이러한 방식을 사용할 수 있을 것으로 생각된다.

2) 유대종교의 신앙교육

⑴ 회당에서의 토라교육

일반적으로 토라(Torah)의 뜻은 3가지의 의미로 이해된다. 첫째는 하나님의 거룩한 뜻(출 20 : 1-20)으로서 하나님의 백성들이 이 땅에서 믿고 살아야 할 삶의 지혜요 삶의 지침인 것이다. 우리는 흔히 토라를 모세 오경과 관련하여 율법서로 더 잘 이해하는 경향을 지닌다. 그 때문에 율법적 이해로서의 토라는 항상 죄에 대한 하나님의 무서운 심판과 징계에 대한 교훈과 경고를 주는 심판의 육법전서로 이해 할 때가 많다. 이러한 이해는 사실상 잘못 인식된 것이며, 토라는 우리의 죄를 심판하며 하나님의 무서운 벌을 내리는 법문서가 아니라 그의 백성들이 토라의 교훈과 삶의 지침을 따라 삶으로서 그 안에서 하나님의 사랑하심과 언약과 축복을 경험하고 하나님의 은혜를 경험해야 할 하나님의 말씀이며, 삶에 지혜를 주는 하나님의 말씀인 것이다. 그러므로 시편 기자는 "주의 말씀이 꿀 송이 보다 더 달도다"라고 고백하게 되는데, 그 이유는 하나님의 말씀을 율법으로서 이해하기보다 하나님의 교훈, 지혜, 삶의 지침으로 이해한 데서 경험하게 되는 말로 보아야 한다. 둘째는 사회질서의 규정(출 21 : 1 - 24 : 11) 또는 법칙으로서의 이해이다. 셋째는 예전에 관련된 명령 규례의 의미이다.

⑵ 예루살렘 성전과 회당중심의 예배

안식일 예배형식은 쉐마(신 6 : 4-9), 기도, 성경낭독(율법서와 선지서들에서 각각 선택), 설교, 축도(민 6 : 23-24)의 순으로 진행된다. 토라의 교육은 평일에 자녀들에게 랍비로 불리는 교사에 의하여 토라를 읽고, 쓰고 해석하는 과정의 교육이 실천되었다. 히브리 언어 교육과 읽기와 해석의 훈련은 후에 이스라엘 사회교육의 기초가 된다.

⑶ 종교 절기를 통한 신앙교육

유대교의 3대 절기 : 유월절, 칠칠절, 장막절은 자녀들에게 국가 민족을 위한 역사 교육이었으며 동시에 신앙교육이 되었다. 두 주간 동안 계속되는 전 국민적인 축제 행사이다. 이때 창조주 하나님의 구원의 역사와 축복과 은혜를 감사하고 기뻐하는 예전적인 행위가 중심이었다.

2. 신약시대의 신앙교육

하나님의 백성인 이스라엘은 유대교의 구약성경을 통하여 하나님의 구원으로 인도하는 교육을 경험하였다. 그것은 하나님의 옛 언약에 근거하여 이루어진 교육이었다. 이제 하나님은 그의 아들 예수 그리스도를 통하여 전 인류를 구원으로 인도하는 교육을 계시하였다. 그것은 새 언약에 의하여 교육되어야 하는 하나님의 택함 받은 백성을 뜻한다. 그것은 역시 예수 그리스도와 사도들을 통하여 나타내신 전 인류를 향한 구원의 교육으로서 새 언약(신약성경)에 근거한 교육이다. 그러한 교육은 지상에 세워지는 새로운 신앙공동체인 그리스도의 교회를 통하여 이루어지는 교회의 신앙교육이었다. 그렇지만 옛 언약의 근거인 구약성경이 전 인류를 구원으로 인도하는 하나님의 교육에서 배제되는 것이 아니다. 오히려 함께 사용해야 하는 중요한 하나님의 교육의 도구인 것이다.

필자는 그런 뜻에서 교회(기독교)교육의 가장 근원적인 형태와 내용으로서 신약시대 예수님의 교육과 초대교회의 사도들을 중심하여 전개되었던 교육의 형태를 먼저 살펴보기로 한다.

1) 예수님의 복음교육

예수님의 교육은 새 언약에 근거하여 하나님의 구원교육을 실천한 일이었다. 그는 약속의 메시아로서 인류구원의 길을 여시는 분이었을 뿐 아니라 직접 하나님의 교육의 본을 보여주셨다. 여기서 우리는 3년간의 공생애 동안에 보여준 교사중의 교사이신 예수님의 복음교육의 실제를 살펴보기로 한다.

(1) 시대적 상황(정치, 경제, 사회, 종교)

예수님이 활동했던 지역은 팔레스타인(가나안)이었으며, 정치적으로는 로마제국의 통치를 받고 있었던 땅이었다. 그 곳은 종교 문화적으로는 유대교와 헬레니즘의 문화가 서로 교차하는 지역이기도하였다. 이러한 문화적 환경에서 신약(새 언약)의 주인이신 예수님에 의하여 '하나님의 교회'는 새롭게 시작되었다. 그리고 예수는 전 인류를 구원으로 인도하시려는 메시아(그리스도)로서 구속사역(십자가와 부활)과 하나님의 교육을 시행한 분이시다.

초기 기독교문화형성에는 역시 이 두 문화권과 유대 종교적 영향이 크게 작용한 것으로 이해된다. 예수의 시대에 갈릴리지역은 유대의 문화권에서는 지역적으로 멀리 떨어진 곳이었다. 물론 헬레니즘적인 도시국가의 문화적 영향이 그 지역을 둘러싸고 있으면서도, 실제로 유대땅은 사마리아로부터 분리되어 있었다. 그 때문에 예수님은 헬레니즘의 정신에서는 덜 영향을 받은 것으로 보여 지며, 예수님의 복음 사역 역시 지극히 유대땅 갈릴리 지역의 사람들에게 한정되어 있었던 것으로 이해된다. 그리고 그 당시 유대종교사회는 여러 가지 시대적 한계에 직면한 묵시적 상황에 처해 있었던 것으로 이해된다.

① 유대의 종교사회는 매우 부패하였다.

유대사회는 가진 자들과 가난한 자들 사이의 긴장이 고조되어 있었다고 할 수 있다. 특히 로마 통치에 협력하는 종교지도자들의 부패와 세리들의 부패는 잘 알려진 일이었다(막 11 : 15-17 ; 눅 19 :1-10). 이러한 모든 것들이 종교적으로는 경건한 유대교 안에서 부분적으로는 로마의 통치에 대한 정치적인 항거와 메시아에 대한 희망과 기대감을 일깨워 주는 동기가 되었다고 본다. 그리고 유대 땅 곳곳에서 역시 종말론적으로 형성된 종교개혁운동이 생겨나기 시작하였다(세례요한의 세례운동, 바리새인과, 에쎈파와 쿰란의 공동체의 운동 등).

② 이스라엘에 존재한 2가지 유형의 종말론

로마제국의 통치로 인한 이스라엘 민족에 대한 자유의 박탈은 미래에 대한 기대감으로 발전하였다. 특히 그 당시 두 가지 방향에서 기대되는 종말론이 지배하였다. 첫째는 묵시적인 종말론이었다. 현세에 대하여 더 이상 아무것도 바라지 않았으며, 오직 세상의 종말과 죽은 자들의 부활과 마지막 심판과 새로운 세계를 기다리는 것이었다. 그것은 약속된 인자의 천상의 모습에 대한 기대감이었다(단 7 : 13). 인자가 오셔서 세상을 심판하고 도래하는 나라를 세우게 되리라는 기대에 대한 것이었다. 둘째는 이편의 국가적인 땅에 대한 희망이었다. 그 때문에 사람들은 한 사람 새로운 다윗을 통하여 로마 통치에서 해방시켜 주리라는 기대감이 고조되어 있었다(삼하 7 : 11-14). 그는 메시아로서 로마를 몰아내고, 이 땅에 정의롭고 평화로운 왕국을 세우리라는 기대에 대한 것이었다. 이것은 구약시대의 희망을 지속적으로 기대하는 것이었다.

이러한 정치적이며, 종교적인 갈등이 최고로 긴장된 시대에 예수님은 그의 백성을 구원하는 길을 열어주시는 자로, 그리고 하나님에게서 약속된 구속을 성취하는 미래의 의미로 나타게 되었다. 사도 바울은 그와 같은 정황을 다음과 같이 기록하였다. "때가 차매, 하나님이 그의 아들을 보내사 여자에게서 나게 하시고, 율법 아래 나게 하신 것은 율법아래 있는 자들을 속량하시고 우리로 아들의 명분을 얻게 하려 하심이라"(갈 4 : 4-5).

(2) 예수님의 신앙교육 목표와 내용

예수님은 동정녀 마리아에게서 탄생하셨고, 갈릴리에서 성장한 후에 세례요한에게 세례를 받으시고, 인류구원을 위한 공생의 사역을 시작하였다. 그의 교육적인 성격을 말하기 전에 그의 신적인 신분은 하나님의 아들이며, 그리스도(메시아)이시며, 세상을 구원하실 구속의 주님이셨다. 그러나 그가 인간의 몸으로 태어나서 인간으로 활동하신 것은 이 땅에 하나님의 뜻을 전하러 오셨기 때문이었다. 그리고 그는 요한의 증거대로 말씀이 육신이 되어 인간세계에 오신 하나님 자신이신 것이다(요 1 : 14). 그리고 필자는 예수님의 교육이 바로 이러한 맥락에서 이해되어야 한다고 생각한다. 그의 교육목적과 목표는 그가 전파했던 메시지처럼(막 1 : 14), '하나님의 나라'(βασιλεια του Θεου)를 전파하고 가르치는 일이었다. 예수님은 어디에서나 하나님의 나라에 관하여 설교했으며 그 나라를 증거하고 가르치셨다. 그는 그 나라의 복음을 설교하는 자이면서, 동시에 그 나라를 보이며, 그 나라의 백성을 부르며 가르치는 교사로 불려진다. 특별히 그는 3년간의 공적사역을 통하여 가장 헌신적이며, 모범적인 교사로 일하신 것을 성경에서 확인할 수 있다. 그리고 예수님은 언제나 하나님의 뜻을 가르치는 교사로서의 역할을 다하신 분이시었다. 그런 면에서 예수님은 교사 중의 교사라고 할 수 있다. 그 당시 예수님의 가르침은 권능이 있었고, 많은 사람들이 감동 받았으며, 인간을 변화하며, 그의 제자로 삼는 일을 주된 일로 행하셨다. 마태는 "그는 권능으로 가르치셨고, 서기관들과 같지 아니하였다"(마 7 : 29)고 증거 하였다.

① 예수님은 율법사들(서기관)처럼 성경을 가르치셨다.

예수님은 성경을 회당에서 가르치시며, 그의 반대자들과의 논쟁을 통하여 가르치셨다. 사람들은 그에게 질문을 제기하기도 하였다. 예를 들면, 계명의 의의(意義)와 올바른 사용(使用)에 대한 질문들이었다. 그리고 예수는 그것들에 대하여 명쾌하게 잘 대답해 주었다. 그는 마침내 성경해석에 있어서 권위자로 인정되었다. 그 때문에 예수는 서기관이나 율법사들처럼, 랍비(전문가, 선생)로 불려지기도하였다. 그럼에도 불구하고 예수는 그의 비유의 직접성을 통하여 뿐만 아니라 그의 자유로운 율법해석을 통하여 그 시대의 랍비들과는 다른 면을 보여주었다. 그리고 이러한 예수의 가르침에서 그 당시 백성들은 크게 놀랐던 것이다. 왜냐하면 그는 특별한 권능으로 가르치셨으며, 유대교의 율법사(서기관)들처럼 가르치지 않았기 때문이다(마 7 : 28-29). 예수는 성경을 가르치실 때 항상 근원적인 하나님의 뜻을 찾아 밝혀 주었다. "너는 마음과 뜻과 정성을 다하여 주 너희 하나님을 사랑하고, 네 이웃을 사랑하라"(눅 10 : 27 ; 신 5 : 3 ; 레 19 : 18).

㉠ 예수는 가장 표준적인 하나님의 뜻(황금률)을 해석하였다. "네가 남에게 대접을 받고자 한다면, 남을 대접하라"(마7 : 12).

㉡ 예수는 안식일에 대해서도 그 안식일이 사람에게 하나의 무거운 짐으로 해석되는 것이 아니라 사람을 위한 하나의 기회(축복의 날)로 해석한다. "사람이 안식일을 위하여 있는 것이 아니라 안식일이 사람을 위하여 있다"(막2 : 27). 그러므로 안식일은 사람에게 허락된 것일 뿐 아니라 안식일에도 사람을 돕기 위하여 제시된 것을 밝혀 주신다.

② 예수님의 산상설교에서:

예수님의 설교는 성경적인 율법의 목적을 명료하게 밝혀주었다. 그리고 오히려 그는 율법의 의미를 더 강화시켜주기도 하였다. 예를 들면: "옛 사람에게 말한바 '살인치 말라 누구든지 살인하면 심판을 받게 되리라 하였다는 것을 너희가 들었으나, 나는 너희에게 이르노니 형제에게 노하는 자마다 심판을 받게 되고 형제를 대하여 라가라 하는 자는 공회에 붙잡히게 되고 미련한 놈이라 하는 자는 지옥 불에 들어가게 되리라"(마5 : 21 이하). 여기서 예수는 살인이란 마음에서 시작되는 것임을 말해 주고 있으며, 더욱이 다른 사람에 대한 미움으로 시작된다는 것을 보여준다. 인간의 마음에서 살인이 시작되기 때문에 그것을 극복해야 한다. 그 때문에 순종과 율법에 대한 신의(信義)의 원칙적인 다른 방식이 중요하게 대두된다. "나는 너희에게 말하노니, 너희의 의(義)가 서기관이나 바리새인들의 것보다 더 낫지 아니하면, 너희는 하늘나라에 들어가지 못하리라"(마5 : 20). 왜냐하면 고전적인 도덕체계는 어떻게 하면 사람들을 순종과 질서의 밧줄에 더 많이 걸려 있게 할 수 있을 것인가에 대하여 질문하기 때문이다. 그러나 율법은 그 어떤 사람도 실제로 좋은 상태에 있게 하는 자유를 만들어 내지 못한다는 것이다. 이러한 이유에서 예수님은 율법의 전문가들을 놀라게 하고 있으며, 율법의 문자에 숨겨진 하나님의 뜻이 열려지게 하는 것이다. 그리고 "그러나 나는 너희에게 말하노라"는 방식으로 말씀하시면서 스스로 이러한 하나님의 뜻을 알도록 요구하고 있는 것이다.

③ 팔복(八福)에 관한 가르침

예수님은 율법의 문자적 이해를 넘어서서 새로운 시작을 가능하게 해 주는 하나님의 가까이함에로 나아가도록 사람들을 끊임없이 유도한다. 그 때문에 저자 마태는 산상설교의 구상에서 팔복에 대한 찬양을 먼저 제시한다. 그리고 예수님은 사람들에게 먼저 율법이 요구하는 것들과 대질하게 하는 것이 아니라 그들에게 하나의 새로운 길을 암시함을 중심에 두고 있음을 보여준다.

"심령이 가난한 자는 복이 있나니, 천국이 저희 것임이요, 애통하는 자는 복이 있나니, 저희가 위로를 받을 것임이요, 온유한 자는 복이 있나니, 저희가 땅을 기업으로 받을 것임이요, 의에 주리고 목마른 자는 복이 있나니, 저희가 배부를 것임이요, 긍휼히 여기는 자는 복이 있나니, 저희가 긍휼히 여김을 받을 것임이요, 마음이 청결한 자는 복이 있나니, 저희가 하나님을 볼 것임이요, 화

평케 하는 자는 복이 있나니, 저희가 하나님의 아들이라 일컬음을
받을 것임이요, 의를 위하여 핍박을 받은 자는 복이 있나니, 천국
이 저희 것임이라"(마 5 : 3-10).

예수님은 역시 먼저 행하여야 할 것이 무엇인지를 사람들에게
말하게 전에, 그들이 어떤 상태에 있는 자들인지를 일러준다. 왜
냐하면 그들에게서 세상은 하나님의 자비를 경험하게 될 것이기
때문이다. "너희는 세상의 소금이며……너희는 세상의 빛이다. 산
위에 있는 동네가 숨기우지 못할 것이라"(마 5 : 13-14).

(3) 예수님의 교육 방법

① 주로 비유로 가르치셨다.

하나님의 나라를 가르치실 때는 비유가 아니고는 말하지 않았다
고 할 정도로 비유를 사용하여 가르치셨다(마 13 : 1 - 52 ; 18 : 23 - 35 ;
20 : 1 - 16 ; 21 : 28 - 32 ; 33 - 46 ; 22 : 1-14 ; 25 : 1 - 46). 물론 논증을 통한
방법이 응용되었다. 때로는 날카로운 비판으로 그러나 온유와 사
랑으로 그는 교육의 모범을 보이신 최대의 스승이라고 해야 할
것이다. 오늘 우리도 교육의 방법에 있어서 근원적인 것들을 예수
님에게서 배워야 한다.

② 대화와 토론으로 가르치셨다(논쟁).

예수님이 가장 많이 사용하신 교육적인 방법으로 대화를 빼놓을
수가 없다. 예수님은 상대에게 먼저 질문을 던지고, 대답을 요구하
심으로 대화를 시작하였고, 그 대화의 결론을 하나님의 뜻을 밝히
는 일이었다(마 16 : 16 - 19, 요 4 : 17 - 26). 또는 예수님에게 대화를 걸
어오는 자들에게도 친절하게 질문과 대화에 대답을 제하면서 진리
를 밝혀주었던 것이다(요 3 : 1 - 15, 눅 10 : 25 - 37). 병자들을 치유하시
는 사건들에서도 예수님은 먼저 그들의 죄 용서를 선언하시면서
직접적인 구원의 은혜를 경험하게 해주기도 하였다(막 2 : 1 - 7). 그

리고 죽음자의 부활에 관해서 예수님은 기꺼이 질문을 받으시고, 토론을 행하기도 하였다(마 22 : 23-32). 한마디로 예수님은 대화와 토론의 명수였다.

③ 삶의 모범으로 가르치셨다.

예수님은 공생애 3년 동안은 제자들과 함께 동거동락하는 삶이었다. 그의 가르침은 언제나 삶으로 연결된 하나님의 의를 보여주는 모습이었다. 사랑에 대한 새 계명을 가르치시면서 그는 몸소 제자들의 발을 씻기시는 모범을 보여주었다. 기도하기를 권고하면서도 그는 그 자신이 언제나 하나님 앞에서 기도하는 태도와 모범을 보여 주었다(마 7 : 7 - 11 ; 14 : 23, 막 7 : 46, 마 26 : 36 - 46). 예수님은 제자들에게 이렇게 기도하라고 하시면서 모범기도의 문장을 제시해 주기도 하였다(마 6 : 5 - 13).

④ 헌신적인 사랑으로 가르치셨다.

예수님은 천하보다 귀한 것이 인간의 생명임을 강조하였고, 동시에 그 생명의 구원을 위하여 헌신적인 사랑으로 가르치셨다. 즉, 그의 가르침은 하나님의 사랑(죄용서, 긍휼, 자비)에 관한 것이었으며, 동시에 자신의 생명을 아낌없이 희생함으로 인간을 향한 하나님의 사랑이 어떠한지를 나타내 보이는 교사였다(요 13 : 12 - 20). 가장 대표적인 하나님의 사랑을 삶의 실천으로 보여준 것은 그의 십자가의 고난과 희생에서 확인할 수 있다(눅 23 : 34, 요 19 : 30).

결과적으로 예수님의 교육은 하나님의 새 언약에 근거하여 전 인류를 구원으로 인도하는 하나님의 교육을 실천하였다. 그것은 오늘 우리가 이해해야 하는 그리스도의 교회를 통하여 이루어 가시려는 하나님의 교육, 바로 그것이다. 예수님은 삼위일체 하나님이 그를 통하여 전 인류를 구원하시려는 구원역사의 구속주로서 함께 하시며, 또한 하나님의 새로운 교육의 토대를 나타내 보여주신 분이시다.

2) 초대교회 사도들의 신앙교육

초대교회는 사도들에 의하여 가르침이 주도되었다. 그리스도의 교회는 오순절 성령강림의 사건 이후에 시작되었다. 성령의 능력을 경험하고 성령에 충만한 은혜를 경험한 사도들과 예수의 여러 제자들은 그리스도 안에 나타난 구원의 은총을 확신하게 된다. 성령의 권능에 사로잡힌 그들은 예수가 하나님의 아들이시며, 구원의 주인이신 그리스도라는 사실을 깨닫게 된다. 그리고 그의 십자가의 죽으심과 부활이 하나님의 인류구원의 약속의 사건임을 확신하게 되었다. 즉, 그 예수가 우리 인류의 죄를 대신하여 십자가에 죽으시고, 부활하신 영생의 주인임을 성령의 도움으로 알게 되었다. 그리고 그 예수를 주님으로, 신앙하며 고백하게 되었다. 그리고 그러한 은혜를 깨달은 사도들과 제자들은 부활의 증인으로, 하나님의 택한 백성들의 그리스도공동체(예루살렘 교회)를 이루며, 하나님 나라의 백성들로서 유대종교의 모습과는 구별되면서 초대교회신앙공동체를 이루었던 것이다. 이들은 예수 그리스도와 성령의 부르심에 의하여 선택된 하나님의 백성들이었다. 그리고 그들은 이미 예수가 승천 시에 남겨 주신 선교와 교육의 명령(행 1 : 8)을 알고 있었으며 예루살렘과 유다와 사마리아와 땅 끝까지 증인으로서의 사명을 위해 힘을 다하였던 것이다. 그들은 모일 때마다 먼저 사도들의 가르침을 받고 떡을 떼며(성찬) 성도와 사랑의 교제를 나눌 뿐 아니라 기도하기에 힘을 다했던 것이다(행 2 : 42 이하).

예루살렘 교회는 점점 무리의 수가 많아짐으로 조직된 교회로 탈바꿈하게 된다. 교회안에는 사도들을 중심하여 여러 직분이 나타나게 되었으며, 무엇보다 먼저 예루살렘 교회에 집사직분이 등장하게 되었다(행 6장) 그리고 고전 12장 이하에서는 사도, 예언자, 교사 등의 직분들이 생겨진 것으로 언급되었는데, 이러한 직분의 권위는 오직 하나님께서 세우신 것으로(고전 12 : 28, 엡 4 : 11) 고백되었다. 여기에 우리는 교사의 직분이 거론되고 있는 것을 볼 수 있는데, 그것은 초대교회에서 실천된 교회교육의 실제를 엿보게 하는 것이라 할 것이다. 특히 바울은 그리스도의 복음을 가르치는 자와 그것을 배우는 자와의 관계에 대해서 언급하고 있는데(갈6, 6) "좋은 것으로 서로 함께 하라"는 권면은 현대 기독교교육의 실제에서 가르치는 교사와 배우는 학생과의 아름다운 인간적 관계에 대한 교훈이라고 볼 수 있다. 특히 초대교회의 교육은 선교와 밀접한 연관 속에서 이루어졌던 것을 보게 되는데, 많은 유대인들이 기독교로 개종하는 사건과 함께 사도들과 후에 초대 안디옥교회 선교사인 바울을 통해서 이방 문화 속에서 복음 전파와 복음의 가르침인 교육의 사역을 진행시켰던 것으로 이해된다. 이러한 이방선교의 실제적 상황에는 복음의 가르침을 통한 초대교회의 복음선교가 이루어 졌음을 생각하는 것이다.

먼저 그리스도에게 나타난 구원의 진리는 초대교회에서부터 교리적 형태로 형성되었는데 예수의 십자가와 부활은 복음의 핵심일 뿐 아니라 교리의 가장 원초적인 내용이 된다(행 2 : 14 이하의 베드로의 설교). 그리고 초대교회의 가르침은 구약 성경에 계시된 메시아의 예언은 십자가에 죽으시고 부활하신 예수에게서 성취된 율법의 완성으로 이해되었고(롬 10 : 4), 이러한 내용은 초대교회에 구전의 방식에 의하여 전파되고, 가르쳐졌던 것으로 이해된다. 그리고 이러한 구전에 의하여 가르쳐진 초대교회의 근원적인 신앙교리(Urdogma / Urkatechismus)는 후에 신약 성경 기록의 중요한 근거와 자료로 등장하게 된다(눅 1 : 1 - 4 ; 요 20 : 30 - 31). 이것은 오늘날 성경이해에 중요한 해석학적 의미와 기능을 가지는 것이며, 교리와 성경과의 관계를 말해주는 근거가 되기도 한다.

초대교회교육은 예수님의 선교 명령에 나타난 대로(마 28 : 19 - 20), 세례를 베푸는 일과의 관련 속에서 이루어졌던 것을 보게 된다. 사도행전 8 : 26 이하에 빌립과 에티오피아의 구스 내시와의 관계에서 우리는 그 예를 쉽게 확인할 수 있다. 이에 따라 초대교회의 역사가 거듭되면서 기독교로 개종하려는 이방인들은 그리스도인의 증표로 전제된 세례를 받기 위해서 세례 준비교육이 생겨나게 된다.

(1) 사도들의 신앙교육

교회(기독교)신앙교육의 역사는 신약성경이 기록된 역사보다 앞선다. 왜냐하면 초대 예루살렘교회가 오순절에 성령의 충만한 은혜를 경험하였고, 이에 따라 예수를 그리스도로 증거하는 복음전파가 입으로 전파되고, 구전에 의하여 가르쳐졌기 때문이다. 자세히 말하면 신약성서의 기록들이 나타나기 이전에 벌써 기독교의 복음의 근원적인 내용(교리)은 간략하게 요약된 가르침의 형태로 형성되었으며, 상당한 기간 동안 전파되고 가르쳐지다가 후에 사도들과 성경 저자들의 성경기록에 큰 영향을 끼친 것으로 나타났던 것이다(눅 1 : 1 - 4). 특히 초대교회의 예수에 대한 신앙고백은 그가 그리스도(메시아)요, 하나님의 아들이요, 주님으로 불려졌다(마 16 : 16 이하). 그리고 확고한 형태를 갖춘 가르침(교리) 또는 복음의 내용으로서 그것들은 계속 전수되었고, 가르쳐졌으며, 발전되었던 것이다. 이러한 사실을 바울은 그의 편지 여러 곳에서 밝혀 주고 있는데, 예를 들면 고린도전서 15 : 3에서는 "내가 받은 것을 너희에게 전한다"고 하였고 로마서 6 : 17에 "너희에게 전하여 준 바 교훈의 본을 마음으로 순종하여"라고 말함으로써 바울이 다메섹에서 회심의 경험을 한 후에 기독교 진리의 가르침을 전하여 받았다는 사실을 밝히고 있는 것이다.

우리는 바울의 서신에서 특히 신앙교육(교리교육)이 강조되고 있는 것을 보게 되는데 에베소서 4 : 11 이하에서는 우리의 믿음이 성장되어야 한다는 전제하에 신앙교육의 중요성(13절)을 언급하고 있으며 동시에 이러한 신앙교육의 책임을 위해 하나님은 교회에 사도와 선지자와 목사와 교사의 직분들을 세웠다고 강조하고 있는 것이다(11절). 그리고 바울에게 있어서 교리교육(신앙교육)은 단지 구원의 교리적 내용을 가르치는 것만으로 끝나는 것이 아니라 윤리적 내용의 가르침이 항상 중요하게 뒤따르는 것을 보게 되는 데, 로마서는 그 대표적인 모델이라고 하겠다(1~11장까지는 기독교의 구원교리를 다루었고, 12~15장까지는 그리스도인의 윤리적 가르침을 다루고 있다). 로마서는 편지형식으로 된 바울의 서신이지만 초대교회가 가르쳐야 했던 교리교육의 한 모델을 보여주는 것이며 바로 이것이 초대교회 신앙교육의 형식이었다고 할 것이다.

그러면 신약 시대 즉, 초대교회의 교리교육의 목표가 어디에 있었던가?

그것은 말할 것도 없이 이방인으로 하여금 그리스도인이 되게 하는데 있었다 할 것이다. 그리고 이러한 목표의 제1차적 단계는 예수 그리스도를 하나님의 아들이요 주(主)로 믿는 신앙고백의 요구와 함께 세례를 받고 성찬에서 교제하게 하는 것이었다. 여기서 세례란 그리스도인 됨의 증표요 증거로 전제되는 것이었다(마 28 : 19). 실제로 초대교회의 신앙교육(교리교육)이 어떠했던가에 대해서는 역시 히브리서 기자가 잘 알려주고 있는데, 히브리서 6 : 1 이하의 내용은 그 증거가 된다고 하겠다. "그러므로 우리가 그리스도 도의 초보를 버리고 죽은 행실을 회개함과 하나님께 대한 신앙과 세례들과 안수와 죽은 자의 부활과 영원한 심판에 관한 교훈의 터를 다시 닦지 말고 완전한 데 나아 갈 지니라"(히 6 : 1, 2). 여기서 우리는 본문을 제대로 주석 할 필요가 있는데 이 본문에서 알 수 있는 것은 벌써 초대교회에 신앙의 초보자들을 위한 교육이 실시되고 있었다는 사실이다. 즉, 죽은 행실을 회개하도록 하는 일과 하나님께 대한 신앙을 갖게 하는 일, 그리고 세례에 관한 가르침, 안수, 죽은 자의 부활과 영원한 심판에 관한 가르침 등이 가르침의 내용으로 등장했다는 사실이다. 그러나 이 저자의 의도는 이러한 그리스도의 도의 기초적인 것에 머물 것이 아니라 더욱 완전한 가르침과 신앙의 단계로 나아가야 할 것을 권고한다고 하겠다.

필자의 생각에는 아마도 앞에 나오는 히브리서 5 : 11-14과의 관계에서 볼 때 하나님의 말씀에 대한 이해의 단계가 초보적 단계와 더 성숙된 단계가 있음을 생각하게 하며 초대교회의 교리교육은 바로 앞에 언급된 초보의 단계를 넘어 성숙의 단계로의(선악을 분별할 줄 아는 장성한 단계)신앙교육으로 전진해야 할 것을 암시하고 있다 할 것이다. 한 가지 여기서 주목되는 것은 이러한 초대교회의 교리교육은(Katechismus) 그리스도의 말씀(λογοσ των χριστι)에 의하여 이루어진 것이란 사실이다(히 6 : 1). 본문은 헬라어로 되어 있고 정확히 번역하면 '그리스도의 초보의 말씀'을 또는 '그리스도의 최초의 말씀' 등으로 이해해야 된다. 우리말 번역은 '그리스도의 초보의 도를 버리고'라고 했는데 약간의 차이를 느끼게 한다. 중요한 것은 초대교회의 교리교육은 그리스도의 말씀에 의하여 이루어진 것이며 그 내용 전체가 또한 그리스도의 말씀을 근거하여 이루어진 것이란 사실이다. 그 때문에 교리교육의 내용(Katechismus)은 하나님의 말씀과 일치하는 것이며, 동시에 하나님의 말씀인 성경과 일치되는 것이다.

3. 고대교회의 신앙교육

이 기간은 약 2-5세기 사이에 사도이후의 고대교회가 시행했던 신앙교육의 근거들에 대하여 살펴보려고 한다. 이 기간은 사도이후의 시기로서 사도적인 전통을 가장 가깝게 보존해 갔던 교회라고 볼 수 있다. 하지만 역시 사도시대 이후의 기간이기 때문에 여러 면에서 새로운 변화와 발전이 가능했던 시기라고 볼 수 있다. 먼저 고대교회의 신앙교육은 이방인이 개종하여 기독교인이 되려고 할 때, 교회의 세례를 받기까지의 과정에서 행하여진 세례문답교육에서 확인할 수 있을 것이다. 그리고 3세기로 오면서 교회들은 교회구성원들을 위한 계속적인 가르침이 필요했는데, 세례문답준비자들 뿐만 아니라, 세례를 받은 자들도 이교적인 가르침에 현혹되지 않도록 해야 했다. 영지주의(Gnosis)와 도케티즘(Docetism)과의 차별화를 위해서 교회의 신앙생활과 관련하여 교육해야 할 필요가 더욱 대두되었다.[433] 이러한 이교적 사상과의 대립관계에서 기독교신앙의 가르침은 변증적인 임무를 띠게 되었으며, 기독교교리의 이론적이며, 체계적인 성격이 나타나게 되었다. 그리고 3세기경의 세례문답준비교육은 3년 과정의 교육이 실시된 것으로 알려져 있다.[434] 이 과정이 끝나면, 배운 것을 중심으로 시험을 치게 했고, 신앙고백을 확인한 후, 부활절 저녁에 세례를 베푼 것으로 전한다. 세례의식은 역시 예전으로 안수하는 일과 귀신을 쫓아내는

---

433) [참고] K. Baus, Von der Urgemeinde zur fruehchristlichen Grosskirche, in : Handbuch der Kirchengeschichte I, Freiburg 1962, 315.
434) [참고] Hippolytus, 사도적 전승, 215년경의 문서.

의식이 병행되었으며, 그 목표는 성찬의 참여를 허용하고 교회공동체의 일원으로 영접하는 것이었다.

그리고 고대교회는 유아들의 구원의 문제가 거론되면서, 교회의 세례는 성인들에게만 주어진 것이 아니라, 유아들에게도 적용되었고, 후에 유아세례가 하나님의 새 언약에 근거하여 구원받은 백성의 외적증거로서 적용되었던 것을 2세기경의 문헌에서 발견할 수 있다.435) 후에 이러한 기독교신앙의 교리는 세례 준비교육에 중요한 내용이 되며 교회의 신앙교육의 중심을 이루게 된다. 그리고 2-3세기 동안에 벌써 안디옥(Anthiok)과 알렉산드리아(Alexandria) 지역은 기독교 신학이 논의되는 고대 기독교 학문의 발상지로 등장하는데, 이것은 희랍철학과 동양종교나 철학사상들에 의하여 기독교의 신앙의 진리가 이방 세계에 새로운 진리와 사상으로 증거 되는 역할을 하게 된다. 이때 세워진 기독교 교육기관으로서 교리문답학교(Katechetische Schule)가 등장하게 된다. 안디옥에는 이레네우스(Ireneus)가 있었고, 알렉산드리아는 클레멘트(Clement)와 오리겐(Origen)이 기독교 진리의 변증을 위한 역할을 했던 것으로 알려져 있다.

1) 2~3세기의 교회의 신앙교육

초대교회에서 이루어지던 세례자를 위한 교리교육은 2세기에서 3세기로 오면서 더욱 발전된 것으로 나타나는 데 2세기 초반에 시리아-팔레스틴 지역에서 만들어진 교회법인, 디다케(Didache)는 그 당시 교리교육이 어떻게 이루어졌던가를 잘 알려주고 있는 책이다. 이 책에 의하면 세례 준비자들을 위하여 실시된 교육으로 '두 가지 길(Zwei-Wege-Lehre)의 가르침'과 하나는 '구약의 유대종교의 지혜의 교육' 등이 있었던 것을 말한다. 여기서 두 길 이란 "하나는 생명으로 다른 하나는 죽음으로 가는 길이다. 양길 사이의 차이는 큰 것인데 첫째는, 너를 창조하신 하나님을 사랑하라는 것이요, 두 번째는, 네 이웃을 네 몸처럼 사랑해야 하는 것이다"라고 제시하였던 것이다.

---

435) [참고] O. Cullmann, Die Tauflehre des NTs, Zuerich 1958.

3세기경에 교회내에 신앙을 가르치는 교리교육체계가 확정된 것으로 '카테큐메나트'(Katechumenat)라는 이름이 탄생하게 된다. 그것은 북아프리카, 로마, 알렉산드리아, 시리아-팔레스탄인 지역의 교회들에서라고 본다.436) 이 기간의 교부 터툴리안[Tertullian(220년 이후 사망)]은 이 일에 첫 번째 증거자로 알려져 있다. 즉, 그는 사도 이후 시대의 세례청원자들(Katechumenen)에게 세례준비교육이 주어져야 할 것을 강조하였는데, '세례에 대하여'(de baptismo)와 '기도에 대하여'(de oratione)란 글들에서라고 할 수 있다. 그는 그리스도의 복음 전체를 간략한 형태로 만들어 사용하게 하였고, 전통적인 신앙교리를 가르치는 일은 교회교육의 중요한 원리로 삼았으며, 주님이 전파한 복음과 주기도문과 윤리적 가르침의 전체를 기억하는 일을 중심에 두었다.437)

그리고 그의 '회개에 대하여'(de paentientia)란 글에서도 세례준비기간에 청원자들이 하나님의 말씀 듣는 일을 중히 순종해야 할 것을 강조하였다.438) 누가 이러한 교육을 담당했는지 터툴리안은 분명하지 언급하고 있지 않지만, 성직자의 몫이었을 것으로 본다. 그리고 세례의 식이 진행될 때는 세례청원자의 영혼을 돌보는 부모 외에 돌보는 자로, 대부(代父, Pate)를 세우게 하였다. 이것은 세례 증인으로서의 역할과 부모가 사망했을 때, 그 아이의 영적인 성장을 대신하여 돌보는 역할이 부여되었다.439) 또한 세례의식은 삼위일체 하나님의 이름으로 시행되었다(de baptismo 6장).

역시 3세기 경(A.D.215), 로마교회의 감독 힙볼리트(Hippolyt)가 쓴 '사도적 전승'(Traditio Apostolica)에는 교리교육의 실제적인 면을 소개하고 있는데, 세례 청원자들은 카테큐메누스(Catechumenus) 또는 크리스찬(Christianus)으로 불렸으며, 3년간의 교육과정을 설정하고, 그 기간에 구약성경을 배워야 했던 것으로 전한다(에스더, 유디드, 토비아스 그리고 지혜서 등). 그리고 보충적으로 그들은 설교를 듣는 교회의 말씀중심예배(Wortgottesdienst)에 참

---

436) [참고] Eugen Paul, Geschichte der christlichen Erziehung, Bd.1, Herder, 1993, 45쪽.
437) [참고] 전게서, 46쪽, 각주 45, 46 참고.
438) [참고] 전게서, 47쪽 이하.
439) [참고] 전게서, 47-48쪽.

석하였다. 물론 그들에게는 아직 성찬참여가 허락되지 않았으며, 세례준비 교육을 약 3년간 받은 후에 시험을 거치고, 그 시험에 합격된 자들에게 세례가 시행되었다. 이러한 시험을 거친 후에 그들은 두 번째 단계의 교육이 짧은 기간에 계속되었는데 이 기간에 그들은 복음을 배우고 확고한 신앙고백을 교회 앞에 보여야 하는 일이었다. 세례는 부활절 밤에 실시되었는데, 이때 안수하는 일과 악마를 몰아내는 일(Exorzismus)이 예전으로 시행되었다고 전한다. 이 시대의 교리교육은 신앙교육적인 요소와 예전의 요소들이 함께 연결된 것과 세례자들을 모두 성인들 중심이었던 것이 특징이라고 할 것이다.

2) 4~5세기 교회의 신앙교육

4~5세기경에는 로마의 황제 콘스탄틴(Constantinus)의 기독화로 인하여 로마통치 하에서 그리스도의 교회는 종교자유를 정치적으로 보장받게 되었고, 기독교로 전향하는 집단적인 회심이 일어나고 세례 청원자들의 수가 급증하여, 세례준비 교육은 긴 기간 동안 계속될 수 없었다. 물론 교회는 그들을 학습인들로 받아들여서 특히 구원의 역사를 가르쳤다고 한다.

어거스틴은(354~430)이러한 사실을 그의 유명한 글 '초신자들의 신앙교육지침서'(De catechizandis rudibus)에서 자세히 밝혀 주고 있다. 우리는 어거스틴이 제시하는 이 내용을 여기서 잠시 소개해 보기로 한다. 아마도 이 내용은 교회(기독교)교육의 가장 역사적인 최초의 신앙교육방법론이라고 할 수 있을 것이다. 그리고 어거스틴의 이 글(De catechizandibus rudibus)은 신앙의 초보자들을 교회가 어떻게 교육해야 할 것인지? 교사들에게 주는 신앙교수방법론에 관한 것이다. 이 책에서 어거스틴은 데오그라티아(Deogratia)라는 교사를 내세워 기독교신앙의 가장 핵심적인 것을 어떻게 적절한 형태로 중재할 수 있는지, 그 방법을 알기를 원한다는 말로 대화를 시작한다. 그리고 먼저 신앙의 근본토대에 대한 준비가 중요하다고 하면서, 학습형식으로는 시작에 따라 '이야기'(narratio)와 '권고'(exhortatio)라는 두 가지 형태를 제시한다. 왜냐하면 교사가 이야기의 범위에 대하여 '연습'대신에 기독교적인 삶의 지도에 하나님의 계명(Gebote)을 언급해 주면 충분하지 않은지를 질문하기 때문이다. 그리고 계속해서 데오그라티아는 가르침에서 학습자의 싫증내는 것을 교사가 어떻게 극복해야 할 것인지를 알고자 하여 질문한다. 그 질문에 대하여 어거스틴은 교수학적으로 말하기를 학습지도시간의 목표와 내용이 중요하며, 방법적인 관점을 구성하는 것이 중요하며, 이와 같이 교사는 학습자의 편에서 심리적이며 영적인 전제를 고려하는 것이 중요하다고 말한다.[440]

어거스틴이 주는 대답의 특이한 점은 교사는 항상 학습자를 격려해 주기를 '목표'로 삼으라고 일러준다. 교수학적인 관계에서 질문의 지평을 넓게 열어가는 교사의 능력이 필요하다는 것을 말한 것이다. 그리고 어거스틴은 교사의 교수방법에 관하여 '대답의 지평'이란 주제로 계속 설명한다. 먼저 신앙을 배우는 학습자의 편에서 전제들이 확대되어야 한다고 보았다. 즉, 교사의 전문성과 수사학적인 자질의 결핍이 학생이 싫증을 내게 되는 원인이라고 보았다. 항상 가르치는 동일한 방식은 학생으로 하여금 싫증나게 하며, 학습의 동기를 부여하지 못한다는 것을 생각하라고 충고한다. 여기에 교사편에서 학생의 심리적이며 영적인 개체에 대한 인간적인 전제가 고려되어야 한다는 것이다. 학습자가 신체적으로, 심리적으로 피곤한 상태에 있지 않은지? 그리고 11-19쪽에 걸쳐 그러한 감성적인 방법을 총체적으로 제시하고 있다. 9쪽에는 동기부여에 대하여, 14-18쪽에는 학생의 수줍어함, 종교적인 수치감과 수업에 불참과 마음을 닫는 일 등에 대하여 언급하였다. 23쪽은 연령단계에 대하여 말한다. 그리고 심리적인 기질에 대한 언급은 인지적인 방식의 전제를 적중할 수 있다고 본다. 어거스틴은 11-16쪽에 걸쳐 정신적인 수용능력과 빨리 이해하지 못하는 것과 교육정도에 대하여 거론한다. 이러한 관점들은 현대교수학과 관련하여 학습자의 사회문화적인 전제들(학습자의 사회계층별 수준)과 결부된 것으로 이해할 수 있다. 23항에서는 도시와 농촌거주자, 또는 부자와 가난한 자,

---

440) [참고] E. Bochinger / E. Paul, Einfuehrung in die Religionspaedagogik, Muen-chen,1979, 2장, 6장, 7장.

시민과 떠돌이와 단순한 시민과 사회적 신분을 가진 자, 가족예속성과 성별 등에 대한 것이 다루어졌다.

계속적인 전제들로서 처리할 수 있는 시간, 학습공간의 질과 개별학습과 그룹학습의 형태에 따른 학습조직에 대해서도 언급되었다(19쪽, 51쪽). 역시 먼저 수업진행의 '이야기'(narratio)에서 반드시 학습의 목표가 제시되어야 함을 잊지 않았다. 즉, 그것은 믿음(Glaube)에 대한 들음과, 소망(Hoffnung)에 대한 믿음(기대)과 사랑(Liebe)에 대한 소망(8쪽)441)이었다. 그리고 하나님의 사랑에 대한 우리의 대답으로 하나님과 이웃에 대한 사랑이 중요하며, 그것은 우리의 행동과 말씀의 마지막 목표라고 하였다(10쪽). 그리고 이러한 목표는 두 가지 방향에서 구조화되어야 하는데, 한 번은 참된 것으로서 증명되는 하나님의 사랑이며, 구약에서의 예언이 들어맞은 것이라고 하였다. 다른 하나는 부분적인 대상들의 경험에 따라 거부할 수 없는 대답인데, 즉 용기를 잃어버리지 않도록 격려하는 일이라고 하였다. 즉, 그것은 두 가지 시민권으로부터 성도의 신분을 갖는 것임을 말한다. 교수내용은 '이야기'(narratio)와 '권고'(exhortatio)의 두 가지 방법적인 관계에서 그 특징을 가진다.442)

어그스틴에게서 강조되고 있는 두 가지 방법, 즉 '이야기'와 '권고'는 과연 무엇을 말하는 것인가? 먼저 '나라티오'(narratio)는 '심판하는 말'에서 생겨났는데, 거기서 사건 내용의 사실에 대한 진술(설명)을 생각한 것이다. 그 말은 수사학적으로 넓은 내용을 가진 개념이 되었다. '나라티오'란 말은 '이야기함'(Erzaehlung)으로 번역하면 방향을 잘못 잡는 말이 될 수 있다는 것이다. 어그스틴이 생각한 이 말은 원래 학생이 알고 있는 것을 시험해 보는 역할에서 얼마나 사건의 핵심적인 내용을 잘 알고 있는지? 시험자가 격려차원에서 행하는 '이야기'라는 것이다. '즉 지금 당신이 거기에 대해서 아는 것을 한번 이야기(말)해 보시오!' 정황에 대한 감동적인 진술

---

441) 8항 11에서 "ut……audiendo credat, credendo speret, sperando amet", 즉, 어거스틴은 믿음(Glaube)에 대한 들음과 소망(Hoffnung)에 대한 믿음(기대)과 사랑(Liebe)에 대한 소망을 갖게 하는 것이 학습목표이어야 함을 강조하였다.

442) [참고] Eugen Paul, 전게서, 95쪽 이하.

이 중요하다고 본 것이다.443) 그래서 어거스틴은 그 예를 두 가지 제시한 신앙의 가르침의 방식을 분석한 그의 글(de catechizandibu rudibus)에서 '나라티오'가 무엇을 뜻하는 지를 밝히고 있다.

'나라티오'(이야기)는 먼저 창조에서부터시작해서 현재의 교회에까지 이르도록 해야 한다는 것이다. 구성의 원칙으로서 세계의 역사를 6가지 시대로 구분할 것을 언급하였다. 그것은 아담부터 노아의 시대이며(창조에서 노아홍수까지), 아브라함(믿는 자들의 조상)까지, 다윗시대까지, 바벨론 포로에서 그리스도의 강림까지(다섯 번째 시대), 여섯 번째는 교회의 시대라는 것이다. 더 이상은 시대로 구분되지 않으며, 7번째는 완성의 시대라는 것이다. '나라티오'(이야기)는 이러한 개략적인 입문을 뒤따랐다. 물론 그 안에서 교리적이며, 금욕적이며 도덕적인 성찰과 훈계가 이루어지는 것이다. 성경적으로 이야기하는 것은 배경으로 머무르며, 이따금 해석들이 적용된다. 근본적이며, 신학적인 입문들은 두 가지의 시민권인데, 불의한 자와 거룩한 자에 대한 것으로, 현재적이며 육체적으로는 혼합되어 있으며, 마지막심판 때에 분리될 것으로 보았다. 여기서 영원한 표본이 그리스도와 교회에 이르게 되는데, 예를 들면 십자가의 모형으로서 방주는 즉, 구원하는 나무이며, 믿는 자들의 조상인 아브라함은 교회의 모형인 것이다(28-33쪽). 이 모든 것은 어거스틴의 신학에서 잘 알려져 있다(De civitate Dei, 신의 도성). 신약성경의 이야기도 이러한 방식으로 구속사의 주제를 따라 엮어 놓았다. 아마도 성경본문의 서술된 방식의 이야기를 원하는 자는 매우 실망하게 될 것이다. 왜냐하면 주제중심으로 성경을 요약한 형태를 취하기 때문이다. 예수의 역사도 어거스틴은 매우 추상적으로 요약하였다. 교회의 시대와 관련해서도 별다르지 않다. 사도의 역사에 따라, 순교자들과 회심하고 돌아온 자들과 이단자들과 신앙의 동료들을 묶어서 다루었다. 이 글의 필법은 역시 총체적인 목표에서 보이는 것처럼, 성경적인 예언이

---

443) [참고] Marrow, Henri Irenee', Geschichte der Erziehung im klassischen Altertum, Muenchen 1977, 514, 516 ; Curtius, Ernst Robert, Europaeische Literatur uns lateinisches Mittelalter, Bern u.a. 1978, 79.

성취되었으며, 주님의 최후의 심판 날까지 믿음을 견지하도록 청취자는 격려되었다는 그 사랑을 보이는 것에 있다.444)

어거스틴이 말한 두 번째의 방식 '권고'(exohrtatio)는 도덕적인 훈계, 도덕적인 명령을 가리키는 것이 분명하다. 그의 글에서 어거스틴은 종말론(부활의 희망과 심판)과 결부시켰고, 가르침의 두 번째, 또는 세 번째 단계로서 이해하였다(46~49항, 55항). '권고하는 것들'은 온통 '이야기'(narratio)를 관철시키고 있기 때문에, 이 부분을 주목하는 것이 중요하다. 이것은 제시의 개념과 구별되는 것이 나타난다. 그러나 어거스틴에게서는 결과적으로 하나의 경고는 제시가 될 것이다. 어거스틴의 정황에서 권고(exohrtatio)는 동시에 수업단계의 교수학적인 의미를 가진 것으로 보인다. 현대적으로 말해서 수업의 형식단계에 대한 것이다.445)

어거스틴이 제시하는 두 가지 신앙교육 모델에 따르면, 종합적으로 말해서 첫 번째 것은 학습자에게 동기를 부여하는 출발점에 대한 것이다. 거기에 연결하여 그 동기를 강화하는 것이 시도되었다. 인생의 삶이 얼마나 짧은지?……, 어떻게 모든 것이 사라져 가는지?……, 심판은 얼마나 엄격한 것인지?……, 이웃은 얼마나 유혹적인지?……영원한 구원은 얼마나 단 것인지?……(24~27항). 먼저 이야기(narratio)가 설정되고, 다음은 마무리지으면서 경고(exhortatio)가 뒤따른다(46~49항). 그리고 세례를 통하여 영접되는 의식을 밝힌다. 새롭게 하는 권고를 준 후에 신앙학습자들은 물러간다(50항). 호소하고, 마음을 끌면서 감정적인 면을 강조한다. 그리고 격려하면서 행동으로 유도한다.

우리는 결론적으로 어거스틴이 제시한 신앙교육적인 기본구상이 무엇인지? 질문하다면, 바로 지금 소개한 그의 글 '새신자를 위한 신앙교수법'(De catechizandibus rudibus)이 될 것이다. 그러나 어거스틴은 이 외에도 세례받은 기존 신자를 위한 계속교육과정을 제시하기도 하였다. 그것은 '민

---

444) [참고] Eugen Paul, 전게서, 95-96쪽 이하.

445) [참고] E. Paul, Die Muenchner Methode : Intention - Realisierung - Grenzen, KatBl 113(1988), 186-192.

음, 소망, 사랑'(De fide, spe et caritate)이란 소책자에 따라 배울 수 있도록 한 것이었다. 어거스틴은 믿음, 소망, 사랑의 소책자 서문에서 이렇게 말했다. 즉, 믿음·소망·사랑은 하나님을 경배하는 기본요소들이다(소책자 3~8쪽). 그것들은 신앙고백서의 해석에 따라(믿음, 9~112쪽), 주기도문의 해석에 따라(소망, 114~116쪽), 그리고 이중계명의 해석에 따라(사랑, 117~121, 특히 121쪽), 구체화되었다. 필자는 이러한 바울의 믿음, 소망, 사랑의 구도를 응용하여 교회의 신앙교육의 근본과정의 틀을 제시한 어거스틴의 제안은 신앙교육역사에 길이 남을 가치 있는 귀한 착상으로 판단한다.

어거스틴 당시 세례 준비교육은 부활절까지 40일 간으로 제한하여 실시하였으며 교육이 끝나면 반드시 시험을 치른 후 합격자에게 세례를 허락하였던 것이다. 예루살렘의 키릴(Cyrill)도 그의 교리교육의 속기문서(Stenogramm)에서 비슷한 내용의 교리교육이 실시되었던 것으로 전하고 있으며 그 외에도 주기도문과 십계명 등이 알려지고 있다. 물론 세례는 부활절 저녁에 거행되었다고 한다.

원래 기독교의 교리교육(세례 준비교육)은 교회가 공적으로 행하기보다는 사적인 관계에서 이루어졌는데, 이러한 교육은 판타이노스(Pantainos)나 클레멘스(Clemens), 그리고 오리겐(Origen) 등에 의하여 '사설교리학교'로 발전하였고, 이 학교들은 후에 교회가 공적으로 인정하는 교육기관들이 되었다고 한다. 뿐만 아니라 이 학교들은 세례 청원자들을 교육시키던 단계를 넘어서서 기독교 신학의 학문적 토론과 연구가 이루어지는 오늘날의 신학교와 같은 장소로 발전하였다고 한다. 이러한 학교는 알렉산드리아, 가이사랴와 안디옥 등 여러 곳에 설립되어 그 당시 희랍철학과 유대교의 가르침과 기독교의 교리가 함께 만나 성경에 대한 조직적 해석이 이루어지는 장소가 되었다고 한다. 이 당시 가르침의 대상은 성인들이 중심이었고 가르침의 장소는 교회, 가르침의 내용은 복음이요, 교육의 목표는 그리스도인됨과 가능성과 그리스도인의 삶의 형태에 더욱 신앙심을 불러일으키는 노력으로써 사람들은 이것을 '신앙교육' 또는 '신앙의 가르침'(Katechese)이라고 불렀던 것으로 이해된다.

이 당시에 어린이를 위한 신앙의 가르침(교리교육)은 어떻게 이루어졌던 가? 물론 우리는 그것에 관하여 정확히 알 수는 없다. 그러나 어린이들의 세례 거행에 대한 소식은 우리는 여러 곳에서 발견한다. 벌써 2세기말경에 어린이의 세례가 시행된 것으로 보며 어른의 세례 시에 어린이에게도 함께 세례가 베풀어진 것이다. 그리고 부모들이 가정교육을 통하여 아이들에게 신앙의 가르침(교리교육)을 의무적으로 수행했던 것으로 본다. 파일(R.Pei)l은 부모가 가정에서 그들의 자녀들에게 기독교의 신앙의 진리를 이해하도록 가르쳤다는 것을 말할 뿐 아니라, 이러한 일은 여자들이 무엇을 알기 원하면 공중이 모인 교회에서 침묵을 지키다가 가정의 남편들에게 집에서 물어야 한다고(고전 14 : 33 - 35)했던 것처럼, 어린이들도 그렇게 했을 것으로 짐작한다. 역시 에베소서 6 : 4에서 바울이 "너희 자녀들을 노엽게 하지 말고 주의 교양과 훈계로 양육하라"고 한 것처럼, 가정의 아버지가 주님 안에 기록하고 주님으로부터 영감을 입으며 주님의 가르침에 적합한 교육을 자녀들에게 행해야만 했던 것을 생각하게 한다.

그 외에도 4세기경에 안디옥의 크리소스토무스(J. Chrisostomus)는 어린이교육에 대해 언급했던 일이 있었는데 그는 어린이들은 다스려져야 하는데 부모들이 전적으로 그들의 자녀들의 윤리교육을 책임져야 할 것이라고 언급하였다.

4. 초기와 중세 로마가톨릭시대의 신앙교육

우리가 여기서 중세 로마 가톨릭교회라고 말하는 것은 콘스탄틴 황제가 기독교를 국가의 종교로 인정하면서 통치를 시작한 때부터 1517년 루터에 의한 종교개혁이 시작되기까지 약 1000년 동안의 로마 가톨릭교회의 통치 기간을 통칭하여 부르는 말로 이해하는 것이 좋을 것이다. 그동안 기독교는 로마통치자들로부터 엄청난 박해를 받아, 지하교회(카타콤베)로 그 명맥을 유지해 왔으나, 이제 콘스탄틴 황제가 기독교로 개종하고, 기독교를 로마국가의 종교로 허용하면서 크게 발전하는 전성기를 맞이하게 되었다. 그리고 교회의 신앙교육정황은 이러한 사회 · 정치적 상황의 전제하에서 이루어지게 된다. 특히 로마교회의 감독직은 세상의 모든 권력기구 중에서 가장 우위에 있는 직분임을 체계화시켰다. 그리고 이러한 교회는 이단적인 가르침과 구별할 수 있는 교리적이며, 가르침에 적합한 신앙의 규범도 확고히 설정할 수 있었다. 또한 로마교회는 세속적인 서로마제국의 몰락 이후에 형성된 국가들이 모두 참된 종교로서 기독교를 수용하도록 영향을 미칠 수 있는 종교권력기구로서 자리잡게 된 것이다446).

1) 로마교회의 신앙교육

6세기경부터 교회내에 발전되어 온 두 가지 종류의 예배 형태가 있는데, 그것은 '미사 카테큐메노룸'(missa catechumenorum)과 '미사 피델리움'(missa fidelium)이라 불리는 두 종류의 예배모습이었다. 전자는 아직 세례 받지 아니한 새신자(아이)들을 위한 교육적 성격을 띤 예배이고, 후자는 이미 세례 받은 자들이 성찬을 중심으로 행하는 예배를 가리킨다.

두 예배의 중요한 차이점은 전자는 성찬이 베풀어지지 않고 다만 하나님의 말씀을 읽고, 들으며 교훈을 받는 말씀중심예배의 전형이라 할 수 있으며, 후자는 성만찬이 거행되는 중세 로마교회의 정규예배라고 볼 수 있다.

여기서 중요한 것은 '미사 카테큐메노룸'에 참여하는 초신자들은 이미 다른 시간에 「사도신경」과 「주기도문」을 중심한 교리교육을 받은 후, 이 예배에서는 신앙을 고백하고 찬양하며 사도신경과 주기도문을 암송했다는 사실이다. 벌써 5세기경 폰알레스(Casarius von Arles, 470~542)는 그의 글에서 그리스도인은 그가 믿는 신앙의 기본 지식을 위해 사도신경을 배워야 할 것을 강조하였으며, 나아가서 사도신경과 주기도문까지 알고 있어야 한다고 주장하였다(Katechetik).

9세기경 독일교회의 감독 마우루스(Rhabanus Maurus, 780~856)는 선한 그리스도인은 '사도신경'과 '주기도문'을 암기해야 하고, 특히 어린이들에게도 가르칠 수 있어야 한다고 강조했다. 중세교회에서 초신 자들과 어린이

---

446) Hrg. v. Rainer Lachmann, u. Bernd Schroeder, Geschichte des evange-lischen Religionsunterrichts in Deutschland, Neulirchen, 2007, 18쪽.

들에게 이러한 내용을 중심한 교리교육이 계속되었으며 점점 그 내용이 첨가되어 갔다. 예를 들면 13세기경부터 「십계명」이 교리교육의 중심에 첨가되었으며 '세례'와 '성찬의 가르침'그리고 '아베마리아'(Ave-Maria) 등이 가르침으로 등장되었다. 그리고 이러한 교리교육은 대체로 중세 가톨릭교회의 대 신학자인 토마스 아퀴나스(Thomas vou Aquin, 1225~1274)의 생각에서 출발된 것으로 보고 있는데, 그가 사랑의 이중계명(하나님 사랑, 이웃 사랑)과 십계명을 해석한 조그마한 책자의 글(Opusculum)에서 다음과 같은 말을 언급한 것에서 잘 알 수 있다.

"구원에 이르기 위해 인간은 세 가지를 알아야 하는 데, 즉 그가 믿어야 할 것, 바라는 것, 그리고 그가 행해야 할 것 등이다. 첫째 것은 사도신경에서, 둘째 것은 주기도문에서, 셋째 것은 십계명 안에서 가르치고 배워야 할 것이다." 아퀴나스의 이러한 관점은 중세교회 교리교육의 내용을 결정하는 근본 원칙이 되었고, 그 이래로 소위 말하는 카테키스무스(Katechismus) 내용의 중심에 '사도신경', '주기도문', '십계명'이 근본 바탕을 이루게 되었다.

중세기의 교리교육은 일차적으로는 교회가 그 책임을 지는 것이 있지만, 어린이의 신앙교육(교리교육)은 역시 가정의 부모들의 몫이기도 하였다. 가정의 부모에게 자식에 대하여 육신을 돌볼 뿐 아니라 영혼을 돌보는 목자로서의 역할이 강조되었던 것이다(가정의 목회자). 그리고 중세교회는 벌써 어린아이들에게 세례를 베풀 때에 육신적인 부모가 일찍 세상을 떠나게 될 경우를 생각하여 아이의 영혼을 돌볼 수 있는 대부(代父-Paten) 제도를 도입하였던 것이다. 이런 제도는 오늘날까지도 서구 교회에 남아 있는 어린이의 세례와 교육에 대한 하나의 좋은 전통으로 남아 있다. 물론 그 당시 어린이들에 대한 가정에서의 가르침은 조직적인 교육체계에 의한 교육이기보다는 훨씬 즉흥적이고 기회가 주어지는 대로 실시되는 자유로운 교육이었다고 할 것이다. 이러한 교육목표는 어디까지나 그리스도인이 되기까지의 기독교적인 일상생활의 훈련이었다고 할 것이며, 교육의 방법이란 교회의 예배 참여나 가정에서의 종교적인 생활에의 참여를 통하여 이끌어졌다고 할 것이다.

중세교회는 문자를 모르는 일반대중과 어린이들을 위해서 교리교육에 있어서 그림을 이용하였는데, 예수의 생애를 그림으로 그려 벽에 붙이거나 벽 위에 그렸고 나뭇조각 위에다 그림으로 새겨서 만들기도 했던 것이다. 특히 중세교회에서 성화와 예술품들이 발전되었다. 물론 부정적으로는 미신적 신앙으로 타락되는 계기가 되었다고 볼 수 있으나 교육적으로는 시각을 통한 복음과 하나님의 사역의 전달수단으로 이용되었던 것으로 평가될 수 있을 것이다. 그러나 중세교회의 교리교육의 가장 큰 문제성은 성만찬의 신비화에 의한 구원의 전달과 나아가 이해된 언어로의 복음 전달이 아닌 교리를 강제로 주입하는 전달 때문이었다고 할 것이다. 이러한 교리교육의 문제성은 루터에 의한 종교개혁에서 새로운 방향전환을 맞게 되는 것이다.

2) 학교교육과 종교교육의 실제

이미 7~8세기경에 구라파의 곳곳에는 수도원학교(Klosterschule), 본당학교(Domschule)들이 세워지게 되었는데, 이곳에서 오늘날과 같은 일반 학교교육의 기본적인 모습이 탄생되었던 것으로 이해한다. 그러나 이 학교는 일반 대중의 자녀들에 대한 일반교육보다는 훨씬 특수교육으로서 미래의 승려나 성직자후보자를 기르기 위한 교육과 귀족의 자녀들의 생활훈련이 중심이었다고 할 것이다. 그리고 수도원학교에서 시행된 수도사들에 대한 교육은 역시 성경읽기(Lectio Divina)와 성경말씀의 명상(Meditatio)과 기도(Oratio)가 중심이었으며, 또한 금욕적인 생활에 대한 훈련이 적용되었다. 물론 아이들과 청소년들, 그리고 평신도들의 교육에는 역시 이성적 행동과 덕성, 용기, 정의감, 절제 등이 적용되었던 것으로 일려져 있다447).

9~11세기 동안은 구라파 역사에서 카로링어시대(Karolinger Zeit)라고 부리는데, 그 당시의 통치자 칼대제(Karl der Grosse)는 중세기의 학교의 설립자로 알려졌다. 그의 의도는 서구 문화갱신의 시작으로서 소위 카로링의

---

447) [참고] TRE. Bd. VI. Art. 'Bildung', 600쪽.

루네쌍스를 목표하였던 것이다. 그것은 8세기경에 무너져 가는 본당학교와 수도원학교를 재건하여, 성직자들과 수도사들의 정신적이며, 도덕적인 신분을 회복하려는 일이었다. 이러한 교육적인 노력은 다시 구라파 전 지역에 확대·발전되었다. 프랑스지역에는 오레앙(Orlea'ns), 뚜어(Tours), 소쏭(Soisson) 등에 이러한 학교들이 설립·운영되었다448).

그리고 성직자들은 먼저 예배의 모범을 읽고, 예전직무 수행과 성경을 연구하기 위하여 라틴어를 배워야 했었다. 그 때문에 교회는 학교수업형태를 끌어들여 성직후보자들에게 이러한 교육을 시행하게 된 것이다. 그리고 그들이 배워야 하는 과목으로는 평신도들과의 교회생활에서 요구되는 성직자의 목회능력을 길러주는 교육이었다. 예를 들면 신앙고백(사도신경), 주기도문, 예전서, 세례양식서, 축복, 교회절기시간계산, 복음, 고해성사, 주일과 축제일에 설교를 위한 성경해설에 대한 것들이 교육의 기본 내용들이었다.449) 그리고 모든 사제후보자들은 라틴어로 된 시편을 암송해야 했으며, 이러한 것들은 예배와 영혼을 돌보는 사역에 필요한 것들이었다. 그리고 여러 수도원에서의 교육은 '외부 학교'(schola externa)와 '내부 학교'(schola interna)라는 이름의 교육과정으로 차이를 두어 운영되었는데, '외적인 학교'에서는 대부분 귀족의 자녀들에게 목사가 문장읽기와 문장쓰기, 예배에서의 찬송과 그 외의 것들을 가르치는 것을 중심했다면, '내적인 학교'에서는 소위 인문학의 기초학문으로 간주된 '자유 7과'(septem artes liberales)가 가르쳤는데, 이러한 내용들은 문법, 수사학, 변증학 등의 '3학'(trivium)이라 불리는 과목들이며, 산술학, 기하학, 천문학, 음악 등의 '4과'(quatrivium)로 불리는 과목들로 구성되었다. 이러한 교육은 인문주의적인 정신과 신학교육의 전문성을 위한 전 단계에 해당하는 교육으로 적용되었다. 그리고 이러한 교육과정의 최종 목표는 하나님에 대한 지식과 저편의 삶(영생)의 준비에 있었다고 할 수 있다. 원래, 이러한 학과목들의 배움은 아우구스티누스(Augustinus), 보에티우스(Boethius), 카시오도르(Cassiodor) 등에 의하여 신학

---

448) [참고] 전게서, 601쪽.
449) [참고] Fritz Blaetterner, Geschichte der Paedagogik, Heidelberg, 1964, 34쪽.

교육의 근거로 이용했던 것으로 알려져 있다. 이러한 내용에 대하여 어거스틴은 유대인들처럼 애굽의 황금 같은 그릇에 대하여 언급하면서, 그리스도인들은 이방인이 사용하는 기술들을 이용해야 한다고 보았다. 즉, 그것은 이방인들의 황금인데, 그리스도인들은 복음전파에서 그것을 올바른 방식으로 사용하기 위하여 그들에게서 취해야 한다고 주장하였던 것이다450). 이러한 자유 7과를 중심한 교육은 후에 대학에서 전문연구를 위한 '인문학부'(Artistenfakultaet)로서의 역할을 하게 되었다.

12세기에 시작된 르네쌍스의 정신은 역시 교육열성의 갱신과 문화의 내용변화에 상응하는 것이었으며, 그것은 11세기에서부터 교회통치에서 벗어나려는 해방과 봉건국가체제의 성립과 도시의 부활과 함께 시작되었다. 그러한 움직임은 동양과 서양문화의 접촉과 고대문화유산의 본질적인 부분을 보존하고 전승했던 아랍세계 작품들의 라틴어 번역을 통하여 더욱 발전하게 되었던 것으로 이해된다.451) 그리고 이 시기에 교사와 학생의 수는 증가되었고, 교회 당국의 교육관심과 세상 정부당국의 교육관심이 서로 경쟁관계에 놓이게 되었다. 그 때문에 교육실제에 대한 변화가 불가피하게 요구되었던 것이다. 먼저 높은 단계의 새로운 교육과정의 필요와 함께 이미 설립된 대학(studia generalia)사이에 차이점이 문제되었다. 대체로 본당학교와 도시학교들이 자체의 주도권으로 높은 단계의 교육을 위한 학교를 설립하여 교황으로부터 합법성을 인정 받아왔다. 이러한 학교들에 비하여 대학은 교사들과 학생들의 구성체가 영향을 행사하는 일반학교와는 다른 모습의 학문연구기관으로 발전하였다. 그리고 '자유 7과목'(lieberales septem artes)의 교육과정은 중세기의 학교육의 기본이 되었으며, 12세기에 새로운 교육기관의 모습으로 상승하는 대학들에서의 교육을 위한 근본토대가 되었다. 이러한 토대위에서 법학과 의학과 신학학부는 상급학부로서 고유한 학문연구가 이루어지도록 하는 교육기관으로 준비되었다. 그리고 이러한 대학에서 전문연구를 시작하려는 자들은 먼저 인문대학의 교육과정을 거

---

450) [참고] 전게서, 34쪽 이하.
451) [참고] 전게서, 604쪽.

쳐 '학사자격'(baccalaureus)을 획득해야 했으며, 그러한 바탕 위에서 '석사자격'(magister)을 얻는 연구를 계속해야 했다. '석사학위'(magistergrad)는 박사의 칭호를 얻기 위하여 상위학부(대학의 박사과정)에서 연구할 수 있는 자격을 인정하는 것이었다. 박사학위는 다시금 강의와 학술논쟁을 할 수 있는 자격으로 인정되었다. 강의는 토론의 여지가 있는 한 문제점의 서술에서 방어적이며, 반박하는 주제를 수단으로 논쟁에 기여되었다면, 특별히 텍스트에 따라 한 전공과목의 교육전통으로 끌어들이는 과제를 갖게 되었다. 그리고 대학의 강사들과 학자들은 공적인 강의들 외에도 기숙사와 강의생활을 통하여 서로 결부되어 있었다. 대학들은 다만 배움을 제시하는 곳일 뿐 아니라, 역시 교육시설로서의 의미를 가진 곳이었다.[452]

중세기에 구라파에는 여러 대학들이 곳곳에서 생겨나게 된다. 맨 먼저 생긴 대학은 이태리의 볼그나(Bologna)에서 법을 가르치는 학교에서였다. 그리고 13세기 초에 파리(Paris)에서는 강사들과 학생들이 교황청의 감독에서 벗어나기 위하여 함께 결속하여 학교를 만들어가게 된다. 그리고 많은 논쟁과 얼마간의 시간이 경과한 후, 1231년에 (Parens Scientar ium)이란 교황칙령은 대학의 우선권과 현재의 대학정황을 인정하게 된다. 그것이 오늘날 파리대학의 시작이었다. 뚤루(Toulous)대학은 1229년에 교황의 근거하여 설립되었고, 알빙겐(Albingen)의 이단파와 투쟁하는 학교가 되었다. 옥스퍼드(Oxford)대학은 파리대학의 모범을 따라 설립하게 된다. 스페인의 살라만카(Salamanca)대학도 그 설립이 알폰스 10세(Alfons X)의 주도권에 힘입어 이루어지게 되었다.

교회의 정황에서의 교육은 역시 앞에서 언급한 것처럼, 교회 자체를 위한 종교교육에 중점을 두고 있었다. 중세기에 이르러 도시에 있는 교회들의 교육에서는 삶에 필요되는 세상적인 것들이 포함되었는데, 읽기, 쓰기, 계산법, 그리고 기독교신앙의 기초적인 것들이 제시되었던 것으로 이해된다. 물론 신앙의 가르침을 위해서는 주기도문, 사도신경고백, 십계명 등이었다.

---

452) [참고] R. Lachmann u. B. Schroeder(hg.), Geschichte des ev. Religionsunterrichts in Deutschland, Neukirchen, 2007 29-30쪽.

462   교회교육학

3) 수도원에서의 신앙교육

중세 후기로 오면서 교회의 개혁에 대한 요구가 점점 더 강하게 나타나기 시작하였다. 평신도의 시각과 함께 역시 성직자들의 시각에서도 교회가 가르쳐왔던 종교적이며, 윤리·도덕적인 표준에 상응하지 못하거나, 정당화될 수 없는 모습들이 나타나면서 였다. 예를 들면 도미니카너(Dominikaner)의 탁발수도회(Bettelorden), 프란치스카너(Franziskaer)와 어거스티너(Augustiner)의 은둔자(Eremiten), 베긴회의 수녀(Beginen)와 베가르덴(Begarden)들은 순수한 그리스도인의 삶의 실현에 대한 새로운 추구와 개인적이며, 공동체적인 구원을 향한 노력을 구체화하기 시작한다.453) 이러한 노력의 형태들은 교육적인 의미를 가진 것으로 형제자매들의 공동생활에 관한 것이었다.

그리고 구체적인 형태로 게르트 그루테(Geert Groote : 1384년 사망)에게서 데벤트(Devent)에서 '데보티아 모데르나'(devotia moderna)로 불리는 형제자매의 공동체를 설립하였다. 이 공동체는 네델란드와 독일 북부지역에 확대되었다. 이 단체는 간편하고, 규범화된 경건한 생활을 그리스도의 정신으로 인도하기를 원했던 평신도들의 삶의 공동체였다. 이 외에도 '그리스도를 본받아'(imitatio Christi)라는 토마스 아 켐피스(Theoma a Kempi : 1471년 사망)의 책은 가장 중요한 동기를 형성시켰다. 주목할 만한 것은 이러한 운동들은 가난하고, 방치상태에서 위협받았던 청소년들에게 기여하게 되었는데, 그들이 이러한 학교와 공동체의 집에서 수용되었고, 거기서 그리스도제자의 정신으로부터 영향을 받 은 경건한 삶을 배울 수 있었다. 이러한 학교들에서의 가장 대표적인 학생이 바러 로테르담의 에라스무스(Erasmus von Rotterdam : 1469~1536)였다. 그는 형제들로부터 배워진 태도를 적잖이 중계해 준 후기 인문주의 운동의 주도자였다.454)

---

453) [참고] 전게서, 33쪽 이하. [비교] Zschoch 2004(S. o. Anm.2) 134쪽 이하.
454) 참고, 전게서, 33쪽.

5. 종교개혁시대의 신앙교육

1) 시대적 상황

종교개혁은 중세기적인 전제하에서 시작되었다. 그것은 새 시대적인 삶의 조건들에 대한 변화에 결정적으로 기여하는 결과를 초래하였다. 15세기 중엽 이래로 16세기까지 그 시대에 나타난 변화의 특징으로는 다음과 같은 것들이 거론된다. 즉, 중세기적인 삶의 형태와 시민들의 도시생활의 가치상승에 대한 변화, 화폐경제의 확대와 증대의 변화, 새로운 지정학적이며, 정신적인 지평의 추구로서 아메리카 대륙의 발견과 식민주의 시대의 전개, 그리고 1543년 코페르니쿠스에 의한 태양 중심세계의 이론 발표. 1445년의 새로운 인쇄술의 발견과 함께 새로운 기술의 발명과 적용 등에서이다. 이러한 변화와 함께 인간은 천성을 향한 순례자의 모습(viator mundi)이 아니라, 세상의 창조자요, 지배자로(faber mundi)이해하는 낙관적인 문화가 시작되었다.[455] 그러한 변화들은 그 모든 것들이 동시대에 의식된 것은 아닐지라도, 지금까지 질문 없이 전통적으로 이끌어졌던 삶의 관습들과 세계관이 계속적으로 불안을 유발하게 되었던 것이다. 이러한 불안이 결코 경건과 교회의 불화 가운데 반영되지는 않았다. 한편으로 15세기에서 16세기로의 전환은 중세기의 가장 교회경건이 활발했던 시대의 하나로 여겨진다. 그러나 다른 한편 경건과 교회와 신학에 대한 개혁의 소리가 증대되었는데, 대략 '신 경건운동'(devotio moderna)의 모습에서, 인문주의자들의 모습에서, 소위 개혁총회의 모습 등에서였다고 할 수 있다.[456] 여기에 종교개혁자들의 역할이 작용하게 된다.

종교개혁은 로마 가톨릭교회의 잘못된 신앙의 가르침에 대항하여 가르침의 개선을 요구하고 나섰던 운동이었다. 그 주된 역할자는 말틴 루터(M.Luther : 1483~1546)였다. 루터는 1517년 10월 31일 로마 가톨릭교회를 향

---

455) [참고] 전게서, 36쪽.
456) [참고] 전게서.

하여 95개 조항의 반박문을 비텐베르거(Wittenberg)교회당 정문에 걸면서 시작되었다. 그리고 루터가 지적한 로마 가톨릭교회의 잘못된 가르침은 구라파의 여러 교회의 지도자들의 지지를 얻게 되었고, 마침내 곳곳에서 루터의 종교개혁에 동참하는 인물들이 등장하게 되었다. 루터의 제자 멜랑히톤(P. Melachthon : 1497~1560)이 있으며, 1519년 스위스 취리히에서 츠빙글리(Huldreich Zwingli : 1482~1531)가 동참하였으며, 뒤따르는 지도자들로서 스트라스부르그의 마틴 부쳐(M. Bucer : 1491~1551)와 제네바의 요한 칼빈(J. Calvin : 1509~1564) 등이라 할 것이다.

모든 정치적이며, 사회적인 그리고 문화적인 함축성과 종교개혁의 결과 아래서 학교와 교회를 중심한 종교교육을 조망해 볼 때, 다음의 두 가지가 설명될 수 있을 것이다.

첫째, 중세기의 사람들에게는 다만 참된 하나의 신앙(종교)증거가 있었으며, 이러한 신앙증거를 돌보고, 유지하는 책임을 가진 하나의 교회가 있었다. 이러한 증거를 피하는 자는 이단으로 박해를 받든지, 유대교의 경우처럼 비난을 받았던 것이다. 그러나 이제 중세기의 구라파의 하나의 교회는 신앙고백의 다양성에로 분리되고 말았던 것이다. 그리고 고백적인 신앙의 추종자들은 거기서 지금까지 몰랐던 많은 것들에서 필요한 것들을 확인하였고, 그들의 고백을 넘어서 알고 변증하는 자질을 경험하게 되었다.[457]

둘째, 종교개혁에 대한 많은 논쟁들이 실제 역사를 주도 하게 되었는데, 그것은 지금까지 중앙 집권적이었던 로마의 교황과 황제들의 권력은 약화되었으며, 그 대신 지역왕국 또는 지방 제후들의 권력이 강화되었다. 그리고 세상통치와 영적인 통치의 직무가 그들에게 부여되는 환경으로 전환하게 되었다. 개신교의 영역에서 지역 정부는 세상 정치적인 과제와 함께 교회를 지도하는 역할을 넘겨받게 되었다.[458] 구라파의 학교설립과 종

---

457) [참고] 전게서, 38쪽.

458) [참고] 전게서 ; Die rechtlichen und organisatorischen Grundlagen fuer dieses Kirchenregiment wurden um 1527 zunaechst in Hessen und Kursachsen geschaffen; der unten haeufig angefuehrte Unterricht der Visitatoren aus dem Jahr 1528 dokumentiert

교교육의 상황은 이러한 전제하에서 이루어진 것으로 이해될 수 있을 것이다.

또한 로마 가톨릭교회는 종교개혁을 반대하는 운동을 전개하면서 특히 이그나티우스 로욜라는 '예수회'(Jesuiten)를 설립하여, 가톨릭교회의 세계선교와 학교설립과 종교교육의 강화에 크게 기여하게 된다. 역사적으로 종교개혁의 시대는 1555년 아욱스부르그 종교평화(Augsburger Religionsfriede)와 함께 끝나게 된다. 이러한 아욱스부르그 종교회의는 명실공히 가톨릭과 루터파의 신앙고백을 인정하는 정치적인 사건이었으며, 동시에 지역 제후들의 신앙고백에 통치자들의 고백이 연결되는 일이 공히 인정되었다. 이러한 루터파와 가톨릭교회 사이에 평화는 약 60년 간 지속되었다.

물론 그 사이에 프로테스탄트 교회내에서 루터파와 칼빈파 사이에 예리한 신학적인 논쟁이 계속되기도 했지만, 다시 프로테스탄트교회와 로마 가톨릭교회를 지지하는 지역 제후들 사이에 벌어진 30년 종교전쟁(1618~1648)이 발발할 때까지 약 60년은 평화의 시대였던 것은 분명하다.[459]

30년 종교전쟁은 60년 동안 평화를 견지하고 있던 기간에 형성되고 쌓였던 종교적이며, 정치적인 긴장들의 군사적인 폭발사건으로 해석될 수 있을 것이다. 그리고 긴장의 폭발은 프라하(Praha)에서 시작되었지만, 전쟁은 독일지역에서 지속되었다. 그 당시 독일의 인구 40%가 희생된 것으로 전한다. 30년 종교전쟁은 뻬스트팔리아 평화조약(westfaelischer Friede)이 맺어지면서 끝나게 되었다. 정치적으로는 황제의 권력은 약화되었고, 300개 이상의 지역 영주들이 권력이 강화되었다. 그리고 로마 가톨릭교회는 루터교회뿐 아니라, 칼빈파(개혁파)교회도 신앙고백을 인정하게 되었다. 그리고 학교의 설립과 운영은 역시 지역 교회의 과제로 그 의미가 부여되었다. 이것이 종교교육이 학교교육의 중심에 자기 자리를 갖게 된 근거이기도 하다.

---

diese Anfaenge - Moerke 2005,46.
459) [참고] 전게서.

2) 종교개혁과 교회의 신앙교육

로마 가톨릭교회의 신앙교육은 구전에 의하여 시행했던 세례문답교육이
전부였다. 물론 세례받기를 희망하는 자들에게 초보적인 신앙의 가르침이
실천되었다(사도신경, 주기도문, 십계명). 그러나 믿음과 구원에 대한 확신을
심어주는 일로는 여전히 성례중심의 예배참여에 있었다. 그것은 실제로 아
무것도 이해하지 못하는 신자들에게 성찬중심의 미사에 참여하여 떡을 받
게 하는 일 뿐이었다. 이러한 상황에 루터의 종교개혁은 교회교육적으로
획기적인 변화를 초래하게 하였다.

루터가 종교개혁을 통하여 교회의 신앙교육에 획기적인 변화를 가져다
준 것은 '성경번역'과 '요리문답서'(Katechismus)에 의한 신앙교육을 실천하는
일이었다. 그리고 무엇보다도 루터는 종교개혁을 위한 신학적 원리로 4가지
를 제시하게 되는데, 그것은 오직 믿음(sola fide)으로, 오직 성경(sola scriptura)
으로, 오직 은혜(sola gratia)로, 그리고 만인 제사장(allgemeines Priestertum)설 등
이었다. 이것들은 기독교의 복음의 진리를 왜곡시킨 가톨릭교회의 구원론을
바로잡고, 기독교신앙을 올바르게 이해하게 하고, 교회를 새롭게 하는 일에
크게 기여하게 되었다. 그리고 성경번역은 교육적으로 로마 가톨릭교회가
왜곡한 구원의 진리를 바로 잡아 주었을 뿐 아니라, 누구나 쉽게 확인할 수
있는 근거를 제시하게 된 것이다. 또한 성경은 기독교신앙의 진리를 밝히는
최종적인 권위로 인정하게 되었다.

그리고 루터의 성경번역은 그 동안 중세 가톨릭교회가 '라틴어'라는 통
일된 언어로 그들이 만든 교리를 받아들이게 했던 상황을 깨뜨리고 누구
나 자국어로 기독교의 진리를 하나님의 말씀인 성경 안에서 읽고 배울 수
있는 길을 열어주었다. 그리고 그의 신앙교육적인 공헌은 역시 요리문답교
육의 새로운 창안이라고 할 것이다. 루터는 직접 요리문답서 대·소(Luther
Groß-Kleiner Katechismus)를 만들었는데(1529), 그 동기는 '멜랑히톤'과 함께
1528년 시골교회를(종교개혁 사상을 따르는 교회) 돌아보는 가운데 목회자들
이 기독교신앙의 진리를 분명히 알거나 이해하지 못한 채 목회자로 활동

하고 있는 상태를 목격한 것이 동기라고 알려져 있다. 즉, 그 당시 평신도와 성직자들에게서 그리스도인이 무엇을 믿어야 하고, 무엇을 알아야 하며, 어떻게 행해야 할 진리를 알지 못하는 신앙의 무지를 발견하였고, 그 무지 때문에 일어나는 미신적 신앙의 상태를 안타깝게 여겨 그는 그 방문에서 돌아와 붓을 들어 먼저 목회자와 설교자들, 그리고 가정의 아버지들을 가르칠 목적으로 이 책을 만들었던 것이다(그의 책 서문 참고).

루터의 이 책은 지금까지 중세교회가 구전에 의해서만 가르쳐 왔던 기독교신앙의 가르침을 책을 통하여 배울 수 있도록 했다는 데 큰 역사적 의의를 갖는다. 그리고 책의 내용에는 그 동안 전통적으로 가르쳐 온 '사도신경', '주기도문', '십계명'을 중심한 내용을 그대로 담고 있는데, 종교개혁의 신학적 명제에서처럼 오직 하나님의 말씀인 성경과 복음의 빛 속에서 기독교의 믿음으로 구원 얻는 진리를 새로운 언어로 밝혀주고 있다는데 또한 큰 의의를 지닌다. 특히 이 책이 보여준 교육적인 특징은 문답법(질문과 대답)의 교수학적인 기본 모델의 사용에 있다고 할 것이다. 뿐만 아니라 「십계명」과 「주기도문」,「사도신경」을 중심한 내용은 오늘날 교수학적 원리에 비추어 볼 때 그리스도인이 알아야 할 가장 근본적(Fundamentale)인 것, 요소적인 것(Elementare), 그리고 본보기가 되는 것들(Exemplare)을 간결한 문답의 형태로 엮어 만들었다는데 교육 신학적인 의의를 갖는다고 하겠다.

이러한 요리문답서를 통한 기독교신앙교육, 즉 교리교육은 여러 다른 교회의 지도자들에게 영향을 주게 되었는데, 역시 제네바의 종교개혁자 칼빈은 루터의 이러한 신앙교육방법을 수용하였고, 제네바 교회의 사역에서 두 가지 종류의 요리문답서를 만들어 사용하기도 하였다(1537/1542). 처음의 것은 루터의 것을 본받으면서도 그의 기독교 강요의 내용을 간략하게 주제별로 요약하여 만들게 되었고, 1542년의 것은 루터가 사용한 질문과 대답을 응용하여 독창적인 교수법을 적용하여 만들기도 하였다. 칼빈의 두 번째 요리문답서는 1563년에 독일 하이델베르그 지역의 개혁교회가 새로운 신앙교육서(Katechismus)를 만들 때 칼빈의 것에서 큰 영향을 받아 만들게 되었다.

칼빈은 요리문답교육을 매우 중히 여겼는데, 교회의 세례준비와 입교준비자들에게 적용하여 신앙의 토대를 놓아주는 일에 학습서로 사용하였다. 그리고 매주일 오후에 평신도들의 예배에서 그 요리문답서는 설교서로 사용하였다. 여기서 칼빈은 교리설교를 성경본문설교와 함께 병행했던 것으로 알려져 있다. 그리고 대부분의 개혁교회는 이러한 설교전통을 오늘날도 따르고 있다고 할 것이다. 특히 우리는 주일 저녁예배시간에 요리문서를 설교하고 있는 교회를 화란과 독일지역의 개혁파교회에서 쉽게 확인할 수 있다.

종교개혁시대의 교리교육의 목표는 신앙의 무지를 일깨워 주고 가장 기본적인 기독교신앙의 진리에 대하여 올바른 이해를 가지고 주님을 섬기며 살아가도록 신앙생활을 도우려는 것이었다. 그 때문에 종교개혁자들은 성경에 근거한 기독교의 구원의 교리를 항상 내세웠으며, 성경에 기록되고 약속된 하나님의 말씀 안에서 건강하게 신앙생활을 하는 그리스도인이 되게 하는데 힘을 다하였다.

교육방법으로는 성경의 직접적인 읽음과 해석을 통하여, 그리고 교리교육이 단순한 입으로의 전파와 주장을 뛰어넘어 새롭게 해석되어 만들어진 신앙교육서를 통하여 질문과 대답, 즉(이해를 위한) 대화의 형태 안에서 산 교육이 이끌어졌던 것이다. 요리문답서에 담고 있는 내용이 보여 주는 것처럼 교리는 구원의 진리와 그 진리를 아는 자의 삶을 위한 지침이란 원리 안에서 항상 구원의 교리와 삶의 교리로 나누어졌다. 예를 들면 '사도신경'이 구원의 기본진리를 표현한 내용이라면 '주기도문'과 '십계명'은 신자의 기본적 삶을 위한 윤리적 가르침이었다고 할 것이다. 물론 오늘날은 그보다 더 많은 내용을 필요로 한다(산업사회). 종교개혁자들은 그들이 직접 집필한 요리문답서(Katechismus)속에 항상 이 기본적 신앙교육의 원리를 '사도신경', '십계명', '주기도문'의 3가지 내용을 통하여 적용시켰으며 교육의 바탕이 되게 했던 것이다. 뿐만 아니라 그들은 그 시대에 필요한 신앙교육의 사명을 충실히 이끌어 갔다고 할 것이다.

3) 독일학교의 역사와 종교교육

종교개혁의 영역은 중세기 학교교육의 위기와 함께 시작된다. 이러한 위기는 부분적으로는 그 당시 관계들을 통하여 조건적이라고 할 수 있다. 여기서 우리는 두 가지 관점들이 학교교육 실제의 위기에로 이끌었다고 본다. 하나는 지금까지 교회의 교육프로그램에서 성경이 미미하게 적용되고 있는 입장에 대한 비판이었고, 다른 하나는 특별히 루터의 영적 신분에 대한 신학적인 비판과 수도사와 성직자의 서약에 대한 해방이었다. 이 양자는 그동안 수도원과 본당학교에서 함께 활동하던 사람들이 그들의 사역에서 물러나게 하였으며, 그 중심적인 교육의 목표와 사제와 수도사 또는 수녀의 교육들이 핵심적인 교육과정과 수도원에 입회 또는 수도원학교의 입학과 마찬가지로 그것들의 의미를 잃어버리게 하였다. 루터는 1520년에 발표한 그의 그리스도인 귀족들과 정부당국자들에게 보내는 편지의 글에서 자녀들의 교육을 위하여 학교를 설립할 것과 그 학교에서 아이들이 성경을 배워야 한다는 것을 역설하였던 것이다.460)

이러한 루터의 정신을 실제로 반영한 인물은 루터의 친구이자 비텐베르거 시(市)목사였던 요한 부겐하겐(Bugenhagen : 1485~1558)이었다. 그는 1528년에 브라운 쉬바이그 지역의 교회법을 저술하여, 그 안에서 학교에 관한 물음에 폭넓은 공간을 제시하였고, 부게하겐의 이러한 영향으로 독일전역에 초등학교가 곳곳에 설립되는 계기가 되었다.461)

이러한 초등학교 설립과 함께 그 다음 단계의 학교설립(오늘날 중·고등학교)이 이루어지게 된다. 이러한 일에 기여한 인물은 역시 멜랑히톤(Melanchthon : 1497~1560)과 스트룸(J. Strum : 1507~1589)을 들 수가 있다. 전자는 라틴학교를 구상하였으며, 후자는 김나지움(Gymnasium)의 형태를 구상하

---

460) M.Luther, An die Ratherrn aller Staedte deutsches Lands, dass sie christliche Schulen aufrichten und halten sollen(1524), in : WA XV,27-53, Eine Predigt, dass man Kinder zur Schulen halten solle(1530 ; WA XXX / 2, 517-588).

461) [참고] Horn : Bugenhagen und seine Beseutung fuer die deutsche Volksschule, in : Haus und Schule 31, 1935, 228-234.

였다. 이 양자는 독일 프로테스탄트의 학식있는 자들을 기르는 학교로 발전하였다. 물론 양 학교에서 가르치는 기본적인 언어학습은 라틴어였다. 그리고 중세기 인문주의적인 학교전통과 교육내용을 높은 수준의 교육으로 발전시켰다. 멜알히톤의 라틴학교형태는 주로 독일의 중.동. 북부지역에서 도입되어 발전하였고, 스트룸의 김나지움의 형태는 남독지역과 스위스 지역에서 보편화되었다.462) 그리고 역시 양 학교의 형태는 기독교 종교를 배우도록 교육과정에 포함시켰다. 매 주일 지역 교회의 예배에 참여하는 일 외에도 학교생활에서 매일 아침과 저녁의 예배가 시행되었으며, 종교수업에서 교회의 캐터키즘이 암기형태로 가르쳐졌다. 또한 주로 교회에서 사용하는 찬송가와 복음서의 낭독서가 사용되었던 것으로 알려져 있다.463)

그리고 이러한 양 학교형태의 교육은 대학교육으로 연결되었는데, 독일 지역에 다음과 같은 대학들이 생겨나게 되었다. 1527년에 마르부르크(Marburg)대학의 설립과 1544년에 쾨닉스베르그(Koenigsberg)대학, 1558년에 예나(Jena)대학, 그리고 1576년에 헬름스테트(Helmstedt)대학이 설립되었으며, 독일의 개혁파교회(Reformierte Kirche)에서도 대학들을 세우게 되었는데, 1584년에 헤어보른(Herborn)대학과 1654년에 뒤이스부르크(Duisburg)대학 등이다. 그리고 가톨릭교회가 세웠던 대학들도 새로운 변화를 겪게 되었는데, 1532년에 세워진 바젤(Basel)대학과 1535년에 설립된 튀빙겐대학(Tuebingen), 그라잎스발트(Greifswald), 로스톡(Rostock)대학들, 1539년에 설립된 프랑크프르트(Frankfurt)대학과 라이프찌히(Leipzig)대학, 그리고 1539년에 설립된 하이델베르그(Heidelberg)대학 이였다. 그 외에도 김나지움 형태의 전형들은 1539년 스트라스부르그(Strassbur6g)와 스타인푸르트(Steinfurt)에서 생겨났으며, 이러한 학교들은 1525년 쯔빙글리가 설립하여 성경학교로 운영했던 취리히의 프로차이(Zuericher Prophezey)와 1559년 칼빈이 제네바에서 설립했던 제네바 아카데미(Genfer Akademie) 등에서 유래된 것으로 이해한다.464)

---

462) [참고] 전게서, 43-44.
463) [참고] 전게서, 44.
464) [참고] 전게서, 45.

4) 교회의 신앙교육에 기여한 인물

(1) 필립 멜랑히톤(Philip Melanchthon : 1497~1560)

멜랑히톤은 탁월한 재능을 가진 자로서 그의 할아버지 요한 로이클린(J. Reuchlin)의 영향을 받고 자랐으며, 이미 17세에 석사학위를 받았고, 대학에서 고전어 강의를 맡았다. 그리고 그는 1518년, 21세에 비텐베르그 대학의 헬라어 교수로 부름 받았다. 그는 1525년부터 신학과목을 강의하는 교수직을 위임 받았음에도 불구하고, 그의 생애동안에 항상 헬라어를 가르치는 일에 열중했던 것으로 알려져 있다.465) 그리고 그의 탁월한 인문학의 능력과 자질에 힘입어, 그의 관심은 특별히 중등교육기관의 설립과 개혁에 있었다. 그는 아이스레벤(Eisleben)과 막데부르그(magdeburg)에 설립된 중등교육기관에 관여하였으며, 1527년 마르부르그(Marburg)대학의 설립에도 자문하며 함께 했던 것으로 알려져 있다.

그의 이러한 교육적인 관심은 프로테스탄트 교회가 지향하는 복음의 가르침에 있었다. 이러한 교육적인 의도는 그가 1528년에 쓴 '방문자들의 공부'(Unterricht der Visitatoren)에 나타나고 있으며, 더욱이 1518년에 교수로 임하면서 행한 그의 연설문(청소년의 개선된 공부에 대하여)에서도 나타나고 있는데, 그는 형식적으로는 고전적인 수사학을 지향하면서, 내용적으로 특별히 소위 '자유 7과목'(7 liberal arts)의 배움에 있었다. 이러한 전통적인 인문주의적인 교육에 연결하면서도 그의 실제적인 교육목표는 프로테스탄트 교회가 지향하는 그리스도의 복음증거와 그리스도를 알게 하는 그것이었다.466)

이것은 두 가지 방향에서 해석될 수 있는데, 한편으로는 인문학의 연구가 그리스도의 활동을 이해하는 가운데서 그 목표를 가지는 것이며, 다른

---

465) [참고] 전게서, 60.
466) Lateinische Texte der Reden sind zu finden im Corpus Reformatorium XI, hg. von Carl G.Bretschneider, Halle / Brauschweig 1843, hier 15-25 ; Auszug in duetsche Uebersetzung in Melanchthon hg.v. Michael Beyer u.a.,Leipzig 1997,Bd.I,41-63.

한편으로는 그리스도를 향하는 길은 학문적인 연구를 통하여 근원(성경)에로 이끄는 것이었다. 현대적으로 말하면, 목사와 교사는 견고한 인학문적이며 신학적인 교육(양육)없이 그리스도의 사역에 임할 수 없다는 것이었다. 그의 두 번째 연설문 '학문적인 생활의 찬양'(die laude vitae scholasticae oratio : 1536)에서 우리는 멜랑히톤의 신학적인 동기에서 우러나온 교육의 정신을 확인할 수 있다. 그리고 여기서 그는 인문학의 배움이 최고의 삶의 단계임을 보여주었는데, 즉 삶을 도우는 학문의 보존과 확산은 가장 거룩한 일이며, 삶에서 가장 하나님을 기쁘시게 하는 행위라는 것을 증명해 준 것이다. 왜냐하면 인문학적으로 배우는 삶은 진리와 의의 연구와 확산에 봉사하는 것이기 때문이다. 즉, 이러한 일들은 인간의 현재를 가장 분명히 알게 하는 하나님의 특별한 선물로 보았기 때문이다. 역시 우리는 역사에서 멜랑히톤이야 말로 인문주의와 기독교를 연결하여 인간성교육을 중심에 두었던 종교개혁의 교육학학자였다. 그 때문에 그는 루터파의 정통주의자들에게서 혹독한 비판을 받았던 것으로 알려져 있다.467)

(2) 말틴 루터(Martin Luther : 1483~1546)

루터의 종교개혁의 사역 가운데 중요한 관심을 나타낸 것은 모든 그리스도인들이 기본적으로 교육을 받도록 하는 일이었다. 목사요, 신학교수로서 루터는 무엇보다 먼저 앎(Wissen)을 중히 여겼고, 모든 그리스도인들이 입문서를 통하여 접근하도록 해 주었다. 그것이 앞에서 설명한 루터의 대·소 요리문답서들이며, 새로운 노래들과 독일어 성경의 번역이었다. 이 모든 세 가지 수단들은 질적으로 탁월하게 만들어진 것들이었으며, 종교개혁시대의 교육역사 뿐 아니라, 후대의 세기 동안에도 계속적으로 오늘날까지 크게 작용하는 것들이 되었다. 그리고 루터는 이 모든 일을 뛰어넘어 멜랑히톤과 함께 학교들을 방문하고, 설립하는 일에도 주저하지 않았다. 특별히 그는 그 당시 귀족 그리스도인들과 모든 도시의 시의원들에

---

467) [참고] K. E. Nipkow, Christliche Paedagogik und Iterreligioeses Lernen Friedenserziehung Religionsunterricht und Ethikunterricht, Bd. 2, 2005, 20쪽.

게 학교설립과 자녀교육을 권고한 글들을 비롯하여, 기독교신앙의 가르침과 그 방법들은 교육적이며 신학적으로 오늘날까지 영향을 주는 것들이라 할 것이다.

루터의 모든 그리스도인들의 신앙교육에 대한 관점은 역시 그의 만인제사장의 입장에서도 확인된다(벧전 2 : 9). 루터는 "모든 그리스도인들은……진실로 영적인 신분을 가진 자들인데, 다만 세례와 복음과 믿음이 영적으로 그리스도인을 만들기 때문이며, 그러므로 우리는 모두 세례를 통하여 제사장들로 봉헌되었다"라고 언급하였다.468) 루터의 이러한 말에서 성직자들과 평신도들의 영적인 질은 구별되는 것이 아니라는 것이며, 세례를 받은 모든 그리스도인들은 복음의 섬김에 부름 받았으며, 세례에 힘입어 그들은 복음을 전파하는 일에 참여해야 하며, 올바른 가르침에 대하여 판단할 수 있어야 한다는 것이다. 루터는 그 때문에 배움이 필요하며, 그 배움은 자신의 믿음과 그 믿음의 근거를 올바르게 이해하는 일이며, 더욱이 "너희는 가서 모든 족속으로 제자를 삼아....세례를 주고, 내가 너희에게 분부한 모든 것을 가르쳐 지키게 하라"(마28 : 19)고 하신 주님이 말씀에 따라 복음을 다시 배우고 믿고 순종하도록 하기 위함이었다.

루터의 신앙교육의 두 번째 관점은 역시 하나님의 두 왕국론에 대한 이해이다. 루터는 하나님이 두 가지 방식으로 세상을 다스린다고 보았다. 영적으로는 말씀과 성례로 다스리시며, 세상적으로는 인간이성의 사용을 통해서였다. 양자의 경우에 하나님은 인간들을 세상통치의 사역에 사용하신다는 것이다. 이러한 일들에 쓰임 받는 사람들은 그들의 일을 적절하게 잘 이끌 수 있기 위해서, 교육을 필요로 한다. 영적인 통치의 역할에 책임자들로서 목사들은 성경의 철저한 지식이 필요한데, 그 성경이 기록된 언어(히브리어와 헬라어)의 지식이 필요하다고 보았다. 그리고 세상의 다스림을 잘 이끌기 위해서 역시 자유7과목의 지식과 역사와 수학에 대한 지식도 필요하다고 하였다.469)

---

468) [참고] Luther 1520, WA VI, 407.
469) R. Rachmann, u. a., 62쪽.

루터는 역시 자녀교육에 대한 문제를 부모의 책임으로도 강조하였는데 그의 설교에서(신 32 : 7, 시 78 : 5 - 8)가정의 자녀교육은 신의 명령으로 해석하였고, 만인제사장적인 이해에 따라 가정의 자녀에 대하여 부모는 하나님이 세우신 목자로서 그들의 영혼을 돌보아야 함을 강조했던 것이다.

(3) 훌드리히 쯔빙글리(H. Zwingli : 1484～1531)

츠빙글리는 라틴학교에서 공부하였고, 바젤에서 자유7과를 공부한 후 여러 지역에서 교사로, 목사로 일했다. 1519년부터 그는 취리히의 교구소속사제로 부임하였다. 이 직분의 사역에서 그는 1522년 새로운 종교개혁의 통찰을 얻게 되었다. 그는 도시들의 종교개혁을 조직화하고, 신학적으로 개혁을 전개하였다. 특히 독일의 루터와 성만찬논쟁에서 기념설을 견지한 것을 잘 알려진 일이다. 그는 1523년에 종교교육에 관한 글을 발표하였는데, "어린아이들이 어떻게 좋은 집에서 교육 될 수 있는가?"에 대한 것이었다. 물론 이 글은 많이 알려지지 않았다. 그리고 이 글에서 다룬 것은 신앙의 교육방법에 대한 물음보다는 영혼들이 신앙을 통하여 어떻게 올바르게 교육될 수 있는지에 대한 물음이었다. 1525년 그는 취리히의 시의회에서 학교의 직무를 책임지게 되었다. 그는 지역의 라틴학교들을 도왔고, 소위 프로페차이(Prophezey)라는 성경교육기관을 설립하였다. 그곳에서 상급학제와 시민생활에 적용되는 성경해석을 시도하고 가르쳤다. 이러한 대중교육은 1559년 칼빈이 제네바에서 설립한 아카데미와 함께 개혁교회의 대학들의 모범이 되었다.[470]

(4) 요한 칼빈(Johann Calvin : 1509～1564)

칼빈은 불란서 노용지방에서 출생하였다. 그는 법학을 공부하였고, 1533～34년경에 종교개혁의 추종자가 되었다. 그는 제네바에서 1536～1538년과 1541～1564년에 걸쳐 종교개혁을 주도했던 인물이다. 그리고 1538～1541년까지는 그 당시 독일 땅이었던 스트라스부르그에서 부처(M. Bucer)의 도움으로

---

470) 전게서, 65쪽.

종교개혁사역에 동참하였다.

칼빈은 학교와 교육 또는 학습에 관한 글을 쓴 일은 없다. 그러나 그는 교회안에서의 교육과 교회를 통한 교회의 본질적인 과제가 무엇인지를 잘 알고 있었다. 특히 루터의 방식에 의존되었던 요리문답서를 통한 교육(1537~1542)은 그렇게 성공적인 것은 아니었지만, 그의 교회법과 신학의 교육적인 성격을 통하여, 그가 의도했던 것이 교육이었음이 분명해 지며, 후에 그의 사상을 추종했던 개혁교회들에 많은 영향을 끼쳤다고 할 수 있다.471)

칼빈의 교회법(Ordonannces ecclesiastiques : 1541, 수정판 1561)은 4가지 교회의 직분론을 확고하게 다루고 있다. 이 직분의 두 가지는 교육의 과제를 전제하고 있으며, 특히 칼빈이 말하는 교사(박사)는 학교의 유지를 위한 직분이면서 신학교육을 포함한 교사를 말하고 있는 것이다. 그리고 목사 역시 교회의 교육적인 책임을 지게 되는데, 그는 교회교육의 가장 중요한 부분인 요리문답교육을 책임져야 하며, 어린이(유아세례자의 입교준비)와 성인(세례)들을 위하여 신앙을 가르치고, 그들의 성찬참여의 허락을 책임져야 했었다.

역시 칼빈은 종교의 교육자라고 할 수 있다. 칼빈의 교육과 종교교육의 의도는 바로 그의 신학적인 작품 가운데 드러나고 있다. 그의 신학의 주된 작품인 '기독교종교의 가르침'(Institutio christianae religionis)은 그 대표적인 것이라 할 수 있다. 그 책은 초신 자보다는 수세자들의 교육의 비중을 더 분명하게 했던 것 같다. 이 책은 지금 우리말에서 '기독교강요'로 번역되어 칼빈의 실제적인 교육적 의도와 성격이 분명하게 반영되지 못하고 있는 것은 매우 유감스러운 일이다. 그리고 칼빈은 그의 대부분의 글들에서 하나님과 인간의 관계를 비유적으로 표현하였는데, 하나님의 인간에 대한 관계는 학생과 교사의 관계로 표현하였고 하나님 앞에서의 인간존재를 하나님의 학교로, 그리고 그리스도인의 삶을 생애동안의 배움의 과정으로 표현하였다.472)

---

471) 전게서, 65쪽, Reinhold Hedtke: Erziehung durch Kirche bei Calvin, Heidelberg 1968, 155.

칼빈의 교육은 역시 하나님의 교육론이었다(Paedagogia dei). 즉, 하나님이 인류구원을 위한 교육을 교회를 통하여 시작하였으며, 구약시대에 하나님의 택한 백성인 이스라엘을 옛 언약과 율법과 선지자를 통하여 시행하다가, 이제는 새 언약의 주인이신 예수 그리스도와 신약성경을 통하여 새롭게 시작했다고 보았다. 그리고 역시 칼빈의 하나님의 교육론의 핵심은 역시 '조절'(accomodatio)이란 개념에 있었다. 이것은 하나님의 택한 백성들의 구원은 하나님께서 인간을 구원으로 유도하기 위하여 그들의 이해력에 상응하게 행동하시는 은혜로운 하나님의 작용을 전제한 것이다. 그것이 '하나님의 조절'(accomodatio dei)이다. 이것은 동시에 교회에 속한 자들에게 교회의 교육적 행위를 위하여 모범과 책임을 부여한 강조점이라고 할 것이다.473)

칼빈은 일반교육적으로나, 또는 교수학적인 방법에 대해서는 관심을 갖지 않았다. 그런 점에서 그는 교육적인 사상가는 아니었다. 그 때문에 그를 교육적인 새 창조자로는 더욱 말하기 힘들다. 그럼에도 불구하고 그는 위대한 교육자에 속한자이다. 그리고 그의 업적은 종교개혁을 교육적인 프로젝트로, 그리고 교육적으로 영향을 주는 하나님의 도구로 이해한 바로 그것이었다. 또한 그는 그러한 사실을 그의 대부분의 글에서 표현했던 바로 그 일이라고 할 것이다.474) 그리고 칼빈은 인문주의 교육을 중요하게 여겼고, 제네바에 아카데미를 설립하고, 인문교육과 목회자 양성을 위한 신학교육을 실천하게 되었다. 칼빈에게서 이해되는 교회교육을 통한 하나님의 교육은 기독교적이며 인문주의적인 교육을 병행한 관계에서 시도된 교육이었다고 본다.

(5) 요한 스트룸(Johann Strum : 1507~1589)

요한 스트룸은 독일 아이펠(Eifel)에서 출생하였다. 뤼티히(Luettich)와 뢰

---

472) [참고] Bernhard Buschbeck, Johannes Calvin, in : Klassiker der Religions paedagogik, hg. v. H. Schroeer, u. D. Zillerssen, Diesterweg 1989, 37쪽.
473) [참고] 전게서, 65쪽.
474) [참고] 전게서, 66쪽.

벤(Loeben)에서 인문주의의 교육을 받았다. 먼저 파리(Paris)에서 변증학과 수사학의 교수로 활동했으며, 1536년부터 스트라스부르그에서 역시 교수로 활동하게 되는데, 그것은 그곳의 종교개혁자 마틴 부쳐(M. Bucer)의 초청이 있었기 때문이다. 1538년에 그는 스트라스부르그 시 의회에 중등교육을 위한 새로운 교육법을 제출하였다. 그는 세 곳의 라틴학교로 구성된 김나지움의 총장이 되었다. 그리고 1539~1582년에 이 직에 있으면서 섬세한 학교프로그램을 발전시켰다. 학교에서 요구되는 교재를 집필하였으며, 그의 학교에 대한 이상론은 다른 곳(1565년 호른바흐와 라우링겐)에 알려져 영향을 미치기도 하였다. 특별히 칼빈이 부쳐와 함께 스트라스부르그에 체류하는 동안 스트룸에게서 학교에 관한 영향을 받았으며, 후에 제네바에 아카데미를 설립한 것은 역시 스트룸의 인문학의 영향으로 평가되고 있다. 역시 풀렌 지역에서도 스트룸의 학교론이 수용되었다. 1566년 그의 김나지움은 아카데미로 평가되었고, 후에 1621년에 스트라스부르그 대학으로 발전하였다. 1560년 이후로 그는 스트라스부르그의 루터파교회의 지도자들과의 사이에 성만찬 논쟁, 특히 루터의 공재설을 거절한 일에 휘말리게 된다(J. Marbach). 그의 인문주의적인 기본입장과 신학이 루터주의자들에게서 의심받게 되었고, 1582년 김나지움의 총장의 자리에서 물러나게 된다.475)

그러나 스트룸의 의미는 그가 독일 남부지역과 스위스 지역에서 새로운 프로테스탄티즘의 교육에 대한 호감을 강하게 불러일으키는 역할을 하게 되었던 바로 거기에 있다. 즉, 그의 학교조직과 교수학에 대한 관점들은 말씀의 가장 참된 의미의 학교를 만드는 일에 크게 기여하게 되었다.

---

475) [참고] 전게서, 67쪽.

(6) 볼프강 라트케(W. Ratke : 1571~1635)

라트케는 홀슈타인주의 빌스터(Wilster)에서 출생하였다. 함부르크의 라틴학교에서 공부하였고, 로스톡에 있는 프로테스탄트 대학에서 신학과 동양학과 수학을 공부하였다. 사적인 교사로서 런던과 암스테르담에서 활동하였고, 40세 때 다시 독일로 돌아와 여러 성주들에게서 그의 학교개혁의 생각들을 실현하도록 허락을 받는다. 그러나 지역에 따라 그의 교육개혁은 저항을 받기도 하였다. 1642년 그의 영향은 고태르(Gothaer)의 '학교방법론'(Schulmethodus)에서 가장 분명하고, 가장 잘 알려지게 되었다. 그럼에도 불구하고 그는 자신의 해석방식인 '교수법'(didactica)이 문서화되고, 그러한 교수법에 영향을 끼친 분으로 더 잘 알려졌다. 그의 대표적인 작품은 1612년에 발표된 프랑크푸르트의 기념물(Memorial)이며, 인쇄되지 않은 글 '도판'(Tafelwerk)이 있다.

라트케는 기독교교육적으로 루터가 남긴 교육적인 유산에 집착하였고, 요리문답교육과 기도와 예배를 통하여 신앙을 배우고 경험하게 하는 방식을 발전시켰다. 물론 루터가 번역한 성경에 의한 성경공부를 매우 강조하였다. 그는 독일의 인문대학으로 알려진 헤어보른의 대학에서 가르쳤고, 그 당시 코메니우스가 그에게서 교수학에 대한 교육을 받았으며, 코메니우스는 그의 교수학(Didaktik)의 개념을 발전시켜, 후에 그의 유명한 '대교수학'(Didactica magna)이란 책을 만들게 되었다.

6. 근세시대의 신앙교육

1) 역사와 사회적 상황

이 시대는 종교개혁의 영향으로 사회구조적으로 큰 변화를 겪게 되는 시기였다. 중세기의 봉건주의 사회는 후퇴되면서 새롭게 인간중심주의 사회가 탄생하게 된다. 종교개혁은 기독교 역사의 중심이 로마로 옮겨진 이래, 약 천 여년이상을 로마 가톨릭교회가 지배해 온 교권통치시대를 종식하고 새로운 시대 환경의 변화를 열어주었다. 그러나 아직도 가톨릭교회를 지지하는 제후들과 프로테스탄트교회를 지지하는 제후들 사이에 갈등은 여전하였고, 그 갈등의 폭발로 시작된 것이 30년 동안 지속되었던 구라파의 종교전쟁이었다. 1648년 붸스트팔리아에서 평화조약을 맺음으로 그 전쟁은 막을 내리게 되었으며, 종교의 갈등은 해결되었다.

이러한 대변혁은 근본적으로 새로운 시대를 맞이하는 준비과정으로서 먼저 로마 가톨릭교회의 절대적인 종교적 통치의 붕괴와 전통적인 봉건주의 사회제도를 붕괴시키고 새로운 질서를 요구하는 결과를 초래하게 된다. 이러한 새 질서의 요구는 역시 그 당시 새로운 과학의 발전과 더불어 18세기에 산업혁명으로 귀결되는 합리주의 사상, 즉 인간 이성의 힘이었다고 할 것이다. 이러한 인간의 이성중심의 사고와 사상형성에 영향을 미친 철학자는 역시 레네 데카르트(R. descartes, 1596~1650)였다. 그는 좁은 의미에서 후에 계몽주의를 주도하는 현대철학의 아버지였다. 후에 데카르트 추종자들(Cartesianer)에 의한 철학은 엄격한 합리주의였으며, 수학의 모델을 지향하는 하나의 인식이론이었다. 이것은 근본적으로 경험과는 독립적인, 순수하게 생각을 통하여 획득한 통찰이었다. 그것은 영국에서 강하게 영향을 받은 경험주의(Empirismus : 경험에 의존하는 인식론)와 감관주의(Sensulaismus : 감관적인 인지의 인식에 의존된 이론)에 모순이 되는 것이었다. 영국의 경험주의 철학자 존 로크(J. Locke, 1632~1704)는 데카르트 추종자들의 합리주의 철학에 대항하여 투쟁하였다.476) 이 시기의 새로운 통찰들로 작용하게 된 것은 역시 자연과학의 발전이다. 특히 코페르니쿠스와 케플러와 갈릴레이가 제시한 새 시대의 천문학의 통찰들은 전통적인 세계관을 바꾸는 일에 기여하게 된다.

근세시대를 지배한 사상은 중세기의 신비주의와 교회의 가르침에 항거하여 일어난 계몽주의로서 그 전성기를 이루게 된다. 그 동안 교회의 신적인 권한의 주도하에 있던 모든 것은 세속의 세력이 주도하는 상황으로 전환하게 된다. 그리고 인간교육의 주도권도 교회의 주도에서 종교개혁이

---

476) [참고] Herwig Blankertz, Die Geschichte der Paedagogik, Wetzlar 1982, 25-26쪽.

보여준 정종분리의 원칙(루터의 두 왕국론)과 함께 세상의 정치영역에 맡기는 결과를 초래하게 되었다. 기독교교육은 주로 교회의 영역에서 이루어졌지만, 학교교육의 영역에서는 교회와 관계없이 독자적으로 발전하는 종교교육의 시대를 맞이하게 된다. 그리고 결국 근세시대 이후로 교회가 주도하던 인간교육은 일반교육과 종교교육으로 분리하는 시대가 되었다.

역시 18세기에 신학과 종교의 구분은 계몽주의 신학의 거대한 업적 중의 하나로 평가된다. 왜냐하면 계몽주의 신학은 루터에 의하여 구별하는 사고가 한 단계 진보된 모습으로 이해하며, 또한 하나의 새로운 단계로의 발전으로 이해하기 때문이다.[477] 그리고 인간에 관련된 종교로서 신앙의 관찰은 계속해서 역사비평적인 성경해석법에 의존하여 이해하는 방향으로 질주하였던 것이다. 이러한 신학적 사고에 기여한 인물들로는 18세기의 루소와 잘쯔만의 동시대사람들로서 헤르만 사무엘 라이마루스(H. S. Reimarus, 1694~1768)와 요한 살로모 세믈러(J. S. Semler, 1723~1791)가 있었다. 라이마루스는 예수의 생애연구를 시작하였고, 세믈러는 '정경에 관한 자유로운 연구'라는 논문에서 성경의 문서를 정통주의적인 영감론에 대항하여 비평적으로 구분하는 평가를 내리게 되었는데, 이들의 작업은 벌써 자유주의 신학을 태동시키는 결과를 초래하게 되었던 것이다.

그리고 17~18세기는 근세시대로서 사상적 혼란이 가장 극심했던 시대로 이해된다. 이 시기에 사상적으로 3가지 조류가 교차하게 되는데, 그것들은 정통주의(Orthodox), 경건주의(Pietimus), 계몽주의(Aufklärung)로 불리는 사상적인 흐름들이다. 이러한 세 가지 사상적인 조류는 우리가 생각하려는 근세기의 기독교신앙교육의 역사를 이해하는 열쇠라고 할 것이다. 특별히 18세기 후반에 루소를 통한 계몽주의적인 영향은 19세기의 인간교육의 새로운 방향설정에 기여하게 된다.

---

477) [참고] Meyer-Blanck, 전게서, 43쪽.

2) 정통주의, 경건주의, 계몽주의와 신앙교육

정통주의, 경건주의, 계몽주의의 사상조류는 17~19세기를 지배하면서 상호 영향을 미치게 되었다. 그러나 시기적으로 구분해 보면 프로테스탄트 교회의 정통주의가 먼저 탄생되었다고 할 수 있다. 정통주의는 교회가 결정한 신앙의 교리를 절대화하고, 초자연적인 신적 경험에 대해서는 별다른 관심을 보이지 않았다. 물론 정통주의는 역시 뵈스트팔리아 평화조약(1648)에서 이미 종교의 자유를 보장받은 루터파와 칼빈파에서 시작된다. 루터파는 루터의 대·소요리문답서와 아욱스부르그 신조를 교리의 바탕으로 삼는데 비하여 칼빈파는 1619년에 도르트레히트 총회에서 결정된 구원의 5대 교리와 하이델베르거 요리문답서를 신앙교리의 근거로 삼게 되었다. 그리고 루터파와 칼빈파 교회사이에 교리적 논쟁이 지속되면서 교회의 정통주의는 발전하게 되었다. 그리고 종교개혁당시에 벌써 함께 시작되었던 인문주의(에라스무스)는 기독교 종교가 제시하는 모든 진리를 이성적 사고에 근거하여 합리적으로 그 진위를 판단하고 있었으며, 17세기에 이르러 데카르트가 제시한 이성중심의 인식론은 인문주의자들의 가치판단의 절대기준이 되었다고할 것이다. 데카르트적인 사고의 추종자들은 모든 진리를 이성의 관점에서 추구하는 학문적 방법론을 발전시켰던 것이다. 특히 베이컨에 의한 자연과학의 방법론은 그 대표적인 것이라 할 수 있다.

이와 같이 정통주의와 계몽주의가 교리와 이성을 절대화하고, 종교의 초자연적인 경험(체험)을 경시할 때, 경건주의는 그 종교적 경험(성령의 체험)을 중시하여 기독교신앙의 생동력을 회복하려는 새로운 교회갱신운동으로 발전하게 된다. 이러한 경건운동은 벌써 1660년경 화란지역에서 라바디(Labadie)와 코메니우스(Comenius)에게서 이미 싹트고 있었으며 영국에서 일어난 청교도운동(Puritian)과도 맥락을 같이 하고 있었다고 할 수 있다. 물론 교회역사는 경건주의운동(Pietismus)이 1690~1730년 사이에 독일의 루터파 교회에서 일어난 것으로, 그 대표적인 인물로 스페너와 프랑케, 그리고 18

세기로 오면서 친젠도르프로(G. v. Ziendorf) 연결된 운동으로 이해한다.

　그러면 이 시대에 신앙교육은 어떻게 이루어졌는가?
　교회의 신앙교육은 역시 종교개혁의 전통적인 가르침에 의존하여 특별히 '요리문답교육'(Katechismus)이 그 중심을 이루게 된다. 루터파 교회에서는 루터의 대소요리문답서는 지배적으로 사용되었고, 칼빈파 교회에서는 하이델베르거 요리문답서를 신앙교육서로 사용하였다. 물론 경건주의 운동이 강조한 성경본문을 직접 읽고 공부하는 운동이 전개되고 있었지만, 오늘날과 같이 인쇄된 성경을 모든 아이들과 평신도들이 소유할 만큼 그렇게 보편화 되지 않았기 때문에 교육상황에서는 요리문답서를 중심으로 발췌된 성경, 또는 시편을 암송하고, 찬송을 부르는 일들이 교회교육의 내용들이었다고 할 수 있다. 그리고 이미 종교개혁이래로 각 지역의 초등학교와 중등학교의 교육과정에 종교교육이 도입되었고, 교회에서 가르치는 요리문답서와 발췌성경과 찬송가와 시편을 중심하여 편집된 책들이 교육내용으로 다루어졌다. 교육방법은 역시 암기하는 방법이 지배적이었다. 대체로 1759년 파울 트리어(P. Trier)는 그의 글 "요구된 믿음"(Pium Desiderium)에서 교회와 학교에서 가르치는 요리문답교육을 강력히 비판하게 되는데 그의 글이 나타나기까지 이러한 신앙교육의 형태는 지배적이었다고 할 수 있다.478) 역시 루터파 정통주의 교회에서의 요리문답교육은 순수한 신앙교리를 가르쳐 교리를 보존하려는 경향에 머물러 있었다. 그 때문에 어린 아이들에게 그들의 이해정도를 고려하지 않은 채, 무조건 암기하게 하는 요리문답교육의 무리함이 비판될 수밖에 없었던 것이다. 그리고 요리문답교육 외에 성경역사에 대한 공부가 중요하게 제기되었는데, 그것은 1656년에 게제니우스(Gesenius)가 '신·구약 성경역사'라는 주제의 책을 학교에서의 종교교육에 교재로 사용하도록 제시하면서 학교의 종교교육은 새로운 발전을 초래하게 되었다.479) 이것은 성경에 대한 교육적 관심을 불러

---

478) [참고] 전게서, 93쪽.
479) [참고] 전게서, 96쪽.

일으키는 계기를 마련해 준 것으로 평가된다. 그리고 요한 휘브너(J. Huebner)는 1714년에 이르러 아이들이 성경을 공부할 수 있는 교수방법을 새롭게 제안하게 되는데, 이것은 경건주의 운동이 새롭게 진행되던 시대에 스페너의 성경공부방식의 영향을 받아 만들어진 것으로 이해된다.480) 이 책은 19세기에 이르기까지 교회와 학교에서 사용된 새로운 성경공부교재였다. 그리고 교수방법적으로도 새롭게 적용되어 그 당시에 가장 유명했던 책으로 알려져 있다. 그리고 이러한 성경공부교재는 정통주의와 경건주의 그리고 계몽주의적인 요구를 모두 충족시킬 수 있었던 것으로 평가되기도 한다.481)

경건주의가 지향했던 신앙교육은 루터의 정통주의적인 가르침(교리화경향)에 대항하여 신앙적인 삶과 마음의 경건과 신앙의 교회적인 실천을 중요하게 생각하였다. 그것이 경건주의 신앙교육의 주도적이며, 지속적인 관심이었다. 그리고 경건주의는 계몽주의와는 달리 원천적으로 요리문답교육을 가톨릭의 모습과는 구별되게 프로테스탄트의 개혁운동이 지속되기를 원했으며, 성령의 역사로 인한 회심과 성화를 경험하는 변화된 그리스도인의 양육을 지향하였다. 그 때문에 경건주의는 더 강하게 평신도 운동으로 이해되었고, 신앙교육적인 영역에서도 평신도의 신앙실천행위와 신앙의 일깨움에 더 비중을 두었던 것이다.482)

경건주의의 신앙교육은 기본적으로 스페너(P. Jakob Spener, 1635~1705)의 생각들이 전제되어 있었다. 물론 경건주의 정신을 가장 교육적으로 체계화한 경건주의 교육학자로 아우구스트 헤르만 프랑케(A. H. Franke, 663~1727)를 말하지 않을 수 없다. 하지만 경건주의 창시자로서 스페너의 영향은 지대하다고 할 수 있다. 그리고 그의 신앙교육의 영역은 역시 교회교

---

480) [참고] 전게서, Huebner가 제안한 교수방법론은 "Zweymahl u.funffzig Auser - lesene(n) Biblische Historien Aus dem Alten und Neuen Testamente, Der Jugend zum Besten abgefasset" Zitiert wird nach dem von Rainer Lachmann und Christine Reents 1986 im Olms Verlag(Hildesheim/Zuerich/New York) hg.Nachdruck der Ausgabe Leipzig 1731.
481) 참고, 전게서.
482) 참고, 전게서.

육에 있어서 중요하게 다루어진 요리문답교육에 있었다. 그의 주된 관심은 유아세례자들이 청소년기에 이를 때, 약 2년간 행하는 교회의 입교준비교육(요리문답서학습)을 새롭게 하려는 것이었다. 1675년에 발표한 스페너의 글 '피아 데지데리아'(Pia desideria)는 교회개혁에 관한 프로그램을 발표한 것이다. 물론 교육적인 관점은 분명히 드러나 있지 않지만, 그가 1677년에 발표한 '기독교가르침에 대한 간단한 해명'이란 글은 목사들이 입교준비교육과 가정에서의 기도생활에 도움을 주려는 목회지침서로 제시하게 되는 데, 이글에서 우리는 그의 교회교육의 깊은 관심을 읽어볼 수 있다. 그리고 그 글에서 모든 신앙의 가르침과 규범들에 대하여 어떻게 목회자들이 학습자들의 신앙을 확인해야하며, 지도해야 할 것인지를 약 1283개의 질문과 대답으로 엮어진 새로운 요리문답서를 제시하였던 것에서 확인된다.[483]

이러한 스페너의 책은 정통주의적인 교수법의 궤도에 따라 신앙의 교리의 총체를 표현한 것으로 이해된다. 그러나 스페너의 요리문답해설서의 형식은 단순한 교리의 해명이 아니라, 성경과 연결시켜 성경본문의 이해와 함께 성경의 배움에로 유도하려는 의도를 반영하고 있다는 점이다. 앞에서 잠시 언급한 휘브너의 성경공부방식은 역사적인 요리문답교육에서 점점 해방되어, 성경을 연결한 신앙교육의 증요성을 강조한 스페너의 경건주의에 힘입어 제시하게 되었던 것으로 판단한다.

경건주의(Pietismus)운동과 함께 근세시대 교회의 신앙교육과 학교에서의 종교교육에 가장 큰 영향을 끼친 교육적인 인물은 역시 프랑케(A. H. Franke)이다. 그리고 그의 교육적인 사역들은 할레(Halle)에 있는 프랑케의 교육재단에서 오늘날 쉽게 확인할 수 있으며, 또한 1689년 그 시대에 학교들과 보육원들과 경제시설들을 포함했던 프랑케가 설립한 고아원에서 밝혀지고 있다. 특별히 프랑케의 교육적인 영향은 1702년에 발표한 글 "아이들이 참된 구원과 기독교적인 총명에로 인도될 수 있는 간략하고 쉬운 학습"에서 발견할 수 있으며, 그것으로 큰 공감과 중요성이 널리 확대

---

483) 참고, 전게서, 101쪽 이하.

되었다.484)

  프랑케는 계속해서 스페너가 다루지 못했던 교육의 문제를 더 많이 다루게 되는데, 경건주의 전체의 교육에 대한 주된 문서들이 그에게서 나아오게 된다. 그는 아이들의 교육에 있어서 아이들의 성장발달과 아이의 시각을 중히 여겼다. 요리문답교육에 있어서도 아이는 그 내용을 이해하게 해야 한다는 것을 강조한다. 아이들은 그들이 배우는 것을 이해해야 한다는 입장을 코메니우스보다도 더 강조했다고 볼 수 있다.485) 이러한 강조에서 우리는 프랑케가 아이들에게 적합한 종교교육을 제시한 것으로 이해된다. 역시 신학적으로 프랑케는 아이의 교육에서 '유전죄'(Erbsuende)를 전제하였다. 그리고 그에게서는 죄를 회개하는 것이 교육의 목표였다. 이것은 경건주의가 지향했던 궁극적인 목표와도 일치하는 것이었다.

  결과적으로 프랑케의 교육론은 경건주의에 내재된 비관적인 인간론과 세계관에도 불구하고 경건주의적인 정신에서 설득력 있는 교육과 수업구상을 만들 수 있었다는 것이며, 편협한 경건적인 협소함을 전 인류를 위한 우주적이며, 교회연합의 기대에 부응하는 폭넓은 기독교가 되도록 힘썼던 것은 모순적 이면서도 분명한 사실이라고 할 수 있다.486)

  경건주의적인 신앙교육에 새로운 영향을 미쳤던 또 하나의 인물은 역시 '니콜라우스 루드비히 백작 친젠도르프'(Nikolaus Ludwig Graf von Zinzendorf, 1700~1760)이다. 그는 경건주의 제 3세대로 불리는 인물로 헤른후터(Herrnhuter)라는 형제들의 신앙공동체를 설립하였다. 그는 공동체의 아이들을 위해서 체계적인 종교수업이 필요하다고 보지 않았다. 그는 개체로서의 아이와 감정을 우선하였고, 아이 스스로에게서 주도적으로 이루어지는 자유를 강조하였다. 역시 그는 프랑케의 제자였음에도 불구하고, 정통주의와 스페너와, 프랑케보다도 다르게 급진적인 생각을 대표하였다.

  그리고 그는 마음에 경험되지 않는 것은 머리에 기억될 수 없다고 보

---

484) 참고, 전게서, 102쪽.
485) [참고] F. Schweitzer, Die Religion des Kindes, 108쪽.
486) 참고, 전게서, 103쪽.

았다. 즉, '마음으로 경험하는 신앙의 가르침'을 원했던 것이다. 마음의 경험이후에 종교적인 앎의 지적인 것이 부분적으로 따르게 되기를 원했다.487) 그리고 그 마음의 경험의 근거는 바로 구세주 예수 그리스도에 관한 것이었다. 여기서 신앙교육은 친젠도르프에 의하면 그리스도가 구주되심에 대한 성령의 체험이며, 그리스도에 대한 신앙고백이 그 중심을 이루게 된다. 성령의 체험에 의한 개인적인 회심과 성화를 지향하는 방향의 교육이 바로 그의 것이었다. 그리고 프랑케에게서처럼 친젠도르프에게서도 교육의 목표는 회심에 있었다. 물론 그는 후에 아이들의 회개에 대하여 거리를 두기는 했지만, 그것을 완전히 포기한 것은 아니었다.488)

마지막으로 거론해야 할 것이 역시 계몽주의의 신앙교육에 대한 영향이다. 계몽주의는 전통적인 교회의 가르침인 요리문답교육의 내용에 질문을 제기하였고, 아이들에게 적합한 교수방법과 교육내용의 적용을 요구하였다. 그리고 지금까지 신앙교육에서 싹튼 아이에 대한 관심이 로크와 루소의 추종 가운데서 계몽주의적인 종교교육의 학문적인 위치와 요구에 이르게 되었다. 여기서 교회의 신앙교육에는 신학과 함께 교육학이 동반되도록 하였다. 그리고 학교교육의 책임이 국가에 부가되면서 학교에서의 종교학습은 교육학의 학문적 도움으로 진행되도록 유도하는 일에 계몽주의적 영향이 작용한 것으로 본다.489)

3) 박애주의와 계몽주의 신앙교육

1762년은 일반적이며, 교육적으로 교회의 '요리문답교육방식'에 하나의 변화를 불러일으킨 해로 이해된다. 그 당시에 장작크 루소(Jean-Jacques Rousseau)의 '에밀' 또는 '교육에 대하여'라는 하나의 교육소설이 출판되었고, 이 소설이 20세기의 교육개혁과 비교할 수 있는 교육운동을 불러일으키게 되었다. 그 교육학은 더 이상 교육의 내용에서 일어난 변화가 아니

---

487) 참고, 전게서, 108쪽.
488) [참고] F. Schweitzer, 전게서, 115쪽.
489) 참고, 전게서, 110쪽.

라, 신체적이며 정신적인 아이의 성장발전에서 출발되는 변화이었다. 그리고 바로 루소의 생각을 지지하고 수용하는 전제에서 일어난 운동이 ‘박애주의’(Philanthropinismus)의 교육운동이다. ‘박애주의’란 1774~1793년 이후에 독일 데사우(Dessau)에서 사람들을 사랑하는 단체의 학교들을 불렀던 이름이다. 박애주의의 창시자들은 요한 바세도브(J. B. Basedow, 1724~1790)와 크리스챤 곧힐프 잘쯔만(Ch. G. Salzmann, 1744~1811)이었다. 그들은 종교교육에서처럼, 교육학에서도 현저한 교육대상에 대한 의미를 제공한 분 들이었다. 그리고 후에 ‘개인화’(Individualisierung)라고 불리게 되는 개념이 18세기 초반에 거기서 파생하여 시작된 것으로 이해된다. 여기서 아이는 배움의 주체로 여겨진 것이다. 먼저 알고, 다음에 이해하는 순서가 이제 다시 이해하면서 알게 하는 방향으로 전환하게 된다. 먼저 교사는 아이가 이해하도록 노력해야 하며, 교육내용을 아이들에게 집어넣어주는 것이 아니라, 아이들이 스스로 끌어내어 이해하고 발전하게 되도록 하는 것이었다. 이러한 방법론은 요한 로렌즈 모스하임(Johann Lorenz von Mosheim, 1693~1755)에게서 제시된 것으로, 소크라테스의 방법에 의존하여, 소위 ‘소크라테스의 문답법’(Sokratik)이라고 부르게 되었다.[490]

신앙의 교리문답법(Katechese)은 전통적으로는 가정의 아버지가 요리문답서를 질문하고, 성찬에 참여를 허용하기 전에 공적으로 목사를 통하여 신앙테스트를 받았는데, 그러나 이제는 박애주의자들이 아이의 자연적인 종교이해에 따라 신앙의 교리적인 체계를 제시할 수 있는 새로운 요리문답서를 요구하였으며, 교리교육방법은 더 이상 신앙을 시험하는 일이 아니라, 자연적 상태로서 아이의 종교가 되도록 하기 위한 방법론이 환영되었던 것이다.

---

490) [참고] Michael Meyer-Blanck, Kleine Geschichte der ev.Religionsgeschichte, Guetersloh, 2003, 38쪽 이하.

4) 신앙교육에 기여한 인물들

⑴ 요한 아모스 코메니우스(1509~1670)

코메니우스는 모라비아 지방의 니브니체(Nivnice)에서 출생하였다. 7세에 부모를 잃었고, 16세에 형제연합교회의 라틴학교에서 공부하고, 독일 개혁교회가 운영하던 헤어보른과 개혁신학을 가르쳤던 하이델베르그 대학에서 철학과 신학을 공부하였다. 1614년 고향으로 돌아와 그가 공부하였던 프레로브의 학교에서 라틴어교사로, 플넥에서 학교의 교사와 목사로 일하게 되었다. 1618년부터 코메니우스는 시작된 30년 종교전쟁의 와중에 빠지게 되었다. 그는 가족을 잃어버리고, 그의 고향을 떠나 망명생활을 하게 된다. 그는 폴렌에서 살았고, 영국과 스웨덴, 항가리 등으로 여행했으며, 1648년에 형제연합교회의 감독이 되었다. 그럼에도 불구하고 거기서 스웨덴과 폴랜드 사이의 전쟁으로 그의 아직 발표하지 않았던 귀중한 원고와 작품들을 손실 당했으며, 다시 도망하는 신세가 되었다. 항가리의 사로스파탁에서 영주의 도움으로 교사로서 또한 학교경영의 책임을 맡고 그 곳에 머물렀으나, 다시 1565년 암스테르담으로 망명하여 그곳에서 죽을 때까지 살았다.

생각하면 코메니우스는 그의 생전에 구라파에서 크게 주목을 받았던 인물이다. 1631년에 발표한 '보헤미아의 교수학'은 후에 대교수학(didactica magna)으로 수정·출판되지만 그 당시나, 지금도 교사들에게 교육정신과 교수방법에 도전을 주는 유명한 책이었다. 그리고 1633년에 출판된 '어머니학교의 소식'(Informatorium Maternum)은 부모들이 자녀들을 공교육에 보내기까지 어떻게 가정에서 교육해야 할 것인지를 알려주는 자녀교육지침서이다. 또한 구라파에서 가장 많이 읽혀진 책으로 '그림으로 배우는 세상'(Orbis sensualium pictus)은 1658년에 출판되어 20세기 초엽까지 독일초등학교의 공식교재로 사용되었던 유명한 책이다. 코메니우스의 글들의 조직적인 체계와 내용은 많은 사람들을 매료시키는 특징을 가지고 있다. 특히 모국어 배움의 중요성과 강요하지 않은 배움, 자연적인 학습의 원리 등은 그의 작품들 곳곳에 반영되어 있기도 하다. 그러한 배움은 대교수학에서 집중적으로 다루어지고 있으며, 또한 인간의 생애를 7단계의 학교로 구분하여 전 인류를 교육하려는 평생교육과 전인교육론은 그의 범교육학(Pampaedia)이란 책에서 확인된다. 특별히 범지혜(Pansophia)를 배우게 하려는 그의 범교육론은 오늘 우리에게 새로운 관심을 갖게 하는 실천신학이며, 교육목회의 실천을 위한 구체적인 평생교육과 전인교육의 교육과정론(Curriculum)으로 이해된다.

코메니우스의 교육(eruditio)론은 근본적으로 성경과 신학에 근거하고 있기 때문에 기독교교육적인 통찰에 큰 의미를 제공해 준다고 할 것이다. 그리고 그의 주된 미완성 작품은 '인간사의 관계개선에 대한 보편적인 제언'(De rerum humanrum emendatione catholica consultatio)으로 그 원고가 1935년에 발견되었고, 1966년에 이르러서 책으로 엮어 발표된다. 7권으로 구성된 이 작품은 30년 종교전쟁으로 붕궤된 구라파 사회를 새롭게 재건하기 위한 그의 세계의 개혁안이었다. 그리고 이 책의 발견으로 그는 20세기에 이르러 새롭게 주목받는 인물이 되었으며, 현대교육학의 아버지로, 그리고 교육신학자요, 실천신학자로 새롭게 평가되었다. 그리고 그는 암스테르담에서 거주했던 기간에 화란에서 일어난 경건주의 운동 태동의 역사에 관여된 인물로 평가되기도 한다.

코메니우스가 보여준 그의 교육신학적인 관점들은 여전히 연구의 대상이 되고 있지만, 그 가운데서도 가장 중요한 것들은 다음과 같다.

첫째, 코메니우스의 범교육학(Pampaedia)에서 교육이론의 배열 원리로서 인간의 삶의 과정에 대한 이해가 중요하게 드러난다. 이것은 20세기에 인간의 삶의 전 과정에 대한 심리발달적인 연구가 보여주는 것처럼, 코메니우스는 발전심리학을 지향한 현대 교육학의 탁월한 전주자로 이해된다는 점이다.491) 그리고 범교육학은 인간의 평생교육의 가능성과 그 가능한 교육과정의 모델을 보여주는 것은 오늘날 현대교육학이 본받아야 할 것이라고 생각한다. 둘째로 코메니우스는 가르침과 배움의 기술을 새롭게 제시

---

491) [참고] Friedrich Schweitzer, Die Religion des Kindes, Guetersloh, 1992, 78쪽.

하고 있는 점이다. 이러한 관점들은 그의 대교수학이란 책이 상세히 보여주고 있다. 그의 대교수학에서 제시한 교수/학습의 원리는 자연적인 식물과 동물의 성장방식에 의존하여 설명하고 있는 점이다.[492] 셋째, 코메니우스는 유아기에 있는 아이들의 종교적인 교육의 가능성을 제시해 주었다.

이러한 관점은 특히 그의 어머니학교의 소식(Informatorium der Mutterschul)이란 책에 상세히 제시하였다.[493] 넷째는 자연의 모방으로서의 가르침에 대한 것이다. 이러한 관점은 역시 대교수학에서 강하게 반영되어 있으며, 어머니학교의 소식에서도 분명히 드러난다. [494] 특별히 코메니우스의 교육론이 현대에 이르러 더욱 관심이 된 것은 그의 '모든 지혜'(Pansophie)에 관한 교육철학과 전인교육과 평생교육에 관한 성경적인 교육이론에 관한 것이다. 역시 신앙과 이성의 조화로운 통합적 시각(통찰)을 요구하는 그의 인식론 역시 깊은 관심을 갖게 한다. 그리고 전체에 관한 그의 철학은 데카르트의 이성중심과 분석적인 방법으로 모든 연관성을 개체화로 분리시켜버린 다양성의 혼돈을 하나로 통합하게 하고, 전체의 원 질서에서 부분의 질서를 인지하게 하는 그래서 전체를 회복하려는 바로 그것이라 할 것이다. 그리고 기독교교육적으로는 교육과 신학(종교)을 분리시켜 놓은 계몽주의의 모순을 회복하고 종교와 교육이 다시 통합적인 시각에서 새롭게 회복하는 방법을 그에게서 배우게 되는 그것이다. 그뿐만 아니라, 그는 오늘날 요구되고 있는 17세기의 기독교적인 인문주의 교육의 대가로 평가되고 있다.[495]

(2) 아우구스트 헤르만 프랑케(A. H. Franke, 1663~1727)

프랑케(Franke)는 독일의 북부지역 뤼벡(Lübeck)에서 변호사의 아들로 출생하였다. 그의 아버지는 1666년 작센-고타의 경건한 성주인 에른스트(Herzog Ernst)의 부름을 받았고, 개혁을 주도하는 사람들의 모임에 속한 궁

---

492) 참고, 전게서, 85-86쪽.
493) 참고, 전게서, 87-88쪽.
494) 참고, 전게서, 89-91쪽.
495) [참고] K. E. Nipkow, Ebenda, 20쪽.

중의 법자문위원으로 위촉되었다. 그 모임은 30년 전쟁이 종식된 이후에 포괄적인 새로운 질서를 찾으려 했던 움직임으로 알려져 있다. 고타 (Gothar)의 학교는 에베니우스(Sigmund Evenius, 1585~1639)의 제안에 따라 인 문학교(Gymnasium)의 질서를 받아들였고(1640), 1642년에 고타의 학교방식 은 개혁교수법의 올바른 질서 안에서 운영되는 학교로 발전하였다. 1653 년에는 고타의 지방법에 새로운 교육법이 삽입되었다.

프랑케는 아버지의 갑작스런 사망으로 개인 가정교사를 통하여 교육을 받았고, 고타의 인문학교에서 일 년 밖에는 교육받지 않았음에도 불구하 고, 그의 후기 활동에서 고타(Gothar)의 영향을 인식할 만큼 많은 것들을 보 여주고 있다. 여기에 특별히 아른트(Johann Arndt, 1555~1621)를 통하여 전파 된 루터의 개혁 작업의 계속적인 추진으로 개혁정통주의의 사상이 그곳에 서 반영되었다. 그것은 라트케(Wofgang Ratke, 1571~1635)가 "실제적인 세계 의 영향아래서 구원으로 인도"라는 교육설계에서 말하고 있는 개혁교수학 적인 계획을 수행하는 일이었다. 프랑케가 에어프르트(Erfurt)에 얼마간 체 류한 후에, 샤벨의 가족재단의 장학생으로 공부하였는데, 1682년까지 킬 (Kiel)에서 공부하였고, 그 곳에서 특히 교회역사가와 실천신학자인 코르트 홀드(Christian Korthold, 1632~1694)의 영향을 받았던 것으로 일려졌다. 그는 곧 루터파의 개혁 정통주의의 대변자로 활동하였으며, 경건주의 운동의 지 도자 스페너(Spener)의 친구로 활동하였다. 1685년에 라이프찌히(Leipzig)에서 석사학위를 받았고, "Dissertatio philologica de gramatica Hebraica"(히브리어 문법에 대한 언어적 연구)란 논문으로 교수자격을 얻게 되었다. 그는 젊은 교수들과 함께 1686년에 언어연구학부(Collegium philobiblicum)를 세웠다. 그 학교는 스페너의 충고에 의하여 코스를 통한 성경강해 대신 교화적인 목 적에 따라 간략한 성경의 장을 공부하는 과정이었다. 교의학 대신에 성경 연구를 중심적 과제로 삼아 다루었다. 그리고 계속적인 성경연구를 위하여 사벨의 장학금은 그에게 보내졌고, 그는 계속하여 1687년까지 뤼네부르그 (Lüneburg)에서 연구하게 된다. 그는 마침내 그곳에서 요한복음 20 : 31의 말 씀으로 설교를 준비하다가 돌발적인 회심의 경험을 하게 된다.

　　프랑케는 그 당시 경건주의 지도자인 스페너(Phillip Jacob Spener, 1635~ 1705)를 1687년에 알게 되었고, 1688 / 89년 겨울학기에 두 달 동안 드레스덴 (Dresden)에서 그와 함께 거주하게 된다. 스페너는 어버이와 같은 친구로서 계속적으로 프랑케의 생애에 동행하게 되었다. 라이프치히와 에어프르트에 서의 안정을 얻지 못한 생활을 하고 있을 때, 스페너는 게오르그 교회의 목 사로 부름 받도록 프랑케를 도왔다. 그리고 새로 세워진 할레(Halle)대학의 동양 언어학부의 교수로 부름 받게 하였다.

　　프랑케는 1692년에 할레대학의 언어 학부의 교수가 되었고, 1698년에 신학교수가 된다. 그는 여기서 성경에 연관된 신학자요, 설교가요, 그리고 저술가로서 활동하게 되었으며, 할레와, 프로이쎈과 독일전역을 넘어, 경 건주적인 개혁의 탁월한 기획가요, 조직자로서의 실력을 보여주었다. 그는 스페너 곁에서 경건주의 운동의 두 번째 핵심적인 인물로 활동하였다. 프 랑케의 고아원은 경건주의 운동의 중심적인 기구가 되었으며, 계속적인 토대를 위한 모델이 되었다.

　　프랑케의 공적활동이 시작될 무렵의 글라우카(Glaucha)는 역시 30년 종 교전쟁의 후유증에 시달리고 있었다. 1680년 막데부르그의 통치지역이 프 로이쎈의 부란덴부르그의 한 지역으로 병합되었을 때, 추방당한 프로테스 탄트들의 이주와 초기의 기사도 훈련소를 할레 대학의 중심지로 옮기는 새로운 건설이 집중되었었다. 실제로 글라우카는 프랑케의 도착 무렵 방 임된 마을로 있었다. 그리고 페스트의 극심한 질병이 휩쓸고 있었다. 백성 들은 정신적으로 해이하고 무기력한 상태에 놓여 있었다. 프랑케는 처음 부터 사회교육적인 일에 관심을 두고 심혈을 기울여 영적으로 그 사람들 을 돌보기 시작하였다. 그것은 벌써 루터파교회의 정통주의 자였던 그가 교육이야말로 포괄적인 사회개선을 위한 출발점으로 인지하였기 때문이 다. 이보다 훨씬 앞서 프랑케는 함부르크의 가난한 자들의 학교에서 처음 으로 간략한 학습의 행위를 경험하였다. 그것은 다시 1689년 라이프찌히 에서도 실천하였고, 1690년에는 에어프르트에서 청소년교육에 대한 강의 에서 이미 다루었던 것이다. 그러한 경험들은 1702년에 "어떻게 어린이들을 참된 구원과 기독교의 지혜에로 이끌 것인가에 대한 짧고 간단한 교육”이란 글을 발표하게 한다.

글라우카의 교회생활에서 프랑케는 1693년에 모든 가정들에게 기념적인 작은 책자를 나누어주었다. 그 책자에는 주일을 거룩한 날로 보내는 방법을 가르치려는 내용이 담겨 있었다. 여기서 강조된 토요일 저녁은 주일준비를 위하여 매일의 저녁 기도시간을 갖도록 권고한다. 그 일은 먼저 목사관에서 시작되어, 후에 신앙학습시간과 함께 연결하여 교회안에서 계속 유지되었다. 금요일에 프랑케는 1692년에는 어린이 양육의 물음에 대하여, 그리고 1693년에는 아른트의 참된 기독교에 대하여 주간설교를 행하였다. 교회의 개혁은 내용적으로 그리고 형식상으로도 교육적인 문제로 대두되었다. 교회의 신앙교육과 관련하여 이러한 교육화 작업은 역사적으로 할레에서 일어난 경건운동영성의 열열한 반응을 불러일으켰다.496)

(3) 루소(Jean Jacques Rousseau, 1712~1778)

루소는 1712년 제네바 신 공화국의 시민으로, 그리고 시계제조업을 하던 칼빈주의 신앙을 추종하는 아버지에게서 출생하였다. 그는 16세에 가톨릭으로 개종하였고, 그를 돌보았던 부인 데와렌스(De Warens)가 있는 스위스 투린(Thurin)으로 갔다. 거기서 그는 가톨릭교회의 사제가 되려고 하였다. 그는 파리와 베네치아에서 얼마간 거주하였고, 음악에도 심취하여 연주곡의 작품을 남기기도 하였다. 그는 1750년에 ‘인간의 불평등성’에 관한 글을 쓰면서 주목을 받게 되었으며, 1762년에 발표한 두 권의 책 ‘사회계약설’(contrat sociae)과 ‘에밀’(Emil)은 그의 사상을 대표하는 중요한 작품들이다. ‘사회계약설’이 발표되자 정부는 그 글을 금독서로 정하고 루소를 체포하려하였다. 그리고 그는 피신하는 신세로 전전하였다. 에밀은 인간교육에 관한 소설형태의 글이었는데, 이 책에서 그는 모든 것이 창조주의 손에서 나오는 것처럼 선하지만, 그러나 모든 것이 인간의 손아래서 변질 된다(Emil. 9쪽)는 명제를 전제하여 루소는 아이에게 무엇인가 일찍

---

496) [참고] Hrg. v. Scheuerl, Klassiker der Pädagogik, 83쪽 이하.

영향을 미치려는 교육적 행위를 거절하게 된다. 특히 그는 아이들의 조기 종교교육을 거절하게 된다. 그 이유는 기독교신앙은 이성적 활동에 근거한 충분한 이해 없이는 불가능하다고 보았기 때문이다. 그는 에밀에서 다음과 같은 아이의 교육과정을 제시하게 된다. 첫째, 1~5세 까지는 신체의 성장에 주해야 하며(Emil. 1권), 5~12세까지는 감관의 발달을 주력하며(Emil. 2권), 12~15세까지는 두뇌의 발달을 힘쓰고(Emil, 3권), 15~20세 사이에 종교적인 마음에 관한 것을 배우도록 하는 것 등이었다.

아이가 하나님을 믿는다고 말하면, 우상숭배와 같은 것이거나, 적어도 신인동형적(Anthromorphisch)인 이해로 인식하였다(Emil. 265). 그리고 그것은 부모들의 생각을 모방하여 흉내 내는 것으로 이해하였다. 이러한 아이의 세계이해는 현대에 이르러 삐아제(Piajet)에게서 만유정신론(Animismus)이나, 목적론(Finalismus) 또는 마력(Magie)으로 설명된다.497)

그리고 루소는 교회가 아이들에게 가르치는 요리문답교육은 전적으로 거절하였으며, 아이들의 조기 신앙교육을 강조했던 루터, 코메니우스, 프랑케와 비교할 때도 그는 정 반대의 입장을 견지하게 된다. 그는 신앙교육을 근거를 지나치게 이성에 의존한 합리주의를 축했다고 볼 수 있다.

실제로 루소의 사상은 합리주의(Rationalismus)와 감상주의(Sentimentalismus)사이에서 긴장관계를 보이고 있다고 할 것이다. 한편으로 루소는 종교교육은 감정형성의 기간을 지나 청소년 나이에서 시작하게 하고 있으며, 다른 한편 신앙고백도 청소년 나이에 이루어지게 하는 합리주의에 의존된 모습을 보여주고 있다.498) 그렇지만, 순수한 합리주의이기보다는 마음과 감정으로부터 확인하는 합리주의라고 할 것이다.

(4) 크리스챤 곧힐프 잘만(Ch.G.Salzmann, 1744~1811)

잘쯔만은 1761~1764년 예나에서 개신교 신학을 공부하였다. 거기서 루터의 정통주의와 만난다. 1764년 신학시험을 끝낸 후, 박사학위 논문을 쓰

---

497) [참고] Meyer-Blanck, 45쪽.
498) [참고] F. Schweitzer, 125쪽.

고, 학위를 받았다. 1768년부터 4년간 가난한 시골 마을에 목사로서 목회 사역을 담당하였다. 1772년에 에어푸르트 안드레아 교회에 목사가 되어, 곧 유명한 설교자가 되었으며, 학교의 감독자가 된다. 1780년 잘쯔만의 중요한 두 가지 글이 출판된다(합리적이지 않지만 아이들의 시류에 맞는 교육, 그리고 아이들에게 종교를 가르치는 가장 효과 있는 방법에 대하여). 1781년 잘쯔만은 데싸우(Dessau)에 있는 바세도브의 박애주의(Basedows Philanthropinum)에 부름을 받는다. 이 부름이 그가 목사직에서 종교교사로 전환하는 계기가 되었다. 잘쯔만은 인간의 고난의 본질적인 원인은 인간 자신 안에 놓여 있다고 생각하였으며, 아이들을 더 나은 삶으로 인도할 수 있는 교육을 통하여 개선할 수 있다고 생각하였다. 여기서 우리는 루소의 에밀의 첫 문장을 생각할 수 있을 것이다(모든 것은 창조자의 손에서 나오는 것처럼 좋다. 그러나 인간의 손에서 타락된다). 1784년 잘쯔만은 박애주의자들을 떠나서 튀링어발트의 슈네펜탈에서 학교를 설립한다. 이 학교는 오늘날도 운영되고 있다. 잘쯔만이 사용하는 교육에 대한 언어개념은 '성향'(Gesinnung)이다.

잘쯔만의 종교교육에 대한 의도와 방법을 간략하게 소개하면 다음과 같다.

역시 잘쯔만은 1780년에 쓴 '아이들에게 종교를 가르치기에 가장 효력 있는 방법에 대하여'라는 글에서 다음과 같은 방법을 제시하게 된다. 그는 무엇보다도 여기서 4단계의 교육과정(Curriculum)을 제시하였다. 첫째, 성경의 역사이야기 둘째, 경험된 신앙, 셋째, 자연적인 종교 , 넷째, 요리문답교육에 대한 것 이었다.[499] 그리고 교육의 목표는 '성향'(Gesinnung)을 형성하게 하는 일에 두었다. 그의 성향교육론은 일반적인 것에서 나이에 적절한 종교적인 학습이 이루어져야 한다는 것이다. 이 당시 루터파의 정통교회가 행한 교회교육은 오직 루터의 요리문답교육이었다. 그 교육은 모든 나이와 모든 신분의 사람들에게 오직 그 책만을 가르치도록 하였다. 잘쯔만은 이러한 교회의 행위를 반대하고 사람을 더 이상 일반적인 동일

---

499) [참고] M. Myer-Blanck, Kleine Geschichte der ev.Religionspaedagogik, Guetersloh, 2003, 50쪽 이하.

체로 보지 않고, 그 자체는 성장 발전하는 과정에 있는 것으로 이해하였
다. 이것이 그의 종교교육을 위한 전형이었다.500) 이러한 그의 생각은 20
세기에 이르러 삐아제와 에릭슨과 오져와 파울러에게서 제시된 신앙교육
이론의 전형이라고 할 수 있다. 사람은 종교를 보편적으로 배우는 것이
아니라, 삶의 나이에 상응하게, 그리고 개체의 발전에 적합하게 배운다고
본 것이다. 여기서 교수학적인 신학(Didaktische Theologie)의 한 방식이 생겨
나게 되는데, 복음은 그 자체에서 참이기보다는 여러 가지 삶의 상황에서
구별된 방식에서처럼 참이 되게 증명해야 한다고 보았다. 잘쯔만은 그의
글에 따르면 소크라테스방식을 원하고 있다. 그리고 교회교육은 교수법적
으로 반영된 네 단계로 전개되는 교육과정을 통하여 이루어지기를 원했
다. 이러한 의도 배후는 역시 존 로크(John Lock, 1632~1704)에 의하여 제기
된 경험주의적인 감성적 심리학에 영향을 받은 것으로 이해된다.501)

　역시 잘쯔만의 '성향'(Gesinnung)이란 개념은 '생각하기'와 '느껴보기',
'확신하기', '행동하기' 등을 포함한 개념이다. 그리고 이것은 하나의 세계
관이거나, 또는 포괄적인 의미에서 자신과 세계와 하나님과의 관계라고
할 수 있으며, 윤리지향성을 포함한 개념으로 볼 수 있다. 즉, 종교는 우
리가 우리 위에 가까운 관계를 갖는 하나님과 다른 사물을 올바른 쪽에서
바라볼 수 있는 그러한 '성향'이라는 것이다. 여기서 지식이란 역시 성향
에 속한 것이 아니라, 성향을 도우는 수단으로 이해된다고 보았다. 그러므
로 사람들은 성경의 이야기를 알 수 있으며, 그렇지만 단순한 성향을 가
질 수 있다고 보았다. 그리고 성경은 일방적으로 중재되어야 하는 것이
아니라, 앞서 주제화된 학습자들의 삶의 정황들에 관련하여 표현되어야
한다는 것을 강조하였다.

　잘쯔만이 제시한 네 단계 학습과정을 다시 소개해 보면 다음과 같다.

　첫째, 우화에 관한 이야기나, 청취하는 아이들이 동일시 할 수 있는 아
이들에 관한 성경이야기이다.502)

---

500) 참고, 전게서 51쪽.
501) [참고] Meyer-Blanck, 전게서 51쪽.

둘째, 그리스도와의 사귐과 교사의 태도를 통하여 신뢰를 만들고, 자연과 세계의 아름다움을 보여주며, 성령의 증거를 밝히는 신앙의 가르침이다. 여기서 구원의 행위가 특별히 경건주의가 추구했던 것처럼, 지나친 서술을 통하여 감동의 눈물흘림을 접촉하게 하는 것이 아니라, 예수의 진정한 마음과 사랑의 진가가 강조되도록 해야 한다는 것이었다. 예수의 전 사역은 영혼만의 구원이 아니라, 전인의 구원이었다. 아이들은 각 다른 이들의 선한행위를 구원행위로 더 쉽게 이해한다는 것이었다.503)

셋째, 교사가 아이들에게 그들의 참된 생각을 꾀어내는 소크라테스의 방법에 따른 대화이다. 이것은 정통주의 교회들이 신앙교육 후에 치루는 신앙교리테스트와는 구별된 방법이었다.504) 넷째, 하나님의 아들과 삼위일체 하나님과 같은 교회의 비밀한 것들을 알려주는 일이다. 이것은 입교예식 전에 간략한 것을 기대할 수 있을 것이라고 하였다. 아이들의 성향들 (Gesinnungen)은 거기서 결정될 수는 없다. 왜냐하면 성향들로서 예수님과 하나님에 대한 사랑과 신뢰는 벌써 앞에서 학습되었기 때문이다. 비밀한 것들은 다만 성향을 견고하게 해 주게 될 것으로 보았다.505)

잘쯔만의 종교교육의 관점은 그 당시로 보아 정통주의와 경건주의 방식에 대립하였던 계몽주의적인 입장을 대변하는 새로운 종교교육이론 이었지만, 오늘날 일반적으로 아이들의 성장발달에 근거하여 종교의 발달, 또는 신앙의 발달을 교수방법 적으로 취하는 상황에서 보면, 현대종교교육의 선구자였다고 볼 수 있다. 그가 제시한 네 단계 학습이론을 현대적으로 이해하면, 첫째, 아이들에게 신뢰심을 일으키는 단계이며, 둘째, 성령의 도우심 가운데서 수용하는 믿음의 단계이며, 셋째, 믿음 것에 대하여 반응하고 이해하는 단계이며, 넷째, 성향(Gesinnung)으로서 신뢰와 믿음과 이해 안에서 적응하고, 수용한 것들을 확인하고, 신앙대상에 대한 이해를 더욱 심화하는 것이 교회의 요리문답서의 가르침으로 본 것이다.506) 교수

---

502) [참고] Nipkow / Schweitzer, Religionspaedagogik, Bd.1, 210쪽 이하.
503) 참고, 전게서, 214쪽.
504) 참고, 전게서, 215쪽.
505) 참고, 전게서, 215.

학적으로도 '성향'이란 개념은 적용될 수 있다고 보는데, 그 이유는 아이들의 삶의 전 과정이 수업의 내용이며, 신뢰와 세계의 느낌 가운데서 '오직 믿음으로만'이라는 종교개혁적인 통찰이 다시 발견되었기 때문이다.[507]

잘쯔만의 종교교육은 다음과 같이 평가될 수 있을 것이다.

첫째, 아이는 성장과 발달하는 과정에 있다는 시각이다. 그러므로 종교를 배우게 하기 위해서는 이러한 인간학적인 이해의 전제에서 시도되어야 한다는 점을 주장하였다. 그 때문에 교육내용의 선택에서 심리학적인 법칙이 고려되어야 한다는 입장을 보여주었다.

둘째, 종교란 개념은 지적인 이해 대신 강한 감성적인 면을 가지고 있다고 보았다. 그리고 종교는 지식적인 것보다는 마음을 움직이는 신앙적인 것이 더 중요하며, 또한 종교는 신념, 또는 성향에 관계된 것이라는 인식을 가지고 있었다. 즉, 종교는 직관과 감정에 더 많이 관계된 것이라는 점이다. 종교의 자리는 머리가 아니고, 마음이라고 하였다. 잘쯔만은 이와 같이 계몽주의 신학에서 형성된 종교와 신학의 구별을 잘 넘겨받았고, 다시 경건주의적인 관점을 교육에 잘 적용시켰다고 본다.

셋째, 잘쯔만은 교사가 어떻게 신앙을 가르치고 배우게 해야 할 것인지에 대한 교수방법론을 제안하였다. 그는 아이들에게 종교를 가르치려면 그들에게 용기를 먼저 불어넣는 방법을 사용해야 한다고 하였다. 성경을 가르침에 있어서도 먼저 교사는 아이의 본성에 대한 심리적인 통찰이 요구되며, 그 심리적인 경험을 전제하여 가르칠 것을 제시하였다. 그는 현대적으로 볼때 학생중심의 교육론 또는 소비자 중심의 교육을 말해 준 것이다.

---

506) [참고] Myer-Blanck, 전게서 53쪽.
507) 참고, 전게서.

7. 영국교회의 신앙교육

1) 영국의 시대상황과 교회

17세기의 영국은 교육철학자 베이컨의 영향으로 자연과학이 급진적으로 발전하게 된다. 1662년 영국국왕 찰스 2세는 학술원(The Royal Society)을 설립은 그일에 결정적인 역할을 하게 되었다. 왜냐하면 그곳에 영국의 모든 자연과학자들이 모였고, 국가가 그들의 연구에 집중지원을 했기 때문이다. 만류인력의 발견자 아이작 뉴턴(Isaak Newton)도 이 학술원 출신자였다. 그리고 이러한 자연과학의 축적이 19세기에 이르러 산업혁명을 초래하게 된다. 소위 산업사회(Industriegesellschaft)의 출현이 여기서 시작된 것이다.

다른 한편 영국의 프로테스탄트교회는 헨리 8세가 정치적인 목적으로 종교개혁의 편에 서게 된 이래로 많은 수난을 겪게 된다. 소위 영국의 국교회(Anglican Curch)로서, 우리말로는 성공회라고 부르는 교회이다. 그러나 성공회가 프로테스탄트의 교회로서의 온전한 개혁이 이루어지지 않은 문제로 인하여 순수한 종교개혁의 교회모습으로 거듭나기를 부르짖는 청교도 운동(Puritan)이 생겨나게 된다. 계속되는 로마교회를 지지한 마리여왕(Maria Tuther, 1553~1558)의 등장으로 영국의 프로테스탄트교회는 종교적 박해를 받게 되었고, 청교도의 무리들 가운데 상당수는 종교의 자유를 찾아 콜럼버스가 발견해 놓은 신대륙 아메리카를 향하여 떠나기도 한다. 그리고 스코트랜드에서 시작된 존 낙스의 장로교회의 설립은 영국의 프로테스탄트교회가 새롭게 발전하는 과정을 거친다. 1641~1642년에는 왕당파와 의회파 사이의 내전을 거치고, 퓨리탄과 장로교회가 연대하여 영국국왕의 도움으로 영국의 프로테스탄트교회의 회복을 위한 종교회의를 가지게 된다. 그것이 유명한 웨스트민스터 총회였다(1643~1648).

그리고 영국의 프로테스탄트교회는 18세기에 이르러 새로운 변화를 겪게 되는데, 그것은 존 웨슬리(John Wesley, 1703~1791)의 등장으로 시작되었다. 그는 종교개혁의 전통을 따르며, 영국성공회의 목사로 활동하였다. 그러다가 그는 1740년대에 새로운 구원의 확신에 대한 체험과 함께 성령의 은혜에 의한 중생의 체험을 성화를 강조하는 감리교회라는 새로운 교파를 형성하게 되었다. 웨슬리에게서 확인되는 것처럼, 영국교회는 구라파의 경건주의 운동의 영향과 모라비아 교회의 신앙전통을 강하게 영향을 받고 있었던 것으로 이해된다. 그리고 웨슬리에게서 시작된 영국의 감리교는 19세기에 일어난 구라파의 '영적대각성운동'(Erweckungsbewegumg)의 영향을 받고 있었고, 미국지역의 복음전도를 위한 선교활동에 적극적으로 동참하고 있었다. 그리고 웨슬리는 영국의 가난한 서민 계층에게 복음을 전하며, 동시에 그리스도의 사랑을 복지차원에서 실천하는 일을 감행하였다. 가난한 자들을 위한 주간의 모금 운동과 구빈원(The Poor House)과 과부의 집을 세워 전쟁미망인들을 돌보았고, '노인들을 위한 감리교회의 집'(Methodist House for the Aged)과 '나그네 친구회'(The Straingers' Friendly Society)를 설립하여 사회에 봉사를 행한 것은 잘 알려진 일이다. 그는 역시 의료선교활동과 교도소선교활동을 전개하였고, 교육활동에 있어서도 선구적인 모습을 보여주었다.[508] 18세기 후반에 생겨난 주일학교운동은 주로 감리교회의 운동의 성과로 평가되고 있는데, 특별히 주일학교 운동을 시작한 로버트 레이크스(R. Raikes)는 감리교회의 평신도였으며, 감리회의 토마스 스톡(Thomas Stock) 목사의 도움을 받아 행한 일로 또한 알려져 있다.[509]

2) 주일학교의 탄생

주일학교(Sundayschool)는 로버트 레이크스(R. Raikes, 1735~1811)에게서 1780년에 시작되었다. 그는 영국의 글로세스터(gloucester)에서 부모로부터 물려받은 '글로세스터 저널'(Gloucester Journal)이란 신문사를 경영한 사업가요, 신문편집자였다. 특히 그는 교도소의 죄수를 인간적으로 돌보며, 양심을 되돌리고 온전한 사람이 되도록 노력한 교도소의 복음전도자요, 교도소개혁자요,

---

508) [참고] 김영선 교수의 논문, 한국개혁신학회, 제 19차 정기학술심포지엄, 2005년 11월 5일, 62-77쪽.
509) [참고] J. S. Simon, John Wesley, The Master Builder, London 1927, 267쪽.

또한 그 당시 영국의 사회개혁을 힘쓴 인물로 알려져 있다.510) 당시 영국은
산업혁명이 시작된 때이며, 소위 산업사회의 시작과 함께 가난한 빈민촌 노
동자의 자녀들은 아무런 교육의 도움을 받지 못하고 가정적으로 잘 보호되
지 못했을 뿐 아니라 사회적으로도 방치되어 있었다. 레이크스는 글로세스
터의 교도소 근처에 있는 수티 앨리(Sooty Alley)에 있는 메레딘트 부인(Mrs.
Meredith)의 집 부엌에다 길거리에서 놀고 있는 아이들을 불러 모으고, 그들
에게 문자를 가르치며, 성경과 요리문답을 가르치는 일을 했던 것이다. 그
곳에는 6세에서 14세의 소년 소녀들이 모였었다.511) 레이크스의 교육목표
는 학교교육을 받지 못한 아이들에게 문자를 깨우치는 일이었다. 그러나 그
들에게 성경읽기와 요리문답의 암기와 주일에 공예배를 시행하였기 때문에
이미 종교교육이 시행되고 있었던 것이다.

이러한 동기에서 시작된 주일학교는 그 당시 기존교회가 지향했던 신
앙교육의 전통적인 형태 때문에 교회로부터는 환영되지 않았지만, 시간이
흐를수록 많은 사람들에게서 지지와 성원을 받게 되었다. 특별히 어린아
이들과 청소년들에게 성경을 가르치는 일은 중요한 의미를 지니게 되었
다. 그리고 주일학교 교육운동은 새로운 종교교육운동으로 영국의 교회뿐
아니라 구라파와 미국으로까지 전해져 큰 발전을 가져오게 된다. 또한 한
국교회의 주일학교는 교회교육의 중심기구로 발전하여 오늘에 이르고 있
다고 할 것이다.

3) 영국교회의 신앙교육

성공회로 불리는 영국교회(Anglican Church)는 전통적인 교회교육에 의존
하고 있었다. 그리고 로마교회와 같이 유아세례를 견지하였고, 그들이 입
교준비를 위한 교리학습이 병행되었다. 물론 곳곳에 학교를 설립하고 종
교교육을 병행하였다.

---

510) [참고] James E.Reed, Ronnie Prevost, A History of Christian Education, 1993, 256쪽.
511) 참고, 전게서, 257쪽.

8. 독일교회의 신앙교육과 종교교육

1) 새로운 시대적 상황

18세기에서 19세기로의 전환기에 발생한 구라파에서의 가장 큰 역사적 사건은 역시 불란서혁명이다(1787~1798). 이 혁명은 정치. 종교, 문화 사회의 모든 면에서 큰 변화를 초래하게 된 사건이었다. 정치적으로는 나폴레옹의 등장으로 비극적인 전쟁과 함께 사회적인 혼란이 계속되었지만, 특별히 자유, 평등, 박애라는 불란서혁명에서 제기된 세 가지 슬로건은 그 시대의 정치, 종교, 사회, 문화, 교육의 기본방향과 목표가 되었다. 그리고 자연과학의 발달은 19세기 후반에 영 국에서 산업혁명을 불러 일으켰으며, 산업사회의 등장과 함께 환경과 삶의 변화에 큰 영향을 끼치게 된다. 자연적이며, 이제 합리적인 이성적 사고를 중시해 왔던 계몽주의의 영향은 학교교육과 교회의 신앙교육에 큰 도전으로 다가왔다.

그리고 이러한 19세기의 전환기에 철학적으로 가장 큰 영향을 미친 인물은 역시 임마누엘 칸트(Immanuel Kant, 1724~1804)였다. 그의 인식론과 '순수이성비판'(Kritik der reinen Vernunft, 1781)은 프로테스탄트 교회의 신학 형성에 큰 영향을 미쳤다. 이제 칸트의 순수이성비판을 갈릴레이와 뉴턴에 의한 고전적인 과학이론으로서 읽을 수 있으며, 인식론에서는 합리적이며, 경험적인 논쟁들의 생산적인 종합으로 읽을 수 있게 되었다.[512]

그리고 벌써 18세기에 그 절정을 이루었던 정통주의와 경건주의, 그리고 계몽주의는 19세기에 이르러 새로운 신학의 궤도를 그리게 되는데, 그것은 세 가지 사상 조류의 한계를 극복하고, 종합하는 차원에서 제시된 소위 자유주의 신학이다. 그리고 그 대표적인 인물이 슐라이에르막허(F. D. E. Schleiermacher, 1768~1834)라고 할 수 있다. 그의 기독교신앙의 본질에 대한 이해는 신 인식과 종교이해에 근본적인 변화를 주게 된다.

그리고 이 시대에 신학과 교회는 보수적인 그룹과 계몽적이면서도 진

---

512) [참고] Herwig Blanckertz, Die Geschichte der Paedagogik, Wetzlar, 1982, 26쪽.

보적인 입장을 따르는 그룹으로 나뉘어 투쟁하게 된다. 또한 칸트철학의 영향은 20세기에까지 그 영향을 미치게 되는데, 기독교 진리의 윤리적인 성격을 규명한 리츨(A. Ritschl)은 칸트의 인식론에 전적으로 힘입고 있다고 할 수 있다. 그리고 헤겔(Hegel)의 역사변증법적인 역사이해는 교회의 역사가 하르낙(A. v. Harnack)에게 영향을 미쳤고 그의 변증법적인 기독교역사해석은 소위 궤도를 달리하는 자유주의 신학형성에 크게 기여하게 된다. 이러한 신학의 학문적인 활동은 역시 성서신학에서도 예수의 역사적 연구와 하나님의 나라(J. Weiss)에 대한 새로운 해석이 또한 기여한 것으로 이해되며, 그것들은 계몽주의 신학의 새로운 열매로 해석되기도 한다.

다른 한편 자유주의 신학은 하나의 사회적인 실천운동으로 나타나게 되는데, 그것은 산업화 사회에서 파생되는 인간의 복지와 인권의 문제를 해결하기 위한 새로운 신학의 실천 운동으로 소위 '사회복음주의운동'이었다. 그 대표적인 인물로는 스위스의 신학자 쿠터와 라가츠(Kutter und Lagatz)이며 미국의 라우센부쉬(W. Rauschenbusch)를 들 수가 있다. 물론 역사적으로 자유주의 신학은 이미 20세기 초엽에 바르트(K. Barth)를 중심한 신정통주의 신학자들에 의하여 비판되었고, 더 이상은 신학의 학문적 관심과 지지를 받지 못한 상태에 이르게 되었지만, 그 영향은 아직도 구미의 현대신학 속에 남아 있다고 할 것이다513).

2) 자유주의 신학과 종교교육

19세기는 학문적인 발전이 크게 이루어진 시기라고 볼 수 있다. 이 시대의 신학과 종교교육은 기존교회의 전통에서 멀어지면서 새로운 시대를 열어가는 모습이었다. 그리고 18세기 계몽주의시대의 종교교육은 벌써 유아기에 있는 아이들과 아이들의 성장 발달에 주목하여 종교육의 이론을 합리적으로 제시하였다. 역시 18세기에 일어난 '박애주의자들'(Phianthrophon)과 소크라테스적인 문답법(Sokratiker)의 문제를 제기한 자들은 종교교육학의 학문이론형성에도 크게 기여하게 되었다. 하지만 계몽주의가 절대적인 가치가

---

513) [참고] TRE. 21권 47～68.

504   교회교육학

될 수는 없었다. 왜냐하면 계몽주의가 의도하는 자연적 종교관으로는 기독
교의 본질과 신앙교육의 문제를 해결하는 궁극적인 대답이 될 수 없기 때
문이었다. 그리고 이러한 방향전환의 분기점에 있었던 인물이 역시 슐라이
어막허였다.

3) 종교교육과 교회의 신앙교육에 기여한 인물들

(1) 슐라이어막허(F. D. E. Schleiermacher, 1768~1834)

이러한 19세기의 사상대립과 가치혼란의 시기에 등장한 인물이 슐라이
어막허이다. 그는 경건주의와 계몽주의를 극복한 신학자로, 그리고 새로운
자유주의 신학을 태동하게 한 프로테스탄트신학의 교부로 불리지만, 실천
신학과 종교교육학에 끼친 영향은 결코 과소평가 할 수 있는 것은 아니다.
그가 쓴 4가지 글, 1799년의 '종교에 대한 말'(Die Reden ueber Religion)514),
1806년의 '성탄축제'(Weinachtsfeier)515), 그의 사후에 출판된 '실천신학에 대
한 강의들'(Die Vorlesungen ueber die Praktische Theologie)516)과 '교육학에 대한
강의들'(Die Vorlesungen ueber die Paedagogik)517)에서 우리는 종교교육에 관한
그의 새로운 입장을 확인할 수 있다.

그는 먼저 공공학교교육에서 기독교의 종교가 지식전달 차원에서만 가
르쳐지는 것을 원치 아니하였다. 그 이유는 기독교신앙의 본질을 지적인
차원의 것 보다는 더 정서적이며, 감성적 차원의 것으로 이해하려고 했기

---

514) [참고] F. D. E. Schleiermache, Ueber die Religion. Reden an die Gebideten unter ihren
    Veraechtern(1799). In : ders Schriften aus der Berliner Zeit 1796-1799. Hrg. v. G. Meckenstock,
515) [참고] F. D. E. Schleiermacher, Die Weinachtsfeier, Ein Gespraeche, Halle, 1806.
516) [참고] F. D. E. Schleiermacher, Die Praktische Theologie nach den Grundsaezen der evangelischen
    Kirche im Zusammenhange dargestellt. Aus Schleiermachershandschriftliche Nachlasse und
    nachgeschriebenen Vorle-sungen hg.v.J.Fericks(F.Schleiermacher's saemmtliche Werke I.Abt. Zur
    Theologie, Bd.13 / F.Schleiermacher's literarische Nachlass. Zur Theologie. Bd.8) Berlin 1850,
    Nachdruck Berlin / New York 1983.
517) [참고] F. D. E. Schleiermacher : Die Vorlesungen aus dem Jahre 1826. In : ders : paedagogische
    Schriften. Untermit Wirkung v.T.Schulze hg. v. E. Weniger. Bd. I. Duesseldorf / Muenchen 1966,
    1-133.

때문이다. 그 때문에 슐라이어막허는 종교교육이 학교에서보다, 교회공동체 내에서 이루어져야 할 것으로 생각하였다. 이러한 그의 생각은 두 가지 관점의 사고를 통하여 가능하게 되었는데, 첫째는 인간의 감정(Gefuehl)에 강조점을 둔 종교에 대한 이해이며, 둘째는 교제(Geselligkeit)라는 교회 공동체 본래의 개념이해였다. 그리고 이러한 두 가지 관점으로 슐라이어막허는 종교와 아이의 관계를 다시 연결시키고, 인간개체와 개체의 발달을 교회공동체와 함께 이끌려는 의도를 보여주었다. 이러한 그의 통찰은 계몽주의 교육학이 개체와 교회의 신앙을 구분하고, 역시 아이와 신앙사이를 분리시키는 문제를 극복하는 처방이 될 수 있었던 것이다.518)

이해적 차원에서 슐라이어막허의 의도를 설명한다면, 그가 사용하는 전문적인 언어는 '직접적인 자의식'(Unmitellbares Selbstbewusstsein)이란 개념에 대한 것이다. 그것은 지적이거나(intellektuell), 인식적인 것(kognitiv)이 아닌, 그렇지만 심리적이거나, 감성적인 것으로 이해되어서도 안 되는, 그것은 감정(Gefuehl)에 더 가까운 것으로 이해되는 개념이라 할 수 있다. 역시 현대적으로는 종교적인 경험 또는 체험을 뜻하는 것으로 볼 수 있다.519)

그렇다면 슐라이어막허가 말하는 종교는 지식 없는 단순한 감정적 행위로만 일관하는 것인가? 그런 것은 아니다. 그는 종교적인 지적이해의 필요를 강조한다. 그것은 성경말씀과 기독교의 가르침(요리문답)은 종교적인 경험에 대한 근거로서 생각했던 것으로 보인다. 그런 점에서 보면 슐라이어막허의 종교교육은 한마디로 신앙을 각성시키고, 생활을 책임있게 이루어 가도록 하는 인간의 노력으로 이해된다. 특히 그는 가정교육을 강조하였는데, 가정에서 부모의 역할이 자녀가 신앙을 갖는 일에 무엇보다도 중요하다고 했으며, 또한 가정에서 부모가 아이들과 함께 찬송과 기도와 예배하는 생활을 중요하게 생각하였다. 무엇보다도 종교성은 부모를 통하여 종교의 의식(신앙심)을 일깨울 때 가능하다고 본 것이다. 그 때문에

---

518) [참고] F. Schweitzer, 181쪽.
519) [참고] Meyer-Blanck, krp 63쪽.

그는 계몽주의가 외면한 아이의 종교의 조기교육의 가능성을 다시 회복하게 하였다고 할 수 있다. 더욱이 아이는 종교적 환경에서 자라야 하며 신앙의 건전한 삶을 위한 신앙의 교육은 성인이 된 후에는 매우 늦은 것이라고 단정한다. 그리고 그의 교육의 방법론은 공식교육에서가 아니라 삶 자체, 자유로운 대화, 만남의 과정에서 지적인 것보다는 정적이고, 의지와 인격적인 관계를 통하여 교육되어야 하는 것으로 보았다.

슐라이어막허의 종교교육은 대부분 앞에서 소개한 잘쯔만의 것과 여러 면에서 근사치를 이루고 있다고 볼 수 있다. 즉, 잘쯔만의 종교학습의 의의와 목적은 슐라이어막허가 말하는 심리적이며, 주관적인 종교개념에 상응하며, 인격의 자립성이 중심적인 과제였다고 할 것이다. 그리고 평신도 신앙의 성숙성을 지향하는 것들은 모두 잘쯔만의 것들과 유사성을 가지고 있다. 슐라이어막허는 종교교육의 실제적인 책임은 교회보다는 오히려 가정에 두고 있었다. 종교(신앙)는 가족의 공동생활을 통하여 더 잘 배울 수 있는 것으로 이해하였다. 이것은 공적으로 행하여지는 학습행위와는 다른 것으로 보았던 것이다. 이러한 종교학습은 바로 삶에 관한 것이며, 행동지향적인 것이어야 했기 때문이다. 이러한 삶 지향적인 개념은 세 가지 근본적인 요소를 암시하고 있다. 첫째, 종교적인 삶에 대한 자극이며, 둘째, 실천적인 윤리성의 획득에 관한 것이며, 셋째, 성경본문과 종교적인 가르침의 이해를 위한 것이었다. 그 때문에 그는 특별히 종교교육의 주제를 실천신학의 범주에 포함시켜 '카테케틱'(Katechetik, 신앙교육학)이란 이름으로 종교교육적인 물음들을 그의 책 '종교에 관한 말'에서 상세히 다루었다[520].

슐라이어막허의 이러한 종교교육은 오늘날 현대 종교교육의 방법론이 어느 방향으로 나가야 할 것인지에 대하여 많은 시사점을 던져 주고 있다고 할 것이다. 물론 개혁주의적인 관점에서 볼 때 슐라이어막허의 종교교육학은 철저히 하나님의 계시인 성경말씀과 성령의 사역에 근거하여 설명

---

520) [참고] Schleiermacher, Die praktische Thelogie mach den Grundsaezen der evangelischen kirche im Zusammenhang dargestellt, 1821~1822, 1850, 347~415쪽.

되지 않는 문제를 가진다. 그리고 철저히 교육대상인 인간의 성장발달과 종교현상의 인간학적인 면만을 강조하기 때문에 계시의존의 신학적인 허약한 약점이 있지만 도리어 교육대상인 인간의 정서적이며 심리적인 발달의 관점에서 인간의 경험적인 신앙양태를 근거하여 설명한 그의 종교교육론은 방법적인 관점에서 비판적이면서도 역시 고려의 대상이된다고 할 것이다.

(2) 디스터벡(Fr. A. Diesterweg, 1790~1866)

다음으로 종교육학의 발전에 영향을 미친 중요한 인물은 역시 디스터벡(Fr. A. Diesterweg, 1790~1866)이라 할 수 있다. 그는 오늘날 교육대학과 같은 독일의 '교사양성소'의 책임자로 일하였다. 그의 교육은 교회의 가르침과 복음의 가르침 사이에는 근본적으로 차이가 있다는 전제에서 시작한다(정통주의와 계몽주의의 논쟁). 그의 교육적인 명제는 교회의 가르침은 사라지나, 복음은 영원한 것이라고 하였다. 여기 그가 말하는 교회의 가르침이란 교회의 교리를 중심한 요리문답(Catechism)의 가르침을 뜻한다. 그리고 복음이란 그에게서는 성경을 뜻하는 것이었다. 그 때문에 그는 복음의 교육을 강조하게 된다. 1885년에 발표한 그의 '종교학습'이란 글에서 "종교의 가르침은 모든 인간들에게 가르쳐져야 하고, 그 교육은 올바른 인격을 형성하는데 역점을 두어야 한다"고 역설하였고, 교회가 요구하는 신앙고백차원보다는 사람됨의 표상인 인격에 더욱 역점을 두어야 한다는 것을 강조하게 된다. 그는 교회교육은 분명한 신앙고백이 목표이지만, 맹목적인 교리의 암기를 통하여 명목상으로 생산하는 신앙의 고백에 반기를 들었으며, 신앙고백의 중요성 못지않게 신앙의 인격적인 것이 더 선행되어야 한다는 것을 강조하였던 것이다.

그의 교육의 방법은 어디까지나 학습자들의 이해를 중심하고 있었다는 점이다. 어디까지나 아이의 이성적 이해에 적합한 그 적합성이 전제되어야 하며, 아이의 심리학적인 관찰을 중시여기며, 또한 그의 인간이해는 인간의 자율성을 강조하며, 교육이 온전한 인격을 형성하기 위해 교리적으로 전제한 인간의 전적타락을 수용하지 않았던 것이다. 이러한 디스터벡의 교육관은 분명히 인간의 성장발달과 인격형성의 관점에 근거하여 종교육의 이론을 제시했던 계몽주의 종교교육을 대변하는 인물이었다고 할 수 있다.

(3) 크리스천 팔머(Christian Palmer, 1811~1876)

이러한 디스터벡의 종교교육론에 대항하여 논쟁했던 인물은 그 당시 튀빙겐 대학의 실천신학 교수였던 크리스천 팔머(Christian Palmer, 1811~1876)였다. 디스터벡은 교육이 신학의 시녀노릇을 해서는 안 된다는 입장을 견지하였고, 교육의 독립적인 입장을 강조하게 된다. 실제로 그는 종교교육을 신학에서 독립시켜 독자적인 학문과목으로 발전시키는데 기여하게 된다. 그리고 디스터벡이 학교에서의 종교교육은 교회의 신앙고백을 배제하고 신앙고백 없이 성경에 나타난 복음을 가르쳐야 한다는 입장에 반대하여 팔머(Palmer)는 신앙고백을 전제한 신앙교육(Katechetik)이 학교의 종교교육에 그대로 유지되기를 강조하였던 것이다.

특히 그의 복음적인 교육학(Evangelische Paedagogik)이란 1852년의 글에서 복음적인 신앙교육의 원칙 세 가지를 제시하게 되는데, 첫째는 성경적이어야 하며, 둘째는 교회적이어야 하며, 셋째는 신앙고백 적이어야 한다는 것이었다. 그러나 디스터벡은 신학이 지나치게 고백적인 것을 요구하는데 반대하고, 교육이 신학의 도구로만 이용되는 것에 반기를 들었고, 진정한 복음의 교육으로 종교교육의 독자적인 학문영역을 추구하는데 힘쓰게 된다.

이 두 사람 사이에 쟁점이 된 핵심적인 근거는 디스터벡은 철저하게 학교에서의 종교교육이 교회의 감독과 감시 하에서 신앙고백적인 것이 강요되고 있을 염려하여 그 환경에서 벗어나 학교에서의 종교교육이 아이들에게 적합한 종교교육으로 자유롭게 이루어지도록 하려는 것이었다. 그리고 신앙고백적인 것은 아이들이 성장한 후에 교회를 통하여 연결될 것으로 보았던 것이다. 즉, 학교와 교회 사이를 분리를 주장한 것이다.

이러한 계몽주의적인 경향에 대항하여 팔머는 그의 '복음적인 교육학'(Evangelische Paedagogik, 1853)책에서 교회와 학교 사이의 연결을 결코 포기해서는 안 되며, 그것은 국가와 교회사이의 연결유지에 도움이 되도록 해야 한다고 하였다.521) 결국 팔머는 계몽주의 이래로 교회와 기독교, 마찬가지로 교육과 교회 사이를 갈라놓은 그 모든 것을 환원시키려고 하였던 것이다.522)

(4) 카비쉬(R. Kabisch, 1868~1914)와 니버갈(Fr. Niebergall, 1866~1932)

우리는 19세기 말 20세기 초반기의 독일의 종교교육학자로서 카비쉬(R. Kabisch, 1868~1914)와 니버갈(Fr. Niebergall, 1866~1932)과 의 입장을 소개해 보기로 한다. 20세기 초반은 독일에서 교육개혁운동이 활발하게 제기되었고, 그 영향은 종교교육에까지 크게 미치게 되었다.523) 교육개혁의 중심적인 동기는 학교에 대한 비판이었다. 특히 교육개혁은 전통적인 학교수업의 방법론에 대항하여 일어난 것이다. 그리고 전통적인 방법론의 불충분성이 헤어바르의 추종자들에게 시도된 형식단계의 교수학에 방해가 되었던 것이다. 아이에게서 '스스로 행동하는 것'(Selbsttaetigkeit)과 '자유로운 생산'(Freies Produziehren)활동이 학습방법으로 적용되기를 요구하였던 것이다.524)

이러한 상황에 카비쉬(R. Kabisch)는 심리학의 토대 위에서 이루어지는 종교학습을 제시하게 된다.525) 이것은 당시 심리학자 분트(W. Wundt)의 종교심리학의 이론을 끌어들여 종교교육에 접목시켰던 것이다. 그는 인간의 내면에 존재하는 종교의 내재성을 전제하여 자유주의 신학의 입장을 그대로 받아들여 종교를 지극히 심리학적으로 해석하게 된 것이다.

---

521) [참고] F.Schweitzer, 전게서 217쪽.

522) 참고, 전게서.

523) [참고] W.Scheibe, Die reformpaedagogiische Webegung 1900-1932. H.Rohr, Die Reformpaedagogik, Ursprung und Verlauf in Europa, Hannover 1984.

524) [참고] F. Schweitzer, 전게서 253쪽.

525) 1910년 커비쉬는 그의 책 '우리는 종교를 어떻게 가르칠 것인가?'(Wie lehren wir Religion?)에서 심리학의 토대위에서 모든 학교에 적용되도록 요구한 개신교 종교학습의 방법론의 시도를 제시하게 되었다.

니버갈(Friedrich Niebergall)은 개혁교육적인 종교교육학의 신학의 편에서 주된 대변자로서 역할을 하였다.526) 니버갈은 그 당시 실천신학교수로서 하이델베르거와 마르부르크 대학에서 가르쳤다. 그는 교회의 '신앙교육학'(Katechtik)으로부터 구별된 교육학을 지향한 종교교육학을 제시하였다. 그리고 개혁교육적인 종교교육학을 만드는 일에 처음부터 교육개혁의 운동가들과 함께 뜻을 같이하였다. 그가 제시한 개혁교육적인 종교교육학은 그의 '실천신학'이란 책에 포함되어 있다.527) 니버갈은 역시 카비쉬와 마찬가지로 그 당시 심리학에 근거하여 종교교육이론을 제시한 것으로, 특별히 그에게서 종교심리학은 종교교육의 근거로서 새롭게 제시된다. 다시 니버갈은 학교에서의 종교학습의 목표로서 교회의 것과 학교의 것을 구별한다. 이러한 구별이 20년대에 이르러 독일에서 바이마르공화국의 탄생과 함께 국가와 교회를 분리하는 결정적인 전제가 되었다. 니버갈은 그 당시 헤어바르트 추종자들의 사상궤도에서 함께 움직였고, 성경의 가치를 전제한 것이 아니라, 인간의 존재가치를 앞세운 자유주의신학에 근거하여 종교교육론을 제시하게 되었다. 교육은 그에게서 종교적인 발전에 대한 조력으로 이해된다.528) 그리고 종교는 이제 문화와 관련하여 그 근거로 해석된다. 또한 그 문화를 주도하는 주체로서 인간의 교육은 이제 그 인격성을 목표로 발견하게 된다.

20세기 초엽에 일어난 개혁교육의 운동은 종교교육을 같은 방향으로 나아가도록 영향을 주었다. 이러한 시대적인 경향과 함께 학교에서의 종교교육은 교회로부터 벗어나, 자유로이 심리학과 종교심리학의 이론에 근거한 새로운 종교학습이론으로 발전하게 된다. 이것은 이미 19세기에서부터 시작된 자유주의 신학과 결부되었고, 자유주의 종교교육은 타락한 인간의 죄에 대한 이해는 점점 더 망각하고, 인간의 낙관론과 교육의 낙관주의에로,

---

526) [참고] J.V.Sandberg, Paedagogische Theologie, Friedrich Niebergalls Praktische Theologie als Erziehungslehre, Goettingen 1972.

527) [참고] F. Niebergall, Praktische Theologie, Lehre von der kirchlichen Gemeindeerziehung auf religionswissenschaftlicher Grundlage, Tuebingen 1918.

528) [참고] F.Schweitzer, 전게서 282쪽.

그리고 '문화개신교주의'(Kuturprotestantismus)에로 빠져가게 되었다.

9. 미국교회의 신앙교육

1) 역사적 상황

아메리카대륙은 콜럼버스에 의하여 발견된 신대륙이었다(1492). 그 이후 스페인을 비롯하여 영국과 구라파의 여러 나라들은 식민정책으로 신대륙을 점령해 갔다. 구라파 사람들은 원주민인 인디언들을 몰아내고, 백인들의 세계로 만들어 갔다. 그리고 로마 가톨릭교회로부터 종교적인 박해를 바고 있던 퓨리턴들은 종교의 자유를 찾아 신대륙으로 건너가게 된다(1620). 그들은 먼저 로드 아이랜드와 마싸추세트, 코네티컫 그리고 뉴햄프서 등 네 개의 지역을 연결하여 뉴잉글랜드를 건설하였고, 교회와 학교를 설립하고 신앙생활과 자녀들의 교육을 힘썼다. 퓨리턴들은 원래 칼빈주의 사상에 영향을 받은 자들이며, 칼빈주의 교육정신을 그 땅에서 실천하였다.529) 뉴잉글랜드 지역은 벌서 학교교육을 위하여 3권의 책으로 구성된 기본 커리큘럼을 제시하게 되었다.

2) 미국에서의 주일학교교육

웨슬리는 미국에 그리스도의 복음을 전파하는 선교활동에 동참하였을 뿐 아니라, 주일학교를 소개하였다. 미국에서의 주일학교는 교회가 세워진 곳이면 어디서나 주일학교가 설립되었고, 아이들이 모여 하나님께 예배하며, 성경을 가르치는 장이 되었다. 이러한 주일학교 교육은 교회안으로 들어오면서 본래 레이크스가 영국에서 의도했던 사회교육적인 성격은 배제되었고, 아이들에게 성경을 가르치는 교육으로 마침내 교회의 교육기구로 정착하게 되었다.

미국에서 주일학교는 크게 발전되는 과정을 거치게 되는데 대체로 미국에서 발전된 주일학교의 특징은 어린이 전도운동에 있었으며, 성경을

---

529) [참고] James E.Reed and Ronnie Revost, A History of Christian Education, 1993, 293쪽.

공부하는 운동, 그리고 평신도 중심의 봉사활동이 그 대표적인 것이었다. 물론 주일학교교육은 경건주의적인 영향을 받게 되는데, 어린이 전도운동과 맞물려, 어린이들의 중생체험과 회심을 강조하는 행위들이 집중되었다. 이러한 모습은 성장세대의 교육적 행위에 적합하지 않다는 비판이 일게 되었다.

19세기 중엽 미국의 기독교교육학자 부쉬넬(H. Bushnell)은 미국에서의 주일학교교육이 지나치게 어린이 회심운동으로 기울어지게 될 때, 주일학교교육을 비판하게 된다. 그는 기독교 교육의 중요성이 그리스도인의 양육에 있다는 것을 전제하여, 주일학교 교육은 어린이의 회심을 중심한 전도운동의 형태로 나아 갈 것이 아니라, 인격적 존재로의 성장을 돕는 차원에서 신앙교육이 이루어지게 해야 할 것을 강력히 주장하게 된다. 특히 하나님의 언약사상과 유아세례에 근거한 교회의 교육적 책임과 가정에서의 부모를 중심으로 한 가정교육을 통한 자녀교육의 중요성을 강조하게 되었는데, 이러한 부쉬넬의 비판은 주일학교교육의 새로운 방향을 설정하는데 기여하게 된다. 그러나 부쉬넬의 이러한 아이들의 성장과 인격을 전제한 교육론은 그 당시 진화론의 영향에 휩싸여 보수주의적인 종교육의 시각에서 비판을 받기도 하였다.

3) 호레이스 부쉬넬과 교회교육

부쉬넬은 1802년 코네티컷의 밴탐(Bantam)에서 출생하였다. 그의 아버지는 감리교도였다. 그는 예일대학을 졸업한 후에 노르위치와 코네티컷의 학교에서 교사로 활동하였다. 그리고 1831년에 예일대학에서 다시 법학을 공부하였고, 그 기간에 그리스도인으로서의 새로운 회심을 경험하게 되었다. 그는 1883년 코네키컷에 있는 하드포트의 북회중교회에서 목사가 되었으며, 그곳에서 36년 동안 섬겼다. 그리고 그는 1876년 하나님의 부름을 받기까지 많은 설교와, 저술을 발표하였다. 그 중에 '그리스인의 양육'(Christian Nurture)이란 책을 1861년에 완성하여 출판하였다.530) 그 책으로 인하여 그는 미국

---

530) [참고] James E.Reed and Ronni Prevost, 전게서, 314-315쪽.

에서 유명한 기독교육학자로 존경받게 되었다.

부쉬넬의 기독교적 양육으로서의 교육구상은 그의 글 '종교의 부활'(1936)에 나타나고 있으며, 1846년에 쓴 '그리스도인의 양육'(Chridtian Nurture)이란 책에서이다. 이 책의 핵심적인 주제는 아이가 그리스도인으로 자라게 하는 것이었다. 그리고 아이는 결코 그 어떤 다른 존재로서 자라지 않는다는 전제에서 아이의 교육을 다음과 같이 강조하였다. "아이가 일반적으로 생각하는 것처럼 죄 가운데서 자라고, 성숙한 성인이 된 후에 회개하게 되는 것이 아니라, 영적으로 새롭게 된 자처럼 세계를 향하여 문을 열게 되며, 그가 기억하는 것은 기술적인 경험을 통하여 나아갔던 그 때가 아니라, 겉으로는 차라리 그의 가장 이른 시기에 선한 것을 좋아했던 것보다 더한 것의 기억이다."531)

부쉬넬은 이러한 전제에서 가족의 유기적 연합이란 주제하에서 가정의 중요성을 강조하였고, 아이의 성장은 가족관계에서 형성되는 것임을 밝혀주었다.532)그리고 하나님의 은혜는 기독교 가정을 통하여 아이에게 반영될 수 있는 원초적인 수단임을 강조하였다. 그는 그 당시 부흥회를 통하여 어린이의 즉흥적인 회개를 촉구하는 방식을 반대하고, 참된 회개는 성장과정에서 이루어지는 일로 보았으며, 교회와 가정에서 형성된 유아기의 기독교 환경에서 시작된다고 보았다. 그 때문에 유아세례의 중요성과 하나님의 약속의 백성이 되어 은혜안에서 아이의 성장을 돌보는 부모의 책임을 강조하였다. 그는 부모가 아이의 양육의 완전한 교사라는 것을 말한 것이 아니라, 삶의 모범자로서 아이에게 본을 보이고, 어버이로서의 잘못과 약점에 관하여 기회가 있는 대로 그들의 아이들과 말하도록 부모를 격려하고 있는 것이다.533)

부쉬넬의 기독교교육론의 핵심은 역시 부모의 모범이 되는 일에 있다. 그리고 그는 미국에서의 기독교교육운동의 아버지로 불려진다.534)그리고

---

531) [참고] H. Bushnell, Christian Nurture, Michigan, 1991, 4.Printing, from 1979, 10쪽.
532) 전게서, 90쪽 이하.
533) 전게서, 253쪽 이하.
534) [참고] Elmer L. Towns, ed.A History of Religious Education, Gran Rapid's 1975, 278쪽.

그의 교육론은 기독교 가정교육의 중요성을 일깨우게 되었다. 그리고 그의 교육철학은 경험적이며, 자연적인 사상에 영향을 미치게 되었다. 그는 비록 그의 생애 대부분을 목사와 신학자로 보냈음에도 불구하고 교육자로서 존경받을 만한 것은 두 가지 관점에서라고 보는데, 첫째는 아이에 대하여 교회가 주목하도록 한 점이며, 둘째는 기독교 가정의 책임이 무엇인지를 일깨우는 일이었다.535)

4) 프라그마티즘과 교회교육

프라그마티즘은 미국에서 일어난 실용주의 철학사상을 의미한다. 여기서 우리는 미국교회의 교회(기독교)교육의 역사를 소개하면서 19세기와 20세기의 전환기에 프라그마티즘이 어떤 배경에서 생겨나게 되었으며, 교회교육에 어떤 영향을 미치게 되었지를 소개해 보려는 것이다.

(1) 프라그마티즘의 영향

프라그마티즘은 희랍의 헤라클리쿠스(B.C. 540~470)에게서 나타났던 것으로 알려져 있다. 그는 "모든 사물은 흐른다. 그 어떤 것도 동일한 강물에 두 번 발을 디딜 수 없다. 같은 강물에 우리는 발을 내 딛는다. 그러나 두 번은 아니다. 즉, 우리는 존재하고 있지만 그 자체로 그러나 머물러 있는 것은 아니다. 모든 것은 끊임없이 변화의 과정에 있다'536)라고 썼다. 그리고 영국의 철학자 베이컨은 귀납적인 사고의 방법론을 지식획득의 최선의 방법이라고 강조하였으며, 사회적인 연구에 과학을 응용하였다. 결과적으로 오늘의 미국의 교육에 큰 영향을 끼친 이들은 로크, 루소, 페스탈로찌, 헤어바르트, 프뢰벨 등이라 하겠다. 이들은 모두 교육의 중심을 아이들, 즉 학생을 중심에 둔 교육을 제창하였다. 그리고 미국의 프론티어 정신은 역시 실용주의 사상이 싹트게 하는데 중요한 동기를 부여했다고 본다. 이점에 대하여 제임스 리드(J. Reed)는 그의 '기독교 교육의 역사' 란

---

535) [참고] James E.Reed und R.Prevost, A History of Christian Education, 1994, 320쪽.
536) 전게서, 308쪽.

책에 자세히 언급하고 있다. 특히 벤자민 프랭클린의 입장을 소개하면서 그는 미국의 개척정신이 교육에 미친 영향을 크게 미치게 되었다는 것을 강조한다. 그리고 이러한 정신은 바로 미국에서 실용주의가 싹트게 된 또 하나의 동기라고 본다. 그 외에도 다윈의 종의 기원에서 말하는 진화론은 역시 프라그마티즘의 사상 형성에 기여한 것으로 본다.

(2) 프라그마티즘의 창시자는 누구인가?

찰스 센더스 피어스(Charls Sanders Peirce, 1839~1914)와 윌리엄 제임스(William James, 1842~1910), 그리고 존 듀이(John Dewey, 1859~1952) 등은 프라그마티즘의 사상을 형성한 대표적인 학자들이다. 피어스와 제임스는 하바드 대학에서 교수로 전자는 철학을 후자는 심리학을 가르쳤다고 한다. 그리고 듀이는 피어스가 존스 홉킨스 대학에 교수로 있었을 때 학생으로 피어스의 제자였던 것이다. 피어스의 프라그마티즘은 물리학과 수학에 근거한 것이었으며, 제임스는 심리학에서 그의 이론을 근거하고 있었다. 그러나 듀이는 생물학과 사회과학에 기초하였다. 그리고 프라그마티즘을 교육이론에 정착시킨 이는 역시 존 듀이이다. 그는 미국의 버몬트에서 태어나, 버몬트 대학에서 철학을 공부하였다. 그리고 홉킨스 대학에서는 스탠리 홀 밑에서 공부하였고, 스탠리 홀 역시 제임스의 제자였다고 한다. 듀이는 후에 미쉬간 미네소타, 시카고, 콜롬비아, 대학 등에서 교수로 가르쳤다. 듀이는 교육을 사회적인 목표를 찾는 사회적 과정으로 보았다. "나의 교육신조" 라는 글에서 듀이는 다음과 같이 썼다: "교육이란……삶의 과정이지, 미래의 삶을 위한 준비는 아니다.537)

듀이는 교육이란 아이에 대한 자연적인 성장일 것이며, 학생은 공동체에 의하여 지도를 받게 해야 한다는 것이다. 그리고 아이의 활동적인 참여는 학생에게 있어서 민주주의를 배우는 가장 효과있는 방법이었다. 듀이에 따르면 사회적인 연구와 활동들은 교육과 연관된 주된 사건이라는

---

537) [참고] James W., No II and Sam P.Kelly, Foundation of Education in America, NY. 1970, 237쪽 이하.

것이다. 듀이는 역시 다섯 가지 신교육의 원칙을 제시한다. 첫째는 어린이 중심 교육이다. 둘째는 고유한 동기유발을 통한 교육이다. 셋째는 활동을 통한 교육이다. 넷째는 경험의 재구성으로서의 교육이다. 다섯째는 사회 중심적 교육이다. 듀이는 1894년 시카고 대학 철학부에 책임교수로 초대되었고, 거기서 교육학부를 창설하게 된다. 1896년 그의 아내와 함께 시카고 대학 내에 실험 학교를 설립하였다. 듀이는 철학부와 심리학부, 그리고 교육학부를 연결하여 실험학교를 운영하였던 것이다. 그후 그는 '학교와 사회'(1898), 그리고 '아이와 커리큘름'(1902) 이란 두 권의 책을 출판한다. 그리고 듀이의 가장 유명한 책은 '민주주의와 교육'(1916)이다. 이 책은 미국교육에 있어서 오늘날까지 큰 영향을 끼치는 책이라 할 수 있다.

(3) 프라그마티즘과 종교교육

미국사회에서 프라그마티즘이 교육에 가져다 준 결과는 엄청난 것이었다. 20세기로 접어들면서 교육이란 주제는 미국사회에 중심적인 주제가 되었다. 교사의 권위는 향상되었고, 대부분 탁월한 사람들이 교사의 직에 임하게 되었다. 그리고 프라그마티즘은 교육과정에 반대적인 아이디어는 큰 도움을 주는 것으로 간주하였다. 그리고 교육은 교사중심에서 아이중심으로 전환하게 되었다. 교육상황에 교사의 역할은 아이들의 협력적인 문제 해결자였다. 프라그마티즘을 따르는 자들에게는 고전적인 교육과정은 더 이상 의미를 주지 못했다.

이러한 영향은 곧 주일학교의 신앙교육(종교교육)의 상황에 변화를 주게 되었던 것이다. 주일학교의 유아부와 유·초등부의 교사들은 교사중심의 학습에서 학생중심의 학습으로 전환하게 되었다. 이것은 상대적으로 성경적인 내용에 대한 관심보다는 더 많이 아이들에 대한 관심으로 기울어지게 된 것이다. 프라그마티즘은 교회의 성경공부에도 큰 변화를 가져다주었다. 교회는 성경공부 그룹을 조직하였고, 공부를 통하여 교회에 소속된 멤버들을 결속하고 증대시키는 결과를 가져다 준 것이다.

결과적으로 프라그마티즘의 영향은 종교교육적으로 새로운 학습의 변화를 가져다주게 되었다. 그리고 이것은 미국교회의 성장의 활력소가 되었음에도 불구하고 많은 문제를 생산하게 된다. 종교교육과 교회의 상황은 발전과 성장이라는 것을 기독교의 본질적인 것으로 평가하기보다는 지극히 외형적이고 양적인 결과에서만 평가하는 기준이 보편화되었다는 점이다. 결국 프라그마티즘은 목적을 위하여 수단과 방법의 선택을 중히 여기지 않는 문제를 안게 된 것이다. 이것은 프라그마티즘이 도구주의로 불리는 이유이기도 하다. 이로써 듀이의 프라그마티즘은 미국 교육의 모든 국면에 영향을 주게 되었다. 오직 수적인 결과를 추구하는 많은 목회자들과 교회(미국과 한국을 중심하여)들은 그의 사상에 깊이 물든 결과라 할 것이다.

5) 20세기의 미국교회의 신앙교육

20세기의 미국교회의 종교교육의 학문적 연구에 크게 헌신한 인물은 코(G. Albert Coe : 1862~1951)를 들 수 있다. 그는 미국종교교육협의회(REA)를 설립한 인물 중의 한사람이다. 그는 로체스터, 보스톤, 베르린 대학에서 공부하였다. 그리고 남캐리포니아 대학과 노스웨스턴 대학에서 철학을 가르쳤으며, 13년간 유니온 신학교에서 심리학과 교육학을 강의하였다. 1927년 은퇴하기까지 콜롬비아 대학의 교육대학에서 교육학을 가르쳤다. 그는 많은 논문과 책들을 출판했으며, 교회를 위하여 네 차례나 중요한 교회교육의 커리큘럼을 만들기도 했다.[538]

10. 20세기의 종교교육과 교회의 신앙교육

여기서 우리는 유럽의 국가들 가운데서 가장 종교교육이론에 발전적인 모습을 보여준 독일의 종교교육학자들의 견해에 근거하여 현대교회의 신앙교육의 역사를 밝혀보려고 한다. 특히 20세기 제 2차 세계대전 전까지의 기간에 한정하여 설명하기를 원한다.

---

538) 참고, 전게서, 333쪽.

1) 시대적 상황

20세기 초엽의 구라파교회는 새로운 상황을 맞이하게 된다. 그것은 19세기를 주도했던 자유주의 신학에 대항하는 새로운 신학이 태동하게 되었기 때문이다. 그 신학을 우리는 신정통주의 신학(Neo-Orthodoxtheologie), 위기의 신학(Krisistheologie) 또는 변증신학(Dialektische Theologie)이라고 부른다. 이러한 신학은 바르트에게서 시작된 19세기를 지배했던 소위 자유주의 신학에 대한 거부와 비판이었다. 그리고 자유주의 신학이 제시한 이성중심의 신 인식론에서 다시 계시중심의 신 인식론으로 전환하게 된다. 그리고 제1·2차 세계대전을 겪으면서 철학적으로 가장 강하게 질문된 것은 인간의 실존적 존재로서의 가치에 대한 것이었다. 특히 부버(Buber)의 '나와 너의 철학'은 대화원칙의 인간학과 함께 새로운 사고로 제시되었다. 그것은 역시 교육적 관계의 대화적 이해에로 이끄는 특징을 가지게 되었다. 그리고 달리는 하이데거(M. Heidegger)와 야스퍼스(K. Jasper's)에 의하여 제기된 실존철학은 이 시대를 지배한 정신적 가치들이라고 할 수 있다. 현대신학도 이러한 실존주의 철학의 영향을 피하지 못했다. 그리고 인간의 가치에 대한 물음과 함께 신학도 거의 계몽주의적인 영향과 함께 인간중심의 신학이 수립되었다고 할 것이다.

2) 신정통주의 신학

신정통주의 신학(Neo-Orthdoxtheologie)은 20세기 초엽의 독일의 자유주의 신학에 대항하여 일어난 새로운 신학의 방법론이었으며, 신학의 방향을 선도하는 신학사상이었다. 신정통주의 신학사상의 대표적인 인물들로는 칼 바르트(K. Barth)와 트루나이젠(루돌프 불트만, 그리고 폴 틸리히 등으로 대변된다. 이들은 모두 그 시대의 실존주의 철학의 영향과 함께 새로운 신학을 주도했던 인물들이다. 이들이 자유주의 신학을 거부하게 된 것은 그 신학이 하나님의 계시의 초월성을 간과하고 기독교를 자연계시적 종교로만 이해하려는 신관이 문제였던 것이다. 바르트는 그들의 신 인식은 성경에서 떠난 것으로 보았다.

신정통주의 신학이란 일명 '변증신학'(Dialektische Theologie) 또는 '위기신학'(Theologie der Krisis)이라고 부르기도 하는데, 그 이유는 특별히 바르트 신학의 성격을 표현하는 말들이라고 하겠다. 이것은 그 당시 자유주의신학이 인간을 구원하는 신학이 아니라는 양자 중 어느 한 쪽을 선택해야 하는 극단적인 대립관계를 말해주는 것이다. 이것은 자유주의 신학을 거부하고 신정통주의 신학을 선택해야 한다는 신학의 시대적 상황을 표현하는 것이기도 하다. 그리고 올바른 진리에 대한 양자택일의 관계를 선언적으로 강조한 말이다. 이것은 모두 그 당시 바르트신학의 독특성을 보여주는 것들이다.

바르트는 자유주의 신학을 거부하면서 복음에 나타난 '하나님의 의'를 다시 새롭게 증거한다. 그리고 신의 역사와 하나님의 절대권을 강조한다. 그리고 신적인 권위가 복음의 말씀, 하나님의 말씀을 통하여 회복되어야 함을 강조한다. 그는 계속해서 신의 초월성을 강조하고 자유주의 신학이 강조하는 신의 내재성을 거부하며, 인간이 행하는 그 어떤 노력도 하나님의 심판과 은혜의 역사 앞에 모두 무가치한 것으로 비판한다. 바르트는 역시 로고스란 하나님의 말씀을 새롭게 강조하면서 성육신의 그리스도를 강조하고 기독론적인 이해를 중심으로 새로운 신학을 수립한다. 특히 그는 하나님의 말씀의 선포되어야 함을 강조하고 소위 말씀의 신학을 제시하기에 이른다.

바르트의 말씀의 신학은 크게 세 가지로 구분된다. 첫째는 계시된 말씀으로 그것은 역사 속에 오신 예수 그리스도의 성육신 사건을 의미한다. 둘째는 기록된 말씀으로 성경을 의미한다. 셋째는 복음증거자들의 입을 통하여 선포되어야 하는 말씀을 말한다. 이것은 하나님의 기록된 말씀이 설교자들을 통하여 세상에 알려져야 하는 설교를 말한다. 그리고 바르트는 요 1:14에 기록된 성육신의 사건을 그의 신학의 기본적인 모델로 삼는다. 역사적으로는 신정통주의 신학을 통하여 자유주의 신학은 후퇴하게 되었고, 성경을 중심한 새로운 말씀의 신학이 구라파의 신학을 주도하게 된다.

3) 신정통주의 신학과 종교교육

신정통주의 신학은 그 동안 자유주의 신학에 영향을 받은 종교교육의 방향과 방법을 새롭게 수정하게 하는 계기를 만들어 주었다. 특별히 자유주의 신학에 근거한 종교교육은 인간론에 있어서 부분적 타락을 신뢰하고 인간의 자율성을 강조하는 입장을 취하게 되었다. 그리고 교육을 통한 인간 구원의 가능성을 강조하게 되는데, 여기서 종교교육은 교육의 낙관주의가 나타나게 되었다.

신정통주의 신학은 인간교육의 낙관주의를 통하여 하나님의 역할을 배재하고 인간중심의 교육으로 전환되어 하나님의 역할을 외면하는 종교교육의 방향을 다시금 하나님 중심으로 전환시키는 결과를 가져왔던 것이다. 이러한 신정통주의 신학에 근거하여 종교교육의 이론을 새롭게 전개시킨 대표적인 학자들로는 게르하르트 보흐네(G. Bohne, 1895~1977)와 오스카 함멜스벡(O. Hammels-beck, 1899~1775)과 헬무트 키텔(Hemuth Kittel, 1902~1984)이란 인물들이 있다.

(1) 게르하르트 보네(G. Bohne, 1895~1977)

'보네'(Bohne)는 신정통주의 신학을 근거로 종교교육의 이론을 새롭게 설정한 독일의 복음주의 종교교육 학자이다. 그의 책 하나님의 말씀과 수업(Das Wort Gottes und der Unterricht)은 그의 대표적인 작품이다. 그는 그 당시 독일의 종교교육의 상황을 다음과 같이 말해주고 있다. "우리의 교육은 인간을 신뢰하는 것에 기인한다. 즉, 인간 개개인은 결정적인 상태로 제시된 확신에 따라 그들의 발전에 인간의 이상을 자신에게 실현시키려는 믿음에 의지하고 있는 것이다".539) '보네'(Bohne)는 계속해서 말하기를 교육의 목적은 모든 인간의 능력의 조화로운 훈련, 인간 전체의 발전, 특히 인격의 발전에 있다. 그러나 예수님은 그것에 관하여 알지 못한다고 하였다. 다시 말하면 보네는 인격의 발전을 힘쓰는 교육은 성경에서 말하고

---

539) G.Bohne, Das Wort Gottes und der Unterricht, Berlin 1929, 51쪽 이하.

있는 교육이 아니라는 것으로 실제로는 자유주의 신학의 영향 하에서 제시되는 종교교육의 입장을 반대하고 있는 것이다. 이것은 보네의 사상이 얼마나 신정통주의 신학의 입장에 영향을 받고 있는가를 단적으로 보여주는 것이다. 그는 개혁 교육적이며, 자유주의적인 종교교육학은 복음적인 가르침으로 전환해야 할 것을 강조하였다.

(2) 오스카함멜스 벡(O. Hammelsbeck, 1899~19775)

다음으로 신정통주의 신학에 근거하여 새로운 복음의 가르침을 강조한 인물은 역시 오스카 함멜스벡(Hammelsbeck)이다. 그는 역시 바르트의 신정통주의적인 신학에 근거하여 복음의 가르침을 강조한다. "교육에 관한 복음적인 가르침"(1958)이란 그의 책에서 그 당시 자유주의 신학에 근거한 종교교육의 이론을 강력히 비판하고 있다. 신학적인 근본 주제에 비추어 볼 때 복음은 교육일 수 없다는 것이다. 그리고 역시 교육은 복음일수가 없다고 하였다. 그는 '복음적인 교육'이란 용어 사용을 반대하였다. 그리고 "복음의 교육이란 없다, 왜냐하면 복음에 폭력이 행하여졌기 때문이다." 라는 말로 그동안의 종교교육에 대하여 혹평하였다.

함멜스벡의 교육에 대한 근본적인 이해는 교육을 루터처럼 교회의 일이기 보다는 세상의 일로 보았던 것이다. 즉, 교회가 책임져야 할 일이 아니라 세속의 정부와 시 당국이 행하여야 할 책임으로 본 것이다. 그 때문에 복음의 교육이란 개념사용 조차 반대한 것이다. 그리고 그는 복음적인 교육이란 말 대신에 '교육에 관한 복음적인 가르침'이란 말을 오히려 더 잘 사용하기를 원했다. 이것은 복음을 인간의 힘으로 가르칠 수 있다고 생각하는 인본주의적인 교육적 사고를 거부하는 것이며, 복음 그 자체가 인간을 가르치는 권위를 가지고 있으며, 여기에 가르침이란 역시 복음 자체가 교훈하는 것을 믿음으로 수용해야 한다는 것을 의미하고 있는 것이다. 이것은 자유주의 신학의 영향으로 생겨난 종교교육은 신적인 권위를 의존하는 가운데 이루어진 교육이 아니었던 것에 대한 비판이며, 동시에 하나님의 권위를 교육의 중심에 두려는 신정통주의 사상의 반영이라고 할 것이다.

함멜스벡은 교육과 신학의 관계에 있어서 교육은 어디까지나 복음적이어야 하며, 복음적인 신앙에 상응하는 가르침이어야 한다는 입장을 가지고 있다. 그는 교육은 어디까지나 신학과의 관계 속에 있어야 하며, 신학에 종속되어야 함을 주장한다. 그 때문에 교육적인 종교수업 대신 복음적인 가르침이란 개념 사용을 또한 주장한다. 복음의 가르침이란 특별한 의도 안에서 신앙을 도우는 일로 이해한다. 그것은 하나님의 말씀의 들음을 도우는 행위를 뜻한다. 이것은 롬10;17의 말씀과 관련하여 생각된 것이다. 더욱이 함멜스벡의 신학과 교육의 관계는 신앙고백적인 특수성을 전제하고 있다. 그에 따르면 종교는 하나님께로 향하는 어떠한 교량적인 역할을 할 수 없는 것이고, 종교적인 교육은 그 어떠한 종류의 복음도 아니라고 본다. 이 말의 배후에는 교육이 복음을 가르침에 있어서 교육 그 독자적인 행위로는 아무것도 그 결과를 이루어 낼 수 없다는 생각이 숨어 있는 것이다.

그리고 함멜스벡은 그리스도의 가르침의 사명(마 28 : 18 - 20)에 근거한 교회의 학습을 제기하였다. 이러한 교회학습의 형태는 이중적인 것으로 이해되는데, 한편으로는 교회공동체를 통한 선교적인 것과 다른 한편으로는 성화에 관련된 모습이다. 그리고 이 양자사이에 세례가 놓여 있으며, 교회의 유아세례는 바로 선교적이면서 동시에 교회공동체적인 것을 목표한 것이며, 견신례(Konfirmation)로 알려진 입교행위는 과도기로 특징 지워진다. 그 때문에 학교에서의 종교학습은 이러한 선교적인 성격을 지녀야 한다는 것이었다.540) 그리고 이러한 종교학습은 교회와 연관되어야 하며, 그 학습은 전적으로 성령에 의존되어야 한다는 것을 강조하였다. 여기서 함멜스벡은 자유주의 신학에 근거하여 제시된 종교교육이 얼마나 인간중심이었으며, 교회로부터의 독립된 행위였던 지를 지적하고, 다시금 교회와 하나님과 그의 말씀과 깊이 연관되어야 할 것을 주장하게 된다.

---

540) [참고] O. Hammelsbeck, Leben unter dem Wort, 1950, 각주 205번.

(3) 헬묻 키텔(H. Kittel)

우리는 신정통주의 신학에 의존하여 종교교육론을 제시한 세 번째 대표적인 인물로 역시 헬묻 키텔(H. Kittel)을 소개할 수 있다. 그는 보네나, 함멜스벡과 같이 종교교육이란 개념을 거절하고, 복음과의 올바른 대화를 구상하기 위하여 '복음적인 가르침'을 수용하였다. 그리고 키텔은 19세기에 계몽주의적인 종교교육이 교회의 신앙교육적인 이해를 떠나서 독립적인 길을 걸었던 종교교육을 거절하고 '복음적인 가르침'(Evangelische Unterweisung)이란 이름으로 새롭게 회복하기를 원한다. 키텔이 의도한 복음적인 가르침에는 성경이 첫 번째요, 그 다음으로 찬송과 요리문답의 내용을 중심에 두고 있었다.541) 그리고 학교에서의 예배에 있어서도 하나님의 말씀이 선포되는 일을 가장 우선시 하였다. 결과적으로 학교와 심리학과 문화 대신에 키텔은 교회를 중심하여 세례와 공동체를 형성하기 위한 목적의 교회교육론이 회복되기를 희망했으며, 그런 맥락에서 학교에서의 종교교육도 교회교육과 깊이 연관되기를 희망했다고 할 것이다.

이상의 세 종교교육학자의 입장을 종합해 볼 때 신정통주의적인 신학의 입장은 교육과 신학의 관계를 급진적으로 분리시키는 결과를 초래하였다. 신정통주의 또는 변증신학의 특성은 복음의 종말론적인 성격을 대변해 준 모습이라고 할 수 있다.

이러한 신학은 결국 문화프로테스탄티즘(Kulturprotestantismus)과 교육중심의 기독교(Erziehungschristentum)를 반대했기 때문에 '신앙과 교육'(Glaube und Erziehung), '복음전파와 종교수업'(Verkuendigung und Unter richt), '기독교와 학교'(Christentum und Schule) 등에 관하여 심각한 분리와 대립의 이원적인 입장을 가지게 되었다. 이것은 교육과 신학의 관계에 있어서 신정통주의 신학이 보여준 가장 부정적인 면이라 할 것이다. 결과적으로 신 정통주의 신학은 종교교육에 있어서 하나님의 주권을 회복하는 대신 인간의

---

541) [참고] H. Kittel, *Vom Religionsunterricht zur Evangelischen Unterweisung*, 1947, 10쪽 이하.

책임인 교육의 특징을 약화시키는 부정적인 모습을 초래하게 하였다. 그러나 독일에서 이러한 양 차원의 멀어진 간격을 새롭게 연결시키려고 노력한 대표적인 종교교육학자는 역시 우쇄델(W. Uhsadel)을 들 수 있다. 그의 유명한 책 ‘복음적인 교육과 학습이론, 실천신학’에서 그는 다음과 같이 쓰고 있다. “기독교의 구원이란 교육보다는 무엇인가 다른 것이다. 그러나 그리스도의 사역이 그의 교회에서 계속적으로 인간의 손에 의하여 일하도록 작용하는 만큼 그것은 교육의 영역에서 이루어져야 한다. 구원이 하나의 역사 속에 이루어진 사건이라면 그것은 인간적인 사회적 삶 속에 이루어지도록 해야 한다”.542)

우쇄델의 생각에서 우리는 자유주의 신학이 교육의 문제를 지나치게 인간 편으로 기울어지게 했다면, 반대로 신정통주의 신학은 지나치게 하나님의 권위회복 차원에서 인간편의 행위를 거절하는 극단적인 면을 보여주었다는 판단을 하게 된다. 그리고 교육과 신학의 관계가 어떻게 균형을 이루는지에 따라 기독교종교교육의 방향이 좌우된다는 것을 인식하게 된다.

4) 신정통주의 신학과 교회의 신앙교육

하나님의 말씀의 선포를 강조한 신정통주의의 계시 이해는 교회의 신앙교육에 그대로 영향을 미쳤다. 교회교육의 가장 중심적인 행위인 ‘입교준비를 위한 신앙학습반’(Konfirmandenunterricht)에서의 수업은 교육적인 행위로서의 가르침보다는 예배에서의 설교위주로 진행되었다. 왜냐하면 하나님의 말씀이 선포되어야 했기 때문이다. 믿음이 들음에서 난다는 명제에 따라, 말씀을 듣도록 하는 방법이 강행되었던 것이다. 교회의 학생들은 질문 없이 일방적으로 경청하고 듣고 있기만 했어야 했다. ‘영혼 돌봄의 사역’(Seelsorge)도 복음전파가 중심에 있어야 했었다.543) 결과적으로는 교

---

542) W. Uhschadel, Evangelische Erziehung und Unterrichtslehre, Praktische Theologie, Heidelberg 1961, 15쪽 이하.

543) [참고] E. Thurneysen, Die Lehre von der Sellsorge,Zuerich 1946, 9쪽.

회교육에 있어서 인간으로서 가르치는 교사의 역할과 교수방법이 중요한 것이 아니라, 더 중요한 방법은 신학적인 것으로 성령이 직접 역사하는 방법에 의존하는 것이 강조되었다. 그리고 교사는 교육의 역할자이기 보다는 복음을 증거 해야 하는 복음 설교자의 역할이었던 것이다.

이러한 신정통주의 신학이 제기한 주된 교육의 비판점은 계몽주의 사상에서 파생한 인간학적이며, 철학적인 인간의 자율성(Autonomie)의 사상에 대한 것이었다.544) 그 때문에 이제 자유주의 신학이 주도하던 신학과 교육의 일치는 새로운 접근을 통하여 해결해야만 했다. 그리고 교회교육은 신학적인 방법에 의지하여 인간적인 노력으로 이해되는 교육의 문제를 해결하는 노력을 기울여야 했다. 특히 국가사회주의 통치기간에 교회는 '고백하는 교회'로서의 모습을 보여주었다. 교회의 가르침을 왜곡하는 히틀러의 통치이념에 대항하여 소위 '고백교회의 운동'이 전개되었다.545) 그 이후 독일교회의 교회교육은 거의 함멜스벡(Hammelsbeck)에 의하여 큰 영향을 받게 되었다. 그의 교육사상은 바르멘 선언문의 제2항에 근거하여, 루터적인 것보다도, 개혁주의적인 사상에 더 의지하는 그리스도 중심적인 모습을 보여주었다.546)

11. 현대의 종교교육과 교회신앙교육의 미래

1) 시대적 상황

제2차 세계대전이 끝난 후 유럽의 상황은 새로운 시대적 요구에 직면하게 된다. 그것은 전후의 교회를 수복하고, 국가사회주의의 통치하에서 왜곡된 교회의 신앙교육과 학교의 종교교육을 바로잡고, 회복하는 일이었다. 그리고 학교교육이 민주주의적인 가치를 지향한 미국교육의 영향을

---

544) [참고] Hrg. von Nipkow u. a., Religionspaedagogik, Bd. 2/2, Guetersloh, 1994 31쪽.
545) 1934년 독일교회(DEK)는 부퍼탈-바르멘에서 총회를 개최하였고, 히틀러통치에 대항하여 바르멘 선언을 채택하여 발표하였다. [참고] Hrg. v. G. Niemoeller, Die erste Bekenntnissynode der Deutschen Evangelischen Kirche zu Barmen,
546) [참고] Hrg. v. Nipkow, u. a., 전게서, 40쪽.

크게 받았던 시기라고 볼 수 있다.

대표적인 것이 '종합학교'(Gesamtschule)라는 미국고등학교의 체제도입이 었다. 물론 이학교제도가 독일에서 성공적으로 정착되지는 않았다. 곧 이어 동서독으로 국가가 분리되었고, 인간교육은 서로 상이한 사상적 체제 하에서 이루어지게 되었다. 서독지역에(BDR)서는 국가와 교회의 관계에 긴밀한 협동 체제를 유지하였으나, 동독지역(DDR)에서는 그렇게 되지 못 했다. 이 기간은 자유주의적인 신학에 의한 종교교육과 고백교회의 전통 에 따른 종교교육 사이의 대립적인 논쟁과 갈등의 문제가 완화되어 새로 운 길을 찾아야 하는 시대를 맞이하게 된 것이다. 그리고 사회교육은 현 대 산업사회에 적절한 인간상의 추구와 함께 인간화와 민주화의 가치를 중심한 방향으로 발전하였다.547)

이러한 변화와 함께 종교교육과 교회교육은 새로운 신학의 등장과 함 께 새로운 모습으로 발전해 갔다. 그것이 60년대부터 시도된 '해석학적인 종교수업'의 등장이 그것이며, '문제 지향적인 종교수업'의 형태들이 새롭 게 등장하기 시작하였다. 그리고 70년대 이르러 새로운 변화의 시대를 맞 이하게 된다. 종교교육은 더 이상 전통적인 교회가 지향하는 신앙교육에 서 멀어지기 시작하였고, 학교교육의 상황에 맞는 교육의 형태로 발전되 어갔다. 그리고 이에 반하여 교회교육은 날로 교육의 영역이 확대되어, 어 린이 교육에 한정된 전통적인 모습에서 성인교육의 방향으로 전환하게 되 었다. 그리고 종교교육과는 다른 새로운 교육과제와 함께 교회교육의 이 론을 필요하게 되었다.

2) 1960년대 이후의 종교교육

벌써 1950년대부터 몇몇의 소수 신학자(H. Stock)와 교육학자들(R. Lennert, E. Weniger)에 의하여 '수집'이란 잡지에 지시하며, 가르치며, 암시하는 종교 수업에 대한 토론을 전개하였다. 이것은 종교적인 물음과 성경의 의미에 대하여 주목하는 관심에서 제기된 토론이었다. 즉, 종교수업이 사건의 의

---

547) 참고, 전게서, 42~43쪽.

미를 밝혀야 하는 해석학적인 과제로 인식되었고, 그로 인하여 종교수업의 지평을 넓히려는 의도가 작용하였다. 이것은 이미 바르트의 신학과 불트만의 성경해석학적인 영향에서 파생된 결과였던 것이다. 무엇보다도 종교수업은 그 동안 말씀의 듣기만 강조했던 방식에서 이제는 학생편에서 던져지는 신앙의 물음과 함께 의미를 밝혀야 하는 해석학적인 과제가 중요한 의미를 가지게 되었던 것이다.548)

이제 다시 종교수업에서 현대적인 인간이 중요한 주제로 등장하게 되었다. 한스 스톡의 '수업에서의 공관복음서의 해석'이란 책이 영향을 미치게 되었다. 여기서 생겨난 것이 해석학적인 종교수업이다. 교사는 이제 종교수업에서 해석자의 역할을 하게 된 것이다. 그리고 종교수업은 학교의 교육이론에 근거하여 진행되는 모습을 보이기 시작하였다. 즉, 학교수업은 원칙적으로 '역사적인 전승의 해명'의 과제에 의하여 진행되어야 한다는 것이 강조되었다(Stallmann). 그리고 이제 교수 방법적으로 배우는 학생편을 주목하게 되었고, 성경의 중심점의 관점들이 신학적이며 교육적인 관점에서 질문되었고, 그것이 주제중심적이며, 문제지향적인 수업형태가 발전되는 계기가 되었다.549) 문제 지향적이란 말은 시대의 정치적이며 사회적인 그리고 인간학적인 문제점들에 대하여 이해적 차원에서 성경적인 대답의 의미를 밝히는 종교수업을 의미한다. 특별히 학생들이 올바른 이해를 가지고 이러한 문제들에 대처하며 행동하며 올바른 태도를 취하도록 돕는 수업형태를 뜻한다.

60년대 말경에 이르러 복음적인 종교교육학자들이 억압에서의 해방(emanzipatorisch)을 추구하는 비판적인 교육학의 영향을 받게 되었다. 프랑크푸르트학파의 비판이론이 그 배경을 형성하였다. 그리고 몰트만의 정치신학이 그것을 뒷받침하였다.550) 개신교의 종교수업에서 정치적인 이슈들이 주제로 수용되었다. 가톨릭 편에서도 메츠(J. Modetz)의 세상의 신학이

---

548) 참고, 전게서, 47쪽.
549) 참고, 전게서, 51쪽.
550) [참고] J. Moltmann, Die Theologie der Hoffnung, 1964.

정치신학으로 영향을 미치게 되었다.551) 여기서 이념비판적인 종교수업의 형태가 탄생하게 된 것이다.552) 그리고 그 후에 스투트(Stoodt)에 의하여 사회화를 동반한 종교수업이 종교교육적인구상으로 제시되기도 했다.553)

결과적으로 60년대 말에서 70년대로 오면서 독일교육학과 종교교육은 미국의 학문적인 교육학의 영향을 받게 되는데, 특히 '커리큘럼 이론의 영향이라고 볼 수 있다. 소위 커리큘름논의'(Curriculum-Diskussion)가 독일에서 이루어지게 되었으며, 그 결과 지금까지 독일 교육학에서 추구했던 이상적이며, 정신학문적인 패러다임은 경험적이며, 행동주의적인 그리고 사회과학적이며, 사회와 관련된 페러다임으로의 전환이 언급되기 시작하였던 것이다.554) 이러한 시대적인 변화의 요구를 가장 잘 인식하고, 수용하고, 현저히 새로운 발전을 종교교육학에서 주도했던 인물은 종교교육학의 대가인, 한스 베른하르드 카우프만(H. Bernhardt Kaufmann)으로 알려졌다.555) 그리고 그는 역시 새로운 종교수업의 형태로서 성경적이며, 주제 중심적이며, 문제 지향적인 학습형태를 발전시키는 일에 크게 기여하게 된다. 여기서 학교의 종교수업은 지금까지 교회가 지향했던 신앙고백의 특성을 지니고 있었던 것에서, 그 성격을 포기하고, 종교일반의 정보와 함께 새로운 스타일의 종교수업으로 전환되었던 것이다.556) 또한 발더만(I. Baldemann)은 전쟁, 평화, 권력 등의 정치적으로 폭발력을 가진 주제들을 제기하였다. 그리고 베르그(Berg)는 성경해석학의 과제와 함께 성경교수학이 또한 새로운 관심을 불러일으키면서, 그는 해석학적인 종교수업의 발전에 기여하

---

551) [참고] J. B. Metz, Zur Theologie der Welt, Muenchen, 1968.

552) [참고] S.Vierzig, Das Markus-Evangelium im Unterricht, Kassel, 1967.

553) [참고] Dieter Stoodt, Die gesellschaftliche Funktion des Religionsunter richts, In : Ev. Erz. 21, 1969 49-61쪽.

554) [참고] M. Meyer Blanck, 전게서, 206쪽.

555) 참고, 전게서.

556) [참고] 전게서, 205쪽. 학교의 종교수업 내용은 고백의 관점에서 선택되고, 표현되었으며, 결정적인 방향에서 학생은 개별적으로 신앙을 고백이 요구되었다. 그리고 수업에서 기도와 찬송이 행하여졌다. 그러나 70년대로 오면서 학교의 종교수업은 정보적 차원에서 윤리교육의 성격의 종교수업으로 전환되었다.

게 된다.557)

3) 교회의 신앙교육과 종교교육의 새로운 발전

복음적인 종교교육학은 학교의 종교수업의 이론일 뿐 아니라, 직접적인 교회의 교육적인 책임과 사회의 간접적인 교육적 공동책임의 형태 안에서 교회의 교육적 행위를 이해하는 일에 깊이 관계된 것으로 볼 수 있다. 특히 닢코(Nipkow)는 그러한 이해에 대하여 그의 '종교교육학의 근본물음'이라는 책에서 상세히 밝혀주고 있다.558) 특히 그는 교회의 교육적인 근본 과제들은 4가지 관점에서 이해하도록 해 주었는데, 첫 번째 과제는 삶을 동반하며 경험적인 정체성 확립을 돕는 과제이며, 두 번째 과제는 사회봉사적이며 정치 윤리적으로 지향된 것으로 교회는 다른 사람을 위한 교회가 되도록 힘쓰는 일이며, 세 번째 과제는 종교성과 사회적 가치관에 대한 비판적 시각의 제공으로서 성경적이며, 기독교적인 그리고 신학적인 전통에 적합한 해석을 견지하면서 현존하는 교회가 의롭다함의 복음전파와 믿음의 교회로부터 구별되게 하는 일로 보았다. 네 번째 과제는 하나님의 전 백성으로서의 교회가 교회연합적인 길로 향한 자질을 가진 교회가 되도록 하는 일로 이해하였다.559)

이러한 닢코의 시각은 교회교육에 영향을 미치게 된 것으로 이해된다. 즉, 유럽의 교회교육의 중심적인 행위는 '입교준비교육'(Konfirmandenunterricht)에 있다. 입교준비교육은 유럽지역 개신교회의 가장 전통적인 그리고 가장 중요한 교회의 신앙교육의 기본 형태이기도하다. 그러나 이러한 교회의 신앙교육은 역시 성경적이며— 주제 중심적이며, 문제 지향적인 그리고 사회봉사적인 가르침의 통합된 모델이 영향을 미치게 되었으며 이에 따라 전통적인 교회의 과제수행과 사회적 상황의 변화에 적절하게 교회교육은 연결되었다고 볼 수 있다.560) 그리고 1976년부터 입교의식과 입교자 준비교육과 관

---

557) [참고] H. K. Berg, Grundriss der Bibeldidakik, Stuttgart, 1993.
558) [참고] K. E. Nipkow, Grundfragen der Religionspaedagogik, Bd. 1-4, Guetersloh, 1975~80.
559) [참고] Nipkow, Grundfragen der Religigonspaedagogik, Bd. 2.
560) [참고] Nipkow, u. a., Religionspaedagogik, 226쪽.

련된 과제는 다만 시대적인 넓이에 확대되어야 할 뿐 아니라, 분명히 총체적인 교회공동체의 책임 안에서 더 분명하게 다루어져야 한다는 것이 강조되었다.561)

이러한 변화의 배경과 함께 독일개신교회(EKD)는 교회교육의 주제를 가지고 1978년 베델에서 총회를 개최하게 되는데, 그 당시 주제는 '삶과 교육-무엇 때문에?'란 것이었다. 여기서 교회는 교육의 근본토대의 위기의 물음을 진지하게 취하도록 인식할 것을 제공해 주었고, 사람들은 생태학적이며, 경제적인 영역에서의 새로운 도전들이 간략하게 파악되는 도덕교육이나, 가치교육을 통하여 해결할 수 없다는 것에 대하여 의식되었다. 역시 이러한 사회적인 도전들의 대한 교육은 절대적인 인시전환과 함께 교회의 어린이와 청소년 뿐 아니라, 복음적인 성인교육을 통하여 해결해야 한다는 것이 강조되었다.562)

80년대로 오면서 '인간형성의 이해'(Bildungsverstaendnis)에 관한 토론이 두 가지 차원에서 이루어졌다. 하나는 인간형성의 개념에 대한 것이며, 다른 하나는 그러한 개념의 내용적인 것에 대한 확정이었다. 그리고 이러한 인간형성 개념이해의 중심에는 하나의 '세계 안에서의 삶'과 '평화와 민주주의와 가치의 변화들과 관련하여 삶에 대한 물음들이'놓여 있다. 그 때문에 신학에서는 또한 역시 다양한 새로운 사회운동에 평화운동이나 환경운동 등의 대안에 대한 하나의 다리를 놓게 되었던 것이다.563)

이러한 교육개념이해에 따른 주제들은 80년대 이후 종교교육학의 주제가 되었다. 그리고 역시 70년대부터 시도된 기초화의 개념은 80년대에 이르러 여러 구별된 기초화교육의 구상들로 제시되었는데, 그것들은 처음부터 통일된 형태로 나타난 것은 아니지만, 기독적인 전통을 오늘날의 이해와 경험에 관련된 삶의 의미를 전제한 방식으로 표현하게 하는 시도였다.564) 닢코에 의하면 이러한 기초화의 이론에는 역시 인간의 발달심리적

---

561) 전게서, 226쪽.
562) 참고, 전게서, 228쪽.
563) [참고] Nipkow, u. a., 전게서, 230쪽.
564) [참고] Nipkow, u. a., 전게서, 231쪽.

인 차원이 속하는 것으로 이해된다. 벌써 70년대에 사회학적인 사회화이론의 수용은 종교교육학의 넓게 수용된 관계이론에서 심리분석적인 발달심리학을 기대하고 있었다. 그리고 에릭슨(E. Erikson)이 설명한 삶의 순환에 관한 근본개념(근본신뢰와 정체성)은 종교교육학의 인간론에 토대가 된다.565) 그리고 파울러(J. Fowler)의 신앙발달의 단계이론과 삐아제(J. Piajet)의 인지발달과 콜베르그(L. Kohlberg)의 도덕발달론은 종교교육학의 인간론 이해에 영향을 미치게 되었다. 즉 총체적인 삶의 과정을 파악하는 종교적인 발달에 따라 종교교육적인 과제는 삶에 동반하는 작업으로 계속 수행될 수 있으며 동시에 아이에 대한 관찰이 아이의 고유한 세계의 접근과 해석방식으로 도움을 얻을 수 있었던 것이다.566)

역시 이러한 기초화이론과 마찬가지로 발달심리학과 결합된 주제가 '상징교수학'(Symboldidaktik)의 이론이라 할 수 있다. 그 상징교수학의 이론은 가톨릭과 개신교 양쪽에서 병행되면서도 구별되게 강조된 계획안들에서 우선적으로 활용되었다. 종교교육적으로 그것은 이해의 교량으로서의 의미로 수용되었다.567) 빌(P. Biehl)은 상징의 의미에서 은유와 은유적인 언어에 대한 새로운 신학적인 지향의 지평에서 상징교수학을 구상한 것이다. 그것은 종교교육의 관계이론으로써 '미학'(Aesthetik)과 연결하여 특별히 80년대에 종교교육학의 새로운 계기로 인식하게 하였다. 즉, 그것은 60~70년대의 우선적으로 사회학적인 방향과 구별하고, 실천신학에서의 새로운 토론과 연결하는 일이었다.568)

역시 80년대로 오면서 독일교회의 교육적인 큰 변화는 역시 '교회교육학'(Gemeindepaedagogik)이란 개념의 등장이었다. 이 개념을 제안한 분은 헤쓰러(E. Hessler)란 동독의 여성종교교육학자였던 것으로 알려졌다.569) 그녀

---

565) [참고] J. Fraas,u.a., Religioese Erziehung und Glaubensentwicklung. Goettingen, 1986.
566) 참고, 전게서, 232.
567) 참고, 전게서, 233.
568) 참고, 전게서.
569) [참고] 그녀는 1914년에 출생하여, 1949-1990년 동서독이 통일될 때까지 동독지역에서 종교교육학자로 활동하였다. 오늘날 교회교육학의 개념을 제일 먼저 제기한 분

는 교회교육학이란 말을 1974년부터 언급하였고, 1994년에 그녀의 언급이 실천신학과 종교교육계에 공식화되었다.570) 우연치 않게 이 개념 사용은 같은 해에 독일에서도 제시하게 되는데, 그것은 함부르크지역의 교회자문 위원회(Oberkirchenrat)의 위원이었던 로젠붐(E. Rosenboom)에 의해서였다. 그는 교회교육분야 특히 어린이예배와 성인교육의 개혁을 요구하면서 교회교육의 중요성을 강조하게 되었다. 학교교육의 커리큘룸과 학습목표에 대한 논쟁은 교회의 학습행위를 외면하고 있다는 지적과 교회교육은 애호가들의 놀이터로 위협받고 있다는 것, 기독교신앙의 기초화 작업이 성공적이지 못하다는 지적, 교회는 교육적으로 자격을 가진 전문인에 의하여 운영되도록 해야 한다는 것 등이었다.571) 튀빙겐대학의 종교교육학자 닙코는 이 개념을 역시 수용하였고, 1980년 그의 '종교교육학의 근본물음'이란 책 3권에서 공동적인 삶과 믿음을 배우는 일로 해석하여 조금 차별적으로 개념화하였다.572)

마침내 독일교회(EKD)는 1982년 '교회교육학'(Gemeindepaedagogik)이란 새로운 개념을 수용하고 제시하게 된다. 이것은 전통적인 교회교육이 교회의 '신앙교육학'(Katechetik)이란 개념으로 이해하던 차원에서 교회의 전 세대를 포함하는 신앙교육의 과제를 확대하는 개념으로 이해하게 해 주었다. 이제 "교회교육학은 그리스도 교회 공동체에 대한 전체로서 이해되어야 하는 과제가 되었다. 배움의 과정의 의미 안에서 신앙과 일상의 삶의 실체의 대립적인 침투로서 삶과 신앙과 배움의 특수한 섬김과 관련된 관계로 강조되었다."573) 계속적으로 교회교육학에 대한 이론제기는 실천신학과 교회사역의 맥락에서 아담과 락흐만(G. Adam / Lachmann)과 그레트라인(C. Greth lein)에 의

으로 알려져 있다. ; M. Meye-Blanck, Kleine Geschichte evangelischen Religionspaedagogik, 226-240쪽.

570) [참고] C. Grethlein, Gemeindepaedagogik, Berlin, 1994 7-10쪽.

571) [참고] M. M. Blanck, 전게서, 240-241쪽.

572) Nipkow, 전게서, Bd. 3, 1982.

573) Hg. v. EKD, Zusammenhang von leben, Glauben, und Lernen, Empfehl- ungen zur Gemeindepaedagogik(1982), In : EKD 1987, 211-263.

하여 강조되었다.574)

교회교육학은 독일교회의 '추천사'에서보다 더 분명하게 제시되었는데, 그것은 가정교육에서부터 시작하여 노인의 돌봄의 사역에 이르기까지 전 세대의 총체적인 신앙교육계획을 포괄하는 것으로 파악되었다.575) 역시 개신교의 성인교육은 교회교육학의 범주에서 다루어져야 하는 중요한 범위임에 틀림없다. 그러나 성인(평신도)교육의 실제는 교회를 뛰어넘어 사회와 관련된 인간형성의 과제를 포함해야 하는 것으로 인식된다. 오늘날 성인교육의 새로운 도전으로 요구되고 있는 것이 역시 노인의 교육에 대한 것이다. 결론적으로 교회교육학은 가정의 자녀의 신앙교육의 주제와 함께 세례와 신앙교리, 입교와 성찬 등의 교회사역과 맞물린 일이며, 교회의 어린이와 청소년의 교육의 실제를 책임질 수 있는 전문지도자 양성과 훈련의 사역이 여기에 포함한다. 그리고 1983년 독일개신교회는 교회의 교육적 행위에 대한 기본지침에서 교회와 공동체는 교육적 행위를 스스로 독립적으로 책임지고 수행해야 할 것을 분명해 해 주었다. 즉, 사회교육애는 교회공체인 사회(Gesellschaft)가 교육적 행위의 요소로서 상세하게 주제화되었던 것이다.576) 그러나 이러한 생각은 1980년에 벌써 교회교육학은 종교적이면서도 교회의 사회적 기능에 대한 교회 사회학적인 면을 깊이 고려해야 한다는 것이 요구되기도 하였다.577)

'교회교육학'의 개념화에 대하여 신학적인 비판이 전혀 없는 것은 아니다. 먼저 융겔(E. Juengel) 교수에 의하여 문제가 제기되었는데, 그는 교회를 학습공동체(Lerngemeinschaft)로 이해하는 것은 교회론적(ekklesiologisch)으로 볼 때 너무 단면적이라는 것을 지적한다.578) 융겔의 문제제기는 학습개념(Lernbegriff)이 행동주의적인 조작화에 영향을 받아 무엇인가 마음대로 만들

---

574) [참고] Adam / Lachmann, Gemeindepaedagogische Kompendium,1987 ; C. Grethlein, Gemeindepaedagogik, Berlin, 1994.

575) [참고] K. Gossmann, Evangelische Gemeindepaedagogik,In : JRP4(1988), 137-154.

576) [참고] Nipkow, u. a., 전게서, 237쪽.

577) [참고] J. Henkys, Was ist Gemeindepaedagogik?(1980), In : Reiher 1992, 168-176.

578) [참고] E. Jungel, Besinnung auf 50Jahre theologische Existenz,in : ThLZ 128(2003), 471-484쪽.

수 있다는 생각에 대한 것이었다. 비슷한 시각에서 교회교육학의 개념에 대한 비판적인 소리는 쾨팅겐의 종교교육자 비쳐(Ch. Bizer)에 의하여 제기되었다. 특히 교회개혁의 과제를 교회교육학의 과제로 강조한 이해에 대하여 그는 매우 비판적이었다. 왜냐하면 교회의 근본토대로써 신앙의 개념이 실제로 위협을 받게 된다는 것이었다. 루터가 '교회를 만드는 것은 복음이다'(ecclesia creatura est evanglii)라고 한 명제에 교육(Paedagogiae)이 그 자리를 차지했다는 비판을 가했다.579) 본(Bonn)의 종교교육학자 마이어 불랑크(Meyer-Blanck)는 그들의 교회교육학개념에 대한 비판은 교회교육을 소유목적격(genetivus Obiectivus)으로 보지 말고 단순한 소유주격(genetivus subectivus)으로 보아야 했다는 것을 지적한다. 그 때문에 교회교육학은 교회의 교육이어야 하며, 교회안에 교육학으로 이해 할 것을 강조한다. 결코 교회는 교육에 의하여 생산되는 것은 아니다. 말씀과 성령의 피조물인 교회는 돌봄과 도움에 의존되어 있다. 즉 교육에 의존되어 있는 것이다. 인격체로서의 인간은 교육 없이 그의 품위(würde)를 가진다. 그러나 교육은 주체로서 그의 품위에서 나아와 성장 가운데서 삶에서 주체로서 도움이 되도록 하기 위하여 교회(공동체)와 관계를 갖는다. 교회는 하나님의 행위의 피조물로서 그의 품위(würde)를 지니고 있다. 그러나 이러한 하나님의 피조물은 돌봄을 필요로 하며 주의깊게 도움을 입어야 한다. 품위(würde)는 교육에서 생겨나는 것은 아니다. 그러나 교육은 그 품위(würde)를 보존하도록 섬긴다.580) 그러나 그는 오히려 '교회교육학'과 '교회설립'(Gemeindeaufbau)이란 개념과 관련하여 인간적인 노력의 작용이 이 양자의 개념에 작용하여 신학적인 교회의 본질적인 의미를 가리는 오해를 제공하고 있기 때문에 '교회의 공동체형성'(Gemeindebildung)이란 개념사용을 더 권장하고 있는 모습이다.581)

어쨌든 최근의 유럽교회의 신앙교육은 '교회교육학'이란 개념과 함께 새로운 시대를 맞이하고 있음이 분명하며 또한 그러한 관점에서 교회의

---

579) [참고] M. M-Blanck, 전게서, 244 ; M. Luther, WA 2,430.
580) 참고, 전게서, 245.
581) 전게서.

신앙교육의 의미를 새롭게 보완해 주고 있다고 판단된다.

4) 하나님의 교육과 인간교육의 미래

교육학은 인간이 왜 배워야 하며, 무엇을 배워야 하며, 어떻게 배워야 하는지, 그 합당한 철학과 방법론 제공의 책임을 지고 있는 인간학의 학문이다. 아직도 현대교육학이 충분한 인간교육론을 제시하지 못해서인지, 우리사회의 인간교육은 매우 혼란스럽기도 하다. 그 이유는 강조하면 학교교육이 인간의 생존력 또는 경쟁력 기르는 일로만 이해되어 그 방향에서만 맴돌고 있기 때문이다. 필자는 현대학교교육이 전인교육에 역점을 두기보다는 사회적요구인 기능인 생산에만 역점을 두고 있는 것이 큰 문제라고 생각한다. 왜냐하면 인간교육은 '생산과 소비와 실적'이란 현대 산업사회가 만들어 놓은 삼각구조에 갇혀 지극히 경쟁적이며, 이기적인 인간성 생산에만 열중하고 있기 때문이다. 문제는 우리아이들이 종교(신앙)의 영역은 까마득히 외면한 채 겨우 '자연만물과 세상정신'의 지식만을 습득하고, 그것들로만 삶과 인생을 경쟁하는 기술만을 배우게 하고 있기 때문이다.

그러면 인간교육의 미래는 어떤 것이어야 할 것인가?

필자는 앞에서 전제한 하나님의 아들(예수 그리스도)을 통하여 전 인류의 전 세대를 구원하시는 하나님의 교육의 맥락에서 인간교육의 미래를 바라보기를 원한다. 그리고 지금 그리스도의 교회가 주도하고 있는 하나님의 백성의 양육으로서의 신앙교육과 일반학교에서 시행되는 지식쌓기와 기술습득 중심의 인간교육이 하나의 우주전체를 인지하는 통합된 시각에서 이루어지는 인간 교육이 되도록 하나님의 교육을 생각해야 할 것이다. 그리고 그러한 시각에서 전 인류와 전 세대를 향한 하나님의 교육이 이 땅에서 실천되도록 힘써야 할 것이다. 이러한 교육과제실현에 합당한 교육철학으로는 현대교육학의 아버지로 불리는 요한 아모스 코메니우스(Comenius)에게서 그 대답을 발견할 수 있다.[582] 즉, '그림으로 배우는 세

---

582) 그는 17세기 오늘의 체코(모라비아) 사람이며, 현대교육학의 아버지요, 모든 국가

계'(Orbis sensualium Pictus)라는 그의 유명한 책 첫 페이지에 실린 교사와 학생 간에 나눈 대화의 한 토막은 하나님의 교육이 어떻게 실천될 수 있을 것인지를 생각하게 하는 가장 근본적인 교육철학을 보여준다.

"교사 : '아이야 이리 와서 지혜(知慧)를 배워라'.

학생 : '지혜(知慧)가 뭐예요?'

교사 : '바르게 보고, 바르게 이해하고, 바르게 말하고, 바르게 행동하는 것이다.

학생 : 누가 그러한 지혜(知慧)를 가르치나요?

교사 : 하나님과 함께 있는 내(교사)가 가르친다."583)

이 짧은 한 토막의 대화는 인류가 배움을 지속해야 할 이유가 무엇인지? 무엇을, 어떻게 배우게 해야 할 것인지? 교육의 원리와 방법에 대한 올바른 교육철학을 제시한다. 그것은 '지식(智識)의 배움'이 아닌 '지혜(知慧)의 배움'이어야 한다는 것이며, 그 '목적'은 개인과 공동체의 삶을 위함이라는 것이며, 지혜의 원천은 창조주이시며, '모든 지혜'는 자연만물과 인간의 경험을 통한 정신적인 활동과 성경 속에 신(神)이 계시(啓示)해 놓은 모든 것들의 배움에 대한 것이다. 즉 그것은 전 인류의 모든 세대가 전 생애를 통하여 배워야 하는 모든 지혜를 담아 놓은 책들인 '자연의 책'과 '정신의 책'과 '성경책'을 말한다. 그리고 그러한 지혜를 가르치는 교사는 역시 창조주를 의지하고 그의 뜻을 헤아릴 줄 아는 삼위일체 하나님을 경외하는 신앙인이어야 하며, 그러한 배움의 목표는 인간이 바르게 보고, 바르게 이해하고, 바르게 말하고, 바르게 행동하는 지혜로운 삶에 있음을 깨닫게 된다.

필자는 이러한 코메니우스의 시각이 미래적으로 한국교회와 한국사회가 책임지고 실천하며 열어가야 할 올바른 인간교육의 철학적인 지표라고 생각한다. 그것은 우리의 아이들이 학교에서도(자연과 정신과 성경)을 배우

들의 스승으로 불리는 인물이다.

583) J. A. Comenius,Orbis sensualium pictus(그림으로 배우는 세계), 1658.

고, 삶의 지혜를 배우도록 이끌어주어야 하는 일이어야 하기 때문이다. 그렇게 될 때 자연과 인간과 신(神)과의 관계 속에 설정된 우주의 질서를 이해하는 통찰력이 거기서 생겨나게 될 것이며 온전한 인간형성이 거기서 기대될 수 있을 것이기 때문이다. 그리고 참된 인간성의 뿌리는 바로 종교(신앙)에 근거하고 있기 때문이다. 물론 전통종교가 지배적이며 기독교가 소수를 점하고 있는 한국사회에서 어떻게 그러한 교육을 가능케 할 수 있는지는 깊은 생각과 전략을 요한다고 본다. 하지만 한국교회는 지나온 복음선교의 역사를 통하여 이 민족을 그리스도를 통한 하나님의 구원을 경험하도록 인도하였고, 자연과 정신과 성경 전체를 보는 통전적인 시각교육을 우리의 자녀들에게 소위 미션스쿨 또는 기독교학교 등에서 실천하지 않았던가? 그리고 여전히 오늘날도 기독교(대안)학교의 모습에서 그러한 과제가 새롭게 시도되고 있지 않은가?

그러므로 한국교회는 여전히 교육선교의 비전을 가지고 이러한 교육활동을 적극적으로 전개해 가야 할 것이다. 더 중요한 것은 한국교회가 이러한 교육선교사역의 활성화를 위하여 무엇보다도 먼저 교회내의 교육을 새롭게 강화하고 전문화하는 노력을 기울여야 할 것이다. 그것은 그리스도 복음의 가르침을 통하여 그리스도 안에서 변화된 자들이 되도록 하는 일이며, 그러한 변화된 자들이 하나님만을 섬길 뿐 아니라 사회(세상)와 인간을 섬길 줄 아는 모든 지혜와 인간성을 배우는 교육을 실천할 때라는 사실을 기억해야 할 것이다. 그리고 '그리스도의 교회'(敎會)야 말로 이러한 일에 모범적인 모습을 보여주어야 할 것이며 '교회교육학'은 그것을 위한 합당한 이론제공으로 이해되면 좋을 것이다. 나아가서 한국교회는 성숙하게 회복된 하나님의 형상들을 생산하는 인간성형성의 공장이 되어야 할 것이다. 그리고 우리 사회의 학교들은 국제경쟁력을 기른 세계적인 인물들의 양육에 힘쓸 뿐만 아니라 회복된 하나님의 형상으로 성숙하게 양육되고 훈련되어 사람다운 인간으로서의 인간성(지성, 덕성, 경건성)형성이 가장 큰 삶의 경쟁력임을 기억하고 인간성생산의 공장으로서 사명을 다해야 할 것이다. 그것이 전 인류를 구원하시는 하나님의 교육이며 모든 그리스도인들은 이러한 하나님의 구원교육을 책임지고 실천해야 할 이 시대에 부름받은 그리스도의 교회와 주님의 나라의 일꾼들이다. 우리 모두는 그러한 부르심에 대한 긍지와 자부심을 믿음으로 응답하며 하나님의 구원교육실현 그 섭리와 경륜을 따라 하나님의 통치영역 확장에 크게 쓰임 받는 동역 자들이 되기를 바란다.

참고문헌

참고문헌

1. 국내 서적

고용수 / 장종철 역, 밀러의 기독교교육개론, 통합측 총회출판부 1988.

김득룡, 기독교 교육학 원론, 총신대학출판부 1976.

김종흡 역, 하지의 웨스트민스터 신앙고백해설, 크리스챤다이제스트, 2005.

김성애, 기독교 청소년교육, 하교, 2006.

김재은, 성인교육론, 성광문화사 1990

문창수역, 리차드의 교육신학과 실제,정경사 1984.

박근원 역, 트루나이젠의 목회학원론, 성서교재간행사, 1979.

박봉수, 교회의 성인교육, 한국장로교출판사 1999

박정훈 외 1인, 협동학습 Ⅰ, Ⅱ, 교회신학, 박형룡, 서론, 백합출판사, 1964.

복음주의실천신학회편, 복음주의 실천신학개론, 세복, 1999.

사미자역, 제임스 파울러의 신앙의 발달단계, 통합측 총회출판사 1987.

송광택 역, 테일러의 기독교 교육 개론, 1984.

신청기역, 주크의 교회와 장년교육, 기독교문서선교회 1990.

신형광, 교육목회외 교육성장, 민영사, 1997.

옥한흠, 평신도를 깨운다, 두란노, 1999.

원광연 역, 우르리누스의 하이델베르크윤리문답해설, 크리스챤다이제스트, 2006.

유호준, 개혁주의 종말론, 기독교문서선교회, 1986.

은준관, 교육신학, 대한기독교서회, 1996.

이기문 역, 그룹의 기독교적 종교교육, 통합측 총회출판부, 1985.

이동훈 / 이기문 역, 콜버그의 도덕교육철학, 통합측 총회출판부 1985.

이승구 역, 하퍼의 제자훈련을 통한 현대기독교교육, 정음사 1984.

장윤철 역, 스마트의 교회의 교육적 사명, 대한기독교교육협회 9판 1985.

정웅섭 역, 웨스트홉 3세의 교회의 신앙교육, 대한기독교교육협회 1983.

정웅섭 역, 헤티러쎌의 기독교육의 새로운 전망, 대한기독교서회, 1972.

정일웅 역, 독일 개신교 신학 연구개론, 대한기독교서회 1995.

정일웅 역, 코메니우스의 대 교수학, 창지사 2002.

정일웅 역, 코메니우스의 발자취, 여수룬 1997.

정일웅 역, 코메니우스의 범교육학, 그리심, 2003.

정일웅 역, 코메니우스의 어머니학교의 소식, 이레서원 2001.

정일웅, 21기를 향한 한국교회와 실천신학, 이레서원 2002.

정일웅, 교육목회학, 그리심, 2003.

정일웅, 독일교회를 통하여 배우는 한국교회의 통일노력, 도서왕성 2000.

정일웅, 종교개혁 시대의 기독교신앙의 가르침, 로고스연구원 1991.

정정숙, 기독교교육학, 베데스다 2003.

한춘기, 기독교 교육신학(I), 한국기독교교육학회, 2005.

대한예수교 장로회 합동측, 총회사회복지위원회편, 교회사회복지실천, 2006.

대한예수교장로회헌법(합동측), 제3장 2조, 총회출판부, 1966

김영선 교수의 논문, '요한 웨슬레이 신학사상연구', 한국개혁신학회,
    제19차 정기학술심 포지엄(2005년 11월 5일).

2. 국외 서적

Adam, G. / Lachmann, R. (Hrg.), Gemeindepädagogisches Kompendium,
    Göttingen 1987.

Adam G. u. Lachmann, R., Was ist Gemeindepaedagogik?, Göttingen 1987.

Adam, G., Religioese Bildung und Lebensgeschichte, Wuerzburg, 1994.

Adam, G., Glaube und Bildung, Wuerzburg, 1992.

Adam, G., Bildungverantwortung wahrnehmen, Wuerzburg, 1999.

Backhaus, G., Im prozess der Gesellschaft, Analyse der Derkschriften, in : Er,
    Komm, 7(1974) 28쪽 이하.

Baldermann, I., Der biblische Unterricht, 1969.

Baldermann, I., Einfuehrung in die biblische Didaktik, Darumstadt, 1996.

Barth, K., Das Glaubensbe-Kenntnis der Kirche, zürich, 1967.

Barth, K., Fides quaerens intellectum, Zuerich, 1981.

Bartholomäus, W., Einführung in die Religionspädagogik, München 1983.

Baeumler, Chr. u. a. (Hrg.), Konfirmandenunterricht und Konfirmation, Muenchen 1982.

참고문헌

Baus, K., Von der Urgemeinde zur fruehchristlichen Grosskirche, in : Handbuch der Kirchengeschichte I, Freiburg 1962.

Berg, C., Gottesdienst mit Kindern, Gütersloh 1987.

Berg, H. K., Grundriss der Bibeldidaktik, Muenchen 1993.

Biehl, Peter, Symbole geben zu lernen(1), Neukirchen 1991.

Biehl, Peter, Symbole genben zu lernen(2), Neukirchen 1993.

Binert, W., Evangelische Erwachsenebildung als Bildungsdiakonie.

Theologische Grund-legung Weiden 1966.

Blaetterner, Fritz, Geschichte der Paedagogik, Heidelberg, 1964.

Blackwood, William(ed.), The Confession of Faith by Westminster, The larger catechism, the shorter catechism, the directory for publick worship, the form of presbyterial church government with references to the proofs from the scriptuer, Edinburgh and London, 1959.

Blanckertz, Herwig, Die Geschichte der Paedagogik, Wetzlar 1992.

Bloth, P., Praktische Theologie, Kohlhammer 1994.

Bochinger, E. / Paul, E., Einfuehrung in die Religionspaedagogik, Muenchen, 1979.

Bochwoldt, Gerd, Religionspaedagogik, Eine Problemgeschichte, Kohlhammer 1977.

Bohne, G., Das Wort Gottes und der Unterricht, Berlin 1929,

Bonhoeffer, D., Gemeinsames Leben, Hrg. v. G. L. Mueller/AlbrechtSchoenherr, DBW, Bd. 5, Muenchen 1987.

Brezinka, W., Begriffsbestimmung von Erziehung, 1975.

Burkert, Adolf, Erziehung, Theorie u. Praxis in Evangelischer Sicht, München 1963.

Buber, M., Zwei Glaubensweisen, 1950.

Buschbeck, B., Art. Arbeit mit Kindern, Vorschulische undaußerfamiliäre, in: HPTh3, Gütersloh 1983

Bushnell, H., Christian Nurture, Michigan, 1991, 4. Printing, from 1979, Calvini Ioannis opera quae supersunt omnia, hrsg. im Corpus Reformatorium von W. Baum. u. a.,(Braunschweig - Berlin 1863 - 1890)55Bde.

Choi, JinKyung, Schulpaedagogik und Bildungstheorie, Wuppertal, 2005.

542

참고문헌

Comeniusinstitutt, Elementarisierung theologischer Inhalte und Metho den Bd. 1 - 2, 1975.

Comenius, J. A., Orbis sensualium pictus, Noribergae, M. Endter 1658.

Comenius, J. A., (Hrg.) De rerum humanarum emendatione consultatio catholica Bd. I. Prah, 1966.

Cullmann, O., Die Tauflehre des NTs, Zuerich 1958.

Daiber, K.-F., Grundriss der Praktischen Theologie als Handlungwissen schaft, Kaiser 1977.

Dejong, N.E., Education in the Truth.

Dienst, Karl, Die Lehrbare Religion, Gütersloh 1978.

Dohmen, G., Bildung und Schule, Die Entstehung des dt. B.- Begriffs u. die Entwicklung seines Verhaeltnis zur Schule, Weinhein 1964, Dykstra C. and Parks, S., (ed.)Faith Development and Fowler, Birming-ham 1986.

Dieterich, V. - J., Johann Amos Comenius, Stuttgart, 2003.

Eavy, A History of Christian Education, 1964.

EKD(Hrg), Angenomen von der Generalsynode der Niederlaendischen Rreformierte Kirche(Tagung am18. Juni1974), Vom Geheimnis der Gemeinde, Guetersloh, 1976.

EKD(Hrg.), Theologiestudium - Vkariat - Fortbildung, Gesamtplan der Ausbildung fuer den Pfarrerberuf, Stuttgart.Berlin, 1978.

EKD(Hg.v.), Zusammenhang von leben, Glauben, und Lernen, Empfehlungen zur Gemeindepaedagogik(1982), In : EKD 1987.

Evangelischei Erwachsenen-Katechismusm Hrg.V., M. KieBig u,a, im Auftrag VELKD, 6, Aufl, Gütersloh.

Erikson, E., Jugend und Krise, Stuttgart 1970.

Erikson, E. H., Identitaet und Lebenszyklus, Frankfurt, 6.Aufl. 1980.

Erikson, E. H., Einsicht und Verantwortung, Stuttgart 1966,

Feifel, E., Die Bedeutung theologischer Denkmodelle für ein Konzept theologischer Erwchasenenbildung, in : KatBl 98 - 1973.

참고문헌

Feifel, E., Konzeptionen kirchlicher Erwachsenenbildung, in: E. Feifels u.a..(Hrg.), Handbuch der Religionspädagogik, Bd. 3, .

Flitner, A., Comenius, Grosse Didaktik, die deutsche Uebersetzung Darmstadt, 1954.

Foitzik,K, Gemeindepaedagogik, Guetersloh, 1992.

Fowler, J. W., Stufen des Glaubens, Kaisers und Guetesloh, 2000.

Fraas, H. J., Glauben und Lernen, Göttingen, 1975.

Fraas, H. J., Religiöse Erziehung und Sozialisation im Kindesalter, Göttingen, 1973.

Fraas, J. u. a., Religioese Erziehung und Glaubensentwicklung. Goettingen, 1986.

Franz Poeggler, Erwachsenenbildung, Stuttgart,1974.

Freire, P., Pädagogik der Unterdrückten, Stuttgart 1971.

Frey, K., Theorie deo Curriculum, Weinheim 1971.

Frey, K., Lernziel formulierung in Curri culumkonstruktioner und Unterrichts Vorberitung, Kiel, 1974.

Friedrichsdorf, Joachim, Umkehr, Prophetie und Bildung bei J. A. Comenius, Idstein 1995.

Frör, Kurt, Grundriß der Religionspädagogik, Konstanz 1975.

Fueglister, N., Furcht und Ehrfurcht vor dem Alter. Die Bibel zum Problem des Alterns, in : W. Zauner u. H.Erharter(Hrg.), Alter, Altern, Altenpastoral, Wie, 1973.

Ganoczy, A., "Ecclesia Ministrans", Dienende Kirche und kirchlicher Dienst bei Calvin(Herder 1968),

Geißler, E. E., Allgemeine Didaktik,Stuttgart 1981.

Gibbs, Eugene S., ed. A Reader in Christian Education, Foundations and Basic Perspectives, Grand Rapids 1992.

Grosch, Heinz, Religionspaedagogik am Scheideweg, DerReligionsunterricht zwischen Humanwissenschaften und Theologie, Guetersloh 1974.

Gossmann, K., Evangelische Gemeindepaedagogik, In: JRP4(1988), 137-154.

Grethlein, Christian, Gemeindepädagogik, Berlin 1994.

Grom, B., Religionspädagogische Psychologie, des Kleinkind-Schul-undJugendalters, Düsseldorf und Göttingen,1981.

544

Groome, Thomas, Christian Religious Education, Haper Sanfrancisco,1980.

Groome, Thomas, Sharing Faith, Harper Sanfrancisco, 1991.

Graendorf, W. C., ed. Introduction to Biblical Christian Education, Chicago, Moody 1981.

Harnack, A., Dogmengeschichte.

Hammelsbeck, O., Leben unter dem Wort, 1950.

Hammelsbeck, O., Der Kirchliche Unterricht, Muenchen 1947.

Harper, Normann E., Making Disciples, The Chanllenge of Christian Education, Heimann, P., Unterricht,Analyse und Planung, Hannover 1977.

Henkys, J., Was ist Gemeindepaedagogik?(1980), In : Reiher 1992.

Hermission, H. J., u. Lohse, E., Glauben, Stuttgart 1978.

Herrman, V. u. Horstmann, M. (Hrg.), Diakonia, Sutudienbuch Bd. 1-2, biblische, historische und theologische Zugaenge zur Diakonie, Neukirchen 2006.

Hesselgrave, D. J., Communicating Christ Cross-Culturally, Grand Rapid, 1979.

Hoekema, Anthony A. The Bible and Future, translated

Hoeksema, H., Refomed Dogmatics, Grand rapid 1985.

Hoffmann, F., Jan Amos Comenius,Berlin 1976.

Josuttis, M., Praxis des Evangelium zwischen Politik und Religion, München, 1980,

Jungel, E., Besinnung auf 50Jahre theologische Existenz,in : ThLZ 128 (2003)

Krathwohl, D.R., u. a., Taxonomy of Fducational Objectires, Handbook Ⅱ;Affective Domain, New york, 1964.

Kittel, H.,Vom Religionsunterricht zur Evangelischen Unterweisung, 1947.

Kittel, H., Evangelische Religionspädagogik,Berlin 1970.

Klafkie, W., Der Beitrag der Erziehungswissenschaft zur Klärung aktueller pädago -gischer Zielfragen, In : Magdalena, B.(Hrg.), Zur Zielproblematik in der Pädagogik, Bad Heilbrunn 1977.

Klessmann, M., Dass ich wirklich etwas wert bin, in : Die verletlichen Jahre, Handbuch zur Beratung und Seelsorge an Kindern und Jugendlichen, (Hrg.)v. R. Riess, u. K. Fiedler, Guetersloh 1993.

참고문헌

Kratzert, H. u. a., Leben und Erziehen durch Glauben, Gütersloh, 1978.

Kohlberg, L., Die psychologie der Moralent-wicklung, Framkfunt, 1995.

Küng. H., Kirche, München/Zürich, 1977.

Kürzendorfer, K., Grundpositionen und Perspectiven in der Erwach senenbildung, Bad Heilbunn, 1981.

Kunna, Ulrich, 'Krebsgewuer der Philosophie', Academia Verlag, 1991.

Lachmann, R. u. Schroeder, B. (Hrg.), Geschichte des evangelischen Reliionsunterrichts in Deutschland, Neukirchen, 2007.

Lammermann, G., Grundriss der Religionsdidaktik, Kohhammer, 2. Aufl.1998.

Lange, E., Spracheschule für die Freiheit, Bildung als Problem und Funktion der Kirche, München 1980.

Lange, E. "aus der Bilanz 65", in ders.,:Kirche für die Welt, München, 1981.

Langeveld, M., Einführung in die theoretische Pädagogik 1969.

Leuenberger, R., Der Evangelische Beitrag zur Erwachsenenbildung, in : F.Ziegel(Hrg.), Chancen des Lernens. Evangelische Beitraege zur Erwachsenenbildung, Muenchen 1972.

Lohff,W., Glaubenslehre und Erziehung, Göttingen 1974.

Lott, Juergen(Hrg.), Kirchliche Erwachsenenarbeit, Kohlhammer 1977.

Luhmann, N., Funktion der Religion, Suhr Kamp, 1990.

Maier, Chr., Kirchliche Erwachsenenbildung, Stuttgart 1979.

Marrow, Henri Irenee', Geschichte der Erziehung im klassischen Altertum, Muenchen 1977.

Meckenstock. G, F. Schleiermacher'ssaemmtliche Werke I. Abt. Zur Theologie, Bd. 13/F. Schleiermacher's literarische Nachlass. Zur Theologie. Bd. 8) Berlin 1850, Nachdruck Berlin / New York 1983.

Meyer-Blanck, M., Kleine Geschichte der ev. Religionspaedagogik, Guetersloh, 2003.

Meyer-Blanck, M. u.a., (Hrg), Evangelische Glaubensfibel, Gütersloh, 2006.

Mette, N. u. Rickers, H. (Hrg.), Lexikon der Religionpaedagogik, Bd. I -II. Neukichener, 2001.

Metz, J. B., Zur Theologie der Welt, Muenchen 1968.

Moltmann, J., Die Theologie der Hoffnung, Muenchen 1964.

Niebergall, F., Praktische Theologie, Lehre von der kirchlichen Gemeindeerziehung
	aufreligionswissenschaftlicher Grundlage, Tuebingen 1918.

Niemoeller, G. (Hrg.), Die erste Bekenntnissynode der Deutschen Evangelischen
	Kirche zu Barmen, Nicolin, F., Paedagogik als Wissenschaft, Darmstadt,
	1969.

Niggemeyer, M., Glaubenskatechese, Duesseldorf, 1973.

Nipkow, K. E., Grundfragen der Religionspädagogik, Bd.1-3,Gütersloh, 1975 -1982.

Nipkow, K. E., Bildung als Lebensbegleitung und Erneuerung, Gütersloh,1990.

Niplow, K .E. u. a.(Hrg), Religionspaedagogik, Bd.1-2 / 2, Guetersloh 1994.

Nipkow, K. E., Christliche Paedagogik und Interreligioeses Lernen Friedenserziehung
	Religionsunterricht und Ethikunterricht, Bd. 2, 2005.

Neidhardt, W., Die Glaubensstufen Fowlers und die Religionspädagogen, in: H. J.
	Fraas / H.G.Heimbrock(Hrg.), Religiöse Erziehung und
	Glaubensentwicklung, Göttin - gen 1986.

Otto, G. (Hrg.), Praktisches Theologisches Handbuch, Kohlhammer, 1975.

Pannenberg, W., Grundfragen Systrmatischer Theologie, Bd. 2, Goettingen, 1980.

Pannen berg, w., Die Bestimmung deo Menschen, Góttingen, 1978.

Paul, Eugen, Geschichte der christlichen Erziehung, Bd. 1, Herder, 1993.

Pazmino, R. W., Foundational Issues in Christian Education, Grand Rapids 1994.

Pazmino, R. W., By what Authority do we teach? Grand Rapids 1994.

Pazmino, R. W., Principles & Practices of Christian Education, Grand rapid, 1995.

piaget, J., psycholojie der Intelligenz, Freihurs, 1974.

piaget, J., Dao moralische Urteil beim Kind, Fraukfnt, 1973.

Pitzele, P., Bibliodrama : A Call to the Future, www.bibliodrama.com.

Pögeller, F., Methoden der Erwachsenenbildung, Herder 1966.

Preul,Reiner, Religion-Bildung-Sozialisation, Guetersloh, 1980.

Richards, Lawrence, O., A Theology of Christian Education, Zondervan, 1975.

참고문헌

Reed, J. E., and Prevost,R., A History of Christian Education, Broadman & Holman,1994.

Reinhold, H., 'Erziehung durch die Kirche bei Calvin,Heidelberg 1969.

Reller, H., Evangelischer Erwachsenen Katechismus, Gütersloh 1975.

Richards, L., A Theology of Christian Education,

Roepke, H. D. u. Schulenberg, W. (Hrg.), Didaktik der Erwachsenenbildung, Stutt gart, 1985.

Roessler, D., Grundriss der Praktischen Theologie,Berlin New York, 1986.

Rohr, H., Die Reformpaedagogik, Ursprung und Verlauf in Europa, Hannover 1984.

Roth, H., Pädagogische Anthropologie, Bd. II. Entwicklung und Erziehung, Berlin, 1971.

Ruddat, G., u. a .(Hrg.), Diakonisches Komependium, Goettingen 2005.

Sandberg, J. V., Paedagogische Theologie, Friedrich Niebergalls Praktische Theologie als Erziehungslehre, Goettingen 1972.

Schaller, K., Die pädagogik der J.A.Comenius und der Realisuus im 17 jahirhudet, Heidelbergisn.

Schaller, K., Jan Amos Komensky, Heidelberg, 1970.

Schaller, K., Pampaedia von J. A. Comenius, die duetsche Uebersetzung, Allerziehung, Academy 1991.

Scheibe, W., Die reformpaedagogiische Webegung 1900-1932.

Scheuerl, H., Klassiker der Pädagogik Bd. 1-2, München 1979.

Schider J., Katechismus unterricht, Münchne, 1951.

Schilling, H., Bildung der Gottesbenbildlichkeit, 1961.

Schleiermacher, F. D. E., Die Weinachtsfeier, Ein Gespraeche, Halle, 1806.

Schleiermacher, F. D. E., Die Praktische Theologie nach den Grundsaezen der evangelischen Kirche im Zusammenhange dargestellt. Aus Schleiermachershand-schriftlichen Nachlasse und nachgeschriebenen Vorlesungen hg. v. J . Fericks (F. D. E. Schleiermache, Ueber die Religion. Reden an die Gebideten unter ihren Veraechtern(1799). In : ders Schriften aus der

Berliner Zeit 1796-1799.

Schleiermacher, F. D. E., Die Vorlesungen aus dem Jahre 1826.
    In : ders: paedagogische Schriften.Unter mit Wirkung v. T. Schulze
    hg. v. E. Weniger. Bd.I.Duessel - dorf/ Muenchen 1966.

Schmidt, H., Leitfaden der Religionspaedagogik, 1991.

Schmidt, G. R., Autorität in der Erziehung, Freiburg 1975.

Schmidt, G. R.,: Zur Frage, nach den christlichen Grundlagen der comenianischen
Paedagogik, in: Comenius - Jahrbuch, Hrg. v. im Auftrag der Deutschen Comenius -
Gesellschaft, Bd. 7 / 1999.

Schröer, H., u. a. r(Hrg.) Aufder Spuren deo Comenius. Göttiager, 1992.

Schroeer, H., u. Zillessen(Hrg), Klassiker der Religionspadagogik, Diesterweg, 1989.

Schroeer, H, (Hrg)Die Einfuehrung ins Studium der Evangelischen Theologie,
    Guetersloh, 1982.

Schroeer, H., u. a., Theopoesie, Theologie und Poesie in hermeneutischer Sicht,
    CMZ.1998.

Schroeer, H., Vom Comenius zur Postmoderne im Horizont der Pansophie, Bobert. S,
    u. a. Heft 42, waldorp, 2002.

Schweitzer, Friedrich, Lebensgeschichte und Religion, Guetersloh, 2004.

Schweitzer F., u. a., Religionsunterricht und Entwicklungspsychologie, Guetersloh 1997.

Schweitzer, F., Die Religion des Kindes, Guetersloh, 1992.

Schwerin, E., u. a., (Hrg.)Aufbrüche und Umbrüche, Zur pädagogischen Arbeit der
    evangelischen Kirchen seit der Wende, Evangelische Verlagsanstalt, 1998.

Siebert, H. Erwachsenenbildung als Bildungshife, Bad Heilbrunn 1983.

Simon, J. S., John Wesley, The Master Builder, London 1927,

Smart, J. D., The Teaching Ministry of the Church, 1955.

Stoodt, D., Die gesellschaftliche Funktion des Religionsunterrichts, In : Ev. Erz. 21,1969.

Steubing, H., (Hrg), Bekenntnisse der Kirche, Wuppertal, 1977.

Tailer Marvin, Christian Education,

Tausch, Erziehungspsychologie, Göttingen 1973.

참고문헌

Thun,T., Das religioese Schicksal de alten Menschen, Stuttgart 1969.

Thurian, M., Die Konfirmation, Gütersloh, 1961.

Thurneysen, E., Die Lehre von der Sellsorge, Zuerich 1946.

Towns, Elmer L., ed. A History of Religious Education, Gran Rapid's 1975.

Uhschadel, W., Evangelische Erziehung und Unterrichtslehre, Praktische Theologie, Heidelberg 1961.

VELKD(Hrg. v.), Evangelischer Erwachsenenkatechismus, Guetersloh, 6. Aufl. 2000.

Vieth, P., The church and christion Education, 1947.

Vierzig, S., Glauben u. Lernen, in: R. Koester u. a. (Hrg.), Lernende Kirche, München 1975.

Vierzig, S., Das Markus-Evangelium im Unterricht, Kassel, 1967.

Vogt, T., Herausforderung zum Gespräch, Zürich 1970.

Vogt, T., Bibelarbeit, Kohlhammer, 1985.

Von Hentig, H., Bibel arbeit, Hanser, 1988.

Weber, Otto, Grundlagen der Dogmatik, Bd. I-II. Neukirchen 1977.

Wegenast, K(Hrg.), Gemeindepaedagogik, Frankfurt 1994.

Wegenast, K., Noch einmal:Glauben und Lernen in:Der evangelische Erzieher, Jahrg. 42 1990, (Hrg.)H. Schröer u. a., Diesterweg

Wegenast, K. (Hrg.), Gemeindepaedagogik, Frankfurt 1994.

Westminster Catechism.

Westerhoff III., John, Will our Chidren have faith? New York 1976.

Weymann, V., Evangelische Erwachsenenbildung, Grundlagen theologischer Didaktik, Kohlhammer, 1983.

Wintzer, F., Praktische Theologie, Neukirchen 1982.

Witt, K., Konfirmandeunnterricht, 1970.

Zug, R., Spiritual power in your Teaching, (ed) Chicago, Moody, 1972.

Zug, R. B. and Getz, G. A., Adult Education in the Church, 1970.

TRE(Theoogische Real Enzyklopaedie), Hrg. v. G.Klause u. G. Mueller, Berlin / New York, Bd. VI, 1980, Art. 'Bildung', Bd. XV, Hermeneutik'. Bd. XXV, Art. 'Religionspadagogik' 1995, Bd. XXVIII.

찾아보기 부록Ⅱ

찾아보기

찾아보기

찾아보기

ㅈ

찾아보기

[저자소개]

[정일웅]

저자 정일웅(鄭一雄)은 총신대학교와 총신신학연구원에서 공부하였으며, 독일 본(Bonn)대학교와 부퍼탈(Wuppertal) 신학대학에서 신학을 연구하고, 독일 본(Bonn)신학대학에서 실천신학분야의 '교육신학' 전공으로 신학박사학위(Dr.Theol.)를 받았다. 총신대학, 종교교육학과와 총신신학대학원에서 실천신학 교수로 '교회교육학'과 '기독교예배학'을 강의하고 있다. 또한 총신대학교 부총장을 역임하였고, 현재 대학원장으로 섬기고 있다.

[저서]

종교개혁시대의 기독교신앙의 가르침 / 교육목회학

기독교예배학개론 / 한국교회와 실천신학

독일교회를 통하여 배우는 통일노력 / 총회성경공과 청년1부(1-2)

세계의 평신도 인물사 / 교회교육학

[역서]

하나님의 나라신학 / 독일개신교신학연구개론서

기독교신앙의 초석 / 코메니우스의 범교육학

코메니우스의 대교수학 / 코메니우스의 어머니학교의 소식

코메니우스이 발자취 / 미래를 가진 세계

[학술활동]

한국개혁신학회 회장 / 한국코메니우스연구소 소장

www.comenius.or.kr / 신학지남에 논문 다수게재

교회교육학

初版印刷 • 2008年 3月 5日
初版發行 • 2008年 3月 15日

著　　　者 • 鄭 一 雄
發 行 人 • 鄭 一 雄
發 行 處 • 범지출판사
住　　　所 • 서울시 관악구 봉천5동 1718-5
　　　　　　은천제일교회(내) 한국코메니우스연구소
登　　　錄 •
電　　　話 • 02) 537-7075
F　A　X • 02) 537-7075
E - m a i l • Comeniusinstitut@empal.com
I S B N • 89-957126-1-0

定價 • 25,000 원